国家出版基金项目
NATIONAL PUBLICATION FOUNDATION

歐亞歷史文化文庫

總策劃　張餘勝

蘭州大學出版社

霞浦文書研究

叢書主編　余太山

馬小鶴　著

图书在版编目（ＣＩＰ）数据

霞浦文书研究 / 马小鹤著. -- 兰州 ： 兰州大学出
版社，2014.12
　（欧亚历史文化文库 / 余太山主编）
　ISBN 978-7-311-04669-9

　Ⅰ．①霞… Ⅱ．①马… Ⅲ．①摩尼教－文书－研究
Ⅳ．①B989.1

　中国版本图书馆CIP数据核字(2014)第301849号

策划编辑　施援平
责任编辑　施援平　杨　洁
装帧设计　张友乾

书　　　名　霞浦文书研究
主　　　编　余太山
作　　　者　马小鹤　著
出版发行　兰州大学出版社　（地址:兰州市天水南路222号　730000）
电　　　话　0931-8912613(总编办公室)　0931-8617156(营销中心)
　　　　　　0931-8914298(读者服务部)
网　　　址　http://www.onbook.com.cn
电子信箱　press@lzu.edu.cn
网上销售　http://lzup.taobao.com
印　　　刷　天水新华印刷厂
开　　　本　700 mm×1000 mm　1/16
印　　　张　31.25(插页22)
字　　　数　421千
版　　　次　2014年12月第1版
印　　　次　2014年12月第1次印刷
书　　　号　ISBN 978-7-311-04669-9
定　　　价　115.00元

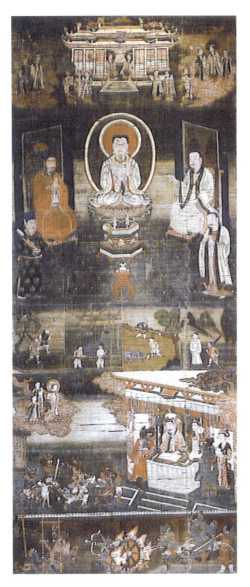

圖版1　《冥王聖圖》

Zsuzsanna Gulácsi, "A Visual Sermon on Mani's Teaching of Salvation: A Contextualized Reading of a Chinese Manichaean Silk Painting in the Collection of the Yamato Bunkakan in Nara, Japan," *Studies on the Inner Asian Languages*. XXIII, 2008, Fig. 1.

奏三清

但弟子厶領此來詞未敢擅便謹具文狀百拜奏 聞者

右謹具狀上奏

廣明上天夷數和佛 金蓮下 靈明大天電光王佛 金蓮下 太上真天摩尼光佛 金蓮下

恭望 佛慈允俞奏懇乞頒 勅旨行下上中下三界 東嶽地府城隍

當境一切神祇尅應是時 光降壇墠証明修奉保禾苗而秀實祈

五穀以豐登疵除蝹蟣而絕跡蝗虫鼠耗以潛消仍庇鄉閭永吉人物云云

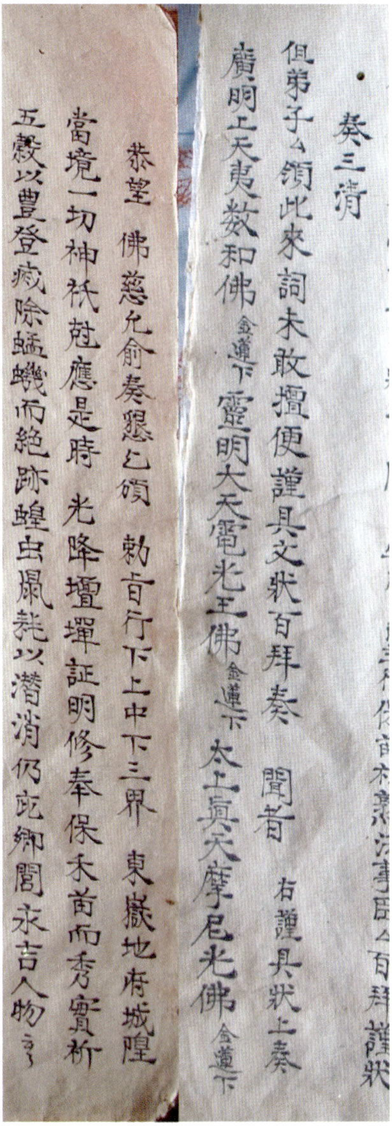

圖版2　《奏申牒疏科冊・奏三清》

福建省霞浦縣博物館館長吳春明供稿

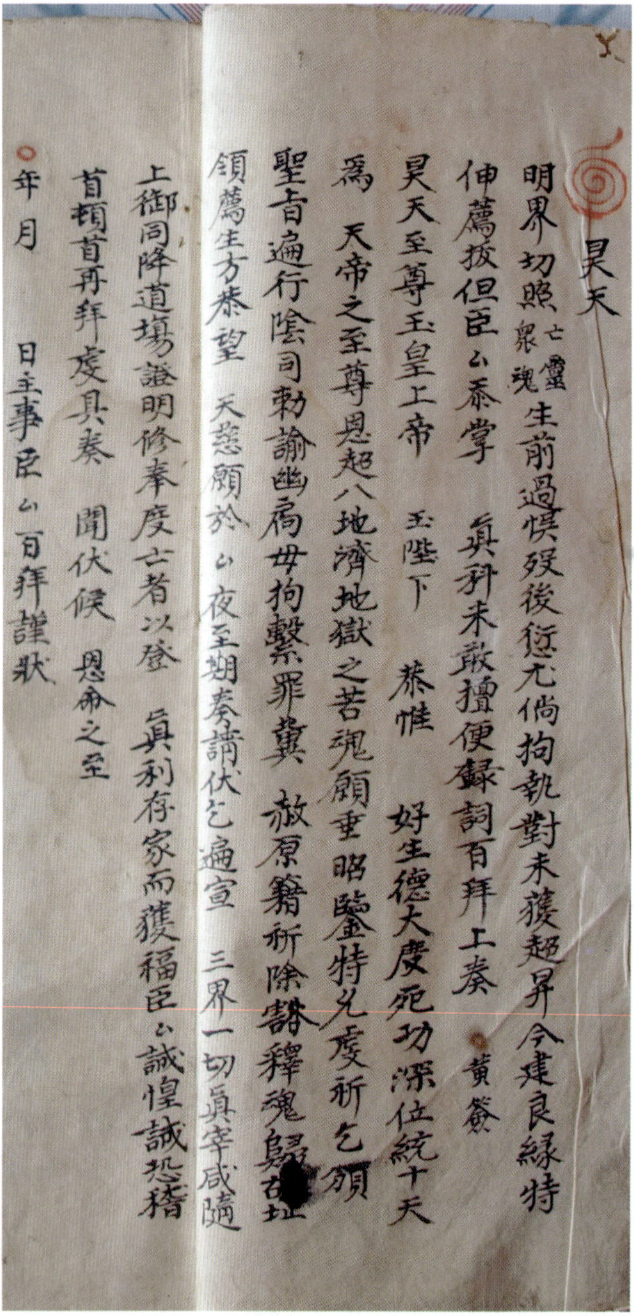

昊天

明界切照　亡靈魂生前過慎殘後逞无倚拘執對未獲超昇今建良緣特

伸薦拔但臣△恭掌　真升未敢擅便錄詞百拜上奏　黃籙

昊天至尊玉皇上帝　玉陛下　恭惟　好生德大慶苑功深位統十天

為　天帝之至尊恩超八地濟地獄之苦魂願重昭鑒特光慶祈乞頒

聖旨遍行陰司勅諭幽爲毋拘繫罪冀　赦原簪祈除醫釋魂歸古址

領薦生方恭望　天慈願於△夜至期奏請伏乞通宣　三界一切真宰咸隨

上御同降道場證明修奉度亡者沁登　真利存家而獲福臣△誠惶誠恐稽

首頓首再拜虔具奏　聞伏候　恩帝之空

年月　日主事臣△百拜謹狀

圖版3　《奏申牒疏科冊‧（奏）昊天》
吳春明供稿

圖版4　妲厄娜

Peintures monochromes de Dunhuang (Dunhuang baihua) : manuscrits reproduits en fac-similé, d'après les originaux inédits conservés à la Bibliothèque nationale de Paris, avec une introduction en chinois par Jao Tsong-yi ; adaptée en français par Pierre Ryckmans ; préface et appendice par Paul Demiéville, Paris : Ecole française d'Extrême-Orient : Dépositaire, A. Maisonneuve, 1978, fasc. 3. Planches, p. XL （圖版）

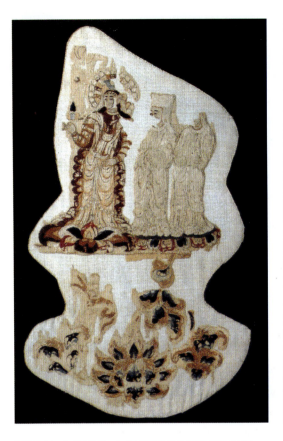
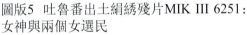

圖版5 吐魯番出土絹繡殘片MIK III 6251：
女神與兩個女選民
Gulácsi, Zsuzsanna, *Manichaean art in Berlin collections:a comprehensive catalogue of Manichaean artifacts belonging to the Berlin State Museums of the Prussian Cultural Foundation*, Museum of Indian Art, and the Berlin-Brandenburg Academy of Sciences, deposited in the Berlin State Library of the Prussian Cultural Foundation, Turnhout: Brepols, 2001, 89.1 (p.195).

圖版6　吐魯番出土絹繡殘片
MIK III 6251局部：女神。
Gulácsi, Zsuzsanna, *Manichaean art in Berlin collections:a comprehensive catalogue of Manichaean artifacts belonging to the Berlin State Museums of the Prussian Cultural Foundation*, Museum of Indian Art, and the Berlin-Brandenburg Academy of Sciences, deposited in the Berlin State Library of the Prussian Cultural Foundation, Turnhout: Brepols, 2001, 89.2 (p.194).

圖版7 《冥王聖圖》第1層
Yutaka YOSHIDA, "A newly recognized Manichaean painting: Manichaean Daēnā from Japan", *Pensée grecque et sagesse d'orient: hommage à Michel Tardieu*, sous la direction de Mohammad Ali Amir-Moezzi ... [et al.], Turnhout, Belgium: Brepols, 2009, p.710, Plate 7.

圖版8 《冥王聖圖》第4層
Yutaka YOSHIDA, "A newly recognized Manichaean painting: Manichaean Daēnā from Japan", *Pensée grecque et sagesse d'orient: hommage à Michel Tardieu*, sous la direction de Mohammad Ali Amir-Moezzi ... [et al.], Turnhout, Belgium: Brepols, 2009, p.709, Plate 6.

圖版9　　宇宙圖
吉田豐：《新出マニ教画の形而上》，
載《大和文華》第121號，平成22年
（2010），図版1

圖版10　　宇宙圖（局部）：電光王佛（左）、四天王（中）和平等大王
（右）
吉田豐：《新出マニ教画の形而上》，載《大和文華》第121號，平成22
年（2010），図版4（部分）

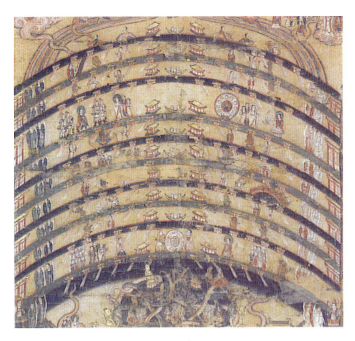

圖版11　　宇宙圖（局部）：十天

吉田豊：《新出マニ教画の形而上》，載《大和文華》第121號，平成22年（2010），図版3

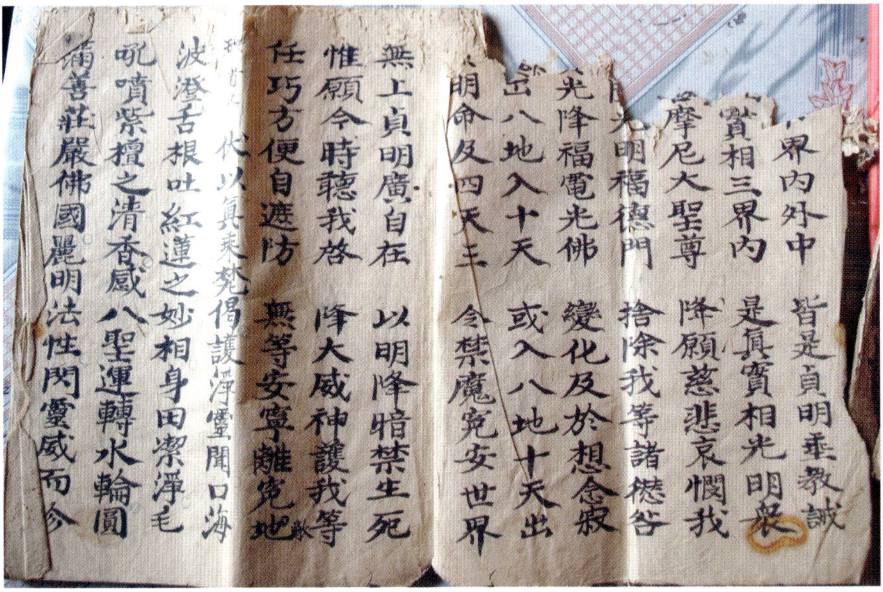

界内外中　皆是貞明垂教誡
實相三界内　是真實相光明最
摩尼大聖尊　降願慈悲哀憫我
明福德門　捨除我等諸愆咎
光降福電光佛　變化及於想念寂
出八地入十天　或入八地十天出
明命及四天王　令禁魔冤安世界
無上貞明廣自在　以明降暗禁生死
惟願今時聽我啓　降大威神護我等
任巧方便自遮防　無等安寧離冤地
伏以真乘梵偈護淨靈聞口海
波澄舌根吐紅蓮之妙相身田潔淨毛
吼噴紫檀之清香感八聖運轉水輪圓
滿善莊嚴佛國麗明法性閃靈感而今

圖版12　　柏洋鄉謝法師藏《無名科文》之二頁

吳春明供稿

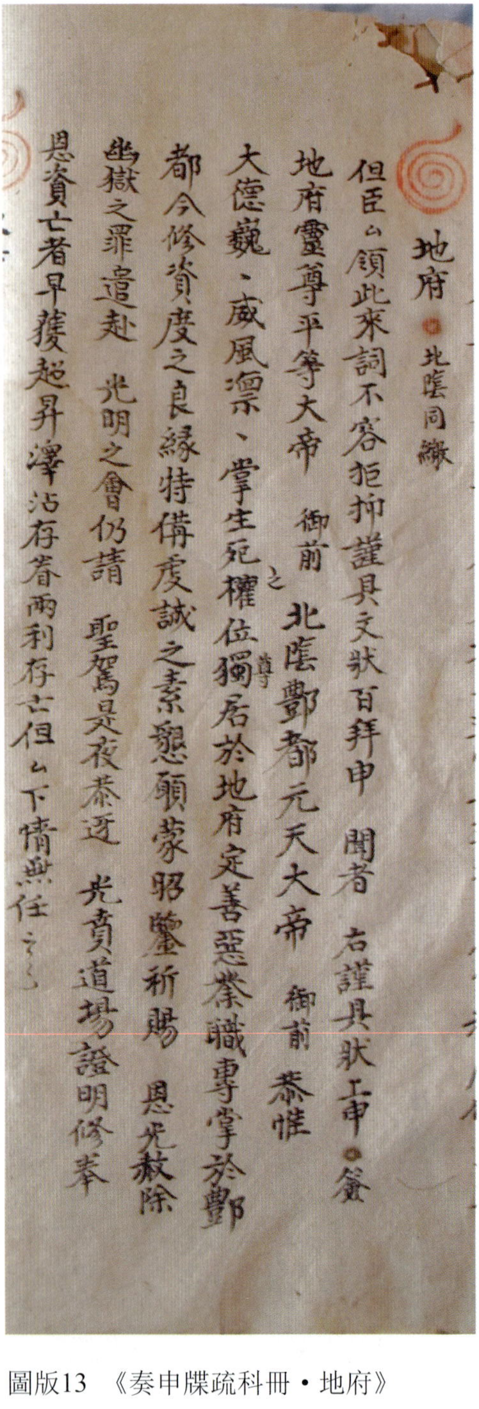

地府　北陰同總

但臣山領此來詞不容拒抑謹具文狀百拜申　聞者　右謹具狀上申　鑒

地府靈尊平等大帝　御前　之　北陰酆都元天大帝　御前　恭惟

大德巍、威風凛、掌生死權位獨居於地府定善惡察職專掌於酆

都令修資度之良緣特備虔誠之素懇願蒙昭鑒祈賜　恩光赦除

幽獄之罪遣赴　光明之會仍請　聖駕是夜恭逗　光貴道場證明修奉

恩資亡者早獲超昇澤沾存者兩利存亡但山下情興任○○

圖版13　《奏申牒疏科冊·地府》
吳春明供稿

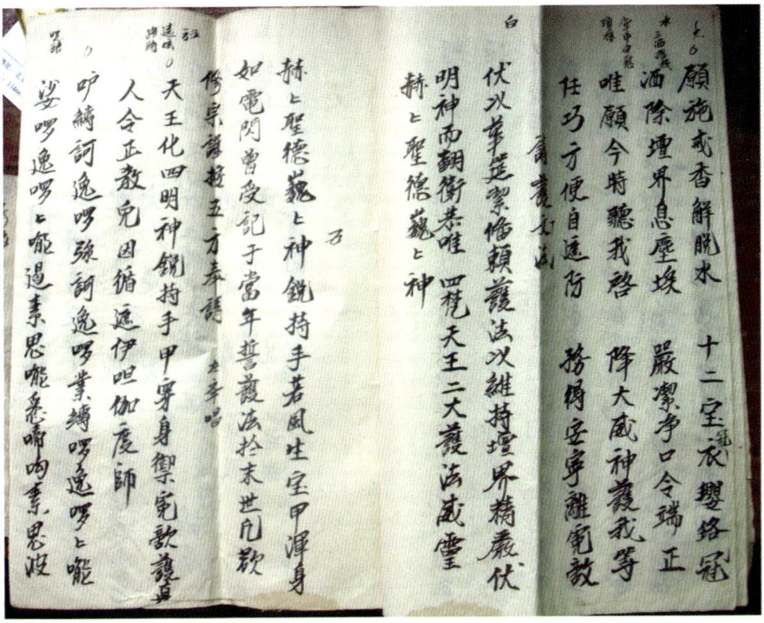

圖版14　霞浦縣柏洋鄉《興福祖慶誕科》頁4b-5a：「淨壇文」「請護法文」（部分）
吳春明供稿

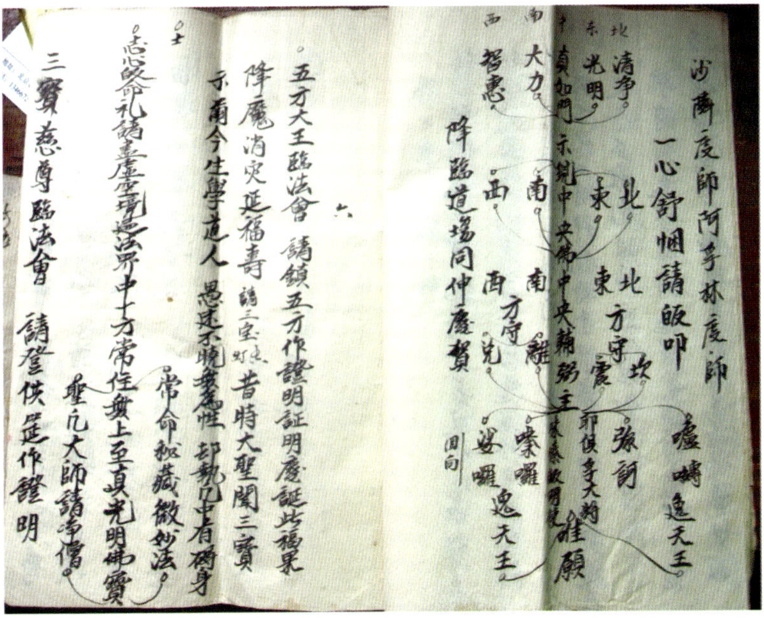

圖版15　霞浦縣柏洋鄉《興福祖慶誕科》頁5b-6a：「請護法文」「請三寶」（部分）
吳春明供稿

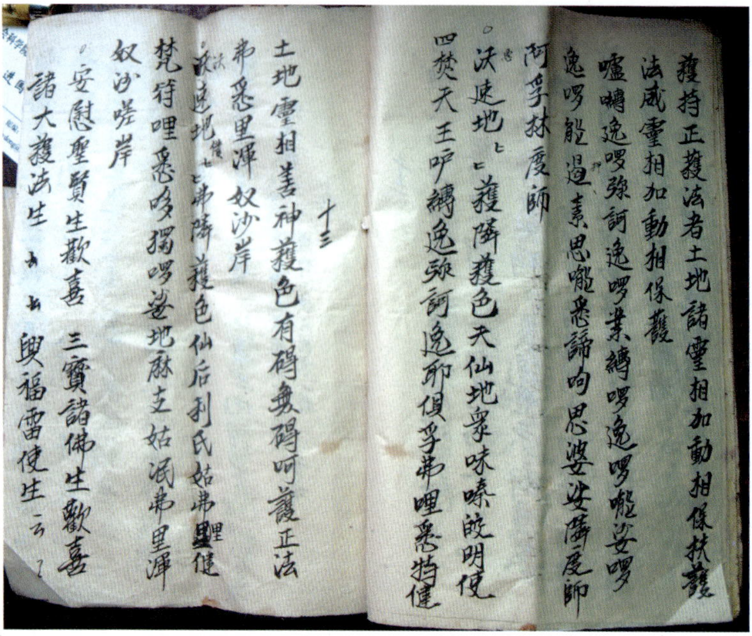

護持正護法者土地諸靈相加動相保扶護
法威靈相加動相保護
嚧嚩逸啰㗭訶逸啰業縛啰逸啰嚨娑啰
逸啰能遏素思嚨悉諦呴思娑娑隣度師
阿孚林度師
沃速地 ㄷ ㄷ 護隣護色天仙地衆味嗦皎明使
四梵天王呼縛逸㗭訶逸耶俱孚弗哩悉特健
十三
土地靈相善神護色有碍無碍呵護正法
弗悉里渾 奴沙岸
沃逸地 ㄷ ㄷ 弗隣護色仙后利氏姑弗里健
梵特哩悉哆獨啰娑地麻支姑泯弗里渾
奴沙嗟岸
安慰聖賢生歡喜 三寶諸佛生歡喜
諸大護法生 興福雷使生云

圖版16 霞浦縣柏洋鄉《興福祖慶誕科》頁12b–13a：「誦土地讚安慰」（部分）吳春明供稿

圖版17 《宇宙圖》（部分）：四天王
吉田豊：《新出マニ教画の形而上》，載《大和文華》第121號，平成22年（2010），図版4

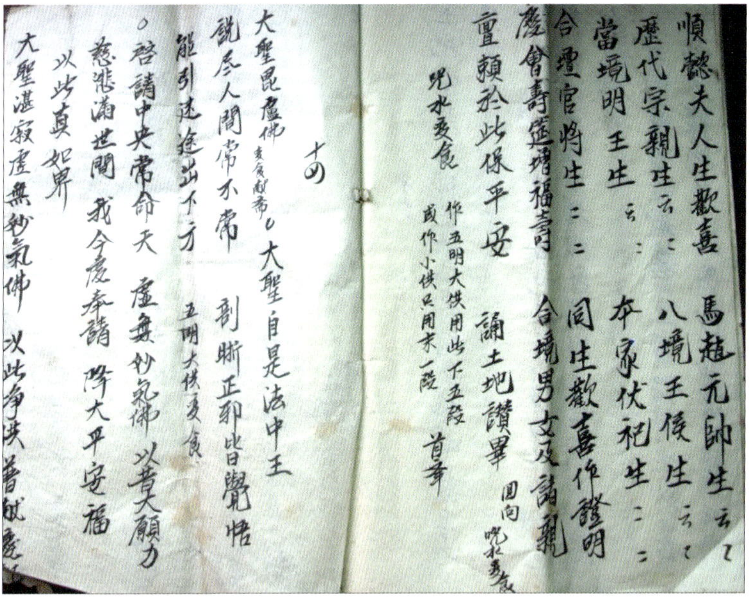

圖版18 霞浦縣柏洋鄉《興福祖慶誕科》頁12b–13a："誦土地讚安慰"（部分）吳春明供稿

圖版19《興福祖慶誕科》14b 吳春明供稿

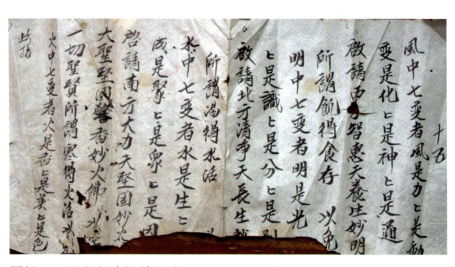

圖版20 《興福祖慶誕科》頁15a–b
吳春明供稿

12

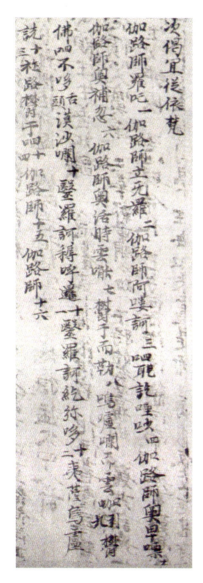

圖版21《下部讚》第154—158行：第2首音譯詩
《英藏敦煌文獻（漢文佛經以外部分）》，四川人民出版社，1990年，第4冊，頁148

圖版22　吐魯番出土卷軸殘片MIK III 4947與III 5 d：三佛釋迦文
Gulácsi, Zsuzsanna, *Manichaean art in Berlin collections : a comprehensive catalogue of Manichaean artifacts belonging to the Berlin State Museums of the Prussian Cultural Foundation*, Museum of Indian Art, and the Berlin-Brandenburg Academy of Sciences, deposited in the Berlin State Library of the Prussian Cultural Foundation, Turnhout: Brepols, 2001, Fig. 66 (p.147)

圖版23 卷軸殘片的復原圖MIK III
4947 & III 5 d
Gulácsi, Zsuzsanna, Mediaeval,
*Manichaean book art: a
codicological study of Iranian and
Turkic illuminated book fragments
from 8th-11th century east Central
Asia*, Leiden; Boston: Brill, 2005,
p.185, b: MIK III 4947 & III 5 d

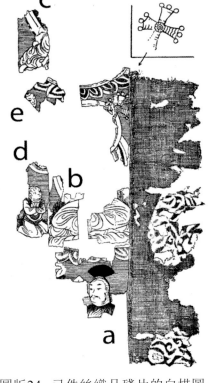

圖版24 已佚絲織品殘片的白描圖：
四佛夷數和
Le Coq, Albert von, *Chotscho:
Facsimile-wiedergaben der wichtigeren
Funde der ersten Königlich
preussischen Expedition nach Turfan
in Ost-Turkistan*, Berlin, D. Reimer (E.
Vohsen) 1913, p.8. http://dsr.nii.ac.jp/
toyobunko/LFc-42/V-1/page-hr/0018.
html.en
中譯本：〔德〕勒柯克著、趙崇民
譯、吉寶航審校：《高昌—吐魯番古
代藝術珍品》，新疆人民出版社，
1998年，頁22-23

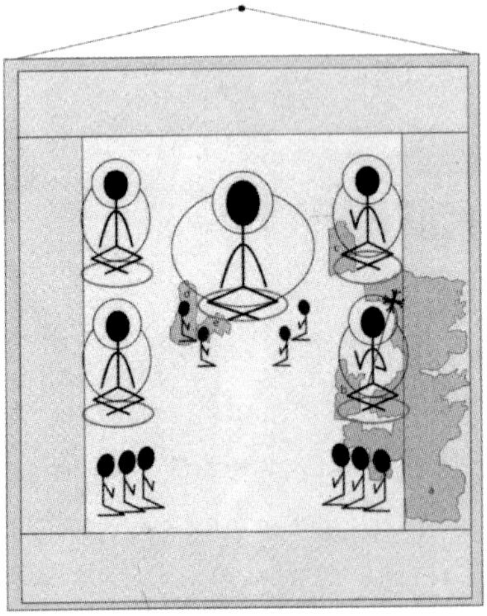

圖版25 已佚絲織品殘片的復原圖
Gulácsi, Zsuzsanna, "A Visual Sermon on Mani's Teaching of Salvation: A
Contextualized Reading of a Chinese Manichaean Silk Painting in the Collection
of the Yamato Bunkakan in Nara, Japan", *Studies on the Inner Asian Languages*,
XXIII (2008), Fig. 3b

圖版26　聖者傳圖（1）
吉田豐：《新出マニ教画の形而上》，載《大和文華》第121號，平成22年（2010），図版7

15

圖版27　上：聖者傳圖（1）（局部）；下：聖者傳圖（2）
吉田豊：《新出マニ教画の形而上》，載《大和文華》第121號，平成22
年（2010），図版8、図版9

PĀRS   Names of Provinces
KAŠKAR   Names of Districts
Rasht   Specifically Islamic names

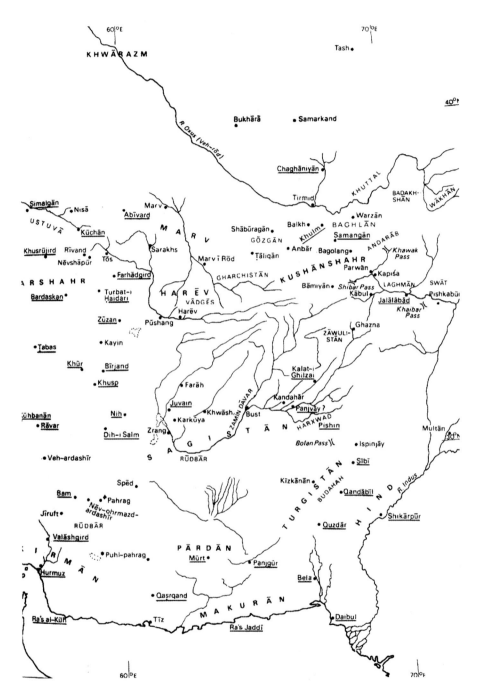

圖版28　早期薩珊伊朗各省地圖

http://rbedrosian.com/Maps/provsas.htm　(2011/12/17)

18

圖版29　MIK III 4979a,b verso：庇麻節
Gulácsi, Zsuzsanna, "Manichaean Art", Encyclopaedia Iranica, 2012. http://
www.iranicaonline.org/articles/manichean-art　2012/3/4 Figure 3

圖版30　摩尼像
Yutaka YOSHIDA, "A newly
recognized Manichaean painting:
Manichaean Daēnā from Japan",
*Pensée grecque et sagesse d'orient:
hommage à Michel Tardieu*, sous
la direction de Mohammad Ali
Amir-Moezzi ... [et al.], Turnhout,
Belgium: Brepols, 2009, p.708,
Plate 4.

圖版31 宇宙圖（部分）：日月

吉田豊：《新出マニ教画の形而上》，載《大和文華》第121號，平成22
年（2010），図版2

出 版 说 明

　　随着 20 世纪以来联系地、整体地看待世界和事物的系统科学理念的深入人心，人文社会学科也出现了整合的趋势，熔东北亚、北亚、中亚和中、东欧历史文化研究于一炉的内陆欧亚学于是应运而生。时至今日，内陆欧亚学研究取得的成果已成为人类不可多得的宝贵财富。

　　当下，日益高涨的全球化和区域化呼声，既要求世界范围内的广泛合作，也强调区域内的协调发展。我国作为内陆欧亚的大国之一，加之 20 世纪末欧亚大陆桥再度开通，深入开展内陆欧亚历史文化的研究已是责无旁贷；而为改革开放的深入和中国特色社会主义建设创造有利周边环境的需要，亦使得内陆欧亚历史文化研究的现实意义更为突出和迫切。因此，将针对古代活动于内陆欧亚这一广泛区域的诸民族的历史文化研究成果呈现给广大的读者，不仅是实现当今该地区各国共赢的历史基础，也是这一地区各族人民共同进步与发展的需求。

　　甘肃作为古代西北丝绸之路的必经之地与重要组

成部分,历史上曾经是草原文明与农耕文明交汇的锋面,是多民族历史文化交融的历史舞台,世界几大文明(希腊—罗马文明、阿拉伯—波斯文明、印度文明和中华文明)在此交汇、碰撞,域内多民族文化在此融合。同时,甘肃也是现代欧亚大陆桥的必经之地与重要组成部分,是现代内陆欧亚商贸流通、文化交流的主要通道。

基于上述考虑,甘肃省新闻出版局将这套《欧亚历史文化文库》确定为2009—2012年重点出版项目,依此展开甘版图书的品牌建设,确实是既有眼光,亦有气魄的。

丛书主编余太山先生出于对自己耕耘了大半辈子的学科的热爱与执著,联络、组织这个领域国内外的知名专家和学者,把他们的研究成果呈现给了各位读者,其兢兢业业、如临如履的工作态度,令人感动。谨在此表示我们的谢意。

出版《欧亚历史文化文库》这样一套书,对于我们这样一个立足学术与教育出版的出版社来说,既是机遇,也是挑战。我们本着重点图书重点做的原则,严格于每一个环节和过程,力争不负作者、对得起读者。

我们更希望通过这套丛书的出版,使我们的学术出版在这个领域里与学界的发展相偕相伴,这是我们的理想,是我们的不懈追求。当然,我们最根本的目的,是向读者提交一份出色的答卷。

我们期待着读者的回声。

总 序

　　本文库所称"欧亚"(Eurasia)是指内陆欧亚,这是一个地理概念。其范围大致东起黑龙江、松花江流域,西抵多瑙河、伏尔加河流域,具体而言除中欧和东欧外,主要包括我国东三省、内蒙古自治区、新疆维吾尔自治区,以及蒙古高原、西伯利亚、哈萨克斯坦、乌兹别克斯坦、吉尔吉斯斯坦、土库曼斯坦、塔吉克斯坦、阿富汗斯坦、巴基斯坦和西北印度。其核心地带即所谓欧亚草原(Eurasian Steppes)。

　　内陆欧亚历史文化研究的对象主要是历史上活动于欧亚草原及其周邻地区(我国甘肃、宁夏、青海、西藏,以及小亚、伊朗、阿拉伯、印度、日本、朝鲜乃至西欧、北非等地)的诸民族本身,及其与世界其他地区在经济、政治、文化各方面的交流和交涉。由于内陆欧亚自然地理环境的特殊性,其历史文化呈现出鲜明的特色。

　　内陆欧亚历史文化研究是世界历史文化研究中不可或缺的组成部分,东亚、西亚、南亚以及欧洲、美洲历史文化上的许多疑难问题,都必须通过加强内陆欧亚历史文化的研究,特别是将内陆欧亚历史文化视做一个整体加以研究,才能获得确解。

中国作为内陆欧亚的大国,其历史进程从一开始就和内陆欧亚有千丝万缕的联系。我们只要注意到历代王朝的创建者中有一半以上有内陆欧亚渊源就不难理解这一点了。可以说,今后中国史研究要有大的突破,在很大程度上有待于内陆欧亚史研究的进展。

古代内陆欧亚对于古代中外关系史的发展具有不同寻常的意义。古代中国与位于它东北、西北和北方,乃至西北次大陆的国家和地区的关系,无疑是古代中外关系史最主要的篇章,而只有通过研究内陆欧亚史,才能真正把握之。

内陆欧亚历史文化研究既饶有学术趣味,也是加深睦邻关系,为改革开放和建设有中国特色的社会主义创造有利周边环境的需要,因而亦具有重要的现实政治意义。由此可见,我国深入开展内陆欧亚历史文化的研究责无旁贷。

为了联合全国内陆欧亚学的研究力量,更好地建设和发展内陆欧亚学这一新学科,繁荣社会主义文化,适应打造学术精品的战略要求,在深思熟虑和广泛征求意见后,我们决定编辑出版这套《欧亚历史文化文库》。

本文库所收大别为三类:一,研究专著;二,译著;三,知识性丛书。其中,研究专著旨在收辑有关诸课题的各种研究成果;译著旨在介绍国外学术界高质量的研究专著;知识性丛书收辑有关的通俗读物。不言而喻,这三类著作对于一个学科的发展都是不可或缺的。

构建和发展中国的内陆欧亚学,任重道远。衷心希望全国各族学者共同努力,一起推进内陆欧亚研究的发展。愿本文库有蓬勃的生命力,拥有越来越多的作者和读者。

最后,甘肃省新闻出版局支持这一文库编辑出版,确实需要眼光和魄力,特此致敬、致谢。

余太山

2010 年 6 月 30 日

目录

《霞浦文書研究》序

一

馬小鶴先生的新作《霞浦文書研究》問世，可喜可賀。

何謂霞浦文書？倒退五六年，霞浦文書這一稱謂還不存在於學界。2008年，福建省霞浦縣文物工作人員在普查過程中尋獲了數量可觀的科儀文書。這批世代珍藏在當地法師等人士手中的民間宗教文書計有《奏申牒疏科冊》《興福祖慶誕科》《高廣文》《冥福請佛文》《借錫杖文》《借珠文》《付錫杖偈》《四寂贊》《送佛贊》《送佛文》《凶看貞明經畢用此文》《送三界神文》《功德奏名奏牒》《吉祥道場申函牒》《吉祥道場門書》《門迎科苑》《雨疏》《摩尼施食秘法》《繳憑請秩表》及多種無名科文。陳法師藏未名科儀書原封皮已失，陳法師加封後，名其為《摩尼光佛》，保存了較多源自唐代摩尼教的內容。此外，伴隨科儀文書，人們也檢獲《樂山堂神記》等與明教遺址或墓葬有關的文獻，還有柏洋鄉上萬村《林氏宗譜》、上萬村"闕下林"資料、柏洋鄉神洋村《孫氏宗譜》等族譜，以及從《明門初傳請本師》等傳教世系和族譜中輯出的宋元以來當地傳承明教的重要人物或聖化角色的資料。在這些人物的資料之中，以"宋摩尼"林瞪及其二女的資料最引人矚目，上面列舉的諸多科儀文書中的《興福祖慶誕科》，據說就是林瞪祖師請神本，直到今天仍由法師保存。由此可見，所謂霞浦文書，是一批內涵駁雜、數量可觀的民間宗教文書群的統稱，這批文書從一被發現，就受到各界人士的重視，漸次遐邇聞名。

　　小鶴先生很早就認識到這批宗教文書群的意義。他對這批新獲文書群的性質做了全盤通檢，承認霞浦文書涉及摩尼教或明教諸多方面的內容。於是，他在他得到的幾種照片中，選定"奏申牒疏科冊"中有關超度亡靈時祈請不同層次的神靈的"文檢"著手，解讀文本，展開研究。由於這批文檔展現著多元化的地方民間宗教的面貌，糅雜著多種民間信仰的神靈的稱謂，有時令人殊難貿然判定其中某一具體神祇的宗教屬性。這些關鍵問題正是小鶴先生著眼之所在。"返回事物自身"（zurück Sach selbst），面對事物的殊相，小鶴先生憑藉他多年來寢假於研究摩尼教而育成的深厚學養和銳見卓識，排比取證，參合發明，不僅指出霞浦文書中源自佛、道的術語及其神譜所涉及的神祇名稱，而且進而以之與敦煌摩尼教漢文文獻和宋明以來有關的明教的記載的教義和神明做出直接、間接的比對。駁雜的霞浦文書中顯現的多重表像和局部變異，經小鶴先生抉隱粶微，將它們納入特定的歷史脈絡加以疏證，渙然得到其符合實際際遇的攷釋。2009年9月8—12日，小鶴先生在愛爾蘭都柏林舉行的第七屆國際摩尼教學術討論會上介紹了《樂山堂神記》等這批新出的霞浦文書的內涵，報告了他的初步研究結果。與會的同行學者基於學術的敏感，給予這批新的發現以高度重視。不妨說，這是國際學界也關注霞浦文書之始。

　　從小鶴先生參加都柏林會議到今天，為時不過短短四年。四年來，小鶴先生黽勉從事，精心譔述，就霞浦文書的一些重點內容連續刊出長篇專論十數篇，而今小鶴先生將以上專論加以整齊排比，增補其內容，疏通各篇章的脈絡，完成了如今擺在我們面前的《霞浦文書研究》一書。展閱此書，我們看到小鶴先生旁徵博引，對霞浦地區的明教術語和神譜體系做了周詳的考釋，既從摩尼教最初原生地或原本（Urtext）探求其由來所自，又考察這些關鍵語彙與神祇名稱在東傳的過程中，因迭經不同語言的宣教場域而產生的話語演化，從跨文化的視野解讀其寓意。關於本書各章節的結構與主旨，小鶴先生在本書引言中做了要言不煩的交待。簡言之，在此書中，小鶴先生對摩尼教義從西亞源頭到霞浦尾閭的來龍去脈及其經歷千年以上演化的方方面面，都做出了微觀的審視與宏觀的考察，其學術價值之值得人們高度重視，無待贅敘。

在學術領域，人們常常看到，史實一落言詮，往往引發歧見，即便是攷證得清清楚楚、明明白白的事實，一進入闡釋階段，也不免人言言殊。由於英雄所見有所不同而引發商榷性意見，乃學術發展中的正常現象和必經過程。小鶴先生此書的貢獻正在於此：通過譔述本書，小鶴先生不僅解決了新出霞浦文書帶來的大量疑難，而且對其中一系列關鍵語彙的梳理啓發了人們的思考，推動了人們的進一步探求，從而促進學術的發展。所以說，馬小鶴先生的新作《霞浦文書研究》問世，可喜可賀。

二

人們也許進一步要問，小鶴先生爲什麼能夠以短短的四年時間撰成這樣一部鴻篇鉅製？這一點並不難說明，因爲小鶴先生的主、客觀條件允稱兼備，而主觀條件尤爲勝出。小鶴先生的雄厚根基奠立在積年的廣泛閱讀之上。對於小鶴先生說來，近百年來舉世各地相關文物文書的出土情形與相關文書的解讀進展，研究摩尼教的開創性專著和前緣性論文的具體成就若何，皆了然於胸臆。霞浦文書近年的出現，無非是讓小鶴先生因緣際會，適將其前期博覽、精讀而取得的默會知識（tacit knowledge）和獨到的學術見地東西合璧，體現於此書諸篇的從容縷敘之中。沒有前期的苦功，此書既不可能四年之內下筆完成，更不可能在考察多種語言記載的資料的出入異同上達到如此精當的水準。

在這裡，應對小鶴先生的學術造詣稍做補敘。首先，令人欽佩的是，多年來，他以一種沉潛的耐力和耐心，自覺學習和應用語文學家們

（philologists）的成果，鑽研與研究摩尼教有關的各種語言的研究成果，特別是在現代語言作為工具之外培育相應的語文學（philology）知識。寖假久之，漸得借助語文學成果治學的要竅。就我所知，小鶴先生早在做章巽先生的碩士研究生階段即已略知粟特語研究概況，以後在哈佛訪學期間曾修過一年課程。其後，舉凡研究摩尼教所應具備的當代語文和各種古代語言，若希臘，拉丁，科普特，苫（閃）語系中的希伯來、阿拉姆、阿拉伯，東伊朗語支的各種語言的研究成果，一一皆在小鶴先生研習之列。讀者看到，本書所收霞浦文書中希奇古怪的四天王的名字，終於被小鶴先生勘定爲四大天使名字的譯音；又，十天王的名稱作“阿薩漫沙”，經小鶴先生攷釋，這一不見于敦煌文書的“阿薩漫沙”之名，乃源自粟特文名字的譯音，又經吉田豊先生進一步考訂實為中古波斯文/安息文*'sm'n šḥ 之訛；又，耶俱孚一名，源自《聖經》中以色列人之祖雅各（Jacob）；這些富有科學旨趣的譯名，經小鶴先生再進一步攷釋，讓我們豁然頓悟，這些名字在東傳過程中幾經演變，如此等等，不遑枚舉。讀者悉心展讀本書，類似精彩的疏證與攷釋，比比皆是。天道酬勤，小鶴先生在利用語文學研究成果上下了苦工，今天在研究霞浦文書上之得心應手絕不偶然。

其次，小鶴先生非常瞭解文本闡釋與歷史環境和社會語境之間的依附關係。在不同的環境和語境中，歷史的一致性（historical coherence）各有各自的心智的、意識的投影，並通過史學、文學、藝術、宗教等不同方式的敘事（narrative）體現爲文化的多樣性。摩尼的教義正是適應於特定的時間、特定的空間所處的生態環境（milieu）而獲得繼續的存在。正因為是這樣，研究宗教文本，必得相應研究社會結構、文化模式以及藝術、建築等相關領域。在霞浦文書中，以道教方式鋪陳摩尼教/明教教義和表現諸神譜系、神界層級結構的話語，論述宇宙起源和末世神話、亡魂世界的業報與救贖、聖化與永生等觀念的語彙，舉辦各種法會的儀軌儀式的專用術語，不僅是語義豐富，而是涵攝的題材複雜。在小鶴先生這裏，社會史、學術史、觀念史、宗教史（祆教、猶太教、靈知派、原始基督教、摩尼教、佛教）等相關方面的史料，只要有助於揭示文本中仍然遮蔽的或尚未展現的事物原貌，哪怕片斷，均在悉心萃聚之列，用以舉證歸納，參合發明，提供學界和讀者採擷參考。

三

閱讀小鶴先生的這部新作，就我個人而言，如同被小鶴先生導入了一座"沒有院牆的博物館"。書中一章章的論述，猶如小鶴先生在做導遊，我一邊參觀一間間的展廳和展室，一邊聽他的講解。這些時空二維度的展廳和展室藉助於他的充實佈置和生動講解而顯示出來博物館的廊廡光大氣象。

小鶴先生作講解説，死海古卷中的阿拉姆文《巨人書》實為摩尼撰寫《大力士經》的素材，從死海地區傳到吐魯番、敦煌的摩尼教文書證明了這一遙遠而切實的聯繫，如今這一聯繫經過敦煌，具體說來，通過摩尼教《殘經》等敦煌卷子，一直延伸到霞浦。

小鶴先生接下來展示和講解宋代以來道教化的霞浦明教神譜的變換：霞浦文書中相當於道教文檢的"科冊"中以"奏"所祈請的、久經官方認可的道教三位主神——三清（元始天尊、靈寶天尊、道德天尊），已被摩尼光佛、完全虛構的電光王佛（小鶴先生重新論證，電光佛當即摩尼教的光明童女）、夷數和佛（耶穌）所取代。在這一變換神譜的階層結構的過程中，摩尼教的最高主神——大明尊猶如印度教的創造之神梵天（Brahmā），也被架空了。

然後，明教的五祖"遞嬗"次序也在這一"沒有院牆的博物館"中定型。據霞浦文書，五佛為一佛那羅延（出自印度教），二佛蘇路支（即瑣羅亞斯德），三佛釋迦文（即佛陀），四佛夷數和（即耶穌），以上四佛都是摩尼的先驅，五佛則為摩尼自己，也就是最後光明使。"五佛"之說濫觴於吐魯番出土的圖像資料和回鶻文《摩尼大頌》，摩尼加上四個先驅構成"五佛"則到霞浦文書終成定論。歐洲古代的基督教反異端學者也好，中國方面的記載（《夷堅志》）也好，從來沒有能夠講清楚被神化的蘇路支（瑣羅亞斯德）、釋迦文佛（佛陀）、夷數佛（耶穌）與摩尼是什麼樣的關係，而今唯獨霞浦文書保存了摩尼教有關五位先知的明確記載。

　　為瞭解霞浦文書中有關地獄方面的文本内涵，小鶴先生佈置了"平等王"陳列室。小鶴先生為此而關注日本學者與其西方同行對近年問世的寧波繪畫——元代傳到日本去的明教繪畫《冥王聖圖》與《宇宙圖》的圖像研究的進展，因為這些圖像的闡釋與解讀，關係到摩尼教在其創世紀、輪回說、末世論中的地獄觀念以及霞浦文書中有關地獄的内涵。這又啓示了我們，我們應該關注浙江、福建整個沿海地區的摩尼教、明教遺存，進一步瞭解沿海不同地區摩尼教、明教分別在各個歷史階段是怎樣各有合乎各自情況的環境和語境、各有合乎各自邏輯的表現。

　　繼佈置三常、四寂、五明性等教義陳列室之後，小鶴先生的"沒有院牆的博物館"設有呼祿（唐武宗會昌時人）、孫綿（初枛龍首寺於966年，龍首寺於元代改名樂山堂）、林瞪（1022—？）及其二女這些具體人物的陳列室。摩尼教義的變異通過他們發揮作用而在霞浦成為可能，並以與其他地區大同小異的外在形式保持著生命力。林瞪不再僅僅是一個歷史上的人名，不再是一個符號，而是曾經的現實。由於林瞪被納入道教的萬神殿，並傳說其靈驗，他生前傳下來的明教文典也就披上了民間宗教文獻的外衣。

　　就是這樣，我的感受是，在參觀和聽取講解之後，我如同被小鶴先生引上一座高峰，面前展現的是僅靠我個人延跂而望所無法想像的視野。

<h1 style="text-align:center">四</h1>

　　霞浦新出文書是西方學者完全沒有見過的漢文資料，這些文本展現了全新場域。霞浦文書的充分刊佈，必將關係到當今世界的摩尼教研究，並在民間宗教等諸多新領域都有所突破。這批文書又是中國學者擅長的漢文所書寫的文本，中國學者研究起來享有一定優勢，但是此前無緣接觸，無從涉獵，而現在湧現出來一批卓越學者，陸續刊出富有創見的論文。當然，結集多篇專論，渢爲一編者，自以小鶴先生爲先導。今後結合這一批漢文文書來研究其他語種的摩尼教文書，必將有助於在某些方面跳脫原來的閾限，豐富和加深我們對摩尼教的認識。小鶴先生本書就是明證，感興趣的讀者必能發現本書蘊育的價值。

　　多年來與小鶴先生或書函往來，或促膝長談，讀書上備享切磋琢磨之樂，謹以感念和喜悅的心情祝賀小鶴先生的新書問世。出於欽佩小鶴先生的治學謹嚴與勤奮精神，我期待著小鶴先生更進一步做出獨到的貢獻。

張廣達
2013年5月19日序於臺北

前　言

最近數年在福建省霞浦縣發現了相當數量的宗教文書，包含豐富的摩尼教因素，已經引起學界同仁的興趣。同門師兄芮傳明先生提議共同申請國家社會科學基金項目，我就以這方面的研究參加申請，現在這本書就是這個項目的論文結集。

各章原來是作爲單篇論文寫的，好處是每章可以獨立，讀者可根據自己的興趣和研究領域，挑選有關論文閱讀；缺點是不少題目並非一篇一、二萬字的雜誌論文可以闡述明白的，只能分成多篇寫作，相關各章之間不免有重復之處。正因爲不少篇論文互相有密切關係，所以在這篇前言中略述其間的脈絡和關聯，或許對讀者閱讀有所幫助。

第1章《摩尼教與濟度亡靈》概述霞浦文書"奏申牒疏科冊"，通過對這份文書的整體觀察，得出初步結論，認爲"宋摩尼"林瞪一支有其自身的特點。一方面，它是異端而非叛逆，有一套自己的神譜，不同於道教；但是，並沒有像宋代溫州明教一樣，被政府視爲"狂妄之人"，遭到鎮壓。另一方面，它走向大衆化，而非精英化。它的法師自然不可能再擁有宋代四明（寧波）明教寺院崇壽宮主持張希聲那樣淵博的知識，但也不至於後繼無人，而是像一般道士一樣，靠從事超度亡靈等民間信仰活動生存了下來。第三個特點是走向更深的道教化，而非進一步佛教化。這一教派的祖師林瞪已經被納入道教的萬神殿，由於林瞪靈驗的傳說，使其生前所傳的明教文典批上民間宗教文獻的外衣，保存了下來。

"奏申牒疏科冊"等霞浦文書中，超度亡靈是一個突出的主題。近年來發現的元代傳到日本去的明教繪畫《冥王聖圖》與《宇宙圖》上均有明確的冥王審判場景。因此解決摩尼教是否有地獄觀念的問題，至關重要。第2章《摩尼教"地獄"考》梳理了回鶻文、中古波斯文、帕提亞文、粟特文資料，論證摩尼教在其創世紀、輪迴說、末世論中都有地獄觀念，已經早就具備與中國民間宗教地獄觀融合的基礎。

"奏申牒疏科冊"像道教文檢一樣分爲奏、申、牒、疏等不同種類，根據神靈的地位使用不同的文種。奏是給帝尊的文書，比如奏告三清、教主、昊天玉皇上帝（十天王）等。申是給一般神祇的文書，比如：申地府是給平等大帝與酆都大帝的文書。牒是給神司的文書，例如，牒將官是給四梵天王（四天王）、諸護法明使的牒文。從第3章到第7章就按照神祇的地位，依次研究電光王佛、十天王、平等大帝、四天王和護法明使耶俱孚。《奏三清》《奏教主》的三個主神是摩尼光佛、夷數和佛、電光王佛。第3章《從"善業""電光佛"到"電光王佛"》利用埃及新出科普特文文書、阿拉伯文傳世資料、重新釋讀的粟特文寓言和《冥王聖圖》《宇宙圖》等圖像資料，分析電光佛與拯救亡靈的密切關係使其從摩尼教十二大神之一上升爲三大主神之一。至於夷數與摩尼光佛則在第14章《摩尼教中的夷數（耶穌）》和第15章《摩尼光佛新考》中有所論述。

第4章《摩尼教十天王考》則分析了摩尼教中淨風五子之一的十天王（十天大王）在霞浦文書中披上了昊天玉皇上帝的外衣，成爲主神之一。我們發現，霞浦文書中對十天王的敍述，相當吻合《宇宙圖》中對十天王的描繪；更出人意料的是發現霞浦文書中十天王所謂"梵名阿薩漫沙"可能爲粟特文 smʾnxšyδ（讀若〔a〕smān-xšēδ）的譯音，而吉田豐先生告訴筆者，smʾnxšyδ 實爲中古波斯文/安息文*ʾsmʾn šʾḥ 之訛，這是敦煌漢文文書中所未見的。

第5章《從"平等王"到"平等大帝"》則揭示以往不甚爲人注意的摩尼教審判之神在敦煌文書中被稱爲"平等王"或"真實平等王"，或"真實斷事平等王"，在《冥王聖圖》和《宇宙圖》中被描繪爲閻羅王的形象，而在霞浦文書中演變爲與道教冥王酆都大帝並列的平等大帝。

"奏申牒疏科冊"只提到四梵天王，其具體名字則見於霞浦文書"興福祖慶誕科"。"興福祖慶誕科"是祭祀祖師林瞪的請神本，包括

"請護法文""咒水變食""四寂讚"等節。以往學術界已經注意到，死海古卷中的阿拉姆文《巨人書》實為摩尼撰寫《大力士經》的素材，從死海地區到吐魯番存在著遙遠而切實的文化聯係。 現在可以在霞浦文書中找到證據，證明這種文化聯係經過敦煌，一直延伸到霞浦。第6章《摩尼教四天王考》揭示了《宇宙圖》上類似佛教四大天王的神祇，在"興福祖慶誕科""請護法文"中卻又披上了民間"五方"所請之神的外衣。四天王的名字不見於敦煌文書，但卻不僅可以追溯其摩尼教伊朗語淵源，而且可以一路往上追溯，直至其阿拉姆文根源，他們實際上就是人們耳熟能詳的四大天使：

四大天使		拉法葉爾	米迦勒	加百列	沙逆夜
英文		Raphael	Michaeal	Gabriel	Səra'el
阿拉姆文		רפאל	מיכאל	גבריאל	שריאל
阿拉姆文轉寫		Rapha'el	Micha'el	Gabri'el	Śari'el
希臘文		Ῥαφαὴλ	Μιχαὴλ	Γαβριὴλ	
中古波斯文		rwp'yl	myx'yl	gbr'yl	sr'yl
帕提亞文		rwf'yl	myh'yl	gbr'yl	sr'yl
晚期中古漢語		luǒ pfiua jit la	mji xa jit la	ŋiap pfiua la jit la	sa la jit la
漢文	四天王	嚧嘲逸囉	弥訶逸囉	喋嘲囉逸囉	娑囉逸囉
	四天下	北方	東方	南方	西方
	四寂	清淨	光明	大力	智慧

　　"興福祖慶誕科"中二大護法之一的耶俱孚有一個幾乎與四梵天王一樣富於傳奇性的"履歷"。第7章《摩尼教耶俱孚考》追根溯源，分析了《聖經》中的以色列人之祖雅各（希伯來文יַעֲקֹב Yaqob）如何演變成希臘文《約瑟禱文》中的天使雅各（Ἰακώβ），又相繼演變成希臘文咒文和護身符中的天神雅各、科普特文靈知派經典《埃及人福音》中的拯救者雅各、《九姓回鶻可汗碑》粟特文殘片、新出吐魯番摩尼教粟特文書信中的天使雅各（y'kwβ βr'yšt'k）、摩尼教中古波斯文文書中的群雄統帥（gwrd'n *phlwm srhng）和敦煌文書中的"頭首大將耶俱孚"，最後演變為霞浦文書中的"耶俱孚大將""俱孚元帥"或"俱孚聖尊"。

10

"興福祖慶誕科"的"咒水變食" 是作五明大供"普獻慶誕會上一切聖賢"。第8章《從"五明性"到"五明大供"》重新排比了中古波斯文《大力士經》殘片 M101 b-e-h，闡明了"五明大供"中毗盧佛與五明的來龍去脈：

	光耀柱	五明	氣	風	光	水	火
中古波斯文	srwšhr'y	pnz mhr'spnd	pr'whr	w'd	rwšn	'b	'dwr
敦煌文書	窣路沙羅夷、盧舍那	摩訶羅薩本、大智甲、五明	清淨氣	妙風	明力	妙水	妙火
霞浦文書	毗盧佛	五明	妙氣佛	妙風佛	妙明佛	妙水佛	妙火佛

中古波力士經》殘片 M101 i-j-c-k-g-l 與霞浦文書關係不大，但是它們與 M101 b-e-h 出自同一個抄本，對其研究作爲《附錄一：中古波斯文文書 M101 i-j-c-k-g-l 譯釋》收入本書。

"興福祖慶誕科"的"四寂讚"為我們提供了前所未知的清淨、光明、大力、智慧的伊朗語譯音。筆者在霞浦文書發現之前，寫過一篇《摩尼教〈下部讚〉第二首音譯詩譯釋—淨活風、淨法風辨析》，發表在《天祿論叢：北美華人東亞圖書館員文集·2010》上，現在補充了一些霞浦文書的資料，作爲第9章《摩尼教三常、四寂新考》，闡明三常乃光明父子淨法風，出自基督教聖父、聖子、聖靈三位一體論，淨法風是惠明的異稱，與淨風無涉。四寂是：

四寂	清淨	光明	大力	智慧
中古波斯文	yazd	rōšn	zōr	wihī
敦煌文書	夷薩	烏盧詵	袟路	于啊
霞浦文書	咦�	嚧詵	蘇路	和醯

在完成上述研究的同時，筆者本來只計劃寫一篇研究摩尼教中的蘇路支的文章，但是隨著研究的深入，發現這涉及一個大得多的領域，霞

浦文書"摩尼光佛"提供了豐富的資料,並非一篇文章所能窮盡,遂發展為一組文章。第10章《明教"五佛"考》揭示《夷堅志》所謂明教"取《金剛經》一佛二佛三四五佛,以為第五佛",是以訛誤的形式反映了明教教義。《夷堅志》所引白居易的詩句"五佛繼光明",在霞浦文書中可以得到新的解釋:五佛為一佛那羅延(出自印度教),二佛蘇路支(即瑣羅亞斯德),三佛釋迦文佛(即佛陀),四佛夷數佛(即耶穌),均是摩尼的先驅,五佛為摩尼,也即最後光明使。吐魯番出土的圖像資料和回鶻文《摩尼大頌》已經顯示"五佛"的端倪,霞浦文書則非常清楚地表述了摩尼及其四個先驅構成的"五佛"。無論是歐洲古代的基督教反異端學者,還是中國古代的知識界,對於蘇路支(瑣羅亞斯德)、釋迦文佛(佛陀)、夷數佛(耶穌)與摩尼的關係都混淆不清,相比之下,霞浦文書保存了摩尼教對這些先知的準確知識。在這五佛中,至少蘇路支、釋迦文、夷數和摩尼四個都在歷史上實有其人,雖然被不同程度的神化,但是仍然不同於完全虛構的電光王佛等神衹。

第11章《摩尼教中的那羅延佛》擇要介紹了印度教裏那羅延的資料,分析了粟特文文書 TM393記述的諸光明使,聯想到敦煌摩尼教文書中的那羅延佛,假設摩尼曾以其為最古老的光明使。筆者本來假設那羅延佛與人類始祖亞當有關,但是在復旦大學課堂上討論時,芮傳明及博士生們提出了質疑,於是決定放棄這一假設。但是聽講諸位覺得關於亞當的分析尚有可取之處,於是作為《附錄2:摩尼教中的亞當與吉莫爾德》收入本書。

第12章《摩尼教中的蘇路支》指出了《大宋僧史略》等傳統史料對蘇魯支與摩尼的混淆,利用比魯尼的阿拉伯文《古代遺跡》、摩尼教帕提亞文"蘇魯支(蘇路支)"殘片、粟特文和回鶻文的蘇魯支故事等資料,論證摩尼借蘇路支宣揚自己的教義,猶如尼采借查拉圖斯特拉(即蘇魯支)之口講述自己的哲學。第13章《摩尼教中的釋迦文佛》結合元代從寧波傳入日本的明教《聖教傳圖》、帕提亞文文書 M42等文獻,綜述了佛教對摩尼教的影響。第14章《摩尼教中的夷數(耶穌)》分析了霞浦文書中所展現的夷數的三個方面:一方面,他是位於那羅延、蘇路支、釋迦文之後、摩尼之前的光明使；另一方面，他是與摩尼光佛、電光王佛並列的三大神之一；第三方面，他在符咒中，與無上明尊祖（摩尼教的最高神）、四梵天王一起，被賦予驅邪斬魔的能耐。

第15章《摩尼光佛新考》揭示霞浦文書中的很多重要記述不管是否見於敦煌文書，都可以在胡語文獻中找到確切根據：摩尼之母名"末艷"即亨寧根據阿拉伯文資料擬構的 Maryam；摩尼"年四歲出家"即希臘文《科隆摩尼古卷》記載的摩尼自述："四歲（τετάρτου ἔτους）我在浸禮派（βαπτιστῶν）中撫養長大"；"十三成道便破水洗"即比魯尼《古代遺跡》記載的摩尼"這個十三歲的男孩受到了神聖的啓示"，"水洗"就是指浸禮派；"闍默聖引觀三際"，"三際"是衆所周知的摩尼教核心教義，"闍默"是帕提亞文 Yamag 的音譯，指摩尼在天上的神我。第16章《"蘇隣降跡號摩尼"》考證了霞浦文書中多次出現的蘇隣，指出伯希和早就正確地將蘇隣勘同於波斯國大都城蘇剌薩儻那，但是水谷真成錯誤地將蘇剌薩儻那比定為波斯波利斯，使這個問題長期混淆不清。我們引用泰伯里的《歷代先知和帝王史》、波斯沙普爾一世三語碑銘、納爾西一世雙語碑銘和菲爾多西《列王紀》，比對漢文資料，證明蘇隣是希臘文 Ἀσσυρια 的音譯，相當於今日伊拉克首都巴格達東南的古塞琉西亞-泰西封地區。第17章《摩尼"想威感波斯"》比較全面地分析了沙普爾一世三語碑銘上的各個地名與摩尼及其門徒傳教所及之處的對應關係。第18章《景教與明教的七時禮懺》利用晚近刊佈的比魯尼關於摩尼教僧侶每天七次禮拜的資料，追溯了霞浦文書"摩尼光佛"記載的"七時禮懺"的淵源，與景教僧侶的"七時禮讚"做了比較研究。

第19章《〈宋會要輯稿〉所記明教經像考略》以宋代溫州明教經像的名稱為主軸，探索了敦煌摩尼教文獻、日本藏明教繪畫、霞浦文書摩尼教因素之間的內在聯係。這章在一定意義上是上述部分研究的一個小結。

猶如其他學術活動一樣，本書的研究是在其他學者考察與研究的基礎上進行的，沒有這些學者代代相繼的辛勤勞作，不可能取得這本書中

·歐·亞·歷·史·文·化·文·庫·

的成果。他們的名字在正文與註解中隨處可見，這篇前言篇幅所限，就不再重復列出他們每人的名字，只借這篇前言對他們中的每一位謹表敬意與謝忱。希望本書能為有志於繼續從事摩尼教研究，更具體的説是霞浦文書研究的海内外學者有所幫助。

馬小鶴

2013年1月22日

1 摩尼教與濟度亡靈

——霞浦文書《奏申牒疏科冊》研究[1]

1.1 前言

關於摩尼教傳入福建的時間，學者們多引用何喬遠《閩書》中的記載："會昌（841—846）中汰僧，明教在汰中。有呼祿法師者，來入福唐，授侶三山，游方泉郡，卒葬郡北山下。"[2] 即福建的摩尼教是唐武宗會昌禁絕摩尼教後由呼祿法師傳入的。但是，有些學者提出了不同意見。

《僧史略》記載："大曆三年（768）六月勅迴紇置寺，宜賜額大雲光明之寺。六年（771）正月，又勅荊、越、洪等州，各置大雲光明寺一所。"[3]《佛祖統紀》記載的設置大雲光明寺的南方州更多一些："〔大曆〕六年，……〇迴紇請於荊、揚、洪、越等州，置大雲光明寺，其徒白衣白冠。"[4] 林悟殊教授根據這些資料認爲，早在大曆年間（766—779），由於迴紇的支持，摩尼教在中國曾經相當興盛，在福建的鄰省江西和浙江都建立了一些摩尼教寺院。這個時期，摩尼教就可能已經傳入

---

　　〔1〕本文最初發表在《九州學林》（2010·秋季），上海人民出版社，2011 年，馬小鶴與福建省霞浦縣博物館館長吳春明合撰。隨著研究的深入，特別是林悟殊、黃佳欣諸位學者研究成果的發表，筆者覺得，一方面，我們需要繼續深入研究霞浦文書中的摩尼教因素；另一方面，在田野工作調查當地法師對明教的知識，並刊佈其調查結果之前，對於霞浦文書是否明教文書的問題，尚可進一步探討。因此筆者對本文做了較大的修改，所有修改均由筆者文責自負。

　　〔2〕〔明〕何喬遠編撰，廈門大學古籍整理研究所、歷史系古籍研究室《閩書》校點組校點：《閩書》，福建人民出版社，1994 年，卷 7《方域·華表山》，頁 172。

　　〔3〕〔北宋〕贊寧：《大宋僧史略》，見《續修四庫全書》1286，卷下《大秦、摩尼》，上海古籍出版社，1995—1999 年，頁 696。

　　〔4〕〔南宋〕志磐：《佛祖統紀》，卷 41，見《續修四庫全書》1287，上海古籍出版社，1995—1999年，頁 553–554。

歐·亞·歷·史·文·化·文·庫

福建。[1] 連立昌從《三山志》中檢得："侯官神光寺，州西南（今福州烏山），唐大曆三年析南澗為金光明院，七年（772）改爲大雲，會昌例廢。大中三年（849）監軍孟彪亭池其間，號南莊。明年，捨為寺；又明年，觀察使崔干請名于朝，⋯⋯遂與今名。"[2] 連立昌與林悟殊都認爲，大曆七年福州的金光明院曾被改名為大雲，即摩尼教寺院，會昌禁絕摩尼教，此寺被廢。[3] 這說明早在大曆七年（772）摩尼教很可能已經傳入福建。

摩尼教傳入閩東北的年代也可能早到唐乾符間（874—879）。1954年薛愛華（Schafer）在其《閩帝國》一書中，描述了福建北部太姥山上的"摩尼宮"，認爲它的年代是五代時期（907—960）。[4] 1988年連立昌則檢出唐代進士林嵩所作的《太姥山記》已經提到摩尼宮。[5] 林嵩乾符六年（879）所作的《太姥山記》寫道："山舊無寺，乾符間，僧師待始築居於此。⋯⋯（白龍）潭之西曰曝龍石，峰上曰白雲寺，又上曰摩尼宮。"[6] 拉爾夫·考茲（Ralph Kauz）在"摩尼宮是否為福建第二所摩尼寺"一文中，介紹了連立昌、林悟殊的上述研究，並提到太姥山西面霞浦縣柏洋鄉發現的"霞浦柏洋鄉林氏族譜"記載，1027年25歲的林瞪

---

〔1〕Lin ,Wushu, "On the Spreading of Manichaeism in Fujian", in Gernot Wießner & Hans-Joachim Klimkeit (eds), *Studia Manichaica. II. Internationaler Kongreß zum Manichäismus, 6.—10. August 1989*, St. Augustin/Bonn, (Studies in Oriental Religions, 23), Wiesbaden: Harrassowitz, 1992, p.345.

〔2〕〔南宋〕梁克家（1128—1187）纂修：《（淳熙）三山志》，中華書局，1990 年（宋元方志叢刊，8），頁 8149–8150。

〔3〕Lin,Wushu, "On the Spreading of Manichaeism in Fujian", in Gernot Wießner &Hans-Joachim Klimkeit (eds), *Studia Manichaica. II.Internationaler Kongreß zum Manichäismus, 6.-10. August 1989, St. Augustin/Bonn*, (Studies in Oriental Religions, 23), Wiesbaden: Harrassowitz, 1992, pp.342–355. 連立昌：《明教性質芻議》，載《福建論壇》1988 年第 3 期，頁 41。

〔4〕Schafer, Edward H. *The Empire of Min.* Rutland, Vt., Published for the Harvard-Yenching Institute, C. E. Tuttle Co., 1954, p.102.

〔5〕連立昌：《明教性質芻議》，載《福建論壇》1988 年第 3 期，頁 41。

〔6〕〔民國〕卓劍舟：《太姥山全志：外四種》，福建人民出版社，2008 年，頁 212。參閱〔明〕殷之輅修，朱梅等纂：《萬曆福寧州志》，書目文獻出版社，1992 年（日本藏中國罕見地方志叢刊，7），頁 337。〔清〕李拔等纂修：《乾隆福寧府志》，上海書店，2000 年（中國地方志集成，〔10〕；福建府縣志輯，12），頁 579。

"乃棄俗入明教門"。[1]林悟殊與林道順先後刊佈與研究了有關林瞪的記載。[2]

　　2008年11月以來，吳春明、林鋆、陳進國等發表調查報告、會議論文與論文，報告在霞浦縣發現了更多有關明教的遺跡。[3]根據柏洋鄉民國壬申年（1932）修的"民國孫氏宗譜"的《孫綿大師來歷》，孫綿於"宋太祖乾德四年（966）丙寅肇刱本堂，買置基址而始興焉，誠為本堂一代開山之師祖也。本堂初名龍首寺，元時改樂山堂，在上萬，今俗名蓋竹堂。門徒一，號立正，即林廿五公，幼名林瞪……"這所寺院經歷代修葺，保存至現代，毀於2006年颱風，現在僅存部分梁架木料、柱礎、瓦片、條石臺階等。根據清抄本《蓋竹上萬林氏宗譜》的"林瞪"條："生女二。长女屏俗出家为尼，卒［祔］父墓左。次女适，卒亦祔父墓左。天聖五年丁卯（1027）公（即林瞪）年二十五，乃棄俗入明教門，齋戒嚴肅，歷二十有二年，功行乃成。……公歿後靈感衛民，故老相傳，公於昔朝曾在福州救火有功，尋蒙有司奏封'興福大王'，乃立閩縣右邊之廟以祀之，續蒙嗣漢天師亲書'洞天福地'四字金額一面，仍为奏封'洞天都雷使'，加封'貞明内院立正真君'，血食於廟，祈禱響應。"明萬曆四十四年（1616）版《福寧州志》卷15《仙梵》也記載了林瞪在福州滅火的神話："林瞪，上萬人。嘉祐间（1056—1063），閩縣前津門火，郡人望空中有人衣素衣，手持鉄扇撲火，遂滅。遙告眾曰：'我長溪上萬林瞪也。'閩人訪至其墓拜謁，事聞，勅書'興福真人'。正德（1506—1521）初，閩縣令劉槐失辟，因禱之，夜夢神衣象服告以

---

[1] Kauz, Ralph, "Der 'Mo-ni-gong'摩尼宮-ein zweiter erhaltener manichäscher Tempel in Fujian?", in Ronald E. Emmerick, Werner Sundermann & Peter Zieme (eds.), *Studia Manichaica: IV. Internationaler Kongreß zum Manichäismus*, Berlin, 14.—18. Berlin: Akademie Verlag, 2000, pp.340. 中譯本:徐達譯:《摩尼宮是否為福建第二所摩尼寺》，載《中山大學研究生學刊（社會科學版）》第22卷第1期，頁49。

[2] 林悟殊:《泉州摩尼教淵源考》，載《華夏文明與西方世界》，博士苑出版社，2003年，頁86–87。林順道:《摩尼教傳入溫州考》，載《世界宗教研究》2007年第1期，頁129–130。

[3] 霞浦縣第三次全國文物普查領導小組:《霞浦縣摩尼教（明教）史跡調查報告》，2009年。陳進國、吳春明:《論摩尼教的脫夷化和地方化——以福建霞浦縣的明教史跡及現存科儀文本為例》，臺灣佛光大學"民間儒教與救世團體"國際學術研討會，2009年6月。陳進國、林鋆:《明教的新發現——福建霞浦縣摩尼教史跡辨析》，載《不止於藝》，北京大學出版社，2010年，頁342–389。

亡處，明日獲之。"[1]以後的地方誌一再抄錄這段神話。[2]林瞪雖然是孫綿的弟子，但是因爲福州救火的神話傳說，被封爲"洞天都雷使"，歷代傳頌，在樂山堂歷代祖師中最爲重要。

林瞪的兩個女兒也一直受到崇祀，離開樂山堂約一公里處有姑婆宮遺址，"姑婆"就是指林瞪之二女。這個名稱使我們聯想到《宋會要輯稿》第165冊刑法二之七八中的記載："宣和二年十一月四日（1120年11月26日），臣僚言：一，溫州等狂悖之人，自稱明教，號爲行者。今來，明教行者各於所居鄉村，建立屋宇，號爲齋堂。如溫州共有四十餘處，並是私建無名額佛堂。每年正月內，取曆中密日，聚集侍者、聽者、姑婆、齋姊等人，建設道場，鼓扇愚民男女，夜聚曉散。"[3]根據富安敦（A. Forte）的研究，侍者、聽者、姑婆、齋姊即摩尼教的男選民、男在家信徒、女選民和女在家信徒。[4]因此，林瞪之二女當爲明教之女選民。

在霞浦遺物中，最有研究價值者首推各種文書。比如，《樂山堂神記》中，就記載了諸多明教神祇，可以與敦煌摩尼教漢文文獻中的摩尼與神祇相對應：摩尼光佛、電光王佛（電光佛）、夷數和佛（夷數佛）、淨風、先意、盧捨那佛、法相惠明、觀音、勢至等等。我於2009年9月8~12日在愛爾蘭都柏林舉行的第7屆國際摩尼教學術討論會上報告了這些初步研究，[5]引起與會者的相當注意。比如，日本學者吉田豐在給

〔1〕〔明〕殷之輅修，朱梅等纂：《萬曆福寧州志》，書目文獻出版社，1992年，日本藏中國罕見地方志叢刊，7，頁403。

〔2〕〔清〕李拔等纂修：《乾隆福寧府志》，上海書店，2000年（中國地方志集成，10；福建府縣志輯，12），頁495。〔民國〕徐友梧等編纂：《霞浦縣志》卷38《方外》，民國18年（1929），頁2a。〔民國〕陳衍（1856—1937）、沈瑜慶纂修：《福建通志》總卷48，《福建列仙傳》，民國31年（1942），頁8。

〔3〕〔清〕徐松（1781—1848）輯：《宋會要輯稿》第7冊，中華書局，1957年（2006年印刷），頁6534。

〔4〕A. Forte, "Deux etudes sur le manichéisme chinois", T'oung Pao, LIX, 1973, pp.234–235. Jason BeDuhn, The Manichaean Body: in Discipline and Ritual, Baltimore The Johns Hopkins Univ. Press, 2000, p.281, note 19.

〔5〕Ma Xiaohe, "Remains of the Religion of Light in Xiapu（霞浦）County, Fujian Province", paper for the Seventh International Conference of Manichaean Studies, Dublin, 2009, Sept. 8-12.

我的電子郵件中指出，《樂山堂神記》中的"移活吉思（大聖）"可能是粟特文 yw'rks 的音譯，而這個粟特文名字是（聖）喬治（Georgis 或 George）的音譯，yw'rks 見於未刊佈的摩尼教粟特文文書 Ch/U 6536。見本書第9章《摩尼教中的那羅延佛》。

黃佳欣對孫綿的師承及其與林瞪的傳承關係提出質疑，指出孫氏族譜的記載與《樂山堂神記》所述有差，又得不到林氏族譜的佐證。他認爲，要確認樂山堂爲北宋明教寺院遺址，似有待考古發現樂山堂之北宋明教遺物，在遺物出土之前，至少應就文字資料的疑點，找到合理之解釋。讀者可參考其論文，在此不贅。[1]

1.2　日本奈良大和文華舘藏《冥王聖圖》

最近日本學者吉田豐（YOSHIDA Yutaka）與美國學者古樂慈（Zsuzsanna Gulácsi）對日本奈良大和文華舘藏元代摩尼教絹畫的研究，引起了國際摩尼教研究學術界的重視。這幅絹畫可能出自寧波，一直被認爲是佛教的"六道圖"。[2]日本學者泉武夫（IZUMI Takeo）2006年發表的一篇文章中首次將此畫中的主要神祇與草庵摩尼雕像進行比較，提出此畫可能是摩尼教畫像。[3]吉田豐對此深表贊同，古樂慈在吉田豐研究的基礎上，2008年發表《一件有關拯救的摩尼教佈道圖——日本奈良大和文華舘藏中國摩尼教絹畫的情景解讀》，比較詳細地分析了此畫。（圖版1）這幅絹畫共分5層。畫面頂端的第一層描繪了天堂裡的宮殿，採用了敘事性表現手法，畫中有幾位重複出現的神話人物。這一層展現了光明童女（Light Maiden）及其隨從的整個行程：她們從左邊降臨，受到不知名的女主人的歡迎。這一層的中間是賓主在宮殿裡會面的場

〔1〕黃佳欣：《霞浦科儀本"樂山堂神記"再考察》，提交"海陸交通與世界文明"國際學術研討會論文，廣州中山大學主辦，2011 年 12 月。
〔2〕大和文華舘：《大和文華舘所藏品図版目錄》，2，繪畫·書蹟，112 六道図，大和文華舘，昭和 49 年（1974）。
〔3〕泉武夫：《景教聖像的可能性——棲雲寺藏傳虛空藏畫像について》，載《國華》2006年第1330 號，頁 10–12。

景。右邊是主人目送她們離開。這個場景可以稱為"光明童女（Light Maiden）訪天堂"。第二層描繪了兩個摩尼教選民在一尊摩尼教神像前宣講佈道的場景，此神像很可能就是摩尼。選民位於畫的右方，坐著的選民正在宣講，其助手則站立一旁。畫面左邊有一位聽者及其僕從，正在專心聽講。該圖可定名為"摩尼神像前的佈道"。第三層由四幅小圖組成，描繪了來自中國四個不同階層的摩尼教信徒（又稱"聽者"）的生活。這一組圖可被稱為"善道輪回"。第四層描繪了摩尼教概念中的地獄審判。在一個高臺上的亭子裡，一位判官坐在桌子後面，身旁立著幾位侍從。亭子前有兩對鬼怪抓著他們的俘虜前來聽判，其命運或好或壞。光明童女（Light Maiden）及兩位侍者從畫面的左上方駕雲而來，她代表聽判人來干預審判。該圖或可稱為"光明童女（Light Maiden）干預審判"。畫卷最下方的第五層描繪了四幅恐怖的地獄場景，從左至右分別為：一個被吊在紅色架子上的人被箭射穿，肢解人體，一個人被火輪碾過，最後是幾個惡鬼正在等待下一個折磨對象。由是，我們可以稱該圖為"惡道輪回"。[1] 古樂慈在2009年發表文章"一幅宋代摩尼教《夷數佛幀》"，也涉及大和文華舘藏摩尼教絹畫。[2]

吉田豐2009年發表在《大和文華》上的文章中指出：確定此畫為摩尼教繪畫，重要證據之一是奧地利學者埃伯特（Jorinder Ebert）的研究顯示，吐魯番某些摩尼教繪畫的教徒衣服上飾有方形紋章（segmenta），而這幅畫中的主要人物衣服上也飾有這種方形紋章。這幅畫描繪的死後靈魂的命運不是"六道"，而是上升天堂、轉世為人成為士農工商和墮落地獄等"三道"，也說明了此畫所屬的宗教。吉田豐認為畫中的主要人物是摩尼，另一位多次現身雲端，被侍從簇擁著的女性神靈可能是童

---

[1] Zsuzsanna Gulácsi, "A Visual Sermon on Mani's Teaching of Salvation: A Contextualized Reading of a Chinese Manichaean Silk Painting in the Collection of the Yamato Bunkakan in Nara, Japan,"《內陸アジア言語の研究》, XXIII (2008), 頁 1–16。

[2] Zsuzsanna Gulácsi, "A Manichaean *Portrait the Buddha Jesus*（*Yishu Fo Zheng*）: Identifying a 13th-century Chinese Painting from the Collection of Seiun-ji Zen Temple, near Kofy, Japan," *Artibus Asiae*, (2009) 69/1. 感謝古樂慈將此文之中譯本送給我。王媛媛譯：《一幅宋代摩尼教〈夷數佛幀〉》，載《藝術史研究》第10輯，頁 139–189。感謝王媛媛將此文的英文本發給我。

女神（a virgin deity，粟特語的 Daēnā）。他將這個女神的圖像與敦煌發現的引路菩薩畫像做了比較研究。他在榮新江等的幫助下，釋讀刊佈了此畫的題記："東鄉茂頭保弟子張思義偕鄭氏辛娘喜捨*冥王聖（圖）（恭）入*寶（山菜）院永充供養祈（保）平安（願）□□□存"。最後，他將此畫與2003年在西安出土的史君石槨西壁和東壁外壁的畫像做了比較研究。[1]古樂慈在同一期刊出的論文日譯本中從圖像學的角度，分析了此畫與10世紀中亞摩尼教美術的類似之處。她把這位女神稱为"光明处女（光の处女）"。[2]能夠辨認出這幅畫是摩尼教繪畫的一個關鍵證據，是埃伯特2004年發表的一篇討論吐魯番摩尼教繪畫衣飾的短文。[3]埃伯特也在2009年同期的《大和文華》上發表一篇新論文的日譯本，她指出，以前只觀察到摩尼教繪畫中，摩尼教的神、摩尼本人（也可能包括吐魯番摩尼教高僧們）的袍子的四角上畫有方形紋章，紋章上用黑色或金色畫著一個很小的女性面孔，但是無法解釋其意義。如今有了吉田豐的出色文章，解釋了戴厄那（Daēnā）對於摩尼教的死亡與死後靈魂的意義，可以在這個背景下對這種圖案上的女性頭像做出新的解釋。她還分析了此畫上主要神像額上有（代替王冠的）頭帶（diadem，鉢卷き），是證明這尊主神為摩尼的又一個證據。這個"男用頭巾（tiara）"圖像揭示了直到元代中國摩尼教藝術中仍然保存著帕提亞（安息）藝術傳統的痕跡。[4]

---

〔1〕吉田豐：《寧波のマニ教画いわゆ"六道図"の解釋をめぐって》，載《大和文華》2009年第119號，頁3–15(Yutaka YOSHIDA, "A Manichaean painting from Ningbo — On the religious affiliation of the so–called *Rokudōzu* of the Museum Yamato Bunkakan", *Yamato Bunka*, Issue 119, 2009, pp.3–15)。此文的英文版"A newly recognized Manichaean painting: Manichaean Daēnā from Japan"（新辨认出来的摩尼教画像——日本发现的摩尼教戴厄那女神像）即將在泰迪伊奧紀念文集（Tardieu Festschrift）中刊出。感谢吉田豐在都柏林會議期間向我展示此畫題記的照片，並將英文論文的電子版通過電子郵件發給我。

〔2〕Zsuzsanna Gulácsi，《大和文華館藏マニ教繪畫にみられる中央アジア来源の要素について》，載《大和文華》2009年第119號，頁17–34。

〔3〕Jorinde Ebert, "Segmentum and clavus in Manichaean Garments of the Turfan Oasis", in D. Durkin-Meisterernst et al. (eds.), *Turfan Revisited*, Berlin 2004, pp.72–83, with plates 15–22 on pp.201–208.

〔4〕Jorinde Ebert，《近年マニ教画と認定された大和文華館所藏の絹繪についての覺え書き》，載《大和文華》2009年第119號，頁35–47。

7

9月10日埃伯特報告近年來摩尼教美術研究新進展時，我意識到《冥王聖圖》與霞浦文書之間可能存在聯繫。埃伯特在9月11日上午詳細探討了此畫及其題記，對畫上主要人物衣服上的方形紋章、額上的"男用頭巾（tiara）"進行了比較研究，論證他是摩尼。吉田豐在接著的報告中，展示了更多的日本藏中國摩尼教繪畫，引用了《克弗來亞》95中關於光明童女（Virgin of Light）與雲彩的描繪。兩個報告都很有啟發。會上埃伯特表示希望中國學者努力在中國本土發現新的摩尼教繪畫。會議休息時，她告訴我，這就是她希望我傳達給中國學者的口信。我告訴她，我雖然不知道任何中國東南地區的摩尼教繪畫，但是，我覺得，在霞浦文書中或許可以找到相關的文字記載。

1.3 《奏申牒疏科冊》概述

由於得到福建省文物局局長鄭國珍先生、霞浦縣副縣長、摩尼教論證工作領導小組組長黃敏皓女士、霞浦縣博物館館長吳春明先生和霞浦縣柏洋鄉謝道璉法師的大力支持，得以研究謝道璉傳用《奏申牒疏科冊》的照片。這一冊清代手抄本看來主要有兩種字體，至少由兩個不同的抄寫者所抄成，我們可以把他們稱為甲和乙。抄寫者甲所抄寫的大部分文獻與濟度亡靈有關，而抄寫者乙雖然也抄寫了一些與濟度亡靈有關的文獻，主要抄寫與祈雨等活動有關的文獻。抄本沒有頁碼，我為它編了頁碼，總共65頁，在研究中引用時，就用我自己編的頁碼，以便自己查檢，也便於以後其他學者查檢。

抄寫者甲在幾乎每一節的題目前面都畫了一個螺旋形的符號，顯然是為了標明新的一節的開頭。抄寫者乙則沒有畫這樣的符號。每一節都比較短，一般不過一兩頁，也有幾句話的。包括目錄和符咒在內，我把整個抄本分為87節，也是為了自己檢索之便，也便於以後其他學者核對。本文研究與濟度亡靈有關的主要文件（超過全抄本的一半），分析重要文檢，探索其中的摩尼教因素，並與大和文華舘藏摩尼教絹畫進行比較研究。

道教文檢是道士演習儀式時根據當時當地信徒的要求而書寫的儀式文書的總稱，其格式大致固定而部分文字卻因時因地有所變化。正如此抄本的題目所顯示，《科冊》的文檢主要分為奏、申、牒、疏四類。從第4節"又目錄"（頁4）上看，還有關、狀、雜件等三大類。從具體文檢看，還有意、表、榜等三類。從表面上看，這些與一般道教文檢類似。魏晉南北朝時期，道教在趨奉統治階級的同時，陸續將世俗文書形式引進道教儀式，在文書中將臣對君的格式應用於對天神地祇。文書要根據神靈的地位，而使用不同的文種，這與世俗社會的公文發送頗為類似。奏是給帝尊的文書，比如奏告三清、昊天。申是給一般神祇的文書，例如：申地府、十王、東嶽、水府。關牒是道教儀式中給神司的文書，比如：牒功德司、牒庫官、牒亡人案、牒孤魂案。疏的例子有：薦祖先疏、祭將疏、天師疏、玄壇疏等等。狀的例子有進狀、獻狀、甲狀等。表的例子有通天救苦朱表、血湖表、十方表等。榜文是在齋醮壇場前告貼的文書，例如：開經榜、功德榜等。[1]

1.3.1　奏申銜額

《科冊》第1節（頁1－2）為"奏申銜額"，起到類似目錄的作用，著錄全文如下：

［1］　🌀奏申銜額　□□屏聖名

［2］　圓明寶闕宮　圓明寶闕三清上聖　青蓮［下］

［3］　昊天金闕宮　昊天至尊玉皇上帝玉陛下

［4］　閻闕寶宮　冥陽救苦地藏能仁　蓮座下　地藏目連總稱
　　　　孝義無雙目連菩薩

［5］　喚應明宮　通傳善［信觀音］大士　金蓮下
　　　　［入］奏［靈祥勢至能］仁

［6］　嶽府蓬［萊］宮　東嶽天齊仁聖大帝　御前

［7］　［地］府靈尊宮〇或　北陰［酆］都元天大帝　御前

〔1〕卿希泰：《中國道教》卷3，東方出版中心，1994年，頁246–251。張洪澤：《道教齋醮符咒儀式》，巴蜀書社，1999年，頁133。大淵忍爾編：《中國人の宗教儀禮》，福武書店，昭和五八年（1983），頁213–215、423–452、701。

［8］　水府扶桑宮○或　水府洞元宮　水府［扶桑］丹林大帝
　　　　陛下

［9］　南面聰和宮南面總和靈尊大［帝］　　陛下

［10］　東□□□宮東岱嶽府四府帝君　御前　四帝總稱

［11］　冥府十王宮　冥府十殿大明王　殿前

［12］　○地藏靖鑒座下　○目連寶鉢囉庵　○地藏目連各宮
　　　　額

［13］　○觀音普陀勝境　○勢至七珍山中　○觀音勢至各宮
　　　　額

［14］　○後土效法承天宮

　　現在所見的《科冊》正文與此並不完全符合，說明在歷代傳抄過程中，時有改動。但是大致結構仍然保存，對三清、玉皇是用奏，對其他神則用申。在對最高神和一般神的奏、申兩類文檢中，保存了較多的摩尼教因素，詳見下文。

1.3.2　關牒宮額

　　《科冊》第2節（頁2－3）為"關牒宮額"，也起到類似目錄的作用，著錄全文如下：

［1］　🌀　關牒宮額

［2］　福寧州城隍司　當境土主前　各境/列廟土主前

［3］　本壇祖師前　本家伏祀前　當年太歲前

［4］　勑封臨水宮　泰山功德案　泰山亡人案

［5］　亡人生天案　泰山孤魂案　冥府產生案

［6］　十部傷亡案　下界召魂司　靈壇解穢司

［7］　泰山攝召司　江河溺水司　愛奈二河司

［8］　九鳳破穢司　沿途土地祠　九華童子前

［9］　水火二司官　天醫院將吏　波神水吏使者

［10］　山川社稷等神　十二溪真等神厶厶境土主前

　　正文也並不完全按照這個目錄。這些發給神司的關與牒基本上類似

10

一般道教文檢，摩尼教因素較少滲透到這一層。

1.3.3 補抄簡目

《科冊》第3節（頁3）為補抄者寫的一個簡單的目錄，只有一行：

　　［1］　祈雨疏　二首　並申奏

這是用第二種字體寫的，可視為抄寫者乙在目錄裡補寫的一行，簡單說明他在後半本《科冊》（頁47－65）所補抄的內容。正因為今天所見正文與上引目錄不符，抄寫者甲編制了"又目錄"。

1.3.4 又目錄

《科冊》第4節（頁4）為"又目錄"，全文如下：

　　［1］　　又目錄

　　［2］　一奏：本師、昊天。○或/ㄙ一申：喚應、東嶽、地藏目連。○或/ㄙ

　　［3］　一牒：功德、天曹、嶽府、冥司、城隍、太歲、本壇、護法、召魂、

　　［4］　○或判施孤魂、亡人、當境、列廟、○本/各家、云云　照身。

　　［5］　一疏：大詞、中筵、圓滿、請疏或誦經、午供。

　　［6］　一關：發奏、送仙、攝召、送魂。一狀：符使或安慰、進狀、獻狀。

　　［7］　一雜件：函｜　、內屏、牒可、疏屏、函花、疏花、桃符、壇額。

這個目錄比較接近目前的文本，但是它顯然不是一般意義上的目錄。現存文本並不按照這個順序，它只是類似某種提要，讓法師翻檢文檢時比較方便。黃佳欣指出，該科冊內容相當龐雜，其中固然不乏保有明教味道者，但也有聞不出半點明味的。因此，該科冊頁許是據散件文本編纂而成。[1]下面我們主要分析與摩尼教有關的文檢，也涉及一些非摩尼教內容。

---

〔1〕黃佳欣：《霞浦科儀本"樂山堂神記"再考察》，提交"海陸交通與世界文明"國際學術研討會論文，廣州中山大學主辦，2011年12月，頁14。

·歐·亞·歷·史·文·化·文·庫·

1.4 奏

　　奏是最高規格的文檢,《無上黃籙齋立成儀》有一些文書奏告三清、昊天天皇、北極、後土、太乙、九幽、南極、十方天尊等等。大淵忍爾的《中國人的宗教儀禮》中收錄了奏九御、九宸、九幽、生神、諸天的文書。[1]《科冊》中收有兩份超度亡靈時用的奏，一份題作"奏教主"，另一份題作"昊天"。

1.4.1 奏教主

我們先著錄《科冊》第14節（頁15－16）"奏教主"全文如下：

　　［1］　🌀奏教主　嗣

　　［2］　太上清真無極大道正明內院法性靈威精進意部主事渝沙臣厶謹奏為度

　　［3］　亡事。恭聞　光明教闡，包羅萬法之宗，智惠門開，濟度四生之德。一

　　［4］　介麼微冒幹　佛聽。　　今據　大清國福建福寧州云云由詞旨至

　　［5］　明界，照得亡靈生前過悮、歿後愆尤，倘拘執對，未獲超昇。今建良

　　［6］　緣，特伸薦拔。但臣厶忝掌　真科，未敢擅便；錄詞百拜上奏　〇簽三個

　　［7］　神通救性電光王佛　金蓮下、　太上教主摩尼光佛　青蓮下、

　　［8］　廣惠莊嚴夷數和佛　金蓮下。　恭惟　慈悲無量、濟度有緣，潛孝誠

　　［9］　之懇切，允微臣之奏陳，乞頒　明勅行下陰府諸司，赦釋亡魂，脫離刑

　　［10］曹之所，乘毫光徑赴法壇，領善功直登　淨邦。恭望　慈

---

　　〔1〕卿希泰：《中國道教》卷3，東方出版中心，1994年，頁248。大淵忍爾編：《中國人の宗教儀禮》，福武書店，昭和五八年（1983），頁423–424。

光厶夜至期

[11]　奏請光降道場，證明修奉，恩資逝性即超昇，　福利存家常迪吉。臣厶

[12]　誠惶誠恐，稽首頓首百拜，謹具奏　聞，伏候　恩命之至。

[13]　〇年　月　日主事臣厶百拜謹狀。[1]

"奏教主"顯然相當於"又目錄"中的"（奏）本師"，也相當於"奏申銜額"裡的"圓明寶闕宮、圓明寶闕三清上聖青蓮下"。

這是法師代代相傳的底稿，因此並無具體法師的名字，而只有"臣厶""主事臣厶"。某法師使用時就抄寫一遍，填上自己的名字。也沒有具體人的名字，只有"云云"，法師為某人做法事時就填上某人的名字。也沒有具體時間，只有"厶夜""〇年月日"，也是臨時根據實際情況填上。"奏教主"製作者將明顯的摩尼教成分披上了道教的外衣。經過歷代傳抄，可能又加進一些其他因素，最後抄寫是在清代。這份文檢的作用是請三尊最高神光降道場，超度亡靈。下面逐項分析其摩尼教內涵。

1.4.1.1　三清

留用光（1134—1206）傳授、蔣叔與（1156—1217）編次的《無上黃籙大齋立成儀》卷5為"正奏門"，奏的第一篇就是"三清"，上奏玉清上帝元始天尊、上清大帝靈寶天尊、太清大帝道德天尊，恭望他們特賜敕旨，普告諸神，各令照應敕拔亡靈。[2]

大淵忍爾在其《中國人的宗教儀禮》中收集的當代臺灣道教文書中，以"奏九御"置於首位，九御包括玉清聖境元始天尊、上清真境靈寶天尊、太清仙境道德天尊、昊天金闕玉皇上帝等9個最高神。[3]

---

〔1〕陳進國、林鋆在其《明教的新發現——福建霞浦縣的摩尼教史跡辨析》（載《不止於藝》，北京大學出版社，2010年，頁384–385）上刊佈了此文之部分照片與錄文。感謝陳進國博士在此論文待刊時，通過電子郵件發給我參考。

〔2〕Boltz, Judith M., *A Survey of Taoist Literature, Tenth to Seventeenth Centuries*, Berkeley: Institute of East Asian Studies, 1987, pp.41–43.《道藏》第9冊，文物出版社、上海書店、天津古籍出版社，1988年，頁398–399。

〔3〕大淵忍爾編：《中國人の宗教儀禮》，福武書店，昭和58年（1983），頁423–424。

·歐·亞·歷·史·文·化·文·庫·

《科冊》第72節（頁57－58）"奏三清"雖然是祈禱五穀豐登的文檢，與超度亡靈無關，但是因為涉及摩尼教最高神，著錄如下，以資比較（圖版2）：

[1]　奏三清

[2]　但弟子厶領此來詞，未敢擅便。謹具文狀，百拜奏　聞者，右謹具狀上奏

[3]　廣明上天夷數和佛金蓮下、靈明大天電光王佛金蓮下、太上真天摩尼光佛金蓮下，

[4]　恭望　佛慈，允俞奏懇，乞頒　勅旨，行下上、中、下三界、東嶽、地府、城隍、

[5]　當境一切神祇，尅應是時，　光降壇墠，證明修奉，保禾苗而秀實，祈

[6]　五穀以豐登，滅除蟊蟻而絕跡，蝗蟲鼠耗以潛消，仍庇鄉間永吉人物云云。[1]

三清，中外學術界已經做了透徹的研究，在此無須贅述，只需要與這兩份文書中的大神略做比較，分析是如何"偷天換日"的。"三清"可以指天神所居的三處勝境，即玉清聖境（在清微天）、上清真境（在禹餘天）、太清仙境（在大赤天）。[2]"奏三清"中的"廣明上天""靈明大天"和"太上真天"顯然是據此模仿的。

在道教中，三清也並非突然定型的，太上老君出現最早，原為實有其人的春秋時思想家、道家學派創始人老子，東漢末五斗米道成立時，即以太上老君為至高神。至東晉，相繼出現元始天尊、太上大道君等至高神。從兩晉到南北朝，元始天尊已逐步駕臨于太上老君之上，成為道教第一位至高神。由太上大道君衍化而來的靈寶天尊居第二位。太上老君則屈居第三位。[3]

---

〔1〕陳進國、林鋆在其《明教的新發現——福建霞浦縣的摩尼教史跡辨析》（載《不止於藝》，北京大學出版社，2010年，頁284）刊佈了此文之錄文。

〔2〕卿希泰：《中國道教》卷3，東方出版中心，1994年，頁13-17。

〔3〕卿希泰：《中國道教》卷3，東方出版中心，1994年，頁13-17。The encyclopedia of Taoism / edited by Fabrizio Pregadio, London; New York: Routledge, 2008, v.2,pp.840–844.

摩尼教的情況自然不同。在敦煌摩尼教漢文文書中，以《下部贊》的"收食單偈"為例，排在第一的是"無上光明王"。有一首偈的題目為"歎無上明尊偈文"。京藏《殘經》寫道："其明父者，即是明界無上明尊。"[1] 這是完全與西亞文獻吻合的。在上引"奏教主""奏三清"二奏中，已經不見"無上明尊"了。突出的是電光佛、夷數佛和摩尼光佛。林悟殊教授早在當時資料非常有限的情況下，已經判斷："宋代東南沿海流行的明教，蓋由唐代北方流行的摩尼教一脈相傳下來；但它比唐代摩尼教更加華化，也就是說，更加結合於中國的傳統信仰和崇拜。"[2] 今天霞浦文書完全證實了他的先見之明。下面我們將分述這三位至高神。

1.4.1.2　摩尼光佛

敦煌摩尼教漢文文書之一即在其題目中包括了這個名稱：《摩尼光佛教法儀略》，文中說明："虛應聖靈，覺觀究竟，故號摩尼光佛。"引用《觀佛三昧海經》云："摩尼光佛出現世時，常施光明，以作佛事。"林悟殊教授在《觀佛三昧海經》中撿出這段文字，指出：《儀略》不僅把摩尼稱為光明使者，而且尊以摩尼光佛之號，這是中亞和西方的摩尼教所未見的。據吐魯番發現的摩尼教殘片，摩尼曾被稱為佛陀或彌勒佛，但沒有像《儀略》如此出神入化地把摩尼稱為摩尼光佛，使之與佛教渾然一體。摩尼光佛一詞，原是地道的佛教稱號。……佛經的摩尼光佛與摩尼教的教主波斯人摩尼是風馬牛不相及的，但《儀略》作者借摩尼的諧音，借光明的同義，把教主摩尼稱為摩尼光佛，如此依託佛教，可謂天衣無縫、十分巧妙了。"這樣巧妙的稱號較易流傳下來，不僅見於何喬遠《閩書》卷7《方域志》中的書面記載，而且見於泉州附近的草庵

────────────

〔1〕林悟殊：《摩尼教及其東漸》，素馨出版社，1997年，頁273、298、302。Peter Bryder, *The Chinese transformation of Manichaeism. A study of Chinese Manichaean Terminology*, Bokförlaget Plus Ultra 1985, pp.81–90. G. B. Mikkelsen, *Dictionary of Manichaean texts in Chinese*, Turnhout, Brepols Publishers, 2006, p.75.

〔2〕林悟殊：《摩尼教及其東漸》，素馨出版社，1997年，頁143。

摩崖石刻以及莆田涵江和北高的摩尼教殘碑。[1]今天我們從《科冊》中可以看到，明教徒還把敦煌摩尼教文書中的神名"喚應""觀音""勢至"融入民間宗教；把"平等王"化為"地府靈尊平等大帝"，與道教的"北陰酆都元天大帝"並列，作為地府之神；以"引魂明使"取代"引路菩薩"；其用心之深，不讓《儀略》之遣詞造句。關於摩尼光佛的詳細研究見本書第15章"摩尼光佛新考"。

由於"奏教主"確切地把摩尼光佛作為超度亡靈的三大至高神之一，我們可以相信，吉田豐、古樂慈、埃伯特等學者從圖像學的角度把日本奈良大和文華舘藏《冥王聖圖》中從上往下數第2層中間的主神視為摩尼，可信度相當高。

1.4.1.3 電光王佛

"電光王佛"無疑源自敦煌摩尼教文書中的"電光佛"。一般文獻中，摩尼教神"電光佛"（光明童女）的職能之一是引誘雄魔，使其將身上吸收的光明分子隨同精液一起射泄出來。帕提亞文文書 M741 是"第三使與魔王詩篇殘句"（*Verses from a Hymn on the Third Messenger and the Archons*）。它寫道："（c）光明的薩德維斯（Bright Sadvēs，即光明童女［the Maiden of Light］）向嗔恚之魔（the Demon of Wrath）顯示其身形。她以（其）自己的形象引誘他，（而）他將其視為實有其事。（q）他射泄（其精子），……當他看不到她的形象時，他呻吟不已。"[2]薩德維斯神是瑣羅亞斯德教裏的雨神，而光明童女是摩尼教裏的雨神，因此伊朗摩尼教徒借用這個名字來指稱光明童女。然而當我進一步研究有關資料後，發現電光佛在明教中如此重要的原因遠不止此。吉田豐教授與德國的瑞克（Ch. Reck）教授以恆寧（W. B. Henning）對粟特文書 Ch/So 14731 的研究為基礎，綴合了一些聖彼德堡、柏林和大谷收藏中的殘片，

---

〔1〕林悟殊：《摩尼教及其東漸》，素馨出版社，1997 年，頁 205–206、283–286、475–476。Haloun, G. & W. B. Henning, "The Compendium of the Doctrines and Styles of the Teaching of Mani, the Buddha of Light", *Asia Major*, N. S. III, 1952, pp.184–212. G. B. Mikkelsen, *Dictionary of Manichaean texts in Chinese*, Turnhout, Brepols Publishers, 2006, p.105. 陳垣：《摩尼教入中國考》，載《陳垣學術論文集》第 1 集，中華書局，1980 年，頁 367。

〔2〕H.-J. Klimkeit, *Gnosis on the Silk Road*,（San Francisco, Calif.）: HarperSanFrancisco, 1993, p.37.

做了新的釋讀。吉田豐在其2009年發表在《大和文華》上的文章中，引用了這一新的成果，說明戴厄那（Daēnā）女神對於摩尼教徒死後靈魂的重大意義。我感謝他將其相應的英文文章通過電子郵件發給我，並在私人通訊中再次確認，他所研究的戴厄那（Daēnā）女神即光明童女。由於電光王佛這個神在明教中如此重要，我們需要另文研究，在此不贅，見本書第3章"從'善業''電光佛'到'電光王佛'"。我們在此只需確定："奏教主"把電光王佛作為超度亡靈的三大至高神之一，證實了吉田豐等學者對《冥王聖圖》的解釋：最上一層天堂上從左邊降臨、在中間賓主相會、從右邊離去的女神是光明童女，以及第4層從左邊降臨、干預地獄審判的女神也是光明童女。這就是"奏教主"中的電光王佛。"奏教主"的中心意思，就是向包括電光王佛在內的摩尼教神祇祈禱，"乞頒明敕行下陰府諸司，赦釋亡魂，脫離刑曹之所，乘毫光徑赴法壇，領善功直登淨邦。"這與《冥王聖圖》的圖像相當吻合。

1.4.1.4　夷數和佛

"夷數和佛"無疑出自敦煌摩尼教文書中的"夷數佛"，"夷數"是耶穌的異譯。夷數（耶穌）不僅在西方摩尼教中擁有特殊的崇高地位，在東方摩尼教中也是特別受到崇拜的大神。《下部讚》一上來就是長達70多頌的長篇讚美詩"讚夷數文"，其中寫道："一切地獄之門戶，一切輪迴之道路，徒搖常住涅槃王，竟被焚燒囚永獄。"然後向夷數呼籲："廣惠莊嚴夷數佛，起大慈悲舍我罪。聽我如斯痛苦言，引我離斯毒火海。"[1]我們可以清楚地看到，連敦煌文書中形容夷數的詞彙"廣惠莊嚴"也被一字不誤地照抄在"奏教主"中用來形容夷數和佛。關於夷數和佛的詳細研究，見本書第14章"摩尼教中的夷數（耶穌）"。

1.4.2　昊天

從表面上看，"（奏）昊天"與《無上黃籙大齋立成儀》卷5"正奏門"的第2篇"昊天"，以及《中國人的宗教儀禮》中收集的"奏九御"

---

〔1〕林悟殊：《摩尼教及其東漸》，素馨出版社，1997年，頁288–289。

（包括昊天金闕玉皇上帝，民間一般稱玉皇大帝）[1]基本類似。但是，如果我們仔細比較三者，仍然可以看到《科冊》中"（奏）昊天"（第15節，頁16－17）的摩尼教痕跡。先著錄全文（圖版3）：

[1]　🐚昊天

[2]　明界切照亡靈/眾魂生前過惧、歿後愆尤，倘拘執對，未獲超昇。今建良緣，特

[3]　伸薦拔。但臣厶忝掌　真科，未敢擅便；錄詞百拜上奏　○黃籤

[4]　昊天至尊玉皇上帝　玉陛下。恭惟　好生德大，度死功深，位統十天，

[5]　為　天帝之至尊；恩超八地，濟地獄之苦魂。願垂昭鑒，特允虔祈，乞頌

[6]　聖旨遍行陰司勅諭幽局，毋拘繫罪，冀　赦原籍，祈除豁釋，魂歸故址，

[7]　領薦生方。恭望　天慈願於厶夜至期奏請，伏乞遍宣　三界一切真宰咸隨

[8]　上御，同降道場，證明修奉，度亡者以登，　真利存家而獲福。臣厶誠惶誠恐，稽

[9]　首頓首再拜，虔具奏　聞，伏候　恩命之至。

[10]　○年　月　日主事臣厶百拜謹狀。

整個意思與"奏教主"無甚不同。值得注意的是3個詞彙："明界"，顯然是摩尼教詞彙，《下部贊》有"歎明界文"，頌揚明界（即天堂）："彼無怨敵侵邊境，亦無戎馬鎮郊軍；魔王縱起貪愛心，於明界中元無分。""饑火熱惱諸辛苦，明界常樂都無此，永離饑渴相惱害，彼亦無諸鹹苦水。""迫連諸災及隘難，恐懼一切諸魔事，戰伐相害及相煞，明界之中都無此。""歎諸護法明使文第三疊"寫道："魔族永囚於暗獄，佛家踴躍歸明界，各複本體妙莊嚴，串戴衣冠得常樂。"京藏《殘經》也

---

〔1〕《道藏》第9冊，文物出版社、上海書店、天津古籍出版社，1988年，頁399–400。大淵忍爾編：《中國人の宗教儀禮》，福武書店，昭和58年（1983），頁423–424。

講到明界："惑（或）時故人與新智人共相鬥戰，如初貪魔擬侵明界。……當即惠明引己明軍、清淨眷屬，直至明界，究竟無畏，常受快樂。"《老子化胡經》也說到：摩尼"轉大法輪，說經戒律定慧等法，乃至三際及二宗門，教化天人，令知本際。上至明界，下及幽塗，所有眾生，皆由此度。"[1]

"十天"與"八地"也是摩尼教詞彙。京藏《殘經》寫道："以是義故，淨風明使以五類魔及五明身，二力和合，造成世界——十天八地。……其彼淨風及善母等，以巧方便，安立十天；次置業輪及日月宮，並下八地、三衣、三輪，乃至三災、鐵圍四院、未勞俱孚山，及諸小山、大海、江河，作如是等，建立世界。"[2]陳氏法師提供的一本未名科儀書的「讚天王」說明："十天王者，梵名阿薩漫沙也，是故道教稱爲昊天玉皇大帝。"[3]十天王，又作十天大王，是淨風的第2個兒子，京藏《殘經》說到淨風五子："新人因此五種勢力，防衛怨敵，如大世界諸聖五種記驗：憐憫以像持世明使，誠信以像十天大王，具足以像降魔勝使，忍辱以像地藏明使，智惠以像催光明使。"《下部讚》中《普啓讚文》讚美淨風五子說："復啓富饒持世主，雄猛自在十天王，勇健大力降魔使，忍辱地藏與催明。"此神將另文研究，在此不贅，見本書第4章"摩尼教十天王考"。

1.5 申

申是給一般神祇的文書。《無上黃籙齋立成儀》卷7為"正申門"，收有給靈寶三師（經師、籍師、度師）、地府、水府、東嶽等的申。[4]大淵忍爾的《中國人的宗教儀禮》中收錄了申地府、申十王、申東嶽、

〔1〕林悟殊：《摩尼教及其東漸》，素馨出版社，1997年，頁72、271、273、303、305–307。G. B. Mikkelsen, *Dictionary of Manichaean texts in Chinese*, Turnhout, Brepols Publishers, 2006, p.44.

〔2〕陳垣：《陳垣學術論文集》第1集，中華書局，1980年，頁375。G. B. Mikkelsen, *Dictionary of Manichaean texts in Chinese*, Turnhout, Brepols Publishers, 2006, pp.2, 62.

〔3〕陳進國、林鋆：《明教的新發現——福建霞浦縣摩尼教史跡辨析》，載《不止於藝》，北京大學出版社，2010年，頁379。

〔4〕《道藏》第9冊，文物出版社、上海書店、天津古籍出版社，1988年，頁407–418。

·歐·亞·歷·史·文·化·文·庫·

申水府等文書。[1]《科册》中收有6份申，分別為地藏目連、申喚應、東嶽、地府、水府與十王。其中"（申）水府"（第21節，頁20－21）具狀上申"水府扶桑丹林大帝"，與一般道教文檢區別不大，不再論列，其他5篇討論如下：

1.5.1　地藏、目連

"地藏、目連"是第16節（頁17－18），用籤是"冥陽救苦地藏能仁蓮座前、孝義無雙目連菩薩蓮座前"。卿希泰主編的《中國道教》指出："我國傳統信仰的地獄主宰有東嶽大帝、地藏和酆都大帝，前者源於漢族民間信仰，中者源於佛教，後者則源於道教，在中國南方及東南亞一帶有一定影響"。[2]簡明扼要地說明了東嶽大帝（即泰山府君）等3種主要地獄主宰的宗教淵源。

羅世平《地藏十王圖像的遺存及其信仰》一文，研究了地藏和十王圖，十王包括閻羅王、泰山王、平等王，還涉及北陰酆都玄天大帝，對我們研究《科册》中超度亡靈的文書甚有參考價值。羅世平在研究了大量圖像資料的基礎上指出："唐宋社會，菩薩信仰篤行，士庶緇侶親近菩薩甚於佛陀，觀音而外，地藏信仰經末法思想與密法壇咒的雙重作用，與死後升仙，視死如視生的傳統風習雜糅交匯，流布民間，侵潤市閭，雕繪地藏圖像，宣誦菩薩名號成為這一時期民間宗教生活中不可缺少的內容。……地藏菩薩成了冥府的主宰，在六趣大輪回的蠱惑中獲得至高無上的地位。"[3]《科册》超度亡靈的文檢中把"地藏"置於"申"的首位即是民間以地藏為冥府主宰信仰的反映。

太史文（Stephen F. Teiser）《幽靈的節日：中國中世紀的信仰與生活》以大量篇幅研究了目連，他指出："在鬼節神話的通俗表述中目連遊行的冥間反映出中國宗教宇宙觀演進的一個重要階段。一些外來的神祇，如閻羅王，被置於古老的泰山府君的管轄之下，而其他神祇（如地藏菩薩）則為墮地獄者分發救濟，並為同命相連者辯護祈求免於殘酷的

---

〔1〕大淵忍爾編：《中國人の宗教儀禮》，福武書店，昭和58年（1983），頁426–430。

〔2〕卿希泰：《中國道教》卷3，東方出版中心，1994年，頁101–102。

〔3〕羅世平：《地藏十王圖像的遺存及其信仰》，載《唐研究》，第4卷，1998年，頁373。

報應。"[1] 此節當與明教無涉。

1.5.2 申喚應

"申喚應"在"奏申銜額"中作"喚應明宮：通傳善［信觀音］大士/［入］奏［靈祥勢至能］仁金蓮下"（頁1），在"又目錄"中，位居申之首。我們先著錄第18節（頁19）"申喚應"之全文如下：

［1］🐚申喚應○入意

［2］以今謄奏之次，未敢自專；謹錄情由具狀申　聞者。　右謹具狀上申

［3］○簽　通傳善信觀音菩薩　蓮座前　入奏吉/靈祥勢至菩薩　蓮座前。

［4］恭望　聖慈允俞申請。伏望　光降道場，證明修奉，但厶叩參漸位忝

［5］承科教，攬詞謄奏，慮有字誤理疏，冒犯　佛天。乞賜改正，轉達真

［6］常等處。咸祈　照應，祈安/拔度。但弟子厶下情無任望恩之至。謹狀。

初看此文"觀音""勢至"為佛教菩薩，與地藏、目連類似。細審"喚應""觀音""勢至"實為摩尼教神祇。《下部贊》"普啟讚文"頌揚諸神，其中有："又啟喚應、警覺聲"，這裡的"喚應"，又作"喚應聲"，是第2次召喚時出現的應神（Answer）。根據摩尼教教義，初人（先意佛）被暗魔打敗，身陷黑暗王國，無上明尊派活靈（淨風佛）去拯救初人。活靈來到黑暗王國，呼喚初人，初人做了回答。這一呼一應產生了兩個神，一為呼神（說聽），一為應神（喚應）。京藏《殘經》寫道："其五明身猶如牢獄，五類諸魔同彼獄囚，淨風五子如掌獄官，說聽、喚應如喝更者，其第十三窨路沙羅夷如斷事王。……［貪魔］又以怨憎、嗔恚、淫欲、忿怒及愚癡等以為獄官，放（仿）彼淨風五驍健子；中間貪欲，

---

[1] Teiser, Stephen F., *The Ghost Festival in Medieval China*. Princeton: Princeton University Press, 1988, p.14. 中譯本：侯旭東譯：《幽靈的節日：中國中世紀的信仰與生活》，浙江人民出版社，1999年，頁12。

21

以像唱更説聽、唤應；饒毒猛火恣令自在，放（仿）窣路沙羅夷。……第三日者即是説聽及唤應聲。"[1]

《下部讚》"此偈凡至莫日，與諸聽者懺悔願文"寫道："誠心懇切，求哀懺悔，對真實父，大慈悲主，十二光王，涅槃國土；對妙生香空，無邊聖衆，不動不俎，金剛寶地；對日月宮，二光明殿，各三慈父，元堪讚譽；對盧舍那，大莊嚴柱，五妙相身，觀音、勢至；對今吉日，堪讚歎時，七寶香池，滿活命水。"[2]早在1926年德國佛學家瓦爾德施密特（E. Waldschmidt）和伊朗學家楞茨（Wolfgang Lentz）合作，在研究《下部讚》的奠基性著作《耶穌在摩尼教中的地位》一文中，利用了一些德藏伊朗語文獻來判定漢文本的依據和某些漢語譯名的來源，其中一個假設就是：《下部讚》中觀音、勢至就是呼神（God Call）和應神（God Answer）。[3]翁拙瑞、米克爾森都接受了這一假設。[4]現在"申唤應"這一節文字證明，"觀音、勢至"確實是呼神、應神的佛教化名稱，他們被置於"唤應明宮"中，其職能是"改正"法師文檢中的錯誤，代為轉達。

1.5.3　東嶽

"（申）東嶽"（第19節，第19—20行）上申"東嶽天齊仁聖大帝"，基本上與道教的"申東嶽"類似。東嶽大帝是道教因襲民俗崇拜的泰山神。民間認為泰山是人死後靈魂的歸宿之地，泰山神是陰間鬼魂之最高主宰。宋真宗大中祥符五年（1012）詔加東嶽曰天齊仁聖帝。至元二十八年（1291）詔加東嶽為齊天（或作"天齊"）大生仁聖帝。道教齋醮

〔1〕林悟殊：《摩尼教及其東漸》，素馨出版社，1997年，頁15、268–269、296。G. B. Mikkelsen, *Dictionary of Manichaean texts in Chinese*, Turnhout, Brepols Publishers, 2006, p.28.

〔2〕林悟殊：《摩尼教及其東漸》，素馨出版社，1997年，頁15、268–269、296。G. B. Mikkelsen, *Dictionary of Manichaean texts in Chinese*, Turnhout, Brepols Publishers, 2006, p.28.

〔3〕Waldschmidt, E. und W. Lentz, *Die Stellung Jesu im Manichäismus, Abhandlungen der Königl. Preuss. Akademie der Wissenschaften*, 1926, No. 4, p. 9, Berlin, 1926.

〔4〕P. Bryder, *The Chinese Transformation of Manichaeism: A Study of Chinese Manichaean Terminology*, Lund, 1985, pp.103–105. G. B. Mikkelsen, *Dictionary of Manichaean texts in Chinese*, Turnhout, Brepols Publishers, 2006, pp.23,63.

科儀中，常以東嶽為主管鬼魂的地祇大神被祈禱。[1]地獄十王中的七七日泰山王的原型是中國古代民間信仰中的泰山府君，產生於中國本土，原與佛教無涉。在地藏信仰流被中土之後，泰山府君被納入佛教名目之下，仍判冥事。由泰山府君到泰山王的過程，大概亦可見出地獄十王成分的複雜程度。[2]此節當與明教無涉。

1.5.4 地府

"地府"在"奏申銜額"中作："地府靈尊宮：或北陰［酆］都元天大帝御前。"（頁1）我們先著錄"地府"（第20節，頁20）全文如下：

［1］⊙地府○北陰同繳

［2］但臣厶領此來詞不容拒抑，謹具文狀百拜申　聞者。　右謹具狀上申○簽

［3］　地府靈尊平等大帝御前　北陰酆都元天大帝　御前。恭惟

［4］　大德巍巍，威風凜凜，掌生死權位，尊居於地府，定善惡業職，專掌於酆

［5］　都。今修資度之良緣，特備虔誠之素懇，願蒙昭鑒，祈賜　恩光，赦除

［6］　幽獄之罪，遣赴　光明之會。仍請　聖駕是夜恭迓　光責道場，證明修奉，

［7］　恩資亡者，早獲超昇，澤沾存眷，兩利存亡。但厶下情無任。云云

魏晉南北朝時道教已形成酆都大帝主管地獄的信仰。同時期佛教地獄說在社會上廣泛流傳，有所謂十八層地獄及十殿閻羅治鬼之說，道教汲取了這些思想，逐步形成酆都鬼獄並塑造了酆都大帝的形象。[3]

地府靈尊平等大帝則出自摩尼教的平等王。先看一下敦煌漢文摩尼教殘卷中有關平等王的文字。京藏《摩尼教殘經》講到十二光明大時，

〔1〕卿希泰：《中國道教》卷3，東方出版中心，1994年，頁96–99。
〔2〕羅世平：《地藏十王圖像的遺存及其信仰》，載《唐研究》，第4卷，1998年，頁399。
〔3〕卿希泰：《中國道教》卷3，東方出版中心，1994年，頁100–102。

其中第十二是內外俱明，如果摩尼教僧侶"內懷俱明性者"，就有5種記驗，其中"四者：常念命終、艱難苦楚、危厄之日，常觀無常及平等王，如對目前，無時暫舍。"（第306—308行）《下部讚》講到平等王的地方比較多："迴獨將羞並惡業，無常已後擔背負；平等王前皆屈理，卻配輪迴生死苦。"（第99頌）"又啟閻默善思惟，即是夷數慈悲想，真實斷事平等王，並及五明清淨眾。"（第131頌）"又啟真實平等王，能戰勇健新夷數，雄猛自在忙你尊，並諸清淨光明眾。"（第152頌）"憶念戰慄命終時，平等王前莫屈理。法相惠明餘諸佛，為此明身常苦惱。"（第255頌）"此偈凡至莫日，與諸聽者懺悔願文"有一段比較長的文字談及平等王："若至無常之日，脫此可猒肉身。諸佛聖賢前後圍繞；寶舫安置，善業自迎，直至平等王前。受三大勝，所謂'花冠、瓔珞萬種、妙衣串佩'。善業福德佛性，無窮讚歎。又從平等王所，幡花寶盖，前後圍繞，眾聖歌揚。入盧舍那境界，於其境內，道路平正，音聲梵響，周迴彌覆。從彼直至日月宮殿，而於六大慈父及餘眷屬，各受快樂無窮讚歎。又複轉引到於彼岸，遂入涅槃常明世界，與自善業，常受快樂。"（第393—400頌）[1] 從這些文字來看，在中國摩尼教徒心目中，平等王是對亡靈進行審判的神，如果亡靈生前多做惡業，在審判時理窮詞屈，就會受到輪迴生死之苦；如果生前多做善業，就會先入盧舍那境界，再入涅槃常明世界。

早在1937年日本學者松本榮一已經提出："摩尼教的'地藏十王'思想可能是模仿中國佛教而得。或有持異議者認為，中國佛教的'冥府十王'思想乃是從摩尼教那裡採納而得。這一頗有意思的現象確實難以遽然斷定其起源，但是不管怎樣，9、10世紀時，佛教與摩尼教在

---

〔1〕林悟殊：《摩尼教及其東漸》，素馨出版社，1997 年，頁 280、294、296–297、304、314–315。同書頁 276–277，京藏《摩尼教殘經》第 220–222 行講到"惠明相者，……六者平等"，在下文第 264 行作"六真實者"，恐怕與平等王無涉，在此不詳細引述。G. B. Mikkelsen, *Dictionary of Manichaean texts in Chinese*, Turnhout, Brepols Publishers, 2006, p.47.

十王觀念及冥府觀念方面有著極爲微妙的關聯，卻是不爭的事實。"[1]
太史文則認爲，由於《十王經》與摩尼教的救世論大相徑庭，十王不大
可能源自摩尼教神譜。[2] 羅世平在研究地獄十王來源的幾種說法時，指
出十王中的百日王也稱平等王。他引《下部贊》第394—397頌的文字後
說："松本榮一根據以上摩尼教經典中出現的'地藏''十王''平等王'
等漢譯名稱，推斷摩尼教亦重地獄冥府，與中國佛教信仰間有類似之處，
故地獄十王之中或許雜有摩尼教因素。引發他這一考慮的圖像依據主要
是新疆高昌地區的地獄十王繪畫殘片，而今天所見高昌回鶻時期的地獄
十王繪畫更多與敦煌十王圖像發生關係。高昌地區出土的回鶻文寫經也
主要屬佛教經典，佛教與摩尼教在地獄十王信仰上的異同及圖像上有無
區別，就目前所見的圖像材料本身還很難得出究竟。"[3] 芮傳明教授對
這個問題做了進一步探討。[4] 今天摩尼教研究比三十年代有了長足的進
步，已經公認：摩尼教經中"地藏"又作"地藏明使"，是淨風第四子
——榮耀之王（gloriosus rex）；[5] "十天王"又作"十天大王"，是淨風
第二子——尊貴的王（rex honoris）[6]；除了"地藏"一詞借用佛教菩薩
之名外，這兩個神都與地獄冥府無涉。摩尼教的平等王在9、10世紀是
否與佛教冥府十王中的閻羅王或平等王有關，還很難下結論。敦煌漢文
摩尼教文獻中的"平等王"如何演變爲霞浦文書中的"平等大帝"，這
個問題需要另外撰文論述，在此不贅，見本書第5章"從'平等王'到

〔1〕松本榮一：《敦煌畫の研究》，第 3 章，第 8 節《十王經圖卷》，東方文化學院東方研究所，
1937 年，頁 414–415。中文譯文見芮傳明：《摩尼教"平等王"與"輪回"考》，載《史林》2003
年第 6 期，頁 28。

〔2〕Teiser, Stephen F., *The Scripture on the Ten King and the Making of Purgatory in Medieval Chinese
Buddhism*, Honolulu, HI : University of Hawaii Press, 1994, p.67.

〔3〕羅世平：《地藏十王圖像的遺存及其信仰》，載《唐研究》，第 4 卷，1998 年，頁 398–399。

〔4〕芮傳明：《摩尼教"平等王"與"輪回"考》，載《史林》2003 年第 6 期，頁 38。

〔5〕G. B. Mikkelsen, *Dictionary of Manichaean texts in Chinese*, Turnhout, Brepols Publishers, 2006,
p.15. S. Clackson, etc. eds. *Dictionary of Manichaean texts volume I: Texts from the Roman Empire (Texts in
Syriac, Greek, Coptic and Latin)*, Turnhout, Brepols Publishers, 1998, pp. 126, 211.

〔6〕G. B. Mikkelsen, *Dictionary of Manichaean texts in Chinese*, Turnhout, Brepols Publishers, 2006,
p.62. S. Clackson, etc. eds. *Dictionary of Manichaean texts volume I: Texts from the Roman Empire (Texts in
Syriac, Greek, Coptic and Latin)*, Turnhout, Brepols Publishers, 1998, pp. 125, 138, 211.

'平等大帝'"。

　　現在我們可以肯定的是：摩尼教經中有一個平等王，掌管對亡靈的審判，惡人被判重受輪回生死之苦，善人則可往生明界。中國道教則有一個酆都大帝，於是"移星換斗"，平等王被轉化為"地府靈尊平等大帝"，排在酆都大帝之前，同掌地府，再一次做得渾然天成。如果沒有其他旁證，當然也可以將此"地府靈尊平等大帝"與佛教、道教地獄十王中的"平等王"相聯繫。但是，本文已經列舉旁證說明將此"地府靈尊平等大帝"溯源於摩尼教的平等王更有說服力。而況我們下文將要講到，《科冊》中另有"［申］十王"具狀上申"閻羅天子十殿明王"。通過對此文本的分析，我們可以推斷，日本奈良大和文華舘藏《冥王聖圖》第4層在一個高臺上的亭子裡，坐在桌子後面的一位判官可能不代表一般的地獄判官，而代表摩尼教的"平等王"或其演變而成的"地府靈尊平等大帝"。

1.5.5　十王

　　"十王"（第22節，頁20－21）的行文內容與一般道教文檢區別不大，與明教無涉，不再著錄全文。此文在"奏申銜額"中作："冥府十王宮：冥府十殿大明王殿前"。（頁2）它具狀上申的對象是"閻羅天子十殿明王"。巴黎集美博物館藏太平興國八年（983）《地藏十王圖》中每殿各有榜題，名次如下：（1）秦廣王，（2）初江王，（3）宋帝王，（4）五官王，（5）閻羅王，（6）變成王，（7）太山王，（8）平正王，（9）都市王，（10）五道轉輪王。這幅《地藏十王圖》被認為是流傳的十王圖中最完備的圖本，內容包括地藏菩薩、地獄十王廳、四大判官、道明和尚、金毛獅子、引路菩薩、供養人眾及發願榜文。雕造於北宋紹聖三年（1096）的石篆山9號龕十王形象上方各有榜題，名稱、次序略有不同：左側：（1）閻羅天子，（2）五官大王，（3）宋帝大王，（4）初江大王，（5）秦廣大王；右側：（1）變成大王，（2）泰山大王，（3）平等大王，（4）都市大王，（5）轉輪大王。羅世平討論了十王來源的幾種說法，只有閻羅王的來源線索似乎比較清楚，平等王、泰山王也有出典，五官王可能出自疑偽經，五道轉輪王可能出自佛典，或中國本土信仰的道教神祇。下剩宋帝王、變成王、都市王不僅佛典中不見記載，有關民間信仰的文獻中也很少見其蹤跡。總之，地獄十王的成立，是在地藏菩薩信仰興起之後，創自中國本土的冥府系統，來歷非出一源。地獄十王構成中的不同宗教因素，在一定程度上反映出中國信眾選擇神祇的普遍心態及其獨特的選擇方式。道士林靈真（1239—1302）將佛教的地藏十王轉換成北陰酆都玄天大帝屬下的真君。據《靈寶領教濟度金書》載，冥道十大真君為：（1）泰素妙廣真君秦廣大王，（2）陰德定休真君初江大王，（3）洞明普靜真君宋帝大王，（4）玄德五靈真君五官大王，（5）最聖耀靈真君閻羅大王，（6）寶肅昭成真君變成大王，（7）神變萬靈真君泰山大王，（8）無上證度真君平等大王，（9）飛魔演慶真君都市大王，（10）五代威靈真君轉輪大王。納入道教中的十王名號仍保留了原初十王的名字。[1] 大淵忍爾收集的當代臺灣道教的"申十王"中已經只有真君的名號，去掉了原初十王的名字。

《科冊》中的這篇"（申）十王"，沒有列出十王名號，統稱"閻羅天子十殿明王"或者"冥府十殿大明王"。"閻羅天子"一詞與雕造於北宋紹聖三年（1096）的石篆山9號龕的"閻羅天子"一詞相同。京藏《摩尼教殘經》中也使用"明王"這個名號[2]，因此不能排除"明王"和"大明王"出自有意選擇。

1.6　牒

牒是道教儀式中給神司的文書。《科冊》中牒的數量遠多於奏、申。摩尼教固然有一個頗為複雜的神譜，也有眾多神祇，但是《科冊》只是選擇了一些重要的神來取代道教的重要神祇。至於道教、民間宗教超度亡靈方面的許多次要神祇，就幾乎照單全收了。涉及次要神祇的眾多牒

〔1〕羅世平：《地藏十王圖像的遺存及其信仰》，載《唐研究》，第 4 卷，1998 年，頁 389–409。

〔2〕林悟殊：《摩尼教及其東漸》，素馨出版社，1997 年，頁 276、280。G. B. Mikkelsen, *Dictionary of Manichaean texts in Chinese*, Turnhout, Brepols Publishers, 2006, p.45.

中，我們只討論兩份："牒官將"與"（牒）引魂明使"。

1.6.1　牒官將

第79節"牒官將"（頁33－34）是抄寫者乙的筆跡。著錄全文如下：

〔1〕　　　　牒官將

〔2〕　得此除已具奏　天廷外，今則法事方行，緣科典係明將以維持。然法壇伏

〔3〕　威神而輔弼，凡有脩崇，合行備請，速望雲集左右，預賜降臨道場，駐劄

〔4〕　壇壿，布法令以除邪，顯威稜而護教，開泉扃接引亡魂，宣土主祇迎

〔5〕　聖駕，施恩力以祐明徒，賜禎祥而沾齋主。照驗施行，須至牒者。右牒請

〔6〕　四梵天王、諸大護法明使。

"明將""明徒""護法明使"都是明顯的明教詞彙。比較值得討論的是"四梵天王"。《樂山堂神記》與《科冊》出自同教派，在歷數神祇時，也包括"雄猛四梵天王"。《宋會要輯稿》中講到"明教之人所念經文及繪畫佛像"中有《四天王幀》。[1]這使我們立即想起勒柯克（Le Coq）在高昌（Kocho）遺址 α 發現的兩片摩尼教細密畫殘片：古樂慈稱之為"（握）右手圖景"（*Right Hand Scene*）的 MIK III 4979 a, b recto 和 MIK III 4959 recto 。克林凱特（H.-J. Klimkeit）認為畫上的4個神是：濕婆（Shiva）、梵天（Brahma）、毗濕奴（Vishnu）和象頭神（Ganesha），分別與摩尼教最高神大明尊的四寂法身清淨、光明、大力、智慧相應。[2]古樂慈教授指出：在"（握）右手圖景"中，"原畫中部之下，天神們見證了這一事件（摩尼教僧侶與一國王互握右手）。在前景上天神們分兩組坐著。右面的四個神像的圖像類似印度教神祇，也包括一些伊朗因素。

---

〔1〕〔清〕徐松（1781—1848）輯：《宋會要輯稿》第 7 冊，中華書局，1957 年（2006 年印刷），頁 6534。

〔2〕H.-J. Klimkeit, *Manichaean Art and Calligraphy*, Leiden, 1982, p.35. 中譯本：林悟殊譯：《古代摩尼教藝術》，中山大學出版社，頁 77–81。

他們非常可能是摩尼教中的鎮守四方之神。……描繪這4個守衛者的另一幅摩尼教細密畫殘片中（MIK III 4959 ［34］ recto），右面兩個神所持的器具畫得更細、更大。"[1]霞浦文書證明"四梵天王"不僅與摩尼教最高神大明尊的四寂法身相應，同時也是鎮守四方之神，但是並非出自印度教之神，與吐魯番高昌遺址 α 發現的兩片摩尼教細密畫殘片無關。我們將另文研究，在此不贅，見第6章"摩尼教四天王考"。

1.6.2 引魂明使

吉天豐教授在研究《冥王聖圖》時，注意到"引路菩薩"，這使我們意識到"引魂明使"是一個值得進一步探討的課題。先著錄《科冊》第30節（頁31）全文如下：

　　［1］　　引魂明使

　　［2］　　得此理合備由牒請，照驗前事，乞應是夜光降道場，證明修奉；煩為導

　　［3］　　引亡過厶一位靈魂前來赴　壇受度，領承功德陞秩職帖；仍乞護送天廷，以

　　［4］　　憑擢職受任，爲此具牒。伏乞　照驗施行。須至牒者。
右牒護法引魂明使。

《科冊》第81節（頁63－64）"牒伽藍"列舉的菩薩名號中有"引路王菩薩"。第86節（頁65）無題，當為書寫在神旛背面的文字"背面書：……大聖擎旛引路王菩薩垂光相接引係薦等/眾魂往生明界"。可見"引魂明使"與"引路王菩薩"兩者並存於《科冊》之中。日本學者塚本善隆對"引路菩薩"做過比較透徹的研究，其中也分析了"引路王菩薩"和"引魂王菩薩"。這個題目需要另外撰文討論，在此不贅。本文僅限於明確一點：不管《科冊》中的"引魂明使""引路王菩薩"是否可以勘同，他們都是比較低級的神。因此，《冥王聖圖》中的女神當為電光王佛，而非引路菩薩。吉田豐描繪追隨光明童女神的兩個女子：一

　　［1］Zsuzsanna Gulácsi, *Manichaean Art*, Turnhout, 2001, pp.72–74, 78, 80.

個捧著金瓶，瓶裡插著紫色的花朵；另一個舉著一面旗幟。[1]這面旗幟是否"召魂幡"，這個舉著旗幟的女子是否"引魂明使"，尚待進一步研究。

1.7　疏及其他文書

1.7.1　疏

《科冊》中標明"疏"的文書不多，但是也有一些明顯的摩尼教痕跡。第8節"功德超傷疏"（頁9－10）、第9節"演淨疏"（頁10－11）、第11節"供王疏"（頁11－12）都寫道："嗣（或秉）太上摩尼如來"。第12節"焰口疏"（頁13）寫道："秉太上摩尼如來云云鄉貫由旨意，以今經懺周完，合行判施。上啟慈尊主盟科範。伏願摩尼尊佛現應化而食恤須彌，……"第55節"請疏"（頁45－46）寫道："明筵初啟，法事首陳，謹具文疏，……伏望……頖臨壇所，坦平三界，道招九幽，魂下脫泉台，上升明界。"

1.7.2　狀

《科冊》第17節（頁18）"符使狀"寫道："○鄉貫奉光明正教下薦修弟子厶痛念厶云云至……入夜依科崇建道場云云至明界以今啓奏，仰荷雲斾光臨。"這裡的"光明正教"和"明界"當為明教用語。

1.7.3　意

《科冊》第5節（頁5－6）"華嚴血盆意"講到"太上清真摩尼如來"。

1.7.4　榜

《科冊》第13節（頁13－14）"三寶榜"開頭寫道："恭聞摩尼光佛肇創三寶之道場，菩薩如來大開萬法之慈域。"結尾寫道："摩尼如來正教主行加持度亡法事厶給榜。"

---

〔1〕Yutaka YOSHIDA, "A newly recognized Manichaean painting: Manichaean Daēnā from Japan"（新辨认出来的摩尼教画像——日本发现的摩尼教戴厄那女神像）即将在泰迪伊奥纪念文集（Tardieu Festschrift）中刊出。

1.7.5　表

　　《科冊》第23節（頁23-25）"繳憑請職表"、第24節（頁25-26）"謝表"和第25節（頁26-27）"皈真牒頭"與其他文檢不同，是關於真實人物的文書。文書講到：謝楚才"幼習儒業未就，承父（謝）法如所遺明門科典，居恆演誦，護壇有年，皈投叔祖（謝）法昭爲師，傳授心訣，曾於乙未年（1895？）六月十五日恭就法主壇前修設淨供，啓佛證明，具陳文疏表取法名法行，請授正明內院精進意部主事之職爲任並領諸品法器，給出合同號簿職帖爲據。……體教奉行一十三載。（得年五十六歲。）緣師祖（謝）法昭仙逝，未經奏名轉職，不幸於今丁未年（1907？）二月二十四日酉時皈真。"於是"摩尼如來正教精進意部主行加持度亡法事渝沙臣詹法揚"向"昊天至尊玉皇上帝玉陛下"上表，"懇請加授法行爲勇猛思部主事之職"。

　　謝法如、謝法昭、謝法行是《樂山堂神記》法師名錄中最後的幾名。[1]目前健在的法師之法脈是《樂山堂神記》所載的謝/詹法師所傳。因此我們可以推斷乙未年爲清光緒21年（1895），而丁未年爲光緒33年（1907）。粘良圖先生著錄了"繳憑請職表"，也認爲表文中提到的法昭、法如、法行都在《樂山堂神記》榜上有名。[2]黃佳欣也著錄了這份文書，做了細緻的分析。[3]這3份文書顯示法師是怎樣代代相傳的。尤可注意者爲其職位，"勇猛思部"顯然比"精進意部"高一級。"思"與"意"當出自摩尼教"相（想）、心、念、思、意"等明性五種淨體（京藏《殘經》第153—154行），因此更高的職位可能是"念部""心部""相（想）部"主事。"勇猛""精進"也是見於摩尼教經的詞彙，比如《下部讚》"歎諸護法明使文"寫道："勤加勇猛無閒暇，令離魔王犯綱毒。"（189c）其第3疊寫道："勤加勇猛常征罰，攻彼迷途害法者。"（219c）"此偈讚

---

〔1〕陳進國、林鋆：《明教的新發現——福建霞浦縣摩尼教史跡辨析》，載《不止於藝》，北京大學出版社，2010年，頁354。

〔2〕粘良圖：《福建晉江霞浦兩地明教史跡之對照》，提交"海陸交通與世界文明"國際學術研討會論文，廣州中山大學主辦，2011年12月，頁6-7。

〔3〕黃佳欣：《霞浦科儀本"樂山堂神記"再考察》，提交"海陸交通與世界文明"國際學術研討會論文，廣州中山大學主辦，2011年12月，頁11-15。

日光訖，末後結願用之”寫道：“驍健踴猛淨活風。”（362）京藏《殘經》寫道：“如其是人紀念不忘，愚癡若起，當即自覺，速能降伏；策勤精進，成就智惠。”（106）“次栽思樹。其樹根自是忍辱，莖是安泰，枝是忍受，葉是戒律，果是齋贊，味是勤修，色是精進。”（179）[1]

1.8　結論

通過本文對《科冊》中有關超度亡靈的文檢的初步探索，我們可以概括霞浦明教的若干特點。

首先，霞浦明教是異端而非叛逆。官方認可的道教有一套自己的神譜：三清、玉皇、酆都大帝等等，一定程度上是帝國統治權力的折射。霞浦明教徒以自己的神祇——摩尼光佛、電光王佛、夷數和佛、喚應、平等大帝等“移天易日”，顯然是一種異端。這在維護王朝統治穩定的士大夫看來，自然有潛在的危險。陸遊抨擊明教等異端說：“惟是妖幻邪人，平時誑惑良民，結連素定，待時而發，則其為害，未易可測。……更相結習，有同膠漆。萬一竊發，可為寒心。漢之張角，晉之孫恩，近歲之方臘，皆是類也。”（《渭南文集》卷5《條對狀》）[2]不過霞浦明教顯然並未發展到張角、方臘揭竿而起的程度，因而沒有見於歷史記載的官府鎮壓，而是披著道教的外衣，生存了下來。

其次，霞浦明教走向大眾化，而非精英化。根據黃震《黃氏日鈔》卷86《崇壽宮記》，這所道教化的摩尼教寺院坐落在四明（今寧波），大約建成於960年代，其住持張安國以草聖聞，名動一時，安國之法嗣張希聲對摩尼教的淵源如數家珍，熟悉《老子化胡經》、白樂天題摩尼經的詩句、《資治通鑒》等記載的摩尼教與回鶻之關係、以及宋朝宣取摩尼經頒入道藏等事。張希聲與大儒黃震書函往來，顯然屬於精英

---

〔1〕林悟殊：《摩尼教及其東漸》，素馨出版社，1997年，頁271、272、275、300、302、312。G. B. Mikkelsen, *Dictionary of Manichaean texts in Chinese*, Turnhout, Brepols Publishers, 2006, pp.73, 87, 35.

〔2〕〔南宋〕陸游（1125—1210）：《渭南文集》卷5，陸夢祖，明萬曆壬子10年（1612），頁6。

之列。[1]這種戒行尤嚴的摩尼教寺院與叛逆無涉,不會遭到官府鎮壓,但是如果後繼無人,同樣不可能生存下來。霞浦明教法師自然不可能再擁有張希聲那樣的摩尼教知識,他們與一般道士一樣,靠從事超度亡靈等民間信仰活動獲得收入,這一法脈才得以延續。超度亡靈的整個理念與摩尼教的原教旨不甚符合,但是能夠慰籍遺屬的心靈,是法師最重要的日常宗教活動之一,為明教的生存提供了大眾化的基礎。

第三,霞浦明教走向道教化,而非進一步佛教化。從敦煌漢文摩尼教經看,佛教化的證據觸目皆是,無須贅述。但是,宋代及以後,摩尼教進一步道教化了。一方面,佛教著作《僧史略》《佛祖統紀》等明確抨擊、排斥摩尼教,摩尼教要"妄稱佛教,誑惑黎元",並非易事。另一方面,陳垣先生1923年發表《摩尼教入中國考》已經明確提出了"宋摩尼依托道教"的命題,林悟殊先生近來著文詳加考證。[2]劉南強先生也指出:道教是一種習慣於吸收同化新思想的兼收並蓄的信仰。它與佛教比起來,各種教派顯示了大得多的教義歧異,它的教士的等級制度遠非那樣階梯森嚴。因此,道教為摩尼教在一個完全中國人的環境裡提供了一個理想的保護傘;宋初諸帝崇奉道教、給予道教各種特權(這些特權通常是與國家祭祀或佛教聯繫在一起的),更加強化了這種保護作用。[3]

霞浦文書本身多為清代抄本,自然並非宋代明教文獻,經過多次傳抄,可能增添了大量民間宗教成分。民間宗教專家應該進行"搶救性"的田野工作,抓緊時間,訪談年事已高的法師,記錄他們舉行法事的具體情況,了解他們掌握的明教知識,分析現存文本中的民間宗教成分。如筆者這樣沒有條件直接從事田野工作的研究者,則可以通過分析所掌握的文獻,將其中的明教成分析離出來,追溯其摩尼教淵源。這兩方面

---

[1]〔南宋〕黃震(1213—1280):《慈溪黃氏日抄分類》卷86,汪佩鍔,清乾隆32年(1767),頁3b-5a。

[2]林悟殊:《"宋摩尼依託道教"考論》,載張榮芳、戴治國主編:《陳垣與嶺南:紀念陳垣先生誕生130周年學術研討會論文集》,社會科學出版社,2011年。

[3]Samuel N. C. Lieu, *Manichaeism in the Later Roman Empire and Medieval China*, Tübingen, 1992, p.268.

·欧·亚·历·史·文·化·文·库·

工作缺一不可，只有相輔相成，才能進一步推進霞浦文書的研究。

（原作〔與吳春明合撰〕，《摩尼教與濟度亡靈——霞浦明教〈奏申牒疏科冊〉研究》，載《九州學林》，上海人民出版社，2011年，頁15-47。）

2 摩尼教 "地獄" 考

日本奈良大和文華館所藏一幅可能出自寧波的元代絹畫，一直被認為是佛教的六道輪迴圖。近年來日本學者泉武夫、吉田豐、美國學者古樂慈（Zsuzsanna Gulácsi）和奧地利學者埃伯特（Jorinder Ebert）通過研究，認為它是一幅摩尼教作品。根據畫上題記，可稱為《冥王聖圖》。（圖版1）這幅絹畫共分5層。畫面頂端的第1層描繪了天堂裡的宮殿，展現了光明童女及其隨從的整個行程。第2層描繪了兩個摩尼教選民在一尊摩尼教神像前宣講佈道的場景，此神像很可能就是摩尼。畫面左邊有一位聽者及其僕從，正在專心聽講。第3層由4幅小圖組成，描繪了士、農、工、商的生活。第4層描繪了摩尼教概念中的審判。在一個高臺上的亭子裡，一位審判者坐在桌子後面，身旁立著幾位侍從。亭子前有兩對鬼怪抓著他們的俘虜前來聽判，其命運或好或壞。光明童女及兩位侍者從畫面的左上方駕雲而來，她代表聽判人來干預審判。畫卷最下方的第5層描繪了4幅恐怖的地獄場景，從左至右分別為：一個被吊在紅色架子上的人被箭射穿，肢解人體，一個人被火輪碾過，最後是幾個惡鬼正在等待下一個折磨對象[1]。

---

〔1〕Zsuzsanna Gulácsi, "A Visual Sermon on Mani's Teaching of Salvation: A Contextualized Reading of a Chinese Manichaean Silk Painting in the Collection of the Yamato Bunkakan in Nara, Japan," 《内陸アジア言語の研究》,XXIII (2008), 頁 1–16。(*Studies on the Inner Asian Languages*. XXIII,〔2008〕, pp.1–16) 感謝古樂慈將此文抽印本送給我。Zsuzsanna Gulácsi, "A Manichaean *Portrait the Buddha Jesus（Yishu Fo Zheng）*: Identifying a 13th–century Chinese Painting from the Collection of Seiun–ji Zen Temple, near Kofy, Japan," *Artibus Asiae*, (2009) 69/1.感謝古樂慈將此文之中譯本送給我。王媛媛譯：《一幅宋代摩尼教〈夷數佛幀〉》，載《藝術史研究》，第 10 輯，頁 139–189。感謝王媛媛將此文的英文本發給我。Ebert, Jorinde, "A New Detected Manichaean Painting of the Yamato Bunkakan in Japan", paper for the 7th International Conference of Manichaean Studies, Dublin, Ireland, Sept, 11, 2009. 吉田豐：《寧波のマニ教畫いわゆ '六道図' の解釋をめぐって》，載《大和文華》2009 年第 119 號，頁 3–15 (Yutaka YOSHIDA, "A Manichaean painting from Ningbo — On the religious affiliation of the so–called *Rokudōzu* of the Museum Yamato Bunkakan", *Yamato Bunka*, Issue 119, 2009, pp.3–15)。

我們的一個疑問是：如果摩尼教根本沒有地獄的觀念，那麼西方與日本學者將此畫定為摩尼教作品的觀點就需要受到更慎重的審視。

無巧不成書。幾乎在西方與日本學者研究《冥王聖圖》的同時，福建省霞浦縣謝道璉法師傳用的清抄本《奏申牒疏科冊》（以下簡稱《科冊》）開始引起學術界之重視[1]。《科冊》中有相當明顯的摩尼教因素，同時多處講到地獄，極富研究價值。《科冊》中大部分文書是用於超度亡靈的，地獄觀念是其不可分割的部分，僅舉數例，以見一斑。第13節《三寶榜》（頁13－14）是在齋戒壇場前告貼的文書，告諭神祇：“恭聞摩尼光佛肇創三寶之道場，菩薩如來大開萬法之慈域。……仰瞻色相，丐現今夜之毫光，普化明寰，廣資冥府。……摩尼如來正教主行加持度亡法事厶給榜”。第14節《奏教主》（頁15–16）是儀式中給帝尊的文書，以出自摩尼教的三個神取代道教的三清：“錄詞百拜上奏（簽三）神通救性電光王佛金蓮下、太上教主摩尼光佛青蓮下、廣惠莊嚴夷數和佛金蓮下。……乞頒明勅，行下陰府諸司，赦釋亡魂，脫離刑曹之所，乘毫光徑赴法壇，領善功直登淨邦”。第15節《昊天》（頁16－17）也是“奏”：“錄詞百拜上奏（黃簽）昊天至尊玉皇上帝玉陛下。恭惟好生德大，度死功深，位統十天，為天帝之至尊；恩超八地，濟地獄之苦魂”。第20節《地府》是儀式中給一般神祇的“申”：“右謹具狀上申（簽）地府靈尊平等大帝御前、北陰酆都元天大帝御前，恭惟大德巍巍，威風凜凜，掌生死權位，尊居於地府；定善惡業職，專掌於酆都。今修資度之良緣，特備虔誠之素懇，願蒙昭鑒，祈賜恩光，赦除幽獄之罪，遣赴光明之會”。此申的“平等大帝”即從摩尼教的“平等王”演變而來，見第5章。此外，還有給地藏、目連、東嶽、十王等神祇的“申”，其主旨都是：亡靈被囚禁在地獄中，亡靈的眷屬只有通過宗教儀式，向神祇祈禱，才能使亡靈脫離地獄，超升明界。地獄觀念顯然屬於其核心教義。

霞浦文書數量相當大，陳培生法師提供的請神科儀本合抄包括《借

---

〔1〕筆者致函福建省文物局局長鄭國珍先生、霞浦縣副縣長、摩尼教論證工作領導小組組長黃敏皓女士、霞浦縣博物館館長吳春明先生，得到他們和霞浦縣柏洋鄉謝道璉法師的大力支持，得以研究謝道璉傳用《奏申牒疏科冊》（以下簡稱《科冊》）的照片。特此致謝。

錫杖文》《借珠文》《付錫杖偈》《破獄好了送錫杖偈》等文均言破地獄事。[1]霞浦文書《摩尼光佛》的請福科儀（頁13–14）寫道："十天王者，梵名阿薩漫沙也。是故道教稱為昊天玉皇大帝，住在第七天中，處在大殿，管於十天善惡之事。此天內有十二面寶鏡，上面觀於涅槃，下面照於陰司地府，十面鑒於十天諸魔背叛等事。"[2]

在《冥王聖圖》與霞浦文書中，地獄觀念都與民間宗教無甚區別。僅僅根據這些圖像、文字存在地獄觀念，很難論證它們與摩尼教有關。但是，如果摩尼教中本來完全沒有地獄一說，則可以作為一個有力的反證，使我們質疑這些文字、圖像是否包含明教內核。那麼，摩尼教教義中到底有沒有地獄說的淵源？抑或地獄說純粹是摩尼教在浙江、福建接受佛教、道教、民間宗教影響的產物？本文的主要目的即在探索《冥王聖圖》與《科冊》中"地獄"觀念的摩尼教淵源。

我們將根據摩尼教教義的邏輯來探討這個問題，首先探討在摩尼教創世紀中，有無地獄？其次，探索在摩尼教輪迴說中，惡人死後是否要下地獄？第三，探討在摩尼教末世論中，有沒有關於地獄的結局？由於我們使用的資料年代跨度非常大，其間教義本身因時因地發生若干變化，在所難免。摩尼教的基本教義有其內在的一致性與延續性，而具體文書則會受到周圍宗教文化環境的影響，尤其是瑣羅亞斯德教與佛教的影響，這是需要我們隨時注意的。

2.1　摩尼教創世紀中的地獄

2.1.1　回鶻文文書 T II D 173b

許地山、林悟殊先生早就概述過摩尼教的創世神話：摩尼把明暗二宗作為世界本原，把光明和黑暗說成是兩個相鄰的王國，光明王國佔據

---

〔1〕陈进国、林鋆：《明教的新发现——福建霞浦县摩尼教史迹辨析》，載《不止於藝》，北京大学出版社，2010年，頁351。地藏菩薩左持明珠，右持錫杖，拯救衆生，故有"明珠照亮天堂路，錫杖振開地獄門"。

〔2〕元文琪：《福建霞浦摩尼教科儀典籍重大發現論證》，載《世界宗教研究》2011年第5期，頁178。

·欧·亚·历·史·文·化·文·库·

著整個的上方與北、東、西三方，黑暗王國佔有下方——南方。黑暗侵入光明，最高神大明尊相繼召喚出母親女神（漢文摩尼經稱善母），母親女神召喚出初人（先意），派初人前去驅逐黑暗。初人初戰失利，昏倒在戰場上。大明尊又召喚出造像佛、淨風等去救援初人。"淨風首先走到黑暗地獄邊緣，大聲疾呼初人，初人應聲回答"。這一呼一應，產生了呼神和應神。"淨風聽到初人應聲後，就深入地獄，伸出右手抓住初人，把初人舉出地獄，救回到光明王國裡[1]"。這裡的"地獄"應該就是指黑暗王國。

回鶻文文書 T II D 173b 則說："當呼（神）（xroštag）（和）應神（padwaxtag t〔ä〕ngri）離開了霍爾莫茲德神（xumuẓt t〔ä〕ngri，即初人），從地獄（t〔a〕mudan）飛升到天霄的時候，淨風神和母親女神很快來到那裡。他們使霍爾莫茲德神離開地獄（t〔a〕mudan）和飛升，他們把他送到眾神之國[2]。"回鶻文文獻受佛教影響較深，但是將黑暗王國視為地獄的思想可以在早期中古波斯文文獻中得到印證。

2.1.2　中古波斯文文書 M99 I 和 M7980–7984

胡特爾（M. Hutter）將中古波斯文文書 M98 I 和99 I 以及 M7980—7984視為摩尼親撰並呈獻給薩珊波斯國王沙卜爾（Sābuhr，242—272年在位）的《沙卜拉干》（Šābuhragān）之一部分，儘管這個論斷尚待探討，這些文書很可能紀錄了摩尼在世時認可的教義，其中多處提及地獄。中古波斯文文書詳細地記載了創世神話：各類雌魔"一開始在地獄（dwšwx）裡就懷孕了，被拴鎖在十一層天上，看到了明界之神（rwšnšhryzd，即第三使）的光輝和美麗，對其產生欲求，喪心病狂，（她們）都使自己的身孕流產了"。這些流產物掉在地上變成了動物。然後明界之神命令新世界締造之神（即造像佛）："去建造一個新世界，

---

〔1〕林悟殊：《摩尼教及其東漸》，素馨出版社，1997年，頁13–15。

〔2〕Le Coq, A. von., *Türkische Manichaica aus Chotscho*. I, Berlin, 1912, p.13. Klimkeit, H.-J. *Gnosis on the Silk Road: Gnostic Texts from Central Asia*, (San Francisco):HarperSanFrancisco, 1993,（簡稱 GSR） p.341. Clauson, Gerard, *An Etymological Dictionary of Pre–Thirteenth–Century Turkish*, Oxford, Claredon Press, 1972, p.503.　Lieu, Samuel N. C., *Manichaeism in Central Asia and China*, Leiden：Brill，1998, p.245.

超越天地宇宙,（超越）五個地獄（pnz dwšwx），直抵南方,（但是）更多地向這邊延伸,在黑暗地獄（tm dwšwx）之上,（這樣）它從東方伸展到西方,與天堂相對應"。"就象貪魔從一開始就在她自己的居處——黑暗地獄（tm dwšwx）裡把淫蕩和交媾教給"各類魔,她繼續把淫蕩與交媾教給從天上掉到地下的雌雄諸魔。雌雄魔王吞吃了諸魔的後代,造立了人身。人類的後代"將敬拜貪魔與貪欲,將實現眾魔的意願,將（最後）走向地獄（dwšwx）[1]"。pnz dwšwx（五個地獄）,也即黑暗王國,因為那裡是一個充滿煙火、悶氣、颶風、污泥、毒水等5種黑暗元素的地方,居住著五類魔。這個中古波斯文稱之為 tm dwšwx（黑暗地獄）、回鶻文稱之為 tamu（地獄）的地方就是貪魔原來的居處,初人戰敗昏倒的地方,也就是惡人的最後歸宿。

2.1.3　帕提亞文《惠明經》(*Sermon of the Light-Nous*)

殘卷第 13 節

貪魔造立人身以囚禁明性,眾神自當奮起反擊,拯救明性。《摩尼教殘經一》記載:"又復淨風造二明舡,於生死海運渡善子,達於本界,令光明性究竟安樂。怨魔貪主見此事已,生嗔妬心,即造二形雄雌等相,以放（仿）日月二大明舡,惑亂明性,令昇暗舡,送入地獄,輪迴五趣,備受諸苦,卒難解脫[2]"。與漢文對應的帕提亞文原本殘片中"地獄"一詞作 dwjx[3]。在佛教中,"五趣"指眾生由善惡業所感而應趣往之處所,即地獄趣、畜生趣、餓鬼趣、人趣和天趣。加上阿修羅,總稱六道。

〔1〕Hutter, M. *Manis kosmogonische Šābuhragān–Texte*, Wiesbaden, 1992, 文書行數: 93, 101, 113, 291, 326, 329, 895, 1118;　Boyce, M. *A Reader in Manichaean Middle Persian and Parthian: Texts with Notes*, Leiden: E. J. Brill, 1975, §y 段落 5, 16, 17, 39, 47; GSR, p.227 將 hells 誤排為 halls; pp.228–229, 232, 234. Durkin-Meisterernst, Desmond, *Dictionary of Manichaean Middle Persian and Parthian*, Turnhout: Brepols, 2004, p.147. Clackson, Sarah, Erica Hunter, and Samuel N.C. Lieu, *Dictionary of Manichaean texts.* v.1, *Texts from the Roman Empire : texts in Syriac, Greek, Coptic, and Latin* / compiled by Sarah Clackson, Erica Hunter, and Samuel N.C. Lieu ; in association with Mark Vermes, 1998, pp.210, 230.

〔2〕林悟殊:《摩尼教及其東漸》,素馨出版社,1997 年,頁 269–270。

〔3〕Sundermann, W. *Der Sermon vom Licht–Nous, Eine Lehrschrift des östlichen Manichäismus, Edition der parthischen und soghdischen Version*, Berlin, 1992, pp.64–65, 87. Durkin-Meisterernst, Desmond, *Dictionary of Manichaean Middle Persian and Parthian*, Turnhout: Brepols, 2004, p.145.

欧·亚·历·史·文·化·文·库

2.2 摩尼教輪迴說中的地獄

摩尼教徒嚮往天道，希望自己的靈魂能重返明界，不願重新轉世為人，而更恐懼墮入地獄。顯示其對地獄之恐懼的資料主要有5類：帕提亞文組詩、粟特文寓言、回鶻文懺悔詞、摩尼大頌和一般詩歌，我們將分別分析這5種資料。

2.2.1 帕提亞文組詩《胡亞達曼》（ Huyadagmān ）

與《安格羅斯南》（ Angad Rōšnān ）

這兩首組詩據考證是西元3世紀的作品，可能是摩尼弟子末冒（Mār Ammō）所譯寫。它們都現存8個篇章的或多或少的詩句，以明性為第一人稱，自敘離開了本鄉——明界，在人世間忍受痛苦，恐懼墮落地獄，渴望得到拯救，在第6篇章裡，拯救者才終於出現，使明性重返明界[1]。

《胡亞達曼》篇章 IVa 第7—10行，明性悲歎：“誰將使我免於被地獄（nrh）山高海深的艱難苦楚所吞噬?”篇章 IVb 第2—3頌，明性悲歎：“誰將拯救我，使我解脫所有這一切，那樣我就不會被那些地獄深淵（nrh jfr'n）的艱難苦楚所吞噬?”篇章 V 第6頌，明性在描述人生的痛苦之後呼籲：“誰將使我解脫這一切，這一切傷害，讓我遠離地獄（dwjx）的所有苦難?”第10和12頌確定邪教徒無論如何免不了在地獄中受苦受難：“（他們）所有的偶像、祭壇和圖像都不可能從那個地獄（nrh）中把他們救出來。”第19頌，明性悲歎誰能拯救其免墮地獄：“誰將帶我遠離［它，那樣］我就可以不再陷（？）［於］其間；我就不會跌倒，墮落每一個痛苦的地獄（hrw txl dwjx）。”篇章 Va 第2和11頌，確定邪教徒無望逃脫地獄的懲罰：“他們哀號，苦求真實的審判之神（d'dbr r'štygr，即平等王）……他沒有答應給他們幫助。……他們永遠忍饑挨餓，在那個地獄（nrh）裡……（那）吃人的深淵，那裡希望［是不為人所知的］”。

篇章 VIb 第22行，拯救者對明性說：“我將把你從地獄看守們的（nrhp'n'n）手中解脫出來，［他們］對精神與靈魂［毫無］憐憫”。篇

---

〔1〕Boyce, M., *The Manichaean Hymn-cycles in Parthian*, London, 1954, pp.43. GSR p.100.

章 VII 第21行，拯救者對明性說："你不會墮落地獄（dwjx），也不會墮落……；對……來說將沒有歡樂……"

《安格羅斯南》篇章 VII 第5行，拯救者對得到拯救後的明性說："你起先在地獄（nrh）中忍受了所有危厄，你是為了這一刻（的歡樂）而經歷的[1]。"

阿斯穆森（Jes P. Asmussen）[2]、西姆斯－威廉姆斯（N.Sims－Williams）考訂帕提亞文 nrh 為梵文借詞。梵文原文 नरक，轉寫 naraka，漢文音譯"那落迦""捺落迦"，意譯"地獄"，英文譯為 hell。在 nrh 中，梵文的母音間的 k 脫落了。帕提亞文的這個形式可能代表西北梵文俗語（NWPkt.）的 *naraha-。另一種可能，h 是在帕提亞文中加上去的，因為在帕提亞文中，名詞以 a 結尾是很難被接受的[3]。格施威徹（I. Gershevitch）在《摩尼字母巴克特利亞語殘片》一文中告訴我們，恆寧（W. B. Henning）曾經根據瑪麗·博伊斯（Mary Boyce）的轉寫，對一份巴克特利亞語殘片進行了初步釋讀，其中的 nrh 即翻譯為"地獄（hells）"[4]。帕提亞文 nrh 這個借詞是否經過巴克特利亞文的中介，尚待探討。

敦煌發現的漢文摩尼教經《下部贊》的詩篇許多地方基本思想也與這兩首組詩類似。比如，《胡亞達曼》篇章 V 第10和12頌、篇章 Va 第2和11頌都確定邪教徒將墮落地獄，《下部贊》《歎无上明尊偈文》也說："苦哉世間諸外道，不能分別明宗祖，輪迴地獄受諸殃，良為不尋真正路！"（第226頌）[5]

---

〔1〕Boyce, M. *The Manichaean Hymn-cycles in Parthian*, London, 1954, pp.82–91, 100–101, 106–107, 154–155, 170–171. Durkin-Meisterernst, Desmond, *Dictionary of Manichaean Middle Persian and Parthian*, Turnhout: Brepols, 2004 pp.145, 244.

〔2〕Asmussen, Jes P. *Xᵘāstvānīft: Studies in Manichaeism*, Copenhagen, 1965, p.136.

〔3〕Sims-Williams, N. "Indian elements in Parthian and Sogdian", *Sprachen des Buddhismus in Zentralasien,* Veröffentlichungen der Societas Uralo-Altaic, Bd. 16, Wiesbaden, 1983, pp.133–134, 140.

〔4〕Gershevitch, I, "The Bactrian Fragment in Manichean Script", in *From Hecataeus to al-Ḫuwârizmî : Bactrian, Pahlavi, Sogdian, Persian, Sanskrit, Syriac, Arabic, Chinese, Greek, and Latin sources for the history of pre-Islamic Central Asia*, edited by J. Harmatta, Budapest : Akadémiai Kiadó, 1984, p.274.

〔5〕林悟殊：《摩尼教及其東漸》，素馨出版社，1997年，頁302。

2.2.2　粟特文寓言

《珍珠鑽孔師傅》寓言的解釋部分講到："那人是一個正義的電那勿（δynδ'ryy，即選民），他使許多人免入地獄（tm'），把他們引上通往天堂之路。"文書 T i α 寫道："如果收穫與利潤開始給予你，那麼加倍你的努力，但是不要太貪婪（？），那樣你就不會把你的靈魂引向地獄（tmw），將不會對你自己造成巨大的⋯毫無憐憫的（？）傷害。——阿格斯羅（'γsrw）王（？？）再次問水妖：⋯⋯什麼比太陽更明亮，什麼比地獄（tm'）更黑暗[1]？"意為"地獄"的粟特文 tm-的詞源是阿維斯陀文 təmah[2]，這說明早在摩尼教傳入粟特人當中之前，他們已經有了這一語彙；後來摩尼教文獻被譯寫為粟特文時，就用源自 təmah 的 tm-來翻譯摩尼教的"地獄"。往後佛教、景教文獻被翻譯成粟特文時，"地獄"一語也用這個借詞。摩尼教、佛教文獻被翻譯成回鶻文時，"地獄"一語就用源自粟特文 tm-的借詞 tamu。

在瑣羅亞斯德生活的時代很久以前，印度—伊朗人就相信有些人死後會在天上享受歡樂的生活，而許多人死後會在地獄裡過一種毫無樂趣的生活。瑣羅亞斯德將這種信念發展成純粹根據道德標準決定的兩種命運：所有瑣羅亞斯德教徒之靈魂都會飛升到天上的眾神之國中去，而所有邪教徒之靈魂都會下地獄。對瑣羅亞斯德來說，人死後的命運極其重要，因為那能夠糾正塵世生活的種種不公[3]。對摩尼教來說更是如此，在塵世經常受到迫害的教徒更渴望死後直升天堂，並看到敵人在地獄中受苦。

後來漢文佛典被翻譯成粟特文時，也採用摩尼教粟特文詞彙 tm-來翻譯漢文的"地獄"。例如，漢文《佛說善惡因果經》寫道："若有眾生

---

〔1〕Henning, W. B. "Sogdian Tales", *Bulletin of the School of Oriental (and African) Studies*, XI, pp.469–470, 480–482.

〔2〕*Sogdian Dictionary: Sogdian-Persian-English*, by B. Gharib, Tehran: Farhangan Publications, 1995, p.387.

〔3〕Boyce, M. *Zoroastrianism: Its Antiquity and Constant Vigour*. Costa Mesa, Cali.: Mazda Publishers, 1992, pp.58–59, 74–75, 106.　參閱元文琪：《二元神論：古波斯神話研究》，中國社會科學出版社，1997 年，頁 102、117。

入寺之時，唯從眾僧乞索借貸；或求僧長短專欲破壞；或噉僧食都無愧心，餅果菜茹懷挾歸家；如是之人死墮鐵丸地獄，鑊湯爐炭刀山劍樹靡所不經。是即名為最下惡人"。粟特文譯本將"地獄"翻譯為 tmyh，將"鑊湯爐炭"翻譯為 pwγš' t tn'wr。此經講述了其他各種犯罪者所墮落的各種地獄，"地獄"一詞均譯為 tm-，只有一處譯為 z'yh tmy[1]。《下部贊》《此偈為亡者受供結願用之》講到："某乙明性，去離肉身，業行不圓，恐沉苦海，唯願二大光明、五分法身、清淨師僧，大慈悲力，救拔彼性，令離輪迴剛強之躰，及諸地獄鑊湯爐炭"。（第406—408頌）[2] 這首偈中的"諸地獄鑊湯爐炭"與《佛說善惡因果經》中的"地獄""鑊湯爐炭"意思相同。

　　敘利亞文景教文獻被翻譯成粟特文時，也採用摩尼教粟特文詞彙 tm-來翻譯"地獄"。吐魯番出土小末巴柏所撰詩體佈道文《論最後的時刻》（*A metrical homily "On the final evil hour" by Mār Bābay the Less*）粟特文譯本寫道："當你毫不留意時，死亡將站在你的（床）頭。去想一想地獄（tmw）吧，噢，行將就木之際，看！它已經在那裡為你準備好了，雖然你並不想要它！感受與看看那為你準備好的一片黑暗，如果你希望，那麼通過奉獻之道，逃避它吧[3]"。粟特文 tm-（地獄）一詞不僅見於佛教、景教文獻，而且成為回鶻文 tamu（地獄）一詞的詞源[4]。

2.3　回鶻文《懺悔詞》（*X^uāstvānīft*）

　　X^uāstvānīft 是供摩尼教"聽者"（Auditor 或 Hearer，俗家信徒）使用的古突厥語（回鶻語）懺悔文。回鶻文《懺悔詞》分為15節，分述摩尼教俗家信徒所需要懺悔的15個方面。第7節 A 寫道："第七，如果有人

〔1〕MacKenzie, D. N. The *"Sūtra of the Cause and Effects of Actions" in Sogdian*, London, 1970, pp.12–13, 22–23, 40,67, 72. z'yh 意為 "土地（earth, land）"。

〔2〕林悟殊：《摩尼教及其東漸》，素馨出版社，1997年，頁315。

〔3〕Sims–Williams, N. *The Christian Sogdian Manuscript C2*. Berlin, 1985, pp.92, 277.

〔4〕Clauson, Gerard, *An Etymological Dictionary of Pre-Thirteenth-Century Turkish*, Oxford, Claredon Press, 1972, p.503.

問：誰會走上通往二毒路之端和地獄之門（tamu qap〔ï〕yïŋa）的道路？（回答是：）首先是信奉偽教與偽法者，其次，是崇拜魔王，並奉之為神的人。"第8節 A 寫道："第八，自從我們認清真正明尊和清淨之法以後，我們懂得了'二宗'和'三際'的教法：我們懂得了明宗即明尊之境，以及暗宗即地獄之境（tamu yirin）[1]。"

　　"暗宗即地獄之境"的說法與上引回鶻文文書 T II D 173b、中古波斯文文書 M99I 和 M7980—7984 的說法一致。成書於西元8、9世紀的回鶻文哈密本《彌勒會見記》第20至第25品詳細描述了各個地獄的景象。第24品寫道："他們在先前人世中對其犯下的罪行沒有懺悔，未起悔過之心。……他們不能從痛苦中解脫，要重新進入地獄。一些人進入八大火獄：等活（sančip，梵文 Saṃjīva）、黑繩（qadasudur，梵文 Kālasūtra）、眾合（sangat，梵文 Saṃghāta）、號叫（rurap，梵文 Raurava）、大號叫（maxarurap，梵文 Mahāraurava）、炎熱（tapan，梵文 Tapana）、大熱（pratapan，梵文 Pratāpana）、阿鼻（awiš，梵文 Avīci）地獄。"第25品3b 講到：生活在"等活"地獄中的靈魂，"當地獄之門〔ta(munïng qapïyï)〕打開時，他們蜂擁著走出[2]"。八大地獄的具體名稱均根據梵文音譯，唯有 tamu（地獄）仍然沿用摩尼教回鶻文 tamu。《彌勒會見記》中的tamunïng qapïyï（地獄之門）也與《懺悔詞》中的 tamu qap(ï)yïŋa 用詞相同；awiš tamuda（阿鼻地獄）也見於回鶻文《摩尼大頌》。

2.3.1　回鶻文《摩尼大頌》

　　回鶻文《摩尼大頌》大約撰寫于10世紀初，歌頌摩尼："你阻斷了通向地獄之路（tamu yolın）。……你讓人們知道阿鼻地獄（awiš tamu）中的苦難；你讓他們往生福德五重天。……你拯救了無數生靈，你使他們免於墮落黑暗地獄（tünerig tamu-tın）"。在摩尼的教導下，眾生聰明

---

〔1〕Asmussen, Jes P. *X^uāstvānīft: Studies in Manichaeism*, Copenhagen, 1965, pp.173–174, 196.感謝芮傳明教授通過電子郵件把刊登在《史林》2009 年第 6 期上的《摩尼教突厥語〈懺悔詞〉新譯和簡釋》的電子版發給我，本文的漢譯即參考了芮教授譯本頁 58。參考 GSR, p.302.

〔2〕耿世民：《回鶻文哈密本〈彌勒會見記〉研究》，中央民族大學出版社，2008 年，頁 472–474、478–480、484–486、488、499。漢文佛經中關於八大火獄的記載，參閱芮傳明：《摩尼教"平等王"與"輪回"考》，載《史林》，2003 年第 6 期，頁 35–36。

煥發，猶如日神，"他們的慈悲之心與日俱增，嚴守戒律，不犯罪過。他們避免了烈火熊熊的地獄（yalınayu turur tamu-tın）"。awiš（阿鼻）出自梵文 Avīci，但是葛瑪麗（Annemarie von Gabain）認為，可能經過甲種吐火羅文 aviś 的中介[1]。

《摩尼教殘經一》也表達了類似的思想："命終已後，其彼故人及以兵眾、无明暗力，墮於地獄，无有出期。當即惠明引己明軍、清淨眷屬，直至明界，究竟无畏，常受快樂[2]。"

2.3.2　一般回鶻文詩歌

回鶻文文書 T II D 178在描寫了靈魂受到審判之神的審判之後，罰入地獄的情況："當披頭散髮、狡詐老邁的雌魔來到時，當她抓住這不潔的靈魂，她將把它拉進黑暗的地獄，……繞著它的頭旋轉，她敲打它，……地獄裡的眾魔抓住它（靈魂），……眾瘋魔前來，……他們用棍棒敲打它，要鞭打它，……它祈求死亡，但是求死不得[3]。"

回鶻文文書 T II D169是關於不信神之人死後靈魂的遭際的詩歌："……最後，他們也將死亡；他們將全部墮入黑暗地獄。然後成千上萬的妖魔將前來，……眾霧魔將籠罩他們，……他們（眾靈魂）將被囚禁，……她（暗魔）坐在他的胸膛上，讓他做夢，……誤入歧途的眾靈魂出現了，……他（正在死去者）離開其軀體……，……他的財物被扣留，……披頭散髮、狡詐老邁的雌魔前來，……她就像夾帶著冰雹的烏雲……，她兩乳的黑乳頭就像橛子，……烏雲滾滾從她鼻子裡冒出來，…黑煙從她的嗓子裡噴出，……她的雙乳全是毒蛇——成千上萬的毒蛇，就像她的四肢，它們全都纏繞扭曲，就像她的手指，它們全是毒蛇[4]"。這裡描寫的顯然類似佛教中的地獄，而非象徵輪迴中的人世。

但是，摩尼教與佛教的地獄觀有一個重要區別：佛教的地獄乃六道

〔1〕Clark, L. V. "The Manichaean Turkic *Pothi-Book*", *Altorientalische Forschungen* (*AoF*) 9 (1982), pp.159, 168–170, 172, 180, 182–183, 186, 195, 211, 216–218.

〔2〕林悟殊：《摩尼教及其東漸》，素馨出版社，1997年，頁273。

〔3〕Le Coq, A. von. *Türkische Manichaica aus Chotscho*. II, Berlin, 1919, p.12. GSR, pp.292–293.

〔4〕Le Coq, A. von. *Türkische Manichaica aus Chotscho*. II, Berlin, 1919, p.10f.　GSR, pp.293.

輪迴之一道，並無終止之日。同時，靈魂墮落地獄仍有離開地獄，輪迴到其他道去的希望。摩尼教的教義則與此不同，地獄即黑暗王國在宇宙末日歸於滅絕，眾魔與罪人的靈魂在大火中焚燒千年，最後一起墮落永恆的牢獄，萬劫不復。這種教義在奈迪木（al-Nadīm）的《書目》（al-Fihrist）中反映在惡人死後命運的描述中："他繼續在這個世界上輪迴，直到懲罰的時候，他被投入地獄（جهنم, jahannamu，複數-ātun）[1]"。

2.4 末世論中的地獄：
中古波斯文《沙卜拉干》

《沙卜拉干》有些殘片上標有中古波斯文 dw bwn wzrg 'y š' bwhrg'n，意為 "（獻）給沙卜爾的二宗經"，漢譯時便簡略為《二宗經》[2]。

現存《沙卜拉干》主要講述末世論。世界末日之際，智慧世界之神（xrdyšhr）降臨，進行最後審判，將義人與惡人分開，場景十分類似基督教耶穌降臨進行末日審判[3]。"然後他（即智慧世界之神）指定天使們去處理那些作惡者，他們將抓住他們，把他們投入地獄（dwšwx）"。隨著給予生命之神（zyndkr）的降臨，世界變得十分美好。然後智慧世界之神飛升而去，死者復活，義人升天。"動物和樹木和有翼之鳥和水生物和地上的爬蟲將從世界上消失，墮入地獄（dwšwx）"。之後，支撐世界諸神卸任而去，天地隨之崩塌。"……王座（？）和氣候帶、山嶺和峽谷和人工運河……和地獄（dwšwx），以及貪魔（"z）和淫欲、阿赫裡曼（'hrmyn，即魔王）和雄魔（dyw'n）及［雌魔（drwxš'n）］、［忿怒之魔］、巨魔（mzn'n）和大魔（'sryšt'r'n）……（當他們都）聚集在

---

〔1〕*The Fihrist of an-Nadīm: a tenth-century survey of Muslim culture*, Bayard Dodge, editor and translator, New York: Columbia University Press, 1970, v.2, p.796. *Dictionary of Manichaean texts*. v. II, *Texts from Iraq and Iran : texts in Syriac, Arabic, Persian and Zoroastrian Middle Persian*, edited by François de Blois and Nicholas Sims-Williams ; compiled by François de Blois, Erica C.D. Hunter, Dieter Taillieu, Turnhout : Brepols ; NSW, Australia : Ancient History Documentary Research Centre, Macquarie University, 2006, p.37.

〔2〕林悟殊：《摩尼教及其東漸》，素馨出版社，1997 年，頁 211–214。

〔3〕參閱芮傳明：《摩尼教 "平等王" 與 "輪迴" 考》，載《史林》2003 年第 6 期，頁 33–34。

一起、擠壓進去時，他們將全部崩潰。那三道壕溝裡的毒黑與圍繞宇宙的大火（swcyšn）將噴湧在他們身上。現在四面圍繞和保護宇宙的熊熊大火（swcyšn 'y xyšmyn）將燒遍北面和東面、南面和西面、（燒遍宇宙的）高低長寬。天地宇宙在大火（swcyšn）中被焚毀，就像蠟在火（'dwr）中被燒掉一樣。……〔一千〕四百六十八年他們將飽受險難、苦楚和危厄"。在大火中受苦的作惡者將對信教者哀求，而信教者告訴他們，如果一個人好自為之，"他就不會與阿赫裡曼和眾魔一起被囚禁在永恆的牢獄（bn 'y j'yd'n）裡了。……靈魂與貪魔和淫欲一起投胎在一個身軀裡，負載著貪魔與淫欲，不擺脫它們，變得放縱與貪婪，蓄養阿赫裡曼的創造物，每一個這樣的靈魂都將與阿赫裡曼〔和〕眾魔一起被囚禁在永恆的牢獄（bn 'y j'yd'n）中[1]"。

《下部贊》中有些詩句與《沙卜拉干》的內容吻合。《讚夷數文》說："又是第八光明相，作導引者倚託者。一切諸佛本相貌，一切諸智心中王。"（第16頌）指出邪教徒的命運："一切地獄之門戶，一切輪迴之道路，徒搖常住涅槃王，竟被焚燒囚永獄。"（第26頌）讚美夷數是"无上明尊力中力，无上甘露智中王，普施眾生如意寶，接引離斯毒火海。懇切悲嘷誠心啟：救苦平斷无顏面！乞以廣敷慈悲翅，令離能踚諸魔鳥"。（第47—48頌）"懇切悲嘷誠心啟：慈父法王性命主！能救我性離災殃，能令淨躰常歡喜"。（第79頌）《歎無常文》指出異教徒的命運是："還被魔王所綰攝，不遇善緣漸加濁；或入地獄或焚燒，或共諸魔囚永獄。"（第100頌）《歎五明文》說："其有地獄輪迴者，其有劫火及長禁，良由不識五明身，遂即離於安樂國。"（第247頌）[2]

"一切諸智心中王""智中王"對應 xrdyšhr（智慧世界之神），"性命主"對應 zyndkr（給予生命之神），都是指夷數（耶穌），"救苦平斷無顏面"即指其所進行的審判。"地獄"對應 dwšwx。"焚燒""劫火"對應 swcyšn，指世界末日長達1468年的大火。"永獄""長禁"對應 bn 'y-

〔1〕MacKenzie, D. N. "Mani's 'Šābhragān'", *Bulletin of the School of Oriental and African Studies*, v.42 no.3 (1979), pp.508–511, 514–521; v.43, no.2 (1980), pp.302, 304, 306, 309.

〔2〕林悟殊：《摩尼教及其東漸》，素馨出版社，1997 年，頁 288、290、292、294、304。

j'yd'n（永恆的牢獄）。

2.5　結論

摩尼教有自己獨特的地獄觀，原來的教義宣稱：佔據下方－南方的黑暗王國就是地獄，初人出戰貪魔失利就昏倒在那裡，由淨風等救出。貪魔造立人身，囚禁明性，淨風建造二明船，運渡善子，貪魔則造暗船，將明性送入地獄。選民死後上升天堂，一般聽者死後進入輪迴，惡人則墮落地獄。摩尼教在傳入佛教地區以後，受其影響，帕提亞文 nrh 就出自梵文 naraka，在回鶻文文獻中出現了"阿鼻地獄"等詞彙，元代《冥王聖圖》中的地獄圖景與佛畫幾無區別。其地獄觀已經具備了融入中國民間地獄觀的基礎。

東漢以降，中國人逐漸把東嶽泰山視為鬼魂的歸宿之地，把泰山神視為統攝鬼魂的冥間之神。道教產生後，把東嶽大帝納入了道教神祇系列。魏晉南北朝道教文獻中已有酆都北陰大帝治羅酆山之說，唐宋以後民間以四川酆都山為陰王冥府所在地。地藏菩薩也傳為酆都大帝。根據佛教的說法，地藏菩薩要在釋迦佛滅度後、彌勒佛降誕前的無佛之世留住世間，度脫沉淪於地獄、餓鬼、畜生諸道中的眾生，發誓"地獄未空，誓不成佛"。晚唐以後，地藏信仰上升發展，地藏統領閻羅、太山、平等王等冥府十王。民間宗教的東嶽、道教的酆都和佛教的地藏成為中國傳統信仰的三大地獄主宰。在福建霞浦文書中，不僅同時出現"明珠照亮天堂路，錫杖振開地獄門"的地藏，以及目連、東嶽、十王，而且將明教的平等大帝（源自摩尼教的平等王）與北陰酆都元天大帝並列，呈現出摩尼教與佛教、道教、民間宗教之地獄觀融為一體的奇觀。

（原作《摩尼教"地獄"考——福建霞浦文書〈奏申牒疏科冊〉研究之一》，載《當代海外中國研究》第1輯，上海社會科學出版社，2010年，頁307－318。）

3 從"善業""電光佛" 到"電光王佛"

　　福建省霞浦縣柏洋鄉謝道璉法師傳用的清抄本《奏申牒疏科冊》(以下簡稱《科冊》)在2009年始引起學術界的重視。[1]《科冊》中有不少摩尼教成分,其中最引人注目的,是第14節《奏教主》(頁15–16),這是儀式中給帝尊的文書,把出自摩尼教的3個神作為最高神:"錄詞百拜上奏(簽三)神通救性電光王佛金蓮下、太上教主摩尼光佛青蓮下、廣惠莊嚴夷數和佛金蓮下。……乞頒明勅,行下陰府諸司,赦釋亡魂,脫離刑曹之所,乘毫光徑赴法壇,領善功直登淨邦。"本文將集中研究3個神中的"電光王佛"。

　　《科冊》第72節(頁57–58,圖版2)《奏三清》以上述3個神代替道教的三清:

　　　　但弟子厶領此來詞,未敢擅便,謹具文狀,百拜奏聞者(右謹具狀上奏):廣明上天夷數和佛金蓮下、靈明大天電光王佛金蓮下、太上真天摩尼光佛金蓮下,恭望佛慈,允俞奏懇,乞頒勅旨,行下上、中、下三界、東嶽、地府、城隍、當境一切神祇,尅應是時,光降壇墠,證明修奉,保禾苗而秀實,祈五穀以豐登,滅除蝥蟻而絕跡,蝗蟲鼠耗以潛消,仍庇鄉閭永吉人物云云。

　　霞浦文書《樂山堂神記》列舉了一些神的名字,目前可以辨認為源自摩尼教的神祇中,列在最前面的3個為:太上本師教主摩尼光佛、電光王佛、夷數如來,其他還有淨風、先意如來、天地化身盧舍那佛(即

---

　　〔1〕筆者致信福建省文物局局長鄭國珍先生、霞浦縣副縣長、摩尼教論證工作領導小組組長黃敏皓女士、霞浦縣博物館館長吳春明先生,得到他們和霞浦縣柏洋鄉謝道璉法師的大力支持,得以研究謝道璉傳用《奏申牒疏科冊》(以下簡稱《科冊》)、《興福祖慶誕科》的照片。特此致謝。

光耀柱）、法相惠明如來、觀音、勢至二大菩薩（即呼神與應神）、移活吉思大聖（聖喬治）、四梵天王、俱孚元帥（即耶俱孚）等。[1]

《明門初傳請本師》也招請："本師教主摩尼光佛、寶光（吉降福、凶救性）電光王佛，再甦活命夷數和佛，……"[2]

《興福祖慶誕科》《起大聖》也以電光王佛等3個摩尼教神為最高神："大聖長生甘露摩尼光佛，大聖貞明法性電光王佛，大聖延生益算夷數和佛，願降壽筵，証明修奉。大聖自是吉祥時，普耀我等諸明使。紗色世間無有比，神通變現獲如是。"這4句詩出自敦煌文書《下部贊》《贊夷數文》的兩頌，敦煌文書中"耀"作"曜"，"明使"作"明性"，"獲"作"複"："大聖自是吉祥時，普曜我等諸明性。妙色世間無有比，神通變現複如是：或現童男微妙相，癲發五種雌魔類；或現童女端嚴身，狂亂五種雄魔黨。"（第42—43頌）[3]這8句詩雖然在《贊夷數文》之中，卻不是贊耶穌的，而是贊第三使（日光佛）與光明童女（電光佛）的。光明童女（電光佛）裸體出現在空中，此即"或現童女端嚴身"，使拴鎖在天上的眾雄魔把身上吸收的光明分子隨同精液射泄出來，此即"狂亂五種雄魔黨"，精液掉到海裡，化為一頭巨大的海怪，被光明的阿大姆斯（the Adamas of Light，即降魔勝使）征服。掉到地上的精液化為樹木和各種植物。第三使也裸體出現在空中，此即"或現童男微妙身"，使懷孕的雌魔們流產，此即"癲發五種雌魔類"，流產物包含的光明分子要比精液少，掉到地上化為與五類魔相應的五類動物。

謝氏法師保存的乾隆五十一年（1786）《吉祥道場門書》把電光王佛排在夷數和佛之後、日光月光王佛之前："南無謹上心焚香奉請，玄劫示現演生道場，四歲出家，十三歲成道降魔，天人稽首太上摩尼光佛，蘇魯支佛，那羅延佛，夷數和佛，電光王佛，日光月光王佛，明門威顯，

---

〔1〕Ma Xiaohe, "Remains of the Religion of Light in Xiapu(霞浦)County, Fujian Province", paper for the 7th International Conference of Manichaean Studies, Dublin, Ireland, Sept, 10, 2009.

〔2〕陳進國、林鋆作"再生活命夷數和佛"，筆者雖未見照片，但認爲根據其他資料，作"再甦"比較可能——見黃佳欣：《霞浦科儀本〈樂山堂神記〉再考察》，提交"海陸交通與世界文明"國際學術研討會論文，廣州中山大學主辦，2011年12月2—5日，頁18。

〔3〕林悟殊：《摩尼教及其東漸》，素馨出版社，1997年，頁290。

福德靈相，吉師真爺，俱孚聖尊，末秦明皎使者，如是明門一切諸佛等眾，惟願應物如春回大地，隨機如月映千江，良日今時，請降道場，證明修奉。"[1]

霞浦文書參雜了民間宗教成分，電光王佛作爲神祇的排位會有變化。《冥福請佛文》的排列是："一心焚香奉請清淨法身毗盧舍那佛，圓滿報身盧舍那佛，千百億化身釋迦文佛，默羅勝境無上尊佛，大慈大悲正智夷數和佛，千變萬化電光王佛，具智法王摩尼光佛，金曜孔雀銀輪王佛、貞明別驗日月光佛……。"[2] "默羅"為"薩緩默羅"的簡稱，"默羅勝境"當即明界，"默羅勝境無上尊佛"即"薩緩默羅聖主"，為摩尼教的最高神，排在夷數和佛、電光王佛、摩尼光佛、日月光佛之前，自在情理之中。盧舍那佛固然見於《下部讚》，是摩尼教神光耀柱的佛教化名字，但他只是十二大神之一而已；釋迦文佛在摩尼教中是摩尼的先驅，為光明使者之一，並未列入神祇之列；此處將他們列在"默羅勝境無上尊佛"之前，恐怕是出於依托佛教之意。

敦煌文書《下部讚》中《收食單偈》寫道："一者无上光明王，二者智惠善母佛，三者常勝先意佛，四者歡喜五明佛，五者勤修樂明佛，六者真實造像佛，七者信心淨風佛，八者忍辱日光佛，九者直意盧舍那，十者知恩夷數佛，十一者齊心電光佛，十二者惠明莊嚴佛。"（第169—171頌）[3]霞浦文書《摩尼光佛》（頁48－49）照錄此偈，只有幾處變動：將"无上光明王"改爲"無上光明佛"；"盧舍那"改爲"舍那佛"；[4]翁拙瑞（P. Bryder）早就發現敦煌文書"惠明莊嚴佛"實為"莊嚴惠明佛"之誤，[5] "莊嚴"是形容詞修飾惠明佛，惠明佛即光明諸斯，《摩尼

〔1〕陈進國、林鋆：《明教的新發現——福建霞浦縣摩尼教史迹辨析》，載《不止於藝》，北京大學出版社，2010 年，頁 376–377。

〔2〕陳進國、林鋆：《明教的新發現——福建霞浦縣摩尼教史跡辨析》，載《不止於藝》，北京大學出版社，2010 年，頁 352。

〔3〕林悟殊：《摩尼教及其東漸》，素馨出版社，1997 年，頁 298–299。

〔4〕楊富學：《〈樂山堂神記〉與福建摩尼教——霞浦與敦煌吐魯番等摩尼教文獻的比較研究》，載《文史》2011 年第 4 輯（總第 97 輯），頁 142、143，圖 3。

〔5〕Bryder, P., *The Chinese transformation of Manichaeism: a study of Chinese Manichaeanterminology*, Löberöd: Bokförlaget Plus Ultra, c1985, p.111.

光佛》此偈果然作"莊嚴惠明佛",不僅證實了翁拙瑞的先見之明,而且説明《摩尼光佛》所依據的原本此處比敦煌本精審。電光佛在此偈中只是12個主要神祇的第11個。宗德曼(W. Sundermann)指出,摩尼教文獻中大約有40個左右的神,凡是有整篇頌詩加以歌頌的神,無疑是主要的神;而比較次要的神就只在眾神的名單裡提及而已。[1]電光佛並不特別顯赫。

光明童女的中古波斯文名稱為 knygrwšn;帕提亞文名稱為knygrwšn、sdwys;粟特文名稱為 qnygrwšn、rwxšn' βγpwryc。[2]回鶻文名稱為 kanig rošan täŋri,此神又稱電光佛,在回鶻文中作 yašïn täŋri。[3]一般摩尼教文獻中,光明童女的職能之一是引誘雄魔,使其將身上吸收的光明分子隨同精液一起射泄出來。帕提亞文文書 M741是"第三使與魔王詩篇殘句"(*Verses from a Hymn on the Third Messenger and the Archons*)。它寫道:"(c)光明的薩德維斯(Bright Sadvēs,即光明童女[the Maiden of Light])向嗔恚之魔(the Demon of Wrath)顯示其身形。她以自己的形象引誘他,(而)他將其視為實有其事。(q)他射泄(其精子),……當他看不到她的形象時,他呻吟不已。"[4]薩德維斯神是瑣羅亞斯德教裡的雨神,而光明童女是摩尼教裡的雨神,因此伊朗摩尼教徒借用這個名字來指稱光明童女。

電光佛是如何從十二神之一上升為三大主神之一的電光王佛的?本文將使用一些科普特文、阿拉伯文、粟特文和漢文資料,以及圖像資料來追溯這個過程的幾個主要環節。

---

〔1〕W. Sundermann, "Manichaean pantheon", in; *Encyclopædia Iranica*.

〔2〕Sundermann, 1979 ("Namen von Göttern, Dämonen und Menschen in iranischen Versionen des manichäischen Mythos," *AoF* 6, 1979, pp. 95–133), section 2/15, 3/15, 4/15;科普特文名字見: P. Van Lindt, *The Names of Manichaean Mythological Figures. A Comparative Study on Terminology in the Coptic Sources*, Wiesbaden, 1992. p.173; 參閱: Polotsky, 1933 (H. J. Polotsky and C. Schmidt, "Ein Mani-Fund in Ägypten," *Sitzungsberichte der Preussischen Akademie der Wissenschaften. Phil.-hist. Klasse*, Berlin, *Phil.-hist. Kl.*, Berlin, 1933, pp. 4–90), p. 68.

〔3〕A. Van Tongerloo, "Manichaean female deities," in L. Cirillo and A. Van Tongerloo eds., *Atti del Terzo Congresso Internationale di Studi "Manicheismo e Oriente Cristiano Antico,"* Louvain/Naples, 1997, pp. 361–374.

〔4〕H.-J. Klimkeit, *Gnosis on the Silk Road*, New York, 1993, p.37.

3.1 科普特文資料

3.1.1 喀里斯科普特文文書 T. Kell. Copt. 2

埃及開羅西南偏南800公里達赫萊綠洲（Dakhleh Oasis）的喀里斯（Kellis）發現的摩尼教遺存是最新考古發掘的成就，這裡的考古發掘是1980年代中期開始的。第一本文書集出版于1996年。這個遺址的年代比較早，約為西元4世紀，出土的摩尼教文書比較接近摩尼原來的教義，就從那裡的科普特文文書 T. Kell. Copt. 2開始研究。文書的 Text A 5比較完整，可能是一份亡靈祈禱書，根據加德納（I. Gardner）的研究漢譯如下：[1]

> （我將？）向第三使祈禱。他把光明耶穌——光明的使徒、靈魂的拯救者派到我這裡來。他［帶領（？）］我到光明心靈（ⲛⲟⲩⲥ ⲛ̄ⲟⲩⲁⲉⲓⲛⲉ）、光明童女（ⲡⲁⲣⲑⲉⲛⲟⲥ ⲙ̄ⲡⲟⲩⲁⲉⲓⲛⲉ）那裡去。真理的精神、我主摩尼，他給我以其知識。他使我對其信仰堅定不移。他使我嚴守戒律。我的神我（ⲥⲁⲉⲓϣ）的形象帶著她的三個天使（ϣⲁⲙⲧ ⲛ̄ⲁⲅⲅⲉⲗⲟⲥ）來到我面前。她給我以衣服（ϩⲃ̄ⲥⲱ）和冠冕（ⲕⲗⲁⲙ）和棕櫚枝（ⲃⲁⲉ）和勝利之像（ϭⲣⲟ）。他帶著從不做可恥之事的我到審判之神（ⲕⲣⲓⲧⲏⲥ）那裡去；對於他委託給我的（靈魂），我使其白璧無瑕。我沐浴在光耀柱之中。我在完人中完美無缺。他們在生命的空中把我的第一心靈給予我。我上升到活水之舟；到父親——初人那裡。他給我以他的形象、他的祝福和他的熱愛。我上升到活火之舟；到第三使——光明的使徒、善良的父親那裡。他們把我渡到光明之地，到第一個正義者和熱愛光明之神那裡。我來到家鄉（？）之國（ⲙ̄ⲛ̄ⲧⲣⲟ ⲙ̄ⲡⲉⲉⲓ），在那裡安置；因為光明之父向我揭示了他的形象。

這份文書比其他資料都更詳細具體地描繪了義人亡靈上升到明界的整個過程。這裡提及了《收食單偈》裡的大部分神祇：第三使即日光

---

[1] *Kellis Literary Texts*, ed. By I. Gardner, Oxford: Oxbow Books, 1996—2007, v.1, pp.13–55.參閱：Gardner, I., "A Manichaean liturgical condex found at Kellis", *Orientalia*, v.62 (1993), pp.42–44, 53–58.

53

· 歐 · 亞 · 歷 · 史 · 文 · 化 · 文 · 庫 ·

佛；光明耶穌即夷數佛；光明心靈（ⲛⲟⲩⲥ ⲛ̄ⲟⲩⲁⲉⲓⲛⲉ）即惠明佛，又稱
"廣大心"；光明童女（ⲡⲁⲣⲑⲉⲛⲟⲥ ⲙ̄ⲡⲟⲩⲁⲉⲓⲛⲉ）即電光佛；光耀柱即盧
舍那，又稱為完人、具足丈夫。初人即先意佛，熱愛光明之神即樂明佛，
光明之父即無上光明王。這些神都已經得到比較透徹的研究。[1]

　　在這份文書中，光明童女與神我是不同的。光明童女是一個女神，
在月亮上迎接義人的亡靈。神我則帶著3個天使，到人間來迎接亡靈，
授予亡靈衣服、冠冕、棕櫚枝和勝利之像。據摩尼自述，他的宗教並非
出自任何人的傳授，而是直接出自其"神我"的啟示，這個"神我"在
希臘文摩尼行傳《科隆摩尼古卷（ Codex Manichaicus Coloniensis ）》中
作 σύζυγος，英文翻譯為 twin（孿生）。[2]意思就是摩尼在天上的神聖的
自我、真我。文書 T. Kell. Copt. 2說明，除了摩尼之外，每一個得救的
亡靈也都有一個天上的神我。

3.1.2　科普特文《導師的克弗來亞》第 7 章《關於五個父親》

　　"神我"應該相當於科普特文《導師的克弗來亞》第7章《關於五
個父親》中的"光明形貌"；"光明形貌"與光明童女也是不同的：第2
個父親就是第三使，他又化出3種力量：第1個是光耀柱，第2個是光明
耶穌，第3個是光明童女（電光佛）。"第5個父親也就這個光明形貌
（ ⲙⲟⲣⲫⲏ ⲛ̄ⲟⲩⲁⲓⲛⲉ ）；將出現在每個將脫離肉體束縛的人面前，相當於
展現在使徒面前的形象；三大榮耀天使與其同來。第1位（天使）手捧
獎品（ⲡⲣⲓⲍⲉ）。第2位帶著光明之衣（ⲗⲓⳝⲧ ⳓⲁⲣⲙⲉⲛⲧ）。第3位拿著王冕
（ⲇⲓⲁⲇⲉⲙ）、花冠（ⲱⲣⲉⲁⲧⲏ）和光明之冠（ⲑⲣⲟⲱⲛ ⲟ̄⳩ ⲗⲓⳝⲧ）。這是3
位光明的天使，他們將與這光明形貌一起前來；他們與其一起出現在選

---

　　〔1〕W. Sundermann, "Manichean pantheon", in *Encyclopædia Iranica,* http://www.iranica.com/newsite/.

　　〔2〕*Dictionary of Manichaean texts.* v. I, *Texts from the Roman Empire: texts in Syriac, Greek, Coptic, and Latin* / compiled by Sarah Clackson, Erica Hunter, and Samuel N.C. Lieu ; in association with Mark Vermes, Turnhout : Brepols ; NSW, Australia : Ancient History Documentary Research Centre, Macquarie University, c1998, p.25.

民與慕道友面前。"[1]

3.1.3 《導師的克弗來亞》第141章《靈魂怎樣離開身軀》

"神我"也就是尚未刊佈的《導師的克弗來亞》第141章《靈魂怎樣離開身軀》中的主人的形貌："靈魂一離開身軀，它看到其救世主和救星。它飛升，與其主人的形貌（μορφή）以及與其相隨的三個天使一起，把它自己帶到真實的審判之神面前，接受勝利的標誌。"[2]

3.1.4 科普特文《讚美詩》的《耶穌讚美詩》第 CCLXIV 首

科普特文《讚美詩》的《耶穌讚美詩》並非每一句都讚美耶穌，第CCLXIV 首寫道："呵，處女的光明（ογλιΝε Ν̄ΤΠΑΡΘεΝΟc）——真理之相的榮耀照到我身上，及其三個天使——賜恩之神。"[3]這裡的處女當即"神我"，但是已經顯示了神我與光明童女合二為一的徵兆。

3.1.5 科普特文《導師的克弗來亞》114章

《導師的克弗來亞》的英譯者加德納在第114章《關於義人身中的三個形象》的提要中說："選民在自己體內有三個'形象（εἰκών）'：肉體的；心理的；和精神的（即光明心靈塑造的新人）。生命的靈魂通過食物進入選民體內，通過這三個形態步步上升，得到淨化，一步步剝去（明暗）混合造成的所有肉體與心理的外殼。光明童女使精神形象中的靈魂變得完美。光明童女這個術語在摩尼教文獻中有多種不同用法。這裡她被描寫成一個引導之神，就像引導亡靈的光明形貌帶著三個各持勝利獎品的天使來迎接亡靈。但是，在這裡她代表選民靈魂的完美。童女因其全部貞節與力量而言，主要是靈魂的展現。"

〔1〕*The Kephalaia of the Teacher: the edited Coptic Manichaean texts in translation with commentary,* edited by Iain Gardner, Leiden; New York: E. J. Brill, 1995, pp.38–40.參考 Widengren, Geo, *Mani and Manichaeism*, tr. By Charles Kessler, London: Weidenfeld and Nicolson, 1961, p.63. 芮傳明：《摩尼教 "平等王" 與 "輪回" 考》，載《史林》2003 年第 6 期，頁 31。

〔2〕C. Schmidt and H. J. Polotsky: "Ein Mani-Fund in Ägypten," in *SPAW*, Phil.–hist. Kl., Berlin, 1933, pp.72–73; Widengren, Geo, 1907–, *Mani and Manichaeism* / Geo Widengren ; translation by Charles Kessler ; revised by the author, London : Weidenfeld and Nicolson, c1965, p.63;

〔3〕Allberry, C. R. C. (Charles Robert Cecil), *A Manichaean psalm-book. Part II*. Stuttgart, W. Kohl-hammer, 1938, 81, pp.3–5.

·歐·亞·歷·史·文·化·文·庫·

第114章有關光明童女的段落如下：

　　然後一個［光明］童女（ΠΑΡΘΕΝΟϹ ΠΟΥΑΙΝΕ）將前來，揭示
［那裡的］精神形象，此［即］新人。那位童女就像一位向導那樣
行動。她一路前行，它（靈魂）凌空而起，被這個精神形象所吸納。
她以其中的新人塑造它和妝點它。它被這個存在與安置在新人裡面
的光明童女的所有肢體所充塞。

　　…………

　　但是，在精神形象自身裡，它將存活，與主宰它們全體的忍辱、
誠信和憐憫合為一體。正是光明童女覆蓋新人，她將被稱為"生命
的時辰"。她是第一個，但是她也是最後一個。[1]

　　上述科普特文資料中光明童女與光明形貌是有區別的，但是又緊密
聯繫在一起，這就為以後的合二為一提供了可能性。由於光明童女與迎
接亡靈升天的光明形貌趨於合一，就大大提高了光明童女在摩尼教神譜
中的地位。在奈迪木（al-Nadīm）《書目》（al-Fihrist）的記載中，既有
相當於光明形貌的神靈，也有一個童女神。

3.2　奈迪木阿拉伯文《書目》

　　知識淵博的阿拉伯學者奈迪木的著作《書目》（完成於987—988年）
比較完整地概括了摩尼關於亡靈命運的教義。他寫道：

　　當一位選民的死亡降臨時，初人派遣了一位光芒四射的神靈，以
聰慧向導（al-ḥakim al-hādī）之形而來。伴隨著他，還有三位神祇，
帶著飲具、衣服、頭巾、花冠與光冕。伴隨著他們還有一位與那個
選民靈魂相像的童女（al-bikru）。……然後，他們引領這位選民，
為他戴上花冠，飾以冕帶，穿上衣服。他們將飲具遞到他的手中，
與他一起乘著讚美光柱，來到月界，晉見初人與善母，來到他最初
所在的光明樂園。太陽、月亮及光芒四射的神靈們，從選民所遺棄

────────

[1] *The Kephalaia of the Teacher: the edited Coptic Manichaean texts in translation with commentary*,
edited by Iain Gardner, Leiden; New York: E. J. Brill, 1995, pp.275–276.

的軀體中萃取出水、火、乙太諸力，全都升入太陽，成為神靈。[1]

《書目》中的"聰慧向導"最可能相當於科普特文獻中的"光明形貌。"[2]兩者都有3個天使相伴，3個天使都各自帶著一種勝利的標誌。雖然勝利的標誌具體有所不同，但並不妨害我們辨認出兩者的相似之處。既然這個"聰慧向導"相當於"光明形貌"，也就是"神我"，而童女神也與選民的靈魂相像，那麼"聰慧嚮導"與童女實際上也非常類似，可能合而為一。傑克遜（A. V. Williams Jackson）在1930年發表的一篇論文中已經提出，摩尼教教義中迎接選民亡靈的這位童女，可能有一些瑣羅亞斯德教的色彩。[3]恆寧（W. B. Henning）則進一步以一份粟特文文書為根據，假設這位童女相當於瑣羅亞斯德教中的妲厄娜（Daēnā）。

3.3　粟特文寓言《妲厄娜》

懷登倫（G. Widengren）在1961年研究摩尼教的專著中提示我們注意粟特文文書《妲厄娜》與瑣羅亞斯德教《哈多赫特》（Hadōxt）中對妲厄娜描述的類似之處。[4]薩珊時期的《阿維斯塔》共21卷，其中第20卷即《哈多赫特》，至今尚保留一些片斷，講述亡靈在來世的命運和歸宿。[5]《頌神書》（Yasht）第22章的一部分就屬於《哈多赫特》（張廣達先生意譯為《魂遊上天頌》）。《哈多赫特》第2章第9—11節講述善士的

---

〔1〕Ibn al-Nadîm, Muḥammad ibn Isḥâq, fl. 987., *The Fihrist of al-Nadîm : a tenth-century survey of Muslim culture* / Bayard Dodge, editor and translator, New York : Columbia University Press, 1970, v.2, p.795. 漢譯參閱芮傳明：《摩尼教 "平等王" 與 "輪回" 考》，載《史林》2003 年第 6 期，頁 31。讚美光柱（Column of Praise）即光耀柱。

〔2〕宗德曼認為，《書目》中的 "聰慧嚮導" 可能有多種不同含義。他可以被解釋成 "精神的配對"，就像一個光明使者，包括耶穌或摩尼；就像光明諸果（惠明）；最重要的是像人的 "光明形貌"。W. Sundermann, "Manichean eschatology", in *Encyclopædia Iranica*, VIII, Costa Mesa, 1998, pp. 574a. http://www.iranica.com/newsite/.

〔3〕A. V. W. Jackson, "A Sketch of the Manichaean Doctrine Concerning the Future Life," *JAOS* 50, 1930, pp. 178–179.

〔4〕Widengren, Geo, *Mani and Manichaeism* / Geo Widengren ; translation by Charles Kessler ; revised by the author, London : Weidenfeld and Nicolson, c1965, pp.64–65.

〔5〕元文琪：《二元神論：古波斯宗教神話研究》，中國社會科學出版社，1997 年，頁 9。

·欧·亚·历·史·文·化·文·库·

亡靈受妲厄娜迎接的故事：

> 對他來說，好像他自己的妲厄娜（daéná）正在那風中向他迎來，妲厄娜顯身為一個美豔亮麗的童女，手臂白皙、健康勻稱、挺拔高大、胸脯高聳、輕盈典雅、出身榮耀，猶如十五歲的妙齡少女，擁有一切造物中最美的身材。

> 然後善士的靈魂詢問她："你是誰？女士，你是我所見過的最美的女子。"

> 然後他的妲厄娜回答他說："噢，善思、善言、善行、善信的年輕人，我正是你自己體內的那個妲厄娜。"[1]

對於我們下文的圖像學研究具有重要意義的是《聞迪達德》（Vendîdâd）第19章第30節講到：當善士的靈魂於死後第3日清晨來到"篩選之橋"（Cinvatō peretu）之前，妲厄娜以童女的形象出面迎接：

> 於是走來一位佳麗少女，體態美好，健壯修長，跟隨著兩條犬。[2]

博伊斯在1992年出版的《瑣羅亞斯德教》一書中指出：妲厄娜這個詞的精確意義很難翻譯，在英文中最好翻譯為"內在的自我"。一個人一生的思、言、行塑造了自己的妲厄娜。善人的妲厄娜是一個美女，而惡人的妲厄娜就是一個醜婦。[3]妲厄娜的形象在中國唐代已經為人所知。饒宗頤先生1978年在《敦煌白畫》裡刊佈了一幅畫（圖版4），他描

---

〔1〕Prods Oktor Skjærvø, ZOROASTRIAN TEXTS: The Avestan *Hadoxt nask* 2.9–14,http://www.fas. harvard.edu/~iranian/Manicheism/Manicheism_II_Texts.pdf；參閱：Avesta: Fragments: Hadhokht Nask, translated by James Darmesteter (From *Sacred Books of the East*, American Edition, 1898), http://www. avesta.org/fragment/hsbe.htm; *The Zend-Avesta* / translated by James Darmesteter, Oxford : Clarendon Press, 1880—1895, pt.2. The Sîrôzahs, Yasts, and Nyâyis, pp.315–316. http://www.sacred–texts.com/zor/sbe23/ sbe2327.htm. (2014/11/1)

〔2〕*The Zend–Avesta* / translated by James Darmesteter, Oxford : Clarendon Press, 1880—1895, pt. 1. The Vendîdâd, p.213. http://www.sacred–texts.com/zor/sbe04/sbe0425. htm. *Textual sources for the study of Zoroastrianism* / edited and translated by Mary Boyce, Manchester, U.K. ; Dover, N.H., U.S.A. : Manchester University Press, c1984, p.80.

〔3〕Boyce, Mary, *Zoroastrianism: Its Antiquity and Constant Vigour*, Costa Mesa: Mazda Publishers, 1992, p.76.

述此畫說：[1]

P.4518(24)

繪二女相向坐，帶間略施淺絳，顏微著赭色，頰塗兩暈，餘皆白描。一女手執蛇蠍，側有一犬伸舌，舌設硃色。一女奉杯盤，盤中有犬。紙本已汙損，懸掛之帶結尚存。

姜伯勤先生1990年對此圖做了更細緻的觀察，指出手持盤中有犬，女神頭上有光輪，一手持盅，其所帶頭冠與莫高窟409窟回鶻女供養人頭冠相似，一般稱之為"桃形鳳冠"。據此，則此紙本當出於歸義軍曹氏、沙州回鶻及西夏時期，約相當於10至11世紀。他將此女神與中亞美術中的有關圖像比較後認為：應與粟特人廣泛信仰之祆教有關。[2]張廣達先生1994年發表法文文章，肯定這幅畫稱得上是經粟特地區的仲介而傳入唐代中國的古代伊朗宗教的奇特反響。1996年他引述《聞迪達德》《頌神書》等文獻，考證手持盤中有犬女神為妲厄娜。[3]姜伯勤先生2004年出版的《中國祆教藝術史研究》中，對這位女神的圖像特徵進行了更深入的考證。[4]至此圖上的這個女神為妲厄娜幾成定論，讀者可參考有關論著，在此不重複引述。

宗德曼認為，摩尼教相信，善者去世時，伴隨其亡靈的神靈中，有一位類似亡靈的童女，這是從瑣羅亞斯德教借用的一個觀念，值得

---

〔1〕*Peintures monochromes de Dunhuang (Dunhuang baihua) : manuscrits reproduits en fac-similé, d'après les originaux inédits conservés à la Bibliothèque nationale de Paris* / avec une introduction en chinois par Jao Tsong-yi ; adaptée en français par Pierre Ryckmans ; préface et appendice par Paul Demiéville, Paris : Ecole française d'Extrême-Orient : Dépositaire, A. Maisonneuve, 1978, fasc. 2. Introduction en chinois, p.43（文字說明）; fasc. 3. Planches, p. XL （圖版）.

〔2〕姜伯勤：《敦煌白畫中的粟特神祇》，載《中國祆教藝術史研究》，三聯書店，2004年，頁237–241。姜伯勤先生以此書相贈，特此致謝。

〔3〕張廣達：《祆教對唐代中國之影響三例》《唐代祆教圖像再考——P.4518（24）的圖像是否祆教神祇妲厄娜（Daēna）和妲厄媧（Daēva）?》，收入《文本、圖像與文化流傳》，廣西師範大學出版社，2008年，頁246–249、274–282。一般認為《頌神書》第22章的一部分就屬於《哈多赫特》（張廣達先生意譯為《魂遊上天頌》）。

〔4〕姜伯勤：《敦煌白畫中粟特神祇圖像的再考察》，載《中國祆教藝術史研究》，三聯書店，2004年，頁249–253。

·歐·亞·歷·史·文·化·文·庫·

注意。[1]這個看法的主要根據當為恆寧1945年在《粟特寓言》一文中刊佈的文書 Ch/So 14731（T ii Toyoq）。[2]吉田豐教授與德國的瑞克（Ch. Reck）教授以恆寧的這一研究為基礎，綴合了柏林藏 Ch/So 10051、Ch/So 10052、日本藏 Ōtani 7127和聖彼德堡藏 Дx06957/v/，做了新的釋讀。[3]吉田豐在其2009年發表在《大和文華》上的文章中，引用了這一新成果，說明妲厄娜女神對於摩尼教徒死後靈魂的重大意義。我感謝他將其將發表的相應英文文章通過電子郵件發給我。[4]現根據恆寧、瑞克與吉田豐的綴合、釋讀與研究，翻譯《妲厄娜》如下：

> 世界……我的……一生……一個人的福德（pwny'nyh）……那樣他將免除罪衍（？）……只要他活著就行善（šyr'nk'ry）積德（pwny'nk'ry）……甚至於不會傷害惡靈（？）、惡魔的創造物。他不懼怕任何東西，因為32神族毫無間斷地守護遵守戒律之人。不管何時他死的時辰一到，都將會有 8（4）[000]（？）侍神少女（δwγth βγšpšyt）來到他的面前，……拿著花和金肩輿，這樣對他說："別害怕，正義的靈魂，因為……你不涉及；但是，上前來…邁向光明天堂，（在那裡）32神族享受著歡樂。因為在此生靈世界…你戒絕殺生，你憐憫天下有情之生靈，因此你不殘殺它們，也不吃它們的肉。現在邁向芬芳的、奇妙的天堂，那裡有永久的快樂。"
>
> 他自己的業（xw xypδ 'krty'）就像一個妙神（p'rγzβγy）（即）像一個面對面的神（ptyc βγy）（她是）一個童貞少女（δwγth pwr'ycw）（神駕著）永恆之雲（nwšy myγty）（？）來到他面前，[手？]

〔1〕W. Sundermann, "Manichean eschatology", in; *Encyclopædia Iranica,* VIII, Costa Mesa, 1998, pp. 574a. http://www.iranica.com/newsite/.

〔2〕W. B. Henning, "Sogdian tales", *BSOAS* 11, 1945, pp. 465–487.

〔3〕Ch. Reck, "Die Beschreibung der Daˇnˉ in einem soghdischen manichäischen Text", in: C. G. Cereti et al. (eds.), *Relogious themes and texts of pre–Islamic Iran and Central Asia,* Wiesbaden, 2003, pp. 323–338 with plates 6–8.

〔4〕吉田豐：《寧波のマニ教畫いわゆ〈六道圖〉の解釋をめぐって》，載《大和文華》2009 年第 119 號，頁 3–15。（Yutaka YOSHIDA, "A Manichaean painting from Ningbo — On the religious affiliation of the so–called *Rokudōzu* of the Museum Yamato Bunkakan", *Yamato Bunka*, Issue 119, 2009, pp.3–15.）吉田豐承認，這份文書中還有一些很難釋讀的地方。

中一杯飲料，頭上一個花冠……她將是他的向導。

現存漢文摩尼教文獻在講述善士亡靈升天時，將類似妲厄娜的童女神稱之為"善業"。

3.4 漢文《下部讚》中
《此偈凡至莫日，與諸聽者懺悔願文》

《下部讚》中《此偈凡至莫日，與諸聽者懺悔願文》描寫了信徒死後超生的過程，可資比較：

> 若至無常之日，脫此可厭肉身。諸佛聖賢前後圍繞；寶船安置，善業自迎，直至平等王前，受三大勝，所謂"花冠、瓔珞萬種、妙衣串佩"。善業福德佛性，無窮讚歎。又從平等王所，幡花寶蓋，前後圍繞，眾聖歌揚。入盧舍那境界，於其境內，道路平正，音聲梵響，周回彌覆。從彼直至日月宮殿，而於六大慈父及餘眷屬，各受快樂無窮讚歎。又複轉引到於彼岸，遂入涅槃常明世界，與自善業，常受快樂。（第393—400頌）[1]

將這段不長的文字與粟特文《妲厄娜》比較，我們可以確定：粟特文'krty'在佛經中是用來翻譯漢文"業"的，即梵文 karman，比如見於《長爪梵志請問經》。粟特文 pwny'nyh 用來翻譯"福德"，即梵文 puṇya，比如見於《藥師琉璃光如來本願功德經》。粟特文 šyr'nk'ry 用來翻譯"善"，比如見於《不空羂索咒心經》。粟特文 šyr'krty'用來翻譯"善業"，比如用10 wkry šyr'krtyh 翻譯《大般涅槃經》中的"十善之業"，

---

[1] 林悟殊：《摩尼教及其東漸》，素馨出版社，1997年，頁314-315。

即梵文 daśakuśalakarmaṇi。[1] xw xypδ 'krty'意為 "他自己的業"。由於這是行善（šyr'nk'ry）者的業，自然是善業（šyr'krty'），在粟特文中以童貞少女的形象出現。因此，漢文說：亡靈 "善業自迎"，"善業福德佛性，無窮讚歎"，"遂入涅槃常明世界，與自善業，常受快樂，" 應該理解為善者的亡靈受到自己 "善業" 的歡迎，這 "善業" 具有福德佛性，受到無窮讚歎，最後亡靈與自己的 "善業" 一起升入明界，永受快樂。"善業" 即相當於粟特文中被描繪為童貞少女（δwγth pwr'ycw）的妙神（p'rγzβγγ）。

這份漢文文書與上引其他文字文書很不相同的地方是：其他文書一般講的都是選民，而這裡卻是聽者，顯然，漢文《下部讚》許諾聽者可以不必經過多次輪迴就直接進入天堂。"平等王" 相當於審判之神（κριτнс），見第5章。關於 "三大勝"，上述不同語文的資料敘述有所不同，但是主要類型不過3類：一為 "花冠"，可包括冠冕、光明之冠；二為 "妙衣串佩"，相當於衣服，可包括光明之衣；第三類為勝利的象徵，將亡靈升天視為勝利，漢文中恐因難找到對應術語，遂以 "瓔珞萬種" 代替。"盧舍那境界" 即光耀柱，也即銀河，亡靈可以由此暢通無阻地飛升。"日月宮殿" 與 "六大慈父"：月宮相當於活水之舟，上面有3個 "慈父"：一般是光明耶穌、光明童女與光明心靈，也有些文獻說初人的寶座在月宮上；日宮相當於活火之舟，上面也有3個 "慈父"：第三

〔1〕Gharib, B., *Sogdian dictionary : Sogdian-Persian-English*, Tehran : Farhangan Publications, c1995, 826 (p.32), 8183, 8187 (p.329), 9422 (p.381), 9414, 9416 (p.380); *The Buddhist Sogdian texts of the British Library*, edited by D.N. MacKenzie, Leiden : Diffusion E.J. Brill ; Téhéran-Liège : Édition Biblioth è que Pahlavi, 1976, II. pp.205, 183, 215, 191, 218, 170 ; Benveniste, Emile, *Textes sogdiens*, ′edit′es, traduits et comment′es, Paris, Geuthner, 1940, P5 13f (pp.74–81), P6 180 (p.91), P7 126; *Sprachwissenschaftliche Ergebnisse der deutschen Turfan-Forschung*; Text-Editionen und Interpretationen von Albert August von Le Coq(et al.)Gesammelte Berliner Akademieschriften 1908—1938. Mit Vorwort von Georg Hazai. [Unveränderter Nachdruck aus den Abhandlungen und Sitzungsberichten der Preussischen Akademie der Wissenschaften], Leipzig, Zentralantiquariat der Deutschen Demokratischen Republik 高楠順次郎, 渡邊海旭編輯, 1972—, Vol. 3 has subtitle: Gesammelte Berliner Akademieschriften 1904—1932, p.555, line44, p.573. 《大正新修大藏經》大正一切經刊行會, 大正十三至昭和七年（1924—1932）：卷 14, No.584,《長爪梵志請問經》, 頁 968, 多處; 卷 14, No.450,《藥師琉璃光如來本願經》, 頁 408 上第 2 行; 卷 20, No.1095,《不空羂索咒心經》, 頁 407 上第 19 行; 卷 12, No.374,《大般涅槃經》, 頁 585 中第 27 行。

使、十二童女和光耀柱。"日月"後演化為霞浦文書中的"日光月光王佛""日月光佛"。"涅槃常明世界"即天堂，相當於家鄉（？）之國、光明樂園，即霞浦文書中的"薩緩默羅""默羅勝境"。

我們比較上引各種資料，可以發現，作為女神的光明童女與作為義人善業象徵的童女神並非一回事。但是，這兩個不同的觀念可能逐漸合而為一。一個明顯的例證是吐魯番出土的一幅絹繡殘片。

3.5　吐魯番出土絹繡殘片 MIK III6251

勒柯克（A. von Le Coq）1913年出版的《高昌》一書中刊佈了在 K 遺址"藏書室"旁邊甬道內發現的一塊刺繡殘片，稱之為他們發現的最美的刺繡品之一。其所以極為重要，還因為可以肯定它來源於波斯摩尼教。由於有突厥文（即回鶻文）題記，可以認為其最早產生年代為8世紀末。此刺繡品的上半部為一個摩尼教女神，及兩名侍從。女神站在美麗的蓮花底座上，左手叉著腰，右手拿著一個物體，可能是一朵蓮花，也可能是一個小佛塔或骨灰盒，但也有可能是一個香爐。可惜由於這塊刺繡保存得不好，無法進一步辨認其他細節。她的上身著長袖黃色衣服，下身為橘紅色女裙。她的頭光周邊有一圈珠子，裡側背景由各種顏色交互變換的放射狀彩帶組成。女神右側站著兩個身穿全套法衣的女教士，她們腳下踩著很大的蓮花底座，底座為佛教繪畫中常見的樣式。這組人像四周都是花卉圖案，但上部圖案都已損壞，只剩下女神頭光之上的一小部分。[1]

克林凱特（H.-J. Klimkeit）1982年出版的《古代摩尼教藝術》一書中提出："這位摩尼教救世主由兩個女選民陪伴，是位女性，只可能是

---

〔1〕Le Coq, Albert von, Chotscho: Facsimile-wiedergaben der wichtigeren Funde der ersten Königlich preussischen Expedition nach Turfan in Ost-Turkistan, im Auftrage der Generalverwaltung der Königlichen Museen aus Mitteln des Baessler-Institutes herausgegeben von A. von Le Coq. 45 farbige und 30 schwarze Lichtdrucktafeln mit beschreibendem Text, Berlin, D. Reimer (E. Vohsen) 1913,Taf. 6e (color)；〔德〕勒柯克著，趙崇民譯、吉寶航審校：《高昌—吐魯番古代藝術珍品》，新疆人民出版社，1998 年，頁 55–56，圖版 6e。

光明童女（the Maiden of Light）。……其右手所拿的東西，也許可解釋
為蓮花、還願塔或聖骨盒，或者可能像勒柯克所說的，是個香爐。……
頭戴豪華的繡花頭巾和一個珍珠鑲邊的光環。……女選民與光明女神之
間乃有一種特殊關係，這躍然可見。該女神也許就是光明童女（the Virgin
of Light）。"[1]

　　古樂慈（Zsuzsanna Gulácsi）2001年出版《柏林藏摩尼教藝術品總
目》，刊佈了絹繡殘片 MIK III 6251的彩色圖版（本書圖版5），她指出其
主要角色"戴著淺藍色頭巾的頭被一圈雙光帶的彩色光輪所環繞。這
說明這裡所描繪的是一個神。在摩尼教兩個女神當中，最可能她是光
明童女（the Virgin of Light），她在摩尼教世界裡發揮著持續不斷的積
極作用——保證得到拯救的光明通向天堂。"古樂慈註明：光明女神的
這一作用見於《導師的克弗來亞》第114章。古樂慈對理解此畫的新貢
獻在於她指出：光明童女的手勢、她手中拿著的東西、以及手上方絹繡
頂部尚可辨認的畫稿輪廓殘餘可以作為基礎，決定此殘存畫像構圖的主
題。神的右手前臂側舉，手掌向上，拇指和食指相觸，其他手指直伸。
這個手勢僅見於另一幅描繪光明分子升天的圖畫中（MIK III 4974［36］
正面）。手上有一物，可能此物的莖被捏在拇指與食指之間，或者可能
此物正從神祇的拇指與食指之間釋放出來。畫稿輪廓顯示：最左上方殘
存一輪新月的三分之一。這3個繪畫符號的結合說明：這幅刺繡所描繪
的是解脫的光明分子上升到"夜晚之舟（即月亮）"上去的景象。換言
之，繪畫的這個部分描繪了光明童女（the Virgin of Light）解脫性命靈
魂（the Living Soul），讓其升天的景象。（本書圖版6）[2]

　　古樂慈相當成功地從圖像學的角度解釋了這幅絹繡的主題。在這幅

---

〔1〕Klimkeit, Hans-Joachim, *Manichaean art and calligraphy*, Leiden : Brill, 1982, p.47, Plate XXVI, 47a.參閱：〔德〕克林凱特著，林悟殊譯：《古代摩尼教藝術》，中山大學出版社，1989 年，頁 98，圖版 47a。

〔2〕Gulácsi, Zsuzsanna, *Manichaean art in Berlin collections : a comprehensive catalogue of Manichaean artifacts belonging to the Berlin State Museums of the Prussian Cultural Foundation, Museum of Indian Art, and the Berlin-Brandenburg Academy of Sciences, deposited in the Berlin State Library of the Prussian Cultural Foundation*, Turnhout : Brepols, 2001, 89 (pp.193–195); 36 (pp.83–86).

絹繡中，光明女神（電光佛）沒有被畫在月亮上接待解脫的靈魂，而是降臨人間，與女選民一起。通過這位光明女神之手，人的靈魂得以飛升月亮。我們可以推測，這幅絹繡上的電光佛實際上已經不完全與科普特文資料中描繪的光明女神一樣，她身上似乎已經染上了瑣羅亞斯德教妲厄娜的色彩。這幅絹繡並沒有表現電光佛救拔"業行不圓"的明性，但是《下部讚》中《此偈為亡者受供結願用之》寫道：

> 某乙明性，去離肉身，業行不圓，恐沉苦海，唯願二大光明、
> 五分法身、清淨師僧、大慈悲力，救拔彼性，令離輪迴剛強之體，
> 及諸地獄鑊湯爐炭。唯願諸佛，哀愍彼性，起大慈悲，與其解脫；
> 自引入於光明世界——本性之處，安樂之境。功德力資，依如上願。
> （第406—409頌）[1]

"二大光明"即"日月宮殿"，上面有包括電光佛在內的"六大慈父"。侯旭東先生在關於5、6世紀北方民眾佛教信仰的研究中指出：民眾"又認為生者亦可為死者修行功德，免除苦難，繼承了傳統葬俗的重要職能，帶有不同目的的信眾在其中都能有所收穫，使佛教具有很強的包容性。"[2] 摩尼教在中土發展，也像佛教一樣，吸收了生者可為死者修行功德，讓神祇救釋亡靈的傳統。而在救拔明性之諸神中，電光佛的地位逐漸突出，成為民眾信仰的主要神祇，日本藏《冥王聖圖》就明顯體現了電光佛救拔明性的顯著作用。

3.6　日本藏《冥王聖圖》

日本奈良大和文華舘藏《冥王聖圖》是電光佛地位上升的一個重要證據。這幅畫一直被認為是佛教的"六道圖"，2006年以來日本學者泉武夫、吉田豐、美國學者古樂慈和奧地利學者埃伯特（Jorinder Ebert）的研究相繼證明這是一幅摩尼教作品。我們可以根據畫上的題記，將其命名為《冥王聖圖》。（圖版1）

---

[1] 林悟殊：《摩尼教及其東漸》，素馨出版社，1997年，頁315。
[2] 侯旭東：《五、六世紀北方民眾佛教信仰》，中國社會科學出版社，1998年，頁84-85。

　　這幅絹畫可能是元代的作品，出自寧波。畫面一共分為5層。畫面最上面的第1層描繪了天堂裡的宮殿，採用了敘事性表現手法，幾位神話人物在畫中重複出現。這一層展現了光明童女（Light Maiden）及其隨從的整個行程：她們從畫面的左邊降臨，受到不知名的女主人的歡迎。這一層中間是賓主在宮殿裡會面的場景。吉田豐指出，帕提亞文文書M5860中將天上的宮殿稱之為 tlw'r w'c'fryyd，意為"精神殿堂"，相當於漢文《下部贊》中《歎明界文》里的"寶殿閣"。畫面右邊則描繪了主人目送她們離開。古樂慈將此場景稱為"光明童女（Light Maiden）訪天堂"。（圖版7）第二層描繪了兩個摩尼教選民在一尊摩尼教神像前宣講佈道的場景，此神像很可能就是摩尼。選民位於畫的右方，坐著的選民正在宣講，其助手則站立在一旁。畫面的左邊有一位聽者及其隨從，正在聽講。古樂慈將此場景命名為"摩尼神像前的佈道"。第3層由4幅小圖組成，大和文華舘藏品目錄原先的解說詞就已經確定這是描繪士、農、工、商4個方面的生活，應該沒有疑問。古樂慈將其命名為"善道輪迴"。第4層描繪了地獄審判，在一個高臺上的大堂裡，一位審判官坐在桌子後面。這位審判官看起來與佛教的閻羅王類似，實際上應該是摩尼教的審判之神（the Judge），在敦煌文書中稱為"平等王"，在霞浦文書中稱為"平等大帝"，見第5章。大堂前有兩對鬼怪抓著他們的俘虜前來聽審，其命運或好或壞。從畫面的左上方，光明童女（Light Maiden）及其兩位隨從駕雲而來。吉田豐即根據這裡駕雲的繪畫細節，將上述粟特文寓言《妲厄娜》中的 nwšy myγty 解釋為"永恆之雲"。古樂慈將此畫面命名為"光明童女（Light Maiden）干預審判"。（圖版8）畫卷最下方的第5層描繪了4幅恐怖的地獄場景。古樂慈將其命名為"惡道輪迴"。[1]

　　吉田豐引用粟特文《妲厄娜》來解釋此畫，無疑是一個重要貢獻，

---

〔1〕大和文華舘：《大和文華舘所藏品圖版目錄》2 繪畫・書蹟，112 六道圖，昭和 49 年（1974），Zsuzsanna Gulácsi: "A Visual Sermon on Mani's Teaching of Salvation: A Contextualized Reading of a Chinese Manichaean Silk Painting in the Collection of the Yamato Bunkakan in Nara, Japan", 載《內陸アジア言語の研究》，2008 年 XXIII，頁 1–16。感謝古樂慈將此文抽印本送給我。

西方學者遂稱畫上的女神為妲厄娜。但是，伊朗學家施傑我（P. O. Skjærvø）提醒我們注意：摩尼教有關死後獎懲、神我（孿生、配對）、迎接善士亡靈的童女神等觀念，儘管借用了瑣羅亞斯德教的一些術語，其實質內容並非完全相同。[1]《冥王聖圖》上的光明童女確實有妲厄娜的身影，但是電光佛/電光王佛已經是3個最高神之一，地位比代表個別義人善業的妲厄娜高得多；西方摩尼教中的光明童女在月亮上接引明性，而電光王佛神通更為廣大，管轄東嶽，可以頒佈"明勑，行下陰府諸司，赦釋亡魂，脫離刑曹之所，乘毫光徑赴法壇，領善功直登淨邦。"《冥王聖圖》的第4層，光明童女出現在審判現場的雲端，表現的可能就是電光王佛的這種神通。

3.7　日本藏《宇宙圖》

吉田豊先生在研究《冥王聖圖》之際，又發現元末明初寧波地區繪製的摩尼教繪畫4幅（其中一幅剩下2個殘片，共5件），在2009年9月的國際摩尼教會議上做了演講，引起與會者很大的興趣，有的學者將吉田豊先生譽為日本的勒柯克（Le Coq）。吉田豊在《大和文華》第121號（平成二十二年〔2010〕3月31日）上發表長篇論文研究這4幅摩尼教繪畫，附有精美圖版。承中山大學歷史系王媛媛博士將此文的電子版發給我，吉田豊又以此文抽印本相贈，特此致謝。吉田豊刊佈的4幅摩尼教繪畫中有一幅為《宇宙圖》（圖版9），詳細地描繪了摩尼教的宇宙結構，內容極為豐富，本文沒有足夠的篇幅詳細研究，只能俟諸異日再與學界切磋。這裡只能就與電光佛/電光王佛有關的部分稍作介紹。《宇宙圖》的須彌山頂上左側有一朵黑雲，黑雲中有幾個獸頭，雲上站著一位女神。女神有六臂，兩隻手各持一個人頭。（圖版10）吉田豊先生為了分析此情景，引用了《克弗來亞》第95章摩尼對其弟子們的教導：

---

〔1〕Skjærvø, P. O., "Iranian elements in Manicheism: a comparative contrastive approach. Irano-Manichaica I", in R. Gyselen, ed., *Au carrefour des religions. Hommages à Philippe Gignoux*, Res Orientales 7, Paris, 1995, pp.275–278.

現在看，我把關於這雲［的道理］教給你們：它怎樣上升，它裡面的生命會被淨化。我也把雲中的支配者（惡魔）的［情況］教給你們：他們將發動這些［叛亂］，以及他們如何被［捕獲］。通過光明童女（the Virgin of Light）的力量，命令會下達給天使，他們（惡魔）將被天使投入外面的牢獄。她（光明童女）擁有對整個地域的支配權，淨化其中的生命。[1]

《宇宙圖》的這個局部可能就是描繪這一景象，六臂女神可能就是光明童女，即漢文史料中的電光王佛；她的手可能正在淨化雲中的生命；雲中的怪物可能就是支配者（惡魔）。另外須彌山下大地四周圍著海，外側四方描繪了一些吐火的惡魔，或許也與此有關。[2]

3.8　結論

我們綜合上述資料，可以一表格反映光明童女在一千多年之間的演進變化。

在年代較早、比較接近摩尼原意的科普特文資料中，既有光明童女，也有神我/光明形貌，二者是有區別的。在阿拉伯文的間接記載中，聰慧向導相當於光明形貌，而與選民靈魂相像的童女則相當類似瑣羅亞斯德教的姐厄娜。在中亞粟特文資料中，一方面"業"的觀念來自佛教的影響，而代表義人善業的童女又類似姐厄娜。敦煌漢文資料的善業未涉及童女與電光佛。但是，在吐魯番出土絹繡中，光明童女神似已將上述不同因素合為一體。《冥王聖圖》進一步吸收了中國民間超度亡靈的習俗，光明童女神已經擁有干預地獄審判的大權。在《宇宙圖》中，光明童女神在雲中淨化生命，命令天使將雲中的惡魔投入外面的牢獄中去。絹繡、《冥王聖圖》與《宇宙圖》均為圖像資料，雖然諸位學者判斷其

---

〔1〕*The Kephalaia of the Teacher : the edited Coptic Manichaean texts in translation with commentary*, edited by Iain Gardner.　Leiden ; New York : E.J. Brill, 1995, p.250.

〔2〕吉田豐：《新出マニ教絵画の形而上》，載《大和文華》第 121 號，平成 22 年（2010），頁 13，図版 4。

女神為光明童女，但是還缺乏文字證據。如今《奏教主》等霞浦文書不僅證實了這些學者的先見之明，而且為我們進一步研究外來宗教如何融入中國民間提供了絕佳的例證。

表 3-1　從"光明童女""善業"到"電光王佛"

	摩尼教			祆教
科普特文	光明童女（ΠΑΡΘΕΝΟC ΜΠΟΥΑΙΗΕ）	神我（CΛΕΙy）		
		光明形貌（ΜΟΡΦΗ ΠΟΥΑΙΗΕ）		
阿拉伯文		聰慧向導（al-ḥakim al-hādī）	童女（bikr）	
阿維斯塔文				妲厄娜（daéná）
粟特文	光明童女（qnygrwšn）		童女（δwγth pwr'ycw）、業（'krty'）	
漢文	電光佛		善業	
絹繡	光明童女神			
冥王聖圖	光明童女神			
宇宙圖	光明童女神			
奏教主	電光王佛			

（原作《從"善業"、"電光佛"到"電光王佛"——福建霞浦文書〈奏申牒疏科冊〉研究》，提交第5屆伊朗學在中國學朮研討會，北京大學，2010年11月9—10日，將收入論文集出版。）

4 摩尼教十天王考

近來在福建霞浦發現了一些文書，其中有明顯的摩尼教因素。本文研究陳氏法師提供的一本未名科儀書的"讚天王"（"〔 〕"中的文字為筆者校補，同時將霞浦文書《摩尼光佛》〔頁13－14〕的異文放在圓括號"（ ）"內）：

十天王者，梵名阿薩漫沙也。是故道教稱為昊天玉皇大帝，住在第七天中，處在大殿，管於十天善惡之事。此天內有十二面寶鏡，上面觀於涅〔槃〕，下面照於陰司地府，十面鑒於十天諸庇（魔）背叛等事，化四天王管四天下。嚧㗚逸天王管北鬱壇界，彌訶逸天王統禦〔東弗婆提，喋㗚囉逸天王〕（統禦）南閻浮提，〔娑〕囉逸天王掌握西瞿耶尼。四天大明神若見諸天惡庇（魔）起奸計，騷擾天空地界諸聖，應時展大威神，折挫調伏，速令安定，急使調伏。一心虔恭，合掌皈依，同降道場，加彼下界福德，男女長福消災，增延福壽。[1]

4.1 四天王管四天下

筆者校補的主要根據是《興福祖慶誕科》。這個抄本的核心部分也當出自摩尼教原卷，比如，《起大聖》奉請3個摩尼教神祇：摩尼光佛、電光王佛、夷數和佛，並錄詩一首："大聖自是吉祥時，普耀我等諸明使。妙色世間無有比，神通變現獲如是。"。此詩與敦煌本《下部讚》中

---

〔1〕陳進國、林鋆：《明教的新發現——福建霞浦縣摩尼教史跡辨析》，載《不止於藝》，北京大學出版社，2010年，頁379-380。元文琪：《福建霞浦摩尼教科儀典籍重大發現論證》，載《世界宗教研究》2011年第5期，頁178。

《讚夷數文》中的相比，只有幾個字不同。《請護法文》（頁4b－6a）[1]
把摩尼教的"清淨、光明、大力、智慧"等四寂法身和四梵天王、二大
護法納入民間宗教五方的框架。四梵天王在咒語中出現時，是完全音譯：
旷縛訶逸囉、弥訶逸囉、業縛囉逸囉、娑囉逸囉。在圖表中出現時，是
音譯意譯混合：嚧嚩逸天王、弥訶逸天王、噗囉逸天王、娑囉逸天王。
《誦土地讚安慰》再次頌揚嚧嚩逸囉等四梵天王、味嗪皎明使、耶俱孚
等二大護法（頁12b－13a）。

　　四天王的名字第1次出現在《興福祖慶誕科》《請護法文》以及《誦
土地讚安慰》中時，是純粹音譯，參照第2次出現在《請護法文》圖表
和"讚天王"中的寫法，略做校改，與猶太教偽經《以諾書》中的四大
天使對應如下：（1）北方天王的名字有3種寫法：（a）嚧嚩逸天王，"逸
天王"即"逸囉"；（b）旷縛訶逸囉，旷當作"嚧"，"縛"當為"嚩"
之訛，"訶"字衍；（c）嚧嚩逸囉，蒲立本構擬的晚期中古漢語注音（Late
Middle Chinese，簡稱 LMC）luǒ pɦua jit la，當為中古波斯語（Middle
Persian，簡稱 MP）rwp'yl/帕提亞語（Parthian，簡稱 Pth.）rwf'yl（讀
音〔*rufaēl*〕的音譯），對應大天使拉法葉爾（Rafael）。（2）東方天王的
名字有2種寫法：（a）弥訶逸天王；（b）弥訶逸囉；LMC. mji xa jit la<MP
myx'yl（*mīxaēl*）/Pth. myh'yl（*mīhaēl*），對應米迦勒（Michael，又譯
"米卡伊來"等）。（3）南方天王的名字也有2種寫法：（a）噗囉逸天
王；（b）業縛囉逸囉；"噗"與"業"同音，加上口字旁表明此字是音
譯，"縛"為"嚩"之訛，構擬為"噗嚩囉逸囉"，LMC.ŋiap pɦua la jit
la<MP/Pth. gbr'yl（*gabraēl*），對應加百列（Gabriel，又譯"加布里耶
爾"等）。（4）西方天王的名字有3種寫法：（a）娑囉逸天王；（b）"讚
天王"錄文作婆囉逸天王，"婆"為"娑"之訛；（c）娑囉逸囉，LMC.
sa la jit la< MP/Pth. sr'yl（*saraēl*），對應沙逆夜（Sərael）。四天王的研究
見第6章。

　　〔1〕由於得到福建省文物局局長鄭國珍先生、霞浦縣副縣長、摩尼教論證工作領導小組組長黃
敏皓女士、霞浦縣博物館館長吳春明先生的大力支持，得以研究《興福祖慶誕科》《奏申牒疏科冊》、
柏洋鄉謝法師藏《無名科文》的照片。特此致謝。

　　"讚天王"中的"北鬱壇界"，當即"鬱單越"，為梵文 Uttarakuru 的舊譯，通稱北俱盧洲，為佛教四大部洲的北方一洲。東方一洲為"東勝身洲"，舊譯"弗婆提"，為梵文 Pūrvavideha 的音譯，又音譯為弗提婆、弗于逮；"閻浮提"為梵文 Jambudvīpa 的舊譯，通稱南瞻部洲；"瞿耶尼"為梵文 Aparagodānīya 的舊譯，通稱西牛貨洲。[1]四天王所管的四天下即佛教四大部洲，無須深論。

　　"讚天王"寫道："此天内有十二面寶鏡，上面觀於涅，下面照於陰司地府。"一個"涅"難以理解，"涅"與"陰司地府"對照，"涅"應該是天堂；《下部讚》第399頌寫道：聽者（摩尼教在家信徒）死後升天，最後"又復轉引到於彼岸，遂入涅槃常明世界，與自善業，常受快樂。"[2]因此，將"涅"字補足為"涅槃"。《摩尼光佛》的錄文確實作"涅槃"。

4.2　敘利亞文、拉丁文、漢文文獻

　　十天王是淨風五子之一，為摩尼教的重要神祇，許多學者都研究過這個神，基本情況比較清楚，為我們釋讀"讚天王"奠定了堅實的基礎。巴爾庫尼（Theodore bar Khoni，約西元800年）用敘利亞文寫成的《斯可利亞》（*Liber scholiorum*）應該比較接近摩尼原著，這樣講到淨風五子：

> 淨風也召喚出他的五個兒子，從其心智（hwnh）——光輝衛士（spt zyw'），從其知覺（md'h）——尊貴的大王（mlk' rb' d'yqr'），從其感知（r'ynh）——光明的阿大姆斯（'dmws nwhr'），從其思維（mḥšbth）——榮耀之王（mlk šwbḥ'），從其熟慮（tr'ynth）——

〔1〕任繼愈主編：《宗教詞典》，上海辭書出版社，1981年，頁279、293、303、395、769；參閱玄奘、辯機原著，季羨林等校註《大唐西域記校註》，中華書局，1985年，頁35-39。參閱 http://zhidao.baidu.com/question/94317725.

〔2〕芮傳明：《東方摩尼教研究》，上海人民出版社，2009年，頁418-419。*Dictionary of Manichaean texts in Chinese*, by Gunner B. Mikkelsen. Turnhout : Brepols; NSW, Australia: Ancient History Documentary Research Centre, Macquarie University, 2006, p.101.

持地者（sbl'）。[1]

奧古斯丁（Augustine，354—430）在《答摩尼教徒福斯圖斯》（*Contra Faustus Manichaeum*）中質問道：

> 你面對面見過手持權杖、頭戴花冠、行使權柄的大王和眾神之軍嗎？見過那個有六副面孔和表情、光明照耀的偉大的光輝衛士（Splenditenens）嗎？見過另一位被成群的天使簇擁著的尊貴之王（rex honoris）嗎？見過另一位右手持矛、左手持盾、英勇善戰的阿大姆斯（adamas）嗎？見過另一位轉動火、水、風三輪的榮耀之王（gloriosus rex）嗎？見過單膝跪地、雙手捧著、雙肩扛著整個世界的持地者（Atlas）嗎？[2]

淨風五子漢文名字及其排序是：（1）持世明使（持世主）；（2）十天大王（十天王）；（3）降魔勝使（降魔使）；（4）地藏明使（地藏）；（5）催光明使（催明）。他們的拉丁文名字的英文翻譯及其排序是：（1）光輝衛士（The Keeper of Splendor）；（2）尊貴之王（The King of Honor）；（3）光明的阿大姆斯（Adamas of Light）；（4）榮耀之王（The King of Glory）；（5）持地者（Atlas）。沙畹（E. Chavannes）、伯希和（P. Pelliot）設想的對應關係是：（1）—A；（2）—B；（3）—C；（4）—D；（5）—E。而瓦爾德施密特（E. Waldschmidt）和楞茨（W. Lentz）設想的對應關係是：（1）—E；（2）—B；（3）—C；（4）—D；（5）—A。翁拙瑞（P. Bryder）

〔1〕 Theodore bar Konai, 8th/9th cent., Liberscholiorum; textus. Edidit Addai Scher. Parisiis, E Typographeo Reipublicae, 1910—1912. Corpus scriptorum Christianorum Orientalium. Scriptores Syri. 55 (1910), 69(1912), 1912, 314; http://www.hebrewchinese.com/maninaya.pdf. Jackson, A. V. Williams (Abraham Valentine Williams), Researches in Manichaeism, with special reference to the Turfan fragments, New York: Columbia University Press, 1932, pp.229; Reeves, John C. Jewish lore in Manichaean cosmogony : studies in the Book of giants traditions / John C. Reeves. Cincinnati : Hebrew Union College Press, c1992, pp. 190.

〔2〕Augustinus Hipponensis, *Contra Faustum Manichaeum*. XV. 6, *Corpus scriptorum ecclesiasticorum Latinorum*; vol. 25, pars I.p.428.5–16. http://clt.brepolis.net.ezp–prod1.hul.harvard.edu/llta/pages/Exporter.aspx?ctx=699652&extra=10 Eng. Trans. *Manichaean texts from the Roman Empire*, edited by Iain Gardner and Samuel N.C. Lieu, Cambridge ; New York : Cambridge University Press, 2004, pp.164–165. 吉田豐：《新出マニ教絵画の形而上"》，載《大和文華》第121號，平成22年（2010），頁17–18、32，註72、76。吉田豐根據須藤英幸氏的提示，拉丁文 exercitus 也意為"軍人""軍隊"，提出不同的翻譯："被天使和士兵簇擁著的尊貴之王。"這與《宇宙圖》相符合，圖上的十天王身邊有8個士兵。

設想的對應關係則是：（1）—A；（2）—B；（3）—C；（4）—E；（5）—D。[1]《下部讚》中《普啟讚文》寫道："復啟富饒持世主，雄猛自在十天王，勇健大力降魔使，忍辱地藏與催明。"（第130頌）這對於我們確定對應關係無甚幫助。但是，《摩尼教殘經》的敘述卻甚有幫助，其第109—111行寫道："憐憫以像持世明使，誠信以像十天大王，具足以像降魔勝使，忍辱以像地藏明使，智惠以像催光明使。"[2]憐憫等5種品質與相（想）、心、念、思、意等相應，因此實際上漢文這一段文字可以與上述敘利亞文對應，如表4-1所示：

表 4-1　淨風王子

	光輝衛士	尊貴之王	光明的阿大姆斯	榮耀之王	持地者
敘利亞文	spt zyw'	mlk' rb' d'yqr'	'dmws nwhr'	mlk šwbḥ'	sbl'
	心智	知覺	感知	思維	熟慮
敘利亞文	hwnh	md'h	r'ynh	mḥšbth	tr'ynth
漢文	相（想）	心	念	思	意
漢文	憐憫	誠信	具足	忍辱	智惠
漢文	持世明使	十天大王	降魔勝使	地藏明使	催光明使

　　因此，我贊成仍然維持沙畹、伯希和原説。不過，不管哪一種假設，淨風次子在敘利亞文中寫作 mlk' rb' d'yqr' ܡܠܟܐ ܪܒܐ ܕܐܝܩܪܐ，在拉丁文中寫作 rex honoris，在漢文寫作"十天大王"，簡稱"十天王"，則並無疑義。

---

〔1〕Bryder, Peter,*The Chinese transformation of Manichaeism : a study of Chinese Manichaean terminology*, Löberöd: Bokförlaget Plus Ultra, 1985, pp.102–103.

〔2〕林悟殊：《摩尼教及其東漸》，1993 年，頁 296、272。

4.3　粟特文文書 M178 裡的
"十天（δs' sm'n）"

粟特文文書 M178 是摩尼教宇宙學說文獻的一個組成部分，有一些獨特的細節。這份文書是現代歐洲學者研究的第一份摩尼教文書，繆勒（F. W. K. Müller）1904 年發表文章，打算以此入手破譯摩尼教文字，但未成功，因為當時還不知道其語言。後來繆勒成功地破譯了粟特文，刊佈了這份文書的若干行，直到 1948 年恒寧才刊佈了全文。這份文書是保存最為完好的摩尼教文獻殘片之一，殘存兩張白色薄羊皮紙的對折頁，書法漂亮。第一張對折頁講述明界（天堂），第二張對折頁講述十天和十天王：[1]

> ［大慈父命令淨風和生命之母創造世界］"……把它們（光明因素）從惡魔的（šmnkw'nc）[2] 毒害中清除出來，淨化它們；然後使它們飛升天國。"

> 因此全世界的領主（'βtkyšpy xwṯ'w）[3] 和義人之母（'rd'wn m't）[4] 立刻開始計畫怎樣安排這個世界。然後他們開始建造世界。首先他們建造五塊*毯子（fsp'）[5]；他們讓光輝衛士（xšyšpṯ βγw）坐在那裡。在此之下，他們創造了十天（δs' sm'nyy），設置了一台十二面的神秘透鏡（i wrcwnkrc myj' w'sṯnd xii rytyy）。他們讓一位神之子（βγp〔š〕yy）坐在那裡作為衛護者，這樣在所有的十層天裡

---

〔1〕Henning, W. B.: "A Sogdian Fragment of the Manichaean Cosmogony", *Bulletin of the School of Oriental and African Studies,* XII 1948, pp.310–313. 吉田豊：《新出マニ教絵画の形而上》，載《大和文華》，第 121 號，平成二十二年（2010），頁 5–6、29，註 14. 粟特文文書 M178 圖版見: http://www.bbaw.de/forschung/turfanforschung/dta/m/images/m0178_seite2.jpg.

〔2〕šmnwk'nc 是 šmnw 的形容詞，šmnw 的詞源是《阿維斯陀》的安格拉·曼紐（Angra-mainyu），即惡神。

〔3〕'βtkyš py xwṯ'w，意為"七個氣候帶之主"，也即"大地之主"（因為古典時代將大地分為七個氣候帶）；即活靈（Spiritus vivens），漢文翻譯為"淨風"。

〔4〕'rd'wn m'ṯ，即生命母（the Mother of the Living），漢文翻譯為"善母"。

〔5〕fsp'，恒寧翻譯為"毯子"，指出這個詞不見與別處。在摩尼教神學中，它們應該位於十天之上，分隔明界（天堂）與明暗和合造成的世界。

眾魔（δywt）無從危害。此外，他（原文如此）召喚出（創造出）四十個天使（fryštyyt），他們向上支撐住十天。

在每一層天上，他們建造十二扇門；他們在那些天使站立的四方各建一道門，一共四道門。十天的厚度是十萬（δs' βryywr）里（fswx）[1]；它們的空氣（的厚度）是一萬里。

他們給每一層天上的十二扇門（δβrt'）的每一扇門建造六道門廊（pδynd）[2]，每道門廊建造三十個街市（w'crn），每個街市建造十二條*街道（'yzt），［每條*街道都有兩*邊］；在一*邊（prs'）他們建造一百八十個*小分隔間（qpyδ），[3]另一邊也是一百八十個。在每一個小分隔間裡他們禁錮和關押著夜叉（ykšyšt）和眾魔（δywt），雌雄分開。

於是造物主（wyšprkr）[4]召喚出天王（sm'nxšyδ）。他們讓他坐在第七層天的王位（'βtmyk sm'nyyh pr γ' δwk）上，使他成為所有十層天的大王與領主（δs' sm'n 'xšyδ'ty xwt'w）。

然後，在十天之下，他們設置一個轉輪和（原文如此）黃道十

---

[1]粟特文 fswx，帕勒桑（parasang），古代波斯長度單位，約 3 至 4 英里。

[2]pδynd，直譯意為"門檻"。

[3]qpyδ，直譯意為"店鋪"。根據摩尼教神學，太陽在每一道門廊上的時候，與其在黃道十二宮某宮相應：第一門廊：雙子座或巨蟹座；第二門廊：金牛座或獅子座；第三門廊：白羊座或室女座；第四門廊：雙魚座或天秤座；第五門廊：寶瓶座或天蠍座；第六門廊：摩羯座或射手座。此外，門廊以下的單位均有一定的時間值：

進位	漢文	粟特文	時間值	黃道度數
－	門	δβr	－	－
6	門廊	pδynd	月	30°
30	街市	w'crn	日	1°
12	街道	'yzt	2 小時	5′
2	邊	prs'	1 小時	150″
180	小分隔間	qpyδ	20 秒	50‴
2			10 秒	25‴

[4]Wyšprkr，可能出自印度教神毘首羯磨（Viśvakarman），意為造一切者。他在梨俱吠陀中，稱之為宇宙之建造者。這裡當指淨風。

二宮（'nxrwzn）。在黃道十二宮裡他們禁錮最邪惡、兇殘和叛逆的暗魔（tmykt δywtyy）。他們使十二星宿（宮）和七行星成為整個混合世界（ptrysc' 'fcmbδ）的支配者（'xš'wnδ'rt），讓他們互相作對。

從囚禁在黃道十二宮裡的所有魔鬼（δywtyy）那裡，他們來回編織了根脈（wyx）、經脈（r'k）、絡脈（ptβnd）[1]。在最低的一層天他們鑽了一個孔，把黃道十二宮懸掛於其上。神的兩個兒子被他們派駐在（那裡）作為護衛者，這樣就……上方的輪（'skycyq cxr）不停地……。

M178與"讚天王"關係比較密切的有3個方面：十天王；十天諸庇/魔；十二面寶鏡。

4.3.1　十天王

所謂"梵名阿薩漫沙也"，自然並非出自梵文，應當出自粟特文sm'nxšyδ。我考慮到米克爾森先生編撰的《摩尼教漢文文獻詞典》中，音譯漢字的發音均採用蒲立本1991年出版的《早期中古漢語、晚期中古漢語、早期官話構擬發音的詞彙》裡的晚期中古漢語的註音，簡寫LMC（Late Middle Chinese），[2]而"阿薩漫沙"也應該出於同一時期，因此即以蒲立本之構擬為基礎。阿薩漫沙（LMC. ʔa sat muan ` ʂa˙）＜粟特語 sm'nxšyδ，讀若（a）smān-xšēδ，意即"天王"，ʔa＜（a），sat＜s，muan ` ＜mān，ʂa˙＜xšē，收聲 δ 省去，如《摩尼教殘經》以"摩訶羅薩本"譯中古波斯語 mhr'spnd（mahrāspand）。[3] sm'n 即"天"，'xšyδ 即

---

〔1〕wyx，意為"根"；r' k，"脈"，"血管"；ptβnd，"聯結"，"束縛"。《克弗來亞》第 48、49 章詳細描述了這些管道，很難理解它們，它們可能是無形的，但把宏觀宇宙與微觀世界聯繫在一起，光明分子順著這些管道上升明界，而惡魔的毒素順著這些管道危害下界。

〔2〕*Dictionary of Manichaean texts in Chinese*, by Gunner B. Mikkelsen. Turnhout : Brepols ; NSW, Australia: Ancient History Documentary Research Centre, Macquarie University, 2006, pp.102–109; 註音均採自：Pulleyblank, Edwin G., *Lexicon of reconstructed pronunciation in early Middle Chinese, late Middle Chinese, and early Mandarin*, Vancouver : UBC Press, 1991.

〔3〕Henning, W. B., "Ein manichäisches Bet-und Beichtbuch", *Abhandlungender Preussischen Akademieder Wissenschaften, Philosophisch-Historischeklasse*, 1936, Nr. 10, p.548 (M 583 I R 7); Gershevitch, Ilya, "Sogdian Compounds", *Transactions of the Philological Society*, 1945, p.143a; Gharib, B.,*Sogdian dictionary: Sogdian-Persian-English*, Tehran : Farhangan Publications, 1995, NO. 8817 (p.355) 本文粟特文詞彙的釋義、讀音均出自此詞典，不再一一註明。

·欧·亚·历·史·文·化·文·库·

"王"，δs' sm'n 'xšyδ 'ty xwt'w 意思是 "十層天的大王與領主"，敦煌摩尼教經和 "讚天王" 稱他為 "十天王" 或 "十天大王"，當源出於此。不過，在科普特文等文字的摩尼教資料中，尊貴之王（即粟特文）smān－xšēδ 只掌管從下面數起的第一至第七層天，其兄光輝衛士掌管第八至第十層天。十天王又被稱為神之子（βγp〔š〕yy），因其為淨風次子。他坐在第七層天的王位（'βtmyk sm'nyyẖ pr γ'δwk）上，"讚天王" 則說其 "住在第七天中，處在大殿"，兩者相當一致。

4.3.2　十天諸庇/魔

見於 M178魔鬼主要被稱為 δyw（魔），詞源是 daiva（瑣羅亞斯德教中的魔鬼）；[1]複數-t；間接格複數-ty（y）（h），或被稱為 ykšyšť'ty δywt（夜叉和眾魔）。恒寧在《大力士經考》中說明：《舊約》《創世紀》與猶太教託名以諾所撰的《以諾書》中，有墮落的天使——守望者的故事，"守望者" 在希臘文中寫作 Ἐγρήγοροι。摩尼將此故事素材吸收到自己的《大力士經》中，把這些守望者變成魔鬼，把它們囚禁在天上，置於尊貴之王的管轄之下。他們叛變，被四大天使所鎮壓。摩尼仍然使用 Ἐγρήγοροι 這個專用名詞，見於科普特文摩尼教經《克弗來亞》頁92－93（第38章）、頁117（第46章）、頁171（第70章）；或者直接使用其阿拉姆文專用名詞'yr，見於中古波斯文文書 M625c；但是，在東方資料中，它們在大部分情況下被稱為 "魔鬼"，粟特文寫作 δywt（眾魔），見於文書 T ii Ξ I（新編號 M7800 I）、T ii S 20、M363；或寫作 δywt ZY ykšyšṯ（眾魔和夜叉），見於文書 T ii S 20。[2] "讚天王" 中的 "十天諸庇/魔" "諸天惡庇/魔" 當即這些被囚禁在天上的魔鬼。

4.3.3　十二面寶鏡

令人驚訝的是，"讚天王" 說的 "十二面寶鏡" 證實了恒寧對 i wrcwnkrc myj' w'sṯnd xii rytyy 的釋讀："設置了一台十二面的有魔力的

---

〔1〕馬小鶴、徐文堪：《摩尼教 "大神咒" 研究——帕提亞文書 M1202 再考釋》，載《史林》2004年第 6 期，頁 100。

〔2〕Henning, W. B., "The Book of the Giants", *Bulletin of the School of Oriental and African Studies,*1943, pp.53, 71–73, 66, 68–71.

透鏡（set up one magic twelve‐faced *Lens)"。恒寧將 myj'翻譯成"透鏡(lens)"。此詞不見於其他粟特文文獻。可以有3種方法解釋這段文字。第1種，一般認為淨風創造了"十天和業輪（天球之輪）"；因此"有魔力的 myj'"即黃道十二宮(zodiac)？這個假設必須放棄，因為後面（第111行以下）描述了黃道十二宮，不應該在此提及。其次，句子的後半部說"他們樹立了一台有魔力的 myj'"，可能只是指整個十天的形狀（"他們建造了十天，使它們就象一台有魔力的十二面的 myj'"）。這個假設也應該放棄，因為很難這樣去理解這些詞句；如果要表達這樣的意思，就不應該使用數字"一〔台〕"。第3種可能性，唯一能講得通的是，"有魔力的 myj'"是一個不同於十天的物體，並不構成十天的一個部分，但是位於十天所占的空間之内。波斯文 mīžū、mījū，還有مشو 即 mižū 意為"形似扁豆的透鏡（lentil）"，在缽羅婆文中作 mīžūk；其古伊朗語形式為*mīžū-或*maižū-。因為古老的 u-詞幹在粟特文中經常以-ā 結尾，所以意為"形似扁豆的透鏡"的古伊朗語*mīžū-如果演變為粟特語詞匯的話，應該寫作*mīžā（摩尼教文獻作*myj'，佛教文獻作*myz'kh），正是M178中出現的形式。因此，恒寧把 myj'翻譯為"透鏡"，意思是"形似扁豆的透鏡或者形狀像雙面光學凸透鏡之類的東西"。恒寧認為，只有一台這樣的神秘的透鏡見於其他摩尼教文獻：即"在尊貴之王面前的輪子"，《克弗里亞》第36章整章描述了這個輪子。[1] 我們下文就將分析《克弗里亞》第36章。

4.4　科普特文《克弗里亞》第 36 章《關於在尊貴之王面前的輪子》

　　《克弗里亞》第36章中摩尼（被稱為使徒）向其弟子們講述：尊貴之王（即十天王）坐在第七天的王位上，控制著被囚禁在天上的魔鬼（被稱為支配者）：

---

[1] Henning, W. B., "A Sogdian Fragment of the Manichaean Cosmogony", *Bulletin of the School of Oriental and African Studies,* XII 1948, pp.315–316.

　　［此］外［使］徒講到［住在第七天上的尊貴之王］面前的輪子（ⲧⲣⲟⳉⲟⲥ）……上面和下面鎖在一個令其痛苦的鐐銬（ⲥⲛⲁϩ）中的支配者們（ⲁⲣⳉⲱⲛ）[1]的根脈（ⲛⲟⲩⲛⲉ）[2]；尊貴的大王（ⲛⲁϭ ⲛ̄ⲣ̄ⲣⲟ ⲛⲧⲉ ⲡⲧⲁⲓⲟ）的整個意志置於［其］中。還有，諸天（ⲥⲧⲉⲣⲉⲱⲙⲁ）中他們的全部敵意……被捕捉在其中。它存在於一片光輝之中，精雕細琢（ⲕⲟⲥⲙⲏⲥⲓⲥ），非常華麗。其上有十二個圖像（ⲧⲁⲃⲉⳓ）。其間的每一個圖像就是一層天，那裡的支配者們［……］就在其中；他們中的一個想逃跑，他就會被禁錮［……］如果他想在禁錮之中耍陰謀詭計［……將］在［那個］輪子裡彰明昭著［……］天球（ⲥⲫⲁⲓⲣⲁ）和群星和所有力量的首領都在那裡，可以通過它被偵知；在尊貴之王的面前。

　　其中第12個圖像是他們在整個區域（zwnh）內連成一氣，捲入其中的五明（ϯⲟⲩ ⲛⲣⲙⲙⲡ̄ⲣⲓⲉ）[3]；他們被約束的每一個地方、他們有空間的每一個地方，都被那個輪子所呈現出來。所有這些上面和下面的天的根脈，以及它們的支配者的根脈，都被捕捉和定影在其中。監視［……］每時每刻都設置在尊貴的大王的對面［……］因此恐懼［……］將控制（ⲣ̄ϣⲟⲣⲉ）混合世界的所有力量［……］他們的根脈固定在那裡，這樣他們就不能從他們禁錮的鐐銬中逃脫。從這方面來說，那輪子就像看守長（ⲁⲣⳉⲓⲫⲩⲗⲁⳇ）面前的一根鎖鏈（ⲁⲗⲩⲥⲓⲥ），因為當［……］在那些［……］在［……鎖］鏈。

　　在天上的所有支配者，以及這個區域的每個力量的情況也是如此：如果他們想逃跑，他們就會被那個輪子識別和揭露出來。因為那輪子就像一面巨大的鏡子（ⲛⲁϭ ⲛ̄ⲓ̈ⲉⲗ），所有事物的分辨識別（ⲇⲓⲁⲕⲣⲓⲥⲓⲥ）

---

〔1〕ἄρχων，英文翻譯為 archonruler，意為"統治者"，M178 的'xš'wn δ 'rt 與此相應。敘利亞文作ܐܪܟܘܢ，是被淨風禁錮在天上的黑暗之子。

〔2〕νουνε，意為"根"，M178 的 wyx 與此相應。

〔3〕ϯⲟⲩ ⲛⲣⲙ ⲙⲡⲣⲓⲉ，即先意五子，總稱五明佛，包括清淨氣、妙風、明力、妙水、妙火。

〔……〕盡在其中。[1]

尊貴之王（十天王）面前的這個輪子（τροχος）完全可以當得起
"有魔力的"，它就像一面巨大的鏡子（ⲛⲁⲃ ⲛ̄ⲓⲉⲗ），尊貴之王可以通過
這面鏡子監視所有禁錮在十天之中的暗魔的一舉一動，使他們無所遁
形。其上有12個圖像（ⲧⲁⲃⲉϥ）。ⲧⲁⲃⲉϥ，意為"印、印記"（seal），恒
寧理解為12個"形態"（forms）或"圖形"（figures）（τύποι）。[2] 每一個
圖像反映一層天的情況。也就是"讚天王"所說的"十面鑒於十天諸庇
（魔）背叛等事"。不能不令人稱奇的是，不僅摩尼教科普特文、粟特
文、漢文等文字資料描述的大致吻合，而且還發現了圖像資料，可以與
文字資料互相印證。

4.5　日本私人所藏《宇宙圖》

感謝吉田豐先生最近將其新論文《新出摩尼教繪畫的宇宙論與教會
史》相贈，提供了新的資料。吉田豐刊佈的巨幅《宇宙圖》（137.1×56.6
cm^2）可能是元末明初寧波地區繪製的，整個畫面詳細描繪了摩尼教的
宇宙結構（圖版9），本文篇幅不允許全面分析此圖，當另外撰文詳論。
這裡只能就其與"十天王"有關的局部略做介紹。畫面的上部是明界，
中間的神當為大明尊，左右兩側共12個神可能是十二寶光王；右面有一
組4個神，可能代表最高神的清淨、光明、大力、智慧等四寂法身；最
左面與最右面共有5間屋子，可能代表想、心、念、思、意。大明尊下
面有一尊很大的神，可能是金剛相柱；其左右有兩個很大的圓輪，紅色
的表示太陽，白色的表示月亮。下部以須彌山為中心，須彌山右上方有
一幅審判的圖景，中間的審判官當即平等王/平等大帝；關於平等王/平

〔1〕Polosky, H. J. & A. Böhlig (edd), *Kephalaia*, mit einem Beitrag von Hugo Ibscher, Stuttgart, W.
Kohlhammer, 1940, pp.87–88. *The Kephalaia of the Teacher: the edited Coptic Manichaean texts in
translation with commentary*, edited by Iain Gardner, Leiden ; New York : E.J. Brill, 1995, pp.91–92. 吉田
豐：《新出マニ教絵画の形而上》，載《大和文華》第121號，平成22年（2010），頁7、29，註21。

〔2〕Henning, W. B., "A Sogdian Fragment of the Manichaean Cosmogony", *Bulletin of the School of
Oriental and African Studies,* XII 1948, pp.315–316.

等大帝，見第5章。須彌山下面應該是八地，地獄也應該在那裡，但畫得不是很清楚。中部是10層弧形的天，每一層天上畫有12座金色的屋子。每層天的兩端各有兩個人支撐著天，右邊的兩個人穿著紅色與白色的衣服，左邊的兩個人穿著綠色和藍色的衣服，一共40個人。《下部讚》中《普啟讚文》說："復啟四十大力使，並七堅固庄嚴柱，一一天界自扶持，各各盡現降魔相。"（第134頌）[1]第6層天的左邊，畫了一個方形的牢獄，其中有生鬃毛的褐色動物，它們可能就是獅子形的惡魔（archon）。第7層天上左邊畫有一尊神坐在寶座上，左右有8個身穿盔甲的武士。如果把奧古斯丁在《答摩尼教徒福斯圖斯》中的有關文句理解為"被天使和士兵簇擁著的尊貴之王"，那麼正好與此圖像吻合。這層天的右邊畫了一個圓輪，上面有12個面孔（日文：顏），就像時鐘上的數位似地排列著。這可能就是M178言及的十二面的透鏡（日文：レンズ即Lens）。十天的最下層也畫了一個圓輪，外側描繪了十二星座，與通常黃道十二宮的排列有所不同。（圖版11）[2]

"讚天王"裡十二面寶鏡"上面觀於涅［槃］"，當即此圖中上部所繪的明界。"讚天王"裡十二面寶鏡"下面照於陰司地府"，當即此圖下部畫的平等王/平等大帝審判圖以及最下面所畫的地獄。每一層天上畫有12座金色的屋子，可能就是所謂"十二扇門（δβrt'）"。《下部讚》中《普啟讚文》裡的所謂"四十大力使"當即支撐十天的40個天使（fryštyyt）。第6層天上的牢獄裡的惡魔，可能就是"讚天王"所說的"十天諸庇/魔""諸天惡庇/魔"。第7層天上的神當即尊貴之王（十天王）。右面的那個圓輪當即"讚天王"所說的"十二面寶鏡"。此圖證實了恒寧的推測：十二面透鏡是不同於黃道十二宮的。不過，雖然有這面魔鏡的監視，"十天諸庇/魔"還是發動了叛亂。

---

[1] 芮傳明：《東方摩尼教研究》，上海人民出版社，2009年，頁397。

[2] 吉田豐：《新出マニ教繪畫の形而上》，載《大和文華》第121號，平成22年（2010），頁6–8、17，圖版1、3；頁7，插圖2；頁29，註18–26；頁32，註72。感謝王媛媛將此文的電子版發給我參考。

4.6 科普特文《克弗里亞》
第38章與《大力士經》

恆寧在其《〈大力士經〉考》中引述了科普特文《克弗來亞》頁93第23－28行（屬於第38章），與"讚天王"的描述最為接近[1]：

　　在尊貴的大王（ⲙⲁϭ ⲛ̄ⲣ̄ⲣⲟ ⲛ̄ⲧⲉ ⲡⲧⲁⲓⲟ）的巡防營中發生了叛亂和造反，即守望者（ⲉⲅⲣⲏⲅⲟⲣⲟⲥ =ἐγρηγόρος）從天上來到地上，——因此四天使（ϥⲧⲁⲩ ⲛ̄ⲁⲅⲅⲉⲗⲟⲥ）受命：他們用永久的鎖鏈將守望者捆綁在黑暗之獄中。他們將其兒子們從大地上誅滅。

《克弗來亞》第38章很可能是根據《大力士經》改編的，描述淨風五子將十天八地分為5個巡防營，各自管理其中之一，在每個巡防營中都發生了叛亂。比如，在阿大姆斯（即降魔勝使）的巡防營中，流產怪物造立人身，創造了亞當與夏娃。這些叛亂都被鎮壓了。從上下文脈來看，"讚天王"與《克弗來亞》第38章此節講的是同一個故事，"十天王"就是"尊貴的大王"，嚧嚼逸天王等"四天王"就是四天使，"十天諸庇/魔"就是守望者等魔鬼。當然，"十天諸庇/魔"可能不限於守望者。粟特文書 M7800 II 由宗德曼考釋與翻譯，詳細敘述了流產怪物（pš'q）造立人身的故事，認為這很可能也是《大力士經》的組成部分。[2]因此"十天諸庇/魔"也可能包括流產怪物（pš'q）。

4.7 《奏申牒疏科冊》中《［奏］昊天》

"讚天王"說："十天王者，梵名阿薩漫沙也，是故道教稱為昊天

　　[1] Henning, W. B., "The Book of the Giants", *Bulletin of the School of Oriental and African Studies*, 11/1 (1943), p.72.*Kephalaia*, mit einem Beitrag von Hugo Ibscher. Stuttgart, W. Kohlhammer, 1940–, p.93. *The Kephalaia of the Teacher : the edited Coptic Manichaean texts in translation with commentary*, edited by Iain Gardner, Leiden ; New York : E.J. Brill, 1995, p.98.

　　[2] W. Sundermann, "Mani's 'Book of the Giants' and the Jewish Book of Enoch. A Case of Terminological Difference and What it Implies", *Irano–Judaica* III, ed. By P. Shaked & A. Netzer, Jerusalem 1994, pp. 40–48. 圖版見：http://www.bbaw.de/forschung/turfanforschung/dta/m/images/m7800a_seite2.jpg.

玉皇大帝。"霞浦文書《奏申牒疏科冊》就有一份《(奏)昊天》。《奏申
牒疏科冊》類似道教的文檢,其格式固定而部分文字可以因時因地而有
所變化;其文檢主要分為奏、申、牒、疏4類,根據神靈的地位而使用
不同的文種。奏是給帝尊的文書,一共只有兩份,一份是奏三清,即上
奏最高神摩尼光佛、夷數和佛、電光王佛,另一份就是奏昊天;由此可
見昊天地位之崇高,竟與摩尼光佛等並肩。從表面上看,《(奏)昊天》"
與《無上黃籙大齋立成儀》卷5"正奏門"的第2篇"昊天",以及《中
國人的宗教儀禮》中收集的"奏九禦"(包括昊天金闕玉皇上帝,民間
一般稱玉皇大帝)[1]基本類似。但是,如果我們仔細比較三者,仍然可
以看到《奏申牒疏科冊》中《(奏)昊天》(第15節,頁16－17)的摩尼
教痕跡。先著錄全文(圖版3):

[1] 昊天

[2] 明界切照亡靈/眾魂生前過悮、歿後愆尤,倘拘執對,未獲
超昇。今建良緣,特

[3] 伸薦拔。但臣厶忝掌　　真科,未敢擅便;錄詞百拜上奏
○黃籤

[4] 昊天至尊玉皇上帝　玉陛下。恭惟　好生德大,度死功深,
位統十天,

[5] 為　天帝之至尊;恩超八地,濟地獄之苦魂。願垂昭鑒,
特允虔祈,乞頒

[6] 聖旨遍行陰司,勅諭幽局,毋拘繫罪,冀　赦原籍,祈除
豁釋,魂歸故址,

[7] 領薦生方。恭望　天慈,願於厶夜,至期奏請,伏乞遍宣
三界一切真宰咸隨

[8] 上御,同降道場,證明修奉,度亡者以登　真,利存家而
獲福。臣厶誠惶誠恐,稽

[9] 首頓首再拜,虔具奏　聞,伏候　恩命之至。

---

〔1〕《道藏》第9冊,文物出版社、上海書店、天津古籍出版社,1988年,頁399–400。大淵忍
爾編:《中國人の宗教儀禮》,福武書店,昭和58年(1983),頁423–424。

［10］　○年　月　日主事臣厶百拜謹狀。

此文書的基本意思是上奏昊天玉皇上帝，希望他頒佈聖旨，遍行陰司，救免亡靈。值得注意的是3個詞彙：十天、八地和明界。

"十天"與"八地"肯定是摩尼教詞彙。京藏《殘經》寫道："以是義故，淨風明使以五類魔及五明身，二力和合，造成世界——十天八地。……其彼淨風及善母等，以巧方便，安立十天；次置業輪及日月宮，並下八地、三衣、三輪，乃至三灾、鐵圍四院、未勞俱乎山，及諸小山、大海、江河，作如是等，建立世界。"[1]不過在京藏《殘經》中，造成十天八地的是淨風、善母，而在《奏申牒疏科冊》《（奏）昊天》中，昊天至尊玉皇上帝"位統十天"、"恩超八地"，而在"讚天王"中，十天王"稱為昊天玉皇大帝"。

"明界"顯然是摩尼教詞彙，《下部讚》有"歎明界文"，頌揚明界（即天堂）。京藏《殘經》也講到明界："惑（或）時故人與新智人共相鬥戰，如初貪魔擬侵明界。……當即惠明引己明軍、清淨眷屬，直至明界，究竟無畏，常受快樂。"《老子化胡經》也說到明界：摩尼"轉大法輪，說經戒律定慧等法，乃至三際及二宗門，教化天人，令知本際。上至明界，下及幽塗，所有眾生，皆由此度"[2]

4.8　柏洋鄉謝法師藏《無名科文》

柏洋鄉謝法師藏《無名科文》殘本抄件也保存了關於十天八地和四天王的教義（圖版12）：

　　　　□□摩尼大聖尊，降願慈悲哀憫我；□□光明福德門，捨除我等諸您咎。

　　　　［寶］光降福電光佛，變化及於想念寂；［或］出八地入十天，或入八地十天出。

〔1〕陳垣：《陳垣學術論文集》第1集，中華書局，1980年，頁375。G. B. Mikkelsen, *Dictionary of Manichaean texts in Chinese*, Turnhout, Brepols Publishers, 2006, p.62, 2.

〔2〕林悟殊：《摩尼教及其東漸》，素馨出版社，1997年，頁72、271、273、303、305–307。G. B. Mikkelsen, *Dictionary of Manichaean texts in Chinese*, Turnhout, Brepols Publishers, 2006, p.44.

·欧·亚·历·史·文·化·文·库·

　　□明命及四天王，令禁魔寇安世界；無上貞明廣自在，以明降暗禁生死。

　　惟願今時聽我啓，降大威神護我等，任巧方便自遮防，無等安寧離寇敵。

　最後4句與《下部讚》《嘆諸護法明使文》第206頌僅有個別字不同："唯願今時聽我啓，降大慈悲護我等，任巧方便自遮防，務得安寧離□敵。"次頁還一字不差地保存了《下部讚》《讚夷數文》的文句（第42頌）："大聖自是吉祥時，普曜我等諸明性；妙色世間無有比，神通變現復如是。"可見這個抄本的部分內容也出自摩尼教原卷。

4.9　結論

　　"讚天王"的內容至少可以分為兩層。其核心結構，包括十天王及其譯音阿薩漫沙、十二面寶鏡、四天王及其譯名、十天諸庇/魔等，都起源甚為古老，符合摩尼教教義。這個核心結構至遲應該是唐宋之際摩尼教傳入華南後，從伊朗語摩尼教文獻翻譯成漢文的；更可能是唐代摩尼教全盛之日在中原翻譯成漢文，後來帶到華南的。阿薩漫沙、住在第七天中、十二面寶鏡、四天王、十天諸庇等內容不見於敦煌漢文摩尼教經，但是，敦煌所保存的3種漢文摩尼教經很可能只是冰山一角，當時實際編譯的漢文摩尼教經或許遠遠不止這3種，只是未入藏敦煌藏經洞，而是流傳在民間。"讚天王"應該就是根據這些失傳的漢文摩尼教經改編而成的。"讚天王"的外層，如南閻浮提等出自佛教，應該是摩尼教傳入佛教盛行地區後附加上去的；而昊天玉皇大帝等出自道教，應該是傳入中原，甚至是傳入華南道教盛行地區後附加上去的。我們只有借用古史辨派的治學方法，層層剝筍，剝去這些道教、佛教的筍殼，才能一窺其摩尼教的核心。

　　（原作《摩尼教十天王考——福建霞浦文書研究》，載《西域文史》第5輯，科學出版社，2010年，頁119-130。）

5 從"平等王"到"平等大帝"

筆者寫信給福建省文物局局長鄭國珍先生、霞浦縣副縣長、摩尼教論證工作領導小組組長黃敏皓女士、霞浦縣博物館館長吳春明先生，得到他們和霞浦縣柏洋鄉謝道璉法師的大力支持，得以研究謝道璉傳用清抄本《奏申牒疏科冊》（以下簡稱《科冊》）的照片。《科冊》的第20節題作"地府"（頁20，見圖版13），我們先著錄全文如下：

［1］⬛地府〇北陰同繳

［2］但臣厶領此來詞不容拒抑，謹具文狀百拜申　聞者。右謹具狀上申〇（簽）

［3］地府靈尊平等大帝　御前　北陰酆都元天大帝　御前。恭惟

［4］大德巍巍，威風凜凜，掌生死權位，尊居於地府，定善惡業職，專掌於酆

［5］都。今修資度之良緣，特備虔誠之素懇，願蒙昭鑒，祈賜恩光，赦除

［6］幽獄之罪，遣赴　光明之會。仍請　聖駕是夜恭迓　光賁道場，證明修奉，

［7］恩資亡者，早獲超昇，澤沾存眷，兩利存亡。但厶下情無任云云。

這份文書的形式是"申"——道教儀式中發給一般神衹的文檢。在正統道教的文檢中，發給酆都大帝的申並不罕見。酆都大帝相傳為主宰陰曹地府的冥神。引起我們興趣的是"地府靈尊平等大帝"，這與敦煌漢文摩尼教文獻中的"平等王"有無關係呢？

宗德曼（Werner Sundermann）1979年發表的《摩尼教神話的各種伊

·欧·亚·历·史·文·化·文·库·

朗語異本中的神名、魔稱和人命》[1]首先系統地研究了伊朗語文獻中的摩尼教神祇，每個神都給了一個編號，此文已經被學者們當作手冊使用。翁拙瑞（Peter Bryder）1985年的博士論文《摩尼教的漢語轉換：漢語摩尼教術語研究》在宗德曼此文的基礎上，比較全面地對漢文文獻中的摩尼教神名做了研究，採用了類似的編號。但是，翁拙瑞沒有研究"平等王"。[2]范林特（Paul Van Lindt）1992年出版了研究科普特文文獻中神名的專著，也採用了類似的編號。[3]在宗德曼與范林特編號的神譜中，有沒有與"平等王"對應的神呢？應該就是宗德曼編號為2/17的"真實的審判之神（Richter der Wahrheit）"，相應於范林特編號為4/17的"審判之神（Judge）"。[4]克林凱特（H.-J. Klimkeit）在1980年發表的《摩尼教藝術中的印度教神》一文和林悟殊先生在1989年出版的克林凱特的《古代摩尼教藝術》的中譯本中都已經指出，審判之神即漢文摩尼教經所謂"平等王"。[5]

　　希臘文《七章》可能是米底里尼（Mitylene）基督教主教扎克里亞斯（Zacharias，卒於536年之後）所撰的反對摩尼教的文獻，其形式是用於摩尼教徒改宗時當眾認罪所用的懺悔詞。這種懺悔詞以第一人稱譴責了摩尼教的幾乎每一個方面，第3章批判摩尼教的創世神話，詛咒其

〔1〕Sundermann, Werner, "Namen von Göttern, Dämonen und Menschen in iranischen Versionen des manchäischen Mythos", *Altorientalische Forschungen* (*AoF*) VI, 1979, pp.95–133. 重刊於 Sundermann, Werner, *Manichaica Iranica : Ausgewählte Schriften*, Roma, Istituto Italiano per L'Africa e L'Oriente, 2001, v.1, pp. 121–163,後附增補訂正。

〔2〕Bryder, P. *The Chinese Transformation of Manichaeism. A Study of Chinese Manichaean Terminology.* Löberöd, 1985 (Ph. D. diss., Lund, 1985).

〔3〕Van Lindt, Paul, *The Names of Manichaean Mythological Figures: a Comparative Study on Terminology in the Coptic Sources*, Weisbaden: Harrassowitz, 1992.

〔4〕Sundermann, W. ,"Namen von Göttern, Dämonen und Menschen in iranischen Versionen des manichäischen Mythos", *AoF* 6 (1979), pp. 100, 124; Van Lindt, P. ,*The Names of Manichaean Mythological Figures. A Comparative Study on Terminology in the Coptic Sources*, Wiesbaden. 1992, pp. 190–195, 217–218.在摩尼教文獻的英譯本中，經常把許多神都有的稱衛"審判官"小寫為 judge，而把一個神的專名"審判官"大寫為 the Judge，中文沒有大小寫，我們把前者翻譯為"審判官"，而把後者翻譯為"審判之神"，以示區別。

〔5〕Klimkeit, H.-J., "Hindu Deities in Manichaean art", in *Zentralasiatische Studien* 14/2 (1980), p.188. 〔德〕克林凱特著，林悟殊譯：《古代摩尼教藝術》，中山大學出版社，1989 年，頁 79。

主要神祇，寫道："（我詛咒）從捆綁眾魔於十天之上的神（即巨匠造物主［Demiurge］）化出的所謂正義的審判之神（ὁ δίκαιος κριής）。"劉南強先生在註釋中指出審判之神即"平等王"。[1]

此神不見於敘利亞文，帕提亞文作 *d'dbr r'štygr*；粟特文作 *rštyy 'xtw*；巴克特利亞文作 *rštyg l'dβr*，希臘文和源自希臘文的科普特文詞彙作 *κριτής*。[2] 本文主要根據宗德曼與范林特提示的伊朗語和科普特文資料來研究漢文文獻中的"平等王"。

京藏《摩尼教殘經》講到十二光明大時，其中第12是內外俱明，如果摩尼教僧侶"內懷俱明性者"，就有5種記驗，其中"四者：常念命終、艱難苦楚、危厄之日，常觀无常及平等王，如對目前，無時蹔捨"。（第306—308行）[3]

回鶻文文書 U40=T. M. 423a V6 - 7與其對應："他一直觀想無常命終之日。他（即選民）老想著怎樣出現在永恆的大王（üzüksüz ärklig xan）眼睛裡，怎樣站在他面前。"[4] üzüksüz 意為"永恆的"，"永遠的"。ärklig 或意為"擁有權力，即權威"，或意為"擁有自由意志，即獨立自主，為所欲為"。這兩種意思非常接近；當這個詞用來修飾神的時候，可能兼有這兩種意思，最好的翻譯是"強大"，儘管它沒有包含全部涵義。xan 的意思是"汗""可汗"，即統治者。在佛經裡，ärklig xan

〔1〕Samuel, N. C. Lieu, "An early Byzantine Formula for the renunciation of Manichaeism — The Capita VII Contra Manichaeos of *Zacharias of Mitylene*. Introduction, text, translation and commentary," in *Manichaeism in Mesopotamia and the Roman East*, Leiden, 1994, pp. 240, 277. Cf. *Dictionary of Manichaean texts*. vol. 1. *Texts from the Roman Empire : texts in Syriac, Greek, Coptic, and Latin /* compiled by Sarah Clackson, Erica Hunter, and Samuel N.C. Lieu ; in association with Mark Vermes, Turnhout : Brepols ; NSW, Australia : Ancient History Documentary Research Centre, Macquarie University, 1998, p.39.

〔2〕W. Sundermann, "Manichean pantheon," in *Encyclopædia Iranica*, at http://www.iranica.com/ newsite/ ; I. Gershevitch, "The Bactrian fragment in Manichean script," *From Hecateus to al-Ḫwārarizmī*, ed. J. Harmatta, Budapest, 1984, p. 275.

〔3〕林悟殊：《摩尼教及其東漸》，素馨出版社，1997 年，頁 280。

〔4〕Mikkelsen, Gunner B., "'Quickly guide me to the peace of the Pure Land': Christology and Buddhist terminology in the Chinese Manichaean Hymnscroll", in Roman Malek (ed.), *The Chinese face of Jesus Christ*, I, (Monumenta Serrica Monograph Series, 50/1), Skt. Augustin: Institut Monumenta Serica & China-Zentrun-Nettetal: Steyler, 2002, p.240.

意思為"獨立的統治者",是地獄之主的稱號,在梵文中作 Yama(閻魔)。[1]

帕提亞文書 M2339是組詩《胡亞達曼》(*Huyadagmān*)第5章殘片之一,其中第2句寫道:"他們尖聲大叫,哀求真實的審判之神(d'dbr r'štygr)……他沒有答應給他們幫助。"[2] d'dbr 的意思是"審判官",r'štygr 的意思是"真實的""正義的"。[3]《下部讚》中《初聲讚文》第6個讚語"阿羅所底弗哆"可以還原為帕提亞文 r'štyft(rāštēft),相當於回鶻文 kertü,對應於漢文"真實"。[4]"真實的審判之神"在粟特文中作 rštyy'xtw(M501 g/I/R/2/),粟特文 ršt(h)對應的漢文是"誠實",源自帕提亞文 rāšt,rštyy 的意思是"真實的";'xtw 的意思是"審判官"。[5]

米克爾森(Gunner B. Mikkelsen)2002年發表《"速引令安清淨地":漢文摩尼教〈下部讚〉中的基督教和佛教術語》一文,研究了審判官耶穌(Jesus the judge),涉及平等王。[6] 芮傳明教授在2003年發表《摩尼教"平等王"與"輪回"考》,專門研究了"平等王"。[7] 這兩位學者都很注重"平等王"與耶穌的關係。因此我們首先要澄清兩者之間的關係。

---

〔1〕Clauson, Gerard, *An Etymological Dictionary of Pre-Thirteenth-Century Turkish*, Oxford, Claredon Press, 1972, pp.286, 224, 630. 吳汝鈞:《佛教大辭典》,商務印書館,1992 年,頁 534a。

〔2〕Boyce, Mary, *The Manichaean Hymn-cycles in Parthian*, London, New York, Oxford University Press, 1954, pp.90–91.

〔3〕Durkin-Meisterernst, Desmond, *Dictionary of Manichaean Middle Persian and Parthian*, Turnhout: Brepols, 2004, pp.133, 293.

〔4〕馬小鶴:《摩尼教與古代西域史研究》,中國人民大學出版社,2008 年,頁 175–176。

〔5〕Sundermann, Werner, "Namen von Göttern, Dämonen und Menschen in iranischen Versionen des manchäischen Mythos", *Altorientalische Forschungen* (*AoF*) VI, 1979, p.100. 重刊於 Sundermann, Werner, *Manichaica Iranica : Ausgewählte Schriften*, Roma, Istituto Italiano per L'Africa e L'Oriente, 2001, v.1, pp. 126. *Sogdian Dictionary: Sogdian-Persian-English*, by B. Gharib, Tehran: Farhangan Publications, 1995, pp.29, 343, 434. *The Buddhist Sogdian Texts of the British Library*, ed. By D. N. MacKenzie, Teheran : Bibliotheque Pahlavi ; Leiden : diffusion Brill, 1976, pp. 22–23, 28, 32, 197, 216.

〔6〕Mikkelsen, Gunner B., " 'Quickly guide me to the peace of the Pure Land': Christology and Buddhist terminology in the Chinese Manichaean Hymnscroll", in Roman Malek (ed.), *The Chinese face of Jesus Christ*, I, (Monumenta Serrica Monograph Series, 50/1), Skt. Augustin: Institut Monumenta Serica & China-Zentrun-Nettetal: Steyler, 2002, pp.239–240.

〔7〕芮傳明:《摩尼教"平等王"與"輪回"考》,載《史林》2003 年第 6 期,頁 28–34, 38。

耶穌在宗德曼的文章中編號為1/14.1、2/14.2、3/14.2與4/14.1；在翁拙瑞的博士論文中編號為1/14；在范林特的專著中編號為1/14.1、2/14.2、3/14.1、4/14.1和4/14.2；顯然不同於伊朗語神名編號2/17的"真實的審判之神"和科普特文神名編號為4/17 的"審判之神"。

科普特文《導師的克弗來亞》第28章《關於父親的十二個審判官（judges）》明確顯示，耶穌與審判之神（the Judge）是不同的神祇。最高神偉大的父親的12個審判官是：（1）初人（漢文資料中的先意佛）；（2）活靈（淨風佛）；（3）生命之母（善母佛）；（4）大建築師（造相佛）；（5）尊貴的大王（十天大王）；（6）第三使（日光佛）；（7）光耀柱（？）（盧舍那？）。"第八個審判官（judge）是光明耶穌（光明夷數），所有使徒之父；因為在（第三）使者展示他的形象，光明被取走之後［…］在上界與下界崛起一批魔王。然後他們派出了光明耶穌。他來［…/…］他降臨，在天上進行審判。他把堅定者與罪犯分開。"（9）光明童女（電光佛）。"第十個審判官（judge）是審判之神（the Judge），他住在空中，審判所有的人類。他把善人與惡人分開，把義人和罪犯分開。"（11）光明心靈（惠明佛）；（12）呼神（說聽）和應神（喚應）。[1]

科普特文《導師的克弗來亞》第7章《關於五個父親》更清楚地說明了審判之神是耶穌召喚出來的第2個力量。此書的英譯者加德納（Iain Gardner）在這章的提要中說明：這一章因為完整有序地列舉了摩尼教召喚出來的各種神祇，所以成了《克弗來亞》中最著名的篇章之一。但是，應該注意，它是從救贖的角度列舉諸神，與其他神譜的排列不同。第1個父親是偉大的父親（即漢文的無上光明王），召喚出3個化身：第1個化身是母親神（善母佛），第2個化身是光明之友（樂明佛），第3個化身是第三使（日光佛）。第2個父親就是第三使，他又化出3種力量：第1個是光耀柱（盧舍那），第2個是光明耶穌（夷數佛），第3個是光明童女（電光佛）。第3個父親就是光明耶穌，他也召喚出3種力量：第1個力量是光明心靈（惠明佛）。"耶穌召喚出來的第2個力量是偉大的審判之神

---

[1] *The Kephalaia of the Teacher: the edited Coptic Manichaean texts in translation with commentary*, edited by Iain Gardner, Leiden; New York: E. J. Brill, 1995, pp.81–83.

91

·欧·亚·历·史·文·化·文·库·

（Judge），他對人類的所有靈魂進行審判，［他的］居處建立在空中，在［……/……］輪子［……］星辰。"第3個力量是少年（Youth，意為"少年耶穌"）。第4個父親是光明心靈，他也召喚出3種力量：第1個力量是光明使者（Apostle of Light），第2個力量是一直伴隨使者的夥伴（counterpart），第3個力量是光明形貌（Light Form）。"第五個父親也就是這個光明形貌；將出現在每個將脫離肉體束縛的人面前，相應於使者的形象；三大榮耀天使（angels）與其同來。一位（天使）手捧獎品（prize）。第二位帶著光明之衣（light garment）。第三位拿著王冕（diadem）、花冠（wreath）和光明之冠（crown of light）。這是三位光明的天使，他們將與這光明形貌一起前來；他們與其一起出現在選民（elect）與慕道友（catechumens）面前。"[1]

如果我們將《關於五個父親》與漢文《下部讚》中《收食單偈》做一比較，異同立見："一者无上光明王，二者智惠善母佛，三者常勝先意佛，四者歡喜五明佛，五者勤修樂明佛，六者真實造像佛，七者信心淨風佛，八者忍辱日光佛，九者直意盧舍那，十者知恩夷數佛，十一者齊心電光佛，十二者惠明庄嚴佛。"（第169—171頌）[2] 兩份文獻相同的有8個神，《關於五個父親》沒有包括先意、五明、造像、淨風等4個神。而《收食單偈》沒有包括審判之神、少年耶穌、光明使者及其夥伴、光明形貌、三個天使等8個神。

《下部讚》中《普啟讚文》則不僅講到了《收食單偈》中的12個大神，而且還講到了五種大、淨風五子、喚應警覺聲等神，幾乎是摩尼教神祇大全，另外有幾個神可以在《關於五個父親》中找到一些線索："又啟閣默善思惟，即是夷數慈悲想，真實斷事平等王，并及五明清淨眾。復啟特勝花冠者，吉祥清淨通傳信，最初生化諸佛相，及与三世慈父等。"

---

〔1〕*The Kephalaia of the Teacher: the edited Coptic Manichaean texts in translation with commentary*, edited by Iain Gardner, Leiden; New York: E. J. Brill, 1995, pp.38–40. 參考 Widengren, Geo, *Mani and Manichaeism*, tr. By Charles Kessler, London: Weidenfeld and Nicolson, 1961, p.63. 芮傳明：《摩尼教 "平等王" 與 "輪回" 考》，載《史林》2003 年第 6 期，頁 31。

〔2〕林悟殊：《摩尼教及其東漸》，素馨出版社，1997 年，頁 298–299。原文 "惠明莊嚴佛" 當為 "莊嚴惠明佛" 之誤。霞浦文書《摩尼光佛》頁 49 的錄文證實了這一點。

（第131—132頌）"又啟普遍忙你尊，閻默惠明警覺日，從彼大明至此界，敷楊正法救善子。"（第135頌）"一切諸佛常勝衣，即是救苦新夷數，其四清淨解脫風，真實大法證明者。"（第138頌）"又啟真實平等王，能戰勇健新夷數，雄猛自在忙你尊，並諸清淨光明眾。"（第152頌）[1]這裡的"真實斷事平等王"即"真實平等王"，就是"審判之神"。"特勝花冠者"可能是指拿著花冠等"三大勝"的天使。"忙你"就是摩尼，即光明使者（明使），閻默就是他的夥伴。"新夷數"可能是"少年耶穌"的漢文翻譯。

《下部讚》中《此偈凡至莫日，與諸聽者懺悔願文》有一段比較長的文字談及平等王與三大勝，比《普啟讚文》更詳細地描寫了信徒死後超生的景象，正可以與《導師的克弗來亞》第7章《關於五個父親》做一比較："若至无常之日，脫此可猒肉身。諸佛聖賢前後圍繞；寶舫安置，善業自迎，直至平等王前，受三大勝，所謂'花冠、瓔珞萬種、妙衣串佩'。善業福德佛性，无窮讚歎。又從平等王所，幡花寶盖，前後圍遶，眾聖歌揚。入盧舍那境界，於其境內，道路平正，音聲梵響，周迴弥覆。從彼直至日月宮殿，而於六大慈父及餘眷屬，各受快樂无窮讚歎。又復轉引到於彼岸，遂入涅槃常明世界，与自善業，常受快樂。"（第393—400頌）[2]

漢文資料中講到的"三大勝"與《關於五個父親》中的描述相應，只是稍微簡單一些，"花冠"對應於科普特文資料中的"王冕、花冠與光明之冠"；"妙衣串佩"意為有佩飾的精妙衣服，對應於"光明之衣"；"瓔珞萬種"意為形形色色用珠玉串成的頸飾，對應於"獎品"。"獎品"意為"勝利的獎品"，褒獎亡靈生前的善業，將其超生視為勝利。

霞浦文書中平等大帝"掌生死權位""定善惡業職"、對善人"赦除幽獄之罪、遣赴光明之會""恩資亡者，早獲超生"，這些基本特點與平

---

〔1〕林悟殊：《摩尼教及其東漸》，素馨出版社，1997年，頁296-297。

〔2〕林悟殊：《摩尼教及其東漸》，素馨出版社，1997年，頁314-315。同書頁276-277，京藏《摩尼教殘經》第220—222行講到"惠明相者，……六者平等"，在下文第264行作"六真實者"，恐怕與平等王無涉，在此不詳細引述。G. B. Mikkelsen, *Dictionary of Manichaean texts in Chinese*, Turnhout, Brepols Publishers, 2006, p.47.

等王的上述特點相符。我們可以推測，"平等大帝"就是從敦煌漢文摩尼教文書中的"平等王"演變而來的。《科冊》《地府》中關於平等大帝的描述，可以從日本奈良大和文華舘所藏《冥王聖圖》的圖像中得到印證。（見圖版1）

這幅元代絹畫可能出自寧波，共分5層。畫面頂端的第1層描繪了天堂裡的宮殿，採用了敘事性表現手法，畫中有幾位重復出現的神話人物。這一層展現了光明童女（電光王佛）及其隨從的整個行程：她們從左邊降臨，受到不知名的女主人的歡迎。這一層的中間是賓主在宮殿裡會面的場景。右邊是主人目送她們離開。第2層描繪了兩個摩尼教選民在一尊摩尼教神像前宣講佈道的場景，此神像很可能就是摩尼。選民位於畫的右方，坐著的選民正在宣講，其助手則站立一旁。宣講的內容應該就是這幅絹畫的主題：冥王審判亡靈，善人"赴光明之會"，惡人下地獄，一般亡靈轉世為人。畫面左邊有一位聽者及其僕從，正在專心聽講。這位坐著、身穿紅袍的聽者有可能就是此絹畫的捐贈者張思義。捐畫本身是一種功德，有助於他與夫人鄭辛娘去世後"赴光明之會"。第3層由4幅小圖組成，描繪了士、農、工、商的生活。第四層描繪了摩尼教概念中的審判。在一個高臺上的亭子裡，一位審判者（judge，日文作"裁判官"）坐在桌子後面，身旁立著幾位侍從。亭子前有兩對鬼怪抓著他們的俘虜前來聽判，其命運或好或壞。光明童女（電光王佛）及兩位侍者從畫面的左上方駕雲而來，她代表聽判人來干預審判。（圖版8）畫卷最下方的第5層描繪了4幅恐怖的地獄場景，從左至右分別為：一個被吊在紅色架子上的人被箭射穿，肢解人體，一個人被火輪碾過，最後是幾個惡鬼正在等待下一個折磨對象。[1]

　　結合《科冊》與《冥王聖圖》，我們可以進一步確定，平等王/平等大帝與夷數/夷數和佛不是同一個神。敦煌漢文摩尼教文書中的夷數（即耶穌），在霞浦文書中作夷數和佛[2]，與摩尼光佛、電光王佛（從"電光佛"演化而成）都是大神，相當於道教中的三清，對他們的文書用的是"奏"的規格。（例如，見《科冊》第14節〔頁15－16〕《奏教主》）在《冥王聖圖》中，第2層的主尊當為摩尼光佛，第1層與第4層的女神當為電光佛/電光王佛。而平等王/平等大帝只是一般神祇，相當於道教中的鄷都大帝，對他的文書所用規格是"申"。

　　吉田豊教授在霞浦文書《科冊》刊佈前，根據他對伊朗語、漢語和科普特語文獻的嫻熟掌握，判斷此畫描繪了摩尼教關於亡靈的"三道"，與科普特文獻中的"真實的審判之神（真実の裁き手〔the Judge of truth〕）"、漢文文獻中的"平等王"有關。[3]現在《科冊》的《地府》一文證明了吉田豊的先見之明，第4層那個坐在桌子後面的冥王應相當於《科冊》《地府》中的平等大帝。第1層描繪的就是善人的亡靈將赴的"光明之會"（天道）。

　　感謝吉田豊先生將其新作《新出摩尼教繪畫的宇宙論與教會史》相贈，提供了新的資料。吉田豊刊佈的巨幅《宇宙圖》（$137.1 \times 56.6 \ cm^2$）

　　〔1〕Zsuzsanna Gulácsi, "A Visual Sermon on Mani's Teaching of Salvation: A Contextualized Reading of a Chinese Manichaean Silk Painting in the Collection of the Yamato Bunkakan in Nara, Japan," 《内陸アジア言語の研究》，XXIII, 2008 年，頁 1–16。感謝古樂慈將此文抽印本送給我。Zsuzsanna Gulácsi, "A Manichaean *Portrait the Buddha Jesus*（*Yishu Fo Zheng*）: Identifying a 13th-century Chinese Painting from the Collection of Seiun-ji Zen Temple, near Kofy, Japan," *Artibus Asiae*, (2009) 69/1.感謝古樂慈將此文之中譯本送給我。王媛媛譯：《一幅宋代摩尼教〈夷數佛幀〉》，載《藝術史研究》，第 10 輯，頁 139–189。感謝王媛媛將此文的英文本發給我。Ebert, Jorinde, "A new Detected Manichaean Painting of the Yamato Bunkakan in Japan", paper for the 7th International Conference of Manichaean Studies, Dublin, Ireland, Sept, 11, 2009.

　　〔2〕夷數同時有多重身份，作為光明使者的夷數也是摩尼的先驅。

　　〔3〕吉田豊：《寧波のマニ教画いわゆ〈六道図〉の解釋をめぐって》，載《大和文華》第 119 號，2009 年，頁 5。此文的英文版 *A newly recognized Manichaean painting: Manichaean Daēnā from Japan*（《新辨认出来的摩尼教画像——日本发现的摩尼教戴厄那女神像》）即將在泰迪伊奧紀念文集（Tardieu Festschrift）中刊出。感謝吉田豊在都柏林會議期間向我展示此畫題記的照片，並將英文論文的電子版通過電子郵件發給我。

也可能是元末明初寧波地區繪製的，整個畫面全面描繪了摩尼教的宇宙結構（圖版9），本文篇幅不允許全面分析此圖，當另外撰文詳論。這裡只能就與"平等王"有關的局部略作介紹。宇宙圖主體部分右側描繪了一個平等王審判圖。（見圖版10）在一幢建築物中坐著的神當即平等王，左右各有一個助手，左邊的助手抱著被告生前行為的記錄。建築物的臺階前有一個裸體的人、二匹羊一般的四足獸、一蛇、一鳥、一魚，地上還有5個人頭。左側是駕雲的光明童女（電光王佛）及其兩個從者，意思可能是來指點審判。建築物的右面可以看到所謂"業鏡"，被告的生平所作所為都會在這面鏡子上反映出來。審判的結果分為3種：一種上升天界，一種墮落地獄，第三種轉世為人。轉世為人的場景描繪在畫面的左側，那裡在一朵紅雲上跪著4個男人：一個戴黑帽子，可能是官員；一個穿甲冑，當為兵士；一個戴三角帽子，當為商人；一個穿白衣服，當為農民。[1]

　　"輪迴"源出梵文 saṃsāra，在佛教中輪迴意為眾生在六道（地獄、餓鬼、畜牲、阿修羅、人間、天上）中不斷重復生與死的歷程。[2]但是，正如吉田豐指出的，這幅絹畫描繪的並非佛教的六道輪迴，而是摩尼教"三道"說。三道即除了天道（善人的亡靈可以得到超度）之外，還有人道（轉世成為士、農、工、商）與地獄道。元代絹畫上冥王的審判包括這三道，那麼中古摩尼教文獻中的平等王（審判之神）對亡靈的審判是否也包括其他二道呢？答案是肯定的。吉田豐已經引用了科普特文《導師的克弗來亞》第29章《關於所有慈父的十八個大王位》。在外面的永世（outer aeons）擁有王位的9個神是：（1）大慈父（無上光明王）；（2）生命之母（善母佛）；（3）初人（先意佛）；（4）光明之友（樂明佛）；（5）大建築師（造相佛）；（6）活靈（淨風佛）；（7）第三使（日光佛）。"第八個王位是光明耶穌（光明夷數）的，他是所有靈魂的解放者與拯救者。"（9）偉大心靈（惠明佛）。另外9個神有所重復：在白

---

〔1〕吉田豐：《新出マニ教画の形而上》，載《大和文華》第 121 號，平成 22 年（2010），頁 12–13，図版 4。

〔2〕吳汝鈞編著：《佛教大辭典》，商務印書館，1992 年，頁 522。

日之舟上擁有王位的3個神是：（1）第三使（日光佛）；（2）大靈；（3）活靈（淨風佛）。在夜晚之舟上擁有王位的神是：（4）光明耶穌（光明夷數）；（5）初人（先意佛）；（6）光明童女（電光佛）。這6個神就是《與諸聽者懺悔願文》中講到的"日月宮殿"中的"六大慈父"。（7）尊貴的大王（十天大王）。"第八個王位是建立在空中（atmosphere）的。真實的審判之神（the Judge of truth）坐在它上面，他審判所有的人類。在他面前將區分3條道路：一條通向死亡，一條通向生命，一條是混合的。"（9）神聖教會的使者。[1]吉田豊認為，《冥王聖圖》第4層審判場景周圍雲彩環繞，正與"第八個王位是建立在空中的"相應。[2]這位審判之神把善人與惡人區別開來，他審判死者的靈魂，根據他們的信仰決定其命運：他們或是上升天堂，或是遭到譴責，永遠墮落於黑暗之中，或者他們再次前往明暗混合的世界，這意味著他們投胎轉入另一個軀體。[3]

　　奈迪木（al-Nadīm）的《書目》（al-Fihrist）也記載：摩尼說："人類的靈魂分為這樣三道：三道之一通向［天堂］樂園，這是選民之道。第二道通向塵世苦海，這是那些保衛此教、幫助選民的人們死後的道路。第三道通向地獄，這是那些惡人死後的道路。"[4]這也就是摩尼教的"三道"輪迴說，在中亞與中國，摩尼教受佛教影響，輪迴說則變得比較複雜。

　　"審判之神"的審判是對每個去世者進行的，有3種不同的出路，不同於耶穌的末日審判。因為世界到了末日，耶穌的末日審判當然只給靈魂上天堂或者下地獄兩條路，沒有重返世界的第三條路可走。《沙卜拉干》（Shābuhragān）中描繪了耶穌進行的末日審判，在那裡耶穌被稱

〔1〕*The Kephalaia of the Teacher: the edited Coptic Manichaean texts in translation with commentary*, edited by Iain Gardner, Leiden; New York: E. J. Brill, 1995, pp.84–85.

〔2〕Yutaka YOSHIDA, "A newly recognized Manichaean painting: Manichaean Daēnā from Japan", forthcoming.

〔3〕Van Lindt, Paul, *The Names of Manichaean Mythological Figures: a Comparative Study on Terminology in the Coptic Sources*, Weisbaden: Harrassowitz, 1992, p.195.

〔4〕*The Fihrist of an-Nadīm: a tenth-century survey of Muslim culture*, Bayard Dodge, editor and translator, New York: Columbia University Press, 1970, v.2, p.279.

為 Xradešahr，意為"智慧世界之神"，[1] 這個稱號在漢文中翻譯成"一切諸智心中王""智中王"，見《下部讚》中《讚夷數文》："又是第八光明相，作導引者倚託者。一切諸佛本相貌，一切諸智心中王。"（第16頌）"无上明尊力中力，无上甘露智中王，普施眾生如意寶，接引離斯深火海。"（第47頌）[2] "平等王"不是這個稱號的漢譯。

平等王（審判之神）對慕闍友和惡人分別給予人道和地獄道的命運。《下部讚》中《歎五明文‧第二疊》寫道："憶念戰慄命終時，平等王前莫屈理。法相惠明餘諸佛，為此明身常苦惱。"（第255頌）[3] 惠明等神為明身苦惱，意思就是他們只有努力使人覺醒，不做壞事，才能使人去世後得救。人類應該記得去世時，要受到審判，只有一輩子不做壞事，在平等王面前不理虧，才能超生明界。但是這裡沒有更具體地說明，如果在平等王面前"屈理"，後果是什麼。《歎无常文》則比較具體地說明了對"屈理"的判決："迥獨將羞并惡業，无常已後擔背負；平等王前皆屈理，却配輪迴生死苦；還被魔王所綰攝，不遇善緣漸加濁；或入地獄或焚燒，或共諸魔囚永獄。"（第99—100頌）"地獄"在梵文中作 naraka，在摩尼教帕提亞文文獻中作 narah，源自梵文；在摩尼教粟特文文獻中作 tam，源自阿維斯陀文 təmah；在回鶻文中作 tamu，源自粟特文；這些文字均有相當數量的文獻證明摩尼教是有地獄觀念的。[4] 關於摩尼教的地獄觀見第2章。

---

〔1〕*Manichaean Literature: Representative Texts Chiefly from Middle Persian and Parthian Writings*, Selected, introduced, and partly translated by Jes P. Asmussen, Delmar, New York: Scholars' Facsimiles & Reprints, 1975, p. 104–105；*Gnosis on the Silk Road: Gnostic Texts from Central Asia*, tr. & presented by H.-J. Klimkeit, San Francisco, Calif: HarperSanFrancisco, 1993, pp.242–244；*Dictionary of Manichaean Middle Persian and Parthian*, by D. Durkin-Meisterernst, Turnhout: Brepols ; NSW, Australia: Ancient History Documentary Research Centre, Macquarie, 2004, p.364.

〔2〕林悟殊：《摩尼教及其東漸》，素馨出版社，1997 年，頁 288、290、304、315。

〔3〕林悟殊：《摩尼教及其東漸》，素馨出版社，1997 年，頁 304。

〔4〕吳汝鈞編著：《佛教大辭典》，商務印書館，1992 年，頁 249。*Dictionary of Manichaean Middle Persian and Parthian*, by D. Durkin-Meisterernst, Turnhout: Brepols ; NSW, Australia: Ancient History Documentary Research Centre, Macquarie, 2004, p.244；*Sogdian Dictionary: Sogdian-Persian-English*, by B. Gharib, Tehran: Farhangan Publications, 1995, p.387；Clauson, Gerard, *An Etymological Dictionary of Pre-Thirteenth-Century Turkish*, Oxford, Claredon Press, 1972, p.503.

摩尼教帕提亞文文獻中就保存了關於審判之神與地獄的描寫。帕提亞文書 M6020 I（原來的編號 T II D 162 I）[1] 保存下來的題目是《關於生命的說教‧完》，恆寧（W.B.Henning）判斷這是一章或一篇佈道文的結束部分。我們摘譯這份文書如下：

［正面，第一欄］

……而從地獄（tmyg）[2] 的火焰。

［反面，第一欄］

……

對佛（bwt）與使者（fryštg）背信棄義、離開教會、違背戒律者，將在巨大的羞恥與恐懼中被帶到真實的審判之神（d'dbr r'štygr）面前，他［無從］躲［避］。對他，［審判之神將說：］你是……詞……

［此欄的三分之一殘缺］

［反面，第二欄］

……吃掉他的身體。他們一再地割掉他的耳朵，他們一再地把他的舌頭切成碎片，他們以同樣的方式砍掉他所有的肢體。他們一再地把熔化的銅汁灌進他的嘴裡，讓他吞食灼熱的鐵塊，把鐵釘敲進他的耳朵——這個玷污清淨宗教的不幸外道必須經歷多少極端恐怖的災殃磨難，誰又能完全描繪出來呢？有福的是那樣的人，他能夠完全保持……清淨宗教和戒律……因為不……永不……他完成功德（puṇya）……貪欲……[3]

博伊斯（Mary Boyce）指出，這份文書有兩個主題，第1個主題探討聽者向選民施捨食物，第2個主題探討背教者和罪人在地獄裡的命運。

---

〔1〕文書圖版見：http://www.bbaw.de/forschung/turfanforschung/dta/m/images/m6020_seite1.jpg（左面半頁）和 http://www.bbaw.de/forschung/turfanforschung/dta/m/images/m6020_seite2.jpg（右面半頁）。

〔2〕Tmyg，原意 "黑暗"，"黑暗的產物"，見 *Dictionary of Manichaean Middle Persian and Parthian*, by D. Durkin–Meisterernst, Turnhout: Brepols；NSW, Australia: Ancient History Documentary Research Centre, Macquarie, 2004, p.324. 恆寧（W. B. Henning）翻譯成 "地獄（Hell）"。

〔3〕Henning, W. B., "A grain of Mustard", *Annali. Instituto Orientale di Napoli. Sezione Linguistica* 6 (1965), pp.29–33. Henning, W. B., *Selected Papers*, Teheran：Bibliotheque Pahlavi；Leiden：diffusion Brill, 1977, v.2, pp.597–603.

[1]克林凱特（H.-J. Klimkeit）認為，這份文書裡的多種觀念，包括對地獄苦難的描述，都類似佛教。因為文書中將摩尼教的神稱為"佛和使者"，這份文書可能形成於伊朗東部或中亞。佛教關於地獄的觀念在回鶻文《彌勒會見記》（*Maitrisimit*）第20—25章中有生動的描繪，參閱色那西·特肯（S.Tekin）著，《〈彌勒會見記〉回鶻文譯本研究》（*Maitrisimit nom bitig*）第1卷，頁166-215。[2]我們也可參閱耿世民教授對回鶻文哈密本《彌勒會見記》的研究。[3]至於漢文佛經中關於地獄的詳細描繪，芮傳明在其論文中以《長阿含經》《地獄品》為例，進行了分析。[4]《長阿含經》是原始佛教基本經典，其中已經包括對地獄的詳細描寫，說明佛教中地獄的觀念起源甚古。

帕提亞文書M6020 I證明，早在摩尼教傳播到伊朗東部或中亞時，其審判之神的觀念很可能已經受到佛教的影響。摩尼教傳至佛教盛行的漢地，自然與佛教進一步互動，後來又受道教影響。敦煌出土的唐代《下部讚》中的"平等王"身上還可以清楚地辨認出摩尼教的屬性；到了元代《冥王聖圖》中的冥王，就與一般佛畫中的閻羅王很難區別；再到霞浦文書《科冊》中《地府》中的"平等大帝"，已經與道教的"北陰酆都元天大帝"平起平坐，與佛教的地藏、民間信仰的東嶽分庭抗禮，只有仔細條分縷析，才能窺破其摩尼教的淵源。

（原作《從"平等王"到"平等大帝"——福建霞浦文書〈奏申牒疏科冊〉研究之二》，載《史林》2010年第4期，頁90‐97，英文摘要頁189‐190。修訂本刊於《天祿論叢：中國研究圖書館員學會會刊》，第1卷，廣西師範大學出版社，2011年，頁40‐54。）

---

〔1〕Boyce, Mary, *A Reader in Manichaean Middle Persian and Parathian: Texts with Notes*, Teheran : Bibliotheque Pahlavi ; Leiden : diffusion Brill, 1975, p.180.

〔2〕*Gnosis on the Silk Road: Gnostic Texts from Central Asia*, tr. & presented by H.-J. Klimkeit San Francisco, Calif: HarperSanFrancisco, 1993, pp.265–267, 269, notes 65–75. 參閱耿世民：《回鶻文哈密本〈彌勒會見記〉研究》，中央民族大學出版社，2008 年。

〔3〕耿世民：《回鶻文哈密本〈彌勒會見記〉研究》，中央民族大學出版社，2008 年，頁 443–474。

〔4〕芮傳明：《摩尼教"平等王"與"輪回"考》，載《史林》2003 年第 6 期，頁 35–36。

6 摩尼教四天王考

　　在福建霞浦文書發現之前，可供對摩尼教四天王進行研究的資料並不多，主要是吐魯番出土的兩幅圖像和一條漢文記載。圖像資料是勒柯克（Albert von Le Coq，1860—1935）在高昌（Kocho）遺址 α 發現的摩尼教細密畫殘片 MIK III 4979 a, b recto 和 MIK III 4959 recto。[1] 克林凱特（H.-J. Klimkeit，1939—1999）將 MIK III 4979 a, b recto 稱爲 "國王圖像"，認爲畫上的4個神是：濕婆（Shiva）、婆羅賀摩（即梵天，Brahma）、毗濕奴（Vishnu）和象頭神（Ganesha），他進一步提出，在印度形式背後，隱藏著地道的摩尼教神學。《下部讚》第10頌說："我今蒙開佛性眼，得覩四處妙法身"。所謂 "四處妙法身"（又作四處法身、四處身、四法身、四寂法身、四寂身、四淨法身）就是神（God，漢文翻譯爲清淨）、光明、大力、智慧，在這幅畫中就被表現爲4個印度教神。但是，他也不排除茨默（P. Zieme）所提出的解釋，即把四尊印度教神當作衛士。MIK III 4959 recto 上的兩個形象與上述那四尊印度教神有關，分別是婆羅賀摩和濕婆。[2] 但是，他後來放棄了把四尊印度教神與神、光明、大

---

〔1〕Le Coq, Albert von,*Die buddhistische Spätantike in Mittelasien*, 2. t. *Die manichaeischen Miniaturen, 1923*, Berlin : D. Reimer (etc.), 1922—1933, pp.50–56, 60, Tafel 8a, d; http://dsr.nii.ac.jp/ toyobunko/ LFB–2/V–2/page/0086.html.en. 阿尔伯特·馮·勒柯克、恩斯特·瓦尔德施密特著：《新疆佛教藝術（injiang fojiao yishu）》，新疆教育出版社，2006年，頁 152–156、163–164，圖版 8a, d（頁 176）。Banerjee, P. "Hindu Trinity from Central Asia," *Bulletin, National Museum, New Delhi*, 1970/2:17–20. http://www.ibiblio.org/radha/p_a008.htm,http://www.ignca.nic.in/pb0009.htm.

〔2〕Klimkeit, H.-J., "Hindu Deities in Manichaean Art", in: *Zentralasiatische Studien* 14/2 (1980) pp.179–199; Klimkeit, H.-J. *Manichaean Art and Calligraphy*, Leiden:Brill, 1982, pp.35–37.http://books. google.com/books?id=Gtf9cBNuYQkC&source=gbs_ViewAPI. 中譯本——林悟殊譯：《古代摩尼教藝術》，中山大学出版社，1989年，頁 77–81。

力、智慧聯係起來的觀點。[1]古樂慈(Zsuzsanna Gulácsi)將 MIK III 4979 a, b recto 稱爲 "（握）右手圖景"（ Right Hand Scene ），認爲4個神像的圖像類似印度教神祇，"非常可能是摩尼教中的鎮守四方之神。……雖然他們經常在東亞佛教藝術中得到描繪，但是沒有任何藝術資料像摩尼教繪畫這樣來表現他們。"[2]筆者在尚未看到其他霞浦文書之前，曾猜測《樂山堂神記》中的 "雄猛四梵天王" 或許與這兩幅圖像資料有關；[3]現在在看到更多霞浦文書之後，確定四梵天王即米迦勒、加百列、拉法葉爾和沙逆夜等四大天使，而這四大天使在吉田豊先生刊佈的《宇宙圖》中被描繪成佛教的四大天王。霞浦文書中的 "四梵天王" 與吐魯番摩尼教工筆畫中的印度教四神無關，但是與清淨（神）、光明、大力、智慧的對應關係應該予以考慮。

關於摩尼教四天王的漢文史料，牟潤孫先生從《宋會要輯稿》中《刑法》二之七八中撿出宣和二年（1120）的一段記載：

十一月四日，臣僚言："一、溫州等處狂悖之人，自稱明教，號爲行者。……一、明教之人所念經文及繪畫佛像，號曰……《圖經》、……《四天王幀》。已上等經佛號，即於道釋經藏並無明文該載，皆是妄誕妖怪之言，多引 '而時明尊' 之事，與道釋經文不同。至於字音，又難辨認。委是狂妄之人偽造言辭，誑愚惑衆，上僭天王、太子之號。"[4]

這段史料經吳晗先生轉引，引起富安敦（ Antonino Forte, 1940—2006 ）先生的注意，翻譯成法文，他指出四天王在梵文中作 catvāro

〔1〕Zieme, Peter, "Manichäische Kolophone und Könige"，In *Studia Manichaica : II. Internationaler Kongress zum Manichäismus, 6.—10. August 1989, St. Augustin/Bonn*, herausgegeben von Gernot Wiessner und Hans-Joachim Klimkeit，Wiesbaden : Otto Harrassowitz, 1992, p.322.

〔2〕Zsuzsanna Gulácsi, *Manichaean Art in Berlin Collections*, Turnhout: Brepols, 2001, pp.72–74, 78, 80.

〔3〕Ma Xiaohe, "Remains of the Religion of Light in Xiapu County, Fujian Province"，載《歐亞學刊》第 9 輯，2009 年，頁 95、97–98。

〔4〕牟潤孫：《宋代之摩尼教》，載《輔仁學志》第 7 卷 1、2 合期；收入作者《註史齋叢稿》，新亞研究所，1959 年，頁 104。Klimkeit, H.-J., "Hindu Deities in Manichaean Art", in: *Zentralasiatische Studien* 14/2 (1980) p.193.

mahārājikāh，出自佛教。[1]劉南強先生將這段史料翻譯爲英文，使其更爲西方學界所熟悉。[2]

　　本文將先檢視霞浦文書中的四梵天王；再回顧其古老的源頭——死海古卷阿拉姆語（Aramaic）《以諾書》（Book of Enoch）和《巨人書》（Book of Giants）中的四大天使；然後說明摩尼對這些文獻應該相當熟悉，借用其材料寫作自己的《大力士經》（英文書名也是 Book of Giants，但是中文書名出自敦煌本《摩尼光佛教法儀略》）。比較《大力士經》的科普特文引文、中古伊朗語殘片中的四大天使及吉田豐刊佈的圖像資料，中古伊朗語摩尼教讚美詩和咒術文書中的四大天使，將構成本文的主要部分。最後，我們將會研究漢文四梵天王名字與伊朗語四大天使名字的對音。

6.1　霞浦文書中的四梵天王

　　《興福祖慶誕科》手抄本共29頁，陳培生法師提供，是霞浦縣柏洋鄉上萬村法師慶祝興福都雷使林公二十五真君（即林瞪）誕辰時所用的請神科儀本，包括《起大聖》《開壇文》《淨口文》《淨壇文》《天地咒》《請護（法文）》《請三寶》《召符官文》《誦土地讚安慰》等節。根據吳春明先生提供的照片看，[3]《起大聖》奉請的三大聖是3個摩尼教神祇：摩尼光佛、電光王佛、夷數和佛，並錄詩一首："大聖自是吉祥時，普耀我等諸明使。妙色世間無有比，神通變現獲如是。"《淨壇文》中也錄詩一首："願施戒香解脫水，十二寶冠衣纓珞，灑除壇界息塵埃，嚴潔淨口令端正。"這兩首詩與《下部讚》中《讚夷數文》的詩句只有個別

　　〔1〕Forte, Antonino, "Deux études sur le manichéisme chinois", *T'oung pao* LIX, 1973, p.250.

　　〔2〕Lieu, Samuel N. C., *Manichaeism in the later Roman Empire and medieval China*, Tübingen : J.C.B. Mohr, 1992, p.277.

　　〔3〕筆者致函福建省文物局局長鄭國珍先生、霞浦縣副縣長、摩尼教論證工作領導小組組長黃敏皓女士、霞浦縣博物館館長吳春明先生，得到他們的大力支持，得以研究《興福祖慶誕科》的照片。特此致謝。

·欧·亚·历·史·文·化·文·库·

字不同。[1]《興福祖慶誕科》關於四梵天王的文字也應該出自摩尼教文
獻。

《興福祖慶誕科》中《請護法文》把摩尼教的"清淨、光明、大力、智慧"和四梵天王、二大護法納入民間宗教五方的框架（頁4b–6a；圖版14—15）：

請護［法文］

伏以華筵潔脩，賴護法以維持；壇界精嚴，伏明神而［翊］[2]衛。
恭唯四梵天王、二大護法威靈［赫赫，聖德巍巍，神］銳持手若風生，寶甲渾身如電閃；曾受記于當年，誓護法於末世；凡欲修［崇］，謹按五方奉請。（左齊唱）
五方〇天王化四明神，銳持手，甲穿身，禦冤敵，護真人，令正教，免因循。遮伊呾伽度師

遶壇

路牌

咒語〇吥縛訶逸囉、弥訶逸囉、業縛囉逸囉、囉嗺，娑囉逸囉、囉嗺，遏素思悉嗺啼呴素思波沙隣度師阿孚林度師

一心舒悃請皈叩

北清靜門示現北方佛　北方守坎主　嚧嚺逸天王
東光明門示現東方佛　東方守震主　弥訶逸天王
　　　　　　　　　　　　　　耶俱孚大將
中貞如門示現中央佛　中央輔弼主　　　　　　　　唯願
　　　　　　　　　　　　　　味嗦皎明使
南大力門示現南方佛　南方守離主　噗囉逸天王
西智慧門示現西方佛　西方守兌主　娑囉逸天王
降臨道場同伸慶賀　　　　　　（回向）

---

〔1〕敦煌出土《下部讚》《讚夷數文》，見芮傳明：《東方摩尼教研究》，上海人民出版社，2009年，頁388–389。參閱：http://ccbs.ntu.edu.tw/BDLM/sutra/chi_pdf/sutra22/T54n2140.pdf。
〔2〕原文近似"翻"。芮傳明先生轉來林鋆先生的《興福祖慶誕科》的另一種本子的電子版，資以校對，特此致謝。

五方大王臨法會，請鎮五方作證明；證明慶誕此福果，降魔消災延福壽。

《誦土地讚安慰》再次頌揚四梵天王、二大護法（頁12b–13a，圖版16）：

嚧囀逸哕、弥訶逸哕、業縛哕逸哕、嗹，娑哕逸哕、［能］，遏素思嗹悉啼匄思婆娑鄰度師阿孚林度師

〇沃速地沃速地穫鄰色，天仙地眾，味嗪皎明使，四［梵］天王：吒縛逸、弥訶逸、耶俱孚、弗哩悉特健。土地靈相，善神穫色，有碍無碍，呵護正法，弗悉里渾奴沙岸。

其他霞浦文獻的"秦皎（有時作嗪嗾）明使"當即"味嗪皎明使"的簡稱，又作"末秦明皎使者"。中國傳統文化以八卦的坎、震、離、兌分別對應北、東、南、西，[1]佛教則以四大天王守護四方：東方持國天王（Dhṛtarāṣṭra）、南方增長天王（Virūḍhaka）、西方廣目天王（Virūpākṣa），北方多聞天王（Vaiśravana）。[2]本文要研究的是摩尼教的四梵天王，分別與清淨（即神）、光明、大力、智慧相應。

陳進國、林鋆二位先生刊布的陳氏法師提供的一本未名科儀書的"讚天王"[3]也說明了四天王的作用（［］中的文字爲筆者校補），很值得進一步研究：

十天王者，梵名阿薩漫沙也。是故道教稱爲昊天玉皇大帝，住在第七天中，處在大殿，管於十天善惡之事。此天内有十二面寶鏡，上面觀於涅［槃］，下面照於陰司地府，十面鑒於十天諸庇背叛等事，化四天王管四天下。嚧囀逸天王管北郁壇界，彌訶逸天王統禦［東弗婆提，噗囀哕逸天王管］南閻浮提，［娑］囉逸天王掌握西

〔1〕陳進國、林鋆：《明教的新發現——福建霞浦縣摩尼教史迹辨析》，載《不止於藝》，北京大學出版社，2010年，頁356、379、382。http://www.chinesefolklore.org.cn/upload/news/Attach‐20100228073629.pdf；http://baike.baidu.com/image/3792cb39744bbedd3a87cedf。

〔2〕任繼愈主編：《宗教詞典》，上海辭書出版社，1981年，頁279、293、303、395、769；參閲：http://zhidao.baidu.com/question/94317725。

〔3〕陳進國、林鋆：《明教的新發現——福建霞浦縣摩尼教史迹辨析》，載《不止於藝》，北京大學出版社，2010年，頁379–380。元文琪：《福建霞浦摩尼教科儀典籍重大發現論爭》，載《世界宗教研究》2011年第5期，頁178。與《摩尼光佛》（頁13–14）的錄文稍有不同。

瞿耶尼。四天大明神若見諸天惡庇起奸計，騷擾天空地界諸聖，應時展大威神，折挫調伏，速令安定，急使調伏。一心虔恭，合掌皈依，同降道場，加彼下界福德，男女長福消災，增延福壽。

玄奘《大唐西域記》序論說："海中可居者，大略有四洲焉。東毘提訶洲（舊曰弗婆提，又曰弗于逮，訛也），南贍部洲（舊曰閻浮提洲，又曰剡浮洲，訛也），西瞿陁尼洲（舊曰瞿耶尼，又曰劬伽尼，訛也），北拘盧洲（舊曰鬱單越，又曰鳩樓。訛也）。"[1] "讚天王"中的"北郁壇界"，當即"鬱單越"，爲梵文 Uttarakuru 的舊譯，通稱北俱盧洲。東方一洲爲"東勝身洲"，舊譯"弗婆提"，爲梵文 Pūrvavideha 的音譯；"閻浮提"爲梵文 Jambudvīpa 的舊譯，通稱南贍部洲；"瞿耶尼"爲梵文 Aparagodānīya 的舊譯，通稱西牛貨洲；四天王所管的四天下即佛教四大部洲。

十天王爲淨風第二子，"阿薩漫沙"爲粟特文 sm'n xšyδ（讀若〔a〕smān xšēδ）的音譯，他住在第7層天上。"十天諸庇/魔""諸天惡庇/魔"可能是摩尼教中的守望者、巨人、流産怪物等魔鬼。關於這一神與衆魔，見第4章。四梵天王的名字第一次出現在《興福祖慶誕科》以及《誦土地讚安慰》時，是純粹音譯，參照另外兩處，略做校改，與猶太教僞經《以諾書》中的四大天使對應如下：（1）北方天王的名字有3種寫法：（a）嘘嚕逸天王，"逸天王"即"逸囉"；（b）吪縛訶逸囉，吪當作"嘘"，"縛"當爲"嚕"之訛，"訶"字衍；（c）嘘嚕逸囉，對應拉法葉爾（Rafael）。（2）東方天王的名字有兩種寫法：（a）弥訶逸天王；（b）弥訶逸囉；對應米迦勒（Michael，又譯"米卡伊來"等）。（3）南方天王的名字也有兩種寫法：（a）噤囉逸天王，在"噤"字後面漏抄（或省略）了"嚕"；（b）業縛囉逸囉；"噤"與"業"同音，加上口字旁表明此字是音譯，"縛"爲"嚕"之訛，構擬爲"噤嚕囉逸囉"，對應加百列（Gabriel，又譯"加布里耶爾"等）。（4）西方天王的名字有3種寫法：（a）娑囉逸天王；（b）"讚天王"錄文作婆囉逸天王，"婆"爲"娑"之訛；（c）娑

---

〔1〕玄奘辯機原著、季羨林等校注：《大唐西域記校註》，中華書局，1985年，頁35–39。

啰逸啰，對應沙逆夜（Sɔrael）。四天王的名字與印度教三大神和象頭神無關，與佛教的四大天王也無關。本文首先追溯這個故事的核心是死海古卷阿拉姆文《以諾書》中巨人造反，上帝派四大天使鎮壓的神話。

6.2 死海古卷阿拉姆文《以諾書》

《舊約·創世記》第6章第1—4節可謂故事的基點：人類開始在大地上人口不斷增長，生了很多女兒，上天之子看到人類的女兒漂亮，就娶那些選中的女人爲妻。"當時，地上住著一些巨人，他們後來也存在，當神的兒子和那些人類的女兒結婚以後，她們就爲他們生養（孩子）。他們是古之強人、名人。"[1]《以諾書》的第一部分（第1—36章）通稱爲《守望者書》，就是從這樣一個基點發展出來的。

《以諾書》是所謂"僞經（Pseudepigrapha）"之一，即公元前後200年間猶太教無名氏假托《聖經》人物名義所寫的不屬於基督教《聖經》的經文；原作的語言當爲阿拉姆語，現在只有死海古卷中的十來個殘片保存下來，但是對於本文的研究至關重要。此書後來翻譯成希臘語，4—6世紀又翻譯成埃塞俄比亞語，目前最完整的本子是埃塞俄比亞語文本。《以諾書》的第一部分《守望者書》的核心是第6—11章，與《舊約·創世記》第6—9章內容類似。《守望者書》第6—8章寫道："那時人類之子不斷繁衍，他們生養了漂亮而標致的女兒。守望者（希臘文譯本作ἐγρήγοροι）——上天之子看到了她們，希望得到她們。……他們一共200個，在賈雷德的時代下降到赫蒙山山頂。……這些（百夫長）以及與他們一起的其他（守望者）都爲他們自己娶了他們選擇的（女）人爲妻。他們開始與她們同房，通過她們玷汙了他們自己，教她們巫術和符咒，教她們砍伐（樹）根和植物。她們從他們受孕並給他們生了大巨人。巨人生了內菲林，內菲林生了埃利歐德，他們該長多大就多大。他們吞噬了所有人類之子的勞動產品，人類不能供應他們了。巨人開始殺人和吞

---

〔1〕Nickelsburg, G. W. E., *1 Enoch 1: a Commentary on the Book of 1 Enoch, Chapter 1—36; 81—108*, Minneapolis: Fortress Press, 2001, p.184.

107

·欧·亚·历·史·文·化·文·库·

噬他們。他們開始對禽獸蟲魚造孽，並互相吞噬肉體。他們飲血。然後大地控告這些無法無天之徒。……人類正在滅亡，哀號直達天上。"[1]

阿拉姆文本第9章寫道：

> 然後米迦勒、沙逆夜、拉法葉爾和加百列從天上的聖堂往下看大地，看到大地上血流成河。

將4QEna 1 4:6和4QEnb1 3:7兩個殘片合校，可以復原四大天使的阿拉姆文爲：米迦勒（Micha'el）：מיכאל；沙逆夜（Śari'el）：שריאל；拉法葉爾（Rapha'el）：רפאל；加百列（Gabri'el）：גבריאל。尤其值得注意的是，在以後的摩尼教文獻中，比《以諾書》的希臘文和埃塞俄比亞文譯本更忠實地保留了這四大天使的名字及其序列。[2]這說明摩尼很可能閱讀過阿拉姆文《以諾書》的抄本，並把這個細節寫進其經典《大力士經》，並由其信徒代代相傳。

《以諾書》希臘文譯本第1章第9節中四大天使爲：米迦勒（Μιχαὴλ）、烏列（Οὐριὴλ）、拉法葉爾（ʽΡαφαὴλ）和加百列（Γαβριὴλ），[3]以烏列取代沙逆夜。這個改變反映了烏列（Uriel）在《以諾書》中的重要性。《以諾書》的埃塞俄比亞文譯本在此四大天使爲：米迦勒（Michael）、烏列（Uriel）、拉法葉爾（Raphael）和加百列（Gabriel），也以烏列取代沙逆夜。[4]《以諾書》希臘文譯本將"守望者"翻譯爲ἐγρήγοροι，這個詞後來成爲摩尼教科普特文《克弗來亞》中的借詞，說明《以諾書》

---

〔1〕Nickelsburg,G. W. E., *1 Enoch 1: a Commentary on the Book of 1 Enoch, Chapter 1—36; 81—108*, Minneapolis: Fortress Press,2001, pp.174—201.

〔2〕J.T. Milik, *The Books of Enoch : Aramaic fragments of Qumrân Cave 4* / edited by J.T. Milik ; with the collaboration of Matthew Black. Oxford : Clarendon Press, 1976, pp.157—158, 170—172, 316；Nickelsburg, G. W. E.,*1 Enoch 1: a Commentary on the Book of 1 Enoch, Chapter 1—36; 81—108*, Minneapolis: Fortress Press, 2001, p.202.

〔3〕*Apocalypsis henochi graece*, edidit M. Black, Fragmenta pseudepigraphorum, quae supersunt graeca; una cum historicorum et auctorum judaeorum hellenistarum fragmentis, collegit et ordinavit Albert-Marie Denis, Leiden, Brill, 1970, p.23.

〔4〕*The book of Enoch, or, 1 Enoch : translated from the editor's Ethiopic text : and edited with the introduction notes and indexes of the first edition wholly recast, enlarged and rewritten together with a reprint from the editor's text of the Greek fragments*, by R.H. Charles, Mokelumne Hill, Calif. : Health Research, 1964, pp.20, 77.但是許多埃塞俄比亞文本的鈔本作 Suryal。

中巨人的神話對摩尼的影響。

《以諾書》第9—11章接著講述：米迦勒等四天使把情況向上帝報告。上帝派沙逆夜去告訴挪亞：末日即將來臨，教他怎樣躲過此難。（後來挪亞造了著名的方舟，使自己的家人與各種動物的一對度過了大洪水之災）上帝派拉法葉爾、米迦勒去把守望者捆綁起來，將他們永遠囚禁。上帝派加百列去毀滅巨人。米迦勒將使大地復蘇。[1]死海古卷中不僅有《以諾書》殘片，而且也有一些《巨人書》殘片。

6.3　死海古卷阿拉姆文《巨人書》

死海古卷中發現了9片（也可能10片）《巨人書》殘片，內容與摩尼親撰的《大力士經》類似，將兩者綜合起來看，《巨人書》主要以《以諾書》的第6—11章爲起點，參照第12—13章及後面的一些內容，演繹出一大篇故事。現存《巨人書》殘片4Q203-8描寫了上帝對守望者的警告：“曉喻爾等：［……］爾等及爾等妻子兒女之活動、巨人及其妻子兒子之活動，爾等在大地上荒淫無恥，它（大地）起而反對爾等……哀嚎震天，對爾等及爾等兒子之活動進行控告［……］爾等將其敗壞。［……］上達拉法葉爾（רפאל）。”這段描述與《以諾書》第9章第1節相合，拉法葉爾與其他3個大天使一起觀察到大地上的罪行，報告上帝。[2]阿拉姆文《巨人書》當爲摩尼撰寫《大力士經》的素材，摩尼教《大力士經》殘片也講到拉法葉爾，說他殺死了巨人奧赫亞（’Ohyah）。[3]

〔1〕Nickelsburg, G. W. E.,*1 Enoch 1: a Commentary on the Book of 1 Enoch, Chapter 1—36; 81—108*, Minneapolis: Fortress Press, 2001, pp.202–232.

〔2〕Stuckenbruck, Loren T. *The Book of Giants from Qumran : texts, translation, and commentary*, Tübingen : Mohr Siebeck, 1997, pp.87–93.

〔3〕Reeves, John C. *Jewish lore in Manichaean cosmogony : studies in the Book of giants traditions*, Cincinnati : Hebrew Union College Press, 1992, pp.59–60, 64–65,109–117.

·歐·亞·歷·史·文·化·文·庫·

6.4　希臘文《科隆摩尼古卷》
（*Cologne Mani Codex*）

　　《科隆摩尼古卷》是研究摩尼生平最重要的資料之一，此書記載了摩尼從小在猶太教化的基督教異端淨洗派中撫養長大，深受猶太－基督教文化影響。《科隆摩尼古卷》保存了托名亞當（Adam）、塞特（Seth）、以挪士（Enosh）、閃（Shem）和以諾（Enoch）等《聖經》人物所寫的啓示錄的引文，這些文獻今天都失傳了。摩尼在青少年時閱讀過這些猶太教著作，這對其宗教思想的發展有很大影響。《科隆摩尼古卷》引用的"以諾啓示錄"講到了四大天使之一的米迦勒：

　　　　他（以諾）還說："天使之一，他的名字叫米迦勒（Μιχαὴλ），對我說：'派我到你這兒來的目的，是爲了我們可以向你顯示所有這些工作，向你揭示善人的地方，向你顯示不善之人的地方，以及無法無天者正在經受懲罰的地方是什麼樣的。'"[1]

　　摩尼吸收了阿拉姆文《以諾書》和《巨人書》的內容，撰寫成自己的《大力士經》，自然也把米迦勒、拉法葉爾等四大天使吸收到《大力士經》中來了。

6.5　摩尼《大力士經》殘片、引述，
　　以及吉田豐刊布的《宇宙圖》

　　粟特文書 M7800（舊編號 T II Ξ）是對折紙，分別稱爲 I 和 II。I 由恆寧（Walter Bruno Henning，1908—1967）刊布於"《大力士經》考"中，作爲文書 G，講述了四大天使怎樣與200個魔鬼（δywṯ，即守望者）

---

　　〔1〕*The Cologne Mani codex (P. Colon. inv. nr. 4780) : Concerning the origin of his body*, translated by Ron Cameron and Arthur . J. Dewey, Missoula, Mont. : Scholars Press, 1979, pp.46–47. Reeves, John C., *Heralds of that good realm : Syro-Mesopotamian gnosis and Jewish traditions*, Leiden ; New York : E.J. Brill, 1996, pp. 183–184, 191–192.

戰鬥，提到了大力士（kwyšt），[1]可以確定爲《大力士經》殘片：

    ［題目：關於］四天使（iv fryštyt）與兩百個［魔鬼……］的宣告

……天使們（fryštyt）自己從天上降臨地下。而這兩百個魔鬼（CC δywt）看到了這些天使們（fryštytyy），他們非常害怕和擔憂。他們化爲人形，隱藏起來。因此，天使們（fryštyyt）強行把人類與魔鬼分開，把他們置於一旁，派看守們看著他們……大力士們（kwyšt）……他們領著一半向東，另一半向西，沿著四座大山的山腳，向須彌山腳（smyrγryy）而去，引進活靈（w'δjywndyh）在開天闢地之際爲他們建造的三十二座鎮（xxxii knδ）裏去。那個地方被稱爲阿陽－衛藏（'ry'nwyjn）。……那兩百個魔鬼（CC δywt）與［四天使］苦戰，直到天使們使用火、石油和硫磺……

粟特文書 M7800 II 由宗德曼（Werner Sundermann，1935—2012）考釋與翻譯，詳細敘述了流產怪物（pš'q）造立人身的故事；宗德曼認爲這很可能也是《大力士經》的組成部分。[2]《克弗來亞》第45章講到：在沒有正義之知識和神性的大力士諸子出生之前，爲他們指定和建［造了］36個城鎮（mabtsese Mpolis），［大力士的］孩子們將住在其中；他們將相互（交配）生育，他們將生活一千年。[3]粟特文書 M7800/I/講到的"三十二鎮（xxxii knδ）"當與《克弗來亞》第45章的"三十六個城鎮"同出於《大力士經》，不過 M7800/I/受佛經影響，使用了"三十二"這個數字。根據佛經，須彌山半有四大天王宮殿；須彌山上，有三十三宮殿，中央之宮殿爲帝釋所住，即善見城，四方各有八城。[4]2010年吉

---

　〔1〕Henning, W. B., "The Book of the Giants", *Bulletin of the School of Oriental and African Studies*, 11/1（1943），pp.68–69. 圖版見：http://www.bbaw.de/forschung/turfanforschung/dta/m/images/m7800a_seite1.jpg.

　〔2〕W. Sundermann, "Mani's 'Book of the Giants' and the Jewish Book of Enoch, A Case of Terminological Difference and What it Implies", *Irano–Judaica* III, ed. by P. Shaked & A. Netzer, Jerusalem, 1994, pp. 40–48. 圖版見：http://www.bbaw.de/forschung/turfanforschung/dta/m/images/m7800a_seite2.jpg.

　〔3〕Polotsky, Hans Jakob and A. Böhlig, *Kephalaia*. Stuttgart, W. Kohlhammer, 1940, pp.116–117; Gardner, Iain, *The Kephalaia of the Teacher : the edited Coptic Manichaean texts in translation with commentary*, (edited) by Iain Gardner, Leiden ; New York : E.J. Brill, 1995, pp.122–123.

　〔4〕星雲大師監修：《佛光大辭典》，書目文獻出版社，1993年，卷1，頁512；卷6，頁5364–5365。

田豐刊布的日本私人收藏的摩尼教《宇宙圖》（圖版9）上，在十天八地之間繪有須彌山，山頂上的大殿當代表善見城；其前面有4個合掌跪著的神，當爲四天王；再前面是32個宮殿。吉田豐指出，這相當符合粟特文文獻（M7800 I）的描述。（圖版17）[1]顯然，在佛教繪畫的外衣下，表現的是摩尼教的內容：四天王實爲摩尼教中鎮壓大力士的四大天使，32個宮殿即爲囚禁大力士之處。

現存《大力士經》殘片不僅講到"四天使"，而且講到了其中之一的拉法葉爾。恆寧在其"《大力士經》考"中，考釋了帕提亞文文書 M35，第21—36行。[2]這是（摩尼所繪）《大二宗圖》（Ārdahang）評註（'rdhng wyfr's），《宋會要輯稿》講到的明教的《圖經》可能即其漢譯本，其中講到"鷸蚌相爭，漁翁得利"的典故時，引述了拉法葉爾乘巨人奧赫亞與海怪利維坦（Leviathan）相爭之際，誅滅巨人奧赫亞的神話：

> ……此外，就像兩兄弟發現了一個寶藏，（自相殘殺，）一個尋寶人漁翁得利，他們都死了；就像奧赫亞（'why'）、利維坦（lwy'tyn），與拉法葉爾（rwf'yl）相爭，他們都一命嗚呼了；就像一只獅崽、樹林裏的一只牛犢，和一只狐狸相爭，[它們都一命嗚呼了]。

上述諸殘片提供的信息有限，只告訴我們，四大天使降臨大地誅滅巨人，可以作爲"讚天王"中的"四天王（四天大明神）"勘同摩尼教四大天使的證據，但是，還不是充分證據。從上述殘片還看不出這些摩尼教神話與"讚天王"中的"十天王"有何關聯。實際上，摩尼在撰寫《大力士經》時，並非簡單照搬阿拉姆文《以諾書》《巨人書》的結構，而是取其素材，納入自己的神學結構。按照摩尼的神學，淨風以五類魔及五明身，二力和合，造成世界十天八地，而以自己的5個兒子分管；其次子在西方史料中稱爲"尊貴的大王"，住在第7層天上，掌管第一到

---

[1] 吉田豐：《新出マニ教絵畫の形而上》，載《大和文華》第 121 號，平成 22 年（2010），頁 10，圖版 4。

[2] Henning, W. B., "The Book of the Giants", *Bulletin of the School of Oriental and African Studies*, 11/1 (1943), pp.71–72. 圖版見：http://www.bbaw.de/forschung/turfanforschung/dta/m/images/m0035_verso.jpg. 第 3–18 行。

第7層天，面前有一個輪子，上面有12個圖像（印記），監視著鎖在每一層天上的魔鬼，就像一面鏡子一樣，在他的轄區發生了守望者（ἐγρηγόρος）的造反，被四大天使鎮壓了下去。"尊貴的大王"在《摩尼教殘經》中稱"十天大王"，在《下部讚》中稱"十天王"，[1]也就是"讚天王"裹的"十天王"。

恆寧在其"《大力士經》考"中引述了科普特文《克弗來亞》頁93第23—28行，講的就是這個細節，與"讚天王"的描述最爲接近[2]：

在尊貴的大王（ⲡⲁⲃ ⲛ̄ⲣ̄ⲣⲟ ⲛ̄ⲧⲉ ⲡⲧⲁⲓⲟ）的巡防營中發生了叛亂和造反，即守望者（ἐγρηγόρος）從天上來到地上，因此四天使（ϥⲧⲁⲩ ⲛⲁⲅⲅⲉⲗⲟⲥ）受命：他們用永久的鎖鏈將守望者捆綁在黑暗之獄中。他們將其兒子們從大地上誅滅。

《克弗來亞》第38章很可能是根據《大力士經》改編的，描述淨風五子將十天八地分爲5個巡防營，各自管理其中之一，在每個巡防營中都發生了叛亂。比如，在阿大馬斯（即降魔勝使）的巡防營中，流産怪物造立人身，創造了亞當與夏娃。這些叛亂都被鎮壓了。從上下文脈來看，"讚天王"與《克弗來亞》第38章此節講的是同一個故事，"十天王"就是"尊貴的大王"，嚧嚩逸天王等"四天王"就是"四天使"。在摩尼教伊朗語文獻中，還完整地保存了四大天使的名字，可以與"讚天王"裹4個天王的名字勘同。

6.6 摩尼教伊朗語文讚美詩和咒術文書

瑞克（Christiane Reck）綴合中古波斯語文書 M196、M299e、M647、M2303，釋讀與德譯了一首摩尼教讚美詩，讚美了雅各（y'qwb）、卡弗

〔1〕Bryder, Peter,*The Chinese transformation of Manichaeism : a study of Chinese Manichaean terminology*, Löberöd: Bokförlaget Plus Ultra, 1985, pp.102–103.

〔2〕Henning, W. B., "The Book of the Giants", *Bulletin of the School of Oriental and African Studies*, 11/1 (1943), p.72. *Kephalaia*, mit einem Beitrag von Hugo Ibscher, Stuttgart, W. Kohlhammer, 1940, p.93. *The Kephalaia of the Teacher : the edited Coptic Manichaean texts in translation with commentary*, (edited)by Iain Gardner. Leiden ; New York : E.J. Brill, 1995, p.98.

蕩努斯（qptynws）和米迦勒（myx'yl）。[1]

卡弗蕩努斯當即《下部讚》中《歎諸護法明使文》中的劫傷怒思（第205頌）。[2]中古波斯文文書 M20 是一份奉請天神的文書，比較破碎，殘存4節，其第1節讚頌了雅各、卡弗蕩努斯和四大天使：

　　……天使雅各（y'qwb prystg）、天神巴－西穆斯、強大的神卡弗蕩努斯（qptynws）、拉法葉爾（rwp'yl）、加百列（gbr'yl）、米迦勒（myx'yl）、沙逆夜（sr'yl）、納爾蘇斯、納斯提庫斯……[3]

與這份文書內容相似而保存較好的是中古波斯文文書 M4a II－M4b II，殘存17節，漢譯其第2、6、12如下：

　　〔2〕拉法葉爾（rwp'yl）、米迦勒（myx'yl）、加百列（gbr'yl）

　　　　（與）沙逆夜（sr'yl）

　　　會與其他所有強大的天使一起，

　　　加強和平與信仰，

　　　爲了東方省的整個教會。

　　〔6〕充滿智慧的天使、可愛的神祇、

　　　容貌美麗（？）、強大的神、

　　　名字高貴的他——弗雷唐王，以及英勇的雅各（y'kwb），

　　　他們會保護教會、我們、孩子們！

　　〔12〕我召請強大的天使，大力者，

　　　　拉法葉爾（rwp'yl）、米迦勒（myx'yl）、加百列（gbr'yl）、

〔1〕Reck, Christiane,*Gesegnet sei dieser Tag : manichäische Festtagshymnen : Edition der mittelpersischen und parthischen Sonntags-, Montags- und Bemahymne.* Turnhout : Brepols, 2004.p.159.

〔2〕參閲 Lieu, Samuel N. C., *Manichaeism in Central Asia and China*, Leiden；Boston : Brill, 1998.p.51.《大正藏》錄爲"劫傷怒思"，林悟殊、芮傳明錄爲"劫傷怒思"，筆者提出是否應該錄爲"劫傷怒思"。

〔3〕Müller, F. W. K.,*Handschriften-Reste in Estrangelo-Schrift aus Turfan, Chinesisch-Turkistan.* Part 2. Berlin, 1904 (Abhandlungen der Königlich Preussischen Akademie der Wissenschaften aus dem Jahre ...1904), 45. *A Reader in Manichaean Middle Persian and Parthian : texts*, with notes by Mary Boyce. Téhéran : Bibliothèque Pahlavi : Leiden : Diffusion, E.J. Brill, 1975.Text du (p.192). *Gnosis on the Silk Road : Gnostic texts from Central Asia*, translated & presented by Hans-Joachim Klimkeit. (San Francisco, Calif.) : Harper San Francisco, 1993, p.160. 圖版見：http://www.bbaw.de/forschung/ turfanforsch ung/dta/m/images/m0020_seite1.jpg.

沙逆夜（sr'yl），

那樣他們將保護我們免除所有的不幸

把我們從阿赫里曼（'hrmyn）那裏解救出來。[1]

英國劍橋神學家伯基特（F. C. Burkitt, 1864—1935）在1925年出版的《摩尼教徒的宗教》中提出，上述頌詩的沙逆夜（sr'yl）看來是"以色列（Israel）"之訛，"以色列"與"天使之首領"雅各天使（Yāqōb prēstag）相應。[2] 這是因爲當時尚未發現死海古卷，並不知道摩尼教以沙逆夜爲四大天使之一實淵源於死海古卷《以諾書》。不過伯基特認爲 Yāqōb prēstag 爲雅各天使（Jacob the Angel）確有先見之明。雅各天使即耶俱孚，《興福祖慶誕科》的《請護法文》中寫作"耶俱孚大將"，其他霞浦文獻中有時寫作"俱孚大將""俱孚聖尊"。《下部讚》中《歎諸護法明使文·第二疊》說："頭首大將耶俱孚，常具甲仗摧逆黨。"耶俱孚就是帕提亞文/中古波斯文 y'kwb、y'qwb 的譯音，即天使雅各（Jacob），見第7章。

在這首頌詩中，四大天使有護法驅魔的能耐，這種能耐在咒術文書中表現得更爲清楚。《興福祖慶誕科》的《請護法文》中那段音譯文字的上方以小字寫了"咒語"二字，中古伊朗語的咒術文書可能與之有更直接的關係。中古波斯文文書 M781、M1314及 M1315綴合而成一份神咒，前一部分是袪除熱病的神咒，i V 寫道：

……某某的兒子某某的這種熱病，離開［其身體］而［被征服］，以主耶穌－阿亞曼的名義，以其父親、最高之神的名義，以聖靈的名義，以先意的名義，以神聖的伊利（'yl）的名義，以厄里克之子

〔1〕Müller, F. W. K.,*Handschriften-Reste in Estrangelo-Schrift aus Turfan, Chinesisch-Turkistan*. Part 2. Berlin, 1904 (Abhandlungen der Königlich Preussischen Akademie der Wissenschaften aus dem Jahre ...1904), pp.55–59. *A Reader in Manichaean Middle Persian and Parthian : texts*, with notes by Mary Boyce. Téhéran : Bibliothèque Pahlavi : Leiden : Diffusion, E.J. Brill, 1975.Text dt (pp.190–191). *Gnosis on the Silk Road : Gnostic texts from Central Asia*, translated & presented by Hans–Joachim Klimkeit. San Francisco, Calif. : Harper San Francisco, 1993. p.159–160. 圖版見：http://www.bbaw.de/forschung/ turfanforschung/dta/m/images/m0004a_seite2.jpg; http://www.bbaw.de/forschung/turfanforschung/dta/m/images/ m0004b_seite2.jpg. 阿赫里曼出自瑣羅亞斯德教，意爲黑暗魔王。

〔2〕Burkitt, F. C. *The religion of the Manichees*, Cambridge, 1925, p.91.

穆民的名義，以鮑博的名義，以米迦勒（myx'yl）、拉法葉爾（rwf'yl）和加百列（gbr'yl）（的名義），以……的名義，……［以］萬軍之主［的名義］……[1]

伊利（yl）作爲詞尾，形成各種天使的名字，在《興福祖慶誕科》的《請護法文》中音譯爲"逸囉"。

帕提亞文文書 M1202 是一份驅邪符，第一部分寫道：

以你的名義，根據你的意志，在你的命令下，通過你的大力，主耶穌彌賽亞。以末摩尼——救世主、衆神的使徒之名義，以你讚美和祝福的、摧毀所有魔鬼和黑暗力量的聖靈之名義。以米迦勒（myh'yl）、沙逆夜（sr'yl）、拉法葉爾（rwf'yl）和加百列（gbr'yl）的名義，……卡弗蕩努斯和巴－西穆斯天使，以安－伊利、代德－伊利、阿巴－伊利、尼薩德－伊利和拉弗－伊利的名義，［他們將擊敗］你們所有的魔鬼、夜叉、佩里、德魯吉、羅刹、黑暗的邪神和罪惡的精靈。所有你們黑暗和暗夜的後裔們、懼怕和恐怖、痛苦和疾病、……［和］衰老的後裔們：從這強大的力量和符咒滾開，……從這個佩戴驅邪符的人這裏滾開。逃跑吧，……消失吧，滾到……一個遙遠的地方去吧……[2]

漢文四天王的名字，可能是伊朗語的音譯。我們將從對音的角度檢

---

〔1〕Henning, W. B., "Two Manichaean magical texts with an excursus on the Parthian ending -ēndēh", *Bulletin of the School of Oriental and African Studies*, 12 (1947), pp.39–40. *A Reader in Maṇichaean Middle Persian and Parthian : texts*, with notes by Mary Boyce. Téhéran : Bibliothèque Pahlavi : Leiden : Diffusion, E.J. Brill, 1975.Text dr (p.187–188). *Gnosis on the Silk Road : Gnostic texts from Central Asia*, translated & presented by Hans-Joachim Klimkeit. (San Francisco, Calif.) : Harper San Francisco, 1993.p.163.文書 M781 圖版見：http://www.bbaw.de/forschung/turfanforschung/dta/m/images/m0781_seite1.jpg ; http://www.bbaw.de/forschung/turfanforschung/dta/m/images/m0781_seite2.jpg.

〔2〕Henning, W. B., "Two Manichaean magical texts with an excursus on the Parthian ending –ēndēh", *Bulletin of the School of Oriental and African Studies*, 12 (1947), pp.50–51. *A Reader in Manichaean Middle Persian and Parthian : texts*, with notes by Mary Boyce. Téhéran : Bibliothèque Pahlavi : Leiden : Diffusion, E.J. Brill, 1975.Text ds (p.188–189). *Gnosis on the Silk Road : Gnostic texts from Central Asia*, translated & presented by Hans–Joachim Klimkeit. (San Francisco, Calif.): HarperSanFrancisco, c1993. p.163–164. 馬小鶴、徐文堪：《摩尼教"大神咒"研究——帕提亞文書 M1202 再考釋》，載《史林》2004 年第 6 期，頁 98。圖版見：http://www.bbaw.de/forschung/turfanforschung/dta/m/ images/m1202_recto.jpg; http://www.bbaw.de/forschung/turfanforschung/dta/m/images/m1202_verso.jpg.

查這個假設的可能性。

6.7 四天王名字的對音

米克爾森（Gunner B. Mikkelsen）編撰的《摩尼教漢文文獻詞典》中，音譯漢字的發音均采用蒲立本1991年出版的《早期中古漢語、晚期中古漢語、早期官話構擬發音的詞彙》裏晚期中古漢語的註音，簡寫LMC（Late Middle Chinese），[1] 而四天王的名字也應該出於同一時期，因此即以蒲立本之構擬爲基礎。同時，還參照了佛經中對梵文的譯法，[2] 以及摩尼教本身譯音用字的慣例。

6.7.1 逸啰

在阿拉姆文中，這四大天使的名字均以אל（'el）結束，這個詞尾意爲神。米迦勒（Micha'el）的意思是“猶如神者”；拉法葉爾（Rapha'el）的意思是“神會治愈”；加百列（Gabri'el）意爲“神之英雄”；[3] 沙逆夜（Śari'el）的意思是“神之命令”。[4] 這四大天使的名字，在希臘文中均以 ήλ 結尾。在伊朗語中，四大天使的名字有一些異寫，如米迦勒在中古波斯文中也寫作 mh'yl[5]，拉法葉爾在中古波斯文中也寫作 rwf'yl，但均以 yl 結尾，在英文中則均以 el 結尾。現代譯者將四大天使的名字翻譯成漢文時，忽視了這一特點。出乎意料，霞浦發現的《興福祖慶誕

---

〔1〕*Dictionary of Manichaean texts in Chinese*, by Gunner B. Mikkelsen.Turnhout : Brepols; NSW, Australia : Ancient History Documentary Research Centre, Macquarie University, 2006, pp.102–109；註音均採自：Pulleyblank, Edwin G. (Edwin George),*Lexicon of reconstructed pronunciation in early Middle Chinese, late Middle Chinese, and early Mandarin*, Vancouver : UBC Press, 1991.高本漢（B. Karlgren）、周法高、潘悟雲諸位對中古音的構擬，可在潘悟雲先生主持的網站上通过“中古音查詢”獲知（網址：http://www.eastling.org/），在此不贅。

〔2〕佛教音譯詞彙皆根據“電子佛教詞典”（http://www.buddhism-dict.net.ezp-prod1.hul.harvard.edu/ddb/index.html），不再一一註明。

〔3〕*New Catholic Encyclopedia*. 2nd ed. Detroit: Gale, 2003. v.9, p.595, v.11, pp.909–911, v.6, pp.40–41.

〔4〕Briggs, Constance Victoria, *The encyclopedia of angels*, New York : Plume, 1997. p. 241.

〔5〕中古波斯文文書 M19 R 2，見 *Dictionary of Manichaean texts*. Turnhout: Brepols; NSW, Australia: Ancient History Documentary Research Centre, Macquarie University, 1998, v.III, pt.1, p.235.本文中古伊朗語詞彙讀音皆統一使用此字典的註音，不再一一註明。

科》的《請護法文》中，四梵天王的名字全部以"逸囉"結尾，反映了四大天使名字有共同詞尾的特點。

逸囉 yiluo（LMC. Jit-la）<中古波斯文/帕提亞文詞尾-yl，讀若 ēl。"逸"是佛經用的音譯字之一，如："阿逸多"，梵文 *Ajita*，意爲"無勝""無能勝"，逸即 ji。"波逸提"，梵文 *prāyaścittika*，意譯"單墮"，做了錯事不悔過會墮落地獄，逸即 ya。"囉"的繁體字作"囉"，是佛經常用的音譯字，有時與"嚩"出現在同一個詞彙中，如："嚩日囉馱睹"，梵文 *vajradhātu*，意譯"金剛界"，嚩即 va，囉即 ra。"補囉嚩"，梵文 *Pūrva*，*Pūrva-videhaḥ* 音譯"弗婆提"，意譯"東勝身洲"；囉即 r，嚩即 va。"佉訶囉嚩阿"，梵文 *kha·ha·ra·va·a* 的音譯，意爲"空、風、火、水、地"，囉即 ra，嚩即 va。鋼和泰認爲，法天（約1000）在翻譯梵文咒語時，La 音都用"羅"，而 Ra 音都用"囉"。[1]

6.7.2　弥訶逸囉

弥訶逸囉 miheyiluo（LMC. mji xa jit la）<中古波斯文 myx'yl（mīxaēl）/帕提亞文 myh'yl（mīhaēl）。"弥"的繁體字作"彌"，也是一個佛經常用音譯字。如："迦濕彌羅"，梵文 Kaśmīra，即克什米爾，彌即 mī。"訶"是佛經很常用的音譯字。比如："毘提訶洲"，梵文 Videha 音譯，即"東勝身洲"，訶即 ha。《下部讚》第2首音譯詩中的"阿嘍訶"，可能爲阿拉姆文 rwh'h（敘利亞文 rūḥā）的音譯，意爲"聖靈"，訶即 h'h。吳其昱先生考證敦煌景教寫本 P.3847的《尊經》部分，認爲法王名錄中第19個就是米迦勒。他標的中世漢音主要根據周法高《漢字古今音彙》，他寫道：

　　19. 彌沙曵

　　中世漢音 miɪ ṣa iæi, ……

　　今擬 St. Michaël，希臘文作 Μιχαὴλ，敘文作 Myk'yl（miykā'eyl）。ḳ 擦音化相當於 χ，近 ṣ；收聲-l 省去，如 S.3969《摩尼光佛教法儀略》中以婆毗音譯 b'byl。敘文此名見《新約》之《猶大書》九，《舊

---

〔1〕鋼和泰，胡適譯：《音譯梵書與中國古音》，載《國學季刊》第 1 卷第 1 號，頁 51。

約》之《但以理書》十，十三；十二，一 myk'l（miykɔ'él）（ḳ 即 x）。彌沙曳，聖徒天使長，上帝選民之保護者，魔鬼之克星，對異教作戰之支持者。中世紀尤爲東西基督徒所崇拜。[1]

"弥訶逸㘄"與"彌沙曳"相比較，第一個漢字"彌"相同，讀若 mji，符合中古伊朗語讀音 mī；訶即 xa 或 ha，符合中古波斯文的 xa 或帕提亞文的 ha；"逸"讀若 jit，音譯中古伊朗語的 ē；沒有省去收聲 - l，而是用"㘄"來音譯。

6.7.3　娑㘄逸㘄

娑㘄逸㘄 suoluoyiluo（LMC. sa la jit la）<中古伊朗語/帕提亞語 sr'yl（saraēl）。"娑"也是佛經常用音譯字，如"摩訶娑羅"音譯梵文 Mahāsāra，是見於《大唐西域記》卷7的地名，訶即 hā，娑即 sā。"娑"讀若 sa，符合中古伊朗語讀音 sa。"㘄"如果按照佛經音譯慣例讀若 ra，也符合伊朗語讀音 ra。這個天使通常漢譯"沙逆夜"，他在西方遠不如米迦勒顯赫。在《以諾書》第20章中，四大天使擴大爲七大天使：烏列（Uriel）、拉法葉爾、拉格爾（Raguel）、米迦勒、沙逆夜、加百列、雷米勒（Remiel），沙逆夜名列第五；沙逆夜掌控那些使人精神錯亂的精靈。[2]

6.7.4　嚧嚩逸㘄

嚧嚩逸㘄 lupoyiluo（LMC. luð pɦua jit la）<中古波斯文 rwp'yl/帕提亞文 rwf'yl，均讀若 rufaēl。《漢語大字典》說："嚧 lú《廣韻》落胡切，平模來。"[3]"嚧"字在晚期中古漢語中當讀若 luð。《摩尼教殘經一》記載的一個神叫"呼嚧瑟德"（呼神），是帕提亞文 xrwštg（xrōštg）的音

〔1〕吳其昱：《唐代景教之法王與尊經考》，載《敦煌吐魯番研究》，第 5 卷，2000 年，頁 29-30。關於米迦勒，參閱：*New Catholic Encyclopedia.* 2nd ed. Detroit: Gale, 2003. v.9, p.595.

〔2〕*The book of Enoch, or, I Enoch : a new English edition : with commentary and textual notes*, by Matthew Black ; in consultation with James C. Vanderkam ; with an appendix on the 'Astronomical' chapters (72—82) by Otto Neugebauer. Leiden : E.J. Brill, 1985.pp. 260, 29-30, 129, 133, 36-37, 163. Hannah, Darrell D., *Michael and Christ : Michael traditions and angel Christology in early Christianity*, Tübingen : Mohr Siebeck, 1999.pp.29-30.

〔3〕漢語大字典編輯委員會：《漢語大字典》，卷 1，湖北辭書出版社、四川辭書出版社，1986 年，頁 702。

歐·亞·歷·史·文·化·文·庫·

譯；《摩尼光佛教法儀略》記載寺院裏僧侶的一種職位叫"呼嚧喚"（譯云教導首，專知獎勸），是中古波斯文 xrwh（x）w'n（xrōh‐〔x〕wān）的音譯；嚧即 rō。[1]《漢語大詞典》說："嚩［pó《字彙》符約切。］佛教咒語中譯音字。《消災吉祥神咒》：'鉢囉入嚩囉'。"[2] "嚩"在晚期中古漢語中當讀若 pɦua。在佛經中，"嚩"字爲 व Va 的音寫，上文已舉數例。這個天使通常漢譯爲拉法葉爾，他是見於猶太教、基督教及伊斯蘭教的天使長，在次經《托比傳》中是重要角色，幫助托比阿斯驅趕附在撒拉身上的惡魔，使托比阿斯順利地娶了撒拉。《舊約》中《創世紀》記載雅各與神使者摔跤，有人認爲這個沒有提及名字的神使者就是拉法葉爾。[3]

6.7.5 噁嚩囉逸囉

噁嚩囉逸囉 yepoluoyiluo（LMC. ŋiap pɦua la jit la）<中古伊朗語/帕提亞語 gbr'yl（gabraēl）。《漢語大字典》說："噁，《切韻》魚怯切，入業疑。"[4] "噁"在晚期中古漢語中當讀若 ŋiap。這個天使通常漢譯爲加百列，是爲神傳達信息的天使長，《舊約》《但以理書》第8章第15—17節，加百列向但以理解釋異象，第9章第20—24節，加百列爲但以理解釋預言。《新約》中《路加福音》第1章第8—38節，加百列預言了施洗約翰與耶穌的降生。[5]

6.7.6 四天王管四天下

我們可以把四大天使/四天王對照如表6-1：

---

　　〔1〕*Dictionary of Manichaean texts in Chinese*, by Gunner B. Mikkelsen.Turnhout : Brepols ; NSW, Australia : Ancient History Documentary Research Centre, Macquarie University, 2006, p.104.

　　〔2〕漢語大詞典編輯委員會、漢語大詞典編纂處編纂：《漢語大詞典》，漢語大詞典出版社，1995年，頁553。

　　〔3〕參閱：http://en.wikipedia.org/wiki/Raphael_%28archangel%29。

　　〔4〕《漢語大字典》卷1，湖北辭書出版社，1986年，頁690。

　　〔5〕*New Catholic Encyclopedia*. Vol. 6. 2nd ed. Detroit: Gale, 2003. pp.40–41.

表 6-1　四大天使/四天王對照表

	拉法葉爾	米迦勒	加百列	沙逆夜
英文	Raphael	Michaeal	Gabriel	Səra'el
阿拉姆文	רפאל	מיכאל	גבריאל	שריאל
阿拉姆文轉寫	Rapha'el	Micha'el	Gabri'el	Śari'el
希臘文	Ῥαφαήλ	Μιχαήλ	Γαβριήλ	
中古波斯文	rwp'yl	myx'yl	gbr'yl	sr'yl
發音	Rufaēl	Mîxaēl	gabraēl	saraēl
帕提亞文	rwf'yl	myh'yl	gbr'yl	sr'yl
發音	Rufaēl	Mîhaēl	gabraēl	saraēl
晚期中古漢語	luǒ pɦua jit la	mji xa jit la	ŋiap pɦua la jit la	sa la jit la
漢文　四天王	嚧嚛逸囉	弥訶逸囉	喋嚛囉逸囉	娑囉逸囉
四天下	北方	東方	南方	西方
四寂	清淨	光明	大力	智慧

　　"讚天王"說的"四天王管四天下"與《興福祖慶誕科》《請護法文》中四梵天王分管四方相一致，自然已經披上了中國民間宗教的外衣，但是，是否也有其西方淵源呢？死海古卷《光明之子與黑暗之子戰爭之書》中說，4個天使長的名字寫在光明之子軍隊的4個"塔樓"的盾牌上，米迦勒、加百列寫在右邊，沙逆夜、拉法葉爾寫在左邊。[1] 米利克（J.T. Milik，1922—2006）認爲，這意味著米迦勒在"塔樓"的南方，加百列可能在東方，沙逆夜在北方，而拉法葉爾在西方。這與中世紀猶太教神秘哲學文獻所述一致，四大天使位於上帝寶座的四面：米迦勒在南面，烏列在北面，加百列在東面，拉法葉爾在西面。也可以看到稍微不同的安排，在約旦北部的拜占廷城市駝母城（'Umm 'el‐Gimâl）公元412年建造的一座塔上，烏列（Οὐριηλ）的名字刻在城堡的北面，加百列

〔1〕 *The Dead Sea scrolls : a new translation*, Michael Wise, Martin Abegg, Jr., & Edward Cook. San Francisco : Harper San Francisco, 1996, p. 159.

（Γαβριηλ）在東面；米迦勒（Μιχαηλ）在西面，拉法葉爾（'Ραφαηλ）在南面。[1]在當代網絡上我們可以看到4大天使分別與四個方向聯繫在一起：拉法葉爾——東方；米迦勒——南方；加百列——西方；烏列——北方。[2]霞浦文書以嚧嚕逸囉（拉法葉爾）管北方，弥訶逸囉（米迦勒）管東方，喋嚕囉逸囉（加百列）管南方，娑囉逸囉（沙逆夜）管西方。霞浦文書以四梵天王對應四方，可能與歐洲以四大天使對應四方有淵源。

霞浦文書的四天王與摩尼教的四大天使對音的吻合僅僅是一重證據，他們分別與摩尼教的清淨、光明、大力、智慧相對應是又一重證據，他們出現於其中的神話故事與摩尼教神話相符是第三重證據，"讚天王"中的十天王（梵名阿薩漫沙）可以與摩尼教十天大王（尊貴的大王）勘同是第四重證據，"讚天王"中的十天諸庇/魔（諸天惡庇/魔）可以與摩尼教的魔鬼勘同是第五重證據，《請護法文》中的耶俱孚可以與摩尼教的護法神雅各勘同是第六重證據。有了這六重證據，我們可以肯定，霞浦文書中的四天王就是摩尼教的四大天使。四大天使之名從公元前的死海古卷開始，代代相傳，經過多種文字的翻譯，最後留存在霞浦漢文文書中，這是一個時代久遠、地域廣闊、錯綜複雜的文化傳播，實爲交錯的文化史研究不可多得的佳例。

（原作《摩尼教四天王考——福建霞浦文書研究》，載《絲瓷之路Ⅲ：中國古代中外關係史研究》，商務印書館，2013年。）

---

[1] J.T. Milik, *The Books of Enoch : Aramaic fragments of Qumrân Cave 4*; with the collaboration of Matthew Black.　Oxford : Clarendon Press, 1976, p.173.

[2] http://www.email–a–psychic.co.uk/Psychics%20and%20Archangels.htm.

7 摩尼教耶俱孚考

福建省霞浦縣文史工作者最近發現，柏楊鄉蓋竹上萬村樂山堂原名龍首寺，建于宋太祖乾德四年（966），元時改名樂山堂。當地的民間宗教文書《樂山堂神記》可能是這座寺院的神譜。我在初次看到這份文書的部分照片時，猜測其中的"俱孚"實為"耶俱孚"。其有關原文如下：

[11]……◎本壇明門都統威顯靈相、

[12]感應興福雷使真君、濟南法主四九真

[12]人，移活吉思大聖，貞明法院三十六員

[13]天將、七十二大吏兵、雄猛四梵天王、俱孚

[14]元帥、嗏㖠明使。……[1]

"耶俱孚"見於敦煌出土《下部讚》第215頌（《歎諸護法明使文第三疊》）："頭首大將耶俱孚，常具甲仗摧逆黨。"恆寧（W. B. Henning，1908—1967年）在《下部讚》英譯本的註解中指出，"耶俱孚"可能是Jacob 的譯音。[2]

恆寧在此註解中指點讀者可以參考瓦爾德施密特（E. Waldschmidt，1897—1985）和楞茨（Wolfgang Lentz，1900—1986）合寫的《夷數/耶穌在摩尼教中的地位》一文。此文翻譯與考釋《下部讚》時，將耶俱孚視為教會首領（德文 Kirchenfürst）。[3]摩尼教中古波斯文書 M788 R

---

〔1〕參閱黃佳欣：《霞浦科儀本〈樂山堂神記〉再考察》，提交"海陸交通與世界文明"國際學術研討會論文，廣州中山大學主辦，2011 年 12 月 2—5 日。芮傳明先生將此文的電子版發給我參考，特此致謝。

〔2〕Tsui Chi, "摩尼教下部讚 Mo Ni Chiao Tsia Pu Tsan 'The Lower (Second?) Section of the Manichaean Hymns'", *Bulletin of the School of Oriental (and African) Studies*, University of London, XI, 1943, p.216, note 5.

〔3〕Waldschmidt, E. and Lentz, W., "Die Stellung Jesu im Manichäismus", *Abhandlungen der Preussischen Akademie der Wissenschaften, Philosophisch–Historische Klasse.* Nr. 4 (1926), p.8.

· 欧 · 亚 · 历 · 史 · 文 · 化 · 文 · 库 ·

第2—8行將雅各（James，中古波斯文[y']qwβ）與西門·彼得（Simon Peter，別名磯法〔Cephas〕）、馬利亞（Mariam）、馬大（Martha）、保羅（Paul）、德克拉（Thecla）、牧人黑馬（Hermas the shepherd）等基督教使徒（apostles，中古波斯文 w'xšwr）並列。[1]但是，基督教使徒雅各與《下部讚》中《歎諸護法明使文》及霞浦文書中的耶俱孚無涉，本文不予深論。

楊富學先生提到《大秦景教流行中國碑》右側第1行的"耶俱摩"[2]為入華景教僧侶，與霞浦文書中的耶俱孚更無關係，自然不在本文討論範圍之内。

博赫里格（A. Böhlig，1912—1996）在1978年發表的德文和英文文章中認為，耶俱孚不是教會首領（prince of the Church），而可能是眾天使之首領（prince of the angels）。[3]出乎意料之外，霞浦縣博物館館長吳春明先生提供的霞浦文書《興福祖慶誕科》照片中，有關文句竟然有助於證明博赫里格推測的準確，耶俱孚大將是與四梵天王並列的護法天神，而非教會首領。《興福祖慶誕科》中《請護法文》把摩尼教的"清淨、光明、大力、智慧"和四梵天王、二大護法納入民間宗教的五方的框架（圖版14—15）：

　　　請護〔法文〕

　　白　　伏以華筵潔脩,賴護法以維持;壇界精嚴,伏明神而翻(？)
　　衛。恭唯四梵天王、二大護法威靈〔赫赫,聖德巍巍,神〕銳持手

---

〔1〕Henning, W. B., "The Murder of the Magi", *Journal of the Royal Asiatic Society*, 1944, p.142, n. 1. *Manichaean literature: representative texts chiefly from Middle Persian and Parthian writings* / selected, introduced, and partly translated by Jes P. Asmussen, Delmar, N.Y. : Scholars' Facsimiles & Reprints, 1975, pp. 12–13. M788 見：http://www.bbaw.de/forschung/turfanforschung/dta/m/images/m0788_seite2.jpg.參閱任繼愈主編：《宗教詞典》，上海辭書出版社，1981年，頁106、485、683、800、1006。*Encyclopedia of Religion*,Ed. Lindsay Jones. Vol. 9. 2nd ed., Detroit: Macmillan Reference USA, 2005, p.5751. http://en.wikipedia.org/wiki/Thecla；http://en.wikipedia.org/wiki/The_Shepherd_of_Hermas .

〔2〕參閱林悟殊：《中古夷教華化叢考》，蘭州大學出版社，2011年，頁251。

〔3〕Böhlig, A., "Jacob als Engel in Gnostizismus und Manichäismus," in *Erkenntnisse und Meinungen*, Hrsg. von Gernot Wiessner, Wiesbaden : O. Harrassowitz, 1973, v.2, p.14. Böhlig, A., "Jacob as an angel in Gnosticism and Manicheism", *Nag Hammadi and gnosis : Papers read at the First International Congress of Coptology, (Cairo, December 1976)*, edited by R. McL. Wilson, Leiden : Brill, 1978, p.130.

若風生，寶甲渾身如電閃；曾受記於當年，誓護法於末世；凡欲修宗，謹按五方奉請。（左齊唱）

五方　○天王化四明神，銳持手，甲穿身，禦寇敵，護真人，令正教，免因循。遮伊呾伽度師

遠壇

路牌

咒語　○吒縛訶逸囉、彌訶逸囉、業縛囉逸囉、囉嗳，娑囉逸囉、囉嗳，遏素思嗳悉啼昀素思波沙隣度師阿孚林度師

一心舒悃請皈叩

北	清靜門示現北方佛	北方守坎主	嚧嚟逸天王
東	光明門示現東方佛	東方守震主	弥訶逸天王
		耶俱孚大將	
中	貞如門示現中央佛	中央輔弼主	唯願

味嗦皎明使

南	大力門示現南方佛南方守離主	噗囉逸天王
西	智慧門示現西方佛西方守兌主	娑囉逸天王

降臨道場同伸慶賀　　　　　　　　　　（回向）

五方大王臨法會，請鎮五方作證明；證明慶誕此福果，降魔消災延福壽。

《誦土地讚》再次頌揚四梵天王、二大護法（圖版16）：

嚧嚟逸㘚、弥訶逸㘚、業縛㘚逸㘚、嗳，娑㘚逸㘚、［能］，遏素思嗳悉啼昀思婆娑鄰度師阿孚林度師

○沃速地沃速地穫隣色，天仙地眾，味嗦皎明使，四［梵］天王：吒縛逸、彌訶逸、耶俱孚、弗哩悉特健。土地靈相，善神稜色，有礙無礙，呵護正法，弗悉裡渾奴沙岸。

四梵天王實即西方資料中的四大天使：嚧嚟逸㘚對應拉法葉爾（Rafael）；弥訶逸㘚對應米迦勒（Michael）；噗嚟囉逸㘚對應加百列（Gabriel）；娑囉逸㘚對應沙逆夜（Sǝrael）。他們經常與護法明使耶俱孚一起出現。四梵天王的研究見第6章。霞浦謝氏法師保存的清乾隆五

十一年（1786）《吉祥道塲門書》抄本中奉請的"明門一切諸佛等眾"中，列在"末秦明皎使者"前面的是"俱乎聖尊"，[1]"末秦明皎使者"可能為"末秦皎明使者"之誤，當即"味嗦皎明使"，"俱乎聖尊"當即"耶俱乎大將"。"聖尊"也見於《下部讚》中《歎明界文》："光明世界諸聖尊，遠離懷胎无聚散；遍國安寧無驚怖，元无怕懼及荒乱。"[2]"聖尊"即居住在明界的神明。耶俱乎的大名從唐代敦煌一直傳播到當代霞浦，他究竟是何方神聖？

筆者在2009年對霞浦文書的介紹中，轉述恆寧的意見："耶俱乎"是以撒次子雅各（Jacob）之名的音譯，限於篇幅，未及展開。[3]楊富學先生指出："雅各之名，又見於陝西盩厔出土《大秦景教流行中國碑》右側第1行，寫作'耶俱摩'。若僅從發音來看，將耶俱乎/耶俱摩與 Jacob 等同，並無不妥，然慮及耶俱乎與雅各之身份差異，這種觀點就難以成立了。"楊先生在概述了《聖經·創世記》中的雅各故事後指出："這裡的雅各似乎與霞浦摩尼教文獻中的俱乎/耶俱乎所具有的元帥與頭首大將身份方枘圓鑿，不相契合，故在耶俱乎與雅各間劃等號，有所不妥。耶俱乎者，依 Mikkelsen 之見，當為中古波斯語與帕提亞語 y'kwb 和 y'qwb 之音譯。德金則進一步認爲，y'kwb 和 y'qwb 意為'天使'，係閃米特語（Semitic）之寫法。"[4]

米克爾森（Gunner B. Mikkelsen）先生之見完全正確。他編撰的《摩尼教漢文文獻詞典》中音譯漢字的發音均採用蒲立本1991年出版的《早期中古漢語、晚期中古漢語、早期官話構擬發音的詞彙》晚期中古漢語的註音，簡寫 LMC（Late Middle Chinese），然後註明相應的中古波斯語（簡寫 MP）、帕提亞語（簡寫 Pth.），"耶俱乎"條寫道："耶俱乎 Yejufu

〔1〕陳進國、林鋆：《明教的新發現——福建霞浦縣摩尼教史跡辨析》，載《不止於藝》，北京大學出版社，2010 年，頁 377。

〔2〕第 333 頌，見芮傳明：《東方摩尼教研究》，上海人民出版社，2009 年，頁 414。芮傳明先生以此書相贈，特此致謝。

〔3〕Ma Xiaohe, "Remains of the Religion of Light in Xiapu County, Fujian Province", 載《歐亞學刊》，第 9 輯，2009 年，頁 95—98、106—107，註 40。

〔4〕楊富學：《〈樂山堂神記〉與福建摩尼教——霞浦與敦煌吐魯番等摩尼教文獻的比較研究》，載《文史》2011 年第 4 輯，頁 150。芮傳明先生將此文的電子版發給我參考，特此致謝。

（LMC. Jia–kyǎ–fjy ǎ/fuǎ）< Pth./MP. *y'kwb, y'qwb*（*yākōb*）'Jacob'
(?)。…… Henning apud Tsui 1943: 216 note 3."[1]中古波斯語與帕提亞
語 y'kwb 和 y'qwb 本身就是 Jocob 的音譯，他在參考文獻中就引用了恆
寧為《下部讚》英譯本寫的註釋，説明他完全同意恆寧以"耶俱孚"為
Jocob 之音譯的意見。

德金的意見也完全正確："'Yaqob'. Semitic name of an angel."
"Yaqob"，一位天使的閃米特語名字。他也同意中古波斯語與帕提亞語
y'kwb 和 y'qwb 就是閃米特語 Yaqob 的譯音，只是雅各在摩尼教中古波
斯語與帕提亞語文獻中，已經從以色列人之祖演化為天使。限於字典條
目的篇幅，他無法詳細展開。但是他編撰的這本辭典，與其他摩尼教文
獻詞典一樣，不限於釋義，實際上是資料索引，例如：MP y'kwb M82 R
5=M235 V 1; RH(946) M647 + I V 5;…M4a II V 5;…M4b II V 7.
MPy'qwb M20 I R 1; M43 R 6; RH(949) M647+ I V 8; M4a II V 20; M4b
II V 1; M4b II V 19…[2]本文即運用這一工具書，分析了這些文獻，並進
而分析此詞典未收的一些資料，來確定耶俱孚的來龍去脈。

本文首先追溯天使雅各之根源實為《舊約》中以色列人之祖雅各。
其次探索天使雅各在猶太教文獻、法術與靈智派（Gnosticism）文獻中
的流變。然後論證漢文摩尼教文獻中的耶俱孚相應於《九姓回鶻可汗碑》
粟特文碑文和摩尼教伊朗語、回鶻語文獻中的天使雅各。最後對諸種資
料做一總結，以就正於楊富學先生及諸位對霞浦文書感興趣的學者。

〔1〕*Dictionary of Manichaean texts in Chinese*, by Gunner B. Mikkelsen. Turnhout : Brepols ; NSW,
Australia : Ancient History Documentary Research Centre, Macquarie University, 2006, p.108；註音均採
自：Pulleyblank, Edwin G., *Lexicon of reconstructed pronunciation in early Middle Chinese, late Middle
Chinese, and early Mandarin*, Vancouver : UBC Press, 1991. 高本漢（B. Karlgren）、周法高、潘悟雲諸
位對中古音的構擬，可在潘悟雲先生主持的網站上通過"中古音查詢"獲知（網址：
http://www.eastling.org/），在此不贅。
〔2〕*Dictionary of Manichaean Middle Persian and Parthian*, by Desmond Durkin-Meisterernst,
Turnhout, 2006, p.372.

7.1　猶太人之祖雅各

Jacob，通常音譯為"雅各"，在猶太教、基督教、靈智派（Gnosticism）、摩尼教中可能指不同的人物或神，需要仔細辨析。摩尼教帕提亞文文書 M132與 M5861講到耶穌在羅馬總督彼拉多面前受審的故事：

> 聖者（乃）無罪，當他被陷害並被帶到大總督彼拉多面前時。
> 彼拉多（……）問道："你真是雅各（y'kwb）家和以色列人的王嗎？"
> 正義的解釋者回答彼拉多："我的國不屬這個世界。"[1]

這裡的雅各是《舊約》人物，希伯來文寫作 יַעֲקֹב（Yaqob），希臘文寫作 Ἰακώβ。《聖經》的《創世記》故事中，亞伯拉罕為猶太人的始祖，其子以撒生孿生子以掃和雅各，雅各為以色列人第三代祖宗。雅各青年時曾以一杯紅豆羹從以掃那裏換得長子名分，後來又騙取其父的祝福。為此以掃想要殺了雅各。雅各於是逃往舅舅家，他在途中夢見天梯，有神的使者在梯子上，上去下來；耶和華站在梯子以上，說：自己是亞伯拉罕和以撒的神，要將雅各現在所躺臥之地賜給雅各及其後裔。這個故事對於他以後被神化為天使甚為重要。

雅各到了巴旦亞蘭，在那裡娶妻，生了12個兒子，傳為猶太十二部族之祖。他後來重回故土，雅各將他的全家送過了雅博渡口，只剩下他自己一人，有一個人和他摔跤，直到黎明。那人見自己勝不過他，就將他的大腿窩摸了一把；雅各正與那人摔跤的時候，他的大腿窩就扭了。那人要走，雅各說，你若不給我祝福，我就不讓你去。那人給他改名為以色列。雅各給那地方起名叫毗努伊勒，因為他面對面看見了天使，性命仍得保全。[2]雅各途中與天使摔跤的故事對於他後來被神化為天使也

---

〔1〕Enrico Morano, "My Kingdom is not of this world: revisiting the great Parthian Crucifixion hymn", European Conference of Iranian Studies (3rd : 1995 : Cambridge, England), *Proceedings of the Third European Conference of Iranian Studies : held in Cambridge, 11th to 15th September, 1995*, Societas Iranologica Europaea, Wiesbaden : Dr. Ludwig Reichert Verlag, 1998, pp.133, 135–136. 帕提亞文文書 M132ab seite 1 見: http://www.bbaw.de/forschung/turfanforschung/dta/m/images/m0132ab_seite1.jpg. 這裡的描述與今本《新約》略有不同。《約翰福音》18：33–36 寫道：彼拉多對耶穌說："你是猶太人的王嗎？"耶穌回答說："我的國不屬於這世界。"

〔2〕《聖經·創世記》28、32，新標準修訂版、簡化字和合本，2006年，頁 42、51。

甚有關係。雅各路經以東時，同以掃和解，晚年由其子約瑟接到埃及，後死於埃及。

雖然有上面引述的兩個神話，《舊約》的《創世記》中的雅各畢竟是人不是神，因此《下部讚》與霞浦文書中的耶俱孚並非此雅各，卻又與此有淵源關係。因為正是此雅各被神化為天使以後，融入摩尼教，成為護法明使。

7.2　希臘文《約瑟禱文》

《約瑟禱文》於西元1世紀以阿拉姆文或希臘文寫成，以《創世記》第48章為基礎，記載化身為天使的雅各跟天使烏列因天堂的職級而起紛爭的故事。只有希臘文的斷片留存在俄雷根（Origen，約185—254）的著作中，其《評約翰福音》II,31，§188﹣190寫道：

> 如果有人接受流傳在希伯萊人中的次經《約瑟禱文》，那麼他會發現這個清楚明白的教義：那些自始擁有高於人類品性、遠遠優於其它靈魂的聖靈是從天使降生為人類的。至少雅各說：“對你說話的人是我雅各，即以色列，上帝的天使和守護神（πνεῦμα ἀρχικόν）。亞伯拉罕和以撒是在萬物之前造就的。我是雅各，人稱我雅各，但我的名字是以色列，是神稱為以色列的人，即‘見神者’，因為我是在上帝給予生命的一切生靈中頭一個出生的。”
>
> 他又說：“當我來到敘利亞的美索不達米亞時，神的天使烏列出來說，我降臨在地上，我居住在人類中間，我被命名為雅各。他心懷妒嫉，與我格鬥，與我摔跤，說他的名字排在我的名字與每一個天使的名字前面。我向他提到他的名字，以及在他在神子當中的排名：‘你不是烏列，排在我後面的老八嗎？我以色列不是主的大力的天使長（ἀρχάγγελος）和神子中的將領（ἀρχιχιλίαρχος）嗎？我不是以色列——神面前的第一

·歐·亞·歷·史·文·化·文·庫·

大臣嗎？我不是以我主的不朽之名呼喚他的嗎？'"[1]

在《約瑟禱文》中，以色列是這位天使的名字，雅各是其俗名，不過在摩尼教與希臘文獻中，天使的名字就叫雅各。在《舊約》的《創世記》中，與雅各摔跤的天使並無姓名，在其他資料中，大多數以米迦勒、加百列或麥達昶（Metatron）的名字出現。在《約瑟禱文》中，雅各的頭銜之一為天使長，即米迦勒的頭銜（《舊約》中《但以理書》12.1）。雅各的另一個頭銜"將領"具有軍事含義，也類似於米迦勒的另一個頭銜"[天軍的]元帥"（ἀρχιστράτηγος，《但以理書》8.11）。雅各的這兩個頭銜一直流傳了下來。

7.3　希臘文咒文與護身符

雅各作為天神也出現在符咒當中，這對我們理解霞浦文書中的耶俱孚至為重要。普雷森丹主編的《希臘文紙草紙符咒》中有一些祈求天神雅各的符咒。在咒文《達達諾斯之劍》中，說明怎樣製作護身符：用一塊磁石，在上面鐫刻一尊阿佛洛狄特（Ἀφροδίτη）像，其下鐫刻一尊厄洛斯（Ἔρως）像。在厄洛斯下面須鐫刻一些名字，包括主（Ἀδωναῖε）、雅各（Ἰακὼβ）和伊奧（Ἰάω）。護身符的反面鐫刻擁抱的厄洛斯與普緒客（Ψυχή）。[2] 1930年曾刊佈過一枚這樣的護身符，上面鐫刻著雅各

---

〔1〕*Commentary on the Gospel according to John*, Origen; translated by Ronald E. Heine. Washington, D.C.: Catholic University of America Press, 1989—1993, (*Fathers of the church*; v. 80) v.1, pp.145–146.俄雷根在《慕善集》XXIII, 15 和 19 中也引用過《約瑟禱文》片段，可參閱：Origen,*The Philocalia of Origen*, the text revised with a critical introduction and indices by J. Armitage Robinson, Cambridge（Cambridgeshire）: University Press, 1893, p.203f.

〔2〕*Papyri graecae magicae : die griechischen Zauberpapyri*, herausgegeben und übersetzt von Karl Preisendanz. Stuttgart : Verlag Teubner, 1973—1974, v.1, p.126 (Papyrus IV, lines 1735—1737). *The Greek magical papyri in translation, including the Demotic spells*, edited by Hans Dieter Betz, Chicago : University of Chicago Press, 1992, v.1, p.69.阿佛洛狄特（Aphrodite）是愛與美的希臘女神，相當於羅馬神話中的維納斯。厄洛斯（Eros）是希臘的愛神。主（Adonai）是誦讀希伯來文《聖經》時用以代替不得直呼的耶和華。伊奧（Ἰάω）是亞和華的希臘文形式，或者神智派、法術文書對神的稱呼。普緒客（Psyche）是人類靈魂的化身，以少女形象出現，與愛神厄洛斯相愛。

（Ἰακωβ）的名字。[1]另一個例子是一枚護身符（Newhall Collection No. 35），反面銘刻著：IAKΩB/ AKOYBTA/ IAΩ/BEPΩ/，刊佈者尤鐵釋讀、翻譯為：雅各/像/耶和華/其子，將 AKOYBTA/IAΩ/解釋為"上帝之形象"。[2]邦納指出，猶太人之祖亞伯拉罕、以撒和雅各的名字出現在一些法術書中，但是很少出現在護身符上，他認為，沒有足夠的語言學證據可以假設上述護身符可以解釋為"雅各，耶和華的形象：他的兒子"，ακουβτα 與 βερω 僅僅是咒語（voces magicae）而已。[3]甘斯奇尼茲（Ganschinietz）指出，在一些資料中，雅各（Ἰακωβ）與神聖的名字伊奧（Ἰαω）結合在一起（可能意味著雅各的天神性質），比如：P. Paris 1736上有 Ἰακωβιαωη，P. Paris 1803上有 Ἰακωβ' ιαω，P. Paris 224上有 Ἰακουβιαι，P. Mimaut 上有 Ἰακουβια，以及 P. Lugd. J. 384上有 Ἰαια Ἰακουβια。[4]其他還有一些資料中的雅各也可能是天使雅各：在一份愛情魔法文書上 Ἰακουβ 出現在眾神的名單上；在大巴黎法術紙草紙上 Ἰακωπ 是眾神之一。[5]古迪納夫認為，有一枚顯示哈耳波克剌忒斯（Harpocrates）、太陽、月亮、一條蛇、一個木乃伊的複雜的護身符反面寫著 Iakoubai，很難想像除了雅各還有什麼其他名字能成為此詞的根據。[6]有足夠的證據說明，雅各早在猶太教法術中就已經與其他神一起成為人們祈求的對象，他傳入中國文化以後成為護法明使耶俱乎，出現在《興福祖慶誕科》中《誦土地讚》的一連串音譯詞彙中，猶如咒語，

---

[1] Mouterde, R., "Le Glaive de Dardanos: Objets et inscriptions magiques de Syrie," *Mélanges de l'Université Saint-Joseph* 15:3 (1930), esp. pp.56f.

[2] Youtie, Herbert C., "A Gnostic Amulet with an Aramaic Inscription", *Journal of the American Oriental Society,* V.50 (1930), pp.214–220.

[3] Bonner, Campbell, *Studies in magical amulets, chiefly Graeco-Egyptian.* Ann Arbor, University of Michigan Press, 1950, p.171.

[4] Pauly-Wissowa, *Real-encyclopädie*, Vol. IX:1, cols.623f.

[5] *Papyri graecae magicae : die griechischen Zauberpapyri*, herausgegeben und übersetzt von Karl Preisendanz. Stuttgart : Verlag Teubner, 1973—1974.v.2, p.29, v.1, p.118 (Papyrus VII, line 649; IV, line 1377). *The Greek magical papyri in translation, including the Demotic spells*, edited by Hans Dieter Betz, Chicago : University of Chicago Press, 1992, v.1, pp.136, 64.

[6] Goodenough, Erwin Ramsdell, *Jewish symbols in the Greco-Roman period*, New York : Pantheon Books, 1953—1968, v.2, p.274.哈耳波克剌忒斯是希臘神，出自古埃及太陽神何露斯（Horus）。

就沒有什麼不可思議了。

對於猶太教中天神雅各的研究引發了博赫里格重新考慮科普特文《拿戈·瑪第文集》的《埃及人福音》中的 Ἰάκωβος/Ἰακὼβ。

7.4 科普特文《埃及人福音》

《埃及人福音》有兩個科普特文版本，分別出自抄本 III 和 IV，是分別從希臘文翻譯過來的。這篇作品描述了塞特派神話類型的靈智主義，可分為4部分：（1）講述屬天世界的起源；（2）討論了塞特族類的起源、蒙保護和得救；（3）頌詩；（4）總結了塞特一族並交代這部作品的流傳經過。我們要討論的部分出自第2部分（III55,16－66,8相當於IV67,2－78,10）：因爲撒卡拉及眾執政掌權者的狂傲和敵意，塞特自天而降，披戴耶穌作為血肉外衣，為自己的兒女成全了救恩。向塞特族顯現的諸神中有一位在中譯本中翻譯為“偉大的雅各（James）”。[1]博赫里格等在1975年出版的原文轉寫及英譯《埃及人福音》中，將 III 64,12的此名轉寫為 iakwbos＝Ἰάκωβος，將 IV 75,28的此名轉寫為 iakwb ＝Ἰακὼβ。博赫里格等在導言中指出，兩個本子的專用名詞結尾有時不同，III 作“偉大的 James”，而 IV 作“偉大的 Jacob”。雖然在《新約》裡希臘文結尾只用於當代人名，'iakwb 則指以色列人之祖，這裡不當指Jacob。[2]因此，楊克勤先生翻譯為雅各（James）符合1975年版的原意。

但是，博赫里格對於此處出現的到底是《新約》的雅各（James），還是《舊約》的雅各（Jacob），放不下心來，遂於1978年發表文章討論這一問題。不僅兩個抄本的寫法不同，更大的困難是此處並不寫作“義人雅各(James the Righteous)”，而寫作“偉大的雅各(the great Jakobos)”，這或許可以解釋為他被升格進入更高的世界，特別是《新約》還提及一個“幼雅各（James the Less）”。考慮到靈智派中雅各（James）的重要

---

〔1〕羅賓遜·史密夫編，楊克勤譯：《靈智派經書》卷中，漢語基督教文化研究所，2000 年，頁44。

〔2〕*Nag Hammadi codices III,2 and IV,2 : The Gospel of the Egyptians (The Holy Book of the Great Invisible Spirit)*, edited with translation and commentary by Alexander Böhlig and Frederik Wisse, in cooperation with Pahor Labib, Leiden : Brill, 1975, pp.16, 148–149.

性，他升入拯救者的行列並不令人吃驚。《拿戈·瑪第文集》的《多馬福音》第12節曰："耶穌說：'無論你們在何處，你們都要到義人雅各（James the righteous）那裡去。天地是因他的緣故被造的。'"《拿戈·瑪第文集》包括《雅各密傳》（The Apocryphon of James）和兩種《雅各啟示錄》（Apocalypse of James）。但是，也可能抄本 III 的抄寫者不理解原文，誤將《新約》雅各（James）取代了《舊約》雅各（Jacob）。總之，校勘無法決定兩種抄本的不同寫法孰優孰劣。但是，摩尼教關於天使雅各的記載使博赫里格產生了新的思路。[1]如果將《埃及人福音》中的雅各（Ἰακὼβ）視為天使雅各，則各種疑惑迎刃而解，可以與摩尼教中的天使雅各互相印證。根據奈迪木的《群書類述》記載，摩尼所著《秘密法藏經》第3部分可能就把天使雅各的故事融入了摩尼自己的宗教神話中去了。[2]

7.5 《九姓回鶻可汗碑》粟特文殘片和中古波斯文祈禱文

天使雅各在摩尼教中是一種勇武的象徵。漠北唐代舊回鶻首府哈喇巴喇哈遜（黑虎城）附近的《九姓回鶻毗伽可汗碑》的粟特文部分只剩下半塊稍多點，吉田豐先生進行了新的釋讀，其編號第2殘片第14行（總第17行）描寫一位可汗的勇武：

……他是使自己［具備］天使雅各（y'kwβ βr'yšt'k）品性的統

　　〔1〕Böhlig, A., "Jacob als Engel in Gnostizismus und Manichäismus," in *Erkenntnisse und Meinungen*, Hrsg. von Gernot Wiessner, Wiesbaden : O. Harrassowitz, 1973, v.2, pp.2–3. Böhlig, A., "Jacob as an angel in Gnosticism and Manichaeism", *Nag Hammadi and gnosis: Papers read at the First International Congress of Coptology*, (*Cairo, December 1976*), edited by R. McL. Wilson, Leiden: Brill, 1978, pp.122–123. 參閱羅賓遜·史密夫編，楊克勤譯：《靈智派經書》，漢語基督教文化研究所，2000年，卷上，頁 156、35–46；卷中，頁 96–118。

　　〔2〕Ibn al–Nadīm, Muḥammad ibn Isḥāq, *The Fihrist of al-Nadīm : a tenth-century survey of Muslim culture*, Bayard Dodge, editor and translator, New York : Columbia University Press, 1970.v.2, pp.797–798. *Manichaeism*, Michel Tardieu ; translated from the French by M.B. DeBevoise, Urbana, Ill.: University of Illinois Press, 2008, pp.38–39.

治者……[1]

βr'yšt'k 也寫作 fryšty(y)，與中古波斯文 frystg 類似，有"使徒"與"天使"兩種詞義[2]；在此意為"天使"。摩尼教不僅把回鶻可汗比作天使雅各，而且祈禱天使雅各保佑回鶻可汗。中古波斯文文書 M43 是一份為高昌回鶻（850—1250）可汗祈禱的文書，殘存部分翻譯如下：

[1]……他們（諸神）永遠保佑東方之王、我們神聖的可汗，以及光明家族。

你，（噢國王），生活在健康與幸福之中，在和平與幸運之中。你萬壽無疆，強壯、榮耀和勇敢。出自上帝之道的強者（nyrwg'wynd yzd w'c'fryd）、群雄統帥（gwrd'n *phlwm srhng）、善戰者（rzmywz）、勇士（hwnr'wynd）、

[2]天使長雅各（y'qwb wzrg frystg）和強大的榮耀和神靈祝福你，統治者，著名的國王，被加冕者！

[3]神聖的可汗，闕（Kül）聖智可汗：新的康樂增長……[進一步的和平]和新的幸運。吉兆和新的勝利……降臨……諸神、神靈和天使成為你的保護者和保衛者。他們會賜予你和平。你的王

---

[1] Yoshida, Yutaka, "Some new readings of the Sogdian version of the Karabalgasun Inscription," *Documents et archives provenant de l'Asie Centrale : Actes du colloque franco-japonais, Kyoto (Kyoto International Conference hall et Univ. Ryukoku), 4–8 octobre 1988*, édités par Akira Haneda. Kyoto : Association Franco-Japonaise des Études Orientales, 1990,p.121. Moriyasu, Takao, Yutaka Yoshida, Akio Katayama, "Qara-Balgasun Inscription," 森安孝夫編：《モンゴル國現存遺跡・碑文調查研究報告》，中央ユーラシア學研究會，1999年，頁 215。吉田豐認為，這位可汗是回鶻帝國第七位可汗，即骨咄祿（795—805），但是此碑上諸可汗之勘同有不同意見，需另作研究，在此不贅。

[2] Gharib, B., *Sogdian dictionary : Sogdian-Persian-English*, Tehran : Farhangan Publications, 1995, #2720, 3968 (pp.107, 157).

位永固。多年生活在無盡的歡樂之中，永遠幸福……[1]

加爾迪茲（Gardizi，約卒於1061年）書中說：回鶻可汗信奉摩尼教中的"電那勿"（Dinaver）派。城裡也有基督教徒、二元論者和佛教徒。回鶻居民中有一大部分還信仰摩尼教。他說："在宮廷大門附近，每天都聚集三四百電那勿教派的信徒，大聲誦讀摩尼著作，然後向國王致敬。完後散去。"[2]他們每天在宮廷大門附近向可汗致敬時，就可能誦讀中古波斯文文書M43這樣的祈禱文。

7.6　摩尼教伊朗語讚美詩

瑞克（Christiane Reck）綴合中古波斯語文書 M196、M299e、M647、M2303，釋讀與德譯了一首摩尼教讚美詩，其中寫道：

首先雅各（y'kwb），強大的天使長（wzrg prystg 'y qyrdg'r），阿爾蘇斯，瑪律蘇斯，納爾蘇斯，納斯提庫斯，雅各（y'qwb）和卡弗蒂努斯（qptynws），薩倫杜斯和阿赫倫杜斯，塞特（syt）和巴西穆斯，勇敢的牧人們（šwb'n'n nyw'n）。強大的群體（zwrmnd'n）［　　］［　米］迦勒（myx'yl）[3]

《下部讚》中《歎諸護法明使文》中的"劫傷怒思"（第205頌）當

〔1〕Müller, F. W. K., *Handschriften-Reste in Estrangelo-Schrift aus Turfan, Chinesisch-Turkistan*, Part 2, Berlin, 1904 (Abhandlungen der Königlich Preussischen Akademie der Wissenschaften aus dem Jahre ...1904), 78. *A Reader in Manichaean Middle Persian and Parthian : texts*, with notes by Mary Boyce, Téhéran : Bibliothèque Pahlavi : Leiden : Diffusion, E.J. Brill, 1975. Text dw (pp.193–194). *Gnosis on the Silk Road : Gnostic texts from Central Asia*, translated & presented by Hans-Joachim Klimkeit, (San Francisco, Calif.) : HarperSanFrancisco, 1993, p.158. Böhlig, A., "Jacob als Engel in Gnostizismus und Manichäismus," in *Erkenntnisse und Meinungen*, Hrsg. von Gernot Wiessner, Wiesbaden : O. Harrassowitz, 1973, v.2, pp.12–13. Böhlig, A., "Jacob as an angel in Gnosticism and Manicheism", *Nag Hammadi and gnosis : Papers read at the First International Congress of Coptology, (Cairo, December 1976)*, edited by R. McL. Wilson, Leiden : Brill, 1978, p.129. Klimkeit 將"出自上帝之道（created by the Word of God）"等語理解為對可汗的頌詞，本文採用 Böhlig 的理解，將其視為對雅各的描述。

〔2〕耿世民：《阿拉伯和波斯史料中的高昌回鶻王國（9—10世紀）》，載《維吾爾與哈薩克語文學論集》，中央民族大學出版社，2007年，頁77。耿世民先生以此書相贈，特此致謝。

〔3〕Reck, Christiane, *Gesegnet sei dieser Tag: manichäische Festtagshymnen : Edition der mittelpersischen und parthischen Sonntags-, Montags- und Bemahymne*, Turnhout : Brepols, 2004, pp.159–160.

即 qptynws 的音譯；而 "守牧者"（第186頌）、"牧主"（第211頌）與 šwb'n
（複數 šwb'n'n）意思類似。中古波斯文文書 M20是一份奉請天神的文
書，與此類似，比較破碎，殘存四節，其第一節曰：

　　……天使雅各（y'qwb prystg）、天神巴－西穆斯、強大的神卡
　弗蒂努斯（qptynws）、拉法葉爾（rwp'yl）、加百列（gbr'yl）、米
　迦勒（myx'yl）、沙逆夜（sr'yl）、納爾蘇斯、納斯提庫斯……[1]

　　與這份文書內容相似而保存較好的是中古波斯文文書 M4a II－
M4b II，殘存17節，漢譯其第4—7、9、13—14、16節如下：

　　[4] 我讚美摩尼神（by m'ny），上帝，

　　　　我崇拜你的偉大、光輝榮耀，

　　　　我祈禱聖靈，

　　　　以及榮耀與強大的天使們。

　　[5] 讚美強大的天使們！他們會保護

　　　　[清淨之教]，

　　　　他們會征服（w'n'nd 'w）

　　　　那些攻擊真理之徒（wzyndg'r'n 'y r'sty<u>h</u>）。

　　[6] 充滿智慧的天使、可愛的神祇、

　　　　容貌*美麗、

　　　　名聲遠揚的強大之神——弗雷唐王（prydwn š'h），以及

　　　　雅各勇士（y'kwb nrym'n），

　　　　他們會保護聖教、我們、孩子們！

　　[7] 我們全體的讚美和頌揚會

　　　　被這三個神祇所接受，

---

〔1〕Müller, F. W. K., *Handschriften–Reste in Estrangelo–Schrift aus Turfan, Chinesisch–Turkistan*,
Part 2, Berlin, 1904 (Abhandlungen der Königlich Preussischen Akademie der Wissenschaften aus dem
Jahre ...1904), 45. *A Reader in Manichaean Middle Persian and Parthian : texts*, with notes by Mary
Boyce, Téhéran : Bibliothèque Pahlavi : Leiden : Diffusion, E.J. Brill, 1975, Text du (p.192). *Gnosis on
the Silk Road : Gnostic texts from Central Asia*, translated & presented by Hans–Joachim Klimkeit, San
Francisco, Calif.: HarperSanFrancisco, 1993, p.160. 圖版見：http://www.bbaw.de/forschung/turfanfor
schung/dta/m/images/m0020_seite1.jpg.

那樣在這個日子和（這個）歡樂的時刻

他們就會給我們力量和實力。

［9］巴－西穆斯祈禱文：

我崇拜巴－西穆斯和雅各（y'qwb）

讚頌巴……

這樣他們會增加……

［帶著］歡樂全新……這整個社區。

密赫爾神（myhryzd），（我們的）父親們的拯救者，

以及勇敢的弗雷唐和所有的天使。

他們會保護和照顧清淨之教

及其有福之首、善名之主。

［13］我崇拜神靈雅各天使（by y'qwb prystg），

以及榮耀者、大力者和勇敢的精靈，

他們會以（其）大力保護我們，

裡裡外外引領我們。

［14］我快樂地崇拜強大的力量，

天使雅各（y'kwb prystg），眾天使的首領（s'r'r 'y prystg'n）；

從整個神聖教會收到

全新的祝福，和強力的讚頌！

［16］新的力量會來自天使雅各（y'qwb prystg），

新的歡樂來自所有的天使！

這片土地會受到新的幫助，

他們（天使）會把它引向新的和平。[1]

弗雷唐是《阿吠斯陀》中的思賴陶納（Thraētaona），被認為是醫神之首。在此詩中，他與摩尼、雅各一起被稱為"三個神祇"。nrym'n 此處可能是形容詞，意為"男子氣慨的、勇敢的"；也可能用作人名。密赫爾神在中古波斯文摩尼教文書中指活靈（the Living Spirit），漢譯淨風。

恆寧綴合中古波斯文書 M83 I V, M82 R 和 M235成一首幾乎完整的讚美詩，每頌的第1個字母與阿拉姆文字母表順序一致，讚美諸神、天使和摩尼教團。其第2節寫道：

[2]（g）警醒的牧人（gyhb'n wygr'd）卡弗蒂努斯（kftynws），首領（s'r'r）、

（d）勇敢仁愛的（dwš'rmygr 'y nyw）雅各勇士（y'kwb nrym'n），

（h）被寬恕的勇敢的光明分子之社團，

（v）被選中者的強大社團與和平的全體教徒，

（z）你們的力量通過慈父——蔡宛神（zrw'n）而增長；

---

〔1〕Müller, F. W. K., *Handschriften-Reste in Estrangelo-Schrift aus Turfan, Chinesisch-Turkistan*. Part 2. Berlin, 1904 (Abhandlungen der Königlich Preussischen Akademie der Wissenschaften aus dem Jahre ...1904), pp.55–59. *A Reader in Manichaean Middle Persian and Parthian : texts*, with notes by Mary Boyce, Téhéran : Bibliothèque Pahlavi: Leiden : Diffusion, E.J. Brill, 1975, Text dt (pp.190–191). *Gnosis on the Silk Road: Gnostic texts from Central Asia*, translated & presented by Hans–Joachim Klimkeit, San Francisco, Calif.: HarperSanFrancisco, 1993, pp.159–160. Lieu, Samuel N. C., *Manichaeism in Central Asia and China*, Leiden; Boston: Brill, 1998, p.207. Skjærvø, P. O. 1995. "Iranian epic and the Manichaean *Book of Giants*. Irano-Manichaica III", *Acta orientalia Academiae Scientiarum Hungaricae*, XLVIII (1–2), 1995, pp.210–212.

圖版見：http://www.bbaw.de/forschung/turfanforschung/dta/m/images/m0004a_seite2.jpg; http://www. bbaw. de/ forschung/turfanforschung/dta/m/images/m0004b_seite2.jpg.

（h）它（力量）總是被整個偉大的（諸神世界）所讚美。[1]

《下部讚》中《歎諸護法明使文》中的"守牧者"（第186頌）、"牧主"（第211頌）與 gyhb'n 意思類似。wygr's-（過去分詞 I 型 wygr'd）意為"醒"。蔡宛神是摩尼教的最高神。

7.7　粟特文書信和回鶻文書信、祈禱文

吐魯番新出摩尼教粟特文書信 A（81TB65:1）是年終年初之際，東方教區的一個教團首領夏夫魯亞爾·扎達古拂多誕發給東方教區的馬爾·阿魯亞曼·普夫耳慕闍，向他問候、致敬的信件。第73—83行寫道：

> 由無比的不能並列的［王……］諸神之王蔡宛神（'zrw'），由三常［五大］，由二（光輝）明船，［由］擁有六柱王權的［諸神］，由給予生命的王夷數，進而由三世諸佛，還由天使雅各（y'kwβ）、教會的全部守護者、天使們、守護靈們，使［全教會］具備新的榮光和幸運，［新的喜悅］和滿足，新的利益和增大，宗教的新［擴大］和王國的平安，新的靈魂的［完成］，及身體的平安，特別是如諸神一樣的作爲主的主［人們的兩］類的人格。

關於雅各，吉田豊註釋道："y'kwβ fryšty（天使雅各）。作爲守護摩尼教的一種軍神的這個天使的由來和作用，Böhlig（1978）有詳細論述。此後陸續發表的相關資料有 Hamilton（1986，50）、吉田豊（1988，46）。回鶻文資料中（Zieme，1975a，1.513，Zieme 的 yngui 係誤讀）也出現雅各。他好像是非常普及、大衆化的神靈，在摩尼教的一些小型肖像畫中有描寫他的可能性，我們還沒有帶著這樣的問題意識去考察這些資

〔1〕Henning, W. B., "The Disintegration of the Avestic Studies", *Transactions of the Philological Society*, 1942, p.56. *A Reader in Manichaean Middle Persian and Parthian : texts*, with notes by Mary Boyce, Téhéran : Bibliothèque Pahlavi : Leiden: Diffusion, E.J. Brill, 1975, Text dgb (pp.176—177). *Gnosis on the Silk Road : Gnostic texts from Central Asia*, translated & presented by Hans-Joachim Klimkeit, San Francisco, Calif. : HarperSanFrancisco, 1993, pp.159—160. Lieu, Samuel N. C. *Manichaeism in Central Asia and China*, Leiden ; Boston : Brill, 1998, p.128. 文書 M82 R 見：http://www.bbaw.de/forschung/turfanforschung/dta/m/images/m0082_recto.jpg .

·歐·亞·歷·史·文·化·文·庫·

料。"[1] 本文即帶著這樣的問題意識考察這些及其他資料的一個嘗試。

博赫里格（A. Böhlig）1978年的論文已經引用過，實際上是本文追本溯源的主要參考文獻，吉田豐1988年的論文[2] 關於哈喇巴喇哈遜（黑虎城）附近的《九姓回鶻毗伽可汗碑》的粟特文部分的研究，上文已經根據其1990年、1999年的研究做了介紹，在此不再重復。

漢密爾頓（J. Hamilton）1986年出版的《九—十世紀敦煌回鶻文獻彙編》刊佈了 Pelliot Chiois 3049，有5篇文獻，其中48—54行是一封信的一部分，可能是寫給一位特勤的，稱頌收信人像雅各天使（yakoβ frišti）一樣勇敢。信中與雅各一起提及的還有4位上界之神——光明之王（üzäki tort yaruq ellig täŋrilär）。[3] 筆者推測，這4位神靈可能就是上文說的四大護法：拉法葉爾、加百列、米迦勒和沙逆夜。

茨默（Peter Zieme）1975年出版的《摩尼文所寫摩尼教突厥語殘卷》刊佈了文書 T I D 3（M III Nr.29）和 T II 1398（Ch/U 6618），其中寫道：

　　並且願勇敢強大的天使們和偉大的神靈、德高望重的 yngui 天使（frišti）和所有的大天使，賜予（我們）力量和勝利！[4]

吉田豐認爲 yngui 為 yakoβ 之訛；這裡讚頌的也應該是耶俱孚。在吉田豐刊佈的吐魯番新出粟特文書信（81TB65:1）之後，普羅瓦西（Elio Provasi）重新研究了一份類似的吐魯番粟特文文書 M 6330（即 T II D 207），其中講到：

　　……主夷數（和）三際之五佛（pnc bwtyšṭ）。從天使雅各（y'kwb fryšṭyy）、教會的全部守護者們（和）王國的守護者們、光輝強大

---

[1] 吉田豐著、柳洪亮譯：《粟特文考釋》，載《吐魯番新出摩尼教文獻研究》，文物出版社，2000年，頁 11–12、25、73–76、150、184。感謝榮新江先生以此書相贈。參閱吉田豐英文打字稿，感謝林悟殊先生以此稿相贈。

[2] 吉田豐：《カラバルガスン碑文のソグド語版について》，載《西南アジア研究》28，1988年，頁 24–52。

[3] Hamilton, J. *Manuscrits Ouïgous du IXᵉ–Xᵉ siècle de Touen-houang*, 2 v. Paris, 1986, pp.40–41, 43–44, 50, 232, 259. 參閱 H.-J. Klimkeit, *Gnosis on the Silk Road*, New York, 1997, pp.371–372. 楊富學、牛汝極著：《沙州回鶻及其文獻》，甘肅文化出版社，1995年，頁 218–226。

[4] Zieme, P., *Manichäisch-türkische Texte*. Berlin, 1975 (BT V), p.54. 參閱榮新江主編，《吐魯番文書總目·歐美收藏卷》，武漢大學出版社，2007年，頁 380。王菲：《四件回鶻文摩尼教祈願文書譯釋》，載《西北民族研究》1999年第 2 期，頁 139-140。

的身披甲胄的大力者，以及（從）眾天使們、純潔而輝煌的榮光和守護靈們那裏，願新的祝福和讚美、新的榮光和幸運、新的喜悅和幸福、新的大力和力量、新的宗教擴大和信任降臨人間。……[1]

盧爾傑（Pavel B. Lurje）根據上述各種資料上，在其對粟特文文獻中人名的研究中寫道：*y'kwβ, yγqwb, yykwp/Yākōv, Ya'kōb/*雅各，摩尼教裏的天使。敍利亞文 *y'qwb/Ya'qōb/*出自古希伯來文。在摩尼教西中古伊朗語中作 *y'kwb*、*y'qwb*、*y'kwβ*、*y'qwp*，漢文作"耶俱孚"。[2]現在霞浦文書中反復出現耶俱孚，證明此神確實是非常普及、大眾化的神靈。

7.8　漢文《下部讚》中《歎諸護法明使文》

敦煌發現的《下部讚》中《歎諸護法明使文》題為"子黑哆忙你電達作有三疊"。第一疊有一頌說：

> 无上貴族輝耀者，盖覆此處光明群！
>
> 是守牧者警察者，常能養育軟羔子。

第二疊有一頌說：

> 尊者即是劫傷怒思，其餘眷屬相助者。
>
> 一切時中應稱讚，為是究竟堪譽者。

第三疊有三頌說：

> 既於明群充牧主，所有苦難自應防。
>
> 是開法者修道者，法門所至皆相倚。
>
> ……
>
> 既充福德驍踴者，實勿輕斯真聖教。
>
> 頭首大將耶俱孚，常具甲仗摧逆黨。
>
> 大雄淨風能救父，勑諸言教及戒約。

〔1〕Provasi, Elio, "New Persian Texts in Manichaean Script from Turfan", in M. Maggi & P. Orsatti (eds.), *The Persian language in history*, Wiesbaden, 2011, pp.170–172.

〔2〕P. B. Lurje, *Personal Names in Sogdian Texts*, Wien, 2010, #1487 (p.453). *Dictionary of Manichaean Sogdian and Bactrian*, by N. Sims-Williams and D. Durkin-Meisterenst, Turnhout: Brepols; NSW, Australia: Ancient History Documentary Research Centre, Macquarie University, 2012, p.226.

福德勇健諸明使，何故不勤所應事？[1]

"劫傷怒思"在《大正藏》中作"劫傷怒思"，林悟殊先生檢查原卷，以為"傷"當為"傷"之訛，在一次會議上告訴劉南強（Samuel N. C. Lieu）先生，旁邊的宗德曼（Werner Sundermann）先生提出，chieh-i-nu-ssu "劫傷怒思" 可能是天使 Kaftinus（中古波斯文 kftnyws，見 M20 I R 3）的譯音，後經劉南強先生複查原卷，加以肯定。[2]米克爾森、芮傳明等均接受這一釋讀。如果我們同意這是 Kaftinus 的譯音，那麼 "劫傷怒思" 缺少 t 音。檢查照片，覺得是否也可以考慮識讀為 "傷"。我們仍用蒲立本構擬的晚期中古漢語為此天使的名字註音。"傷"，《廣韻》他朗切，上蕩透。《集韻·蕩韻》："傷，真也。"[3]劫傷怒思 Jiedangnusi（LMC. kiap–tʰaŋˋ–nuɜˋ–sz）<伊朗語 kftynws/qpṭynws，讀若 kaftīnūs。

"守牧者""牧主"意思相當於 šwbʼn（複數 šwbʼnʼn，M196 I v 12）、gyhbʼn（M82 R 3=M235 R 12）。

7.9 結論

我們從5個方面對上述資料做一比較，論證耶俱孚即天使雅各。

7.9.1 護法明使

在《約瑟禱文》裡雅各被稱為 ἀρχάγγελος（天使長），《約瑟禱文》是較早使用這個術語的希臘文文獻之一。在中古波斯文文書中，雅各也被稱為 wzrg frystg，意為天使長（德文 Erzengel）。他也被稱為 sʼrʼr ʼy prystgʼn，意為 "眾天使的首領"。他也被簡單地稱為 frēstag，這並不意為 "使徒（apostle）"，也不是指摩尼的一個名叫雅各（James）的弟子，

---

〔1〕第 186、205、211、215、216 頌，見芮傳明：《東方摩尼教研究》，上海人民出版社，2009年，頁 402—405。

〔2〕Lieu, Samuel N. C. *Manichaeism in Central Asia and China.* Leiden；Boston：Brill, 1998.p.51.

〔3〕漢語大字典編輯委員會：《漢語大字典》卷 1，湖北辭書出版社、四川辭書出版社，1986，頁 190。

而是意為"天使（angel）"。[1]中古波斯文 frystg 也寫作 prystg, prystgrwšn
在《摩尼光佛教法儀略》中音譯"佛夷瑟德烏盧詵"，譯云"光明使者"，
指摩尼。[2]在《下部讚》中，耶俱孚是"護法明使"之一，在霞浦文書
中耶俱孚則被稱為"護法"或"聖尊"。

7.9.2　頭首大將

在《約瑟禱文》裡雅各還有一個帶有軍事意味的頭銜：ἀρχιχιλίαρχος，
意為"千夫長之首（chief chiliarch）"。χιλιαρχία 意為"千人隊"，χιλιάρχης
意為"千人隊指揮官"，相當於羅馬的 tribunus militum，即從年輕士兵
中選出來、在一年中任職兩個月的軍團司令官，後者又被稱為 χιλίαρχος。
[3]在中古波斯文文書 M43 中，雅各被稱為 gwrd'n *phlwm srhng, gwrd
（複數 gwrd'n）意為"英雄"，phlwm 意為"首席的、第一的"，srhng
意為"首領、指揮官"。[4]這個頭銜可能淵源於 ἀρχιχιλίαρχος, gwrd'n
意思與 χιλιαρχία 相近, gwrd'n srhng 意思與 χιλίαρχος 相近。同時，在《歎
諸護法明使文》中，"大將"可能譯自 srhng，"頭首"可能就是 phlwm
的意譯。到霞浦文書，這個頭銜被簡化成不那麼拗口的"大將"或"元
帥"。

7.9.3　摧逆黨

中古波斯文文書 M4a II－M4b II 說天使們"會征服（w'n'nd 'w）
那些攻擊正義之徒（wzyndg'r'n 'y r'styẖ）。"w'n-（主格第三人稱複數
w'n'nd）意思是"征服、進攻"，'w 意為"向"，r'styẖ 意為"正義、真
理"，'y 意為"的"，wzyndg 意為"傷害、損害"，wzyndg'r（複數 wzyndg'r'n）

---

[1]Böhlig, A., "Jacob als Engel in Gnostizismus und Manichäismus," in *Erkenntnisse und Meinungen* / Hrsg. von Gernot Wiessner. Wiesbaden : O. Harrassowitz, 1973, v.2, p.7. Böhlig, A., "Jacob as an angel in Gnosticism and Manicheism", *Nag Hammadi and gnosis: Papers read at the First International Congress of Coptology, (Cairo, December 1976)* / edited by R. McL. Wilson.　Leiden : Brill, 1978.p.126.

[2]見芮傳明：《東方摩尼教研究》，上海人民出版社，2009 年，頁 378。

[3]*Greek lexicon of the Roman and Byzantine periods (from B. C. 146 to A. D. 1100)*, By E. A. Sophocles, Boston : Little, Brown, and Company, 1870, pp.259, 1165.

[4]*Dictionary of Manichaean Middle Persian and Parthian*, by Desmond Durkin-Meisterernst; NSW, Australia : Ancient History Documentary Research Centre, Macquarie University, 2004, pp.167, 274,

欧·亚·历·史·文·化·文·库·

意為"攻擊者、傷害者",[1]《歡諸護法明使文》中的"摧逆黨"可能即其意譯。到了霞浦文書中,我們可以看到耶俱孚等護法與四梵天王的主要職責仍然是"禦怨敵""降魔"。

7.9.4 與劫傷怒思、四梵天王、淨風同時出現

瑞克綴合的那首中古波斯文讚美詩讚美了雅各(耶俱孚)與卡弗蒂努斯(劫傷怒思)、米迦勒,也可能讚美了其他三大天使,只是由於文書破損,無法確定(M2303、M299e、M196 I)。中古波斯文文書 M20讚美了雅各、卡弗蒂努斯和拉法葉爾(嚧嘮逸囉)、加百列(噤嘮囉逸囉)、米迦勒(彌訶逸囉)、沙逆夜(娑囉逸囉)等四大天使。M4a II-M4b II 也讚美了雅各、卡弗蒂努斯和米迦勒等四大天使,還讚美了密赫爾-亞茲德(淨風)。《下部讚》中《歡諸護法明使文》讚美了耶俱孚、劫傷怒思和淨風,不過沒有提及四梵天王。但是霞浦文書《興福祖慶誕科》的《請護法文》和《誦土地讚》則讚美了耶俱孚與四梵天王,可以與有關中古波斯文文書互相印證,從而進一步確定敦煌文書與霞浦文書中的耶俱孚都源自猶太教的天使雅各。

(原作《摩尼教耶俱孚考——福建霞浦文书研究》,載《中華文史論叢》,2012年第2期,頁285–308。)

---

[1] *Dictionary of Manichaean Middle Persian and Parthian*, by Desmond Durkin-Meisterernst; NSW, Australia : Ancient History Documentary Research Centre, Macquarie University, 2004, pp. 58, 94, 293, 335, 363.

8 從 “五明性” 到 “五明大供”

恒寧（Walter Bruno Henning，1908—1967）於1943年發表《〈大力士經〉考》，刊佈了中古波斯文文書 M101，a 到 n，以及 M911，這是一部寫本的15個殘片。他主要根據其內容，排列為 c–j–l–k–g–i–e–b–h–f–a–d–m–M911–n，認為前面6個殘片是摩尼教經典《大力士經》的殘片，e－b－h（第112 159行）可能是關於5種元素（即五明性）的討論，餘下的殘片（第160行到結束）是關於聽者的討論。[1]

1943年以來，對於《大力士經》的研究有兩個重大突破。一個突破，米利克（Jozef T. Milik，1922—2006）根據恒寧《〈大力士經〉考》的輯佚，經過比較，發現了死海古卷《巨人書》殘片，並確定其為摩尼撰寫《大力士經》的主要素材。好幾位學者在這個領域裡進行了不懈的努力，對巨人的故事有了比以前更清楚的認識，這為我們重新構擬 M101 c–j–l–k–g–i 的順序、理解其內容提供了基礎。另一個重大突破是宗德曼（Werner Sundermann，1935—2012）通過對中古波斯文文書 S52（S I 0/ 120）、粟特文文書 M7800等文書的研究，提出摩尼《大力士經》的內容很可能不限於大力士的故事，還應該包括從這些神話故事中引申出來的宗教教義，而這些教義的闡述相當接近於《惠明經》（Sermon of the Light-Nous）（《殘經》/ Traité 為其漢譯本）。他還刊出《〈惠明經〉——東傳摩尼教的一部說教作品：安息語和粟特語本》，為我們重新構擬

---

[1]Henning, W. B. "The Book of the Giants", *Bulletin of the School of Oriental and African Studies*, XI, 1943.

e-b-h 的順序、理解其內容提供了基礎。[1] 我們根據這些新研究，對 M101 的前9個殘片做了重新安排，將其視為一個文獻，可能是摩尼《大力士經》的原本或改寫本。關於殘片 c–j–l–k–g–i 的研究見附錄一，本文只研究殘片 b–e–h，照相見德國吐魯番文書網頁。[2]

從這3個關於五明性的殘片，聯想到福建省霞浦縣新出民間宗教文書《興福祖慶誕科》[3] 中的"五明大供"，遂結合起來做一分析。先著錄《興福祖慶誕科》中的"五明大供"，揭開其道教外衣；再簡單追溯摩尼教5種元素思想的起源，接著以吐魯番中古波斯文文書 M101 b–e–h 為主，分析摩尼教五明性教義的演變，提供一個宋摩尼教依託道教的實例。

8.1 《興福祖慶誕科》的"五明大供"

《興福祖慶誕科》為寫本，每2頁標1個數字，1至15共有15個數字，每個數字又分2頁，按照習慣，筆者將此2頁分別標註為 a 與 b。一共有30頁，最後2頁（15a、b）下部殘缺。這應該是每年陰曆2月13日慶祝林瞪（1003—1059）誕辰的科儀文書。林悟殊先生在近作中指出：陳姓法師存修的《興福祖慶誕科》等小冊子"不惟效法、演繹唐代摩尼教《下部贊》的表述模式，甚至直接取用其詩句，……蒙林鋆先生示知，當地鄉民歷代口碑均稱陳姓法師先人曾受法于林瞪門下，由是可信林瞪當屬

---

〔1〕Sundermann, Werner, "*Ein weiteres Fragment aus Manis Gigantenbuch*" in *OrientaliaJ. Duchesne-Guilleminemeritooblata*.Liège: Centre internationale d'études indo-iraniennes；Leiden : Diffusion, E. Brill, c1984. pp.491–505. reprinted in Sunndermann 2001, v.2, 1984. pp. 615–631. S Sundermann, Werner, *Der Sermon vom Licht-Nous: eine Lehrschrift des östlichen Manichäismus ; Edition der parthischen und soghdischen Version*. Berlin : Akademie Verlag, 1992; Sundermann, W. "*Mani's 'Book of the Giants' and the Jewish Book of Enoch. A Case of Terminological Difference and What it Implies*", *Irano-Judaica* III, ed. By P. Shaked & A. Netzer, Jerusalem 1994, pp. 40-48. Reprinted in Sundermann 2001, v.2, pp.697-706.

〔2〕http://www.bbaw.de/forschung/turfanforschung/dta/m/dta_m_index.htm.

〔3〕筆者致函福建省文物局局長鄭國珍先生、霞浦縣副縣長、摩尼教論證工作領導小組組長黃敏皓女士和霞浦縣博物館館長吳春明先生，說明對研究新出文書甚有興趣，承吳春明先生以《興福祖慶誕科》照片相贈，特此致謝。

陳垣先生所云之'宋摩尼'無疑。"[1]《興福祖慶誕科》13b－15b 為"五明大供"，每頁7行，照片見圖版18—20，有殘缺，以元文琪先生刊佈的錄文[2]及芮傳明先生轉來的林鋆先生的《興福祖慶誕科》的電子版校補如下：

［13b-6］……《誦土地讚》畢　　回向

［13b-7］　　［咒水变食］　作五明大供用此下五段　首奝
　　　　　　　　　　或作小供只用末一段

　　　　　　十四

［14a-1］○大聖毗盧佛　変食献斋　○大聖自是法中王，

［14a-2］說盡人間常不常；剖［析］[3]正邪皆覺悟，

［14a-3］能引迷途出下方。五明大供変食

［14a-4］○啓請中央常命天虛無妙氣佛。以昔大願力，

［14a-5］慈悲滿世間；我今虔奉請，降大平安福。

［14a-6］以此真如界

［14a-7］大聖湛寂虛無妙氣佛。以此淨供普献慶［誕］

［14b-1］會上一切聖賢。所謂死得氣資以免其死。（氣伏從
　　　　　　　　　　　　　　　　　骨［城想］）

［14b-2］氣中七變者：氣是虛，虛是空，空是無，無是容，

［14b-3］容是納，納是藏。

［14b-4］○啓請東方光明天清微妙風佛。［以］昔大願力，

［14b-5］慈悲滿世間；我今虔奉請，降大平安福。以此光明界

［14b-6］大聖清微育物妙風佛。以此淨供普献慶誕會上

［14b-7］一切聖賢。所謂身得風力而能舉動。（風佛自筋城想）

　　　　　　十五

［15a-1］風中七變者：風是力，力是動，［動是轉，轉是變，］

〔1〕林悟殊：《"宋摩尼依託道教"考論》，載張榮芳、戴治國主編：《陳垣與嶺南：紀念陳垣先生誕生 130 周年學術研討會論文集》，社會科學出版社，頁 103。

〔2〕元文琪：《福建霞浦摩尼教科儀典籍重大發現論證》，載《世界宗教研究》2011 年第 5 期，頁 179-180。

〔3〕原文作"晰"。

·欧·亚·历·史·文·化·文·库·

［15a-2］變是化，化是神，神是通。

［15a-3］○啓請西方智惠天養生妙明［佛。以此淨供云云。］

［15a-4］所謂飢得食存以免［其飢。（明伖出脈城想）］

［15a-5］明中七變者：明是光，［光是照，照是見，見是辨，］

［15a-6］辨是識，識是分，分是［別。］

［15a-7］○啓請北方清淨天長生妙［水佛。云云。］

［15b-1］所謂渴得水活［以免其渴。（水伖自肉城想）］

［15b-2］水中七變者：水是生，生是［命，命是榮，榮是成，］

［15b-3］成是聚，聚是眾，眾是［因。］

［15b-4］啓請南方大力天堅固妙火［佛。以昔云云以此大力界］

［15b-5］大聖堅固馨香妙火佛。以［此淨供普獻慶誕會上］

［15b-6］一切聖賢。所謂寒得火活以免［其寒。（火伖自皮城
　　　　想）］

［15b-7］火中七變者：火是香，香是美，美是色，［色是好，
　　　　好是端，端是嚴，嚴是威。］

　　　　［第五五明生養父母：其五明身：氣及風、明、
　　　　水、火等力，依盧舍那之所生化，因其日月之所長養，
　　　　成就五穀及諸花果。為一切命，作一切力。今者眾生
　　　　因其五明，寒得火活以免其寒，渴得水活以免其渴，
　　　　飢得食存以免其飢，身得風力而能舉動，死得氣滋以
　　　　免其死。以是因緣，此即名為生養父母。］

　　"咒水變食"初一看類似道教施食科儀，我們只有仔細"剝離"其
道教外衣，方能一窺其摩尼教內核。至遲在唐代，道教的施食儀已有相
當規模，玄都大獻玉京山至少要早於佛教焰口約一百餘年。《藝文類聚》
卷4曰："道經稱：七月十五，……以其日作玄都大獻於玉京山，……道
士于其日夜講誦是經"，還是比較簡單的。[1]"變食"很可能借自佛教，
不空（Amoghavajra，705—774）譯《施諸餓鬼飲食及水法並手印》說：

---

　　〔1〕《藝文類聚》，第1冊，上海古籍出版社，1965年，頁80；卿希泰：《中國道教》，東方
出版中心，1994年，頁240–245。

"作前施無畏印，誦此咒施甘露真言一七遍，能令飲食及水變成無量乳及甘露。"[1]

道教進一步將施食發展為一套複雜的科儀。寧全真（1101—1181）授、王契真纂《上清靈寶大法》的施食科儀說明："師於咒食之所，執水盂，焚變食符於內，存真炁入水。次念三光咒，取三光炁入水。又念青玄寶號，取青玄之炁入水。又念隱語，取五方正炁入水。……"[2]變食就是經過念咒取氣入水等儀式，將陽世飯食"變化"為法食。"五明大供"的正式名稱"咒水變食"當出自道教。

道教施食的範圍很廣，例如林靈真（1209—1302）編的《靈寶領教濟度金書》"開度黃籙齋五日節目"的第二天"夜中，召攝正度魂靈及七祖九幽，亡者身後冤仇，赴壇沐浴，全形醫治，解結，咒獻法食。"第三天夜中"修設玄都大獻玉山淨供，普召六道四生，諸類幽魂，饗食受煉，傳戒往生。"[3]"五明大供"的範圍較小，所謂"慶誕會上一切聖賢"，當指《興福祖慶誕科》上文說的："尚來靈官已奏聖賢，俱悉知聞。""尚來奉請興福雷使、順懿夫人、馬、趙元帥、七祖九玄，……。"[4]興福雷使即林瞪。順懿夫人又稱臨水夫人，是福建和臺灣閩南籍民崇奉的女神。[5]馬元帥就是靈官馬元帥，俗話說"馬王爺三隻眼"，馬王爺就是馬元帥。趙元帥是趙公明，據說買賣求財，使之宜利。看來並不包括六道四生、諸類幽魂。興福雷使林瞪身份特殊，並非一般道教施食儀式上的"正度魂靈"，他已經被神化為道教神仙。但是他原本只是一個凡人，他的"七祖九玄"與道教施食對象"七祖九幽"又是一致的。

王契真纂《上清靈寶大法》施食科儀的主要程式是：傳戒，施食請降，開通鬼路，召孤魂，升座，宣天皇寶誥，召六道，召亡魂，焚變食諸符祝咒，咒獻，灌化，五廚經，圓成。其中五廚經分為5章：長生秘

---

〔1〕《大正新修大藏經》，卷21，頁467。

〔2〕《道藏》，卷31，頁246。

〔3〕《道藏》，卷7，頁33–35。

〔4〕《興福祖慶誕科》，頁8a–9b。

〔5〕卿希泰：《中國道教》，東方出版中心，1994年，卷3，頁150–152。

章、不饑秘章、不熱秘章、不寒秘章、不渴秘章。[1] "五明大供"中的 "死得氣滋以免其死""饑得食存以免其饑""寒得火活以免其寒""渴得水活以免其渴"等，很可能是參照了五廚經之類道教文獻而形成的。

"五明大供"以光明、智惠（慧）、清淨、大力與東、西、北、南四方相配。如果說過去只是推測光明、智慧、清靜、大力即"四寂法身"，那麼霞浦文書中的《四寂贊》明白無誤地將"匐賀（光明）、盧詵（光明）、嵯鶻囉（大力）、㖿哩（智慧）弗哆"作為"四寂"。[2] 我們將敘利亞文及其漢文音譯、中世伊朗語及其漢文音譯、漢文意譯列表，如表 8–1：

表 8–1　四寂

	神聖	光明	大力	智慧
敘利亞文	'lh' ܐܠܗܐ	nwhr' ܢܘܗܪܐ		ḥkmt' ܚܟܡܬܐ
漢文音譯	翳羅訶、奧和訇	耨呼邏		紇弥哆
中世伊朗語	yzd	rwšn	zwr	whyh
漢文音譯	夷薩	烏盧詵、賀盧詵	祚路、嵯鶻囉	于呬、㖿哩
漢文意譯	清淨、聖	光明	大力、力	智慧、智惠、惠

白玉蟾（1194—1229）著《海瓊白真人語錄》記載明教："其教大要在乎清淨、光明、大力、智慧八字而已。"福建泉州華表山的元代摩尼教草庵遺址的摩崖石刻上，亦有"清淨、光明、大力、智慧"字樣。[3] 這說明此八字在明教中廣泛流行。

"五明大供"用詞常與敦煌摩尼教漢文經典相同："常命"見《殘

---

[1]《道藏》，卷 31，頁 249。

[2] Ma Xiaohe, *Remains of the Religion of Light in Xiapu*（霞浦）*County, Fujian Province*, 載《歐亞學刊》，第 9 輯，中華書局，2009 年，頁 93–94。

[3] 馬小鶴：《摩尼教〈下部贊〉第二首音譯詩譯釋——淨活風、淨法風辨析》，載《天祿論叢·2010》，廣西師範大學出版社，2010 年，頁 74–76。

經》/ Traité 第326行，讚美明使"亦是死中與常命者"。"真如"是摩尼教借用的佛教梵文術語 bhūtatathatā 的漢譯，如《下部讚》369讚美夷數（耶穌）"安泰一切真如性"。"長生"見於《下部讚》75a，讚美夷數"已具大聖冀長生"；161b 讚美忙你（摩尼）能使信徒"即得長生不死身"。

"堅固"是摩尼教經的常用詞，如《下部讚》中《歎五明文》258a 要求信徒"戒行威儀恒堅固"。有的用詞不同，但意思類似，"成就五穀及諸花果"，《下部讚·歎五明文》也稱頌五明"複是世界榮豐稔，又是草木種種苗。"（242a－b）"為一切命，作一切力。"《下部讚》中《歎五明文》也稱頌五明："一切含識諸身命，一切眼見耳聞音，能為骨節諸身力，能為長養諸形類。"

"五明大供"開頭是"大聖毗盧佛"以及讚美此神的四句詩；稱頌五明之後，又說"氣及風、明、水、火等力，依盧舍那之所生化"。毗盧佛，又稱盧舍那，即毗盧遮那佛，似乎出自佛教，與道教無涉。如《施諸餓鬼飲食及水法並手印》說："次作毗盧遮那一字心水輪觀真言印，先想此 vaṃ 鑁字[1]於右手心中，猶如白色，變為功德海，流出一切甘露醍醐。"[2]但是，如果聯繫其他摩尼教資料，此處的毗盧佛很可能是摩尼教之神光耀柱的佛教化名稱，詳下文。"五明大供"的主角自非五明莫屬：妙氣佛、妙風佛、妙明佛、妙水佛、妙火佛出自摩尼教無疑；"五明大供"中五明與骨城等的關係，可參照《殘經/Traité》第57—61行：惠明使分別將怨憎、嗔恚、淫欲、忿怒、愚癡禁於骨城、筋城、脈城、肉城、皮城，令淨氣、淨妙風、[明力]、妙水、妙火即便解脫，詳見下文。

8.2　摩尼教五明之起源

在我們具體分析摩尼教明尊的5種國土、五明、毗盧佛等教義之前，先簡單追溯其五明教義之源。學界通常傾向於承認摩尼5種元素的思想

---

〔1〕金剛界大日如來的種子。

〔2〕《大正新修大藏經》，卷21，頁467。

受到艾德薩的巴戴桑（Bardaiṣṣan of Edessa，約154—222年）之影響。根據摩西·巴·克法（Moses bar Kepha，卒於903年）的記載：

巴戴桑認為：這個世界是由五種實體即元素（'yty' ﻦﺑﻮﻳ）——火（nwr' ﺭﻮﻧ）、風（rwḥ' ﺣﻮﺭ）、水（my' ﻢﻳ）、光明（nwhr' ﺭﻮﻧ）和黑暗所組成的。這些元素各占一方：光明在東方，風在西方，火在南方，水在北方，它們的上帝在上方，它們的敵人——黑暗則居於下方。有一次，或是由於某種外部實體，或是由於偶然，它們互相衝撞，黑暗從下方深處起來與它們混合在一起。於是純潔的實體便開始試圖遠離黑暗，請求最高神把它們從骯髒的顏色——黑暗的混合中解救出來。然後他說，在騷亂之聲中，最高神之道（m'mr' ﺭﻣﺄﻣ）即基督（msyḥ' ﺣﻴﺴﻣ）降臨，把黑暗從純潔元素中切除，扔了下去，又使純潔元素根據十字架的玄機（r'z' dṣlyb' ﺑﻴﻠﺻﺩ ﺯﺍﺭ）重新安排了方位。至於那些由元素及其敵人黑暗的混雜物，他用來構成這個世界，置於中間，以免發生新的混雜，而這個世界將會通過受孕和生育而得到淨化，直到它完美無缺。[1]

美國密西根大學教授科農（L. Koenon，1931—）認為，摩尼在巴戴桑的4種元素（水、光明、火、風）之外加上氣，構成了自己教義中的5種元素。氣可能出自希臘傳統：水、土、火和氣；或者出自摩尼從小長大的厄勒克塞派（Elchasaite）的元素說：水、土、天、風和乙太。[2]

〔1〕Drijvers, H. J. W. *Bardaisan of Edessa*, Assen, Van Gorcum & Comp. 1966, pp. 98–105; Lieu, Samuel N. C., *Manichaeism in the later Roman Empire and medieval China*,Tübingen : J.C.B. Mohr. 1992, p.57; 參閱林悟殊：《摩尼教及其東漸》，素馨出版社，1997年，頁20。

〔2〕Koenen, L., "How Dualistic is Mani's Dualism?", in *Codex Manichaicus Coloniensis : attidel secondo simposio internazionale* (*Cosenza 27-28 maggio 1988*) / a cura di Luigi Cirillo.   Cosenza : Marra Editore. 1990, p.22.

8.3　五明身為五類魔所吞噬

五明性在摩尼教教義佔據中心地位，即使為了下文論述必不可少的簡要概述，也幾乎涉及整個神學。摩尼教的根本教義是二元論，光明與黑暗相對立。最初，光明王國位於北方、東方和西方，黑暗王國則佔據南方。光明王國的最高統治者明尊在中古波斯文中稱為"蔡宛"（zrw'n），意為"時間"。[1]根據奈迪木（Al-Nadīm，卒於995年）阿拉伯文《群書類述》（al-Fihrist）記述，摩尼教最高神有兩個永恆——天與地，地界是氣（nasīm نسيم）、風（rīḥ ريح）、光（nûr نور）、水（mâ' ماء）和火（nâr نار）。[2]西奧多爾·巴爾·庫尼（Theodore bar Koni，8世紀後期）敘利亞文的《斯可利亞》（Liber Scholiorum）記載：與最高神一起的是其（五種）榮耀（škynt' ܫܟܝܢܬܐ）：心智（hwn' ܗܘܢܐ）、知覺（md'' ܡܕܥܐ）、感知（r'yn' ܪܥܝܢܐ）、思考（mḥšbt' ܡܚܫܒܬܐ）和熟慮（tr'ynt' ܬܪܥܝܬܐ）。[3]這五種榮耀，或五居地，在《殘經》/ Traité 中被稱為"相（想）、心、念、思、意等五種國土"，又是惠明使的五體，新人的明性五體，與氣風光水火等五

---

〔1〕Durkin, Desmond, *Dictionary of Manichaean texts*. vol. 3. *Texts from Central Asia and China* / edited by Nicholas Sims-Williams. pt. 1. *Dictionary of Manichaean Middle Persian and Parthian* / by Desmond Durkin-Meisterernst, Turnhout : Brepols ; NSW, Australia : Ancient History Documentary Research Centre, Macquarie University. 2004., pp.384–385.

〔2〕Ibn al-Nadîm, Muḥammad ibn Isḥâq, *Kitâb al-Fihrist* / mit Anmerkungen hrsg. von Gustav Flügel, nach dessen Tode besorgt von Johannes Roediger und August Mueller. Leipzig: F. C. W. Vogel, 1871—1872, 329.7, 21–22. Dodge, Bayard, *The Fihrist of al-Nadîm : a tenth-century survey of Muslim culture* / Bayard Dodge, editor and translator. New York : Columbia University Press. 1970, v.2, p.777. Blois, François de, *Dictionary of Manichaean texts*. vol.2. *Texts from Iraq and Iran :texts in Syriac, Arabic, Persian and Zoroastrian Middle Persian* / edited by François de Blois and Nicholas Sims-Williams; compiled by François de Blois, Erica C.D. Hunter, Dieter Taillieu. 2006, pp.50, 80–82, 78.

〔3〕Theodore bar Konai, 8th/9th cent. *Liber scholiorum; textus*. Edidit Addai Scher. Parisiis, E Typographeo Reipublicae, (Corpus scriptorum Christianorum Orientalium, Scriptores Syri ; ser. 2, t. 65〔1910〕-66〔1912〕), 313.17; Jackson, A. V. Williams, *Researches in Manichaeism, with special reference to the Turfan fragments*, New York, Columbia University Press. 1932, p.223; Blois, François de, *Dictionary of Manichaean texts*. vol.2. *Texts from Iraq and Iran :texts in Syriac, Arabic, Persian and Zoroastrian Middle Persian* / edited by François de Blois and Nicholas Sims-Williams ; compiled by François de Blois, Erica C.D. Hunter, Dieter Taillieu. 2006, pp.18, 6, 10, 17, 19.

種元素相應。[1] 黑暗入侵光明王國，大明尊召喚出善母，善母又召喚出先意（西文稱 "初人"），先意又召喚出其五子，以他們構成自己的甲胄，前去驅逐黑暗。先意初戰失利，自己昏倒在戰場上，而五明神（ḥmš' 'lh' zywn' ◌◌◌◌◌◌）則為眾暗魔所吞噬。[2] 遏拂林（Saint Ephraem, Syrus, 303—373）駁斥瑪桑（Marcion）、巴戴桑、摩尼的散文著作記載了五明（ḥmš' nhyr' ◌◌◌◌◌◌）和4個明子的敘利亞文名稱：光明（nwhr' ◌◌◌◌）、風（rwḥ' ◌◌◌）、水（my' ◌◌）、火（nwr' ◌◌）。另一處講到氣（"r ◌◌），出自希臘文 ἀήρ，當即另一個明子的名稱。[3] 被眾暗魔吞噬的五明子在《殘經》/ *Traité* 第10—11行被稱為 "五明身"："其五類魔黏五明身，如蠅著蜜，如鳥被黐，如魚吞鉤。"

8.4　毗盧佛與五明身

五明身被五類魔所吞噬，但光明力量自不會束手待斃，於是絕地反攻，反敗為勝，淨風、善母用五類魔與五明身混合在一起的物質創造了這個世界，以五明身作為牢獄，反過來囚禁五類魔。《殘經》/ *Traité* 第

---

〔1〕馬小鶴：《"相、心、念、思、意" 考》，載《中華文史論叢》，2006 年第 4 期，頁 347–264。各論著翻譯五榮耀並無固定詞彙，本文一律漢譯成：相（想）心念思意。

〔2〕Theodore bar Konai, 8th/9th cent.*Liber scholiorum; textus.* Edidit Addai Scher. Parisiis,E Typographeo Reipublicae, (Corpus scriptorum Christianorum Orientalium, Scriptores Syri ; ser. 2, t. 65 〔1910〕—66〔1912〕), 314.1; Jackson, A. V. Williams, *Researches in Manichaeism, with special reference to the Turfan fragments*, New York, Columbia University Press. 1932, p.225; Blois, François de, *Dictionary of Manichaean texts.* vol.2. *Texts from Iraq and Iran :texts in Syriac, Arabic, Persian and Zoroastrian Middle Persian* / edited by François de Blois and Nicholas Sims-Williams ; compiled by François de Blois, Erica C.D. Hunter, Dieter Taillieu. 2006, p.2.

〔3〕Ephr. *Hyp. Contra Haereses ad Hypatium,*Discourses II-V, ed. C. W. Mitchell, *S. Ephraim's Prose Refutations*, 2 vols. (Piscataway, NJ : Gorgias Press, 2008.). pp. lxxix,101.20–23; pp. xliii, 31.11. Clackson, Sarah, Erica Hunter, and Samuel N.C. Lieu, *Dictionary of Manichaean texts.* v.1, Texts f*rom the Roman Empire :* texts i*n Syriac, Greek, Coptic, and Latin* / compiled by Sarah Clackson, Erica Hunter, and Samuel N.C. Lieu ; in association with Mark Vermes. 1998, pp. 1, 5, 6, 9. *Acta Archelai,The acts of Archelaus* / Hegemonius ; translated by Mark Vermes ; with introduction and commentary Samuel N.C. Lieu, with the assistance of Kevin Kaatz. Turnhout : Brepols, 2001. pp.46–47.

11—21行寫道：[1]

以是義故，淨風明使以五類魔及五明身二力和合，造成世界十天八地。

如是世界即是明身醫療藥堂，亦是暗魔禁繫牢獄。其彼淨風及善母等……建立世界，禁五類魔，皆於十三光明大力以為囚縛。其十三種大勇力者：先意、淨風各五明子，及呼嚧瑟德、嚩嘍嚩德，並窣路沙羅夷等。其五明身猶如牢獄，五類諸魔同彼獄囚，淨風五子如掌獄官，說聽、喚應如喝更者，其第十三窣路沙羅夷如斷事王。

帕提亞文《［明使演說］惠明經》殘片第5—6節[2]與此相應：

［5］五類魔軍被囚禁在地和天當中，受制於十三種力量：五明子（pnj rwšn）和淨風五子、以及呼嚧瑟德（xrwštg）和勃嘍獲德（pdw'xtg）和第十三光耀柱（b'm 'stwn）。

［6］五明子就像監獄，五類魔軍就像監獄裡的囚犯，淨風五子就像典獄官，說聽（xrwštg）和喚應（pdw'xtg）就像更夫，光耀柱（b'm 'stwn）就像普世之王。

帕提亞文 pnj rwšn（五明子）就是 "先意五子"；xrwštg 或者音譯，或者翻譯成 "說聽"；pdw'xtg 也或音譯，或意譯成 "喚應"。b'm 'stwn 即 "金剛相柱"，出自敘利亞文 'stwn šwbḥ ܟܣܘܣܘܠܦܐܪ。[3]他在中古波斯語中又稱為 srwšhr'y，借用瑣羅亞斯德教遵命天使的名字，漢文音譯為 "窣路沙羅夷"；又稱 "具足丈夫"，意為 "完人"；佛教化的名稱為 "盧舍那（Vairocana）"，《下部贊》363—367頌是贊盧舍那訖所用的偈。[4]白玉蟾（1194—？）著《海瓊白真人語錄》講到明教："彼之教有一禁戒，且云大地、山河、草木、水火，皆是毗盧遮那法身，所以

---

〔1〕林悟殊：《摩尼教及其東漸》，素馨出版社，1997 年，頁 268。所引敦煌出土摩尼教漢文經典一般用林悟殊校本，不一定一一註明。

〔2〕Sundermann, Werner, *Der Sermon vom Licht-Nous : eine Lehrschrift des östlichenManichäismus ; Edition der parthischen und soghdischen Version.* Berlin : Akademie Verlag. 1992, pp. 62–63, 80–81.

〔3〕Ephr. *Hyp. Contra Haereses ad Hypatium,*Discourses II-V, ed. C. W. Mitchell, *S. Ephraim's Prose Refutations*, 2 vols. (Piscataway, NJ : Gorgias Press, 2008.). 208.37/38.

〔4〕Bryder, Peter.*The Chinese transformation of Manichaeism. A study of Chinese Manichaean Terminology,* Löberöd: Bokförlaget Plus Ultra. 1985, pp.121–123.

不敢踐履，不敢舉動。然雖如是，卻是在毗盧遮那佛身外面立地。"[1]
毗盧遮那即盧舍那，毗盧佛是毗盧遮那佛的簡稱。[2]在摩尼教教義中，
窣路沙羅夷就像斷事王，五明身就像監獄，把五類魔監禁起來。

科普特文《克弗里亞》第38章中，囚禁五類魔的神祇也包括上述13
個，而以使者即第三使為主："此外，使者從他們提煉出五種生命的神
智（ϯογ ⲛⲛⲟⲉⲣⲟⲛ ⲛⲧⲉ ⲡⲱⲛⲅ̄）。還有說聽與喚應也在那裡。現在他們由
淨風六子（ⲥⲁγ ⲛϣⲏⲣⲉ ⲙⲡⲡⲛⲁ ⲉⲧⲁⲛⲅ̄）與先意六子（ⲥⲁγ ⲛϣⲏⲣⲉ ⲙⲡϣⲁⲣⲡ
ⲛ̄ⲣⲱⲙⲉ）組成。此外：使者將偉大的心靈——光耀柱、完人（ⲥⲧγⲗⲟⲥ
ⲙⲡⲉⲁγ ⲡⲣⲱⲙⲉ ⲉⲧϫⲏⲕ ⲁⲃⲁⲗ）置於他們之中。"此外還加上青年耶穌。[3]
神智（νοερά）也是五明子的名字；《殘經》/ Traité 中第9-10行"大智
甲五分明身"，《下部讚》中《歎五明文》236b "充為惠（慧）甲堅牢院"，
249c "各為勇健智船主"，都說明五明的"智"。所謂先意六子就是其五
子（氣風光水火）加上說聽，他們與光耀柱有密切關係。

《克弗來亞》第4章論述四大光明日時說：第三日是光耀柱，"他
的十二時是先意的五個兒子；支援宇宙全部重量的淨風的五個兒子；
加上與這十個兄弟算在一起的說聽與喚應。"《殘經》/ Traité 第206—
208行說：

> 其新人日者，即像廣大窣路沙羅夷；十二時者，即像先意及
> 以淨風各五明子，並呼嚧瑟德、嘮嘍囐德，合為十三光明淨體，
> 以成一日。

科普特文《摩尼教讚美詩》第2部分論述四大光明日時也說：第三
個完美日"光耀柱——宇宙的神力、完人。他的十二時、圍繞著他的十
二個成員：五種神智（νοερά）和五個奧莫福羅斯，他們是十個，說聽

---

[1] 馬小鶴：《摩尼教與古代西域史研究》，人民大學出版社，2008年，頁144，白玉蟾誤排作
"白玉瓊"，特此致歉。

[2] 丁福保：《佛學大辭典》，卷2，1989年，頁1597上。

[3] *Kephalaia*, ed. H.-J. Polotsky and A. Böhlig (Man. Hss. Der Staatlichen Museen Berlin I, Stuttgart
1940); ed. A. Böhlig (ibid. 1.2, 1966), 92. Gardner, Iain, *The Kephalaia of the Teacher: he edited Coptic
Manichaean texts in translation with commentary* / edited by Iain Gardner.Leiden; ew York: .J. Brill, 995,
pp.96–97.

和喚應和他們一起是十二個。"[1]

鑒於光耀柱與五明子的密切關係,"五明大供"首先奉請毗盧佛,最後又將五明歸結為"依盧舍那之所生化",並非偶然巧合,而是根據摩尼教教義安排的。讚頌毗盧佛的七言詩用詞類似敦煌摩尼教經:第一句"大聖自是法中王"用詞均見於《下部讚》,如14a"大聖自是無盡藏"、172a"身是三世法中王"。七言詩第4句"能引迷途出下方","迷途"也見於《下部讚》219d"攻彼迷途害法者",不過兩者意思有別,"五明大供"更側重毗盧佛引領迷途的靈魂脫離塵世,而《下部讚》中《歎諸護法明使文》則側重呼籲護法明使進攻迷途害法者。

8.5 中古波斯文文書 M101 b‐e‐h

恒寧把3個殘片的順序排列為 e–b–h,[2] 經過與《克弗利亞》第38章、伊朗語《惠明經》(《殘經》/ Traité 為其漢譯本)的對比研究,笔者將其排列為 b–e–h:

　　[殘片 b]:……各種顏色……和毒(wyš)。如果……從五明性(pnz mhr'spnd)。好像(這是)一種不死的手段,他們以食物和飲料填充他們自己。……作為其衣服(pymwcyd)。這肉身(ns'h)……不堅固……它的底子是不堅固的……像……囚禁[在這肉身裡],在骨('stg)、筋(py)、[肉(pyt)]、脈(rg)和皮(crm)裡,讓她自己(貪魔)進入它。然後他(人)呼喚,*對著日(hwrxšyd)月(m'h)——正義之神(yzd r'stygr)的兩片光輝(dw ty)……?……,對著明性、草木和禽獸。但是神[*蔡宛(zrw'n)]在每個時代都派遣使者(prystg'n):塞[特(šytyl)、蘇魯支(zrdrwšt,即瑣羅

　　[1] Allberry, C. R. C. (Charles Robert Cecil),1938. A Manichaean psalm-book. Part II. Edited by C. R. C. Allberry, with a contribution by Hugo Ibscher. Stuttgart, W. Kohlhammer, 1938, pp.134–135.參閱馬小鶴:《摩尼教與古代西域史研究》,人民大學出版社,2008 年,頁 268–272。《摩尼教讚美詩》第 2 部分還有數處提及光耀柱與五明子的緊密關係,參閱 Allberry, C. R. C. (Charles Robert Cecil),1938. A Manichaean psalm-book. Part II. Edited by C. R. C. Allberry, with a contribution by Hugo Ibscher. Stuttgart, W. Kohlhammer, 1938, p.144.

　　[2] Henning, W. B. "The Book of the Giants", BSOAS, XI, 1943, pp.58, 62–63.

亞斯德）、］佛陀（bwt）、基督（mšyh'）、……

　　［殘片 e］：……除去（'wznyšn）。……正義的……善舉…明性。王冠（'bysr）、冠冕（dydym）［…］衣服（pymwg）。七類魔（hpt dyw）。猶如（cwn）鐵匠（'hwngr）束縛（bynyd）與解脫（wyš'hyd）……出自……的種子者…服侍國王……冒犯……垂淚之時……心懷慈悲……手……敬信者（qyrbkr'n）給予……?……禮物（d'hw''n）。有些人埋葬了偶像（'wzdys'n）。猶太人（jhwd）做了善事與惡事。有些人使其神（xwyš yzd）成為半魔（nym dyw）半神（nym yzd）……除去（'wznyšn）……七類魔（hpt dyw'n）……眼睛……

　　［殘片 h］：……惡意……從那裡……他來到。誤入歧途者（wyptg'n）沒有認出五明性，［五種］草木、五（種）禽獸。

M101 b R4、V6、e R5和 h R 3裡的 mhr'spnd 在《殘經》/ Traité 第79行音譯為“摩訶羅薩本”，也寫作'mhr'spnd'n，出自 Amesha Spentas，是瑣羅亞斯德教六大天神的統稱，意為“永生不死的聖者”，即明性。[1]

　　M101 b – e – h 相當殘破，就像死海古卷《伊諾一書》和《巨人書》的研究有助於我們對 M101 i – j – c – k – g – l 的分析一樣，《克弗利亞》第38章和伊朗語《惠明經》（《殘經》/ Traité 為其漢譯本）的研究也有助於對 M101 b – e – h 的分析。可資對照的情節有4個：（1）貪魔禁五明於骨筋脈肉皮；（2）日月二大明船；（3）明使出興於世；（4）猶如金師。

8.6　貪魔禁五明於骨筋脈肉皮

　　窣路沙羅夷（毗盧佛）、五明子等十三光明大力囚禁了五類魔，但是，五類魔自不甘束手就縛，在淨風五子管轄的大宇宙中紛紛起而叛亂，這就是大力士的故事。M101 i–j–c–k–g–l 就包含這個故事的許多細節，

〔1〕Durkin, Desmond,*Dictionary of Manichaean texts*. vol. 3. *Texts from Central Asia and China* / edited by Nicholas Sims-Williams. pt. 1. *Dictionary of Manichaean Middle Persian and Parthian* / by Desmond Durkin-Meisterernst, Turnhout: Brepols; NSW, Australia : Ancient History Documentary Research Centre, Macquarie University. 2004, pp. 39, 228.

《克弗利亞》第38章也包括了一些比較容易確認的細節,《惠明經》(《殘經》/ *Traité*)就只有貪魔造立人身等最必要的細節了。關於《大力士經》需要另外專門研究,在此不贅。貪魔造立人身的目的是反守為攻,用人的肉體把光明分子囚禁起來。《克弗利亞》第38章寫道:

[(罪惡把靈魂)束]縛在身體的五個器官裡。它把想(ⲛⲟⲩⲥ)囚禁在骨(ⲕⲉⲥ)裡;把心(ⲙⲉⲩⲉ)囚禁在筋(ⲙⲟⲩⲧ)裡;把念(ⲥⲃⲱ)囚禁在脈(ⲙⲟⲩⲉ)裡;把思(ⲥⲁⲭⲛⲉ)囚禁在肉(ⲥⲁⲣⲍ)裡;把意(ⲙⲁⲕⲙⲉⲕ)囚禁在皮(ϣⲁⲁⲣⲉ)裡。[1]

這裡沒有提及五明,被囚禁在骨筋脈肉皮裡的是想心念思意。M101 b V 1—4則說:貪魔把五明性囚禁在這肉身裡,在骨、筋、肉、脈和皮裡,讓她自己進入它。《惠明經》帕提亞文殘片則提供了更多的細節:[2]

暗相(b'm t'ryg)生於骨('stg),其果是怨憎(xyn)。暗心(mnwhmyd t'ryg)生於筋(pdyg),其果是嗔恚(dybhr)。暗念('wš t'ryg)生於脈(rhg),其果是淫欲('wrjwg)。暗思('ndyšyšn t'ryg)生於肉(pyd),其果是忿怒('stftyft)。暗意(prm'ng t'ryg)生於皮(crm),其果是愚癡(wdyšn'sgyft)。

[如是五種骨、筋、脈、肉、皮等為五類魔之牢獄,禁五明:清淨]氣('rd'w frwrdyn)、風(w'd)、光明(rwšn)、水('b)、火('dwr);又以怨憎、嗔恚、淫欲、忿怒、愚癡為獄官,模仿淨風五子;貪與欲居於中間就像說聽與喚應;[猛火模仿光耀柱。]

[張口大蛇]欲[*吞噬其人],其人因恐懼而心意迷錯,喪失記憶,忘記父母,昏醉無知覺。

'rd'w 意為"善",frwrdyn 原為瑣羅亞斯德教中的靈體神,用作第

〔1〕*Kephalaia*, ed. H.-J. Polotsky and A. Böhlig (Man. Hss. Der Staatlichen Museen Berlin I, Stuttgart 1940); ed. A. Böhlig (ibid. 1.2, 1966), 95. Gardner, Iain, *The Kephalaia of the Teacher: the edited Coptic Manichaean texts in translation with commentary* / edited by Iain Gardner.Leiden; New York: E.J. Brill, 1995, pp.100.

〔2〕Sundermann, Werner, *Der Sermon vom Licht-Nous: eine Lehrschrift des östlichenManichäismus; Edition der parthischen und soghdischen Version.* Berlin: Akademie Verlag. 1992, pp.62–65, 83–87.

一個月的名稱，在摩尼教中用作五明之首 "氣" 的名稱。[1]十三光明大力囚禁暗魔，暗魔反過來加以模仿，也設牢獄、獄官、喝更、判官，囚禁明性。《殘經》/ *Traité* 第36—48行則更完整與細緻，有些細節有所不同：[2]

> 是暗相樹者生於骨城，其菓是怨。是暗心樹者生於筋城，其菓是嗔。其暗念樹者生於脈城，其菓是婬。其暗思樹者生於肉城，其菓是忿。其暗意樹者生於皮城，其菓是癡。如是五種骨、筋、脈、肉、皮等，以為牢獄，禁五分身；亦如五明囚諸魔類。又以怨憎、嗔恚、婬慾、忿怒、及愚癡等，以為獄官，放（仿）彼淨風五驍健子；中間貪慾，以像喝更說聽、喚應；饞毒猛火，恣令自在，放（仿）窣路沙羅夷。其五明身，既被如是苦切禁縛，廢忘本心，如狂如醉。猶如有人以眾毒蛇編之為籠，頭皆在內，吐毒縱橫。復取一人，倒懸於內，其人爾時為毒所逼，及以倒懸，心意迷錯，無暇思惟父母親戚及本歡樂。今五明性在肉身中為魔囚縛，畫夜受苦，亦復如是。

8.7　日月二大明船與明使出興於世

貪魔把五明性囚禁在骨筋脈肉皮裡，五明性自然不能放棄得救的希望。M101 b V4－7行說：人向日月——正義之神的二大光明體呼喚。《惠明經》帕提亞文殘片也提供了更多的細節：[3]

> 又複淨風造二大明船（dw n'w rwšn）——日（myhr）與月（m'ẖ）……

> 貪魔仿照納里薩夫神（nrysf yzd）的樣子造男女之身（mrd u jn tnb'r），送入地獄裡的光（rwšn 'w dwjx）……

---

〔1〕Durkin, Desmond, *Dictionary of Manichaean texts. vol. 3. Texts from Central Asia and China* / edited by Nicholas Sims-Williams. pt. 1. *Dictionary of Manichaean Middle Persian and Parthian* / by Desmond Durkin-Meisterernst, Turnhout: Brepols ; NSW, Australia: Ancient History Documentary Research Centre, Macquarie University. 2004, pp.51, 157.

〔2〕林悟殊：《摩尼教及其東漸》，臺北：素馨出版社，1997年，頁269。

〔3〕Sundermann, Werner, *Der Sermon vom Licht–Nous: eine Lehrschrift des östlichenManichäismus; Edition der parthischen und soghdischen Version*. Berlin : Akademie Verlag. 1992, pp.64–65, 87–88.

M101b V 5的正義之神(yzd r'stygr)與這裡的納里薩夫神(nrysf yzd)均為第三使。

《殘經》/ *Traité* 第48—52行與此相應:[1]

> 又復淨風造二明船,於生死海運渡善子,達於本界,令光明性究竟安樂。怨魔貪主,見此事已,生嗔妬心,即造二形雄雌等相,以放(仿)日月二大明船,惑亂明性,令昇暗船,送入地獄,輪迴五趣,備受諸苦,卒難解脫。

淨風造二明船拯救五明性,也未能達到將五明性全部拯救出來的目的。於是最高神蔡宛就派遣惠明使來拯救五明性,惠明使是一切明使(即先知)之祖。M101b V 7—11行講蔡宛派塞特、瑣羅亞斯德、佛陀、基督等使徒出現在世界上,來拯救明性。塞特是亞當的兒子,靈知派與摩尼教所信仰的光明使者。關於摩尼之前的光明使者,見第10—14章。《惠明經》帕提亞文殘片沒有提及光明使者的名字,只是籠統地說:[2]

> 明使(fryštgrwšn)來到,選擇眾生,他們將成為神聖之愛的首選者,明使演奏法音,進入古舊的會堂,贏得勝利。然後他擒拿毒蛇(kyrm'n jhryn)……

《殘經》/ *Traité* 第52—55行與此相應,也只說明使,沒有提及具體名字:[3]

> 若有明使出興於世,教化眾生,令脫諸苦;先從耳門,降妙法音;後入故宅,持大神呪,禁眾毒蛇及諸惡獸,不令自在;復齎智斧,斬伐毒樹,除去株杌,並餘穢草,並令清淨;嚴飾宮殿,敷置法座,而乃坐之。

---

〔1〕林悟殊:《摩尼教及其東漸》,素馨出版社,1997 年,頁 269–270。

〔2〕Sundermann, Werner, *Der Sermon vom Licht–Nous: eine Lehrschrift des östlichenManichäismus; Edition der parthischen und soghdischen Version*. Berlin : Akademie Verlag. 1992, pp.64–65, 88.

〔3〕林悟殊:《摩尼教及其東漸》,素馨出版社,1997 年,頁 269–270。

8.8 惠明使猶如金師

M101e R5－6原文轉寫為：cwn 'hwngr ky wxd bynyd 'wd wxd wyš'hyd. 恒寧翻譯為：Like a blacksmith［who］binds (*or*: shuts, fastens) and looses (*or*: opens, detaches)……"就像捆綁（或：關閉、閂上）和釋放（或：打開、分離）……的鐵匠。"顯然，在文書殘破的情況下，僅僅從文字上研讀，只能達到這一步。但是，這裡的鐵匠（'hwngr）可能就是《惠明經》帕提亞文殘片中的金師：[1]

> 他將光輝的……與……分開，他將光明與黑暗分開。他將怨憎禁閉（bndyd）於骨，使淨氣得到解脫（'z'd kryd）。他將嗔恚禁閉於筋，使淨風得到解脫。又將淫欲禁閉於脈，令光明離開束縛。……［惠明之所為］猶如金師（zrngr）煉金。惠明憑籍猛火淨化靈魂，我等［ ］進入身體的生命之靈（gryw jywndg）憑籍此火之力和……他將魔與神分開。

經過比較研究，M101e R5－6的中古波斯文 bynyd 是 byn-的現在時第三人稱單數，可以譯成《惠明經》的帕提亞文 bndyd（pnd-的現在時第三人稱單數），意思就是將怨憎、嗔恚、淫欲、忿怒、愚癡禁閉到骨、筋、脈、肉、皮裡去；中古波斯文 wyš'hyd 是 wyš'h-的現在時第三人稱單數，可以譯成帕提亞文'z'd kryd（kryd 是 kr-的現在時第三人稱單數），意思是將淨氣、妙風、明力、妙水、妙火解脫出來。《殘經》/ *Traité* 第56—66行與此相應：[2]

> 猶如國王破怨敵國，自於其中莊飾臺殿，安置寶座，平斷一切善惡人民。其惠明使，亦復如是。既入故城，壞怨敵已，當即分判明暗二力，不令雜亂。先降怨憎，禁於骨城，令其淨氣俱得離縛。次降嗔恚，禁於筋城，令淨妙風即得解脫。又伏婬慾，禁於脈城，令其［明力］即便離縛。又伏忿怒，禁於肉城，令其妙水即便解脫。

---

〔1〕Sundermann, Werner, *Der Sermon vom Licht–Nous: eine Lehrschrift des östlichenManichäismus; Edition der parthischen und soghdischen Version*. Berlin：Akademie Verlag. 1992, pp.64–65, 89.

〔2〕林悟殊：《摩尼教及其東漸》，素馨出版社，1997年，頁270。

又伏愚癡，禁於皮城，令其妙火俱得解脫。貪慾二魔，禁於中間；飢毒猛火，放令自在。猶如金師，將欲鍊金，必先藉火；若不得火，鍊即不成。其惠明使，喻若金師，其嶷嚕而云暭，猶如金鈎。其彼飢魔，即是猛火，鍊五分身，令使清淨。惠明大使於善身中使用飢火，為大利益。其五明力住和合體。因彼善人，銓簡二力，各令分別。

"嶷嚕而云暭"是《惠明經》帕提亞文 gryw jywndg 的音譯，意為"活的靈魂"，漢譯"光明解脫性"，即五明性。惠明使從囚禁在肉體裡的五明性中，錘鍊出純潔的靈魂，猶如金師用猛火鍛鍊混有礦石的金礦，煉出純金。《克弗里亞》第38章也講到：惠明分別將靈魂之想、心、念、思、意從骨、筋、脈、肉、皮裡解脫出來。[1] M101h R3說：誤入歧途者沒有認出五明性、五種草木、五種禽獸，wyptg'n 即《下部讚》219d 和"五明大供"讚毗盧佛詩裡的"迷途"；pnz mhr'spnd … ny d'nynd 即《下部讚》247c："良由不識五明身。"

摩尼教將諸神拯救人類視為解救五明，因此霞浦文書《摩尼光佛》寫道："無上明尊諸佛子，有神通，動天地，須表二宗，發分三際。[攡]外道，皈三寶，收救氣風明水火。"[2]

8.9 結語

我們將上述有關五明性的資料稍加補充，[3] 擇要列表如表8-2：

〔1〕*Kephalaia,* ed. H.-J. Polotsky and A. Böhlig (Man. Hss. Der Staatlichen Museen Berlin I, Stuttgart 1940); ed. A. Böhlig (ibid. 1.2, 1966), 96. Gardner, Iain, *The Kephalaia of the Teacher: the edited Coptic Manichaean texts in translation with commentary* / edited by Iain Gardner.Leiden; New York: E.J. Brill, 1995, pp.100.

〔2〕元文琪：《福建霞浦摩尼教科儀典籍重大發現論證》，載《世界宗教研究》2011 年第 5 期，頁 176。

〔3〕*Acta Archelai,The acts of Archelaus* / Hegemonius ; translated by Mark Vermes ; with introduction and commentary Samuel N.C. Lieu, with the assistance of Kevin Kaatz. Turnhout : Brepols, 2001. pp.46–47. Clackson, Sarah, Erica Hunter, and Samuel N.C. Lieu, *Dictionary of Manichaean texts.* v.1, Texts *from the Roman Empire :* texts i*n Syriac, Greek, Coptic, and Latin* / compiled by Sarah Clackson, Erica Hunter, and Samuel N.C. Lieu ; in association with Mark Vermes. 1998, p.43.

·欧·亚·历·史·文·化·文·库·

表 8-2　光耀柱與五明

	光耀柱	五明	氣	風	光	水	火
巴戴桑				rwḥ' ܪܘܚܐ	nwhr' ܢܘܗܪܐ	my' ܡܝܐ	nwr' ܢܘܪܐ
遏拂林	'sṭwn šwbḥ' ܐܣܛܘܢ ܫܘܒܚܐ	ḥmš' nhyr' ܚܡܫܐ ܢܗܝܪܐ	ܐܐܪ	rwḥ' ܪܘܚܐ	nwhr' ܢܘܗܪܐ	my' ܡܝܐ	nwr' ܢܘܪܐ
希臘文	ὁ στῦλος τῆς δόξης	τὰ πέντε στοιχεῖα	ἀήρ	ἄνεμος	φῶς	ὕδωρ	πῦρ
科普特文	stulos mpeau prwme etjhk abal	+ou Nstoiyeiwn, noeron	ahr	thu	ouaine	mau	sete
中古波斯文	srwšhr'y	pnz mhr'spnd	pr'whr	w'd	rwšn	'b	'dwr
帕提亞文	b'm 'sṭwn	gryw jywndg, pnj rwšn	'rd'w frwrdyn	w'd	rwšn	'b	'dwr
敦煌文書	金剛相柱、窣路沙羅夷、具足丈夫、盧舍那	摩訶羅薩本、嶷嚧而云暉、大智甲、五明	清淨氣	妙風	明力	妙水	妙火
霞浦文書	毗盧佛	五明	妙氣佛	妙風佛	妙明佛	妙水佛	妙火佛
阿拉伯文	'amûdu s-subaḥ	al-malâ'ikatu l-xamsatu	nasīm نسيم	rīḥ ريح	nûr نور	mâ' ماء	nâr نار

164

我們再把有關骨筋脈肉皮的資料列為表8-3：

表8-3　骨筋脈肉皮

	骨	筋	脈	肉	皮
科普特文	ⲕⲉⲥ	ⲙⲟⲩⲧ	ⲙⲟⲙⲉ	ⲥⲁⲣⲍ	ϣⲁⲁⲣⲉ
中古波斯文	'stg	py	rg	pyt	crm
帕提亞文	'stg	pdyg	rhg	pyd	crm
敦煌文書	骨、骨城	筋、筋城	脈、脈城	肉、肉城	皮、皮城
霞浦文書	骨〔城〕	筋城	〔脈城〕	〔肉城〕	〔皮城〕

在歷史上，許多不同的文明都曾建構出自己的元素思想，比如中國的五行（金木水火土）。摩尼可能取2、3世紀之交艾德薩的巴戴桑五元素說中的4個：風、光、水、火，加上希臘四元素說中的氣，形成了自己的五元素說。同時，摩尼可能吸收柏拉圖關於人體由髓、骨、筋、肉、皮、髮、爪構成的學說，改變成了骨城、筋城、脈城、肉城、皮城的教義。[1]五元素即五明，在摩尼教神學中與核心教義密不可分：先意五子即五明，在與暗魔的戰爭中，被暗魔所吞噬。眾神將暗魔與五明混合在一起，創造了這個世界。這個世界既是明身醫療藥堂，也是暗魔禁繫牢獄。五明身猶如牢獄，窣路沙羅夷猶如斷事王。暗魔自不甘束手就擒，造立人身，將五明囚禁在人身裡，以清淨氣禁於骨城，以妙風禁於筋城，以明力禁於脈城，以妙水禁於肉城，以妙火禁于皮城。[2]淨風造日月二明船，拯救光明性，貪魔予以破壞。於是明使出興於世，將怨憎、嗔恚、淫欲、忿怒、愚癡禁於骨城、筋城、脈城、肉城、皮城，使清淨氣、妙風、明力、妙水、妙火俱得解脫，猶如金師煉金，以猛火從金礦中煉出純金。

吐魯番出土中古波斯文文書 M101 b－e－h 講到五明被禁於骨、筋、脈、肉、皮，人向日月呼喚，最高神蔡宛派遣明使，以及明使猶如鐵匠，

〔1〕馬小鶴：《粟特文 t'mp'r 考》，載馬小鶴：《摩尼教與古代西域史研究》，人民大學出版社，2008 年，頁 226–246。

〔2〕《殘經》/ Traité 第 30—34 行，林悟殊：《摩尼教及其東漸》，素馨出版社，1997 年，頁 269。

這些内容都與《惠明經》類似，但是並不是平行文本。M101 b-e-h 與同一個寫本的 c-j-l-k-g-i 可能同出於摩尼親撰《大力士經》。《惠明經》（《殘經》/ Traité）、《克弗來亞》第38章可能均根據《大力士經》改寫，因此許多細緻之處均若合符節。

《宋會要輯稿》刑法二宣和二年（1120）十一月四日臣僚言中，列舉了明教之人所念經文及繪畫佛像，其中有《妙水佛帳》，[1] 說明摩尼教關於五明的教義在北宋時代繼續流傳於民間。《興福祖慶誕科》的"五明大供"則說明此教義演變成了妙氣佛、妙風佛、妙明佛、妙水佛、妙火佛等五明，以毗盧佛（窣路沙羅夷）領頭，並仍保存了骨城、筋城、脈城、肉城、皮城的教義。五明與清淨、光明、大力、智慧等四寂結合起來，加上真如，分屬中、東、西、北、南五方。五明又進而披上了道教的外衣，吸收《五廚經》的長生、不飢、不熱、不寒、不渴，與施食儀結合在一起，成為"五明大供"，妙氣佛能使信徒靈魂"死得氣滋以免其死"，也即長生；妙風佛能使靈魂"身得風力而能舉動"；妙明佛能使靈魂"饑得食存以免其飢"；妙火佛能使靈魂"寒得火活以免其寒"；妙水佛能使靈魂"渴得水活以免其渴"。

《興福祖慶誕科》是今天法師仍然保存的科儀文書，法師們到底還掌握多少摩尼教教義，那是民間宗教專家需要進行田野工作的領域，筆者無權置喙。無論今天的法師還了解多少摩尼教教義，並不影響《興福祖慶誕科》等文書對摩尼教研究的重大意義。這些文書的摩尼教核心不可能是後世法師所杜撰，必為唐宋摩尼僧所撰。摩尼教研究專家的任務是進行細緻分析，"撥開雨霧見日月"，即"撥開"民間宗教的"雲霧"，洞徹唐宋摩尼教的"日月"，追蹤其來龍去脈，從而豐富和加深我們對摩尼教的認識。

（原作《從"五明性"到"五明大供"》，載《史林》，上海社會科學院出版社，2012年第1期，頁36－48、187－188。）

---

[1] 牟潤孫：《宋代之摩尼教》，載《輔仁學志》第 7 卷 1、2 合期；收入牟潤孫：《註史齋叢稿》，新亞研究所，1959 年，頁 104。

9 摩尼教三常、四寂新考

三常、四寂（四處、四法身、四淨法身）是摩尼教的重要觀念。敦煌出土三部漢文摩尼教文獻都有所涉及。《下部讚》中稱頌三常、四處："我今蒙開佛性眼，得睹四處妙法身。又蒙開發佛性耳，能聽三常清淨音。"（第10行）控訴魔王："令我如狂復如醉，遂犯三常、四處身。"（第27行）"令我昏醉無知覺，遂犯三常、四處身。"（第38行）祈求夷數"開我法性光明眼，无礙得覩四處身；无礙得覩四處身，遂免四種多辛苦。……開我法性光明口，具歎三常、四法身；具歎三常、四法身，遂免渾合迷心讚。開我法性光明手，遍觸如如四寂身；遍觸如如四寂身，遂免沉於四大厄。解我多年羈絆足，得履三常正法路；得履三常正法路，速即到於安樂國。"（第56—60行）稱頌明界"三常、五大鎮相暉，彼言有暗元无是。"（第336行）譯後語曰："上願三常捨過及四處法身，下願五級明群乃至十方賢悊（哲），宜為聖言无盡，凡識有厓。"（第415—416行）《摩尼教殘經》寫道："若其惠明遊於相城，當知是師所說正法皆悉微妙，樂說大明三常、五大，神通變化，具足諸相；次於法中，專說憐愍。"（第117—119行）《摩尼光佛教法儀略》稱頌摩尼"又以三願、四寂、五真、八種無畏眾德圓備，其可勝言；自天及人，拔苦與樂，謏德而論矣。"（第23—25行）描述摩尼的形相："串以素帔，做四淨法身。"（第53—54行）最後殘存："次觀四寂法身，……"（第110行）

張廣達先生認為，關於三常指"三位一體"（Trinity），四處即"清淨（神）、光明、大力、智惠"的總稱，這已早為 E. Waldschmidt、W. Lentz 及其前行學者所指出。摩尼教作為以綜合為特徵的宗教，類比基督教，也有了摩尼教的"三位一體"。傳來漢地，"清淨師僧"們分別名之為"四處""三常"。[1]"四處"也即"四寂"。

近年來發現的福建霞浦文書包含大量摩尼教内核，本文將對兩個主題進行分析。一個主題是"三常"，即三位一體的"光明父子淨法風"。霞浦文書《摩尼光佛》稱頌夷數"無上明尊子"，又稱頌"白鴿飛來騰瑞相"，即聖父、聖子、聖靈三位一體。霞浦文書中稱聖靈為"善心王""大惠明"和"淨法風"。霞浦文書中出現兩個摩尼教重要神祇：淨風和惠明，淨風是否即淨法風？或者惠明纔是淨法風？敦煌文書《下部讚》中的"惠明莊嚴佛"在霞浦文書中寫作"莊嚴惠明佛"，孰是孰非？第二個主題是"四寂"，即清淨、光明、大力、智慧，霞浦文書對四寂有所闡釋，並將四寂與民間宗教的五方中的四方聯係起來，還出現四寂的三套新譯音，是否有助於澄清長期懸而未決的問題：漢文"清淨"是否就是"神"的意思？

9.1　光明父子淨法風

楊富學先生近作《〈樂山堂神記〉與福建摩尼教——霞浦與敦煌吐魯番等摩尼教文獻的比較研究》釋証了《樂山堂神記》與敦煌吐魯番摩尼教文獻共見諸神，其中寫道：

"淨風、先意如來"見於《樂山堂神記》第 1 頁第 3 行，為摩尼教創始傳説中的二大神祇。"法相惠明如來"見於《樂山堂神記》第 1 頁第 4—5 行。

"淨風"，中古波斯語作 wād žīwahrēn，漢文文獻又作"淨法風"。如敦煌寫本《摩尼教殘經》第 131—134 行引《應輪經》言：
"若電那勿等身具善法，光明父子淨法風，皆於身中每常遊止。其

---

[1] 張廣達：《唐代漢譯摩尼教殘卷》，載《東方學報》京都第 77 册，2004 年；收入張廣達：《文本、圖像與文化流傳》，廣西師範大學出版社，2008 年，頁 336。參閱林悟殊先生在 1995 年發表的《摩尼教"三常"考——兼論景教碑"啓三常之門"一句之釋讀》（載饒宗頤主編，《華學》第 1 期，廣州中山大學出版社，頁 18–24），收入林悟殊：《摩尼教及其東漸》，素馨出版社，1997 年，頁 242–251；以及他在 2005 年發表的《福建明教石刻十六字偈考》，見林悟殊：《中古三夷教辨証》，中華書局，2005 年，頁 5–32、132–141。

明父者，即是明界无上明尊；其明子者，即是日月光明；淨法風者，即是惠明。"這裡的"淨法風"即是"淨風"的異名或省稱。……

值得註意的是，文中有"淨法風者，即是惠明"之載。顯然，"淨風"和"惠明"被視爲同一神祇。受其影響，有學者認爲淨風即是惠明。……

筆者認爲，"淨風""先意"與"惠明"屬於不同的神祇，不可混淆。[1]

黃佳欣《霞浦科儀本〈樂山堂神記〉再考察》的附錄《明門初傳請本師》校本第4行也分別稱頌"天地化身淨風大聖"和"惠明法相如來"。[2] 我完全同意，"淨風"與"惠明"屬於不同的神祇。淨風主要職能是創造宇宙，惠明的主要職能是拯救人類的靈魂。[3]"淨風"類似造物主，因此被稱爲"天地化身"相當貼切，在造成十天八地之後，他就很少出現了。《下部讚》第255頌："法相惠明餘諸佛，爲此明身常苦惱。"意思就是法相惠明苦心焦慮救贖明身（人類靈魂）。《殘經》第114—115行："或時故人兵眾退敗，惠明法相寬泰而遊。"意思是：人類靈魂的淨化是一個新人不斷戰勝故人的過程，當故人敗退之際，惠明法相就可以自如伸展。惠明與人類得救息息相關，是《殘經》的"主角"，實際上《殘經》帕提亞文原本的題目就是《惠明經》。

《下部讚》第168—172行列舉了包括淨風和惠明在內的12個大神：

收食單偈大明使釋

一者无上光明王，二者智惠善母佛，

三者常勝先意佛，四者歡喜五明佛，

五者勤修樂明佛，六者真實造相佛，

〔1〕楊富學：《〈樂山堂神記〉與福建摩尼教——霞浦與敦煌吐魯番等摩尼教文獻的比較研究》，載《文史》2011年第4輯（總第97輯），頁144–145。

〔2〕黃佳欣根據《摩尼光佛》頁54有"志心皈命禮神化身電光淨寶惠明法相二尊菩薩"之句，認爲霞浦法師是把"惠明"和"法相"目爲兩個神名，因此標點爲"惠明、法相如來"。黃佳欣：《霞浦科儀本"樂山堂神記"再考察》，提交"海陸交通與世界文明"國際學術研討會論文，廣州中山大學主辦，2011年12月，頁2、18，註8。

〔3〕芮傳明：《摩尼教神"淨風"、"惠明"異同考》，載《歐亞學刊》第6輯，中華書局，2007年，頁92–94。

七者信心淨風佛，八者忍辱日光佛，

九者直意盧舍那，十者知恩夷數佛，

十一者齊心電光佛，十二者惠明庄嚴佛。[1]

霞浦文書《摩尼光佛》頁48－49中也列舉了這12個大神，内容顯然出自《下部讚》，惟"一者无上光明王"之"王"字作"佛"字，"九者直意盧舍那"後三字作"舍那佛"；而最值得注意的是"十二者惠明莊嚴佛"作"十二者莊嚴惠明佛"。[2]學術界早就根據"惠明佛"是神名，而"莊嚴"是用來修飾神名的12種美德之一，從而判斷《下部讚》的"惠明莊嚴佛"當作"莊嚴惠明佛"。[3]出乎意料的是，如今霞浦文書《摩尼光佛》證實了這一推測，更重要的是，這證明霞浦文書摩尼教核心内容所根據的原本，有時比敦煌漢文摩尼教文書更少錯誤；可以據以校改敦煌文書。霞浦文書有很多不見於敦煌文書的摩尼教内容，並不因其歷經傳抄，有些錯漏，附麗上了民間宗教的文句，且最後抄成時代甚晚而影響其價值。從這個角度來講，霞浦文書對於我們認識摩尼教的意義不亞於敦煌吐魯番文書。

"淨風"與"惠明"為兩個不同的神祇，但是，"淨法風"並非"淨風"的異名或省稱，而是"惠明"的異名。論證這一論斷的最佳材料莫過於《下部讚》中的第2首音譯詩的第1至第10個短語。[4]

《下部讚》今藏大英圖書館，編號 S.2659，其中有3首音譯詩。林悟殊先生指出，這3首詩很可能是摩尼教徒舉行宗教儀式時經常採用的主題歌，主要是對神的敬頌；爲了使一般信徒易於詠誦，達到更好的音

---

〔1〕本文所引敦煌摩尼教漢文文獻悉用林悟殊、芮傳明校本，不再一一註明。參閱林悟殊：《摩尼教及其東漸》，素馨出版社，1997年；芮傳明：《東方摩尼教研究》，上海人民出版社，2009年，頁 361–420。

〔2〕楊富學：《〈樂山堂神記〉與福建摩尼教——霞浦與敦煌吐魯番等摩尼教文獻的比較研究》，載《文史》2011年第4輯（總第97輯），頁 142–143，圖3。元文琪：《福建霞浦摩尼教科儀典籍重大發現論證》，載《世界宗教研究》2011年第5期，頁172。

〔3〕Bryder, Peter. *The Chinese transformation of Manichaeism. A study of Chinese Manichaean Terminology,* Löberöd: Bokförlaget Plus Ultra. 1985, p.111.

〔4〕馬小鶴：《摩尼教〈下部讚〉第二首音譯詩譯釋——淨活風、淨法風辨析》，載《天祿論叢——北美華人東亞圖書館員文集·2010》，廣西師範大學出版社，2010年，頁 65–74。

樂效果，譯者故用漢字加以音譯，而不用意譯。[1]第2首音譯詩見第155—158行，分為16個短語，沒有題目，其前一行即154行寫道："次偈宜從依梵"，表明下面的詩句是音譯。研究涉及此詩的學者主要有：德國佛學家、漢學家瓦爾德施密特（E. Waldschmidt，1897—1985）與伊朗學家楞茨（W. Lentz，1900—1986）[2]、日本伊朗學家吉田豐[3]、瑞典學者翁拙瑞（Peter Bryder）[4]、中國學者張廣達[5]和澳大利亞學者（原籍丹麥）米克爾森（G. B. Mikkelsen）[6]。吉田豐提出，這首詩並非完全從伊朗語音譯，其中夾雜7個"阿拉姆語"（Aramaic）短語。據學者們研究，摩尼的母語是接近埃德薩敘利亞語（Edessene Syriac）的一種阿拉姆語東部方言，他的七部大經都是用美索不達米亞南部的阿拉姆語方言所寫的。[7]因此這7個阿拉姆語短語可能接近摩尼原來的用詞。上述學者們的研究成果比較分散，讀者檢索不便。這首音譯詩的罕見漢字、中古漢語註音、對應阿拉姆語和伊朗語轉寫都不易排印，我們就用吉田豐1983年文章中的錄文、註音及阿拉姆語和伊朗語轉寫為基礎，綜合上述位學者的研究，參照最新出版的摩尼教文獻諸文字的詞典，[8]查對圖版（圖版21），[9]將全詩重新翻譯和註釋。

　　全詩原來就標明16個短語，是一首雙語詩，第1至4、第11至12與第

〔1〕林悟殊：《中古三夷教辨証》，中華書局，2005 年，頁 130–131。

〔2〕E. Waldschmidt & W. Lentz，"Die Stellung Jesu im Manichäismus"，*APAW*，1926，no.4; E. Waldschmidt & W. Lentz, "A Chinese Manichaean Hymnal from Tun-huang".

〔3〕Y. Yoshida，"Manichaean Aramaic in the Chinese Hymnscroll"，*Bulletin of the School of Oriental and African Studies* 46,2, 1983; 吉田豐：《漢訳マニ教文献における漢字音寫され中世イラン語について》，載《内陸アジア言語の研究》1986年 I 期，頁 1–15，及圖版; Y. Yoshida, "P. Bryder, *The Chinese transformation of Manichaeism,* Löberöd 1985" (rev.), *BSOAS* L, 1987.

〔4〕Bryder, Peter.*The Chinese transformation of Manichaeism. A study of Chinese Manichaean Terminology,* Löberöd: Bokförlaget Plus Ultra. 1985, p.57.

〔5〕張廣達：《唐代漢譯摩尼教殘卷》，載《東方學報》京都第 77 冊，2004 年；收入張廣達：《文本、圖像與文化流傳》，廣西師範大學出版社，2008 年，頁 314。

〔6〕G. B. Mikkelsen, *Dictionary of Manichaean Texts in Chinese*, Turnhout, 2006, pp.102–109.

〔7〕G. Widengren, *Mani and Manichaeism*, London, 1961, pp.74–76; Samuel N. C. Lieu, *Manichaeism in Later Roman Empire and Medieval China*, Tübingen, 1992, pp.8, 117.

〔8〕*Dictionary of Manichaean Texts*, Turnhout, 1998.

〔9〕《英藏敦煌文献·汉文佛经以外部分》，第 4 冊，四川人民出版社，1990 年，頁 148（簡稱圖版）。

欧·亚·历·史·文·化·文·库·

15個短語，是阿拉姆語；與之相應的是伊朗語的第5至8個、第13至14個與第16個短語；第9至10個短語只有帕提亞語音譯。下面我們先在第1行列出漢文，第2行是吉田豐從1957年斯德哥爾摩（Stockholm）版高本漢（B. Karlgren）《漢文典》（*Grammata Serica Recensa*）中查到的讀音，或者他根據高本漢體系擬構的讀音（左上角加*）。第3行是他從1933年上海版羅常培《唐五代西北方音》第163—168頁表上查到的讀音。第4行是他在1983年的文章中根據摩尼文字轉寫而擬構的阿拉姆語拼寫，或者在英國伊朗學家博伊斯（Mary Boyce, 1920‐2006）1977年編制的《摩尼教中古波斯語和帕提亞語詞彙表》[1]中查到的帕提亞語與中古波斯語詞彙。吉田豐在後來發表的文章中進一步對轉寫做了修訂，筆者盡可能將這些修訂吸收進來，因此轉寫有時與他1983年文章中的轉寫略有不同。第5行是吉田豐刊佈的文書 M260殘片，第6行是筆者的直譯。下面是第1至第10個短語，讚頌的就是光明父子淨法風：

Text

伽	路	師	羅	吒［=亡］	—8（1）
*g'i̯a	luo	și	lâ	*miwang	
*g'ia	lo	ɕi	lɑ	ṃbvoγ̄	

Aram.　q'dwš　　　　　l'b'

[　　　　　　　　　　　]

聖哉，對父親。

阿拉姆語。（1）"伽路師"[2]，發音近似希伯來文קאדוש q'dwš 意為"神聖的"，通常可以翻譯為"聖哉、聖哉"，下面第2、3、15個短語中也出現這個詞。但是，相應的伊朗語也作 q'dwš、k'dwš，是希伯來文的

---

［1］M. Boyce, *A word-list of Manichaean Middle Persian and Parthian*, Leiden, 1977.

［2］E. Waldschmidt & W. Lentz, "A Chinese Manichaean Hymnal from Tun-huang", *Journal of the Royal Asiatic Society*, 1926: 121; Y. Yoshida, "Manichaean Aramaic in the Chinese Hymnscroll", *BSOAS* 46,2, 1983: 327–329; Bryder, Peter.*The Chinese transformation of Manichaeism. A study of Chinese Manichaean Terminology,* Löberöd: Bokförlaget Plus Ultra. 1985: 58ff; 吉田豐：《漢訳マニ教文獻における漢字音寫され中世イラン語について》，載《内陸アジア言語の研究》1986年 I 期，頁 1-15，及圖版：§45; G. B. Mikkelsen, *Dictionary of Manichaean Texts in Chinese*, Turnhout, 2006: 107; *Dictionary of Manichaean Texts*, Turnhout, 1998, v.III, pt. 1: 201.

音譯，漢文也音譯成"伽路師"（見下面第5、6、7、16個短語）。霞浦文書中常見"伽度師"，當為"伽路師"之異譯。（2）"羅吒"[1]，發音近似阿拉姆語*l'b'（比較敍利亞語 lāβā），意為"對父親（to Father）"，可以意譯為"對真實父"。敍利亞文 ⲕⲟⲣ 'b'，意為"父親"，這個短語的意思就是：對着慈父高呼"聖哉"。

伽	路	師	立	無[9]	羅	二（2）
	liəp	mi̯u	lâ			
	liˀb	m̩bvy	la			

q'dwš   lbr'

(k)［'d］wš   ［lb］r'h̲

聖哉，對兒子。

阿拉姆語短語。（3）"立無羅"[2]，"無"在寫本上作"无"，"立无羅"發音接近阿拉姆語 lbr'h̲（敍利亞語 laβrā），意為"對兒子（to Son）"，可以意譯為"對明子"。敍利亞文 ⲕⲓⲟ br'，意為"兒子"。這個短語的意思就是：對着明子高呼"聖哉"。

伽	路	師	阿	嘍	訶	三（3）
			.â	*ləu	xâ	
			ˀɑ	*ləu	xɑ	

q'dwš   rwh'

―――――――

〔1〕Y. Yoshida, "Manichaean Aramaic in the Chinese Hymnscroll", *Bulletin of the School of Oriental and African Studies* 46,2, 1983: 327-328; P. Bryder, *The Chinese Transformation of Manichaeism: A Study of Chinese Manichaean Terminology*, Löberöd, 1985, 58, 90; 吉田豊：《漢訳マニ教文献における漢字音寫され中世イラン語について》，載《内陸アジア言語の研究》1986 年 I 期，頁 1-15，及圖版：§51; Y. Yoshida, "P. Bryder, The Chinese transformation of Manichaeism, Löberöd 1985" (rev.), Bulletin of the School of Oriental and African Studies L, 1987: 404; G. B. Mikkelsen, *Dictionary of Manichaean Texts in Chinese*, Turnhout, 2006: 104; *Dictionary of Manichaean Texts*, Turnhout, 1998, v.I: 1; v.II: 1.

〔2〕Y. Yoshida, "Manichaean Aramaic in the Chinese Hymnscroll", *Bulletin of the School of Oriental and African Studies* 46,2, 1983: 327-328; P. Bryder, *The Chinese Transformation of Manichaeism: A Study of Chinese Manichaean Terminology*, Löberöd, 1985:58-59; 吉田豊：《漢訳マニ教文献における漢字音寫され中世イラン語について》，載《内陸アジア言語の研究》1986 年 I 期，頁 1-15，及圖版：§52; G. B. Mikkelsen, *Dictionary of Manichaean Texts in Chinese*, Turnhout, 2006: 104; *Dictionary of Manichaean Texts*, Turnhout, 1998, v.I: 2; v.II: 5;圖版;林悟殊：《摩尼教及其東漸》，素馨出版社，1997 年，頁 73。

[   ]

聖哉，神靈

阿拉姆語短語。（4）"阿嘍訶"[1]，發音近似阿拉姆語 rwh'ḥ，敍利
亞文 ܪܘܚܐ rûḥâ，意思為 "風（wind）、神靈（spirit）"，漢文意譯為 "風"。

呬	耶	訖	哩	吵[沙]	四（4）
*xji	i̯a	ki̯ət	*lji	ṣa	
xi	jia	kiɹ	li	ɕɑ	
hy'		qdyš'			
(……)		qdyš'ḥ			

活的，神聖的。

阿拉姆語短語。（5）"呬耶"[2]，發音近似阿拉姆語*hy'（？）（比
較敍利亞文 ḥayyâ）。敍利亞文 ܚܝܐ hy'，意思為 "活的（living）"，漢文
意譯 "常活、活"。"呬耶" 與上面的 "阿嘍訶" 組成一個詞組，意思是
"活的神靈"。（6）"訖哩沙"[3]，原文作 "訖哩吵"，吉田豊校改為 "訖
哩沙"，發音近似阿拉姆語 qdyš'ḥ（比較敍利亞文 qaddīšā）。意為 "神

〔1〕Y. Yoshida, "Manichaean Aramaic in the Chinese Hymnscroll", *Bulletin of the School of Oriental
and African Studies* 46,2, 1983: 327; Bryder, Peter.*The Chinese transformation of Manichaeism. A study of
Chinese Manichaean Terminology,* Löberöd: Bokförlaget Plus Ultra. 1985:58–59; 吉田豊：《漢訳マニ教
文献における漢字音寫され中世イラン語について》，載《内陸アジア言語の研究》1986 年 I 期，頁
1–15，及圖版：§75; G. B. Mikkelsen, *Dictionary of Manichaean Texts in Chinese*, Turnhout, 2006: 102;
Dictionary of Manichaean Texts, Turnhout, 1998, v.I: 16.

〔2〕Y. Yoshida, "Manichaean Aramaic in the Chinese Hymnscroll", *Bulletin of the School of Oriental
and African Studies* 46,2, 1983: 327; 吉田豊：《漢訳マニ教文献における漢字音寫され中世イラン語に
ついて》，載《内陸アジア言語の研究》1986 年 I 期，頁 1–15，及圖版：§40; Y. Yoshida, "P. Bryder,
The Chinese transformation of Manichaeism, Löberöd 1985" (rev.), *Bulletin of the School of Oriental and
African Studies* L, 1987: 404; G. B. Mikkelsen, *Dictionary of Manichaean Texts in Chinese*, Turnhout, 2006:
102; Dictionary, v.II: 8, 17.

〔3〕Y. Yoshida, "Manichaean Aramaic in the Chinese Hymnscroll", *Bulletin of the School of
Oriental and African Studies* 46,2, 1983: 327–329; Bryder, Peter.*The Chinese transformation of
Manichaeism. A study of Chinese Manichaean Terminology,* Löberöd: Bokförlaget Plus Ultra. 1985:58–59;
吉田豊：《漢訳マニ教文献における漢字音寫され中世イラン語について》，載《内陸アジア言語の
研究》1986 年 I 期，頁 1–15，及圖版：§46; Y. Yoshida, "P. Bryder, *The Chinese transformation of
Manichaeism,* Löberöd 1985" (rev.), *Bulletin of the School of Oriental and African Studies* L, 1987: 404; G.
B. Mikkelsen, *Dictionary of Manichaean Texts in Chinese*, Turnhout, 2006: 107; *Dictionary of Manichaean
Texts*, Turnhout, 1998, v.III, pt.1：204; 圖版。

聖的"，漢文意譯"清淨、淨"，也修飾第3個短語中的"阿嘍訶"。因此，"阿嘍訶呬耶訖哩沙"即 rwh'ẖ *hy' qdyš'ẖ，意為"活的聖靈（the Living and Chosen Spirit）"[1]，即《殘經》第134行中說的"淨法風者，即是惠明"。第3至4個短語的意思是：對淨法風高呼"聖哉"。

第5至第10個短語基本上是用帕提亞語將上述四個短語復述一遍。

伽	路	師	奧	卑	嘍[10]
.âu	pjię	*lịĕt			
ʔɑu	pi	liɹ			

Parth. kādūš   ō   pidar

[   ] (dr)

聖哉，對父親。

帕提亞語短語。（7）"奧"[2]，發音近似帕提亞文'w（發音 ō），意為"對"。（8）"卑嘍"[3]，原文作"卑嘌"，瓦爾德施密特與楞茨校改為"卑嘍"，發音近似帕提亞文 pydr，讀若 pidar，意為"父親"，漢文摩尼教經把最高神稱爲"明父""明尊父""慈父""真實父""能救父"。這個短語意思即：對着明父高呼"聖哉"。

---

〔1〕敍利亞瓦希特（Wasit）景教主教西奧多·巴爾庫尼（Theodore bar Koni）約792年用敍利亞文寫成的《斯可利亞》（Liber Scholiorum）裏，ܪܘܚܐ rūḥā ḥy'是神的名字，通常翻譯為"活靈（Living Spirit）"，就是漢文摩尼教文獻中的"淨風"。

〔2〕E. Waldschmidt & W. Lentz, "A Chinese Manichaean Hymnal from Tun-huang", Journal of the Royal Asiatic Society, 1926: 121; Y. Yoshida, "Manichaean Aramaic in the Chinese Hymnscroll", Bulletin of the School of Oriental and African Studies 46,2, 1983: 327; P. Bryder, The Chinese Transformation of Manichaeism: A Study of Chinese Manichaean Terminology, Löberöd, 1985:59; 吉田豊：《漢訳マニ教文獻における漢字音寫され中世イラン語について》，載《内陸アジア言語の研究》1986年I期，頁1－15，及圖版：§14; Y. Yoshida, "P. Bryder, The Chinese transformation of Manichaeism, Löberöd 1985" (rev.), Bulletin of the School of Oriental and African Studies L, 1987: 404; G. B. Mikkelsen, Dictionary of Manichaean Texts in Chinese, Turnhout, 2006: 102; Dictionary of Manichaean Texts, Turnhout, 1998, v.III, pt.1: 58.

〔3〕E. Waldschmidt & W. Lentz, "A Chinese Manichaean Hymnal from Tun-huang", Journal of the Royal Asiatic Society, 1926: 121 note 3; Bryder, Peter.The Chinese transformation of Manichaeism. A study of Chinese Manichaean Terminology, Löberöd: Bokförlaget Plus Ultra. 1985: 59–60; 吉田豊：《漢訳マニ教文獻における漢字音寫され中世イラン語について》，載《内陸アジア言語の研究》1986年I期，頁1－15，及圖版：§71; G. B. Mikkelsen, Dictionary of Manichaean Texts in Chinese, Turnhout, 2006: 102; Dictionary of Manichaean Texts, Turnhout, 1998, v.III, pt.1: 288.

伽　路　師　奥　補　忽　　　　　　　　　　　　　六（6）

　　　　　　　puo　xuət
　　　　　　　po　xoɹ

kādūš　　　　　ō　　puhr
q'dwš'w　　　　　　　pwhr
聖哉，對兒子。

帕提亞語短語。(9)"補忽"[1]，發音近似帕提亞文 pwhr，讀若 puhr，意為"兒子"。這個短語意思即：對着明子高呼"聖哉"。這裡的"兒子"當即《殘經》第134行中說的"其明子者即是日月光明"。摩尼教高僧福斯特斯（Faustus）在與聖奧古斯丁辯論時指出：耶穌的力量在太陽上，其智慧在月亮上[2]，"日月光明"當指耶穌。《下部讚·讚夷數文》稱頌夷數"自是明尊憐愍子"，霞浦文書《摩尼光佛》也稱頌夷數為"無上明尊子"，因此"補忽"當指夷數（耶穌）。

伽　路　師　奥　活　時　雲　嚨　　　　　　七(7)

　　　　　　　ɣuât　ʑi　jįuən　*nəng
　　　　　　　xwɑɹ　ɕi　wyn　ndəŋ

kādūš　　　　　ō　　wād　　žīwandag
[　　　　　　　　]d　　　　jywndg
聖哉，　　　　對神靈，　　　　有生命的，

---

〔1〕E. Waldschmidt & W. Lentz, "A Chinese Manichaean Hymnal from Tun-huang", *Journal of the Royal Asiatic Society*, 1926: 121; Y. Yoshida, "Manichaean Aramaic in the Chinese Hymnscroll", *Bulletin of the School of Oriental and African Studies* 46,2, 1983: 327; Bryder 1985:59; 吉田豊：《漢訳マニ教文献における漢字音寫され中世イラン語について》，載《内陸アジア言語の研究》1986 年 I 期，頁 1－15，及圖版：§70; G. B. Mikkelsen, *Dictionary of Manichaean Texts in Chinese*, Turnhout, 2006: 103; *Dictionary of Manichaean Texts*, Turnhout, 1998, v.III, pt.1: 286.

〔2〕*Contra Faustum*, 20.2; in Iain Gardner and Samuel N.C. Lieu, *Manichaean texts from the Roman Empire* / edited by Iain Gardner and Samuel N.C. Lieu. Cambridge ; New York : Cambridge University Press, 2004, no. 69 (p.219).

帕提亞語短語。（10）“活”[1]，發音近似帕提亞文 w'd，讀若 wād，意思為“風、神靈”，漢文意譯為“風”。（11）“時雲嚨”[2]，發音近似帕提亞文 jywndg，讀若 žīwandag，意思是“活的、有生命的”，用來修飾前面的“風”。w'd jywndg 的意思即“活風（living spirit）”。《殘經》第63行的“而云你暱”是帕提亞文 jywndg 的異譯。

鬱	于	而	勒	八（8）
.i̯əut	ji̯u	ńźi	lək	
ʔyɹ	wy	ʑi	ləg	
ud		wižīdag		
'wt̠		wjydg		

和（被選的）神聖的。

帕提亞語短語。（12）“鬱”[3]，發音近似帕提亞文'wd，讀若 ud，

〔1〕E. Waldschmidt & W. Lentz, “A Chinese Manichaean Hymnal from Tun-huang”, *Journal of the Royal Asiatic Society*, 1926: 121–122, note 1; Bryder, Peter.*The Chinese transformation of Manichaeism. A study of Chinese Manichaean Terminology,* Löberöd: Bokförlaget Plus Ultra. 1985:118ff; 吉田豊：《漢訳マニ教文獻における漢字音寫され中世イラン語について》，載《内陸アジア言語の研究》1986 年 I 期，頁 1–15，及圖版：§84; G. B. Mikkelsen, *Dictionary of Manichaean Texts in Chinese*, Turnhout, 2006: 104; *Dictionary of Manichaean Texts*, Turnhout, 1998, v.III, pt.1: 334.

〔2〕É. Chavannes, & P. Pelliot, “Un traité manichéen retrouvé en Chine”, *Journal Asiatique,* 1911, pp.537–538, note(2); E. Waldschmidt & W. Lentz, “Die Stellung Jesu im Manichäismus”, *APAW*, 1926, no.4, 128, E. Waldschmidt & W. Lentz, “A Chinese Manichaean Hymnal from Tun-huang”, *Journal of the Royal Asiatic Society*, 1926: 121–122, note (1); Bryder, Peter.*The Chinese transformation of Manichaeism. A study of Chinese Manichaean Terminology,* Löberöd: Bokförlaget Plus Ultra. 1985:96, 118ff; 吉田豊：《漢訳マニ教文獻における漢字音寫され中世イラン語について》，載《内陸アジア言語の研究》1986 年 I 期，頁 1–15，及圖版：§36 & 43; G. B. Mikkelsen, *Dictionary of Manichaean Texts in Chinese*, Turnhout, 2006: 107–108; *Dictionary of Manichaean Texts*, Turnhout, 1998, v.III, pt.1: 200; 林悟殊：《摩尼教及其東漸》，素馨出版社，1997 年，頁 270。

〔3〕吉田豊：《漢訳マニ教文獻における漢字音寫され中世イラン語について》，載《内陸アジア言語の研究》1986 年 I 期，頁 1–15，及圖版：§15; G. B. Mikkelsen, *Dictionary of Manichaean Texts in Chinese*, Turnhout, 2006: 109; *Dictionary of Manichaean Texts*, Turnhout, 1998, v.III, pt.1: 65.

意思是"和"。(13)"于而勒"[1]，發音近似帕提亞文 wcydg，讀若 wižīdag，意思是 "被選中的（chosen）"，也用來修飾前面的 w'd。wcydg 是 wcyn－的過去分詞 I.a 型（即以－t/dg 結尾），其另一種寫法是 wjydg，w'd wjyd(g)意為 "（被選中的）聖靈（Holy Ghost）"。漢文音譯 "阿嘍訶呬耶訖哩沙" 即為阿拉姆語 rwh'ḥ hy' qdyš'ḥ，亦為 "活時雲唯鬱于而勒" 即帕提亞文 w'd jywndg 'wd wjydg，可以意譯為 "活的、被選中的神靈（ the Living and Chosen Spirit ）"，在漢文中就翻譯成 "淨法風"，即聖靈。[2]第7至8個短語的意思是：向淨法風高呼 "聖哉"。《初聲讚文》第20個讚語寫作 "于而嘞"，為帕提亞文 wjydg 的音譯，唐代摩尼教徒可能用 "詮柬"（當為 "銓柬"）來意譯帕提亞文 wjydg，把摩尼教選民稱為 "銓者"。

　基督教通常以白鴿代表聖靈，摩尼教也如此，《摩尼教殘經》稱聖靈為 "白鴿微妙淨風"，霞浦文書《摩尼光佛》稱頌夷數時，也把聖靈稱爲白鴿："白鴿飛來騰瑞相，那能俗處現風光"。

鳴[11]	嚧	嘲	而	雲	咖[12][＝加]	九(9)
.uo	*luo	*lân	ńźi	jĭuən	*ka	
ʔo	lo	lɑn	zi	wyn	ka	
rōdān				žīwandag		

[　　　　　　　　　　　　　　　　　　]

河生命的

〔1〕E. Waldschmidt & W. Lentz, "Die Stellung Jesu im Manichäismus", *APAW*, 1926, no.4: 92; Bryder, Peter.*The Chinese transformation of Manichaeism. A study of Chinese Manichaean Terminology*, Löberöd: Bokförlaget Plus Ultra. 1985:118ff; 吉田豊：《漢訳マニ教文獻における漢字音寫され中世イラン語について》，載《内陸アジア言語の研究》1986年 I 期，頁 1–15，及圖版：§87; G. B. Mikkelsen, *Dictionary of Manichaean Texts in Chinese*, Turnhout, 2006: 109, 52; *Dictionary of Manichaean Texts*, Turnhout, 1998, v.III, pt.1: 337–338; 馬小鶴：《摩尼教與古代西域史研究》，人民大學出版社，2008年，頁 192–193。

〔2〕關於 "淨法風" 的討論見下文。

帕提亞語短語。（14）"嗚嘘嘲"，[1] 發音近似帕提亞文/中古波斯文 rwd'n，讀若 rōdān，意為"河"。（15）"而雲咖"，[2] 原文"咖"下面有一個"引"字，意思是這個"咖"字音應該發長音，"而雲咖"發音近似帕提亞文 jywndg'n，讀若 žīwandagān，意為"性命"。這個短語的意思是"性命河"，用來比喻和稱頌慈父明子淨法風。參看《下部讚》《嘆諸護法明使文》"我等常活明尊父，……巧示我等性命海"；《嘆明界文》把天堂比作"纯一無雜性命海"；《讚夷數文》稱頌夷數（耶穌）為"性命海"。

鬱	佛	哂	不	哆13	漢	沙	[娑]	嘲	十（10）
·ĭuət	b'ĭuət	*xji	pĭəu	*tâ	xân	sâ		*lân	
ʾγɹ	bvγɹ	xi	pfəu	ta	xɑn	sɑ		lɑn	
ud	frihīft				xānsārān				
[　]d		(…)yft			x'ns'r'n				
與		憐憫			泉。				

─────────

〔1〕寫本上"嗚"這個字介乎"嗚"與"嘘"之間，見圖版，現根據吉田豐的釋讀作"嗚嘘嘲"。Y. Yoshida, "Manichaean Aramaic in the Chinese Hymnscroll", *Bulletin of the School of Oriental and African Studies* 46,2, 1983,: 328; Bryder, Peter.*The Chinese transformation of Manichaeism. A study of Chinese Manichaean Terminology,* Löberöd: Bokförlaget Plus Ultra. 1985: 60; 吉田豐：《漢訳マニ教文獻における漢字音寫され中世イラン語について》，載《内陸アジア言語の研究》1986 年 I 期，頁 1-15，及圖版：§74; G. B. Mikkelsen, *Dictionary of Manichaean Texts in Chinese*, Turnhout, 2006: 108; *Dictionary of Manichaean Texts*, Turnhout, 1998, v.III, pt.1: 299.

〔2〕E. Waldschmidt & W. Lentz, "Die Stellung Jesu im Manichäismus", *APAW*, 1926, no.4: 84 n.2; Y. Yoshida, "Manichaean Aramaic in the Chinese Hymnscroll", *BSOAS* 46,2, 1983: 328–329 note 19; Bryder, Peter.*The Chinese transformation of Manichaeism. A study of Chinese Manichaean Terminology,* Löberöd: Bokförlaget Plus Ultra. 1985: 60; 吉田豐：《漢訳マニ教文獻における漢字音寫され中世イラン語について》，載《内陸アジア言語の研究》1986 年 I 期，頁 1-15，及圖版：§44; Y. Yoshida, "P. Bryder, *The Chinese transformation of Manichaeism,* Löberöd 1985" (rev.), *Bulletin of the School of Oriental and African Studies* L, 1987: 404; G. B. Mikkelsen, *Dictionary of Manichaean Texts in Chinese*, Turnhout, 2006: 103; *Dictionary of Manichaean Texts*, Turnhout, 1998, v.III, pt.1: 200.

帕提亞語短語。（16）"佛呬不哆"[1]，發音近似帕提亞文 frhyft，讀若 frihīft，《初聲讚文》中寫作"佛呬弗多"，意為"愛"，漢文意譯"憐憫"。寫本上在"佛呬不哆"下面有"舌頭"二字，標明發音的方式。（17）"漢娑囒"，[2]寫本上作"漢沙囒"，吉田豐校改為"漢娑囒"，發音近似帕提亞文 x'ns'r'n，讀若 xānsārān，意為"泉水、井"。這個短語的意思是"憐憫泉"，用來稱頌慈父明子淨法風。參閱《下部讚》中《嘆明界文》說天堂之上"百川河海及泉源，命水湛然皆香妙，……泉源清流无間斷，真甘露味无渾苦"；《此偈讚忙你佛訖，末後結願用之》稱頌忙你（摩尼）："開甘露泉"。第9至10個短語的意思是：（慈父明子淨法風就像）性命河與憐憫泉。中古波斯文文書 M6可資比較，這是一首悼詩，哀悼摩尼弟子末扎庫（Mār Zaku）去世："噢，性命海（jywndgzryḥ）乾涸了！河流（rwd'n）都被阻斷，它們不再流動。……噢偉大的泉源（x'nyg wzrg），它的源頭被壅塞了！"[3]

9.2　淨法風、淨活風辨析

《下部讚》第2首音譯詩第1至第10個短語為我們提供了堅實的語言

〔1〕Y. Yoshida, "Manichaean Aramaic in the Chinese Hymnscroll", *Bulletin of the School of Oriental and African Studies* 46,2, 1983: 328–329; Bryder, Peter.*The Chinese transformation of Manichaeism. A study of Chinese Manichaean Terminology,* Löberöd: Bokförlaget Plus Ultra. 1985: 60; 吉田豐：《漢訳マニ教文献における漢字音寫され中世イラン語について》，載《内陸アジア言語の研究》1986 年 I 期，頁 1–15，及圖版：§34; G. B. Mikkelsen, *Dictionary of Manichaean Texts in Chinese*, Turnhout, 2006: 103; *Dictionary of Manichaean Texts*, Turnhout, 1998, v.III, pt.1: 155; 馬小鶴：《摩尼教與古代西域史研究》，人民大學出版社，2008 年，頁 177–178；圖版。

〔2〕Y. Yoshida, "Manichaean Aramaic in the Chinese Hymnscroll", *Bulletin of the School of Oriental and African Studies* 46,2, 1983: 328–329; Bryder, Peter.*The Chinese transformation of Manichaeism. A study of Chinese Manichaean Terminology,* Löberöd: Bokförlaget Plus Ultra. 1985: 60; 吉田豐：《漢訳マニ教文獻における漢字音寫され中世イラン語について》，載《内陸アジア言語の研究》1986 年 I 期，頁 1–15，及圖版：§92; G. B. Mikkelsen, *Dictionary of Manichaean Texts in Chinese*, Turnhout, 2006: 104; *Dictionary of Manichaean Texts*, Turnhout, 1998, v.III, pt.1: 363;圖版。

〔3〕F. C. Andreas & W. B. Henning, *Mitteliranische Manichaica aus Chinesisch-Turkestan*, III, *Sb. PAW*, 1934, e, 29 sq.; H.-J. Klimkeit, *Gnosis on the Silk Road*, New York, 1997, p.87; Y. Yoshida, "Manichaean Aramaic in the Chinese Hymnscroll", *Bulletin of the School of Oriental and African Studies* 46,2, 1983: 329.

資料分析"淨法風"到底是"淨風",還是"惠明"。由於《殘經》引《應輪經》言"光明父子淨法風","淨法風"顯然即聖靈,因此我們可以從聖父、聖子、聖靈三位一體的角度切入加以研究。眾所周知,基督教的"三位一體"是聖父、聖子、聖靈。摩尼教以何為"聖靈"是學者們長期探討的一個問題。瓦爾德斯密特和楞茨在《敦煌出土的一份漢語摩尼教讚嘆文書初探》中,只釋讀、英譯了第2首音譯詩的第5—7個短語。他們把第7個短語英譯為:"聖哉活風(Holy the Living Spirit)!"從字面上看,當然是對的,用他們當時慣用的希伯來文字母轉寫:漢字"活"是帕提亞文ז'או的音譯,漢文意譯為"風",英文意譯 Spirit;"時雲嗁"是帕提亞文ז'דונג'的音譯,漢文意譯為"活",英文意譯 Living。[1]他們在註釋中說明:見過多次"慈父""明子""淨法風"合在一起的祈禱文。繆勒(F. W. K Müller,1863—1930)的《中國突厥斯坦吐魯番出土福音體文字寫卷殘片考》第2篇,第101、103頁上刊佈了雙語文書 M172(摩尼撰寫的《大應輪部》(Evangelium)(譯云《徹盡萬法根源智經》))殘片,那裏西南伊朗語(今通稱中古波斯語——筆者註)的(pîdar-pûsar-)vâkhš yôždaḥr(父親、兒子和)聖靈被翻譯為粟特語(patrî‐zâṭîy)vižîḻvâḻḻ zaparṭvâkhš(父親、兒子和)被選中的神靈——聖靈。[2]因此瓦爾德斯密特和楞茨認為:基督教的聖靈相當於摩尼教的 spiritus vivens(即漢文"淨風"——筆者按)。1983年吉田豐釋讀了《下部讚》第2首音譯詩,肯定第8個短語與第7個短語是不可分割的;1986年他逐字詮釋了這些詞彙,可以確定:它們是帕提亞文 w'd jywndg 'wd wjydg 的漢字音譯,英文可以翻譯成:living and chosen spirit (wind),即"活的被選中的神靈(風)"。增加了一個修飾詞"被選中的",這個神是否仍然可以被理解為"淨風"呢?

　　"淨風"是大明尊第2次召喚時,召喚出來的神之一,他的主要活

〔1〕E. Waldschmidt & W. Lentz, "A Chinese Manichaean Hymnal from Tun-huang", *Journal of the Royal Asiatic Society*, 1926: 121–122.

〔2〕F. W. K Müller, "Handschriftenreste in Estrangelo–Schrift aus Turfan, Chinesisch-Turkistan. II Teil", *APAW* (*Abhandlungen der* 〔*Königlich-*〕*Preußischen Akademie der Wissenschaften* 〔*Berlin*〕, *Phil-hist Klasse*), Berlin, 1904, Anhang, No.2, pp.101, 103.西南伊朗語、粟特語沿用繆勒的拼寫方法。

动是"入於暗坑无明境界",把"先意"(即初人)救出來,然後"以五類魔及五明身,二力和合,造成世界——十天八地。"淨風有5個兒子,分別管轄十天八地的不同領域。在摩尼教神話中,此後就很少看到淨風的活動。他又被稱為"淨風佛",這顯然是受佛教影響才在漢文摩尼教經中出現的新名字;又稱"淨風明使"。他又稱"淨活風",《下部讚》的《普啓讚文》說:"又啓樂明第二使,及與尊重造新相,雄猛自在淨活風,并及五等驍健子。"(第125行)又見于《此偈讚日光訖,末後結願用之》:"大力堪譽慈悲母,驍健踊猛淨活風,十二舡主五收明,及餘无數光明眾。"(第362行)"淨活風"從字面上來看,與《下部讚》第2首音譯詩中帕提亞文 w'd jywndg 與'wd wjydg 的意思相當吻合。w'd 即風,jywndg 即活,應該没有疑问。"淨"是否 wjydg 的貼切翻譯呢?帕提亞文 wcydg 意為"被選中的、選民",即僧侶。漢文把摩尼教僧侶稱為:清淨善眾、清淨師僧,[1]就是用"清淨"翻譯帕提亞文 wcydg。帕提亞文 w'd jywndg 'wd wjydg 看來似乎應當譯為"淨活風",即"淨風"。

但是,漢文《下部讚》的《普啓讚文》中146行寫道:"清淨光明大力惠,我今至心普稱嘆,慈父明子淨法風,并及一切善法相。"第151行的詩句也類似。《摩尼教殘經》第131—136行說:"《應輪經》云:'若电那勿等身具善法,光明父子及淨法風皆於身中每常遊止。其明父者即是明界无上明尊,其明子者即是日月光明,淨法風者即是惠明。'《寧萬經》云:若电那勿具善法者,清淨、光明、大力、智惠皆备在身,即是新人,功德具足。"從這段文字看,學者們不由得怀疑,聖靈会不会是"淨法風"即"惠明"呢?[2]

西方出土的科普特文摩尼教文獻中,至少有40多處以光明諾斯

〔1〕G. B. Mikkelsen, *Dictionary of Manichaean Texts in Chinese*, Turnhout, 2006: 51; *Dictionary of Manichaean Texts*, Turnhout, 1998, v.III, pt.1: 338.

〔2〕É. Chavannes, & P. Pelliot, "Un traité manichéen retrouvé en Chine", *Journal Asiatique,* 1911, I, p.556 note (2).

（Light-Noῦς，相當於漢文中的"惠明"）為聖靈（PNA etouabe）。[1]加德纳（I. Gardner）等在刊佈埃及喀里斯（Kellis）新發現的摩尼教希臘文寫本時指出：τò ἅγιον πνεῦμα ἡμῶν，意為"我們的聖靈"，有時候也用來指光明諾斯。[2]他舉出的一個例証是《克弗來亞》頁143第29－32行，屬於第56章。這一章講述魔鬼沙克勒（Saklas 即路傷?）造立人身，光明諾斯（惠明）進入人身，將舊人改造成新人，内容與《克弗來亞》第38章、漢文《殘經》有許多類似之處，在這章的後半部分，光明諾斯改稱聖靈。[3]這種改稱，與《摩尼教殘經》將惠明又稱為"淨法風"如出一轍，絕非巧合。

大明尊第3次召唤時有一個對人間救贖最重要的神——惠明，又稱惠明使、惠明大使、惠明佛，他又稱為"淨法風"，這與"淨活風"僅僅一字之差。我們要理清這些神名，必須搞清楚其伊朗語原本。這方面伊朗學家宗德曼（W. Sundermann）提供了不可或缺的幫助。

宗德曼1979年發表《摩尼教神話的各種伊朗語譯本的神名、魔稱和人名》，全面整理了這方面的資料。他認為：諾斯（Nous，即漢文"惠明"）有幾個異名：中古波斯文 w'xš ywjdhr，意為"聖靈"（德文 Heiliger Geist，英文 Holy Spirit），w'xš zyndg，意為"活靈"（德文 Lebendiger Geist，英文 the Living Spirit）。在帕提亞文中，這個名字作 wjyd w'd，意為"被選中的神靈"，在粟特文中最流行的名字是 wjyd w'd，也意為"被選中的神靈"。[4]他的研究為翁拙瑞比較研究漢文神名與伊朗語神名打下了良好基礎。1985年，翁拙瑞在宗德曼、吉田豊等人研究的基礎上，分析

〔1〕當然，在摩尼教西方資料中，"聖靈"的用法也相當複雜。有時難以與基督教的"聖靈"相區別，有時指生命母，有時指摩尼。*Dictionary of Manichaean Texts*, Turnhout, 1998, v. I, p.79. 科普特文 πνα 為 πνευμα 之缩寫，源自希臘文。Van Lindt,P.,*The Names of Manichaean Mythological Figures. A Comparative Study on Terminology in the Coptic Sources*, Wiesbaden. 1992, pp. 162–164.

〔2〕I. Gardner (ed.), *Kellis Literary Texts*, v.1, Oxford, 1996, pp.133–136.

〔3〕*Kephalaia*, ed. H.-J. Polotsky & A. Böhlig, Stuttgart 1940, pp.29–32, 143; I. Gardner, *The Kephalaia of the Teacher*, Leiden, 1995, pp.145, 150.

〔4〕W. Sundermann, "Namen von Göttern, Dämonen und Menschen in iranischen Versionen des manichäischen Mythos", *AoF,* VI, 1979, p100; 重刊於 Sundermann, *Manichaica Iranica*, Ausgewählte Schriften, I, p. 126.

欧·亚·历·史·文·化·文·库·

了這個問題。他認為，東方摩尼教中所有這些不同的"風"使事情變得相當複雜。在上述音譯詩的第7、8個短語中，有一個奇怪的混合詞：wād žīwandag ud wižīdag，是既"活"又"被選中的"神靈。但是，因為它前面列舉了"父親、兒子……"，很清楚，摩尼教用來指稱諾斯的，正相當於（基督教的）聖靈。[1]這種把"活"與"被選中的"結合在一起的混合詞語見於一份恆寧研究過的中古波斯文-粟特文詞彙表。文書 o（M145）分兩欄，左邊一欄是中古波斯文，右邊用粟特文進行解釋，我們只錄其第1—2行，在每個詞下面加上中文直譯：

正面

[1] rwh' [　　] ẖ　　oo　　zprt [w] 't

神靈（風）　　　　　　　聖靈

[2] rwh' [　　] ẖ　　oo　　jw'ndyy wyctyyo

神靈（風）活的　　　　　被選中的

中古波斯文 rwh'ẖ，出自阿拉姆文 rûḥâ，與上述帕提亞文 w'd 相應，意思就是神靈、風。粟特文 w't 意為"風、神靈"，zprt 意為"清淨、神聖"，zprt w't 意為"聖靈"。jw'ndyy 意為"活的"，與帕提亞文 jywndg 相應；wyctyy 意為"被選中的"，源自帕提亞文 wižīdag、中古波斯文 wizīdag。[2]恆寧在對第2行的評註中說：

這是"活靈"（Living Spirit，中古波斯文 wāxš ī zīhrēn，等等）與"選靈"（Elect Spirit，帕提亞文 wjyd w'd 等等）的拼湊。後者原來是翻譯敘利亞文 rûḥâ dquδšā，摩尼教徒習慣於用"選擇"來翻譯 qdš，特別是 qaddeš 和 ethqaddaš 即 wižīd-、wizīd-，意為"選擇，被選中"，即"進入（或使之進入）摩尼教教会"即為

[1] Bryder, Peter.*The Chinese transformation of Manichaeism. A study of Chinese Manichaean Terminology,* Löberöd: Bokförlaget Plus Ultra. 1985, p.118.

[2] *Dictionary of Manichaean Texts*, Turnhout, 1998, v.III, pt.1: 299; B. Gharib, *Sogidan Dictionary: Sogdian-Persian-English*, Tehran, 1995, §§9870, 11368, 11373, 11379, 4595, 10320 (pp.399, 463, 464, 184, 418).

"就任聖职"。[1]

粟特文 zprt w't（聖靈）也見於景教文獻，僅舉一例：吐魯番出土景教粟特文《洗禮與聖餐儀式評註（A commentary on the baptismal　and Eucharistic liturgies）》譯自敍利亞文，第21節歌頌明燈時提及三位一體之名如下，第1行是粟特文轉寫，第2行是英文翻譯，第3行是供對照的敍利亞文，第4行是敍利亞文轉寫，不加註元音，第5行是中文翻譯：

　　… (qy) pr ptry 't z'ty (')t zprt w'ty n'm. …

　　…in the name of the Father and the Son and the Holy Spirit, …

　　…ܡܫܝܚܐ ܩܕܝܫܐ ܘܪܘܚܐ ܘܒܪܐ ܐܒܐ…

　　…d-b-šm 'b' w-br' w-rwḥ' qdyš'. …[2]

　　……以聖父、聖子、聖靈的名義，……

景教粟特文文獻多譯自敍利亞文，而粟特人當中同時流行景教與摩尼教，因此，摩尼教經漢譯者也可能通過粟特人，了解一些敍利亞文宗教術語。

摩尼教經漢譯者还可能通過景教漢文文獻，了解一些敍利亞文宗教術語。在敦煌發現的漢文《景教三威蒙度讚》中，用"淨風王""淨風性"來翻譯敍利亞文 rûhâ dqudšā，《尊經》則翻譯為"盧訶寧俱沙"。穆爾（A. C. Moule）在1930年出版的《一五五〇年前的中國基督教史》中，對《三威蒙度讚》作了這樣的說明："這篇景教頌文，就其重要性而言，僅次於西安《大秦景教流行中國碑頌》，但有些方面确實要比後者更有意義。"穆爾在為《三威蒙度讚》"慈父明子淨風王"這句作註解時說："'把"慈父""明子"和"淨法風"三者合并祈禱的情况'，在敦煌發現的同時代摩尼教頌文中'出現過數次'。参見《王家亞洲學会杂志》（Journal of the Royal Asiatic Society）1926年第122頁。"[3]可見他已經

---

〔1〕W. B. Henning, *Sogdica*, London, 1940, pp.46–47, *W. B. Henning Selected Papers*, Leiden, 1977, pp.47–48.

〔2〕M. Schwartz, *Studies in the Texts of the Sogdian Christians*, unpublished Berkeley dissertation 1967, p.88; N. Sims-Williams, *The Christian Sogdian Manuscript C2*, Berlin, 1985, pp.113, 118.

〔3〕〔英〕阿·克·穆爾著、郝鎮華譯：《一五五〇年前的中國基督教史》，中華書局，1984年，頁59–62。筆者根據英文原版將"淨風王"改正為"淨法風"。

185

意識到兩者之間的聯係。吳其昱先生1986年發表文章，研究《景教三威蒙度讚》，將敍利亞文《天使頌》與漢文做一對照。下面第1行是筆者根據吳先生的照片作的敍利亞文錄文，第2行為敍利亞文羅馬字本，不加註元音。第3行為敍利亞文羅馬字本，加註元音。第4行英譯，第5行漢文寫本。我們只選擇與"淨風王""淨風性"有關的兩句：

〔4〕

ܐܒܐ / ܐܘܐܒܪܐ ܘܪܘܚܐ ܐܒܐ / …

…/ 'b' wbr' wrwḥ' dqwdš'/ mlk'

…abā oabrā oruḥā dqudšā. malkā

…Father, and Son and Spirit Holy. King

…慈父明子淨風王，於

〔5〕

ܕܡܠܟܐ/…

dmlk'/…

dmalke. …

of kings, …

慈帝中為師帝，…

…………

〔14〕

ܫܘܒܚܐ ܠܐܠܗܐ / ܐܒܘܟ ܘܠܟ ܘܠܪܘܚܐ ܕܩܘܕܫܐ

šwbḥ' l'lh' 'bwk/ wlk wlrwḥ' dqwdš'

šubḥâ lalāhā abuk.   olāk oalruḥā dqudšā

Glory to God thy Father, and to thee, and to Spirit Holy

我嘆慈父海藏慈，大聖兼及淨風性，

…………

此句原文作"大聖謙及淨風性"，根據吳其昱的意見校改。他并說明："此處 w 相當于 and，l 相當于 to，k 相當于 thee，rwḥ' dqwdš'，即P3847後部三身之一之証身，音譯作'盧訶寧俱沙'。其中'寧'字聲母相當於 d-，即以'泥'母字對'定'母字，8世紀密宗不空學派對音亦如此。遍尋句中無‘謙’字，但有‘兼’字 w，故知‘謙’為‘兼’之誤”吳其昱收入附錄之中的“希臘文第一本”上，“淨風”寫作：Ἅγιον Πνεῦμα。[1]。敍利亞文 𐫇𐫀𐫗𐫏𐫀 意為“淨風”，并無“王”的意思，或許受後面 𐫖𐫗𐫀 的影響而漢譯成“淨風王”。希臘文《榮歸上帝頌》裏的 Ἅγιον Πνεῦμα 與上述埃及喀里斯新出土的摩尼教希臘文寫本上的 ἅγιον πνεῦμα 一致，殊非巧合，因為它們本來就同出一源。

林悟殊先生2000年全面吸收以前的研究成果，確定《尊經》雖與《三威蒙度讚》同屬一寫卷，但兩者均是獨立寫本。他校勘著錄《尊經》開頭三行如下：

尊經

敬禮：妙身皇父阿羅訶，應身皇子弥施訶，

証身盧訶寧俱沙。已上三身同歸一體。[2]

林悟殊先生2009年發表論文，詳細論述了《尊經》的妙身、應身、証身三位一體說。[3] 吳其昱先生2000年發表文章，說明寫本 P.3847前24行為《景教三威蒙度讚》，“其餘22行可分為二部分（圖1）：一、第1行，題尊經二字，2—9行敬禮二字後緊接三身及二十二法王名，三身敍［利亞］文名依次為阿羅訶‘hl’，（’alāhā’），弥施訶 mšyḥ’（mšiyḥâ’），及盧訶寧俱沙 rwḥ’dqwdš’（ruwḥâ dquwdšā’），其中‘寧’字聲母相當于 d-，即以‘泥’母字對‘定’母字（*nd-），8世紀密宗不空學派對音已如此，至于‘寧’元音及收聲，漢蕃對音《千字文》作-e，P2322作 ne。二、第10—18行亦以‘敬禮’二字開始，下接三十五部經名。”[4] 穆爾在其研究《尊經》的註解中說明：“‘盧訶寧俱沙’為敍利亞文 Ruha da Qudša

〔1〕吳其昱：《景教三威蒙度讚研究》，載《中央研究院歷史語言研究所集刊》第57本第3分，1986年，頁415–419、429–434。元代泉州敍利亞文景教碑銘上也經常使用“以聖父、聖子和聖靈的名義”。參閱牛汝極著：《十字蓮花：中國元代敍利亞文景教碑銘文顯研究》，上海古籍出版社，2008年，頁125–126、128–130、134–144、146–149、153–155。

〔2〕林悟殊：《敦煌景教寫本 P.3847 之再研究》，載《敦煌吐魯番研究》，第5卷，2000年，頁61；林悟殊：《唐代景教再研究》，中國社会科學出版社，2003年，頁126。

〔3〕林悟殊：《經幢版“三位一體”考釋——唐代洛陽景教經幢研究之三》，載《中華文史論叢》2009年第1期（總第93期），頁258–396。

〔4〕吳其昱：《唐代景教之法王與尊經考》，載《敦煌吐魯番研究》，第5卷，2000年，頁13。

之譯音，意為'聖洁的精神'，但是中間加進'寧'這個音節，我尚未能找到解釋"。佐伯好郎則試圖用日本讀音 Ru-ha-nei-gu-sha 來解釋，但我們仍然难以明白，何以"寧 nei"為敍利亞文 da 的音譯。翁拙瑞先生則誤寫作"盧訶俱寧沙"，吉田豊先生寫的書評也未指出其誤。[1]吴其昱先生此說則比較合理地解釋了這個問題。

《大秦景教流行中國碑頌》也用典雅的漢文講到"三位一體"："總玄樞而造化，妙眾聖以元尊者，其唯我三一妙身無元真主阿羅訶歟？……於是　我三一分身景尊彌施訶戢隱真威，同人出代。……設　三一淨風無言之新教，陶良用於正信。……道惟廣兮應惟密，強名言兮演三一。"《志玄安樂經》則把聖靈的敍利亞文名稱音譯為"羅稽"。[2]

我們可以列表對照基督教與摩尼教的"三位一體"如表9-1：

表 9-1　"三位一體"一覽表

	聖父	聖子	聖靈
粟特文景教《洗禮與聖餐儀式評註》	ptry	z'ty	zprt w't
漢文《大秦景教流行中國碑頌》	三一妙身無元真主阿羅訶	三一分身景尊彌施訶	三一淨風
唐代洛陽景教經幢	清淨阿羅訶	清淨大威力	清淨［大智慧］
景教《尊經》	妙身皇父阿羅訶	應身皇子弥施訶	証身盧訶寧俱沙
《三威蒙度讚》	慈父	明子	淨風王
敍文《天使頌》	'b'	br'	rwḥ' dqwdš'

---

〔1〕穆爾，頁 64；P. Y. Saeki, *The Nestorian Documents and Relics in China*, Tokyo, 1951, p.258; Bryder, Peter.*The Chinese transformation of Manichaeism. A study of Chinese Manichaean Terminology*, Löberöd: Bokförlaget Plus Ultra. 1985, p.59; Y. Yoshida, "P. Bryder, *The Chinese transformation of Manichaeism*, Löberöd 1985" (rev.), *Bulletin of the School of Oriental and African Studies* L, 1987.

〔2〕翁紹军：《漢語景教文典詮釋》，三联书店，1996 年，頁 44-45、48-50、178、183。

	聖父	聖子	聖靈
阿拉姆文擬構（文書 M260）	*l'b'	lbr'h	rwh'h（*hy'）qdyš'h
漢文摩尼教《下部讚》第二首音譯詩	羅吒	立光羅	阿嘍訶（呬耶）訖哩沙
《下部讚》第146、151行	慈父	明子	淨法風
漢文摩尼教《殘經》第 131-136 行	明父者即是明界无上明尊	明子者即是日月光明	淨法風者即是惠明

　　通過這一對照，我們可以確定，摩尼教中的聖靈不是"淨活風"即"淨風"，而是"淨法風"即"惠明"。宗德曼在1992年出版的《《明使演說》惠明經》——東傳摩尼教的一部說教作品：帕提亞語本和粟特語本》的第1節中，釋讀出 wjyd w'd，德譯成 Heiligen Geist（聖靈），仍然認為這就是光明諾斯（Licht-Nous），即"惠明"。[1] 他在1997年出版的《靈魂說教》第96節中也釋讀出這個詞，德譯成 Erwählte Geist（被選中的神靈），也即 Heilige Geist（聖靈）即光明諾斯。[2]

　　《摩尼光佛》"開壇讚"稱頌三智："稽首廣大智，微妙善心王，萬法本根源，圓明常寂照。稽首圓鏡智，微妙大惠明，警覺諸群迷，遂緣有感應。稽首淨法智，微妙淨法風，妙意變化間，分身千百億。三隱淨法身，圓明一性智，亦現體不同，一性元無二。"[3] 從這段資料看，"善心王""大惠明"和"淨法風"是"圓明一性智"，"一性元無二"，實際上就是光明諾斯（Light-Noῦς）。這些新釋讀刊佈的資料一再証明摩尼教中的聖靈確為惠明。

　　通過以上語詞分析，我們覺得《下部讚》第2首音譯詩里的"聖靈"

〔1〕W. Sundermann, *Der Sermon vom Licht-Nous*, Berlin, 1992, pp.62–63, 78, 152.

〔2〕W. Sundermann, *Der Sermon von der Seele*, Berlin, 1997, pp.82–83, 131, 168.

〔3〕元文琪：《福建霞浦摩尼教科儀典籍重大發現論證》，載《世界宗教研究》2011 年第 5 期，頁 174。

·歐·亞·歷·史·文·化·文·庫·

理解為"淨法風"即"惠明"，不僅比較符合摩尼教的教義，而且語詞方面也有較多的証據。我們可以認為，《下部讚》的第2首音譯詩是一首讚美"三常"即慈父明子淨法風和"四寂"即清淨、光明、大力、智慧的頌詩。在漢文《下部讚》的《普啓讚文》中也可以找到相當近似的頌詩，比如第151行："清淨光明力智惠，慈父明子淨法風，微妙相心念思意，夷數电明廣大心。"

9.3 "四寂"新証

《摩尼光佛》稱頌五大聖境，將智慧、光明、大力、清淨等四寂與之結合起來：

智慧樂，智慧聖境受歡娛。智慧樂，歸去來兮歸去來，誰能六道免輪回？借問家鄉何處去？光明寶界百花臺。

光明樂，光明聖境受歡娛。光明樂，七寶池中七寶橋，香空聖子盡相邀，聖子把花齊讚詠，化生池裏唱齊饒。

大力樂，大力聖境受歡愉。大力樂，極樂雲臺七寶莊，金臺銀闕滿三千，琉璃殿塔相交映，瑞色高明日月光。

清淨樂，清淨聖境受歡娛。清淨樂，十二光王常從，無邊聖子競來前。香空聖眾常圍繞，兩下花鬘及寶冠。

皈命樂，皈命聖境受歡娛。皈命樂，玲玲天樂滿長空，風散餘聲西復東。應是下凡新得度，引見明尊曲來終。……[1]

霞浦文書中有3處保存了"四寂"的音譯文字，一處是《四寂讚》寫道："匐賀、盧詵、嵯鶻囉、唎哩弗哆"。另一處是《去煞符》寫道："蘇、烏芦詵、謤罸、時哩"。[2]第3處是《摩尼光佛》頁32的一段"淨壇文"："首淨壇，各唱：清淨、光明、大力、智惠，咦咤、嚧詵，蘇路、

---

〔1〕元文琪：《福建霞浦摩尼教科儀典籍重大發現論證》，載《世界宗教研究》2011年第5期，頁179。

〔2〕陈进国、林鋆：《明教的新發現——福建霞浦縣摩尼教史迹辨析》，載《不止于藝》，北京大学出版社，2010年，頁378，圖30；頁388，圖41。芮傳明先生轉發林鋆先生的《興福祖慶誕科》電子版，其中也包括《四寂讚》部分詞句，用字有所不同。特此致謝。

和醯。各念三遍，又舉北方清靜，東方光明，南方大力，西方智慧，中央無量，咦哖、噓詵，蘇路、和醯三遍，繞壇舉。"[1]我們繼續譯釋《下部讚》第2首音譯詩第11至16個短語[2]，在相應之處加上霞浦文書的音譯文字，一起加以比較。

醫[14]	羅	訶	㯭	呼	邏	十一（11）
·i	lâ	xâ	nɔu	xuo	*lâ	
ʔi	lɑ	xɑ	ndəu	xo	lɑ	

Aram. 　　　'yl'h'　　　nwhr'

[　　　　　　]　（…）

　　清淨、光明、

阿拉姆語短語。（18）"毉羅訶"[3]，"醫"在寫本上作"毉"，"毉羅訶"發音近似敍利亞語 alāhā。敍利亞文ℵⲟⲗℵ 'lh'，意為"神"，漢文意譯"清淨、聖"。唐代《大秦景教流行中國碑》、景教文獻《三威蒙度讚》《尊經》《宣元本經》都將"上帝"的名稱音譯為"阿羅訶"。奈迪木（al-Nadim）987—989年刊行的阿拉伯文《群書類述》（al-Fihrist）記載明尊的四大之一是 allāh（神）。（19）"㯭呼邏"[4]，發音近似敍利亞語 nūhrā。敍利亞文ℵⲓⲟⲁⲩ nwhr'，意為"光明"。《群書類述》記載明尊的四大之二是 nūruhū（其光明）。

---

〔1〕元文琪：《福建霞浦摩尼教科儀典籍重大發現論證》，載《世界宗教研究》2011 年第 5 期，頁 171。林悟殊：《霞浦科儀本〈下部讚〉詩文辨異》，載《世界宗教研究》2012 年第 3 期，頁 177。

〔2〕馬小鶴：《摩尼教〈下部讚〉第二首音譯詩譯釋——淨活風、淨法風辨析》，載《天祿論叢——北美華人東亞圖書館員文集·2010》，廣西師範大學出版社，2010 年，頁 74-77。

〔3〕Y. Yoshida, "Manichaean Aramaic in the Chinese Hymnscroll", *Bulletin of the School of Oriental and African Studies* 46,2, 1983: 328–30; P. Bryder, *The Chinese Transformation of Manichaeism: A Study of Chinese Manichaean Terminology*, Löberöd, 1985: 61; 吉田豐：《漢訳マニ教文献における漢字音寫され中世イラン語について》，載《内陸アジア言語の研究》1986 年 I 期，頁 1-15, 及圖版; §22; G. B. Mikkelsen, *Dictionary of Manichaean Texts in Chinese*, Turnhout, 2006: 108; *Dictionary of Manichaean Texts*, Turnhout, 1998, v.I: 1; v.2: 2, 47, 30; 圖版。

〔4〕Y. Yoshida, "Manichaean Aramaic in the Chinese Hymnscroll", *BSOAS* 46,2, 1983: 328–329; P. Bryder, *The Chinese Transformation of Manichaeism: A Study of Chinese Manichaean Terminology*, Löberöd, 1985: 61; 吉田豐：《漢訳マニ教文献における漢字音寫され中世イラン語について》，載《内陸アジア言語の研究》: §64; G. B. Mikkelsen, *Dictionary of Manichaean Texts in Chinese*, Turnhout, 2006: 107; *Dictionary of Manichaean Texts*, Turnhout, 1998, v.I: 6; v.2: 12.

醫[14] 羅 訶 纥 彌[15] 哆　　　　　　　　十二（12）

　　*ɣuət　mjiɛ̣　*tâ

　　xoɪ　mbi　tɑ

'yl'h'　　　　hmt'

'yl'h'　　［　　　　　　］

大力、智慧。

阿拉姆語短語。（20）"翳羅訶"，"醫"在寫本上作"翳"，寫法、發音與（18）一樣，顯然有誤。吉田豐認為，阿拉姆文原本的"神"與"力"不大可能是同一個字，原本表示"力"的敍利亞文可能是 ḥaylā，但是在傳抄過程中發生了訛誤。文書 M260在應該表示"大力"的地方也寫作'yl'h'。他看不出'yl'h'代表任何意為"力"的阿拉姆文詞彙。《群書類述》記載明尊的四大之三是 quwwatuhū（其力量）。（21）"纥弥哆"[1]，"彌"在寫本上作"弥"，"纥弥哆"發音近似阿拉姆語*hmt'（？）（比較敍利亞文 ḥkmt'［ḥexmθā]），漢文意譯"智慧"，其通假詞為"智惠"。敍利亞文著作《斯可利亞》以 ⲕⲭⲙⲧ ḥkmt'（智慧）為十二童女之二。《群書類述》記載明尊的四大之四是 ḥikmatuhū（其智慧）。白玉蟾（1194—1229）著《海瓊白真人語錄》記載明教："其教大要在乎清淨、光明、大力、智慧八字而已。"第11至12個阿拉姆語短語就是這八字。

夷 薩 烏[16] 盧 詵　　　　　　　　十三（13）

i　*sât　·uo　luo　ṣiɛn

ji　sɑɪ　·ʔo　lo　ɕiən

MP　　yazd　rōšn

　　［　　　　　　　］

---

〔1〕Y. Yoshida, "Manichaean Aramaic in the Chinese Hymnscroll", *Bulletin of the School of Oriental and African Studies* 46,2, 1983: 328–329; P. Bryder, *The Chinese Transformation of Manichaeism: A Study of Chinese Manichaean Terminology*, Löberöd, 1985: 61; 吉田豐，《漢訳マニ教文獻における漢字音寫され中世イラン語について》，載《内陸アジア言語の研究》：§37; G. B. Mikkelsen, *Dictionary of Manichaean Texts in Chinese*, Turnhout, 2006: 107; *Dictionary of Manichaean Texts*, Turnhout, 1998, v.I: 4; v.2: 8; 圖版。

清淨、光明、

《四寂讚》　　　　　　賀盧詵

《摩尼光佛》咦　　　　咹嚧詵

《去煞符》　虦　　　　烏芦詵

中世伊朗語短語。（22）"夷薩"[1]，發音近似帕提亞文/中古波斯文 yzd，讀若 yazad，漢文意譯"清淨、聖"。（23）"烏盧詵"[2]，發音近似帕提亞文/中古波斯文 rwšn，讀若 rōšn，漢文意譯"光明"。《初聲讚文》中第22個讚語也是"烏盧詵"。《摩尼光佛》中的"嚧詵"，可能是一種異譯，也可能是傳抄中抄漏了"烏"或"賀"。

祚	路	鬱	于	呬	十四（14）
dz'uo	luo	·ịuət	jịu	*xji	
dzo	lo	·ʔɤ	wy	xi	
	zōr		ud	wihī	

[ ] (r) 'wd wyhyh

大力　與　智慧。

《四寂讚》嵯鶻囉　　　冊哩

《摩尼光佛》蘇路　　　和醯

《去煞符》　訬罸　　　時哩

　〔1〕Y. Yoshida，"Manichaean Aramaic in the Chinese Hymnscroll"，*Bulletin of the School of Oriental and African Studies* 46,2, 1983: 328–330; Bryder, Peter.*The Chinese transformation of Manichaeism. A study of Chinese Manichaean Terminology,* Löberöd: Bokförlaget Plus Ultra. 1985: 62; 吉田豐：《漢訳マニ教文獻における漢字音寫され中世イラン語について》，載《内陸アジア言語の研究》1986 年 I 期，頁 1–15，及圖版：§98; G. B. Mikkelsen, *Dictionary of Manichaean Texts in Chinese*, Turnhout, 2006: 108; *Dictionary of Manichaean Texts*, Turnhout, 1998, v.III, pt.1: 376.

　〔2〕寫本上這個字介乎"烏""鳥"之間，見圖版，根據吉田豐的釋讀，作"烏盧詵"。Y. Yoshida，"Manichaean Aramaic in the Chinese Hymnscroll"，*Bulletin of the School of Oriental and African Studies* 46,2, 1983: 328–330; Bryder, Peter.*The Chinese transformation of Manichaeism. A study of Chinese Manichaean Terminology,* Löberöd: Bokförlaget Plus Ultra. 1985: 62; 吉田豐：《漢訳マニ教文獻におけるる漢字音寫され中世イラン語について》，載《内陸アジア言語の研究》1986 年 I 期，頁 1–15，及圖版：§76; G. B. Mikkelsen, *Dictionary of Manichaean Texts in Chinese*, Turnhout, 2006: 108; *Dictionary of Manichaean Texts*, Turnhout, 1998, v.III, pt.1: 300. 馬小鶴：《摩尼教與古代西域史研究》，人民大學出版社，2008 年，頁 194–195。

中世伊朗語短語。(24) "祚路"[1], 發音近似伊朗語 zwr, 讀若 zōr, 意為"力量", 漢文意譯為"大力"或"力"。(25) "于呬"[2], 發音近似中古波斯語 whyh, 讀若 wehīh, 意為"智慧", 漢文意譯為"智慧"或"智惠"或"惠"。《下部讚》第108頌合稱之為"聖光明大力惠"。福建泉州華表山的元代摩尼教草庵遺址的摩崖石刻上, 亦有"清淨、光明、大力、智慧"字樣。第13至14個伊朗語短語與第11至12個阿拉姆語短語相應, 也是這八字真言。

　　　　　伽　路　師　　　　　　　　　　　　　　　　　十五(15)

Aram.　　q'dwš

　　　　阿拉姆語短語。聖哉!

　　　　　伽　路　師　　　　　　　　　　　　　　　　　十六(16)

Iran.　　kādūš

　　　　伊朗語短語。聖哉!

　　　　《四寂讚》伽度師

　　　　《去煞符》伽度師

9.4　結語

《下部讚》第2首音譯詩讚頌了父親、兒子、活的被選中的神靈、

---

〔1〕Y. Yoshida, "Manichaean Aramaic in the Chinese Hymnscroll", *Bulletin of the School of Oriental and African Studies* 46,2, 1983: 328; Bryder, Peter.*The Chinese transformation of Manichaeism. A study of Chinese Manichaean Terminology,* Löberöd: Bokförlaget Plus Ultra. 1985: 62; 吉田豊:《漢訳マニ教文献における漢字音寫され中世イラン語について》, 載《内陸アジア言語の研究》1986年Ⅰ期, 頁 1–15, 及圖版: §100; G. B. Mikkelsen, *Dictionary of Manichaean Texts in Chinese*, Turnhout, 2006: 109; *Dictionary of Manichaean Texts*, Turnhout, 1998, v.III, pt.1: 385.

〔2〕Y. Yoshida, "Manichaean Aramaic in the Chinese Hymnscroll", *Bulletin of the School of Oriental and African Studies* 46,2, 1983: 328; Bryder, Peter.*The Chinese transformation of Manichaeism. A study of Chinese Manichaean Terminology,* Löberöd: Bokförlaget Plus Ultra. 1985: 62; 吉田豊:《漢訳マニ教文献における漢字音寫され中世イラン語について》, 載《内陸アジア言語の研究》1986年Ⅰ期, 頁 1–15, 及圖版: §88; G. B. Mikkelsen, *Dictionary of Manichaean Texts in Chinese*, Turnhout, 2006: 109; *Dictionary of Manichaean Texts*, Turnhout, 1998, v.III, pt.1: 341.

神、光明、大力、智慧。"三常"即三位一體的聖父、聖子、聖靈。霞浦文書稱頌夷數為"無上明尊子",又稱頌"白鴿飛來騰瑞相",以最高神無上明尊為聖父,以夷數為聖子,以白鴿象徵聖靈。聖靈在霞浦文書中被稱爲"善心王""大惠明"和"淨法風"。霞浦文書中的"淨風"為"淨活風",而非"淨法風";"惠明"纔是"淨法風",也即聖靈。

《四寂讚》中的"匐賀"為帕提亞文 bg 之音譯。《摩尼光佛》中的"咦咤"則是中古波斯文 yzd 的音譯,在《下部讚》中作"夷薩"。"匐賀"和"咦咤"都意為神,意譯為"清淨、聖"。《去煞符》則用了一個新造的字"𣋩"來表示,意即"真天",《奏申牒疏科冊·奏三清》上奏的神之一為"太上真天摩尼光佛"。《四寂讚》中的"盧詵"、《摩尼光佛》中的"嚧詵"、《去煞符》中的"烏芦詵"均為帕提亞文/中古波斯文 rwšn 的音譯,在《下部讚》中作"烏盧詵",意為"光明"。《四寂讚》中的"嵯鶺囉"、《摩尼光佛》中的"蘇路"、《去煞符》中的"誃罻"均為伊朗語 zwr 的譯音,《下部讚》中作"祚路",意為"大力、力"。《四寂讚》中的"唝哩弗*哆"為帕提亞文 jyryft 的音譯、《摩尼光佛》中的"和醯"、《去煞符》中的"時哩"均為中古波斯語 why<u>h</u> 的音譯,《下部讚》中作"于呬",意譯"智慧""智惠"或"惠"。摩尼教神祇和光明、大力、智慧為四位一體,希臘摩尼教徒稱之爲"父的四面尊嚴"。許地山先生曾疑為《摩尼光佛教法儀略》殘尾所說的"四寂法身"。[1]現在霞浦文書《四寂讚》等文書證實了許地山先生的先見之明。

（原作《摩尼教〈下部讚〉第二首音譯詩譯釋——淨活風、淨法風辨析》,載《天祿論叢:北美華人東亞圖書館員文集·2010》,廣西師範大學出版社,頁65－89。）

[1]許地山,《摩尼之二宗三際論》,載《燕京學報》第3卷,1928年。

10 明教"五佛"考

法國學者沙畹（É. Chavannes，1865—1918）與伯希和（Paul Pelliot，1878—1945）1911年、1913年分兩次發表長文《中國發現的一部摩尼教經典》，其歷史研究部分引用《佛祖統紀》卷48云：

> 嘗考《夷堅志》云："喫菜事魔，……稱為明教會。……取《金剛經》一佛二佛三四五佛，以為第五佛。又名末摩尼，采《化胡經》'乘自然光明道氣，飛入西那玉界蘇鄰國中，降誕玉宮為太子，出家稱末摩尼'，以自表證。……復假稱白樂天詩云："靜覽蘇鄰傳，摩尼道可驚。二宗陳寂默，五佛繼光明。日月為資敬，乾坤認所生。若論齋絜志，釋子好齊名。"以此八句表於經首。[1]

鳩摩羅什譯《金剛般若波羅蜜經》確有五佛之說：

> 佛告須菩提："……如來滅後，後五百歲，有持戒修福者，於此章句能生信心，以此為實，當知是人不於一佛二佛三四五佛而種善根，已於無量千萬佛所種諸善根，聞是章句，乃至一念生淨信者，須菩提！……"[2]

但是，明教以摩尼為第五佛，顯然與《金剛經》無涉。把明教的五佛與《金剛經》的五佛混為一談，乃是誤解。

白居易之詩究竟是集外白詩，還是宋人之作，可參閱芮傳明與林悟殊先生之研究[3]，在此不贅。白詩中的"五佛"可能指摩尼及其承認的先知，但也可能是氣、風、明、水、火等"五明佛""五大光明佛"的

---

〔1〕Chavannes, É.& P. Pelliot, 1913, pp.330–339. http://www.cbeta.org/result/normal/T49/2035_048.htm.

〔2〕http://tripitaka.cbeta.org/T08n0235_001.

〔3〕芮傳明：《白居易"摩尼教詩"的可能性》，見芮傳明：《東方摩尼教研究》，上海人民出版社，2009 年，頁 344–361；林悟殊：《宋代明教偽託白詩考》，載《文史》2010 年第 4 輯，頁 175–199。

簡稱，不易確定。

在新資料發現之前，學界難以闡釋"五佛"的真實涵義。本文利用最近刊佈的福建省霞浦縣柏洋鄉民間宗教文書，闡釋明教諸光明使：一佛為那羅延（出自婆羅門教），二佛為蘇路支（即瑣羅亞斯德），三佛為釋迦文佛（即佛陀），四佛為夷數佛（即耶穌），均是摩尼的先驅，五佛為摩尼，也即最後光明使。

伊斯蘭教的一個重要信條是：穆罕默德是一張很長的先知名單中的最後一個，是他們的"封印"，因而是最偉大的先知。[1] 羅伯特·西蒙（Róbert Simon）舉證説明，伊斯蘭教這方面與摩尼教非常相似。穆罕默德認爲，摩西、耶穌和亞伯拉罕是其先驅。摩尼也承認一系列光明使：波斯的瑣羅亞斯德、印度的佛陀、西方的耶穌等等，最後，通過真理之神的使者摩尼將啓示傳播到巴比倫。[2] 霞浦文書中有類似的資料，將摩尼光佛稱爲"最後光明使"，同時也奉請那羅延佛、蘇路支佛、釋迦文佛和夷數和佛。這些資料反映的摩尼教思想顯然已經超出敦煌漢文摩尼教經的範圍，而符合胡語文書和圖像的描述，很值得重視。本文先説明宋代到清代知識界對瑣羅亞斯德教及其變種——祆教、[3] 基督教東方教會（以前通稱涅斯托利派）、摩尼教這三教四派混爲一談，中古歐洲基督教會也對異教混淆不清。然後輯錄摩尼教有關諸光明使以及摩尼為"最後光明使"的資料，摩尼教徒關於婆羅門教、瑣羅亞斯德教、佛教、基督教和摩尼教的區別很清楚，遠勝於中國中古後期的知識界。其次分析吐魯番出土繪畫與回鶻文文書中"五佛"的淵源，最後重刊霞浦文書中的有關資料，對明教的"五佛"做一簡介；至於"五佛"中的每一"佛"須另外分別撰文研究。

---

〔1〕〔美〕希提：《阿拉伯通史》上冊，商務印書館，1979年，頁150。

〔2〕Simon, Róbert, "Mānī and Muḥammad", *Jerusalem studies in Arabic and Islam*, 21 (1997), p.135.

〔3〕張小貴：《中古華化祆教考述》，文物出版社，2010年，頁1–7。感謝張小貴先生以大作相贈。

·歐·亞·历·史·文·化·文·库·

10.1 宋代到清代對夷教之混淆

北宋贊寧（919—1001）撰《大宋僧史略》，混大秦、末尼、火祆為一。南宋姚寬（？—1161）撰《西溪叢語》，卷上《穆護歌》可能採用了《僧史略》的資料，混火祆、大秦為一，但尚知略去末尼。[1]嘉熙（1237—1240）初年，宗鑒改定《釋門正統》，其卷4《斥偽志》云：

> 據《僧史略》稱為大秦末尼火祆（火煙切）教法，本起大波斯國，號蘇魯支。弟子玄真習其法，居波斯國大總長如火山。[2]後行化於中國。貞觀五年（631），傳法穆護何祿將祆教詣闕奏聞；敕長安崇化坊立祆寺，號大秦，又號波斯。開元二十年（732）敕：末尼本是邪見，妄稱佛教，誑惑黎元。以西胡等既是師法，當身自行，不須科罰。天寶四年（745）敕：波斯經教出自大秦，傳習而來，久行中國，爰初建寺，因以為名，將欲示人，必循其本，其兩京波斯寺宜改大秦；天下州郡有者準此。……[會昌]五年（845）敕：大秦穆護火祆等二千餘人並勒還俗。……

宗鑒不僅循《僧史略》之誤，混大秦、末尼、火祆為一，還畫蛇添足：“今之魔黨，仍會昌配流之後，故不名火祆；仍貞明誅斬之餘，故不稱末尼；其教法則猶爾也，故法令禁之。”[3]南宋志磐撰《佛祖統紀》也循《釋門正統》之誤不改。這種混淆有些是從以前繼承下來，而又進一步惡化的。

西域諸胡的火祆源於波斯的瑣羅亞斯德教，唐初之人未必清楚其間之差別，遂以“火祆”統稱二者。“蘇魯支”即瑣羅亞斯德。“穆護”為新波斯語 muγ、mōγ 的音寫，指瑣羅亞斯德教及火祆的僧侶。說祆寺“號

---

〔1〕陳垣：《火祆教入中國考》，收入陳垣：《陳垣學術論文集》，第 1 集，中華書局，1980 年，頁 324。

〔2〕原文為：“如火山”，難以理解。饒宗頤認爲當作“為火正”。見饒宗頤：《穆護歌考——兼論火祆教入華之早期史料及其對文學、音樂、繪畫之影響》，饒宗頤：《饒宗頤史學論著選》，上海古籍出版社，1993 年，頁 421。

〔3〕宗鑒：《釋門正統》，載《卍新纂續藏經》，第 75 冊，No. 1513, p0314c06– p0315a20。http://www.cbeta.org/result/normal/X75/1513_004.htm.

大秦，又號波斯"，將其與基督教東方教會相混淆，進而將摩尼教的末尼也混入其中，亂上添亂。宗鑒則進而把自己時代的"魔黨"追溯到"大秦末尼火祆教法"，自然更加無法根究了。宋人將火祆、大秦、摩尼混爲一談，前清學者，如錢大昕、杭世駿、徐繼畬、俞正燮、朱一新等之考大秦景教，均不免此弊。[1] 如果說中古華人知識界對夷教混淆不清，主要因爲知識不足，那麼中古西人對異教混淆的原因除了知識貧乏之外，還出於故意捏造。

10.2　中古基督教會對異教的混淆

生活於4世紀的赫格曼尼亞斯（Hegemonius）所撰《阿基來行傳》（*Acta Archelai*）敍述摩尼教教義尚有可取之處，但是出於反摩尼教之偏見，關於摩尼生平的描述則多不實之詞：使徒時代的斯基西安努斯（Scythianus）熱衷宣揚二元論，他是撒拉森人，娶了一個女囚，[2] 留在埃及。他的一個學生為他寫了4本書：《秘密》（*Mysteries*）、《綱目》（*Capitula*）[3]、《福音》（*Gospel*）和《寶藏》（*Theasurus*）。這個學生名叫特勒賓蘇斯（Terebinthus），斯基西安努斯死後，特勒賓蘇斯來到巴比倫，改名佛陀（Buddha），與一個寡婦住在一起。特勒賓蘇斯死後，寡婦買了一個7歲的奴隸，名叫克比西烏斯（Corbicius）。寡婦死後，克比西烏斯繼承了那4本書和其他財產，改名摩尼。[4]

這段故事滿紙荒唐言，但是在基督教世界流傳廣泛，幾乎成爲關於摩尼生平的標準版本。9—11世紀希臘文的《長表白書》是以一個摩尼

---

〔1〕陳垣：《火祆教入中國考》，收入陳垣：《陳垣學術論文集》，中華書局，第1集，1980年，頁322。

〔2〕撒拉森人，古希臘後期及羅馬帝國時代敍利亞和阿拉伯沙漠之間的遊牧民族的一員。另一個反異端教父伊皮凡尼烏的說法是斯基西安努斯娶了一個妓女。

〔3〕拉丁文 Capitula（章節），翻譯希臘文 Κεφάλαια。埃及出土了兩種科普特文的摩尼教著作：《導師的克弗里亞》，藏於柏林；《我主摩尼智慧的克弗里亞》，藏於都柏林。

〔4〕Vermes, Mark, *Acta Archelai, The acts of Archelaus* / Hegemonius ; translated by Mark Vermes ; with introduction and commentary Samuel N.C. Lieu, with the assistance of Kevin Kaatz. Turnhout : Brepols, 2001, pp.140–144.

·歐·亞·歷·史·文·化·文·庫·

教徒改宗之際詛咒各種摩尼教信條的形式寫成的，其第2章開頭寫道：[1]

我詛咒摩尼（Μάνεντα），又名摩尼哈伊烏斯（Μανιχαῖος）和
克布里科斯（Κούβρικος），他膽敢自稱聖靈和耶穌基督（᾿Ιησοῦς
Χριστος）的使徒。我詛咒摩尼的老師斯基西安努斯（Σκυθιανὸς）和
特勒賓蘇斯（Τερέβινθος）和［佛陀（Βουδᾶς）］。我詛咒蘇魯支
（Ζαραδῆς），摩尼說：在印度人和波斯人當中，他是出現在其面前
的神，把他稱之爲太陽。（我詛咒）他以及所謂的蘇魯支祈禱文。……
我詛咒……他們稱之爲《生命（福音）》的死亡《福音》（Εὐαγγέλλιον）
和他們稱之爲《生命寶藏》的死亡《寶藏》（Θησαυρός），以及所
謂的《秘密》（Μυστηρίων）之書……

這裡並非沒有任何事實，比如，數部摩尼教經典也見於《摩尼光佛
教法儀略》列舉的7部大經之中：《福音》即 "第一，大應輪部，譯云《徹
盡萬法根源智經》"，"應輪" 是'wnglywn<Εὐαγγέλλιον 的近似音譯；《寶
藏》即 "第二，尋提賀部，譯云《淨命寶藏經》"，"尋提賀" 是中古波
斯文 smtyh'的音譯；《秘密》即 "第四，阿羅瓚部，譯云《秘密法藏經》"，
"阿羅瓚" 是中古波斯文 râzân 的音譯。[2]關於蘇魯支和佛陀的記載，
可能出自6世紀撰成的希臘文《七章》，這也是以摩尼教徒改宗時所作詛
咒的形式寫成的。宗德曼（W. Sundermann）認爲，斯基西安努斯和特
勒賓蘇斯是摩尼的先驅瑣羅亞斯德和佛陀的訛誤，《長表白書》把摩尼
承認的光明使蘇魯支和佛陀與斯基西安努斯和特勒賓蘇斯混淆在一起
了。[3]

宋代佛教史家對夷教的混淆與西方基督教教父對異教的混淆有共
同之處。摩尼承認的主要光明使爲瑣羅亞斯德、佛陀和耶穌。宋代佛教

---

〔1〕Lieu, Samuel N. C. *Manichaeism in Mesopotamia and the Roman East*, Leiden；New York：E.J.
Brill. 1994, pp.236–367, 258–261, 268–269.

〔2〕Haloun, G. & W. B. Henning, "The Compendium of the Doctrines and Styles of the Teaching of
Mani, the Buddha of Light", *Asia Major*, v.3, pt. 3, 1953, pp.194, 205–208; 參閱芮傳明：《東方摩尼教研
究》，上海人民出版社，2009年，頁381。

〔3〕Sundermann, W. 1991. "Manichaean Traditions on the Date of the Historical Buddha", *The Dating
of the historical Buddha, Die Datierung des historischen Buddha* / edited by Heinz Bechert. Göttingen：
Vandenhoeck & Ruprecht, 1991, pp.435–436.

徒聲稱摩尼教"妄稱佛教",而將其他諸教混爲一談。而中古基督教徒也詛咒摩尼膽敢妄稱耶穌的使徒,而把蘇魯支、佛陀與斯基西安努斯和特勒賓蘇斯混爲一談。形成鮮明對比的是:摩尼教徒自身對本教與婆羅門教、瑣羅亞斯德教、佛教、基督教的區別很清楚,摩尼承認猶太教《舊約聖經》裏的幾位人類祖先、婆羅門教先知、瑣羅亞斯德、佛陀和基督耶穌都是自己的先驅者,自己是這張很長的光明使名單中的最後一名。

10.3　基督多次降臨說的淵源

1969年發現的《科隆摩尼古卷》使學術界對於摩尼思想的形成,特別是靈知派和基督教對其影響有了全新的認識。此書顯示,摩尼從小是在厄勒克塞派(Elchasaites)中撫養長大的,受其思想影響。這個教派的教主厄勒克塞(希臘文 Ἀλχασαῖος)也見於基督教早期教父的著作,他的教義就主張基督多次降臨人間。希坡律陀(Hippolytus,約170—約236年)《反駁所有異端》說有一個教派獲得了一本名叫厄勒克塞(ʾΗλχασαΐ)的書:

> 這些人以(其他異端)相同的方式承認,宇宙的原理出自上帝。但是,他們並不承認只有一個基督(Χριστόν),而是天上有一個基督,他經常化爲許多人身,現在他化身爲耶穌。與此類似,他有時是神所生的,有時他成爲聖靈,有時他是處女所生的,有時並非如此。後來他繼續化身,在不同時代的許多族群中降臨。[1]

摩尼繼承了厄勒克塞派的這個思想:相信天神會一再降生人間,拯救人類。伊皮凡尼烏(Epiphanius,約315—403)的《良藥寶箱》也說:以厄勒塞(ʾΗλξαΐ,即厄勒克塞)為教主的厄勒克塞派(ʾΕλκεσαίων):

> 他們名義上承認基督(Χριστόν),但是相信他是受造的,他一再出現於世。他第一次化身為亞當(ʾΑδάμ),任何時候只要他希望,

---

[1] Hippolytus, *Refutatio omnium haeresium*, 10.29.2; Klijn, A. F. J., & Reinink, G. J., *Patristic Evidence for Jewish-Christian Sects*, (Supplements to Novum Testamentum ; v. 36) Leiden: Brill, 1977, pp.122–123.

·欧·亚·历·史·文·化·文·庫·

他都可以脱下亞當的身軀，又重新再穿上其身軀。他被稱爲基督；以女性形式出現的聖靈是其姐妹。[1]

厄勒克塞派教義對摩尼教教義的影響很明顯：厄勒克塞派的"基督"轉化成了摩尼的"光明使"。4世紀的遏拂林（Ephraim）在其駁斥摩尼、瑪桑和巴戴桑教派的著作中說：摩尼把埃及的赫爾墨斯（Hermes）、希臘人當中的柏拉圖、以及在朱迪亞（Judaea）出現的耶穌都作爲自己的先驅。[2]在摩尼教文獻中，相繼出現的光明使包括亞當等《聖經》裏的人類祖先、婆羅門教先知、瑣羅亞斯德、佛陀和耶穌等。

10.4　摩尼的諸光明使

5世紀翻譯成希臘文的《科隆摩尼古卷》說："每一個老祖（προγενεστέρων）都向其選民顯示了他的啓示"，列舉了5個老祖並引用了他們的啓示錄：亞當（'Αδάμ）、塞特（Σηθηλ）、以挪士（'Ενώς）、閃（Σῆμ）與以諾（'Ενώχ）。[3]這些都是《聖經》中的人類祖先，而非先知，摩尼教中他們成了光明使。

阿拉伯歷史學家比魯尼（al-Bīrūni，973—1050）的《古代遺跡》說：摩尼為沙普爾·本·阿達希爾寫的《沙卜拉干》裏列舉的先知是：佛陀（budd بد）、查拉圖斯特拉（zarâduðt زرادشت, 即蘇路支）、耶穌（'îsâ عيسى），最後的先知就是摩尼自己。在摩尼撰寫的福音書中，摩尼說

〔1〕Epiphanius, *Panarion* 53.1.8; Klijn, A. F. J., & Reinink, G. J., *Patristic Evidence for Jewish-Christian Sects*, (Supplements to Novum Testamentum ; v. 36) Leiden: Brill, 1977, pp.196–197; Epiphanius, Saint, Bishop of Constantia in Cyprus, *The Panarion of Epiphanius of Salamis* / translated by Frank Williams. Leiden ; New York : E.J. Brill, 1987—1994. v.2, p.71.

〔2〕Ephraem, Syrus, Saint, S. Ephraim's prose refutations of Mani, Marcion, and Bardaisan : transcribed from the palimpsest B.M. add. 14623/C. W. Mitchell. Piscataway, NJ : Gorgias Press, 2008. v.2, 208(xcviii).

〔3〕Cameron, Ron &Arthur J. Dewey, *The Cologne Mani codex (P. Colon. inv. nr. 4780) : Concerning the origin of his body* / translated by Ron Cameron and Arthur J. Dewey. Missoula, Mont. : Scholars Press ,1979, p.37–47;參閲 Reeves, John C.*Heralds of that Good Realm: Syro-Mesopotamian Gnosis and Jewish Traditions*, Leiden: Brill,1996, pp.7–17.

自己是眾先知的封印（xātam خاتم）。[1]《沙卜拉干》是摩尼的早期著作，摩尼當時大概認爲佛陀生活在遠古，因此將佛陀排在查拉圖斯特拉前面。

柏林藏4世紀的科普特文《克弗來亞》的導言中，摩尼將耶穌（ⲓⲏⲥ）、瑣羅亞斯德（ⲍⲁⲣⲁⲇⲏⲥ）和佛陀（ⲃⲟⲩⲇⲇⲁⲥ）視爲自己之前的光明使，並且認爲：自己的宗教比其優越之處之一是他自己親手撰寫了經典，而其他光明使卻沒有這麼做。[2] 在其第1章《關於使徒（ⲁⲡⲟⲥⲧⲟⲗⲥ）的降臨》中，講到一系列使徒，包括亞當（ⲁⲇⲁⲙ）長子塞特（ⲥⲏⲑⲏⲗ）、以挪士（ⲉⲛⲱⳙ）、以諾（ⲉⲛⲱⲭ）、諾亞之子閃（ⲥⲏⲙ）、佛陀、阿羅漢（ⲁⲩⲣⲉⲛⲧⲏⲥ）、瑣羅亞斯德、耶穌基督、保羅（ⲡⲁⲩⲗⲟⲥ）和兩個使徒，而最後是摩尼本人，也像《沙卜拉干》一樣將佛陀排在瑣羅亞斯德之前。[3]

塔迪厄（M. Tardieu, 1938— ）1988年刊佈了都柏林《克弗來亞》中的一個片斷，那個片斷在講述光明使時，把佛陀及其追隨者排在瑣羅亞斯德之後、耶穌之前。[4] 摩尼較晚的著作《大力士經》在列舉光明使

〔1〕Bīrūnī, Muḥammad ibn Aḥmad, *Chronologie orientalischer Völker* / von Albêrûnî ; herausgegeben von C. Eduard Sachau. Leipzig : Brockhaus, 1878. http://nrs.harvard.edu/urn-3:HUL.FIG:002267088, p.207; Sachau , C. Edward , 1879. *The chronology of ancient nations : an English version of the Arabic text of the Athâr-ul-Bâkiya of Albîrûnî, or, "Vestiges of the past," collected and reduced to writing by the author in A.H. 390-1, A.D. 1000* /translated and edited, with notes and index, by C. Edward Sachau. London : Published for the Oriental Translation Fund of Great Britain & Ireland by W.H. Allen, 1879, p.190.

〔2〕*Kephalaia,* ed. H.-J. Polotsky and A. Böhlig (Man. Hss. Der Staatlichen Museen Berlin I, Stuttgart 1940); ed. A. Böhlig (ibid. 1.2, 1966),7–8; Gardner, Iain, *The Kephalaia of the Teacher : the edited Coptic Manichaean texts in translation with commentary* / edited by Iain Gardner.Leiden ; New York : E.J. Brill, 1995, p.13.

〔3〕*Kephalaia,* ed. H.-J. Polotsky and A. Böhlig (Man. Hss. Der Staatlichen Museen Berlin I, Stuttgart 1940); ed. A. Böhlig (ibid. 1.2, 1966), 12–14; Gardner, Iain, *The Kephalaia of the Teacher : the edited Coptic Manichaean texts in translation with commentary* / edited by Iain Gardner.Leiden ; New York : E.J. Brill, 1995, p.18–20.

〔4〕Tardieu, M. ,"La diffusion du bounddhisme dans l'Empire Kouchan, l'Iran et la Chine, d'parès un Kephalaion manichéen inédit", *Studia Iranica* XVII, 1988. pp. 163–164.塔迪厄認爲，這可能是摩尼教徒與東伊朗佛教社團接觸，有了新知識而修正的。參閱 Tardieu, 1988.宗德曼也同意這點,參閱 Sundermann, W. 1991. "Manichaean Traditions on the Date of the Historical Buddha", *The Dating of the historical Buddha,Die Datierung des historischen Buddha* / edited by Heinz Bechert. Göttingen : Vandenhoeck & Ruprecht, 1991, p.432.

的時候，也把瑣羅亞斯德置於佛陀之前，《大力士經》中古波斯文殘片 M101b V8–11寫到"明使出興於世"：[1]

但是神［*蔡宛（zrw'n）］在每個時代都派遣使徒（prystg'n）：塞［特（šytyl）、查拉圖斯特拉（zrdrwšt）、］佛陀（bwt）、基督（mšyh'）、……

中古波斯文文書 M299a 稍微完整一些：[2]

每個時代同一個聖靈（w'xš ywjdhr ）都通過諸古人（'hyng'n）之口而言説，這些古人就是：閃（šyym, syym）、[3]以挪士（'nwš）、尼科西奧斯（nkty'wys）[4]……和以諾（hwnwx ）直到眾魔（m'zyndr'n）的……［他們］是［……］族的［*毀滅］者，就像你們聽説過的……

安息文文書 M42更完整地講述了蘇路支（zrhwšt）、釋迦文佛（š'qmn bwt）、夷數（yyšw）和末摩尼（m'ry m'nyy）相繼來到人間，拯救靈魂。這是一篇孩子與神祇之間的對話，孩子當代表呼救的靈魂，神祇則可能是光明耶穌，孩子向神祇訴説在塵世的痛苦，神祇答應派使徒降臨人間，拯救人類。[5]

粟特文文書 TM393（新編號 So18248 II）題作"給聽者的佈道書"，其第2部分列舉了諸光明使以及詆謗他們的罪人。摩尼（Mani）承認為先驅的光明使當中，位居第一的是人類始祖亞當（Adam）。然後寫道："在東方第一次惡行是 A……s 所犯下的,他敗壞了婆羅門教（pr'mn'nch δynh），給世界帶來了十次災難。"此後講到的先知有蘇路支（Azrušč）、釋迦文佛（š'kmnw pwt）和基督（mšyγ）。最後，"［誠］心的法王（δrm'ykw

〔1〕Henning, W. B. "The Book of the Giants", *BSOAS*, XI, 1943, pp.58, 63.

〔2〕Henning1934, pp.27–28; Skjærvø, 1995, pp.193.m'zyndr'n 是被神拴鎖在天上的眾魔。

〔3〕šyym, syym 指同一個人——閃。ain Gardner and Samuel N.C. Lieu, *Manichaean texts from the Roman Empire* / edited by Iain Gardner and Samuel N.C. Lieu. Cambridge ; New York : Cambridge University Press, 2004, pp.92, n.108.

〔4〕nkty'wys 是與猶太靈知派的先知。參閲 Lieu, Samuel N.C. 1998.*Manichaeism in Central Asia and China*. Leiden ; Boston : Brill, 1998. pp.65–66.

〔5〕Andreas&Henning, 1932—1934, III, 878–881; Ort, L. J. R. 1967. *Mani : a religio-historical description of his personality*. Leiden, E.J. Brill, pp.119–120; Klimkeit, H.-J., *Gnosis on the Silk Road: Gnostic texts from Central Asia* / translated & presented by Hans-Joachim Klimkeit. San Francisco, Calif. : HarperSanFrancisco. 1993, pp.124–125.

γwβw），……光明使（rγwšny βr'yšt'kw）──主（βγ'y）末摩尼（mr m'ny）對聽者們這樣說：'如果你們聆聽，我將向你們解釋……［接受］我的［教導的］忠實的聽者們……'"[1]摩尼知道婆羅門教是瑣羅亞斯德教、佛教之前重要的東方宗教，當承認其先知像瑣羅亞斯德、佛陀、耶穌一樣是自己的先驅。

吐魯番出土的唐代摩尼教繪畫和回鶻文文書中，已經有對摩尼及其4個先驅的描繪。

10.5 摩尼教圖像與回鶻文文書

勒柯克（A. van Le Coq，1860—1930）1923年出版的《中亞近古的佛教藝術》第2卷《摩尼教細畫》中刊佈了高昌故城發現的一幅9世紀的細畫殘片 IB4947（新編號 MIK III 4947）。他寫道："這個畫面是表現佛教內容的，然而繪畫的風格根據我們的專業經驗則應該屬於摩尼教的。"[2]克林凱特（H.-J. Klimkeit，1939—1999）在《古代摩尼教藝術》中收入此圖，解釋道：該殘片若非描繪摩尼教徒習稱覺者（the Enlightened One）的佛教細畫像，便是勒柯克所猜測的，為摩尼的肖像。[3]

古樂慈（Zsuzsanna Gulácsi）2001年出版的《柏林藏摩尼教藝術品總目》中，將 MIK III 4947與 MIK III 5d 綴合（圖版22），描述如下：殘片上殘存兩個神像。右上方的是佛陀像，結金剛跏趺坐（vajraparyankāsana），右手作安慰印（vitarka mudrā），其身顯示微妙形相（lakshanas），包括其高貴出身的各種形相，比如長耳垂和髮髻（ushnīsha），其中巾結（ushnīsha tie）的白繩清晰可見。佛陀以藍色與金色的袍子裹身，遮住雙肩，但是胸膛與腳底赤裸。他的光環分3層：

〔1〕Henning, W. B. "The Murder of the Magi", *Journal of the Royal Asiatic Society*, 1944, 137–142.

〔2〕Le Coq, Albert von, Die buddhistische Spätantike in Mittelasien, 2. t. Die manichaeischen Miniaturen, Berlin: D. Reimer etc., 1923, p.45; Pl. 6e; http://dsr.nii.ac.jp/toyobunko/LFB–2/V–2/page/0051. html.en. http://dsr. nii.ac.jp/toyobunko/LFB–2/V–2/page/0081.html.en；中譯本，第1卷，頁146、174，圖版6e。

〔3〕Klimkeit, H.-J., *Manichaean art and calligraphy*, Leiden: Brill, 1982, p.40, Pl. XVIII, #30；參閱中譯本，頁86–87，圖版30。覺者即佛陀。

金色、彩繪、金色，光環之內其身後的背景是綠色的。這個神像，包括
衣飾、袍子、不戴珠寶、光環的樣式和比例等，都與當時中亞東部佛陀
像相符。這個神像的胸口有粟特文字母 *bwt*，意即"佛陀"。佛陀的左下
方殘存大光環的一段，這個光環更爲複雜，有5層，2層彩繪色帶夾在3
層金色的色帶之間。這個巨大的光環説明原作中心還有一個巨大的神
像。

　　古樂慈推測，原作中心的大神像周圍圍繞著兩個或更多像佛陀這樣
大的神像。這不是一幅佛教繪畫，因爲在佛教繪畫中，不必在佛陀身上
註明其爲佛陀，也不會把佛陀畫得比較小，作爲中心大神像的附屬。她
認爲這種構圖符合摩尼教關於摩尼及其先驅的教義，佛陀就是先驅之
一。其他圖像學的證據也肯定這是一幅摩尼教繪畫。[1]

　　古樂慈在2005年出版的《中古摩尼教經書藝術——8—11世紀新疆
的伊朗語和回鶻語經書插圖研究》中，根據圖像學的證據，繪出了此圖
的復原圖（圖版23）。殘片寬5.8 cm，估計原作寬約20.6 cm；圍繞中心
大神像的小像最經常的是4個，原作的高至少27.6 cm。她假設周圍的4
個小神像代表4個先知，包括摩尼、耶穌、瑣羅亞斯德和歷史上的佛陀；
中心大神像代表最高神——偉大的父親。[2]

　　勒柯克1913年出版的《高昌》中，刊佈了一幅白描圖（圖版24），
在《摩尼教細畫》中又刊佈了一次。原作出土於吐魯番發現大量摩尼教
遺物的 K 遺址，今已不存。勒柯克描寫道：此絹畫的底色爲紺青色，畫
著兩個坐著的神，一個在上，一個在下。靠上的那個神坐在一朵蓮花上，

---

〔1〕Gulácsi, Zsuzsanna, *Manichaean art in Berlin collections: a comprehensive catalogue of Manichaean artifacts belonging to the Berlin State Museums of the Prussian Cultural Foundation, Museum of Indian Art, and the Berlin-Brandenburg Academy of Sciences, deposited in the Berlin State Library of the Prussian Cultural Foundation*, Turnhout : Brepols, 2001, pp. 146–148.*ushnīsha* 通常被認爲是"頂髻相"，即頂上有肉，隆起如髻形之相。古樂慈根據亨廷頓（Susan Huntington, *The Art of Ancient India: Buddhist, Hindu, Jain*.Second Printing. New York: Weatherhill, 1993, p.12）的意見，認爲此詞實指髮髻本身，可能是象徵佛陀出身太子的巾結。

〔2〕Gulácsi, Zsuzsanna, *Mediaeval Manichaean book art: a codicological study of Iranian and Turkic illuminated book fragments from 8th-11th century east Central Asia*, Leiden; Boston: Brill, 2005, pp.186–188.

蓮花瓣為粉紅色。神的衣服為白色，用鮮紅色勾邊。第2個神坐在橘黃色蓮花寶座上，衣服也是白色勾鮮紅邊。其頭光左側上方的十字架（參見放大了的部分）以黑色勾畫輪廓，用深紅色勾邊，然後以金色填色。在十字架的長、寬兩端，各鑲有3個用紅色勾邊的白色珍珠，這個十字架與基督教的十字架很相似。在下面神像的蓮座旁的右側跪著的孩子身穿白衣；蓮座下方繪了一個供養人像，戴著一頂罕見的便帽。[1]

《古代摩尼教藝術》中也收入此圖，解釋道：中央神像所持的鑲嵌珍珠的景教十字架明顯是安在一根杖上的，這是非佛教因素。摩尼教徒對於"光明耶穌"及其對應的地上"拿撒勒耶穌"是分開的，"光明耶穌"手裏拿著景教尊者的典型標誌，與諾斯替的拯救神——智慧神相應。因禁於物質的眾靈魂是用"受難耶穌（Jesus patibilis）"的概念來表述，其消極地忍受苦難是用光明十字架來象徵的；而其積極地渴望救贖，懇求拯救則是用男孩的圖像來體現的。在這幅畫中，我們看到正在和拯救之神談話的男孩，畫在拯救之神上邊的，也許就是他的精神之父——第三使。克林凱特引用中古伊朗語文書 M 42的一部分來說明耶穌與男孩的關係。[2]

古樂慈因畫中沒有出現選民形象及任何"標誌性圖案"，在《吐魯番出土摩尼教繪畫殘片的定性》一文以及《柏林藏摩尼教藝術品綜合目錄》中認為該殘片的屬性待定。[3]但是她在2008年發表的《一件有關末日拯救的摩尼教佈道圖——日本奈良大和文華館藏中國摩尼教絹畫的情景解讀》和2009年發表的《一幅宋代摩尼教〈夷數佛幀〉》中，對原先的構圖進行了復原（圖版25）：殘片 a 是原圖的右邊部分，有一上一

〔1〕Le Coq, Albert von, *Chotscho: Facsimile-wiedergaben der wichtigeren Funde der ersten Königlich preussischen Expedition nach Turfan in Ost-Turkistan*, Berlin, D. Reimer (E. Vohsen) 1913, p. 8;http://dsr.nii.ac.jp/toyobunko/LFc-42/V-1/page-hr/0018.html.en(2013/1/17)中譯本，頁 22–23。Le Coq, 1923, pp.25–26; http://dsr.nii.ac.jp/toyobunko/LFB-2/V-2/page/0030.html.en 中譯本，第 1 卷，頁 122–123。

〔2〕Klimkeit, H.-J., *Manichaean art and calligraphy*, Leiden: Brill, 1982, p.43, Pl. XXII, #40; 參閱中譯本，頁 91–92，圖版 40。

〔3〕Gulácsi, Zsuzsanna, "Identifying the Corpus of Manichaean Art among the Turfan Remains" in *Emerging from darkness: studies in the recovery of Manichaean sources*, edited by Paul Mirecki and Jason BeDuhn, Leiden ; New York ; Köln : Brill, 1997, p.186; Gulácsi, 2001, p. 266.

下兩個神像，帶頭光（halos）和身光（mandorlas），坐在蓮座上。殘片右緣有紫色絲綢邊框。殘片 b 和 c 上有兩個像的左膝和身光的一部分，可能屬於上述這兩個像，也可能屬於原畫左邊另外兩個相似的神像。殘片 d 和 e 是巨大的中心神像，它們不屬於其它四個像，因其身光較大，蓮瓣樣式奇特，旁邊還有較小的聽者。整個畫面的尺寸（約90 × 70 cm²）和邊框（約10 cm）說明此畫為垂直展示圖，四邊是裝飾性的邊框，與同一地區發現的其他畫幅類似。這一絹畫殘片的構圖與內容和上述佛陀畫卷類似，畫中右下角的那位先知（手中所持之杖的頂端有一個十字架）應該是耶穌。古樂慈在此二文中，根據吉田豐的意見，說明佛陀胸前的文字為粟特文字母，但不是粟特語詞，而是帕提亞語、中古波斯語或回鶻語語詞，均意為佛陀。她說明：這兩幅畫都是描繪一個摩尼教特有的主題——主要的先知們（Primary Prophets）。在中亞東部出土的文書中，提到4位先知，地位均低於摩尼，他們可能是洪水以前時代的先知塞特（Seth）；佛教先知釋迦牟尼；瑣羅亞斯德教先知瑣羅亞斯德；以及基督教先知耶穌。這2個殘片的原本即據此說而成，現在只殘留下5個跌坐在蓮座上的神像的若干痕跡，他們都有兩圈光環（頭光和身光），根據題記可以比定佛陀，根據十字架可以比定耶穌。這2幅畫為對稱式構圖，並利用向心原理和尺寸大小來顯示先知的不同等級——形體較小的4位先驅圍繞在一位較大的人物周圍，而居中者可能是摩尼。她還引用了克拉克（Larrry V. Clark）釋讀的《摩尼大頌》的有關文句來印證其說。[1]

《摩尼大頌》歌頌摩尼：

> [66]　　你在四先知（tört burxanlar）之後降臨，
> 　　　　你獲得了作為一個先知的不可超越的神聖地位。
> ……
> [260-1]　　你值得戴上以前諸先知頭上的平頂冠。

---

〔1〕Gulácsi, Zsuzsanna, "A Visual Sermon on Mani's Teaching of Salvation: A Contextualized Reading of a Chinese Manichaean Silk Painting in the Collection of the Yamato Bunkakan in Nara, Japan", *Studies on the Inner Asian Languages*, XXIII (2008),感謝古樂慈以抽印本相贈, Plate II, Fig. 2a, 2b; Plate III, Fig. 3a, 3b; pp.9–12.　Gulácsi, 2009, pp.112, 122, [Fig.] 10a, b, 11a, b; pp.129–130.　中譯本：頁 157–158，頁 181–183，註 65—71。

[262]　　因此我讚美和崇拜你。[1]

這份回鶻文書沒有提及四先知的名字，根據上述2幅繪畫只能證明佛陀和耶穌屬於四先知之列，但也無法確定其他兩個先知的名字，儘管可以推測其中很可能包括瑣羅亞斯德。出乎意外的是霞浦文書的"五佛"爲我們認知四先知和摩尼提供了新的啓示。

10.6　霞浦文書中的五佛

現存霞浦文書定型的年代不早於明代，但其中有多段文字或多或少地保存了摩尼教徒關於婆羅門教、瑣羅亞斯德、佛陀、耶穌和摩尼的知識，明確將摩尼稱爲"最後光明使"，說他"四歲出家，十三歲成道降魔"，相當符合今天所掌握的摩尼教文獻，應當是以摩尼教資料爲基礎而寫成的，這實在不能不令人驚訝，實非後世之法師所能杜撰。只是在流傳過程中又增添了民間宗教成分，納入了濟度亡靈的框架。

霞浦文書中講到的五佛[2]實即上述摩尼教承認的4個先知和摩尼，筆者校改的字以方括號 [ ] 表示，陳法師藏科本先提到五位大聖，然後抄錄《下部讚》中《收食單偈》：

大聖元始世尊那羅延佛、

大聖神變世尊蘇路支佛、

大聖慈濟世尊摩尼光佛、

大聖大覺世尊釋迦文佛、

大聖活命世尊夷數和佛

願降道場，證明功德，接引亡靈，來臨法會。

一　那羅初世人；二　蘇路神門變；

〔1〕Clark, Larry V. "Manichaean Turkic Pothi-book," *Altorientalische Forschungen*, vol.9, 1982, pp.170, 175, 183, 188.

〔2〕陳進國、林鋆：《明教的新發現——福建霞浦縣摩尼教史迹辨析》，載《不止於藝》，北京大學出版社，2010年，頁372、376–378、383。元文琪：《福建霞浦摩尼教科儀典籍重大發現論證》，載《世界宗教研究》2011年第5期，頁176–178。林悟殊：《明教五佛崇拜補說》，載《文史》2012年第3期，頁388、396、404–405。

三　釋迦托王宮；四　夷數神光現。

眾和：救性離災殃，速超常樂海。

一　摩尼大法王，二　最後光明使，

三　出現於蘇隣，四　救我有緣人。

眾：救性離災殃，速超常樂海。

一　者無上光明佛，二　者智惠善母佛，

……〔1〕

陳法師藏未名科儀書原封皮已失，陳法師加封後，名其為《摩尼光佛》，頁62－64禮贊五佛，摘錄如下：

〔497〕一佛那羅延，降神娑婆界，國應波羅

〔498〕門；當淳人代；開度諸明性，出離生死

〔499〕苦。願亡靈乘佛威光，證菩薩會。

〔500〕二佛蘇路支，以大因緣故，說法在波斯；

〔501〕度人無數；六道悉停酸〔2〕，三途皆息苦。

〔502〕願亡靈乘佛威光，證菩薩會。

〔503〕三佛釋迦文，四生大慈父，得道毗藍

〔504〕苑；度生死苦；金口演真言，咸生皆覺

〔505〕悟。願亡靈乘佛威光，證菩薩會。

〔506〕四佛夷數和，無上明尊子，降神下拂

〔507〕林；作慈悲父；剎剎露真身，為指通

〔508〕霄路。願亡靈乘佛威光，證菩薩會。

〔509〕五佛摩尼光，最後光明使，托化在王

〔510〕宮；示為太子；說法轉金輪，有緣蒙濟

〔511〕度。願亡靈乘佛威光，證菩薩會。

〔512〕稽首我世尊，以大因緣故，應化下生

---

〔1〕陳進國、林鋆：《名教的新發現——福建霞浦縣摩尼教史迹辨析》，載《不止于藝》，北京大學出版社，2010年，頁383，圖35。霞浦文書《摩尼光佛》開篇作"元始天尊"，林悟殊：《明教五佛崇拜補說》，載《文史》2012年第3期，頁396。

〔2〕停酸，謂受盡苦楚。

［513］來，作四生父。悲心度衆生，永離生死
［514］苦。願慈悲接引亡靈，往生淨土。[1]

…………

伍佛記，諸經備。第一那羅延；蘇路二；釋迦三；夷數四；末號摩尼光。具智稱明使，八無長九靈祥。無上明尊諸佛子，有神通，動天地，須表二宗，發分三際。［摧］外道，皈三寶，收救氣風明水火。爲人［天］敷法座，金口宣揚明暗種因果。諸明子須覺悟，人生百歲如電掃，棄邪魔須辦早，救與同皈彼岸無煩惱。（頁70-71）

…………

大聖摩尼光佛（和：）願開智慧大慈門（和：）摩尼光佛。蘇隣降跡號摩尼，應化三身妙入微。九種靈祥超世俗，八般無長表神威。四歲出家辭國位，十三成道演真言。一切有緣皆得度，萬靈咸仰盡皈依。仰啓慈濟世尊摩尼光佛，大慈大悲。尋聲來救度，惟願亡者離苦，上生天堂見佛。聞徑逍遙自在，極樂歡愉無量受，蓮臺救竟永逍遙。（一案舉）

大聖那羅延佛（和：）願開憐憫大慈門（和：）那羅延佛。那羅元始度人輪，得度為功十禮文。教設洪荒行正道，果佺淳樸化初人。一傳八代源流遠，五萬八千法正真。十四真言功不泯，屹然銅住更加新。仰啓元始世尊那羅延佛，大慈大悲。……（同上，略）

大聖蘇路支佛（和：）願開誠信大慈門（和：）蘇路支佛。二尊蘇路是真身，叱喝邪魔到業輪。世界三千咸振習，城門十二現威神。鼻蛇叱去王心悟，死後垂蘇國論稱。六十年間身寂去，宗風三百歲清真。仰啓神變世尊蘇路支佛，大慈大悲。……（同上，略）

大聖釋迦文佛（和：）願開具足大慈門（和：）釋迦文佛。釋迦天竺誕王宮，彈指還知四苦空。十九春城求國位，六年雪嶺等成功。火風地水明先體，大地山河顯聖功。授記以名餘國位，我今得

---

[1] 林悟殊：《明教五佛崇拜補說》，載《文史》2012年第3期，頁388。

211

欧·亚·历·史·文·化·文·库·

遇後真宗。仰啓大覺世尊釋迦文佛，大慈大悲。……（同上，略）

　　大聖夷數和佛（和：）願開忍辱大慈門（和：）夷數和佛。願開夷數再甦生，聖化神通不可量。白鴿飛來騰瑞相，那能俗處現風光。六旬住世身皈寂，三百餘年教闡揚。授記明童迎後聖，願為我等布津梁。仰啓活命世尊夷數和佛，大慈大悲。……（同上，略）（頁 74－79）[1]

“若願亡靈乘佛威光，證善薩會。”“尋聲來救度，惟願亡者離苦，上生天堂見佛。閒徑逍遙自在，極樂歡愉無量受，蓮臺救竟永逍遙。”這些話頭自然是在摩尼教内核上附加的民間宗教習語，使這些文書貌似濟度亡靈的科儀。只有撇開這些民間宗教的浮雲，才能一窺其摩尼教的廬山真面目。下面我們逐一簡要分析“五佛”。

10.6.1　一佛那羅延

只要與上文摘錄的摩尼教胡語文書做一比較，就很清楚，五佛之中，除了摩尼之外，至少有3個很明顯是摩尼承認的光明使：二佛蘇路支、三佛釋迦文、四佛夷數和，就是瑣羅亞斯德、佛陀和耶穌。一佛那羅延（簡稱那羅）是否也是摩尼承認的光明使呢？粟特文文書 TM393 的 pr'mn'nch δynh 意為“婆羅門教”，詞根為 pr'mn（讀若 brāman）⇒pr'm'n，讀若 prāman，意為“婆羅門”；[2] 為梵文 Brāhmaṇa 的音譯，意譯“清淨”。婆羅門教信奉的三大主神之一為梵天（Brahman），為創造之神，被稱爲始祖，在佛教裏被稱爲 “大梵天王”。那羅延是梵文 Nārāyaṇa 的音譯，為大梵王之異名。玄應《一切經音義》24曰：“‘那羅’翻為人；‘延那’此云生本；謂人生本，即是大梵王也。外道謂一切人皆從梵王生，故名人生本也。”[3] 這與霞浦文書稱那羅延為“元始世尊”“初世人”相吻合。

---

〔1〕元文琪：《福建霞浦摩尼教科儀典籍重大發現論證》，載《世界宗教研究》2011 年第 5 期，頁 176–178。參照林悟殊：《明教五佛崇拜補說》，載《文史》2012 年第 3 期，頁 404–405。

〔2〕Gharib, B. ,*Sogdian dictionary: Sogdian-Persian-English*. Tehran: Farhangan Publications. 1995, #6976, 6935, 6975, 6973, 6932, 6934 (pp.279, 278).

〔3〕玄應：《玄應一切經音義》，載《中央研究院歷史語言研究所專刊》第 47，中央研究院歷史語言研究所（臺北），民國 51 年（1962），第 1120 節。

《下部讚》中《一者明尊》，題作"那羅延佛作"，[1]這首詩與上引霞浦陳法師藏科本在奉請五佛之後抄録的《下部讚》中《收食单偈》相應。所謂"那羅延佛作"，自然與《梨俱吠陀》中《原人歌》（Puruṣ）題作"那羅延仙人作"，或者《下部讚》中《初聲讚文》題作"夷數作"一樣，只是託名而已。

10.6.2 二佛蘇路支

蘇路支"度人無數"云云，具有佛教色彩，但其核心内容出自摩尼教文獻。霞浦文書是按照摩尼《大力士經》中對光明使時代前後的認識來安排的。那羅延是人類始祖，自然年代最爲古老，排在最前面；瑣羅亞斯德則排在佛陀前面。

霞浦文書中瑣羅亞斯德的名字有2種寫法：蘇路支和蘇魯支，簡寫作蘇路，當出自軼失的漢文摩尼教文獻。關於其古音，我們與米克爾森（G.B.Mikkelsen）《摩尼教漢文文獻詞典》一致，採用蒲立本（E.G.Pulleyblank，1922—）構擬的後期中古音（LMC 即 Late Middle Chinese），註明相應的安息文（Pth. 即 Parthian）及其讀音，以及英文譯名：蘇路支 Suluzhi（LMC. suǝ‑luǝˋ‑tʂi）、蘇魯支 Suluzhi（LMC. suǝ‑luǝˊ‑tʂi）<Pth. zrhwšt（zarhušt）'Zoroaster'。瑣羅亞斯德在中古波斯文（MP 即 Middle Persian）中作 zrdrwšt，讀若 zardrušt；粟特文文書 TM393 作'zr'wšc。

摩尼心目中蘇路支傳教的波斯，應是文化意義上的"大波斯"。《梁書·西北諸戎傳》所記載的"波斯"按之年代，應指薩珊波斯國，中大通五年（533）已經與梁有直接交往。[2]霞浦文書中的"波斯"自是沿用古書中的譯名；不過也完全符合摩尼教伊朗語文獻中的讀音：波斯 Bosi（LMC. pua‑sẓ）< Pth./MP p'rs（pārs）'Persia'或 MP. p'rsyg（pārsîg）；'Persian'。[3]

---

〔1〕芮傳明：《東方摩尼教研究》，上海人民出版社，2009 年，頁 400。

〔2〕余太山：《兩漢魏晉南北朝正史西域傳要注》，中華書局，2005 年，頁 403–404、414–416。

〔3〕Mikkelsen, 2006, p.103.

10.6.3　三佛釋迦文

摩尼傳道之初，就去過印度。後來摩尼教與佛教長期共存，在其教義中，特別在寺院組織方面可能吸收了一些佛教因素。[1]《科隆摩尼古卷》記載了摩尼前往印度傳教的一些細節。吉田豊2010年刊佈了一幅大的聖者伝図（ $119.9 \times 57.6 \ \mathrm{cm}^2$ ），描繪了船舶飄洋過海的壯觀圖景和著陸後的故事：一個摩尼教僧侶及其追隨者向當地人（包括佛教和尚）弘揚摩尼教，佛教和尚最後皈依了摩尼教，作了佈施。他同時刊佈了一幅較小的聖者伝図（ $32.9 \times 57.4 \ \mathrm{cm}^2$ ），場景類似大聖者伝図的下半部分，描繪了傳教活動。吉田豊推測這兩幅圖描繪了摩尼早年在印度傳教的情況。[2]東方摩尼教徒生活在佛教盛行的文化環境中，應該對釋迦牟尼及其宗教的某些細節比西方摩尼教徒更了解。

“釋迦文佛（簡稱釋迦）”一名見於佛經，比如雪谿沙門仁岳所譔的《釋迦如來降生禮讚文》說：“一心奉請堪忍世界示現降生釋迦文佛。”[3]不過也符合安息文文書 M42、粟特文文書 TM393中的讀音：釋迦文佛 Shijiawenfo（ LMC. ʂiajk-kia-ʋjyn/ʋun-ffɦjyt/fɦut ）<Pth.š'qmn bwt / Sogdian š'kmnw pwt；'Śākyamuni Buddha'。[4]佛陀（but da）在摩尼教中古波斯文和安息文文獻中作 bwt，在粟特文文獻中作 pwt，以-t 結尾；而在西方摩尼教文獻中則以-d 結尾，更接近梵文 buddha-：科普特文作 bouddas；幾種反摩尼教的希臘文文獻作 βούδδας、βοῦδας 和 βουδδᾶς；拉丁文作*Budda；敘利亞文作 bdws。比魯尼《古代遺跡》引述摩尼《沙卜拉干》（中古波斯文）提到佛陀（al-Bud〔d〕），是以-d 結尾的，因此西方和最古的中古波斯文摩尼教文獻以-d 結尾的佛陀之名可能均源自

---

〔1〕馬小鶴：《粟特文'δw wkrw 'ncmn（二部教團）與漢文“四部之眾”》，收入馬小鶴：《摩尼教與古代西域史研究》，中國人民大學出版社，2008 年，頁 206–225。

〔2〕吉田豊：“新出マニ教絵画の形而上”，載《大和文華》第 121 號，平成 22 年（2010），圖版 7—9，頁 3、22–23、55。

〔3〕《卍新纂續藏經》第 74 冊，No. 1501，p1070c http://www.cbeta.org/result/normal/X74/ 1501_001.htm。

〔4〕Gharib, B. „Sogdian dictionary: Sogdian-Persian-English. Tehran: Farhangan Publications. 1995, #9150, 3149 (p.369)：š'kymwn(š'kmwn)，音譯“釋迦文”，即釋迦牟尼。

摩尼本人。[1]

原文"毗藍苑"自當為"藍毗苑"之訛，即藍毗園。西明寺沙門圓
測撰《解深密經疏》卷9說："爾時摩耶聖后以菩薩威力故，即知菩薩有
欲誕生，入藍毗園。"[2]藍毗園為藍毗尼園的簡稱，梵文作 Lumbinî，乃
善覺王為其夫人藍毗尼建造的花園，也即佛陀誕生之地。《摩尼光佛教
法儀略》曰："摩尼光佛誕蘇隣國跋帝王宮。"[3]林悟殊先生認為，這所
要傳達的信息是，摩尼生父乃蘇隣國之國王，而摩尼本人則是王子，這
實際暗示教主身世類乎釋迦牟尼，其託佛之心，可見一斑。[4]現在霞浦
文書說摩尼"托化在王宮，示為太子說法"，顯然模仿"釋迦托王宮"，
其託佛之心，愈益明顯。

10.6.4　四佛夷數和

夷數即耶穌之異譯，在摩尼教中的重要地位已有許多研究。[5]霞浦
文書將夷數稱為"無上明尊子"，"作慈悲父"，完全符合敦煌漢文摩尼
經，"无上明尊"是最高神。《下部讚》中《讚夷數文》044a 稱頌夷數為
"自是明尊憐愍子。"031a 讚美夷數"一切明性慈悲父"。[6]

拂林是一個學術界曾經反復討論的地名，伯希和、日本學者白鳥庫
吉（1865—1942）均認為拂林本自波斯人對羅馬帝國的稱謂 Frōm 或
Hrōm，目前已經為學術界所普遍接受。[7]安息文文書 M132和 M5861講
述耶穌在羅馬總督比拉多面前受審的情景，講到："羅馬人（frwm'y

〔1〕Sundermann, W. 1991. "Manichaean Traditions on the Date of the Historical Buddha", *The Dating of the historical Buddha,Die Datierung des historischen Buddha* / edited by Heinz Bechert. Göttingen : Vandenhoeck & Ruprecht, 1991, pp.426–429.

〔2〕《卍新纂續藏經》第 21 冊，No. 369，p0404a。http://w3.cbeta.org/result/normal/X21/0369_009.htm

〔3〕芮傳明：《東方摩尼教研究》，上海人民出版社，2009 年，頁 379。

〔4〕林悟殊：《宋代明教偽託白詩考》，載《文史》2010 年第 4 輯，頁 181。

〔5〕http://www.iranicaonline.org/articles/christianity–v.

〔6〕芮傳明：《東方摩尼教研究》，上海人民出版社，2009 年，頁 369、388–389。

〔7〕馬小鶴：《唐代波斯國大酋長阿羅憾墓誌考》，載馬小鶴：《摩尼教與古代西域史研究》，中國人民大學出版社，2008 年，頁 566。

〔frōmāy〕）前來，三次向他膜拜。"[1] "羅馬人"當指羅馬士兵。frwm'y 出自 frwm（frōm），在摩尼教胡語文書中，耶穌與羅馬之關係一清二楚。霞浦文書說夷數"降神下拂林"，當有所本。

霞浦文書說夷數"剎剎露真身，為指通宵路"，可以與一首哀悼耶穌被釘上十字架的詩（安息文文書 M104和 M891b）做一比較："榮耀的主（即耶穌）除去他的衣服（pdmwcn，即肉體），在撒旦面前顯示其神力。神力驚天動地，撒瑪逸囉（妖魔）跌落深淵。真實譯者（耶穌）為被怨敵吞噬的光明滿心哀矜。他使其（光明）從死亡之深淵中飛升勤修之地，還於本宗祖。"[2]根據摩尼教神學，以衣服為比喻的耶穌肉體只是一種幻象，因此耶穌"使其衣服消失"，就是除去了"露真身"的障礙。"通宵"即通向雲霄之路，意為耶穌向光明分子指明了通向天堂之路。

10.6.5　五佛摩尼光

《吉祥道场门书》抄本曰"四歲出家，十三歲成道降魔，天人稽首太上摩尼光佛。"根據學術界在1969年發現的希臘文《科隆摩尼古卷》：

[11.1] ……四歲（τέταρτου ἔτουc）我（摩尼）在浸禮派中撫養長大的，然後我接受其教導，當時我的身體尚幼，由諸明使之力

---

〔1〕Boyce, Mary, *A Reader in Manichaean Middle Persian and Parthian: Texts*,Téhéran: Bibliothèque Pahlavi : Leiden : Diffusion, E.J. Brill. 1975, p.130; Klimkeit, H.-J., *Gnosis on the Silk Road: Gnostic texts from Central Asia* / translated & presented by Hans-Joachim Klimkeit. San Francisco, Calif. : HarperSanFrancisco. 1993, p.73.

〔2〕Boyce, Mary, *A Reader in Manichaean Middle Persian and Parthian: Texts*,Téhéran: Bibliothèque Pahlavi : Leiden : Diffusion, E.J. Brill. 1975, p.127; Klimkeit, H.-J., *Gnosis on the Silk Road: Gnostic texts from Central Asia* / translated & presented by Hans-Joachim Klimkeit. San Francisco, Calif. : HarperSanFrancisco. 1993, p.71; 馬小鶴：《摩尼教宗教符號"妙衣"研究》，收入馬小鶴：《摩尼教與古代西域史研究》，中國人民大學出版社，2008 年，頁 4–5。

引導，受命於光明夷數的極大力量保護著我。[1]

"出家"固然是佛教用語，但是摩尼"四歲出家"顯然就是指其加入浸禮派，與《科隆摩尼古卷》記載相合。比魯尼《古代遺跡》第8章寫道：[2]

> 根據摩尼在其著作《沙卜拉干》關於先知降臨那一章中自己的陳述，巴比倫佔星學家紀元，即亞歷山大紀元（Æra Alexandri）527年，也即阿達爾班（Adharbân）[3]第4年，他生於庫撒（Kûthâ）上渠邊的瑪第奴（Mardînû）村。巴比倫佔星學家紀元（Anno Astronomorum Babyloniœ）539年，眾王之王阿達希爾第2年，他十三歲時受到了第一次神聖的啓示。

巴比倫佔星學家的紀元，也即塞琉古紀元（Seleucid era），始於公元前311年。摩尼生於此紀元527年即公元216年。《吉祥道場門書》抄本曰"十三歲成道降魔"，指的就是摩尼第一次受到天啓，與比魯尼《古代遺跡》的記載相合。

陳法師藏科本寫道："一 摩尼大法王，二 最後光明使，三 出現於蘇隣，四 救我有緣人。"至少3個名詞與粟特文文書 TM393相合："摩

---

〔1〕*Der Kölner Mani-Kodex : Über das Werden seines Leibes* / aufgrund der von A. Henrichs und L. Koenen besorgten Erstedition herausgegeben und übersetzt von Ludwig Koenen und Cornelia Römer ; in Zusammenarbeit mit der Arbeitsstelle für Papyrusforschung im Institut für Altertumskunde der Universität zu Köln. Opladen : Westdeutscher Verlag, c1988, pp.6–9; Cameron, Ron &Arthur J. Dewey, *The Cologne Mani codex (P. Colon. inv. nr. 4780) : Concerning the origin of his body* / translated by Ron Cameron and Arthur J. Dewey. Missoula, Mont. : Scholars Press. 1979, p.14–15.圖版見 http://www.uni–koeln.de/phil–fak/ifa/NRWakademie/papyrologie/Manikodex/Manikodex_300/M14_11_300. jpg.參閱：http: // www. fas. harvard. edu/~iranian/Manicheism/Manicheism_I_Intro.pdf p.25. (2011/10/1)

〔2〕Bīrūnī, Muḥammad ibn Aḥmad, *Chronologie orientalischer Völker* / von Albêrûnî ; herausgegeben von C. Eduard Sachau. Leipzig : Brockhaus, 1878. http://nrs.harvard.edu/urn-3:HUL.FIG:002267088, p.207; achau , C. Edward , 1879. *The chronology of ancient nations : an English version of the Arabic text of the Athâr-ul-Bâkiya of Albîrûnî, or, "Vestiges of the past," collected and reduced to writing by the author in A.H. 390-1, A.D. 1000* /translated and edited, with notes and index, by C. Edward Sachau. London : Published for the Oriental Translation Fund of Great Britain & Ireland by W.H. Allen, 1879, p.190.根據奈迪木撰《群書類述》，摩尼十二歲時受到第一次啓示，可能計算年代的方法稍有不同。Dodge, Bayard, *The Fihrist of al-Nadîm : a tenth-century survey of Muslim culture* / Bayard Dodge, editor and translator. New York : Columbia University Press. 1970, v.2, p.774.

〔3〕即安息末代國王阿爾塔巴奴斯（Artabanus，213–224）。

尼"與 m'ny（mānī）相合；"法王"與 δrm'ykw（法）γwδw（王）相合，意譯梵文 dharmarāja；"光明使"與 rγwšny（光明）βr'yšt'kw（使者）（r〔u〕xušne-frēšt'kw）相合。[1]這3個名詞加上"蘇隣"均與《摩尼光佛教法儀略》相合："佛夷瑟德烏盧詵者(本國梵音也)，譯云光明使者，又號具智法王，亦謂摩尼光佛。""摩尼光佛誕蘇隣國跋帝王宮。""佛夷瑟德烏盧詵"是中古波斯文 frēstag-rōšan 或安息文 frēštag-rōšan 的音譯；"蘇隣"為 Sūristān（巴比倫）的譯音。[2]這種高度相關可以證明，霞浦文書中的核心內容是根據摩尼教文獻撰寫的。

10.7　結語

摩尼從四歲起在其中撫養長大的厄勒克塞派相信：基督不止降生一次，而是多次降臨人間。摩尼雖然後來與這個教派決裂，但其思想仍不免受其影響，關於光明使一再降臨人間的教義顯然與厄勒克塞派有血緣關係。摩尼教文獻中列舉的光明使詳略不同，有亞當等人類祖先，也有婆羅門教的先知，以及實有其人的教主佛陀、瑣羅亞斯德和耶穌，而以摩尼本人為最後光明使。摩尼後來對光明使的先後略作調整，將瑣羅亞斯德置於佛陀之前。吐魯番出土回鶻文書《摩尼大頌》已經提到摩尼之前有四先知，絹畫 MIK III 4947、III 5d 和勒柯克刊佈的一幅白描圖均很可能為五先知像，中間當為"五佛"摩尼，右上方是"三佛"釋迦牟尼，右下方是"四佛"耶穌。《佛祖統紀》所引《夷堅志》記載了明教以摩尼為"第五佛"，引用了白居易的詩句"五佛繼光明"，但是將明教"五佛"與《金剛經》五佛混為一談。霞浦文書將佛陀置於瑣羅亞斯德之後，將摩尼教的光明使概括為五個：婆羅門教的那羅延佛，在波斯傳教的蘇路支（一作蘇魯支）即瑣羅亞斯德，得道於藍毗尼園的釋迦文佛即釋迦

〔1〕Gharib, B. ‚Sogdian dictionary: Sogdian-Persian-English. Tehran: Farhangan Publications. 1995, #3594(p.142), 4357(p.173), 8483(p.341–342), 5410(p.215), 5210(p.207), 2543(p.100).

〔2〕Haloun, G. & W. B. Henning, "The Compendium of the Doctrines and Styles of the Teaching of Mani, the Buddha of Light", Asia Major, v.3, pt. 3, 1953,, pp.189–190; 芮傳明：《東方摩尼教研究》，上海人民出版社，2009 年，頁 358、378–379。

牟尼，降神下拂林的夷數即耶穌，而以出現於蘇隣的摩尼光佛為最後光明使。中國中古知識界將大秦、末尼、火祆混爲一談，西方中世紀基督教教父對蘇魯支、佛陀與斯基西安努斯和特勒賓蘇斯混淆不清，與此形成鮮明對照，霞浦文書對五大外來宗教的概括條理清楚，體現了中古時代中國民間對世界宗教的認識水平。

（原作《明教"五佛"考——霞浦文書研究》，載《復旦學報》〔社會科學版〕，2013年第3期，頁100–114。）

11 明教中的那羅延佛

敦煌發現的摩尼教《下部讚》中有一首詩：[1]

[164] 一者明尊那羅延佛作

[165] 一者明尊，二者智惠，三者常勝，四者歡喜，五者勤修，六者真實，

[166] 七者信心，八者忍辱，九者直意，十者功德，十一者齊心和合，

[167] 十二者內外俱明。莊嚴智惠，具足如日，名十二時，圓滿功德。

從"一者"到"十二者"是與12個主神聯係在一起的12種品德。所謂"那羅延佛作"，自然與《下部讚》中《初聲讚文》題作"夷數（即耶穌）作"一樣，只是託名而已。瓦爾德施密特（E. Waldschmidt, 1897—1985）和楞茨（Wolfgang Lentz, 1900—1986）的《漢語和伊朗語文獻中的摩尼教教義》一文對那羅延佛做了分析，[2]米克爾森（Gunner B. Mikkelsen）在《摩尼教漢文文獻詞典》中做了概括：那羅延佛 Naluoyan fo 'Nārāyaṇa 佛'（？），作者的名字（？）；在佛教中常被稱爲大梵天王（the king of the Brahma World）；在印度文學中常爲毗溼奴（Viṣṇu）的異名。[3]近來發現的福建省霞浦縣柏洋鄉民間宗教文書多次講到那羅延，引起我們重新研究那羅延的興趣。我們將著錄有關霞浦文書，與摩尼教關於諸光明使者的粟特文文書 So18248 II 做一比較，回顧婆羅門教與佛教中關於那羅延佛的資料，介紹有關的吐魯番出土摩

---

〔1〕芮傳明：《東方摩尼教研究》，上海人民出版社，2009年，頁400。

〔2〕Waldschmidt, E.&Wolfgang Lentz, *Sitzungsberichte der Preussischen Akademie der Wissenschaften. Phil.-hist. Klasse,* Berlin, 1933, p.533.

〔3〕G. B. Mikkelsen, *Dictionary of Manichaean Texts in Chinese*, Turnhout, 2006, p.101.

尼教繪畫和回鶻文文書，最後分析漢地摩尼教中，瑣羅亞斯德（蘇魯支）、佛陀（釋迦文佛）、耶穌（夷數）三大光明使是摩尼的先驅，分別被稱爲二佛、三佛、四佛，摩尼為最後光明使，被稱爲五佛，而以那羅延佛為一佛，即最初光明使。

11.1 霞浦文書中的那羅延

霞浦文書中提及那羅延佛者有數处。謝氏法師保存有乾隆五十一年（1786）《吉祥道場門書》抄本，奉請摩尼、蘇魯支、那羅延、夷數等神祇：

> 南無謹上心焚香奉請，玄劫示現演生道場，四歲出家，十三歲成道降魔，天人稽首太上摩尼光佛，蘇魯支佛，那羅延佛，夷數和佛，電光王佛，日光月光王佛，明門威顯，福德靈相，吉師真爺，俱乎聖尊，未秦明皎使者，如是明門一切諸佛等眾，惟願應物如春回大地，隨機如月映千江，良日今時，請降道場，證明修奉。[1]

陳法師藏科本讚頌了那羅延佛等五佛，然後抄錄《下部讚》中《收食單偈》：

> 大聖元始世尊那羅延佛、
> 大聖神變世尊蘇路支佛、
> 大聖慈濟世尊摩尼光佛、
> 大聖大覺世尊釋迦文佛、
> 大聖活命世尊夷數和佛
> 願降道場，證明功德，接引亡靈來臨法會。
> 一　那羅初世人；二　蘇路神門變；
> 三　釋迦托王宮；四　夷數神光現。
> （眾和：）救性離災殃，速超常樂海。
> 一　摩尼大法王，二　最後光明使，

〔1〕陳進國、林鋆：《明教的新發現——福建霞浦縣摩尼教史迹辨析》，載《不止于藝》，北京大學出版社，2010年，頁376–377。

三　出現於蘇隣，四　救我有緣人。

（眾：）救性離災殃，速超常樂海。

一者無上光明佛，二者智惠善母佛，

三者常勝先意佛，四者懽喜五明佛，

五者勤修樂明佛，六者真實造相佛，

七者信心淨風佛，八者忍辱日光佛，

……〔1〕

　　敦煌發現的《下部讚》中《收食單偈》讚美了"一者無上光明佛"等摩尼教的12個主神，與上文所引用的託名"那羅延佛作"的《一者明尊》相應。陳法師藏未名科儀書原封皮已失，陳法師加封後，名其為《摩尼光佛》，禮贊那羅延等五佛，摘錄如下：

一佛那羅延，降神娑婆界，國應波羅門；當淳人代，開度諸明性，出離生死苦。願亡靈乘佛威光，證菩薩會。

二佛蘇路支，以大因緣故，說法在波斯；……

三佛釋迦文，四生大慈父，得道毗藍苑；……

四佛夷數和，無上明尊子，降神下拂林；……

五佛摩尼光，最後光明使，托化在王宫；……（頁62-64）〔2〕

…………

志心信禮：第一那羅延，自洪荒世下西方，甘露初長，養佛法，漸流傳，清齋戒，經五萬七千載，姑得通仙道，八代度明緣，向生死海駕明船。（頁65）〔3〕

…………

伍佛記，諸經備。第一那羅延；蘇路二；釋迦三；夷數四；末號摩尼光。……（頁70-71）

〔1〕陳進國、林鋆：《明教的新發現——福建霞浦縣摩尼教史迹辨析》，載《不止于藝》，北京大學出版社，2010年，頁383，圖35。霞浦文書《摩尼光佛》開篇"眾唱大聖"中作"元始天尊"，林悟殊：《明教五佛崇拜補說》，載《文史》2012年第3期，頁396。

〔2〕陳進國、林鋆：《名教的新發現——福建霞浦縣摩尼教史迹辨析》，載《不止于藝》，北京大學出版社，2010年，頁372；林悟殊：《明教五佛崇拜補說》，載《文史》2012年第3期，頁388。

〔3〕林悟殊：《明教五佛崇拜補說》，載《文史》2012年第3期，頁404。

…………

　　是故澄心禮稱讚，除諸亂意真實言，承前不覺造諸愆，今夜懇
懺罪消滅。[1]

　　…………

　　大聖摩尼光佛（和：）願開智慧大慈門（和：）摩尼光佛。……

　　大聖那羅延佛（和：）願開憐憫大慈門（和：）那羅延佛。那
羅元始度人輪，得度為功十禮文。教設洪荒行正道，果佺淳樸化初
人。一傳八代源流遠，五萬七千法正真。十四真言功不泯，屹然銅
住更加新。仰啓元始世尊那羅延佛，大慈大悲；尋聲來救度，惟願
亡者離苦，上生天堂見佛。聞徑逍遙自在，極樂歡愉無量受，蓮臺
救竟永逍遙。（一案舉）

　　大聖蘇路支佛（和：）願開誠信大慈門（和：）蘇路支佛。……
六十年間身寂去，……

　　大聖釋迦文佛（和：）願開具足大慈門（和：）釋迦文佛。釋
迦天竺誕王宮，……

　　大聖夷數和佛（和：）願開忍辱大慈門（和：）……六旬住世
身皈寂，……（頁 74－79）[2]

本文主要研究那羅延佛，其他四佛見第12到15章。在進入主題之前，
我們先對《吉祥道場門書》中五佛之外的其他神祇略作説明。“電光王
佛”是霞浦文書中三大主神之一，與摩尼光佛、夷數和佛一起合稱“三
清”。“三清”之説顯然是爲了適應周圍的文化環境而批上的道教外衣。
電光王佛實出於敦煌摩尼教經中之電光佛，即光明童女（Maiden of
Light）。見本書第3章“從‘善業’‘電光佛’到‘電光王佛’”。

　　“日光月光王佛”，敦煌摩尼教經裏有日光佛，即第三使[3]；在摩

　　〔1〕這4句抄自《下部讚·讚夷數文》：“是故澄心礼稱讚，除諸亂意真實言。承前不覺造諸愆，
今時懇懺罪銷滅。”（H.11）但將“時”改爲“夜”，“銷”改爲“消”。

　　〔2〕元文琪：《福建霞浦摩尼教科儀典籍重大發現論證》，載《世界宗教研究》2011年第5期，
頁176–178。參照林悟殊：《明教五佛崇拜補說》，載《文史》2012年第3期，頁404–405。

　　〔3〕Bryder, Peter. *The Chinese transformation of Manichaeism. A study of Chinese Manichaean
Terminology,* Löberöd: Bokförlaget Plus Ultra. 1985, pp.106–109.

尼教伊朗語文獻中，將光明耶穌稱爲月神，但漢文摩尼教經未見此稱呼；這裡的日光月光王佛可能並非指第三使和耶穌，而是將日月神化。《宋會要輯稿》中提到明教之人所念經文中有《日光偈》《月光偈》。[1] "明門威顯福德靈相"可能指宋代當地的明教徒林瞪（1003—1059），霞浦文書《樂山堂神記》稱其爲："本壇明門都統威顯靈相感應興福雷使真君濟南法主四九真人"。[2]

"吉師真爺"當即《樂山堂神記》的"移活吉思大聖"、《明門初傳請本師》的"夷活吉思大聖"。日本學者吉田豐在給我的電子郵件中指出，《樂山堂神記》中的"移活吉思（大聖）"可能是粟特文 yw'rks 的音譯，而這個粟特文名字是（聖）喬治（Georgis 或 George）的音譯，yw'rks 見於未刊佈的摩尼教粟特文文書 Ch/U 6536。他提醒我參考辛姆斯-威廉姆斯和哈密頓整理刊佈的《敦煌九—十世紀的突厥化粟特語文書集》頁68，那裏指出在伯希和漢文寫本（Pelliot Chinois）3847號中提及過"宜和吉思"，是 yw'rks 的漢文音譯。[3]伯希和漢文寫本3847號以寫經《景教三威蒙度讚》《尊經》而知名於世。[4]《尊經》中列舉了22個法王，其中第13個"宜和吉思法王"，據吳其昱考證，即聖喬治，約公元303年在巴勒斯坦殉教，在東方稱爲大殉教者。崇拜聖喬治之記載爲時甚早而普遍，今尚存於希臘文、拉丁文、敍利亞文、亞美尼亞文、科普特文、埃塞俄比亞文、粟特文及回鶻文等語文文獻中。[5]此神被摩尼教吸收爲護法之一。

"俱孚聖尊"即《下部讚》215c 的"頭首大將耶俱孚"，[6]筆者已

〔1〕牟潤孫：《宋代之摩尼教》，原載《輔仁學誌》第 7 卷第 1、2 合期，1938 年，見牟潤孫：《註史齋叢稿》，龍門書店，1959 年，頁 104。

〔2〕馬小鶴："Remains of the Religion of Light in Xiapu（霞浦）County, Fujian Province"，載《歐亞學刊》第 8 輯，中華書局，2009 年，頁 95。

〔3〕N. Sims-Williams et J. Hamilton, *Documents turco-sogdiens du IX—X siècle de Touen-houang*, London, 1990, p.68.

〔4〕林悟殊：《敦煌景教寫本 P.3847 再考察》，載林悟殊，《唐代景教再研究》，中國社會科學出版社，2003 年，頁 123–145。

〔5〕吳其昱：《唐代景教之法王與尊經考》，載《敦煌吐魯番研究》，第 5 卷，北京大學出版社，2001 年，頁 25。

〔6〕芮傳明：《東方摩尼教研究》，上海人民出版社，2009 年，頁 405。

經撰文《摩尼教耶俱孚考——福建霞浦文書研究》，初提交國際視野下的中西交通史研究學術研討會，已發表[1]，見本書第7章“摩尼教耶俱孚考”。

“末秦明皎使者”當即秦皎明使，也見於其他霞浦文書，與耶俱孚一起為二大護法。“末”是伊朗語 mry 的音譯，一種尊稱，如摩尼教高僧末冒（mry 'mw）、末思信（mry sysyn）、末夜（mry zqw），[2] 末秦皎也可能是一位高僧，後來被尊崇為護法。有的文書上“秦皎”二字均有口字偏旁，說明是譯音。福建泉州草庵附近的蘇內村有一座境主宮，宮中奉五位神靈為境主，摩尼光佛居中，其右邊為秦皎明使，身著甲冑，雙手執劍。[3] 這與霞浦文書《興福祖慶誕科》對秦皎明使等護法的描寫相符：“神銳持手若風生，宝甲渾身如電閃”。林悟殊先生考證福州浦西福壽宮“明教文佛”非摩尼像，自為不刊之論。[4] 至於福州浦西福壽宮這尊身披盔甲、手持寶劍的所謂“明教文佛”像與秦皎明使是否有關，則尚待進一步研究。

林悟殊教授在近作《“宋摩尼依託道教”考論》中說：“雖然新近福建霞浦明教遺跡的田野調查報告中，披露一些保有明教遺跡之抄本，其中或許有源自宋道藏者。不過，由於該等抄本多為清代物，歷經各朝代之變革，究竟保有多少宋代成分，尚需一番深入之研究，貿然把其直當宋代明教之文典，顯然不妥。”[5] 上引資料中說“願降道場，證明功德，接引亡靈來臨法會。”“（若）願亡靈乘佛威光，證菩薩會。”“請降道場，

〔1〕馬小鶴：《摩尼教耶俱孚考——霞浦文書研究》，載《中華文史論叢》2012 年第 2 期，頁 285–308。

〔2〕Durkin, Desmond, *Dictionary of Manichaean texts*. vol. 3. *Texts from Central Asia and China* / edited by Nicholas Sims-Williams. pt. 1. *Dictionary of Manichaean Middle Persian and Parthian* / by Desmond Durkin-Meisterernst, Turnhout : Brepols ; NSW, Australia : Ancient History Documentary Research Centre, Macquarie University. 2004,. pp.231–232. 芮傳明：《東方摩尼教研究》，上海人民出版社，2009 年，頁 393、396、408。

〔3〕粘良圖：《晉江草庵研究》，廈門大學出版社，2008 年，圖版 21，頁 82–83。

〔4〕林悟殊：《福州浦西福壽宮“明教文佛”宗教屬性辨析》，收入林悟殊：《中古三夷教辨証》，中華書局，2005 年，頁 58–72。

〔5〕林悟殊：《“宋摩尼依託道教”考論》，載張榮芳、戴治國主編：《陳垣與嶺南：紀念陳垣先生誕生 130 周年學術研討會論文集》，社會科學出版社，2011 年，頁 101、105。

證明修奉。""大慈大悲；尋聲來救度，惟願亡者離苦，上生天堂見佛。聞徑逍遙自在，極樂歡愉無量受，蓮臺救竟永逍遙。"這些話頭恐怕是歷經各朝代之變革，在摩尼教內核上附加的民間宗教習語，使這些文書貌似濟度亡靈的科儀。只有拂開這些民間宗教的"浮雲"，經過細緻分析、深入研究，才能一窺其摩尼教內核。芮傳明教授提醒筆者注意"當淳人代"原來恐為"當淳人世"，唯因避唐太宗之諱，改"世"為"代"。"當淳人世"就是"果侳淳樸化初人"的意思。林悟殊教授指出：立於唐德宗建中二年（781）的西安景教碑，力避太宗名諱，如碑文正文第4行："我三一分身景尊彌施訶，戢隱真威，同人出代。"第24行："真主無元，湛寂常然。權輿匠化，起天立地。分身出代，救度無邊。"此兩處"代"字，顯為"世"字之避諱。英藏 S.3969敦煌摩尼教唐寫本《摩尼光佛教法儀略》亦刻意避用"世"字，如其《圖經儀》中的"摩尼光佛當欲降代"。唐代外來宗教在避諱問題上，乃恪守華情。[1]霞浦文書雖然多為清代之物，其摩尼教核心內容則可能形成很早，從避"世"字諱來看，可能是在唐代成文的。

11.2　摩尼教諸光明使

摩尼教將瑣羅亞斯德（蘇魯支）、佛陀（釋迦文佛）、耶穌（夷數）列舉為摩尼的先驅者，即摩尼以前的諸光明使者，這樣的文書屢見不鮮，我們將在整體研究五佛與其他四佛時，深入分析。本文只引用粟特文文書 TM393（新編號 So18248 II）以做比較研究，此文書題作"給聽者的佈道書"，其第2部分列舉了諸光明使以及謗讟光明使的罪人：

第一個謗讟者和罪人是瑪爾廷（mrtynh，即夏娃），她三次使亞當（"δ'm）離開（正）教誤入歧途。第一個謀殺者是該隱，他謀殺了自己的弟弟。在東方第一次惡行是 A……s 所犯下的，他敗壞了婆羅門教（pr'mn'nch δynh），給世界帶來了十次災難。第二個謗讟

---

[1] 林悟殊：《經幢版景教〈宣元至本經〉考釋—唐代洛陽景教經幢研究之一》，與殷小平合撰，初刊《中華文史論叢》2008 年第 1 輯，頁 333。

者是賈馬斯普（z'm'sp），他誹謗阿茲魯支（'zr'wšc，即蘇路支）；納克辛塔爾（nksyntr，即亞歷山大）王（MLK'）（也這麼幹），他謀殺了穆護（mwγztw）；阿里曼（'tδrmnw）之子庫貢（kwγwn'k）敗壞了穆護宗教（mwγ'nch δynh）。第三個謗謗者是沙門（šmn）WPR'TT［*優婆趜多［*Upagupta］）和輸迦王（šwk' MLK，即阿育王），他誹謗沙克曼佛（š'kmnw pwt，即釋迦文佛），以及後來的罪人提婆達多（tyβδ'tt），他敗壞了佛教（pwty δynh）。第四個謗謗者是加略人（'škr'ywt），他誹謗基督（mšyγ'），第（四個）罪人（是）撒旦（s'tt'nh）--*鐵石心腸者，他敗壞了基督教（trs'k'nch δynh）。還有貪魔（''z‑h）與阿里曼用作鷹犬的其他罪人，他們誹謗諸佛（pwt'yšty）和阿羅漢（rγ'ntty）、正義的（'rt'wty）電達（δynδ'rty即師僧）和敬信者。所有這些罪人都將與阿里曼一起被囚禁在永獄（''ykwncykw βntw βstyty）中，他們將……

　　［再一次，誠］心的法王（δrm'ykw γwβw），……光明使（rγwšny βr'yšt'kw）——主（βγ'y）末摩尼（mr m'ny）對聽者們這樣說：“如果你們聆聽，我將向你們解釋……［接受］我的［教導的］忠實的聽者們……[1]

誹謗光明使的罪人，可以分爲3類：第1類，是抽象的妖魔，比如瑣羅亞斯德教裏惡界的最高神阿里曼（Ahriman），他的兒子庫貢（Kūγūne），貪魔（Greed）以及基督教裏的魔鬼撒旦（Satan）。第二類是傳統宗教史上受譴責的人物，比如基督教裏殺死弟弟亞伯的該隱，夏娃也應該屬於

　　〔1〕圖版見：http://www.bbaw.de/forschung/turfanforschung/dta/so/dta_so0024.html.（2012/2/11）Henning, W. B. 1944. "The Murder of the Magi", *JRAS*, 1944, pp.137–142.　Gharib, B. 1995. Sogdian dictionary : Sogdian-Persian-English.　Tehran : Farhangan Publications. #5475 (pp.218–219), mrtynh 即中古波斯文的穆迪雅納格（murdyānag）、鉢羅婆文的馬什亞内（mašyānag），相當於夏娃；#5521, 5512, 5513　(p.220), 3376(p.149): mwγztw，希臘文作 μαγοφόνια，意為 “穆護之屠殺”；mwγ 音譯 “穆護”，即 “瑣羅亞斯德教士”；mwγ'nc 意為 “穆護的”；δynh 意為 “宗教”。9287 (p.375): šmn，音譯梵文 śramaṇa，漢文音譯 “沙門”，即和尚。3772(p.149): δynδ''r（δynδ'r），音譯 “電達”，見《下部讚》184，即摩尼教僧侶。375(p.15), 2651(p.105), 2838, 2844(p.112): ''ykwncyq，意為 “永恒”，βnt 意為 “枷鎖”，βst'k（βsty）意為 “囚徒”；《下部讚》26d： “竟被焚燒囚永獄”，100d： “或共諸魔囚永獄”。

這一類。還有瑣羅亞斯德教所譴責的殺害穆護的亞歷山大（Alexander）大帝。[1]提婆達多，梵名 Devadatta，為佛世時犯五逆罪，破壞僧團，與佛陀敵對的惡比丘。玄奘在室羅伐悉底國看到：城南五六里逝多林給孤獨園伽藍東有大深坑，據説"是提婆達多欲以毒藥害佛，生身陷入地獄處。"[2]加略人（Iscariot）即猶大（Judas），耶穌十二使徒之一，爲了30個銀元，背叛耶穌。第3類則是傳統宗教史上的正面人物：賈馬斯普（Žamāsp）是維什塔斯普國王的賢臣，查拉圖斯特拉鼓勵小女兒挑選他為丈夫。優婆毱多，梵名 Upagupta，得阿羅漢果，以阿育王之帝師而知名，為中印度摩突羅國（梵文 Mathurā）毱多長者之子。玄奘至秣兔羅國，尚見一山伽藍，"尊者鄔波毱多唐言近護之所建也。"[3]阿育王（Aśoka，一譯阿輸迦）立佛教為國教，派遣傳教師去四方傳播佛教。這份文書將傳統宗教史上的正面人物描繪成反面角色，看來比較奇怪。事實上，摩尼教一方面承認基督教等其他宗教的教主是摩尼的先驅，另一方面認爲，導致這些宗教敗壞的罪人就是其使徒、教師和宣教者，他們曲解了教主的教義，瑣羅亞斯德教史上的賈馬斯普、佛教史上的優婆毱多、阿育王不幸被列入了這個範疇。

摩尼（Mani）承認為先驅的光明使則包括亞當（Adam）、婆羅門教（Brahmanic religion）聖賢、蘇路支（Azrušč）、釋迦文佛（BuddhaŠākman）和基督（Christ）。將這些光明使與詆謗者對照，可以確定：第2個是蘇魯支，第3個是釋迦文佛，第4個是基督，最後一個是摩尼。通過與這份文書的比較，一目了然，上引霞浦文書中的五佛，至少有4個就是摩尼承認的3個光明使者加上摩尼自己。我們可以列一簡表如表11-1：

<hr>

[1] 儘管在希臘史料裏，亞歷山大大帝對宗教是比較寬容的。

[2] 《大唐西域記》卷 6。〔唐〕玄奘、辯機原著，季羨林等校註：《大唐西域記校註》，中華書局，1985 年，頁 494–495。

[3] 《大唐西域記》卷 4。〔唐〕玄奘、辯機原著，季羨林等校註：《大唐西域記校註》，中華書局，1985 年，頁 385–386。

表 11-1　五佛

粟特文文書 TM393	霞浦文書
［pr'mn'nch δynh（婆羅門教）］	一佛那羅延（那羅衍拿）
'zr'wšc（蘇路支）	二佛蘇路支（瑣羅亞斯德）
š'kmnw pwt（釋迦文佛）	三佛釋迦文（釋迦牟尼）
mšyγ'（基督）	四佛夷數和（耶穌）
mrm'ny（末摩尼）	五佛摩尼光（摩尼）

這份文書沒有具體説明婆羅門教的聖賢為何方神聖，是否有可能即那羅延佛呢？我們需要簡要回顧一下有關那羅延佛的婆羅門教和佛教資料。

11.3　婆羅門教和佛教中的那羅延佛

婆羅門教聖典《梨俱吠陀》第10卷第90曲《原人歌》（Puruṣ）題作"那羅延仙人（Nārāyaṇa）作"，寫道：

> ［1］原人（Puruṣ）之神，微妙現象，千首千眼，又具千足；
> 　　　包攝大地，上下四維；巍然站立，十指以外。
> ［2］唯此原人，是諸一切；既屬過去，亦為未來；
> 　　　唯此原人，不死之主；享受犧牲，升華物外。
> …………
> ［12］原人之口，是婆羅門；彼之雙臂，是刹帝利；
> 　　　彼之雙腿，產生吠舍；彼之雙足，出首陀羅。[1]

所謂"那羅延仙人作"，自然與《下部讚》中《一者明尊》題作"那羅延佛作"、《初聲讚文》題作"夷數作"一樣，只是偽託而已。梵語Puruṣ，音譯"補盧莎"，意譯"人，一個具體的人"；哲理上意譯則作

---

[1] *Ṛgveda.* German. v.3, pp.286–289; *Ṛgveda*, English & Sanskrit.v.4, pp.422–426; 巫白慧：《〈梨俱吠陀〉神曲選》，商务印书馆，2010年，頁253–260。http://www.sacred-texts.com/ hin/rigveda/rv10090.htm. (2001/10/21)

"原人"，徐梵澄先生又將其翻譯為"神靈""神主""神我"。原人的另一個名字是 nara，那羅延（Nārāyaṇa）意為"原人之子"。在婆羅門教聖典《摩訶那羅衍拿奧義書》中，那羅衍拿（即那羅延）與原人合二爲一，也即是大梵（Brahman）：

第十一分

千首之天神，遍處是眼目，那羅衍拿天，遍處是幸福，遍是無災變，至上是高躅。

萬有之最高，永恒為大全，是名為赫黎（Hari），那羅衍拿天！神靈（Puruṣ）即萬是，群有生盡緣。

…………

那羅衍拿天，彼方之光明；那羅衍拿天，超上之性靈；那羅衍拿天，超上之大梵（Brahman）；

那羅衍拿天，真實自超上；那羅衍拿天，超上靜定者，那羅衍拿天，靜定自無上。

…………

在此火焰中，超上自我居。彼乃是大梵，彼即是溼婆（Śiva），彼亦是赫黎，彼乃因陀羅（Indra）。彼是不滅者，無上自在主。[1]

《摩訶那羅衍拿奧義書》第11分第1節與《原人歌》第1節相應，原人有千首，當有二千眼，此處原文乃作"遍是其眼目"。第2節與《原人歌》第2節相應，說原人乃宇宙之本源，在此與那羅衍拿天合一。婆羅門教聖典《那羅衍拿奧義書》也點明那羅衍拿與原人的合一，並強調其即維師魯（Viṣṇu，即毗溼奴）：

唵！唯神主（Puruṣ）那羅衍拿（Nārāyaṇa）有望焉，蓋欲化成萬物矣。"般納（Prāṇa）"乃從那羅衍拿生。

…………

彼如是知者，唯彼是維師魯（Viṣṇu）矣，唯彼是維師魯矣。……

---

[1] *Upanishads*. English. v.1, pp.247–248, 257–259; 徐梵澄：《五十奧義書》，中國社會科學出版社，1984年，頁316–317, 333–337. http://www.celextel.org/108upanishads/mahanarayana.html.(2011/10/21) 見第13分。

....

　　內中阿難陀也，大梵（Brahman）也，神我（Puruṣ）也，此"神
聖聲"之自相也。曰"阿"（a）聲，"烏"（u）聲，"門"（m）
聲。彼多方歸之於一，是為"唵"（Om）聲。[1]

婆羅門教聖典《摩奴法論》第1章《創世說》講述了那羅衍那（即
那羅延）的來歷：

　　（5）這宇宙原是一個暗的本體，不可感覺，沒有特徵，不可推
理，不可認識，一如完全處於昏睡狀態。（6）後來，自身不顯現而
使這宇宙顯現的世尊自在出現了，他驅除暗，具有轉變粗大元素等
等的力量。……（8）懷著創造種種生物的願望，他通過禪思，首先
從自己的身體創造出水，又把自己的種子投入那水中。（9）那種子
變成一枚金卵，象太陽那樣光輝燦爛；他自己作為一切世界之祖梵
天（Brahmā）出生於那金卵中。（10）水叫做"那羅（nara）"，
因為水是"那羅（Nara）"生的；因為水是他的最初的居所，所以
他就叫做"那羅衍那（Nārāyaṇa）"。（11）由那個不顯現的、無
始終的、既實在又不實在的因所產生的那個人（Puruṣa），在人間被
稱為"梵天"。……（31）為了諸界的繁榮，他從口、臂、腿和腳
生出婆羅門、刹帝利、吠舍和首陀羅。（32）那位主把自己的身體
分成兩半，他用一半變成男的，用一半變成女的；從中他生出維拉
傑（virāj）。[2]

世尊自在即 Nara，意為"人"，水是他所生的，因此水也被稱為 nara。
因為水是他所首先創造的，或者因為他在金卵中時，水是他的居所，因
此他被稱為"那羅衍那"。婆羅門教信奉的三大主神之一為梵天
（Brahman），為創造之神，被稱為始祖，在佛教裏被稱為"大梵天王"。
那羅延為大梵王之異名。祖先來自安息國的嘉祥吉藏（549—623）可能

〔1〕*Upanishads*. English. v.2, pp.803–805; 徐梵澄：《五十奧義書》，中國社會科學出版社，1984
年，頁 1100–1103. http://www.celextel.org/108upanishads/narayana.html. (2011/10/21)

〔2〕*Manusmṛti : with the "Manubhāṣya" of Medhātithi* / edited by Ganganath, v.3, pp.21–40; 74.參閱
http://www.sacred–texts.com/hin/manu/manu01.htm. (2011/10/30) 蔣忠新：《摩奴法論》，中國社會科學
出版社，1986 年，頁 3–6。

對此有所了解，在其所著的《法華義疏》十二裏解釋"那羅延"曰："真諦云：'那羅'翻為人，'延'為生本。梵王是眾生之祖父，故云生本。"[1] 玄奘（602—664）弟子玄應所撰的《一切經音義》（原名《大唐眾經音義》）24曰："'那羅'翻為人；'延那'此云生本；謂人生本，即是大梵王也。外道謂一切人皆從梵王生，故名人生本也。"[2]

婆羅門教中的那羅延是否有可能被摩尼教承認為五大先知中的第一個先知呢？我們來看一下有關摩尼教五大先知的圖像與回鶻文文書。

11.4 摩尼教圖像與回鶻文文書

古樂慈（Zsuzsanna Gulácsi）2001年出版的《柏林藏摩尼教藝術品總目》中，將吐魯番出土的繪畫殘片 MIK III 4947 與 MIK III 5d 綴合（圖版22），描述如下：殘片上殘存兩個神像。右上方的是佛陀像，這個神像的胸口有粟特文字母 bwt，意即"佛陀"。佛陀的左下方殘存大光環的一段，這個光環更為複雜，有五層，兩層彩繪色帶夾在三層金色的色帶之間。這個巨大的光環說明原作中心還有一個巨大的神像。古樂慈推測，原作中心的大神像周圍圍繞著兩個或更多像佛陀這樣大的神像。這不是一幅佛教繪畫，因為在佛教繪畫中，不必在佛陀身上註明其為佛陀，也不會把佛陀畫得比較小，作為中心大神像的附屬。她認為這種構圖符合摩尼教關於摩尼及其先驅的教義，佛陀就是先驅之一。其他圖像學的證據也肯定這是一幅摩尼教繪畫。[3]

古樂慈在2005年出版的《中古摩尼教經書藝術——8—11世紀新疆的伊朗語和回鶻語經書插圖研究》中，根據圖像學的證據，繪出了此圖

---

〔1〕《大正新修大藏經》第 34 冊 No.1721《法華義疏》卷 12，622c21。http://www.cbeta.org/result/normal/ T34/1721_012.htm.

〔2〕玄應：《玄應一切經音義》，載《中央研究院歷史語言研究所專刊》第 47，中央研究院歷史語言研究所（台北），民國 51 年（1962），第 1120 節。

〔3〕Gulácsi, Zsuzsanna, *Manichaean art in Berlin collections: a comprehensive catalogue of Manichaean artifacts belonging to the Berlin State Museums of the Prussian Cultural Foundation, Museum of Indian Art, and the Berlin-Brandenburg Academy of Sciences, deposited in the Berlin State Library of the Prussian Cultural Foundation*, Turnhout : Brepols, 2001, pp. 146–148.

的復原圖（圖版23）。殘片寬5.8 cm，估計原作寬約20.6 cm；圍繞中心大神像的小像最常見的是4個，原作的高至少27.6 cm。她假設周圍的四個小神像代表4個先知，包括摩尼、耶穌、瑣羅亞斯德和歷史上的佛陀；中心大神像代表最高神——偉大的父親。[1]

勒柯克1913年出版的《高昌》中，刊佈了一幅白描圖（圖版24），原作出土於吐魯番發現大量摩尼教遺物的 K 遺址，今已不存。勒柯克描寫道：此絹畫的底色為紺青色，畫著2個坐著的神，一個在上，一個在下。靠上的那個神坐在一朵蓮花上。第2個神坐在橘黃色蓮花寶座上，其頭光左側上方的十字架（參見放大了的部分）以黑色勾畫輪廓，用深紅色勾邊，然後以金色填色。在十字架的長、寬兩端，各鑲有3個用紅色勾邊的白色珍珠，這個十字架與基督教的十字架很相似。在下面神像的蓮座旁的右側跪著的孩子身穿白衣；蓮座下方繪了一個供養人像，戴著一頂罕見的便帽。[2]

古樂慈因畫中沒有出現選民形象及任何"標誌性圖案"，在《柏林藏摩尼教藝術品綜合目錄》中認爲該殘片的屬性待定。[3]但是她在2008年發表的《一件有關末日拯救的摩尼教佈道圖——日本奈良大和文華館藏中國摩尼教絹畫的情景解讀》和2009年發表的《一幅宋代摩尼教〈夷數佛幀〉》中，對原先的構圖進行了復原（圖版25）：殘片 a 是原圖的右邊部分，有一上一下2個神像，帶頭光（halos）和身光（mandorlas），坐在蓮座上。殘片右緣有紫色絲綢邊框。殘片 b 和 c 上有2個像的左膝和身光的一部分，可能屬於上述這2個像。殘片 d 和 e 是巨大的中心神

〔1〕Gulácsi, Zsuzsanna, *Mediaeval Manichaean book art: a codicological study of Iranian and Turkic illuminated book fragments from 8th-11th century east Central Asia*, Leiden; Boston: Brill, 2005, pp.186–188.

〔2〕Le Coq, Albert von, *Chotscho: Facsimile-wiedergaben der wichtigeren Funde der ersten Königlich preussischen Expedition nach Turfan in Ost-Turkistan*, Berlin, D. Reimer (E. Vohsen) 1913, p. 8;http://dsr.nii.ac.jp/toyobunko/LFc–42/V–1/page–hr/0018.html. (2013/1/17)

〔3〕Gulácsi, Zsuzsanna, 2001. *Manichaean art in Berlin collections: a comprehensive catalogue of Manichaean artifacts belonging to the Berlin State Museums of the Prussian Cultural Foundation, Museum of Indian Art, and the Berlin-Brandenburg Academy of Sciences, deposited in the Berlin State Library of the Prussian Cultural Foundation*, Turnhout : Brepols, 2001, p. 266.

像，它們不屬於其他4個像，因其身光較大，蓮瓣樣式奇特，旁邊還有較小的聽者。整個畫面的尺寸（約90×70 cm²）和邊框（約10 cm）說明此畫為垂直展示圖，四邊是裝飾性的邊框。這一絹畫殘片的構圖與内容和上述佛陀畫卷類似，畫中右下角的那位先知（手中所持之杖的頂端有一個十字架）應該是耶穌。古樂慈在此二文中，根據吉田豐的意見，説明佛陀胸前的文字為粟特文字母，但不是粟特語詞，而是帕提亞語、中古波斯語或回鶻語語詞，均意為佛陀。她説明：這兩幅畫都是描繪一個摩尼教特有的主題——主要的先知們（Primary Prophets）。在中亞東部出土的文書中，提到4位先知，地位均低於摩尼，他們可能是洪水以前時代的先知塞特（Seth）；佛教先知釋迦牟尼；瑣羅亞斯德教先知瑣羅亞斯德；以及基督教先知耶穌。這2個殘片的原本即據此説而成，現在只殘留下5個趺坐在蓮座上的神像的若干痕跡，他們都有兩圈光環（頭光和身光），根據題記可以比定佛陀，根據十字架可以比定耶穌。這兩幅畫為對稱式構圖，並利用向心原理和尺寸大小來顯示先知的不同等級——形體較小的4位先驅圍繞在一位較大的人物周圍，而居中者可能是摩尼。她還引用了克拉克（Larrry V. Clark）釋讀的《摩尼大頌》的有關文句來證成其説。[1]

《摩尼大頌》歌頌摩尼：

[66]　　你在四先知（tört burxanlar）之後降臨，
　　　　你獲得了作爲一個先知的不可超越的神聖地位。

…………

[260-1]　　你值得戴上以前諸先知頭上的平頂冠。
[262]　　因此我讚美和崇拜你。[2]

我們能看到的最早將先知的數目確定為5個的資料，就是上引兩種

---

〔1〕Gulácsi, Zsuzsanna, "A Visual Sermon on Mani's Teaching of Salvation: A Contextualized Reading of a Chinese Manichaean Silk Painting in the Collection of the Yamato Bunkakan in Nara, Japan", *Studies on the Inner Asian Languages*, XXIII (2008), Plate II, Fig. 2a, 2b; Plate III, Fig. 3a, 3b; pp.9–12. Gulácsi, 2009, pp.112, 122, Fig.10a, b, 11a, b; pp.129–130.

〔2〕Clark, Larry V. "Manichaean Turkic Pothi-book,"*Altorientalische Forschungen*, vol.9, 1982, pp.170, 175, 183, 188.

繪畫和回鶻文文書。5個先知之中，摩尼為最後光明使，也即第五佛，被描繪成5個先知圖象中間形體最大的神像。耶穌則為摩尼的直接先驅，也即四佛，被描繪在右下角。佛陀則為三佛，被描繪在右上角。瑣羅亞斯德為二佛，應該被描繪在左上角。這4個先知分屬四大宗教：瑣羅亞斯德是瑣羅亞斯德教的先知，佛陀是佛教的先知，耶穌是基督教的先知，摩尼是摩尼教的先知。與此匹配，一佛也應當是一種重要宗教的先知。

上述四大宗教中，佛教與基督教是發展至今的世界宗教，摩尼教本身是夭折的世界宗教，瑣羅亞斯德教是波斯帝國範圍內最有影響的宗教。能與這四大宗教的重要性相提並論的古代宗教，在摩尼教徒的視野中，只有3個：一為猶太教，二為婆羅門教，三為道教。

我們先考慮猶太教。摩尼教文獻證明，猶太教《舊約聖經》中的人類祖先亞當、塞特、以挪士、閃、以諾等都被摩尼承認為自己的先驅。其中尤以塞特在摩尼教教義中影響較大。在霞浦文書中關於那羅延的記載得到研究之前，古樂慈推測第一先知為塞特是完全合理的。

其次，我們考慮道教。眾所周知，《老子化胡經》中已經有"我（老子）乘自然光明道氣，從真寂境，飛入西那玉界蘇鄰國中，降誕王室，示為太子，捨家入道，號末摩尼。"開元十九年（731）撰作的《摩尼光佛教法儀略》也引證這段話；黃震（1213—1281）所作的《崇壽宮記》和志磐1269年所撰的《佛祖統紀》都引用了這段話；明代何喬遠（1558—1632）撰《閩書》也記載："云老子西入流沙，五百餘歲，當漢獻帝建安之戊子，寄形捄量。"化誕為摩尼。因此，如果摩尼教傳入漢地後，尤其是宋代依托道教之後，老子應該入選"五佛"之列，不可能選擇在中國無甚影響的婆羅門教的那羅延為"一佛"。

那羅延在"五佛"中，顯然並非作為佛教小神出現的，因為三佛釋迦文是佛教的代表，無須那羅延來代表佛教。那羅延乃是作為婆羅門教的代表與其它四大宗教的先知並列，成為摩尼教的第一光明使。摩尼教徒既不選擇西方猶太教《舊約聖經》中的塞特等人類祖先為一佛，也不把東方的老子選入五佛，而選擇婆羅門教的那羅延為一佛，合乎邏輯的推理是：這種教義的形成，地域當在介乎於西方與東方之間的中亞；時間當在西方摩尼教遭到迫害和鎮壓之後，8世紀傳入漢地依托道教之前。

11.5　結語

　　霞浦文書中的五佛有時候將摩尼排在最前面，或者排在當中，以突出摩尼的地位。但是主要按照摩尼教理解的年代排列："第一那羅延；蘇路二；釋迦三；夷數四；末號摩尼光。"[1] 婆羅門教神話中的那羅延極爲古老，自然要早於歷史人物瑣羅亞斯德、佛陀、耶穌和摩尼。上引粟特文書 So18248 II 中，就把婆羅門教置於瑣羅亞斯德教、佛教、基督教、摩尼教之前。霞浦文書說那羅延是"初世人"，"元始度人〔倫〕"，"自洪荒世下西方，甘露初長，養佛法，漸流傳，清齋戒，經五萬七千載，姑得通仙道，八代度明緣，向生死海駕明船"，"教設洪荒行正道，果伾淳樸化初人，一傳八代源流遠"，處處都突出其古老，與此正相符合。

　　五佛活動的地理範圍也值得分析：蘇路支"說法在波斯"，意即在波斯傳教。釋迦文"得道毗藍苑"，"毗藍苑"自當爲"藍毗苑"之訛，即藍毗園，爲藍毗尼園的簡稱，梵文作 Lumbinî，乃善覺王爲其夫人藍毗尼建造的花園，也即佛陀誕生之地，位於今尼泊爾的蒂萊（Terai）。又說"釋迦天竺誕王宮"，即誕生於印度。夷數"降神下拂林"，即在羅馬帝國降生。摩尼"出現於蘇隣"，即出現在巴比倫。那羅延則"降神娑婆界，國應波羅門"。法藏（643—712）《華嚴經探玄記》4曰："娑婆此云堪忍。《悲華經》云：此中衆生貪瞋痴等過，梵王忍之，故爲名也。"[2] 玄奘《大唐西域記》卷1云："然則索訶世界，舊曰娑婆世界，又曰娑訶世界，皆訛也。三千大千國土，爲一佛之化攝也。"[3] "娑婆界"即爲整個大千世界。《隋書·裴矩傳》收錄了裴矩所撰的《西域圖記》序言，

---

〔1〕在摩尼教文獻中，有的將光明使者蘇路支排列在釋迦文之前，有的反過來，需另文詳細討論。

〔2〕《大正新修大藏經》第 35 冊 No.1733《華嚴經探玄記》卷 4，171a24–26。http://cbeta.org/ result/normal/T35/1733_004.htm.

〔3〕《大唐西域記校註》，卷 1，〔唐〕玄奘、辯機原著，季羨林等校註：《大唐西域記校註》，中華書局，1985 年，頁 34–35。

講到"北波羅門"，即北印度。"波羅門"也是"婆羅門"的異譯，梵文Brāhmaṇa 的音譯。上引粟特文文書 So18248 II 的 pr'mn'nch δynh 意為"婆羅門教"，詞根為 pr'mn（讀若 brāman）⇒pr'm'n，讀若 prāman，也寫作 pr'm'n、pr'mn，意為"婆羅門"。[1] "國應波羅門"應指婆羅門國（Brāhmaṇarāṣtra），即"婆羅門之國"（the realm of the brahmans），也即印度（India），梵文（Skt.）作 brāhmana-deśa。

在摩尼教文獻中，神祇與光明使者區別是很清楚的。宗德曼（W. Sundermann）[2]、翁拙瑞（Peter Bryder）[3]、范林特（P. Van Lindt）[4]分別研究了伊朗語、漢文和科普特文摩尼教文獻中的神魔名稱，主要的神就是敦煌發現的《下部讚》的《收食單偈》中列舉的12個大神：光明王、善母佛、先意佛、五明佛、樂明佛、造像佛、淨風佛、日光佛、盧舍那、夷數佛、電光佛、惠明佛。按翁拙瑞（P. Bryder）之見，"十二者惠明莊嚴佛"當為"莊嚴惠明佛"。蓋因"莊嚴"為"惠明"的修飾詞，相當於梵文的 alaṃkāraka。[5] 現在霞浦文書《摩尼光佛》（頁48－49）果然寫作"莊嚴惠明佛"，一方面證明了校改為"莊嚴惠明佛"的先見之明，另一方面證實霞浦文書的"粉本"有些地方可能比敦煌文書《下部讚》更少錯漏。宗德曼廣泛收集了伊朗語神魔名稱，列出23個，包括亞當、夏娃以及主要妖魔。范林特又增補7種科普特文名稱，包括寶光王、日月、撒旦等。但是並不包括瑣羅亞斯德、佛陀和摩尼等光明使者，更不包括那羅延。耶穌情況比較複雜，有幾重身份，一方面是光明耶穌

〔1〕Gharib, B. ,*Sogdian dictionary: Sogdian-Persian-English*. Tehran: Farhangan Publications. 1995, #6976, 6935, 6975, 6973, 6932, 6934 (pp.279, 278).

〔2〕Sundermann, W. ,"Namen von Göttern, Dämonen und Menschen in iranischen Versionen des manichäischen Mythos," *AoF* 6, 1979.參閱：http://www.cais–soas.com/CAIS/Religions/iranian/Manichaeism/manichaen_panthenon.htm.

〔3〕Boyce, Mary, *A Reader in Manichaean Middle Persian and Parthian: Texts*,Téhéran: Bibliothèque Pahlavi : Leiden : Diffusion, E.J. Brill. 1975.

〔4〕Van Lindt, Paul. *The names of Manichaean mythological figures : a comparative study on terminology in the Coptic sources*, Wiesbaden : O. Harrassowitz, 1992.

〔5〕Boyce, Mary, *A Reader in Manichaean Middle Persian and Parthian: Texts*,Téhéran: Bibliothèque Pahlavi : Leiden : Diffusion, E.J. Brill. 1975, p.68. 參閱芮傳明：《東方摩尼教研究》，上海人民出版社，2009 年，頁 400。

（Jesus the Splendor），包括在神譜之中，另一方面光明使者耶穌（Jesus the Apostle of Light）則不在神譜之中。

霞浦文書基本上繼承了摩尼教文獻中神祇與光明使者的分別，但是有所改變。摩尼類似夷數，有了雙重身份，一方面具有神格，摩尼光佛與夷數和佛、電光王佛一起，構成“三清”，可以視爲神祇。另一方面，“出現於蘇隣”，“四歲出家，十三歲成道降魔”的摩尼是光明使者。他與“波斯”的蘇路支、“天竺誕王宫”的釋迦文、“降神下拂林”的夷數一樣，都是惠明在人間的化身，有生有死，不同於光明佛、善母佛等超然物外、無生無死的真神。[1] 那羅延在婆羅門教、佛教裏是神祇，但在《下部讚》與霞浦文書中，則當被視爲光明使者。摩尼教的最高神光明佛是至高無上的，本身並不介入塵世的痛苦紛擾。在中國民眾看來，包括最高神在内的十二大神除了夷數佛和電光佛（光明童女）之外，都可敬而不可親，令人敬畏，卻不涉及人間禍福，對其崇拜遂漸漸淡化。一佛那羅延、二佛蘇路支、三佛釋迦文、四佛夷數和、五佛摩尼光等五佛雖然只是光明使者，但是由於他們降臨人間，救苦救難，能夠“開度諸明性，出離生死苦”，在普通民眾中反而贏得了超過摩尼教眾多大神的信仰，被納入民間宗教濟度亡靈科儀的框架，一直延續了下來。

---

〔1〕蘇路支（瑣羅亞斯德）、夷數（耶穌）的壽命恐怕都不是六十歲，“六十年間身寂去”，“六旬住世身皈寂”都很可能是模仿《摩尼光佛教法儀略》裏說摩尼“六十年内，開示方便”“其餘六十年間，宣說正法，諸弟子等隨事記錄”。

12 摩尼教中的蘇路支

陳垣先生1923年發表《火祆教入中國考》，撿出南宋紹興間姚寬（？—1161）撰《西溪叢語》卷上《穆護歌》的記載：

予長兄伯聲，嘗考火祆字，其畫從天，胡神也，音醯堅切，教法佛經所謂摩醯首羅也。本起大波斯國，號蘇魯支。

陳垣先生指出："蘇魯支之說，本於北宋讚寧《僧史略》（卷下），蘇魯支當即蘇魯阿士德。"[1] "蘇魯阿士德"Zoroaster 今天一般譯為"瑣羅亞斯德"，古阿維斯陀語作"查拉圖斯特拉"（Zaraθuštra-），他所創立的宗教被稱爲"瑣羅亞斯德教（Zoroastrianism）"。通過多位學者的研究，今天已經比較清楚，所謂"火祆教"實乃瑣羅亞斯德教在中亞的變種，源自瑣羅亞斯德教，但是不宜等同於瑣羅亞斯德教。[2] 摩尼教以瑣羅亞斯德為摩尼以前的光明使之一，與火祆教無甚關係。摩尼教文獻中關於瑣羅亞斯德的胡語資料為學界所熟知，但近年來刊佈的福建省霞浦縣柏洋鄉民間宗教文書提及的蘇魯支，又作蘇路支，簡稱蘇路，尚未見深入研究。本文先簡要回顧宋代有關蘇魯支的文獻，説明宋代學人雖記載了蘇魯支之名，其實將三夷教混爲一談。無獨有偶，西方基督教的反摩尼教文獻如《七章》對不同異教也混淆不清。然後著錄霞浦文書中的有關資料，説明霞浦文書祖本對於舊大陸數大宗教，包括瑣羅亞斯德教的認識清晰程度遠在宋代學人之上，必出自摩尼教之傳承無疑。最後追溯摩尼教中諸光明使，主要是瑣羅亞斯德的來龍去脈，分析摩尼教如何將瑣羅亞斯德作爲摩尼的化身，傳播自己的教義。

---

〔1〕陳垣：《陳垣學術論文集》，中華書局，1980 年，頁 304–305。

〔2〕张小贵：《中古华化祆教考述》，文物出版社，2010 年，對正宗瑣羅亞斯德教與祆教的分別做了詳細的分析。感謝張小貴先生以此大作相贈。

12.1 宋人混淆蘇魯支、火祆与大秦、末尼

北宋讚寧（919—1001）撰《大宋僧史略》卷下關於大秦末尼的記載比較長，但這是其他資料之源，爲了説明宋代學人對夷教混淆程度之嚴重，稍加校勘，凡所改之字放在〔 〕內，摘錄如下：[1]

大秦末尼（胡神也。官品令有祆正）

火祆（火煙切）教法本起大波斯國，號蘇魯支，有弟子名玄真，習師之法，居波斯國大總長如火山。[2]後行化於中國。貞觀五年（631），有傳法穆護何祿，將祆教詣闕聞奏；敕令長安崇化坊立祆寺，號大秦寺，又名波斯寺。開元二十年（732）八月十五日敕：末尼本是邪見，妄稱佛教，誑惑黎元。以西胡等既是〔鄉〕法，當身自行，不須科罰。至天寶四年（745）七月〔敕〕：波斯經教出自大秦，傳習而來，久行中國，爰初建寺，因以為名，將欲示人，必循其本，其兩京波斯寺宜改為大秦寺；天下諸州郡有者準此。大曆三年（768）六月敕：迴紇置寺，宜賜額「大雲光明之寺」。……

本文刪略的部分被研究摩尼教的學者多次引用，為學術界所熟悉，因此不再抄錄了。以現代學術研究的觀點看，這裡涉及三教四派：一、基督教的景教；二、摩尼教；三、正宗瑣羅亞斯德教；四、变異的瑣羅亞斯德教——祆教。有些混淆是當時已經造成的，不僅讚寧不察，後世學者也多不察。以瑣羅亞斯德教與祆教的異同為例，本不易辨識。《周書·異域傳下》波斯國條記載："大官有摸胡壇，……俗事火祆神。""摸胡壇"是中古波斯語 magupatān 的音寫，火祆神當是拜火教的最高

---

〔1〕《大正新修大藏經》，第 54 冊，No.2126，pp.253b20–c20。http://www.cbeta.org/result/normal/T54/2126_003.htm.

〔2〕原文為"如火山"，難以理解。饒宗頤認爲當作"為火正"。見饒宗頤：《穆護歌考——兼論火祆教入華之早期史料及其對文學、音樂、繪畫之影響》，收入饒宗頤：《饒宗頤史學論著選》，上海古籍出版社，1993，頁 421。

神。[1]《舊唐書》卷198："波斯國……俗事天地日月水火諸神，西域諸胡事火祆者，皆詣波斯受法焉。"[2]《新唐書》卷221下也說："波斯……祠天地日月水火。祠夕，以麝揉蘇，澤肟顏鼻耳。西域諸胡受其法，以祠祆。"[3] 段成式撰《酉陽雜俎》卷10"銅馬"條說："俱德建國烏滸河中，灘［流］中有火祆祠。相傳祆神本自波斯國乘神通來此，常見靈異，因立祆祠。內無像，於大屋下置大小爐，舍簷向西，人向東禮。"[4] 這說明中亞地區也有非偶像崇拜的火祆教徒。[5] 西域諸胡的火祆源於波斯的瑣羅亞斯德教，唐初之人遂以"火祆"統稱二者。"摸胡"是中古波斯語 magu 的音寫，"穆護"是新波斯語 muγ、mōγ 的音寫，均指瑣羅亞斯德教及火祆僧侶。唐初之人不辨瑣羅亞斯德教與火祆之差別，但是流亡中國的波斯薩珊王朝王子畢路斯不可能不知道。韋述（？—757）《兩京新記》記載："西京……醴泉坊……十字街南之東，波斯胡寺。儀鳳二年（677）波斯王畢路斯奏請於此置波斯寺。西北隅被《長安志》作'祆'祠。"[6] 就在醴泉坊西北隅有一所祆祠，畢路斯奏請為自己在醴泉坊置一所專用寺院，如果性質與祆祠一樣，完全可以仍然稱祆祠。顯然，他很清楚自己信奉的瑣羅亞斯德教與其變種火祆之區別，不願混同，遂另外命名為波斯寺。波斯胡寺與祆祠自然甚易混同。造成混淆的另一個根源或許在於景教初建的寺院也被稱为"波斯胡寺"。宋敏求（1019—1079）《長安志》卷10曰"義寧坊……街東之北波斯胡寺。［註：］貞觀十二年（638）太宗為大秦國胡僧阿羅斯立。" 天寶四年（745）又

〔1〕余太山：《兩漢魏晉南北朝正史西域傳要注》，中華書局，2005 年，頁 463、527–529。感謝余太山先生以大作相贈。

〔2〕http://hanchi.ihp.sinica.edu.tw.ezp–prod1.hul.harvard.edu/ihpc/hanji?@36^ 160846483 6^802^^^70 20201600030156000100012@@1223850117.（2011/10/1）

〔3〕http://hanchi.ihp.sinica.edu.tw.ezp–prod1.hul.harvard.edu/ihpc/hanji?@36^1608464836^ 802^^^70 20201700040150000100011@@279013199.（2011/10/1）

〔4〕段成式著、方南生點校：《酉陽雜俎》卷 10，中華書局，1980 年，頁 98–99。

〔5〕張小貴：《中古華化祆教考述》，文物出版社，2010 年，頁 67–69。

〔6〕溥良輯：《南菁札記》，載《兩京新記》卷 1，江陰使署，光緒甲午（1894），《兩京新記》，（卷 1）2b –23b。http://books.google.com/books?id=ZKMqAAAAYAAJ&printsec=frontcover& source=gbs_ge_ summary_ r&cad= 0#v=onepage&q&f=false.（2010/10/1）

下令將波斯寺改爲大秦。[1] 波斯瑣羅亞斯德教、其變種火祆、這兩种宗教僧侶的名稱穆護，以及大秦景教，即便在唐代已經有些混淆，到了讚寧奉詔編撰《僧史略》時，自然已經難以分辨清楚。讚寧更有甚者是將摩尼教也一併混入。

南宋宗鑒撰《釋門正統》卷4引《僧史略》排斥摩尼教之論後說：“今之魔黨，仍會昌配流之後，故不名火祆；仍貞明誅斬之餘，故不稱末尼；其教法則猶爾也，故法令禁之。”[2] 進一步把南宋的民間宗教“魔黨”也混入其中。南宋志磐撰《佛祖統紀》也循《釋門正統》之誤不改。陳垣先生指出：“由此觀之，姚寬循讚寧之誤，混火祆大秦為一，尚知略去末尼。宗鑒、志磐循讚寧之誤，混火祆大秦為一外，復混入末尼也。”[3]

宋代知識界將景教（波斯經教、大秦）、正宗瑣羅亞斯德教（波斯王畢路斯所建波斯胡寺）、祆教（祆、穆护[4]）、摩尼教（末尼、大雲光明寺、摩尼寺）混为一谈。與此類似，中古西方基督教有些教父也對不同異教混淆不清。

12.2　中古基督教會對異教的混淆

6世紀希臘文的《七章》是以一個摩尼教徒改宗之際詛咒各種摩尼教信條的形式寫成的，其第2章開頭寫道：[5]

我詛咒摩尼（Μάνης），又名摩尼哈伊烏斯（Μανιχαῖος），他膽敢自稱聖靈和耶穌基督（Ἰησοῦς Χριστος）的使徒，因此他能夠欺騙他踫到的人。我詛咒其老師斯基西安努斯（Σκυθιανὸς）和佛陀

---

〔1〕參閱馬小鶴：《米國鉢息德城考》，載《中亞學刊》第2輯，中華書局，1987年。收入馬小鶴：《摩尼教與古代西域史研究》，中國人民大學出版社，2008年，頁349–350。

〔2〕宗鑒：《釋門正統》，載《卍新纂續藏經》，第75冊，No. 1513，p0314c06– p0315a20。http://www.cbeta.org/result/normal/X75/1513_004.htm.

〔3〕陳垣：《火祆教入中國考》，收入陳垣：《陳垣學術論文集》，中華書局，1980年，頁324。

〔4〕穆護也可能指正統瑣羅亞斯德教祭司。

〔5〕Lieu, Samuel N. C., *Manichaeism in Mesopotamia and the Roman East*, Leiden ; New York : E.J. Brill. 1994, p.236.

（Βούδδας），以及瑣羅亞斯德（Ζαραδῆς），他宣稱：在印度人和波斯人當中，他是出現在其面前的神，就像一個沒有肉體的人。他也把他稱之爲太陽，因此爲其自己的錯誤的繼承者編寫了瑣羅亞斯德祈禱文。

斯基西安努斯（Scythianus）在4世紀的反摩尼教著作《阿基來行傳》中是摩尼的祖師，塔迪厄（M. Tardieu）建議這個名字可能出自阿拉伯語 šayk（長者、家長）。[1]宗德曼（W. Sundermann）認爲，斯基西安努斯是摩尼的先驅瑣羅亞斯德的訛誤，《七章》把摩尼承認的光明使瑣羅亞斯德、佛陀與斯基西安努斯混淆在一起了。[2]瑣羅亞斯德並不像耶穌一樣出現在摩尼教的神譜中。摩尼關於瑣羅亞斯德的了解可能部分出自靈知派文獻。摩尼教認爲，耶穌是沒有凡人的肉體的，由於摩尼認爲佛陀、瑣羅亞斯德和耶穌是摩尼之前的光明使，因此摩尼教徒，或者其反對者也把這種特點賦予瑣羅亞斯德，聲稱他"就像一個沒有肉體的人"。瑣羅亞斯德在波斯活動自無疑問，在古代傳說中，瑣羅亞斯德也到過印度。因此這裡說"在印度人和波斯人當中"。在摩尼教文獻中，沒有把瑣羅亞斯德與太陽聯係起來。但是，波斯宗教一個顯著的特點是崇拜太陽，因此這裡說摩尼把瑣羅亞斯德稱爲太陽。[3]

與東方、西方的這些混淆相比，霞浦文書對婆羅門教的那羅延、基督教的耶穌（夷數）、瑣羅亞斯德教的瑣羅亞斯德（蘇魯支、蘇路支），更不用說摩尼教的摩尼和佛教的釋迦牟尼（釋迦文），分得很清楚。顯然，霞浦文书祖本當年撰成的時候，一定保留了摩尼肯定瑣羅亞斯德、釋迦牟尼、耶穌為其先驅，自居最後光明使的教義。

〔1〕Vermes, Mark, *Acta Archelai, The acts of Archelaus* / Hegemonius；translated by Mark Vermes；with introduction and commentary Samuel N.C. Lieu, with the assistance of Kevin Kaatz. Turnhout：Brepols, 2001, pp.140–144.

〔2〕Sundermann, W. 1991. "Manichaean Traditions on the Date of the Historical Buddha", *The Dating of the historical Buddha,Die Datierung des historischen Buddha* / edited by Heinz Bechert. Göttingen：Vandenhoeck & Ruprecht, 1991, pp.435–436.

〔3〕Lieu, Samuel N. C. *Manichaeism in Mesopotamia and the Roman East*, Leiden；New York：E.J. Brill. 1994. p.258–261.

12.3 霞浦文書中的蘇路支

霞浦文書中提及蘇路支（蘇魯支）者有數處。謝氏法師保存有乾隆五十一年（1786）《吉祥道場門書》抄本，奉請摩尼、蘇魯支、那羅延、夷數等神祇。

陳法師藏科本提到五位大聖，然後抄錄《下部讚》中《收食單偈》：

大聖元始世尊那羅延佛、

大聖神變世尊蘇路支佛、

大聖慈濟世尊摩尼光佛、

大聖大覺世尊釋迦文佛、

大聖活命世尊夷數和佛

願降道場，證明功德，接引亡靈來臨法會。

一 那羅初世人；二 蘇路神門變；

三 釋迦托王宮；四 夷數神光現。

眾和：救性離災殃，速超常樂海。

一 摩尼大法王，二 最後光明使，

三 出現於蘇隣，四 救我有緣人。

眾：救性離災殃，速超常樂海。

一者無上光明佛，二者智惠善母佛，

……[1]

陳法師藏未名科儀書原封皮已失，陳法師加封後，名其為《摩尼光佛》，禮讚那羅延等五佛，摘錄如下：

一佛那羅延，降神娑婆界，國應波羅門；……

二佛蘇路支，以大因緣故，說法在波斯；度人無數；六道悉停酸，三途皆息苦。願亡靈乘佛威光，證菩薩會。

三佛釋迦文，四生大慈父，得道毗藍苑；……

---

〔1〕陳進國、林鋆：《明教的新發現——福建霞浦縣摩尼教史迹辨析》，載《不止于藝》，北京大學出版社，2010 年，頁 383，圖 35。霞浦文書《摩尼光佛》開篇 "眾唱大聖" 中作 "元始天尊"，林悟殊：《明教五佛崇拜補說》，載《文史》2012 年第 3 期，頁 396。

四佛夷數和，無上明尊子，降神下拂林；……

五佛摩尼光，最後光明使，托化在王宮；……（頁62－64）[1]

……

伍佛記，諸經備。第一那羅延；蘇路二；釋迦三；夷數四；末號摩尼光。……（頁70－71）

…………

大聖摩尼光佛（和：）願開智慧大慈門（和：）摩尼光佛。……

大聖那羅延佛（和：）願開憐憫大慈門（和：）那羅延佛。……

大聖蘇路支佛（和：）願開誠信大慈門（和：）蘇路支佛。二尊蘇路是真身，叱喝邪魔到業輪。世界三千威振習，城門十二現威神。鼻蛇叱去王心悟，死後垂蘇國論稱。六十年間身寂去，宗風三百歲清真。仰啓示現世尊蘇路支佛，大慈大悲。尋聲來救度，惟願亡者離苦，上生天堂見佛。聞徑逍遙自在，極樂歡愉無量受，蓮臺救竟永逍遙。（一案舉）

大聖釋迦文佛（和：）願開具足大慈門（和：）釋迦文佛。釋迦天竺誕王宮，……

大聖夷數和佛（和：）願開忍辱大慈門（和：）……六旬住世身皈寂，……（頁74－79）[2]

我們先對有些詞句稍做解釋。蘇路支"六道悉停酸，三途皆息苦"云云，顯然具有佛教色彩。佛教的六道為：一、天道，二、人道，三、阿修羅道，四、畜牲道，五、餓鬼道，六、地獄道。下三道為三惡道，又稱三途。"停酸"的意思是受盡苦楚。但是其核心内容無疑出自摩尼教文獻，關於其古音，我們與《摩尼教漢文文獻詞典》一致，採用蒲立本（E. G. Pulleyblank, 1922）搆擬的後期中古音（LMC 即 Late Middle Chinese），註明相應的帕提亞文（Pth. 即 Parthian）及其讀音，以及英

---

〔1〕陳進國、林鋆：《明教的新發現——福建霞浦縣摩尼教史迹辨析》，載《不止于藝》，北京大學出版社，2010年，頁372；林悟殊：《明教五佛崇拜補說》，載《文史》2012年第3期，頁388。

〔2〕元文琪：《福建霞浦摩尼教科儀典籍重大發現論證》，載《世界宗教研究》2011年第5期，頁176–178。參照林悟殊：《明教五佛崇拜補說》，載《文史》2012年第3期，頁404–405。

文譯名：蘇路支 Suluzhi［LMC. suə̆ –luə̆`–tʂi］、蘇魯支 Suluzhi（LMC. suə̆ –luə̆´–tʂi］<Pth. zrhwšt ［zarhušt］ 'Zoroaster'；粟特文文書 TM393 作'zr'wšc，So 18431等文書作 zr'wšch；回鶻文作 zrušč，發音相近。查拉圖斯特拉在中古波斯文（MP 即 Middle Persian）中作 zrdrwšt（zardrušt）。[1]"波斯"自是沿用古書中的譯名；不過也完全符合摩尼教伊朗語文獻中的讀音：波斯 **Bosi**［LMC. pua–sẓ］< Pth./MP p'rs［pārs］'Persia'或 MP. p'rsyg［pārsîg］；'Persian'。[2]這裡蘇路支是五個光明使之一，我們先分析作爲摩尼先驅的蘇魯支。

"叱喝邪魔到業輪"："邪魔"當即瑣羅亞斯德教裏惡界的最高神阿里曼（Ahriman），在下述粟特文文書 TM393中寫作'tδrmnw。"業輪"即黃道十二宮，需另外撰文研究，在此不贊。"鼻蛇叱去王心悟"可能指蘇路支使維什塔斯普王皈依其宗教。傳説蘇路支七十七歲身亡，[3]"六十年間身寂去"與此不符，當為模仿摩尼的故事而成，比如，《摩尼光佛教法儀略》說到摩尼"六十年内，開示方便。"除了寫成七部大經及圖之外，"其餘六十年間，宣說正法，諸弟子等隨事記錄，此不列載。"[4]

12.4 作爲摩尼教光明使之一的 蘇魯支

阿拉伯歷史學家比魯尼（al-Bīrūni，973—1050）的《古代遺跡》告訴我們：摩尼為沙普爾·本·阿達希爾寫的《沙卜拉干》裏列舉的先知是：佛陀（budd بذ）、查拉圖斯特拉（zarādušt زرادشت）、耶穌（'īsā عیسی）,最後的先知就是摩尼自己。在摩尼撰寫的福音書中，摩尼說自己是眾先

〔1〕參閱 http://www.iranicaonline.org/articles/zoroaster–i–the–name (2011/10/20)

〔2〕G. B. Mikkelsen, *Dictionary of Manichaean Texts in Chinese*, Turnhout, 2006, p.103.

〔3〕Boyce, Mary, *Zoroastrianism*, Costa Mesa, California: Mazda Publishers, 1992. pp.14, 15, note 84.

〔4〕芮傳明：《東方摩尼教研究》，上海人民出版社，2009 年，頁 380、382。

知的封印（xātam خاتم）。[1]《沙卜拉干》是摩尼用中古波斯文寫成的早期著作，摩尼當時大概認爲佛陀生活在遠古，早於查拉圖斯特拉，因此將佛陀排在查拉圖斯特拉前面。

4世紀翻譯成科普特文的摩尼教著作《佈道書》中，在敍述了摩尼的殉難與埋葬之後，講到其他使徒的受難，包括亞當（ⲁⲇⲁⲙ）、以挪士（ⲉⲛⲱϣ）、閃（ϣⲏⲙ, ⲥⲏⲙ）、以諾（ⲉⲛⲱⲭ）、耶穌和瑣羅亞斯德（ⲍⲁⲣⲁⲇⲏⲥ）。[2]在講到僞教時，說瑣羅亞斯德將僞教驅逐出巴比倫（ⲃⲁⲃⲩⲗⲱⲛ），耶穌將其驅逐出耶路撒冷（ⲅⲓⲉⲣⲟⲩⲥⲁⲗⲏⲙ），第三個使徒（ⲙⲁϣϣⲁⲙⲧ ⲛⲁⲡⲟⲥⲧⲟⲗⲟⲥ，當即摩尼）向僞教顯示了自己，並將留在那裏直到世界末日。[3]

在4世紀前後撰寫的科普特文《克弗來亞》（今藏柏林）的導言中，摩尼將耶穌（ⲓ̅ⲏ̅ⲥ̅）、瑣羅亞斯德（ⲍⲁⲣⲁⲇⲏⲥ）和佛陀（ⲃⲟⲩⲇⲇⲁⲥ）視爲自己之前的光明使，並且認爲：自己的宗教比其優越之處之一是他自己親手撰寫了經典，而其他光明使卻沒有這麼做：[4]

> ［……］你們［……我］熱愛的人們：當耶穌行走在西方（ⲥⲁⲛϩⲱⲧⲛ̅）的土地上［……宣］示其希望［……］其弟子［……］耶穌（ⲓ̅ⲏ̅ⲥ̅）宣講［……追］隨他，他們撰寫［……］其寓言［……］

〔1〕Bīrūnī, Muḥammad ibn Aḥmad, *Chronologie orientalischer Völker* / von Albêrûnî ; herausgegeben von C. Eduard Sachau. Leipzig : Brockhaus, 1878. http://nrs.harvard.edu/urn-3:HUL.FIG:002267088, p.207; Sachau , C. Edward , 1879. *The chronology of ancient nations : an English version of the Arabic text of the Athâr-ul-Bâkiya of Albîrûnî, or, "Vestiges of the past," collected and reduced to writing by the author in A.H. 390-1, A.D. 1000* /translated and edited, with notes and index, by C. Edward Sachau. London : Published for the Oriental Translation Fund of Great Britain & Ireland by W.H. Allen, 1879, p.190.

〔2〕Polotsky, H. J., *Manichäische Homilien*, ed. H. J. Polotsky, Stuttgart. 1934, 68–70; Iain Gardner and Samuel N.C. Lieu, *Manichaean texts from the Roman Empire* / edited by Iain Gardner and Samuel N.C. Lieu. Cambridge ; New York : Cambridge University Press, 2004, pp.91–93. ϣⲏⲙ, ⲥⲏⲙ 指同一個人——閃。

〔3〕Iain Gardner and Samuel N.C. Lieu, *Manichaean texts from the Roman Empire* / edited by Iain Gardner and Samuel N.C. Lieu. Cambridge ; New York : Cambridge University Press, 2004, 11; Ort, 1967, pp.122–123.

〔4〕*Kephalaia*, ed. H.-J. Polotsky and A. Böhlig (Man. Hss. Der Staatlichen Museen Berlin I, Stuttgart 1940); ed. A. Böhlig (ibid. 1.2, 1966), 7–8; Gardner, Iain, *The Kephalaia of the Teacher : the edited Coptic Manichaean texts in translation with commentary* / edited by Iain Gardner.Leiden ; New York : E.J. Brill, 1995, p.13.

和徵兆、奇跡［……］他們寫了一本關於他的［…］書［…光明使（ΑΠΟϹΤΟΛΟϹ ΜΠΟΥΑΙΝΕ），光輝的啓示者，［……他來到］波斯（ΠΕΡϹΙϹ），到國王維什塔斯普（ϨΥϹΤΑϹΠΗϹ）處［……他選擇弟］子，真理的義人［……他］在波斯宣示其希望；但是［……］瑣羅亞斯德（ＺΑΡΑΔΗϹ）（沒有）撰寫著作。而是他［的弟子們追］隨他，他們記憶在心；他們撰寫［……］那是他們今天所閲讀的［……］

接著摩尼講述了佛陀。在柏林藏《克弗來亞》第1章中，摩尼告訴其信徒：在他之前的光明使有亞當（ΑΔΑΜ）、其長子塞特（ϹΗΘΗΛ）、以挪士（ΕΝΩϢ）、以諾（ΕΝΩΧ）、諾亞之子閃（ϹΗΜ）、佛陀和阿羅漢（ΑΥΡΕΗΤΗϹ）、瑣羅亞斯德、耶穌、保羅（ΠΑΥΛΟϹ）等，而摩尼自己是最後光明使。[1]這裡像《沙卜拉干》一樣，將佛陀置於瑣羅亞斯德之前。塔迪厄（M. Tardieu，1938）1988年刊佈了都柏林藏《克弗來亞》中的一個片斷，那個片斷在講述光明使時，則把佛陀及其追隨者排在瑣羅亞斯德之後、耶穌之前。[2]

摩尼較晚的著作《大力士經》在列舉光明使的時候，把蘇魯支置於佛陀之前，比如《大力士經》中古波斯文殘片 M101b V8–11寫到"明使出興於世"時即如此。[3]帕提亞文文書 M42比較完整地講述了蘇魯支（zrhwšt）、釋迦文佛（š'qmn bwt）、夷數（yyšw）和末摩尼（m'ry m'nyy）

---

〔1〕*Kephalaia,* ed. H.-J. Polotsky and A. Böhlig (Man. Hss. Der Staatlichen Museen Berlin I, Stuttgart 1940); ed. A. Böhlig (ibid. 1.2, 1966),12; Gardner, Iain, *The Kephalaia of the Teacher : the edited Coptic Manichaean texts in translation with commentary* / edited by Iain Gardner.Leiden ; New York : E.J. Brill, 1995, p.18.

〔2〕Tardieu, M. ,"La diffusion du bounddhisme dans l'Empire Kouchan, l'Iran et la Chine, d'parès un Kephalaion manichéen inédit", *Studia Iranica* XVII, 1988. pp. 163–164. 塔迪厄認爲，這可能是摩尼教徒與東伊朗佛教社團接觸，有了新知識而修正的。參閱 Tardieu, M. ,"La diffusion du bounddhisme dans l'Empire Kouchan, l'Iran et la Chine, d'parès un Kephalaion manichéen inédit", *Studia Iranica* XVII, 1988. 宗德曼也同意這點,參閲 Sundermann, W. 1991. "Manichaean Traditions on the Date of the Historical Buddha", *The Dating of the historical Buddha, Die Datierung des historischen Buddha* / edited by Heinz Bechert. Göttingen : Vandenhoeck & Ruprecht, 1991, p.432.

〔3〕Henning, W. B. "The Book of the Giants", *BSOAS*, XI, 1943, pp.58, 63.

相繼來到人間，拯救靈魂。[1]

粟特文文書 TM393（新編號 So18248 II）題作"給聽者的佈道書"，其第二部分列舉了諸光明使以及譭謗他們的罪人。摩尼承認為先驅的光明使包括亞當（Adam）、婆羅門教（Brahmanic religion）聖賢、蘇魯支（Azrušč）、釋迦文佛（Buddha Šākman）和基督（Christ）。與這些光明使者作對的包括瑣羅亞斯德教裏惡界的最高神阿里曼（Ahriman）、譭謗瑣羅亞斯德的惡人賈馬斯普（Žamāsp）等。[2]

只要把上引摩尼教胡語文書與霞浦文書的有關文字一對照，就很清楚：霞浦文書中的"五佛"中至少有4個就是摩尼及其以前的光明使：二佛蘇路支、三佛釋迦文、四佛夷數和、五佛摩尼光就是瑣羅亞斯德、佛陀、耶穌基督、摩尼；摩尼被稱爲"最後光明使"，完全符合摩尼教胡語文書反映的教義。這些研究見本書第10、13、14各章。一佛那羅延是否也是摩尼承認的光明使呢？那羅延是梵文 Nārāyaṇa 的音譯，為大梵王之異名。那羅延很可能是摩尼教從印度文化中借用的神名，見本書第11章"摩尼教中的那羅延佛"。本章著重研究蘇魯支。

帕提亞文文書 M 7 I Vi–Vii 被稱爲"蘇魯支殘片"，但是與上述《七章》中提到的"蘇魯支祈禱文"沒有什麼關係，蘇魯支在這首讚美詩中

〔1〕Andreas, F. C. &Walter Henning, "Mitteliranische Manichaica aus Chinesisch-Turkestan I-III." Von F. C. Andreas aus dem Nachlass hrsg. von Walter Henning. Berlin, Akademie der Wissenschaften in Kommission bei W. de Gruyter u. Co., 1932—1934. *Deutsche Akademie der Wissenschaften zu Berlin. Philosophisch-Historische Klasse.* Sitzungsberichte. 1932, 10; 1933, 7; 1934, 27, III, 878–81; Ort, 1967, pp.119–120; Klimkeit, H.-J., *Gnosis on the Silk Road: Gnostic texts from Central Asia* / translated & presented by Hans-Joachim Klimkeit. San Francisco, Calif. : HarperSanFrancisco. 1993, pp.124–125.

〔2〕Henning, W. B. "The Murder of the Magi", *Journal of the Royal Asiatic Society*, 1944, pp.137–142.

作為光明使出現：[1]

（'）如果你希望，我將把遠祖（pydr'n hsyng'n）的驗證傳授給你。

（b）當救世主、正義的蘇魯支（zrhwšt）對自己的靈魂（gryw）說的時候，（他說）：

（g）"你沉睡在昏醉（mstyft）[2]之中；醒來吧，看著我！

（d）從清淨世界，我爲了你而被派到這裡來。"

（h）它（活靈魂）說："我是斯魯沙（srwš'w）[3]的無辜柔順（n'zwg）[4]的兒子。

（v）我處於不淨之中，忍受苦難。引導我離開死亡的束縛吧！"

（z）蘇魯支說："萬福，"向它提出古老的問題："你是我的肢體（hnd'm）[5]嗎？"

（j）"來自你自己的本鄉（pdyšt wxybyy）[6]，生命的力量和最高世界的拯救降臨到你身上。"

---

〔1〕圖片見：http://www.bbaw.de/forschung/turfanforschung/dta/m/images/m0007_seite1.jpg http://www.bbaw.de/forschung/turfanforschung/dta/m/images/m0007_seite2.jpg Andreas, F. C. &Walter Henning, "Mitteliranische Manichaica aus Chinesisch-Turkestan I-III." Von F. C. Andreas aus dem Nachlass hrsg. von Walter Henning. Berlin, Akademie der Wissenschaften in Kommission bei W. de Gruyter u. Co., 1932—1934. *Deutsche Akademie der Wissenschaften zu Berlin. Philosophisch-Historische Klasse.* Sitzungsberichte. 1932, 10; 1933, 7; 1934, 27, iii g 82–118; Boyce, Mary, *A Reader in Manichaean Middle Persian and Parthian: Texts*,Téhéran: Bibliothèque Pahlavi : Leiden : Diffusion, E.J. Brill. 1975, 1975, §ay (p.108); Asmussen, Jes Peter, *Manichaean literature: representative texts chiefly from Middle Persian and Parthian writings* / selected, introduced, and partly translated by Jes P. Asmussen. Delmar, N.Y. : Scholars' Facsimiles & Reprints,1975, p.48; Klimkeit, H.-J., *Gnosis on the Silk Road: Gnostic texts from Central Asia* / translated & presented by Hans-Joachim Klimkeit. San Francisco, Calif. : HarperSanFrancisco. 1993, pp.47–48.

〔2〕mstyft，意為"沉醉"，摩尼教認爲，凡是沒有得到靈知的人，都像喝醉的人。《下部讚》27c："令我如狂復如醉"；38a："令我昏醉無知覺"；《摩尼教殘經》43-44："其五明身既被如是苦切禁縛，廢忘本性，如狂如醉。"

〔3〕srwš'w，本來是瑣羅亞斯德教的遵命天使的名字，摩尼教借用為其最高神偉大的父親的名字之一。

〔4〕n'zwg，意為"柔弱的"。

〔5〕hnd'm，意為"肢節"，活靈魂是光明世界的組成部分。

〔6〕pdyšt wxybyy，意為"自己的家鄉"，即天堂，活靈魂是從那裏來的。參見《下部讚》251d："速送本鄉安樂處"。

（h）跟著我，柔濡的兒子（nmryft z'dg）[1]，把光明的王冠（pwsg rwšn）[2]戴在你的頭上！

（t）你——強大的衆神之子變得如此可憐以至於四處乞討。

這首讚美詩裏，蘇魯支是大諾斯（Great Nous，惠明）派往人間的遠祖（ancient Fathers）的代表。他對自己的靈魂講話，這靈魂就是被囚禁在塵世的活靈魂（Living Soul）的一個部分。

中古波斯文文書M95+M1876+M1877+M564是一首讚美詩，活靈魂以第一人稱自敘，先講述其被囚禁在人身裏的苦難，然後講述其得救，自比為聖火和聖水：[3]

［8］我是查拉圖斯特拉（zrdrwšt）點燃（cyyd）的火。

　　　他囑咐義人（'hlw'n）點燃（cyydn）我。

［9］從七次（hpt）聖化（yštg）的馨香之火中

　　　帶給我淨化的燃料。

［10］帶來潔淨的薪柴（'ymg

　　　與柔和芬芳的香料（bwy）。

［11］以靈知（d'nyšn）點燃我，

---

〔1〕nmryft z'dg，參見《下部讚》212c：“柔濡羔子每勤收”。

〔2〕pwsg rwšn，參見《下部讚》395：“受三大勝，所謂‘花冠、瓔珞萬種、妙衣串佩’。”光明王冠或花冠均為得救的象徵。

〔3〕Andreas, F. C. &Walter Henning, "Mitteliranische Manichaica aus Chinesisch-Turkestan I-III." Von F. C. Andreas aus dem Nachlass hrsg. von Walter Henning. Berlin, Akademie der Wissenschaften in Kommission bei W. de Gruyter u. Co., 1932—1934. *Deutsche Akademie der Wissenschaften zu Berlin. Philosophisch-Historische Klasse.* Sitzungsberichte. 1932, 10; 1933, 7; 1934, 27, ii 318–21; Boyce, Mary, *A Reader in Manichaean Middle Persian and Parthian: Texts,*Téhéran: Bibliothèque Pahlavi：Leiden：Diffusion, E.J. Brill. 1975, §be (p.112); Asmussen, Jes Peter, *Manichaean literature: representative texts chiefly from Middle Persian and Parthian writings* / selected, introduced, and partly translated by Jes P. Asmussen. Delmar, N.Y. : Scholars' Facsimiles & Reprints,1975, p.79–80; Klimkeit, H.-J., *Gnosis on the Silk Road: Gnostic texts from Central Asia* / translated & presented by Hans-Joachim Klimkeit. San Francisco, Calif. : HarperSanFrancisco. 1993, pp.50–51. 頁 50 將 zōrmand 誤排為 zōrmad。Durkin, Desmond,*Dictionary of Manichaean texts.* vol. 3. *Texts from Central Asia and China* / edited by Nicholas Sims-Williams. pt. 1. *Dictionary of Manichaean Middle Persian and Parthian* / by Desmond Durkin-Meisterernst, Turnhout : Brepols；NSW, Australia : Ancient History Documentary Research Centre, Macquarie University. 2004, pp. 7,51, 98, 118–119, 132, 135, 284, 385, 386, 376。頁 284 pscg 條漏引 MMii M95 V 6a。

以純潔的油（zwhr）灑在我身上。

［12］我是合适（pscg）的水（'b）

你將給我祭品（'b-zwhr），那樣我就會變得強壯（zwrmnd）。

摩尼教通常稱其選民為'rd'w（讀若 ardâw），複數'rd'w'n［ardāwān］，《摩尼光佛教法儀略》音譯為“阿羅緩”，是摩尼教信徒五個等級中的“第四，阿羅緩，譯云純善人”。[1]這裡顯然有意不用這個術語，而用瑣羅亞斯德教術語'hlw（ahlaw）（複數'hlw'n，正義者）。cyn-［čīn-］意為“收集、聚集、堆積、照管（火）”，過去分詞 I 型作 cyyd，不定式 Ia 型作 cyydn，也是一個瑣羅亞斯德教術語，指照管聖火。hpt 意為“七”，這與建立新的聖火阿塔斯·貝喃（Ātaš Bahrām）有關。聖火分爲不同等級，第一種稱阿塔斯·貝喃，新建的過程最爲複雜，要收集多種不同用途的火，放在一起，以祈禱加以聖化。[2]然後持一片燃料於此火上，不直接接觸此火焰，直到被其熱量點著。然後依次進行7次；第7片燃料點燃的火焰就是被7次聖化（yaštag）的火焰。然後將此淨化的火置於火壇上，添加3樣東西：乾燥的柴火、犧牲的動物的油脂和香料。zwhr（zōhr）就是獻祭時，作爲祭品的動物油脂。pscg（passažag）意爲“合適”，只有對合適（即潔淨的）水才能祭獻，如果對污染的水祭獻是有罪的。'b-zwhr 意為“給水的祭品”，是將藥草（有時是聖草豪麻〔haoma〕和石榴）浸泡在牛奶裏製成的，使水強化和淨化。zwrmnd〔zōrmand〕意為“強壯”，與 zwhr 諧音，在缽羅婆文（Pahlavi）著作中，也用這兩個詞作雙關語。這篇文書的作者相當熟悉瑣羅亞斯德教祭祀聖火和聖水的細節。[3]

在摩尼教文獻中，蘇魯支除了作爲光明使出現之外，還在與巴比倫的巫師和妖魔的鬥爭中出現。

---

〔1〕芮傳明：《東方摩尼教研究》，上海人民出版社，2009年，頁382。

〔2〕林悟殊：《波斯拜火教與古代中國》，新文豐出版公司，1995年，頁57。

〔3〕Boyce, Mary, "Ātaš-zōhr and Āb-zōhr," *JRAS,* 1966, pp.100–101, 112–116.頁113pscg 誤排為 pscq。

12.5　降魔戰鬥中的蘇魯支

粟特文文書 So 18431、So 18434、So 18435講述了一個蘇魯支的故事[1]：

……蘇魯支（zr'wšch）……看……扎爾瓦爾沒有……向上

正義的蘇魯支到西方去。

而……讚頌……

在一棵樹根旁有扎爾瓦爾的偶像(yzδ'ys)……

扎爾瓦爾（zrwr）……每一個……和他自己的……

……他給溫瑪（wynm'）寫了一封罪惡的、異端邪説

的、引入歧途的信。

然後扎爾瓦爾……變得非常憤怒……戰車和……

……*語言……

他們開始滿腔怒火地走向……和向他們。

蘇魯支看到他們並知道：扎爾瓦爾……信函和他從西方而來，

非常接近我們。

但是正義的蘇魯支［走得］很快，與維什塔斯普（wyšt'spw）

國王和扎爾瓦爾的兩個兒子一起站在樹下。

……*維什塔斯普……

……你射箭，你就會射死你［自己］的兩個兒子。

如果你再射，你將射死維什塔斯普——你自己的兄弟。［但是］

這個人你是［殺］不了的。

再次……

……在每一顆心裏……

但是就是你也將死亡，因爲（你的）惡行，你將陷入黑暗，你

---

〔1〕Sundermann, 1986; Skjærvø, Prods Oktor, "Zarathustra in the Avesta and in Manicheism. Irano-Manichaica IV", *Convegno internazionale sul tema La Persia e l'Asia Centrale da Alessandro al X secolo* / Accademia nazionale dei Lincei, in collaborazione con l'Istituto Italiano per il Medio ed Estremo Oriente (Roma, 9-12 novembre 1994).Roma : Accademia nazionale dei Lincei, 1996, pp.617–618.

這個殺死自己兩個無辜之子的人。

當扎爾瓦爾……聽到這個信息……他很不高興，對*賈馬斯普（z'm'sp）說……

……和一起……

他們讚頌。

扎爾瓦爾怒氣沖沖而來，張弓射向蘇魯支。

箭［*沒有射到］蘇魯支，但是*轉了向（射到了）他自己的［*兄弟……

……他們纏裹蘇魯支的頭，［在……，但是］賈馬斯普和扎爾瓦爾在*碎石中……

國王維什塔斯普的名字在各種文字中有各種寫法：在這份粟特文文書中寫作 wyšt'spw，阿維斯陀語作 Vištāspa，古波斯文作 Vištāspa，希臘文作 Hystāspēs，科普特文作 ⲅⲩⲥⲧⲁⲥⲡⲏⲥ，摩尼教帕提亞文作 Wištāsp，中古波斯文作 Wištāsp，新波斯文作 Goštāsp。查拉圖斯特拉早期傳教並不成功，來到卡維·維什塔斯帕（Kavi Vištāspa）的國家。在這個國家裏，他的傳教終于獲得了重大進展，國王本人放棄了伊朗-雅利安人的信仰，皈依了瑣羅亞斯德教，成爲查拉圖斯特拉的贊助者、第一個瑣羅亞斯德教社團的建立者。[1]賈馬斯普（阿維斯陀語 jāmāspa）在粟特文中作 z'm'sp，在《伽泰》（Gathas）中提到過兩次，是維斯塔斯普國王的大臣、最早皈依查拉圖斯特拉者之一，以聰明著稱。[2]後來他的故事發展成《賈馬斯普·納馬》（Jāmāsp-nāma），又稱《緬懷賈馬斯普》（Ayādgār ī Jāmāspīg），存鉢羅婆文（Pahlavi script）殘卷和帕讚德文（Pāzand，用阿維斯陀字母拼寫的中古波斯語）全本，另有阿拉伯字母

---

〔1〕http://www.iranicaonline.org/articles/gostasp (2010/10/9) 參閱龔方震、晏可佳：《祆教史》，上海社會科學院出版社，1998年，頁56。

〔2〕http://www.iranicaonline.org/articles/jamaspa (2010/10/9) 參閱元文琪：《二元神論—古波斯宗教神話研究》，中國社會科學出版社，1997年，頁92。

拼寫的帕西文本，附有波斯文和古吉拉特文意譯。[1]在摩尼教裏，賈馬斯普成了反面人物，在粟特文文書TM393（新編號So18248 II）中他是蘇魯支的譭謗者。[2]

扎里爾的名字阿維斯陀語作Zairivairi，後來演變成Zarēr，他是維什塔斯普的弟弟。維斯塔斯普皈依瑣羅亞斯德教，引起了匈人（Xyōns，阿維斯陀語Hyaona-）首領阿爾賈斯普（Arjāsp，阿維斯陀語Arəĵaṱ.aspa）[3]的挑戰，於是爆發了一場大戰，扎里爾是這場戰爭中的英雄。後來這個故事發展成伊朗第一部英雄讚歌《緬懷扎里爾》（Ayādgār ī Zarērān）。[4]《緬懷扎里爾》第48節裏，賈馬斯普預言：扎里爾最心愛的兒子弗拉沙瓦爾德（Frašāward）將會被殺。[5]但是在這份粟特文文書中，扎里爾的名字寫作扎爾瓦爾（zrwr），成了反面角色，蘇魯支預言扎爾瓦爾的兒子將會被殺。蘇魯支警告扎爾瓦爾：他將因爲自己的惡行而墮落黑暗。這可以與瑣羅亞斯德教文獻做一比較：《萬迪達德》（Vendidad，《袪邪典》）5.62對罪人說：他使他自己臨終墮落惡人的世界，那是一個黑暗組成的世界，那是黑暗的產物，那就是黑暗本身。墮落那個世界，墮落地獄的世界，那是你所作所爲、你的宗教把你自己送到那裏去的，噢，罪人！[6]《亞斯那》（Yasna）31.20對惡人說：任何欺凌義人者將墮落長期的黑暗、惡食和悲嘆之中。謊言的追隨者，是你

---

〔1〕http://www.iranicaonline.org/articles/ayadgar–i–jamaspig–memorial–of–jamasp–a–short– but– important– zoroastrian–work–in–middle–persian–also–known–as–the–; http://books.google.com/books? vid= HARVARD 32044108749375&printsec=titlepage#v=onepage&q&f=false. (2010/10/9)

〔2〕Henning, W. B. "The Murder of the Magi", *Journal of the Royal Asiatic Society*, 1944, 137–142.

〔3〕http://www.iranicaonline.org/articles/arjasp. (2010/10/9)

〔4〕http://www.iranicaonline.org/articles/ayadgar–i–zareran. (2010/10/9) 參見元文琪：《二元神論—古波斯宗教神話研究》，中國社會科學出版社，1997年，頁62–63、98。

〔5〕Horne, Charles F., *The Sacred books and early literature of the East: with historical surveys of the chief writings of each nation* / under the editorship of a staff of specialists directed by Charles F. Horne；〔new introduction by Ganga Ram Garg〕. Delhi (India)：Mittal Publications, 1987, v.7, p.217; http://www.avesta.org/mp/zarir.htm. (2010/10/9)

〔6〕Horne, Charles F., *The Sacred books and early literature of the East: with historical surveys of the chief writings of each nation* / under the editorship of a staff of specialists directed by Charles F. Horne；〔new introduction by Ganga Ram Garg〕. Delhi (India)：Mittal Publications, 1987, v.7, p.99; http:// www. avesta.org/vendidad/vd5sbe.htm. (2011/10/9)

的妲厄娜（daēna）根據你自己的所作所爲把你引向這種生存狀態的。[1]

這份粟特文文書講述的故事雖然以瑣羅亞斯德教歷史上著名的人物為角色，但是完全顛倒了過來：扎爾瓦爾在一棵樹下有一尊偶像，蘇魯支和維什塔斯普國王、扎爾瓦爾的兩個兒子站在樹下。扎爾瓦爾受到警告，如果他射箭，他將射死自己的兒子，如果他再射，他將射死自己的哥哥維什塔斯普，但是射不到蘇魯支。聽到這個警告，扎爾瓦爾與賈馬斯普謀劃後，直接射向蘇魯支，但是箭轉了向，仍然沒有射到蘇魯支。

這份粟特文文書裏，扎爾瓦爾成了偶像（yzδ'ys）的崇拜者。這可能是把缽羅婆文《丹伽爾特》（Dēnkart，《宗教行事》）7.4.72中巨龍達哈格的故事嫁接在扎爾瓦爾身上而形成的：達哈格（Dahāg）在巴比倫（Bābēl）大施巫術，創造出衆多炫人心目的東西，使人民目迷五色，成了偶像崇拜者，以至於世界瀕臨崩潰。查拉圖斯特拉弘揚正教，嚴詞譴責巫術，消滅了所有的奇技婬巧。[2]回鶻文文書 T II D 175（新編號 U 4）題曰：《關於蘇魯支佛（Zrušč burxan）與魔鬼的奇文妙語》，也講述了蘇魯支在巴比倫戰勝衆祭司的故事：[3]

[……]魔鬼（和）精靈把自己附在他身上。他對強大的衆天使*說："捆綁他！"

衆魔中最大的魔鬼逃之夭夭。

巴比倫城外有一棵納龍樹（narun）。最大的魔鬼躲在這棵樹上。

---

[1] Horne, Charles F., *The Sacred books and early literature of the East: with historical surveys of the chief writings of each nation* / under the editorship of a staff of specialists directed by Charles F. Horne ; [new introduction by Ganga Ram Garg]. Delhi (India) : Mittal Publications, 1987, v.7, p.21; http://www.avesta.org/yasna/yasna.htm#y13. (2011/10/9)

[2] West, Edward William, *Pahlavi texts* / translated by E.W. West. In *The sacred books of the East* vols. 5, 18, 24, 37, 47. Delhi : Motilal Banarsidass, 1970, v.47, pp.66–67; http://www.avesta.org/denkard/dk7.html#chap4. (2011/10/9)

[3] Le Coq, A. von,"Ein manichäisch-uiguisches Fragment aus Idiqut-Schähri", *SPAW*, 1908, 398–414, Skjærvø, Prods Oktor, "Zarathustra in the Avesta and in Manicheism. Irano-Manichaica IV" , *Convegno internazionale sul tema La Persia e l'Asia Centrale da Alessandro al X secolo* / Accademia nazionale dei Lincei, in collaborazione con l'Istituto Italiano per il Medio ed Estremo Oriente (Roma, 9-12 novembre 1994).Roma : Accademia nazionale dei Lincei, 1996, pp.619–621, 榮新江：《吐魯番文書總目·歐美收藏卷》，武漢大學出版社，2007 年，頁 477。

眾天使抓住（這棵樹），拉（它）和搖晃（它）。樹上的葉子紛紛掉到地上。

這時巴比倫城的人怒氣衝天，同仇敵愾。（他們）操起*狼牙棒（qamγa）和石頭，把它們砸向蘇魯支佛。

〔但是〕石頭砸向他們自己，〔打破了〕他們的頭，砸瞎了〔他們的眼睛〕。

蘇魯支〔佛〕降尊紆貴地〔說〕："你們（所有的人）〔……〕

他（魔鬼）坐在樹頂。他想道："我將自己跳下去；我將砸在蘇魯支佛的頭頂上；我將砸死蘇魯支佛。"

這時巴比倫城的祭司們抓起弓箭，張弓搭箭瞄準蘇魯支佛。他們的箭*轉了向，射中了（魔鬼的）命脈。魔鬼當場斃命。

眾祭司中的最高者滿心羞愧。

蘇魯支佛從他所在的地方站起來，走到巴比倫城中。那裏〔……〕建立了一座神廟〔……〕

qamγa 可能意為"狼牙棒"，"狼牙棒和石頭"可能出自瑣羅亞斯德教文獻的典故。

《亞什特》（Yasht）第10篇《梅赫爾·亞什特》是光明與誓約之神頌，歌頌密斯拉（Mīthra）神，96—97節說他手持的狼牙棒有成百的突起物、成百的利刃，所向無敵，用紅銅製成，是最強大的武器，令魔鬼望風而逃。[1]《萬迪達德》19.4—5說：查拉圖斯特拉手持像屋子那樣大的石頭，這是他從造物主阿胡拉·馬茲達那裏得到的，他威脅惡界的最高神安格拉·曼紐，將砸爛魔鬼的所有創造物。[2]這個例子說明摩尼怎樣把他知道的瑣羅亞斯德教的故事顛倒過來，在這份回鶻文書中，不是

〔1〕Darmesteter, James, *The Zend-Avesta* / translated by James Darmesteter. In *Sacred books of the East*; v. 4, 23, 31. Delhi : Motilal Banarsidass, 1969, v.23, p.144; http://www.avesta.org/ka/yt10sbe.htm. (2011/10/10)

〔2〕Horne, Charles F., *The Sacred books and early literature of the East: with historical surveys of the chief writings of each nation* / under the editorship of a staff of specialists directed by Charles F. Horne；〔new introduction by Ganga Ram Garg〕. Delhi (India) : Mittal Publications, 1987, v.7, pp.141–142; http://www.avesta.org/vendidad/vd19sbe.htm. (2011/10/10)

蘇魯支揮舞狼牙棒和石頭；而是魔鬼的追隨者揮舞這些武器，但是，無濟於事，搬起石頭砸自己的腳，這些武器還是砸向作惡者。上引粟特文文書中，箭射中了扎爾巴爾的兒子，以及這份回鶻文書中，箭射中了魔鬼，可能也出自瑣羅亞斯德教文獻的典故。《亞什特》10.20–21說密斯拉神的敵人用箭（或矛）射向密斯拉神，這箭飛回去了；即使這箭射中密斯拉神的身體，也無法傷害他；風把這箭吹走了。[1]

上述兩個故事的宗教含義很可能反映了摩尼與波斯薩珊王朝君臣、祭司的關係。摩尼曾經獲得薩珊波斯王沙普爾一世（Shapur I, 241—271）的讚賞，允許他在波斯境內自由傳教。摩尼教在國王奧爾米茲德（Hormizd，271—272）統治下繼續享有原來的地位，但是奧爾米茲德的統治只延續了一年，新的波斯國王瓦赫蘭一世（Vahrām I, 273—276）在瑣羅亞斯德教大祭司科德（Kirdir）的影響下，對摩尼教並不寬容。大約274年年初，摩尼受傳喚前往貝拉斐（Bēt Lāphāṭ）的朝廷。摩尼來到貝拉斐，在城門口引起了騷動，特別是瑣羅亞斯德教祭司們的騷動，他們向科德控訴摩尼，科德又通過更高級的官員，把這種控訴轉告國王。於是瓦赫蘭把摩尼召進宮中，進行申斥，接著囚禁了摩尼。摩尼最終在囚禁中死去。[2]上引文書中，蘇魯支作爲光明使者，遭到將軍扎爾瓦爾（扎里爾）、大臣賈馬斯普、巴比倫人和祭司，特別是大祭司的迫害，而終于戰勝這些敵人，顯然並非史實，而只是摩尼教作者的虛構，影射摩尼遭到瑣羅亞斯德教勢力的迫害，以及表達對最終勝利的盼望。

12.6　結語

尼采（Friedrich Wilhelm Nietzsche，1844—1900）知識淵博，在其作品中時不時引述東方智慧作爲現代理性主義的對立面。他以查拉圖斯

---

〔1〕Darmesteter, James, *The Zend-Avesta* / translated by James Darmesteter. In *Sacred books of the East* ; v. 4, 23, 31. Delhi : Motilal Banarsidass, 1969, v.23, pp.124–125; http://www.avesta.org/ka/yt10sbe.htm. (2011/10/10)

〔2〕Lieu, Samuel N.C. *Manichaeism in the later Roman Empire and medieval China*, Tübingen : J.C.B. Mohr., 1992, pp.106–109.

特拉作爲其哲學的先知，作爲其代表作《查拉圖斯特拉如是説》（Also Sprach Zarathustra）中的主角，自非偶然。而且他放棄了這個人名常見的寫法瑣羅亞斯德（Zoroaster），而採用了當時只有印度－伊朗語文學專家才熟悉的寫法查拉圖斯特拉（Zarathustra），以表示對這位雅利安先知的敬意。他不僅採用了查拉圖斯特拉隱逸山林十年的細節，還採用了古波斯"哈扎爾（hazāra）"的觀念。這個觀念在一定程度上類似尼采自己的"永恒輪回"觀。古波斯宗教相信以千年爲單位的循環（hazāra），每個千年都有一位先知，每個先知都有他自己的 hazar——他自己的千年王國。《查拉圖斯特拉如是説》第4卷第1節《蜜的供奉》説："我們偉大的哈扎爾，便是我們的偉大而遙遠的人類王國，一千年的查拉圖斯特拉王國。"尼采作爲研究語文學（philology）的教授，且生活在阿維斯陀和印度－伊朗語文學研究取得重大進展的時代，無疑熟悉這個領域的研究成果。但是尼采無意於對瑣羅亞斯德教進行具體考證，他只是"借他人杯酒，澆自己塊壘"，尼采筆下的查拉圖斯特拉一般被視爲就是尼采的化身。[1]

有關蘇魯支的摩尼教文獻顯示，其作者（們）相當熟悉瑣羅亞斯德教，對其典故信手拈來，運用自如，對有關歷史人物也不陌生，對其祭祀聖火的儀式了如指掌。其作者（們）對瑣羅亞斯德教的了解自非讚寧等佛教史家所能望其項背。在東方摩尼教文獻中，神祇的名字多半採用了瑣羅亞斯德教的神名，二宗三際的教義也顯得大同小異，以至於學術界長期以來流行摩尼教源自瑣羅亞斯德教的觀點。但是，我們細加分析，就可以清楚看到，摩尼類似尼采，並無意細究瑣羅亞斯德教的史實，而是要利用其文化資源，自己做一個原創性的教主。瑣羅亞斯德教的聖火在摩尼教中被轉化爲活靈魂的象徵；英雄扎里爾、賢臣賈馬斯普都成了反面角色；蘇魯支成了摩尼的先驅。講到底，在摩尼教文獻中，在霞浦文書中，蘇魯支也就是摩尼的化身，猶如在尼采書中，查拉圖斯特拉成了尼采的化身一樣。

〔1〕參閲：http://www.iranicaonline.org/articles/nietzsche-and-persia. (2011/10/18)

·歐·亞·歷·史·文·化·文·庫·

13　摩尼教中的釋迦文佛

　　近來發現的福建省霞浦縣柏洋鄉民間宗教文書多次講到釋迦文佛，促使我們重新研究摩尼教中的釋迦文佛以及佛教對摩尼教的影響。我們將先著錄有關霞浦文書，稍作評註；其次分析摩尼的印度之行，他在此行中徑直被皈依者稱爲"佛陀"，摩尼通過承認佛陀爲自己的先驅，超越了基督教－靈知派的樊籬，顯示了自己海納百川、創立世界宗教的雄心；然後比較柏林藏與都柏林藏兩种版本的《克弗來亞》，説明摩尼早期以佛陀（釋迦文佛）、瑣羅亞斯德（蘇路支）和耶穌（夷數）三大光明使爲其先驅，後來更改了順序，將瑣羅亞斯德排在佛陀之前，直到霞浦文書一直採用這個順序；然後譯釋摩尼教帕提亞文文書 M42以資比較，説明摩尼在東方被稱爲彌勒佛，成了佛陀的繼承者；最後分析摩尼教與佛教地獄觀、輪迴觀的融合，及其進一步融入中國民間宗教濟度亡靈科儀。

13.1　霞浦文書中的釋迦文佛

　　霞浦文書中提及釋迦文佛者有數處。陳法師藏科本讚頌了釋迦文佛等五佛，然後抄錄《下部讚》中《收食單偈》：

　　　　大聖　元始世尊[1]　那羅延佛、

　　　　大聖　神變世尊　蘇路支佛、

　　　　大聖　慈濟世尊　摩尼光佛、

　　　　大聖　大覺世尊　釋迦文佛、

　　　　大聖　活命世尊　夷數和佛，

---

　　〔1〕《摩尼光佛》開篇"眾唱大聖"中作"大聖元始天尊那羅延佛"。

願降道場，證明功德，接引亡靈來臨法會。

一 那羅初世人；二 蘇路神門變；

三 釋迦托王宮；四 夷數神光現。

（眾和）救性離災殃，速超常樂海。

一 摩尼大法王，二 最後光明使，

三 出現於蘇隣，四 救我有緣人。

（眾）救性離災殃，速超常樂海。

一者無上光明佛，二者智惠善母佛，

三者常勝先意佛，四者懽喜五明佛，

五者勤修樂明佛，六者真實造相佛，

七者信心淨風佛，八者忍辱日光佛，

………〔1〕

陳法師藏未名科儀書原封皮已失，陳法師加封後，名其為《摩尼光佛》，禮讚那羅延等五佛，摘錄如下：

一佛那羅延，降神娑婆界，國應波羅門；……

二佛蘇路支，以大因緣故，說法在波斯；……

三佛釋迦文，四生[2]大慈父，得道毗藍苑；度生死苦；金口演真言，咸生皆覺悟。願亡靈乘佛威，[3]光證菩薩會。

四佛夷數和，無上明尊子，降神下拂林；……

五佛摩尼光，最後光明使，托化在王宮；……（頁 62-64）[4]

…………

伍佛記，諸經備。第一那羅延；蘇路二；釋迦三；夷數四；末號摩尼光。……（頁 70-71）

---

〔1〕陳進國、林鋆：《明教的新發現——福建霞浦縣摩尼教史迹辨析》，載《不止于藝》，北京大學出版社，2010 年，頁 383，圖 35。霞浦文書《摩尼光佛》開篇"眾唱大聖"中作"元始天尊"，林悟殊：《明教五佛崇拜補說》，載《文史》2012 年第 3 輯，頁 396。

〔2〕四生：胎生、卵生、濕生、化生。

〔3〕陳法師藏未名科儀書作"若願亡靈乘佛威"。

〔4〕陳進國、林鋆：《明教的新發現——福建霞浦縣摩尼教史迹辨析》，載《不止于藝》，北京大學出版社，2010 年，頁 372；林悟殊：《明教五佛崇拜補說》，載《文史》2012 年第 3 期，頁 388。

....

大聖摩尼光佛（和：）願開智慧大慈門（和：）摩尼光佛。……

大聖那羅延佛（和：）願開憐憫大慈門（和：）那羅延佛。……

大聖蘇路支佛（和：）願開誠信大慈門（和：）蘇路支佛。……

六十年間身寂去，……

大聖釋迦文佛（和：）願開具足大慈門（和：）釋迦文佛。釋迦天竺誕王宮，彈指還知四苦[1]空。十九春城求國位，六年雪嶺等成功。火風地水明先體，大地山河顯聖功。授記以名餘國位，我今得遇後真宗。仰啓大覺世尊釋迦文佛，大慈大悲；尋聲來救度，惟願亡者離苦，上生天堂見佛。聞徑逍遙自在，極樂歡愉無量受，蓮臺救竟永逍遙。（一案舉）

大聖夷數和佛（和：）願開忍辱大慈門（和：）……六旬住世身皈寂，……（頁74-79）[2]

關於摩尼教的"五佛"及其他光明使，見本書相關各章。本章集中討論釋迦文佛。霞浦文書多為清代抄本，這些抄本歷經各代傳抄，隨時可能添加一些當地民間宗教的成分，只有用古史辨派"剝筍"似的方法，剝去這些後世附麗上去的外衣，經過深入研究，方能一窺其摩尼教核心。[3]

"釋迦天竺誕王宮"，天竺始見於《後漢書·西域傳》，古音讀作 xien‑t'i̯uk，為伊朗語 Hindu 或 Hinduka 的譯音，經早期來華傳播佛教的安息、康居等地僧人傳入。[4]"天竺"自然也符合摩尼教伊朗語文獻的讀音：天竺 Tianzhu（xien–t'i̯uk）<Pth. Hndwg（hindûg）/ MP. hynd

---

〔1〕佛教以生、老、病、死為四苦。見《大乘義章》3。

〔2〕元文琪：《福建霞浦摩尼教科儀典籍重大發現論證》，載《世界宗教研究》2011 年第 5 期，頁 176–178。參照林悟殊：《明教五佛崇拜補說》，載《文史》2012 年第 3 期年，頁 404–405。

〔3〕參閱林悟殊：《"宋摩尼依託道教"考論》，載張榮芳、戴治國主編：《陳垣與嶺南：紀念陳垣先生誕生 130 周年學術研討會論文集》，社會科學出版社，2011 年，頁 101、105。

〔4〕《大唐西域記》卷 2，〔唐〕玄奘、辯機原著，季羨林等校註：《大唐西域記校註》，中華書局，1985 年，頁 161–163。

（hind）；'India'.[1]下文所引帕提亞文文書M42中的hndwg'n（hindūgān）即hndwg的複數，意為"天竺人"（印度人）。

"得道毗藍苑"，原文"毗藍苑"自當為"藍毗苑"之訛，即藍毗園。西明寺沙門圓測撰《解深密經疏》卷9說："爾時摩耶聖后以菩薩威力故，即知菩薩有欲誕生，入藍毗園。"[2]藍毗園為藍毗尼園的簡稱，梵文作Lumbinî，乃善覺王為其夫人藍毗尼建造的花園，也即佛陀誕生之地。藍毗尼園在玄奘《大唐西域記》卷6"劫比羅伐窣堵國"條中譯為臘伐尼園，今名魯明台（Rummindei）。[3]

"釋迦文佛"一名見於佛經，比如雪谿沙門仁岳所譔的《釋迦如來降生禮讚文》說："一心奉請堪忍世界示現降生釋迦文佛。"[4]不過也符合帕提亞文文書M42、粟特文文書TM393中的讀音，我們與米克爾森（Gunner B. Mikkelsen）編撰的《摩尼教漢文文獻詞典》（*Dictionary of Manichaean texts in Chinese*）一致，依次列出漢文、拼音、蒲立本（E.G. Pulleyblank）構擬的後期中古音（LMC即Late Middle Chinese）、帕提亞文（Pth.即Parthian）、粟特文（Sogdian）和英文意譯：釋迦文佛 Shijiawenfo（LMC. ʂiajk–kia–ʋjyn/ʋun–fɦjyt/fɦut）<Pth.š'qmn bwt（šāqman but）/ Sogdian š'kymwn pwt（šaky(a)mun（š'kmwn）put）；'Sākyamuni Buddha'.[5]佛陀（but da）在摩尼教中古波斯文和帕提亞文文獻中作bwt，在粟特文文獻中作pwt，以-t結尾，可能是摩尼教傳播

〔1〕參閱: Durkin, Desmond,*Dictionary of Manichaean texts*. vol. 3. *Texts from Central Asia and China* / edited by Nicholas Sims-Williams. pt. 1. *Dictionary of Manichaean Middle Persian and Parthian* / by Desmond Durkin-Meisterernst, Turnhout : Brepols ; NSW, Australia : Ancient History Documentary Research Centre, Macquarie University. 2004, pp.180, 196.

〔2〕《卍新纂續藏經》第21冊 No. 369，p0404a。http://w3.cbeta.org/result/normal/X21/0369_009.htm

〔3〕《大唐西域記》卷6，〔唐〕玄奘、辯機原著，季羨林等校註：《大唐西域記校註》，中華書局，1985年，頁520–521。

〔4〕《卍新纂續藏經》第74冊 No. 1501，p1070c。http://www.cbeta.org/result/normal/ X74/1501_001. htm.

〔5〕Durkin, Desmond,*Dictionary of Manichaean texts*. vol. 3. *Texts from Central Asia and China* / edited by Nicholas Sims-Williams. pt. 1. *Dictionary of Manichaean Middle Persian and Parthian* / by Desmond Durkin-Meisterernst, Turnhout : Brepols ; NSW, Australia : Ancient History Documentary Research Centre, Macquarie University. 2004, pp.314, 118; Garib, 1995, #9150 (p.369), #8239 (p.332).

到東方以後所採用的伊朗語傳統拼寫。而在西方摩尼教文獻中則以-d 結尾，更接近梵文 buddha-：科普特文作 ʙⲟⲩⲆⲆⲁⲥ；幾種反摩尼教的希臘文文獻作 βούδδας、βοῦδας 和 βουδδᾶς；拉丁文作*Budda；敍利亞文作 bdws。比魯尼《古代遺跡》引述摩尼《沙卜拉干》（中古波斯文）提到佛陀（al-Bud〔d〕），也是以-d 結尾的。西方和最古的中古波斯文摩尼教文獻以-d 結尾的佛陀之名可能均源自摩尼本人，是摩尼在印度之旅後根據梵文拼寫而形成的。[1]

13.2　摩尼與佛

摩尼及其信徒與佛教的接觸可以分爲2個階段。第1個階段是摩尼本人的印度之旅，爲時不過一年；第2階段則是摩尼教徒們在佛教流行地區上千年之久與佛教徒的共存與互動。柏林藏科普特文《克弗來亞》第1章記載了摩尼自述的印度之旅："在波斯國王阿達希爾（Ardashir I，226/227—241）在位的後期我出去傳教。我前往印度人的國土。我向他們傳播生命的希望。我在那裏選擇了優秀的選民。在阿達希爾國王去世，其子沙普爾（Shapur I，241—271）當上國王的那年，他……我從印度人之國來到波斯人之地。我還從波斯人之地前赴巴比倫（Babylon）、梅塞尼（Mesene）及蘇西亞那（Susiana）。我覲見了沙普爾國王。他滿懷敬意地接見了我。他允許我遊歷……傳播生命之語。"[2] 根據《科隆摩尼古卷》，可以確定摩尼印度之旅的年代爲240—242年間。

摩尼親訪印度的故事在摩尼教的歷史上一定流傳甚廣。吉田豊2010年刊佈了一幅大的聖者伝図（119.9×57.6 cm²），描繪了船舶飄洋過海的壯觀圖景和著陸後的故事：一個摩尼教僧侶及其追隨者向當地人（包

---

〔1〕Sundermann, W. 1991. "Manichaean Traditions on the Date of the Historical Buddha", *The Dating of the historical Buddha,Die Datierung des historischen Buddha* / edited by Heinz Bechert. Göttingen : Vandenhoeck & Ruprecht, 1991, 1991, pp.426–429.

〔2〕*Kephalaia*, ed. H.-J. Polotsky and A. Böhlig (Man. Hss. Der Staatlichen Museen Berlin I, Stuttgart 1940); ed. A. Böhlig (ibid. 1.2, 1966)，Ch. I, 15²⁵⁻³³, Gardner, Iain, *The Kephalaia of the Teacher : the edited Coptic Manichaean texts in translation with commentary* / edited by Iain Gardner.Leiden ; New York : E.J. Brill, 1995, p.21. 芮傳明：《東方摩尼教研究》，上海人民出版社，2009 年，頁 7。

括佛教和尚）弘揚摩尼教，佛教和尚最後皈依了摩尼教，作了佈施。見圖版26、27。他同時刊佈了一幅較小的聖者伝図（32.9×57.4 cm^2），場景類似大聖者伝図的下半部分，描繪了傳教活動。見圖版27。吉田豐推測這兩幅圖描繪了摩尼早年在印度傳教的情況，是元代從中國寧波的帶到日本去的。[1]

摩尼在其印度之旅中，令一位土蘭（Tūrān）國王皈依了摩尼教。242年以前，土蘭是伊朗的屬國，這個小國位於俾路支（Baluchistan）東北部。帕提亞文文書 M 48講述了這個故事，摩尼被稱爲 frēštag，這個名稱在《摩尼光佛教法儀略》中音譯爲"佛夷瑟德"，意譯爲"使者"；又被稱爲 dēnāβr，中古波斯文作 dēnāwr，這個名稱在京藏《摩尼教殘經》中音譯"電那勿"，意譯"師僧"；又被稱爲 kirbakkar，意爲"慈尊"。土蘭沙（Tūran Šāh）即土蘭國王。ardāw 複數 ardāwān，《摩尼光佛教法儀略》音譯"阿羅緩"，意譯"純善人"，這裡可能指佛教苦行僧，也能浮於空中，因此說到"我的空間（ispēr）"。文書 M 48寫道：

> ……使者（fryštg）使一位義人（'rd'w）浮於空中，並說："什麼更高？"義人說："我的空間（'spyr）。"使者說："什麼更大？"他說："承載萬物的大地。"他（摩尼）進而說："什麼比這些更大？"義人說："天……"。……"什麼更大？"他說："太陽和月亮。""什麼更明亮？"他說："佛［陀］的智慧"。然後土蘭沙（twr'n š'ḥ）說："在萬事萬物中，你是最偉大和最光明的，事實上你就是佛（bwt）。"

> …………

> 當土蘭沙看到慈尊（qyrbkr）起身時，他在遠處跪下來，懇求他，對慈尊說道："不要到我面前來。"但是慈尊過來了。他（國王）站起來，向前走去，親吻了他。然後他對慈尊說："你是佛而我們是罪人。你向我們這裡走來是不合适的。我們獲得的功德（pwn）和……拯救就像我們走向你的步數一樣多……我們失去的功德

---

〔1〕吉田豐："新出マニ教絵画の形而上"，載《大和文華》第 121 號，平成 22 年（2010），頁 3、22–23、55，圖版 7–9。

265

（'pwn）和罪惡就像你走向我們的步數一樣多。"

　　然後慈尊祝福了他，説道："你是有福的，就像在人類中你現在是幸運和榮耀的，在靈魂的最後的日子裏，在眾神的眼光裏，你也將是歡樂和幸運的。你將在眾神與善眾當中永垂不朽。"

　　然後……他握住他的手……[1]

這個故事恐怕並非向壁虛構，而有一定歷史根據。摩尼在印度很可能將自己視爲大乘佛教的彌勒佛，這種傳教策略可能爲他帶來了一定程度的成功。摩尼肯定發現自己的教義與佛教有許多共同之處，他承認佛陀是自己之前的光明使者之一，在其《沙卜拉干》和《克弗來亞》第一章描述的諸光明使者中給了佛陀一席之地。宗德曼（W. Sundermann，1935—2012）認爲這是摩尼印度之行最重要的結果，比以後摩尼教與佛教在中亞共存的漫長時期中發生的任何事情都更重要。在任何其他靈知派（Gnositc systems）中都無佛陀的身影。摩尼通過接受佛陀作爲自己的先驅，超越了基督教–靈知派的樊籬。他向世界顯示，他不僅僅是一個基督教的改革者，而是一種新的世界宗教的創立者。[2]

13.3　佛陀與瑣羅亞斯德

在4世紀前後撰寫的科普特文《克弗來亞》（今藏柏林）的導言中，摩尼認爲自己的宗教比其他宗教優越之處之一是他自己親手撰寫了經典，而其他光明使卻沒有這麼做。他在講述了耶穌（ΙΗC）和瑣羅亞斯德

---

　　[1] Boyce, Mary, *A Reader in Manichaean Middle Persian and Parthian: Texts*,Téhéran: Bibliothèque Pahlavi : Leiden : Diffusion, E.J. Brill. 1975, §e (pp.34–37). Sundermann, 1981, §2.2 (p.21–24), Asmussen, Jes Peter, *Manichaean literature: representative texts chiefly from Middle Persian and Parthian writings* / selected, introduced, and partly translated by Jes P. Asmussen. Delmar, N.Y. : Scholars' Facsimiles & Reprints,1975, pp.18–19. Klimkeit, H.-J., *Gnosis on the Silk Road: Gnostic texts from Central Asia* / translated & presented by Hans-Joachim Klimkeit. San Francisco, Calif. : HarperSanFrancisco. 1993, pp.206–208.

　　[2] Sundermann, W.,"Mani, India, and the Manichaean Religion", *South Asian Studies* 2 (1986).

（ȝαραΔнϲ）之後，講到佛陀（ΒΟΥΔΔαϲ）：[1]

此外，對佛陀（ΒΟΥΔΔαϲ）來説，當他來的時候，［……］關於他，他也宣示［其希望和］大智慧。他選［擇］其教［會，並］完善其教會。他向他們揭［示其希］望。只是他［沒有］將其智［慧］寫進［著］作中去。追隨他的弟子們記得他們從佛陀那裏聽到的智慧，他們將其寫進經典中去了。

柏林藏《克弗來亞》第1章《關於使徒（αΠΟϹΤΟΛΟϹ）的降臨》中，講到一系列使徒，將佛陀排在瑣羅亞斯德之前：

從亞當（αΔαμ）長子塞特（ϹΗΘΗΛ）到以挪士（ΕΠωϣ）和以諾（ΕΠωχ）；從以諾到諾亞之子閃（ϹΗμ），……佛陀（ΒΟΥΔΔαϲ）到東方（αΠαΤΟΛΗ），阿羅漢（αΥΡΕΠΤΗϲ）[2]和其他［……］他們被派往東方。從佛陀和阿羅漢降臨，到瑣羅亞斯德（ȝαραΔнϲ）降臨波斯，那時候他前往國王維什塔斯普（ϩΥϹΤαϹΠΗϲ）處。從瑣羅亞斯德降臨到偉大的兒子（ϣΗΡΕ）耶穌（ΙΗϹ）基督降臨（ϬΙΠΕΙ）。

然後摩尼以較長的篇幅敍述了耶穌的生平、死亡和復活。接著講到保羅（ΠαΥΛΟϲ）和兩個使徒，以及一個沒有教會的時期。最後使徒（αΠΟϹΤΟΛΟϲ）摩尼對其弟子們説：

當救世主的教會登峰造極之際，我的使徒傳教期（αΠΟϹΤΟΛΗ）開始了，這就是你們所詢問我的！從那以來聖靈——真理之靈降臨了；這是在這最後一代裏來到你們當中的這一位。就像救世主所説的：當我離去之際，我將派遣聖靈給你們。……

……當阿達希爾（αΡΤαȝΟΟϲ）王加冕的那一年，活聖靈降臨在

〔1〕*Kephalaia,* ed. H.-J. Polotsky and A. Böhlig (Man. Hss. Der Staatlichen Museen Berlin I, Stuttgart 1940); ed. A. Böhlig (ibid. 1.2, 1966), 7–8; Gardner, Iain, *The Kephalaia of the Teacher : the edited Coptic Manichaean texts in translation with commentary* / edited by Iain Gardner. Leiden ; New York : E.J. Brill, 1995, p.13.

〔2〕αυρεντης 可能是梵文 arhant（阿羅漢，簡稱羅漢）的轉譯。參閲 Sims-Williams, Nicholas, 'Aurentēs.' In: E., R and Sundermann, W and Zieme, P, (eds.), Studia Manichaica. IV. Internationaler Kongreß zum Manichäismus, Berlin, 14.—18. Juli 1997 (Berlin-Brandenburgische Akademie der Wissenschaften, Berichte und Abhandlungen, Sonderband). Akademie Verlag (Germany), 2000. pp. 560–563.

我身上。……[1]

柏林藏《克弗來亞》第1章將佛陀排在瑣羅亞斯德之前，涉及摩尼對這兩位光明使生活年代的認知。傳統説法認爲瑣羅亞斯德生活的年代在亞歷山大前258年（即公元前588年）。[2]恒寧（Walter Bruno Henning，1908—1967）曾推測摩尼可能知道這個年代；但是宗德曼舉出數條理由，懷疑摩尼並不知道這個年代。[3]佛陀的生活年代一般認爲是公元前624—544年，一説前564—484年。摩尼寫作《克弗來亞》時，恐怕也不知道其絕對年代，認爲佛陀是遠古之人，因此將其安排在瑣羅亞斯德之前。

塔迪厄（M. Tardieu，1938— ）1988年刊佈了都柏林藏《克弗來亞》中的一個片斷：

> 主（ⲝⲁⲓⲥ）瑣羅亞斯德降臨波斯，來到國王維什塔斯普處；他揭示了律法，在波斯切實遵奉至今。智慧吉祥的主佛陀降臨印度之地，來到貴霜人這裡；他揭示了律法，在全印度和在貴霜人當中切實遵奉至今。在他之後，阿羅漢和普克德洛斯（ⲡⲕⲏⲆⲏⲗⲗⲟⲥ）降臨東方；他們揭示了律法，在東方：世界之中央和在安息切實奉行至今。他在所有這些人中揭示了真理之法。此後在羅馬人的西方，耶穌基督降臨整個西方。[4]

---

〔1〕*Kephalaia,* ed. H.-J. Polotsky and A. Böhlig (Man. Hss. Der Staatlichen Museen Berlin I, Stuttgart 1940); ed. A. Böhlig (ibid. 1.2, 1966),Ch. I, 12–14; Gardner, Iain, *The Kephalaia of the Teacher : the edited Coptic Manichaean texts in translation with commentary* / edited by Iain Gardner.Leiden ; New York : E.J. Brill, 1995, pp.18–20.

〔2〕林悟殊：《波斯拜火教與古代中國》，新文豐出版公司，1995年，頁38–39。

〔3〕Sundermann, W. 1991. "Manichaean Traditions on the Date of the Historical Buddha", *The Dating of the historical Buddha,Die Datierung des historischen Buddha* / edited by Heinz Bechert. Göttingen : Vandenhoeck & Ruprecht, 1991, pp.432–433.

〔4〕Tardieu, M. ,"La diffusion du bounddhisme dans l'Empire Kouchan, l'Iran et la Chine, d'parès un Kephalaion manichéen inédit", *Studia Iranica* XVII, 1988.參閱 2011/10/1 http://www.fas.harvard.edu/~iranian/Manicheism/Manicheism_ II_Texts.pdf p.64.塔迪厄認爲，這可能是摩尼教徒與東伊朗佛教社團接觸，有了新知識而修正的。參閱Tardieu, M. ,"La diffusion du bounddhisme dans l'Empire Kouchan, l'Iran et la Chine, d'parès un Kephalaion manichéen inédit", *Studia Iranica* XVII, 1988.宗德曼也同意這點，參閱Sundermann, W. 1991. "Manichaean Traditions on the Date of the Historical Buddha", *The Dating of the historical Buddha,Die Datierung des historischen Buddha* / edited by Heinz Bechert. Göttingen : Vandenhoeck & Ruprecht, 1991, p.432.

這裡把佛陀排在瑣羅亞斯德之後、耶穌之前。根據瑣羅亞斯德教神學著作《班達喜興》（Bandahishn，意譯《創世記》）第36章，"世界年"共一萬二千年，劃分為12個千年，以黃道十二宮命名。第10個千年為摩羯宮，以瑣羅亞斯德使國王維什塔斯普改宗正教開始。[1] 此時瑣羅亞斯德為30歲，從這個年代到亞歷山大大帝經過了285年。如果亞歷山大大帝開始統治的年代就是塞琉古紀年之始至公元前312年，那麼瑣羅亞斯德30歲時為公元前570年，他生於公元前600年。[2] 瑣羅亞斯德教徒將塞琉古紀年之始等同於其第10個千年（摩羯宮）之始。《摩尼光佛教法儀略》記載："按彼波斯毗婆（*Bābēl）長曆，自開闢初有十二辰掌分年代，至第十一辰，名訥（dōl）管代，二百廿七年，釋迦出現。至第十二辰，名魔謝（māsya〔g〕）管代，五百廿七年，摩尼光佛誕蘇隣國跋帝王宮。"所謂"波斯毗婆長曆"即上述"世界年"，其第11個千年名訥，意為寶瓶座。第12個千年名魔謝，意為雙魚座。恆寧認為，摩尼教採用了這種長紀元，但是覺得世界末日將臨，他們把塞琉古紀元之始等同於第12個千年（雙魚宮）之始。[3] 摩尼教徒的這種紀年方法與瑣羅亞斯德教徒的方法差了兩千年。按摩尼教的曆法計算，佛陀比摩尼早1300年，而瑣羅亞斯德要比佛陀早1257年。這或許就是摩尼在後來的著作中把瑣羅亞斯德置於佛陀之前的原因。這種將佛陀置於瑣羅亞斯德之後、耶穌之前的排列一直保持下來，吐魯番出土摩尼教帕提亞文文書 M42是這樣排列的，霞浦文書也是這樣排列的。

13.4　佛陀、彌勒佛與摩尼

帕提亞文文書 M42比較完整地講述了蘇路支（zrhwšt）、釋迦文佛（š'qmn bwt）、夷數（yyšw）和末摩尼（m'ry m'nyy）相繼來到人間，

---

〔1〕http://www.avesta.org/mp/grb27.htm#chap362010/10/5

〔2〕Boyce, Mary, *Zoroastrianism*, Costa Mesa, California: Mazda Publishers.1992, p.20, p.26, n.125.

〔3〕Haloun, G. & W. B. Henning, "The Compendium of the Doctrines and Styles of the Teaching of Mani, the Buddha of Light", *Asia Major*, v.3, pt. 3, 1953, pp.196–199; 參閱芮傳明:《東方摩尼教研究》，上海人民出版社，2009 年，頁 379。

拯救靈魂。這是一篇孩子與神衹之間的對話，孩子當代表呼救的靈魂，神衹則可能是光明耶穌，孩子向神衹訴説在塵世的痛苦，神衹答應派使徒降臨人間，拯救人類。[1]

（m）［神衹］：我指示大諾斯（mnwhmd wzrg）[2]當……來的時候，派遣使者（fryštgn）給你。耐心一點，猶如忍辱負重的明性。

（1）［孩子］：此世及（其）子民得到警告。爲了我，蘇路支（zrhwšt）降臨波斯國（p'rs šhrd'ryft）。他揭示真理，他從七州之光選擇我的清淨體（hnd'm）。

（k）［神衹］：當撒旦看到他的降臨，派出了忿怒之魔（'šmg'n）。在神衹能夠還擊他們的進攻之前，他們傷害了你，噢，親愛的，善行與智慧（jyryft）被曲解了。

（y）［孩子］：我的受難終止了，當我被釋迦文佛（š'qmn bwt）……。他解脱了天竺人（hndwg'n）幸運的靈魂，為他們打開了解脱門。

（p）［神衹］：因爲你從佛（bwt）那裏得到的善巧方便（'bcr'n）和智慧（xrd），大處女迪巴特（dybt）[3]妒忌你。當他（佛陀）涅槃（nybr'n）時，他告訴你："在此等待彌勒（mytrg）！"

（h）［孩子］：然後夷數（yyšw）第二次大發慈悲。他以四淨

---

〔1〕Andreas, F. C. &Walter Henning, "Mitteliranische Manichaica aus Chinesisch-Turkestan I-III." Von F. C. Andreas aus dem Nachlass hrsg. von Walter Henning. Berlin, Akademie der Wissenschaften in Kommission bei W. de Gruyter u. Co., 1932—1934. *Deutsche Akademie der Wissenschaften zu Berlin. Philosophisch-Historische Klasse.* Sitzungsberichte. 1932, 10; 1933, 7; 1934, 27, III, 878–881; Ort, L. J. R. 1967. *Mani : a religio-historical description of his personality.* Leiden, E.J. Brill, pp.119–120; Klimkeit, H.-J., *Gnosis on the Silk Road: Gnostic texts from Central Asia* / translated & presented by Hans-Joachim Klimkeit. San Francisco, Calif. : HarperSanFrancisco. 1993, pp.124–125.

〔2〕漢文翻譯爲"惠明""廣大心"。

〔3〕dybt, 安德列斯（F. C. Andreas）和恆寧（W. B. Henning）原來解釋爲金星。德金（D. Durkin）在新編《摩尼教中古波斯文和安息文詞典》中，提出可能出自梵文 devatā-, 即"女天人"。 Durkin, Desmond,*Dictionary of Manichaean texts.* vol. 3. *Texts from Central Asia and China* / edited by Nicholas Sims-Williams. pt. 1. *Dictionary of Manichaean Middle Persian and Parthian* / by Desmond Durkin-Meisterernst, Turnhout : Brepols ; NSW, Australia : Ancient History Documentary Research Centre, Macquarie University. 2004, p.149.

風（cf'r w''d）[1] 幫助我。他束縛了三風（hry w'd'n），[2] 毀滅了耶路撒冷（wryšlym）和忿怒之魔的城牆（b'rgn）[3]。

（j）［神祇］：那杯毒藥和死亡……被加略人（'šqrywt'）[4] 與以色列（sr'yl）的子民們加諸於你。還有大得多的悲哀來臨……

［三行不可辨認］

（z）［孩子］：……使者們（fryštg'n）的［數量］很小，攻擊我的兩軍無窮無盡。

（v）［神祇］：你的大戰猶如奧赫爾姆茲德神（'whrmyzd bg）之戰，你的無盡藏（frg'w 'mwrdyšn）猶如光明戰車；[5] 你也能從阿緇（''z）[6] 那裏拯救被囚禁在肉體與草木裏的活靈魂（gryw jywndg）[7]。

（h）［孩子］：三神（hry bg'n）[8] 保佑這個孩子，他們給我派來了拯救者末摩尼（m'ry m'nyy），他領我擺脫這種奴役，在這種奴役裏我出於恐懼，違背本意而為敵效勞。

（d）［神祇］：我給你自由，我的同道……

此文根據時代先後，列舉了蘇路支、釋迦文佛、夷數和摩尼等先知。吐魯番出土的圖像資料與此吻合。吐魯番出土絹畫 MIK III 4947 &

---

〔1〕《下部讚》138：“一切諸佛常勝衣，即是救苦新夷數，其四清淨解脫風，真實大法證明者。”芮傳明：《東方摩尼教研究》，上海人民出版社，2009年，頁397。“四清淨解脫風”可能指四福音。

〔2〕可能指《舊約》的3部分。

〔3〕b'rg(複數 b'rgn)或意為“馬”，或意為“城牆”，此處當作“城牆”解。Durkin, Desmond, *Dictionary of Manichaean texts*. vol. 3. *Texts from Central Asia and China* / edited by Nicholas Sims-Williams. pt. 1. *Dictionary of Manichaean Middle Persian and Parthian* / by Desmond Durkin-Meisterernst, Turnhout : Brepols ; NSW, Australia : Ancient History Documentary Research Centre, Macquarie University. 2004, p.104.

〔4〕即猶大。

〔5〕奧赫爾姆茲德神（'whrmyzd bg）在漢文中翻譯成“先意”。《下部讚》中《普啓讚文》142：“復啓光明解脫性，一切時中無盡藏，及彼最後勝先意，并餘福德諸明性。”芮傳明：《東方摩尼教研究》，上海人民出版社，2009年，頁398。frg'w 'mwrdyšn 意為“寶藏”，《下部讚》142b 意譯“無盡藏”，也即明性。光明戰車即日月，是得救的光明分子飛升光明樂園的中間站。

〔6〕即貪魔。參閱芮傳明：《東方摩尼教研究》，上海人民出版社，2009年，頁139–163。

〔7〕gryw jywndg，《殘經》63 音譯“嚬嚕而云暉”，《下部讚》142a 意譯“光明解脫性”。芮傳明：《東方摩尼教研究》，上海人民出版社，2009年，頁367、398。

〔8〕hry bg'n，三神為第三使（日光佛）、光明耶穌（光明夷數）和諾斯（惠明佛）。

III 5d（圖版22）只殘存佛陀像以及中心大神像光環的一小部分，古樂慈教授稱之爲“主要的先知圖”，復原的原作有5個神像，中間的大神像可能是摩尼，4個小神像分居四角，釋迦文佛居於右上角。（圖版23）另有一件絲織品，已佚，只留下了勒柯克刊佈的白描圖（圖版24），古樂慈認爲也是“主要的先知圖”，復原的原作也有五個神像，居中者為摩尼像，夷數像位居右下角。（圖版25）詳細研究見第10章。

　　帕提亞文文書 M42講到的“彌勒”乃梵文 Maitreya、巴利文 Metteya 的音譯。根據有關彌勒諸經所述，佛陀曾經預言（授記），彌勒菩薩將在五十六億萬年後，繼釋迦而在此土成佛，仍然號“彌勒”，這就是所謂的“未來佛”。[1]中古波斯文與帕提亞文混合撰寫的文書 M 801是一首庇麻節頌詩，多次以“彌勒”稱呼摩尼：

　　我們讚美你的名字，神啊，摩尼主！使我快樂，可愛的起死回生者！賜予我們威力，使我們能遵循你的戒律而變得完美，神啊！

　　……

　　彌勒大師（s'st'r mytrq）、梅呾拉迦-梅蒂-恰特（mytr'gr mytr cytr）[2]、神基督、摩尼烏（m'nyw）、摩尼伊（m'ny）、摩尼-亞曉斯（m'ny' xyws）、救世主、神末摩尼（mrym'ny）！

　　……

　　通往天堂的門已經打開，我們樂不可支。彌勒大師（s'st'r mytrg）已經降臨；主末摩尼駕臨新的庇麻節！

　　……

　　彌勒佛（mytrg bwṯ）已經來臨，末摩尼，這位使者（fryštg）：他從正義之神（bgr'štgr）[3]那裏帶來了“勝利”。我尊崇你，神啊！

---

〔1〕參閱芮傳明：《東方摩尼教研究》，上海人民出版社，2009 年，頁 284–328。感謝芮傳明以《東方摩尼教研究》相贈。

〔2〕mytr'gr 為彌勒異名，mytr cytr 可能為巫術文書中彌勒的異名，cytr 僅見於此押韻短語。Durkin, Desmond,*Dictionary of Manichaean texts.* vol. 3. *Texts from Central Asia and China* / edited by Nicholas Sims-Williams. pt. 1. *Dictionary of Manichaean Middle Persian and Parthian* / by Desmond Durkin-Meisterernst, Turnhout : Brepols ; NSW, Australia : Ancient History Documentary Research Centre, Macquarie University. 2004, pp.133, 236–237.

〔3〕即最高神——光明之父。

請允許赦免我的罪過，救贖我的靈魂，引導我升往新天堂。

彌勒（mytrg）……[1]

霞浦文書《摩尼光佛》說"授記以名餘國位，我今得遇後真宗。"雖然沒有提及彌勒，表達的意思是相近的：佛陀在涅槃之前"授記"未來佛，這個未來佛就應在摩尼身上，我們今天遇到的"後真宗"就是摩尼教。

13.5　輪回與超度亡靈

比較科普特文《克弗來亞》第1章、帕提亞文文書 M42、吐魯番出土圖像資料（MIK III 4947 & III 5d 和已佚絲織品）與霞浦文書，可以清楚地看到霞浦文書忠實地繼承了諸光明使者相繼降生的教義：

表 13-1　五佛

《克弗來亞》第一章	帕提亞文文書 M42	圖像資料	霞浦文書
			一佛那羅延
ζαραΔнс（瑣羅亞斯德）	zrhwšt（蘇路支）	［蘇路支］	二佛蘇路支
вογΔΔαc（佛陀）	š'qmn bwt（釋迦文佛）	佛陀	三佛釋迦文
ιнc（耶穌）	yyšw（夷數）	耶	四佛夷數和
αποcτоλоc（使徒）	m'ry m'nyy（末摩尼）	［摩尼］	五佛摩尼光

摩尼將佛陀列爲其先驅，但是，他的教義到底吸收了多少佛教成分呢？這仍然是學術界需要進一步研究的問題。比如，摩尼在寺院組織方面是否可能吸收了一些佛教因素？但是，幾乎可以肯定的是，摩尼教傳播到佛教地區之後，其具戒師僧、清淨童女（男女選民）、信施士、信施女（男女聽者）的結構，被稱爲"四部之眾"，很類似佛教比丘、比

---

〔1〕Henning, W. B., *Ein manichäisches bet-und beichtbuch* / von dr. W. Henning. *APAW,* 1936, pp.19–21; Klimkeit, H.-J., *Gnosis on the Silk Road: Gnostic texts from Central Asia* / translated &presented by Hans-Joachim Klimkeit. San Francisco, Calif.: HarperSanFrancisco,1993, p.134. 芮傳明：《東方摩尼教研究》，上海人民出版社，2009 年，頁 298–299。

丘尼、優婆塞、優婆夷的結構。[1]

　　摩尼是否從印度吸收了靈魂輪回的思想也是一個有待繼續探討的問題。阿拉伯歷史學家比魯尼（al-Bīrūni，973—1050）在《印度考》中說摩尼是從印度吸收這個教義的，但是，比魯尼所引用的摩尼在《秘密法藏經》（Book of Mysteries）裏引證的卻不是印度聖賢，而是彌賽亞（al-masīḥ）對其弟子們說："軟弱的靈魂沒有接受所有屬於她的真理將會不得安寧或福佑地毀滅。"[2]宗德曼認爲，這說明，摩尼很可能是從靈知派－基督教偽經中獲得靈魂輪回觀的；他只是在印度發現佛教的輪回觀與自己的輪回觀頗多吻合之處。[3]但是，幾乎可以肯定，摩尼教在東方與佛教的長期接觸與互動中，形成了類似的輪回觀和地獄觀。摩尼教帕提亞文組詩《胡亞達曼（Huyadagmān）》與《安格羅斯南》（Angad Rōšnān）有多處描寫靈魂不願重新轉世爲人，而更恐懼墮入地獄。例如，《安格羅斯南》篇章 VII 第5行，拯救者對得到拯救後的明性說："你起先在地獄（nrh）中忍受了所有危厄，你是爲了這一刻（的歡樂）而經歷的。"《胡亞達曼》篇章 V 第10和12頌確定外道免不了在地獄中受苦："（他們）所有的偶像、祭壇和圖像都不可能從那個地獄（nrh）中把他們救出來。"篇章 Va 第2和11頌也說："他們哀號，苦求真實的審判之神（d'dbr r'štygr，即平等王）…他沒有答應給他們幫助。……他們永遠忍饑挨餓，在那個地獄（nrh）裏…（那）吃人的深淵，那裏希望［是不

---

　　〔1〕馬小鶴：《粟特文'δw wkrw 'ncmn（二部教團）與漢文 "四部之衆"》，收入馬小鶴：《摩尼教與古代西域史研究》，中國人民大學出版社，2008 年，頁 206–225。

　　〔2〕Sachau, Eduard, *Alberuni's India. An account of the religion, philosophy, literature, geography, chronology, astronomy, customs, laws and astrology of India about A.D. 1030.* London, K. Paul, Trench, Trübner & co., ltd.,1888, pp.54–55.

　　〔3〕Sundermann, W. 1991. "Manichaean Traditions on the Date of the Historical Buddha", *The Dating of the historical Buddha,Die Datierung des historischen Buddha* / edited by Heinz Bechert. Göttingen : Vandenhoeck & Ruprecht, 1991, pp.16a–b.

爲人所知的〕。"[1]帕提亞文 nrh 為梵文借詞，梵文原文 नरक，轉寫 naraka，漢文音譯"那落迦""捺落迦"，意譯"地獄"，英文譯為 hell。[2]敦煌發現的《下部讚》中《嘆諸護法明使文·第三疊》也說："苦哉世間諸外道，不能分別明宗祖，輪回地獄受諸殃，良為不尋真正路！"（第226頌）[3]

粟特文寓言多次提及地獄，例如，《珍珠鑽孔師傅》講到："那人是一個正義的電那勿（δynδ'ryy，即選民），他使許多人免入地獄（tm'），把他們引上通往天堂之路。"[4]粟特文 tm-源自阿維斯陀文 təmah，[5]佛教文獻被翻譯成粟特文時，也用這個詞來翻譯"地獄"。例如，漢文《佛說善惡因果經》有云："若有眾生入寺之時，唯從眾僧乞索借貸，或求僧長短欲破壞；或噉僧食都無愧心，餅果菜茹挾歸家；如是之人死墮鐵丸地獄，鑊湯爐碳刀山劍樹靡所不經。"粟特文譯本將"地獄"譯為 tmyh，將"鑊湯爐碳"譯為 pwγš' 't tn'wr。[6]《下部讚》中《此偈為亡者受供結願用之》有云："某乙明性，去離肉身，業行不圓，恐沉苦海，唯願二大光明、五分法身、清淨師僧，大慈悲力，救拔彼性，令離輪回剛強之體，及諸地獄鑊湯爐碳。"（第406—408頌）[7]此處"諸地獄鑊湯爐碳"與《佛說善惡因果經》中的"地獄"和"鑊湯爐碳"意思相同。

〔1〕Boyce, M., *The Manichaean Hymn-cycles in Parthian*, London,1954, pp.82–91, 100–101, 106–107, 154–155, 170–171. Durkin, Desmond,*Dictionary of Manichaean texts*. vol. 3. *Texts from Central Asia and China* / edited by Nicholas Sims-Williams. pt. 1. *Dictionary of Manichaean Middle Persian and Parthian* / by Desmond Durkin-Meisterernst, Turnhout : Brepols ; NSW, Australia : Ancient History Documentary Research Centre, Macquarie University. 2004, pp.145, 244.

〔2〕Asmussen, Jes P., *X*^{u}*āstvānīft: Studies in Manichaeism*, Copenhagen,1965, p.136. Sims-Williams, N. ,"Indian elements in Parthian and Sogdian", *Sprachen des Buddhismus in Zentralasien*, Veröffentlichungen der Societas Uralo-Altaic, Bd. 16, Wiesbaden,1983, pp.133–134, 140.

〔3〕芮傳明：《東方摩尼教研究》，上海人民出版社，2009年，頁 406。

〔4〕W. B. Henning,"Waručān-Šāh," *Journal of the Greater India Society* 11, 1945, pp.469–470, 480–482.

〔5〕Gharib, B. ,*Sogdian dictionary: Sogdian-Persian-English*. Tehran: Farhangan Publications. 1995, p.387.

〔6〕MacKenzie, D. N. ,*The 'Sūtra of the Cause and Effects of Actions' in Sogdian*, pp.12–13, 22–23, 40,67, 72, 72.

〔7〕芮傳明：《東方摩尼教研究》，上海人民出版社，2009，頁 419。

摩尼教、佛教文獻被翻譯成回鶻文時，"地獄"一語就用源自粟特文 tm-的借詞 tamu。回鶻文《懺悔詞》（ $X^u\bar{a}stv\bar{a}n\bar{i}ft$ ）有云："如果有人問：誰會走上通往二毒路之端和地獄之門（tamu qap〔ï〕γïŋa）的道路？那麼，信奉偽教和偽法者會去第一個地方；崇拜魔王，並奉之為神者會去第二個地方。"[1] 佛教文獻回鶻文哈密本《彌勒會見記》第20至25品詳細描述了各個地獄的景象，第24品寫道："一些人進入八大火獄：（等活）、黑繩、眾合、號叫、大號叫、炎熱、大熱、阿鼻（awiš，梵文 Avīci）地獄。"[2] 八大地獄的具體名稱均根據梵文音譯，唯有"地獄"一詞仍沿用摩尼教回鶻文 tamu。回鶻文《摩尼大頌》歌頌摩尼佛："你阻斷了通向地獄之路（tamu yolïn）。……你讓人們知道阿鼻地獄（awiš tamu）中的苦難；你讓他們往生福德五重天。……你拯救了無數生靈，你使他們免於墮落黑暗地獄（tünerig tamu-tïn）。"[3] 京藏《摩尼教殘經》第129—131行也說："命終已後，其彼故人及以兵眾、無明暗力，墮於地獄，無有出期。當即惠明引己明軍、清淨眷屬，究竟無畏，常受快樂。"[4]

根據摩尼教教義，電那勿（選民）能夠使許多人免入地獄，把他們引上通往天堂之路。清淨師僧（也即選民）能以大慈悲力，救拔亡者的明性（即靈魂），令其脫離輪迴，及諸地獄鑊湯爐碳。摩尼佛能夠阻斷通向地獄之路，讓人們知道阿鼻地獄的苦難，讓他們往生福德五重天，拯救了無數生靈，使他們免予墮落黑暗地獄。雖然摩尼教原來恐怕並無繁瑣的科儀，但是超度亡靈之意已經隱然可見。上引霞浦文書中說"願降道場，證明功德，接引亡靈來臨法會。""救性離災殃，速超常樂海。""（若）願亡靈乘佛威，光證菩薩會。""大慈大悲；尋聲來救度，惟願

---

〔1〕Asmussen, Jes P., $X^u\bar{a}stv\bar{a}n\bar{i}ft$: Studies in Manichaeism, Copenhagen,1965, pp.173–174, 196. 感謝芮傳明教授通過電子郵件把刊登在《史林》2009 年第 6 期上的《摩尼教突厥語〈懺悔詞〉新譯和簡釋》的電子版發給我，本文的漢譯即參照芮教授譯本頁 58。

〔2〕耿世民：《回鶻文哈密本〈弥勒会见记〉研究》，中央民族大學出版社，2008 年，頁 472–474、478–480、484–486、488、499。漢文佛經中關於八大火獄的記載，參閱芮傳明：《摩尼教"平等王"與"輪迴"考》，載《史林》2003 年第 6 期，頁 35–36。

〔3〕Clark, Larry V. "Manichaean Turkic Pothi-book," Altorientalische Forschungen, vol.9, 1982, pp.159, 168–170, 172, 180, 182–183, 186, 195, 211, 216–218。

〔4〕林悟殊：《摩尼教及其東漸》，素馨出版社，1997 年，頁 273。

亡者離苦，上生天堂見佛。聞徑逍遙自在，極樂歡愉無量受，蓮臺救竟永逍遙。"這些話頭自然是傳抄的法師附加上去的民間宗教套語，但是與摩尼教教義銜接得頗爲自然。

佛教超度亡靈的儀禮一般都會招請諸佛，比如《蒙山施食儀》招請的南無十方佛包括：本師釋迦牟尼佛、消災延壽药師佛、極樂世界阿彌陀佛、當來下生彌勒尊佛、大智文殊師利菩薩、大行普賢菩薩、大悲觀世音菩薩、大勢至菩薩、清淨大海眾菩薩、大願地藏王菩薩等。[1]只要稍加比較，不難看出，霞浦文書是將那羅延、蘇路支、釋迦文、夷數、摩尼等五佛，取代了佛教的十方佛，從而形成了自己以摩尼教五大光明使爲核心的超度亡靈科儀。

---

〔1〕大淵忍爾：《中国人の宗教儀禮：佛教道教民間信仰》，福武書店，昭和 58 年（1983），頁 87。

14 摩尼教中的夷數（耶穌）

耶穌在摩尼教文獻中甚爲常見，一些學者認爲，摩尼教中的耶穌可以分爲光明耶穌、受難耶穌、使者耶穌等3個主要方面，有些學者則認爲可以分辨出6個方面，比如，宗德曼（Werner Sundermann）就將耶穌分爲6個方面：（1）光明耶穌（Jesus the Splendor，帕提亞文文書中寫作 Yišōʿ Zīwā，是阿拉姆文 - 敍利亞文〔Aram.-Syr.〕的譯音）在漢文中稱"光明夷數"，是把囚禁在人身中的光明分子拯救出來的救世主；大諾斯（the Great Nous，漢文稱"惠明"）是其化身。[1]光明耶穌是"第三次召喚"產生的拯救諸神之一[2]，被認爲是第三使（日光佛）的化身。（2）受難耶穌（*Jesus patibilis*）即生命自我，是被囚禁在物質中的光明分子。（3）使者耶穌（Jesus the Apostle），也就是拿撒勒的耶穌（Jesus of Nazareth），信徒相信他以人的形象作爲光明使者出現在大地上。（4）審判者耶穌（Jesus the Judge）在其進行最後的審判之後，他會統治人類120年。（5）青年耶穌（Jesus the Youth）也被描述成光明耶穌的化身，可謂靈魂得救願望的人格化，他與受難耶穌之間有密切聯係，但是這個問題有待進一步研究。（6）月神耶穌（Jesus the Moon）：日宮是第三使、生命母（善母）和活風（Living Spirit，淨風）的光明殿，而月宮是初人（先意）、耶穌和光明童女（電光佛）的光明殿。摩尼教徒有時將月亮等同於光明耶穌。弗蘭茲曼（M. Franzmann）2003年出版了一本專著分析這6個方面，可供參考。[3]

---

〔1〕H. J. Polotsky and A. Böhlig, *Kephalaia. Manichäische Handschriften der Staatlichen Museen Berlin* I, Stuttgart, 1940, pp. 35,18–24.

〔2〕Boyce, Mary, *A Reader in Manichaean Middle Persian and Parthian: Texts*,Téhéran: Bibliothèque Pahlavi : Leiden : Diffusion, E.J. Brill. 1975 (*Reader*), p. 10.

〔3〕Majella Franzmann, *Jesus in the Manichaean writings*, London ; New York : T & T Clark, 2003.

近年受到學術界重視的福建霞浦民間宗教文書中經常出現夷數，目前還看不出6個方面中的每一個，能夠觀察到的主要是：光明耶穌演化為"夷數和佛"；使者耶穌演化為"四佛夷數和"；符咒"去煞符"中的"再甦夷數伕"則能驅魔祛邪；不過三者的名稱沒有太明顯的區別，主要根據其內涵來進行分析。

14.1　夷數和佛

我們先分析光明耶穌在霞浦文書中的變化。霞浦文書科儀本《樂山堂神記》開列該教壇所信奉或供奉的眾神以及本教壇可以追溯的先賢名諱，排在最前面的3個主神是："太上本師教主摩尼光佛，電光王佛，夷數如來，……"[1]"夷數如來"當即其他文書中的"夷數和佛"。霞浦縣上萬村祭祀林瞪的請神本《興福祖慶誕科》也將夷數排在第3："起大聖（左舉）：大聖長生甘露摩尼光佛，大聖貞明法性電光王佛，大聖延生益算夷數和佛，願降壽筵，證明修奉。大聖自是吉祥時，普耀我等諸明使。妙色世間無有比，神通變現獲如是。"[2]《下部讚·讚夷數文》曰："大聖自是吉祥時，普曜我等諸明性。妙色世間无有比，神通變現復如是。"（第42行）[3]這兩段讚美詩句只差幾個字，説明霞浦文書的摩尼教內核與《下部讚》同出一源。《樂山堂神記》與《興福祖慶誕科》都把夷數作爲第3個主神。

霞浦文書《奏申牒疏科冊》（以下簡稱《科冊》）第14節（頁15－16）《奏教主》是超度亡靈所用的奏，其中寫道："今據大清國福建福寧州云云由詞旨至明界，照得亡靈生前過愆、歿後愆尤，倘拘執對，未獲超昇。今建良緣，特伸薦拔。但臣厶忝掌真科，未敢擅便；錄詞百拜

〔1〕黄佳欣：《霞浦科儀本"樂山堂神記"再考察》，提交"海陸交通與世界文明"國際學術研討會論文，廣州中山大學主辦，2011年12月，頁2、5。

〔2〕筆者寫信給福建省文物局局長鄭國珍先生、霞浦縣副縣長黄敏皓女士，霞浦縣博物館館長吳春明先生，希望獲得有關文書照片進行研究，承他們大力支持，發給筆者《奏申牒疏科冊》與《興福祖慶誕科》，特此致謝。

〔3〕敦煌摩尼教文獻的引文，皆根據林悟殊：《摩尼教及其東漸》，素馨出版社，1997年，頁268–325；芮傳明：《東方摩尼教研究》，上海人民出版社，2009年，頁362–420，不再一一註明。

上奏○（簽三：）神通救性電光王佛金蓮下、太上教主摩尼光佛青蓮下、廣惠莊嚴夷數和佛金蓮下。恭惟慈悲無量、濟度有緣，愍孝誠之懇切，允微臣之奏陳，乞頒明勅行下陰府諸司，赦釋亡魂，脫離刑曹之所，乘毫光徑赴法壇，領善功直登淨邦。"在此文書中，電光王佛、摩尼光佛與夷數和佛是超度亡靈的三大主神。《科冊》第72節（頁57－58）《奏三清》是祈禱五穀豐登的奏，寫道："但弟子厶領此來詞，未敢擅便。謹具文狀，百拜奏聞者，右謹具狀上奏：廣明上天夷數和佛金蓮下、靈明大天電光王佛金蓮下、太上真天摩尼光佛金蓮下，恭望佛慈，允俞奏懇，乞頒勅旨，行下上、中、下三界、東嶽、地府、城隍、當境一切神祇，尅應是時，光降壇墠，證明修奉，保禾苗而秀實，祈五穀以豐登，滅除蝱蟻而絕跡，蝗蟲鼠耗以潛消，仍庇鄉閭永吉人物云云。"此文書更明確地以夷數和佛、電光王佛與摩尼光佛取代道教的元始天尊、靈寶天尊、道德天尊等三清，以廣明上天、靈明大天和太上真天取代道教的玉清聖境（在清微天）、上清真境（在禹餘天）、太清仙境（在大赤天）。

光明耶穌在東方摩尼教中是受到特別崇拜的大神。敦煌出土《下部讚》殘存部分一開頭就是長達70多頌的長篇讚美詩《讚夷數文》，其中稱頌光明耶穌："一切明性慈悲父，一切被抄憐愍母。今時救我離犲狼，為是光明夷數許。"（第13行）向他呼籲："廣惠莊嚴夷數佛，起大慈悲捨我罪。聽我如斯苦痛言，引我離斯毒火海。"（第39行）何喬遠（1558—1631）著《閩書》卷7《方域志・泉州府・晉江縣一》華表山條記載摩尼教："自言其國始有二聖，號先意、夷數，若吾中國之言盤古者。"[1]作爲三清之一的夷數和佛當出自《下部讚》中的"夷數佛"，即"光明夷數"，也寫作"夷數光明者"（第369行），連"廣惠莊嚴"這個修飾詞彙也與《下部讚》相同。但是敦煌摩尼教文書中的夷數佛只是12個大神之一，而在《樂山堂神記》《興福祖慶誕科》《奏教主》和《奏三清》等霞浦文書中，夷數和佛上升為三大主神之一。[2]

---

〔1〕〔明〕何喬遠編撰：《閩書》第1冊，福建人民出版社，1994年，頁172。

〔2〕馬小鶴：《摩尼教與濟度亡靈——霞浦明教〈奏申牒疏科冊〉研究》，載《九州學林》，2010年・秋刊，頁26–29、31。

霞浦文書《摩尼光佛》在稱頌佛、法、僧三寶時，也把夷數置於突出地位：

　　皈依佛，薩緩默羅聖主，居方外永安固。……

　　皈依法，夷數始立天真微妙義。最可珍，遍周沙界作通津。二宗三際義，廣開陳覺悟。明性脫離凡塵；離凡塵，復本真如聖身。續來世轉法輪，十般殊勝永清新。惟願今宵功德薦亡靈，志心回向修証佛因。

　　皈依僧，羅漢真人上佺，同光性降十天。……[1]

《興福祖慶誕科》也稱頌佛、法、僧"三寶"（頁11）："十方常住無上至真光明佛、常命秘藏微妙法、聖凡大師清淨僧。""薩緩默羅聖主"當即"無上至真光明佛"，也就是《下部讚》中的"無上光明王"，是摩尼教的最高神。這裡的框架是佛教的三寶，也套用了一些佛教術語，如："沙界"謂多如恆河沙數的世界；"十般殊勝"當即說十殊勝法之"十殊勝語"，見於玄奘譯《攝大乘論釋》卷1。但是其內涵顯然為摩尼教教義，"夷數始立天真微妙義"的淵源可能是：耶穌喚醒無知的人類始祖亞當，向他顯示得救之道。"二宗三際"為摩尼教教義之核心，《摩尼光佛教法儀略》"出家儀第六"曰："初辯二宗：求出家者，須知明暗各宗，性情懸隔；若不辯識，何以修為？次明三際：一，初際；二，中際；三，後際。初際者，未有天地，但殊明暗；明性智慧，暗性愚癡；諸所動靜，無不相背。中際者，暗既侵明，恣情馳逐；明來入暗，委質推移；大患猒（厭）離於形體，火宅願求於出離。勞身救性，聖教固然。即妄為真，孰敢聞命？事須辯折，求解脫緣。後際者，教化事畢，真妄歸根；明既歸於大明，暗亦歸於積暗。二宗各復，兩者交歸。""覺悟""明性""離凡塵""復本真如聖身"和"轉法輪"都涉及摩尼教重要教義。明性即被囚禁在肉身中的光明分子，光明耶穌使明性幡然覺悟，脫離凡塵，得到拯救，回歸明界。這正是《下部讚·讚夷數文》的主題，其中寫道："與自清淨諸眷屬，宣傳聖旨令以悟。"（第15行）"慰愈一切持孝人，

〔1〕元文琪：《福建霞浦摩尼教科儀典籍重大發現論證》，載《世界宗教研究》2011 年第 5 期，頁 173。

再蘇一切光明性。"（第18行）"洗我妙性離塵埃，嚴餙（飾）淨躰（體）令端正。"（第30行）"令我復本真如心，清淨光明常閒寂。"（第61行）"轉法輪"則在《摩尼光佛教法儀略》中可以找到類似文句：摩尼"轉大法輪，說經、戒、律、定、慧等法，乃至三際及二宗門。"（第37—38行）

霞浦文書參雜了民間宗教成分，夷數作爲神祇的排位會有變化。《冥福請佛文》的排列是："一心焚香奉請清淨法身毗盧舍那佛，圓滿報身盧舍那佛，千百億化身釋迦文佛，默羅勝境無上尊佛，大慈大悲正智夷數和佛，千變萬化電光王佛，具智法王摩尼光佛，……"[1] "默羅"為"薩緩默羅"的簡稱，"默羅勝境"當即明界，"默羅勝境無上尊佛"即"薩緩默羅聖主"，為摩尼教的最高神，排在夷數和佛、電光王佛、摩尼光佛之前，自在情理之中。盧舍那佛固然見於《下部讚》，是摩尼教神光耀柱的佛教化名字，但他只是十二大神之一而已；釋迦文佛在摩尼教中是摩尼的先驅，為光明使者之一，並未列入神祇之列；此處將他們列在"默羅勝境無上尊佛"之前，恐怕是出於依托佛教之意。

謝氏法師保存的清乾隆五十一年（1786）《吉祥道場門書》抄本寫道："南無謹上心焚香奉請，玄劫示現演生道場，四歲出家，十三歲成道降魔，天人稽首太上摩尼光佛，蘇魯支佛，那羅延佛，夷數和佛，電光王佛，日光月光王佛，明門威顯，福德靈相，吉師真爺，俱孚聖尊，末秦明皎使者，如是明門一切諸佛等眾，惟願應物如春回大地，隨機如月映千江，良日今時，請降道場，證明修奉。"[2] 與電光王佛、摩尼光佛同時出現的夷數和佛似乎是從光明耶穌演化而來的。但是這裡摩尼"四歲出家，十三歲成道降魔"，顯然是指歷史上實有其人的摩尼，與蘇魯支（瑣羅亞斯德的伊朗語名稱的譯音）、那羅延、夷數同時出現，因此這裡的夷數可能具有使者耶穌的身份。

《明門初傳請本師》則分兩處招請夷數："本師教主摩尼光佛、寶

〔1〕陳進國、林鋆：《明教的新發現——福建霞浦縣摩尼教史迹辨析》，載《不止于藝》，北京大學出版社，2010年，頁352。

〔2〕陳進國、林鋆：《明教的新發現——福建霞浦縣摩尼教史迹辨析》，載《不止于藝》，北京大學出版社，2010年，頁376–377。

光（吉降福、凶救性）電光王佛，再甦活命夷数和佛，……凶筵請：那羅、数路、釋迦、夷數四府帝君，……"[1] 再甦活命夷數和佛當出自光明耶穌，而凶筵請的四府帝君之一的夷數，則應該是從使者耶穌演化而來的。"那羅"為"那羅延"的簡稱；"数路"是"蘇路"的異譯，即"蘇路支/蘇魯支"；"釋迦"是"釋迦文"的簡稱，即釋迦牟尼。那羅、数路、釋迦、夷數四府帝君是摩尼之前的四大光明使，被稱爲一佛、二佛、三佛、四佛；摩尼則被稱爲為五佛，是最後光明使。下面我們就分析使者耶穌在霞浦文書中的反映。

14.2　四佛夷數和

"四佛夷數和"是五佛之一，吐魯番出土圖像資料中已見端倪，有一幅已佚絲織品只有勒柯克的白描圖保存了下來，其中手持十字架的神當即耶穌（夷數）。（圖版24）古樂慈復原的原作上應該有5個神像，居中的大神像可能是摩尼，右下角的神像即耶穌。（圖版25）相關研究見第10章。霞浦文書中有多處關於五佛的文字，我們主要摘錄涉及夷數的部分。陳法師藏未名科儀書原封皮已失，陳法師加封後，名其為《摩尼光佛》，其超度亡靈科儀以讚頌五佛為主旋律，《摩尼光佛·下生讚》描述了摩尼："摩尼佛下生時，托蔭於蘇鄰。……於今闇默聖引觀三際，初中後事皆通知。"《摩尼光佛·吉斯咒》頌揚了夷數：

> ……稱念夷數佛，既死而復甦；稱念夷數佛，枯木令兹茂；稱念夷數佛，沉淪俱解脫；稱念夷數佛，枯骨再甦還活。……仰啓夷數佛，同弘無盡願。若人有惡夢，或被官司囚繫，及一天元旱，苦難逼身者，稱念吉斯聖，循聲皆應。發願已竟還真寂，眾皆懺悔求捨過。願求斷惡盡，成如上道。

"若人有惡夢"云云恐怕是民間宗教套語，有待民間宗教專家分析。

〔1〕陳進國、林鋆：《明教的新發現——福建霞浦縣摩尼教史迹辨析》，載《不止于藝》，北京大學出版社，2010年，頁355，作"再生活命夷數和佛"，筆者雖未見照片，但認爲根據其他資料，作"再甦"比較可能，見黃佳欣：《霞浦科儀本"樂山堂神記"再考察》，提交"海陸交通與世界文明"國際學術研討會論文，廣州中山大學主辦，2011年12月，頁18。

"既死而復甦"云云則是使者耶穌的一個重要特點。《摩尼光佛》禮讚五佛，摘錄如下：

一佛那羅延，降神娑婆界，國應波羅門，當淳人代。……

二佛蘇路支，以大因緣故，說法在波斯，度人無數。……

三佛釋迦文，四生大慈父，得道毗藍苑，度生死苦。……

四佛夷數和，無上明尊子，降神下拂林，作慈悲父。剎剎露真身，為指通霄路[1]。願亡靈乘佛威光，證菩薩會。

五佛摩尼光，最後光明使。托化在王宮，示為太子。……

…………

伍佛記，諸經備。第一那羅延，蘇路二，釋迦三，夷數四，末號摩尼光。……

……

大聖摩尼光佛（和）願開智慧大慈門（和）摩尼光佛：蘇鄰降跡號摩尼，……

大聖那羅延佛（和）願開憐憫大慈門（和）那羅延佛：那羅元始度人［倫］，……

大聖蘇路支佛（和）願開誠信大慈門（和）蘇路支佛：二尊蘇路是真身，……六十年間身寂去，宗風三百歲清真。……

大聖釋迦文佛（和）願開具足大慈門（和）釋迦文佛：釋迦天竺誕王宮，……

大聖夷數和佛（和）願開忍辱大慈門（和）夷數和佛：願開夷數再甦生，聖化神通不可量。白鴿飛來騰瑞相，那能俗處現風光。六旬住世身返寂，三百餘年教闡揚。授記明童應後聖，願為我等佈津梁。仰啟活命世尊夷數和佛，大慈大悲。循聲來救度，惟願亡者離苦，上生天堂見佛。聞徑逍遙自在，極樂歡愉無量受，蓮臺救竟永逍遙。（一案舉）[2]

---

〔1〕"通霄"意為通往天霄，也即通往明界。

〔2〕元文琪：《福建霞浦摩尼教科儀典籍重大發現論證》，載《世界宗教研究》2011 年第 5 期，頁 176–178；林悟殊：《明教五佛崇拜補說》，載《文史》2012 年第 3 期，頁 388、404–405。

這裡將五佛與摩尼教的"五施"——憐憫、誠信、具足、忍辱、智慧相配合。五佛作爲光明使者降臨人間，均有其活動的主要地域。（1）那羅延：婆羅門教經典《梨俱吠陀·原人歌》僞託那羅延所撰，在《摩訶那羅衍拿奧義書》中，那羅延（即那羅衍拿）被等同於原人。"娑婆界"即人們生活於其中的大千世界；"波羅門"即婆羅門，"國應波羅門"即指那羅延的活動範圍是印度。（2）蘇路支："說法在波斯"意即瑣羅亞斯德在波斯說法。（3）釋迦文："釋迦天竺誕王宮"意即釋迦牟尼在印度誕生於王宮之中。"毗藍苑"當為"藍毗苑"之訛，通常稱藍毗尼園，是釋迦牟尼誕生的地方。（4）夷數："降神下拂林"意即耶穌降生在羅馬帝國。（5）摩尼："蘇鄰"即 Asūristān，古稱巴比倫，大致相當於今伊拉克，為薩珊波斯首都所在的直隸省，摩尼出生與成長的地區。

陳法師藏科本中也有讚頌五佛的詩句：

> 大聖元始世尊那羅延佛，
>
> 大聖神變世尊蘇路支佛，
>
> 大聖慈濟世尊摩尼光佛，
>
> 大聖大覺世尊釋迦文佛，
>
> 大聖活命世尊夷數和佛。
>
> 願降道場，證明功德，接引亡靈，來臨法會。
>
> （一）那羅初世人，（二）蘇路神門變，
>
> （三）釋迦托王宮，（四）夷数神光顯。
>
> （眾和：）救性離災殃，還超常樂海。
>
> （一）摩尼大法王，（二）最後光明使，
>
> （三）出現於蘇鄰，（四）救我有緣人。
>
> （眾：）救性離災殃，還超常樂海。
>
> 一者無上光明佛；　　二者智惠善母佛；
>
> 三者常勝先意佛；　　四者懽喜五明佛；
>
> 五者勤修樂明佛；　　六者真實造相佛；
>
> 七者信心淨風佛；　　八者忍辱日光佛；

......[1]

對摩尼教12個大神的讚頌與《下部讚・收食單偈》幾乎完全相同[2]，不贅。關於五佛作爲一個總體，以及那羅延、蘇路支、釋迦文和摩尼，見本書有關各章，本章只限於分析“四佛夷數和”。我們可以把以上有關資料分爲5個方面分析：

14.2.1 “五佛記，諸經備”

摩尼承認瑣羅亞斯德（Zarathustra，蘇路支/蘇魯支）、佛陀（Buddha，釋迦文）和耶穌（Jesus，夷數）為自己之前的光明使者，科普特文《克弗來亞》第1章中，摩尼概括了自己的宗教比以前的宗教優越的10個方面，其中第4點是：以前的宗教教主沒有像摩尼一樣寫下自己的教導：“耶穌降臨西方，在他死後其弟子才記下他的言辭。瑣羅亞斯德降臨波斯之地，來到維什塔斯普（Hystaspes，波斯語 Wishtasp）國王那裏，但是他沒有寫書，不過其弟子在他死後還記得其言辭，並記錄了下來。最後，當佛陀降臨時，他宣說了很多智慧，建立了教會，但是他沒有寫過任何東西，是其弟子在他死後記得並記載了他的言辭。”

帕提亞文書 M42是一場孩子（代表光明靈魂）與耶穌之間的對話，也列舉了瑣羅亞斯德、佛陀和耶穌3個光明使。瑣羅亞斯德降臨波斯之地，弘揚真理和開始拯救靈魂，但是撒旦（Satan）知道後，派忿怒之魔反對他，真理被曲解了。此後，佛陀釋迦牟尼有一陣子在印度拯救了許多靈魂，但是提婆達多（Devadatta）心生妒忌。當佛陀涅槃時，告訴光明靈魂：等待彌勒（Maitreya，即摩尼）。然後耶穌再次降臨，毀滅了耶路撒冷（Jerusalem），但是加略人猶大（Judas Iscariot）倒了一杯毒藥，

---

〔1〕陳進國、林鋆：《明教的新發現——福建霞浦縣摩尼教史迹辨析》，載《不止于藝》，北京大學出版社，2010年，頁383，圖35。霞浦文書《摩尼光佛》開篇“眾唱大聖”中作“元始天尊”，林悟殊：《明教五佛崇拜補說》，載《文史》2012年第3輯，頁396。

〔2〕陳進國、林鋆：《明教的新發現——福建霞浦縣摩尼教史迹辨析》，載《不止于藝》，北京大學出版社，2010年，頁383，圖35。《下部讚》的“無上光明王”在此改作“無上光明佛”。《摩尼光佛》開篇便“眾唱大聖”，稱頌五大聖，那羅延佛被稱爲“元始天尊”。

毒死了光明靈魂。[1]

粟特文文書 TM393的第2部分是一個更詳細的光明使及其誹謗者的名單：第1個誹謗者是夏娃（粟特文 Martena），她3次將亞當引向邪路；第1個謀殺者是該隱（Cain），他殺了他自己的兄弟。在東方，第1個犯罪者是……，他敗壞了婆羅門教（Brahmanic religion），在世界上造成了10個逆境。第2個詆謗者是賈馬斯普（Zamasp），他誹謗瑣羅亞斯德；第2個謀殺者是亞歷山大（Alexander），他殺害了穆護（Magi）；第2個犯罪者是惡魔之子庫貢（Kughune），他敗壞了穆護的宗教。第3個誹謗者是阿育王（King Ashoka），他誹謗佛陀，第3個犯罪者是提婆達多（Devadatta），他敗壞了佛陀的宗教。第4個，也即最後一個誹謗者是加略人（Iscariot，即猶大），他誹謗基督，第4個犯罪者是撒旦——敗壞基督教的惡魔。[2]

還有其他資料説明摩尼承認的其他各個光明使，但是其中最重要的是瑣羅亞斯德、佛陀和耶穌，霞浦文書中的"二佛蘇路支、三佛釋迦文、四佛夷數和"無疑即這3個光明使。五佛摩尼光則是最後光明使，阿拉伯學者比魯尼（Biruni，973—1048）說摩尼是"先知的封印"，即最後一個先知。至於一佛那羅延，則借自婆羅門教，作爲啓示人類的第一個光明使者。"四佛夷數和"是三位一體中的聖子；他有具體的活動地域－－拂林（羅馬帝國）；他託生爲人，只是假象，他的真身是純粹的光明；他以起死回生著稱，被稱爲"活命世尊"。

14.2.2 "無上明尊子"

摩尼教徒福斯特斯（Faustus）在與聖奧古斯丁（Augustine of Hippo，354—430）辯論時，概括了摩尼教關於耶穌的核心教義：[3]

---

〔1〕Henning, W. B. 1934. "Ein manichäisches Henochbuch."*SPAW*, 1934, *Mir. Man.* iii, pp. 34–36; Boyce, Mary, *A Reader in Manichaean Middle Persian and Parthian: Texts*,Téhéran: Bibliothèque Pahlavi : Leiden : Diffusion, E.J. Brill. 1975 (*Reader*), pp. 171–173.

〔2〕Henning, W. B. "The Murder of the Magi", *Journal of the Royal Asiatic Society*, 1944, pp. 137–142.

〔3〕*Contra Faustum*, 20.2; in Iain Gardner and Samuel N.C. Lieu, *Manichaean texts from the Roman Empire* / edited by Iain Gardner and Samuel N.C. Lieu. Cambridge ; New York : Cambridge University Press, 2004, p.219, no. 69.

·歐·亞·歷·史·文·化·文·庫·

（福斯特斯說：）"事實上，在無所不能的聖父、其子基督和聖靈的名義下，我們崇拜同一個神。但是我們相信，聖父自己位於至高無上的太初之光中，保羅在其他地方稱之爲'人不能靠近的光'，而聖子位於次生的、可見的光明之中。但是，因爲他自己是二位一體的，根據使徒所說，基督是神的力量和神的智慧，我們相信，他的力量位於太陽上，他的智慧位於月亮上。

但是我們也認爲，整個太空是第三尊聖靈的居處，通過他的影響與精神滲透，大地孕育和產生了受難耶穌，他懸挂在每一棵樹上，他是人類的性命與救贖。雖然你如此激烈地反對這些教義，但是，你的宗教與我們的類似，只是你們把神聖性賦予麵包和葡萄酒，而我們把神聖性賦予萬物。"

（奧古斯丁說：）"再告訴我們，你說的基督有多少個。有一個你稱之爲受難耶穌，他是大地所孕育、聖靈的力量所產生的，他不僅懸挂在每一棵樹上，而且橫臥在草叢中？另一個基督是在本丟·彼拉多（Pontius Pilate）手下，被猶太人釘在十字架上的？第三個基督是分成兩半，一半在太陽上，一半在月亮上？"

這段對話清楚顯示了基督教與摩尼教對耶穌的不同觀點。摩尼教認爲耶穌是最高神的聖子。《摩尼光佛》稱頌夷數為"無上明尊子，……作慈悲父"。《下部讚·讚夷數文》也稱頌夷數"自是明尊憐愍子，復是明性能救父"。（第44行）敦煌寫本《摩尼教殘經》第131—134行引《應輪經》言："若電那勿等身具善法，光明父子淨法風，皆於身中每常遊止。其明父者，即是明界無上明尊；其明子者，即是日月光明；淨法風者，即是惠明。"所謂"明父"，也就是聖父，"明界無上明尊"在《下部讚·收食單偈》中稱"無上光明王"，陳法師藏科本改爲"無上光明佛"；《興福祖慶誕科》稱其為"十方常住無上至真光明佛"，《冥福請佛文》稱"默羅勝境無上尊佛"，《摩尼光佛》稱爲"薩緩默羅聖主"，也即"去煞符"中的"無上明尊祖"，為摩尼教的最高神。

《摩尼教殘經》說"其明子者，即是日月光明"，根據上述福斯特斯的意見，因爲耶穌的力量在太陽上，智慧在月亮上，因此"日月光明"

即耶穌，"明子"即聖子。

《摩尼教殘經》說"淨法風者，即是惠明"，也即聖靈。聖靈在西方通常以白鴿作爲象徵，在摩尼教文書中也是這樣。"白鴿"見於《摩尼教殘經》："其彼貪魔為破落故，造新穢城，因己愚癡，姿行五慾。惑（或）時白鴿微妙淨風、勇健法子、大聖之男入於此城，四面顧望，唯見煙霧周障、屈曲無量聚落。"（第138—141行）《摩尼光佛》讚美夷數時說"白鴿飛來騰瑞相，那能俗處現風光。……授記明童應後聖，願為我等佈津梁。"此處"白鴿"自當指聖靈。"授記"原來是指佛陀為弟子們預告，親証菩提的時間。例如佛告訴彌勒："汝於未來久遠人壽八萬歲時，當得作佛。""後聖"當指摩尼，"津梁"比喻濟渡衆生，《敦煌變文集·維摩詰經講經文》曰："若要拋離生死鄉，須知內外作津梁"。這裡借用佛教術語"授記"，意即夷數預言摩尼為未來的光明使者。吐魯番出土庇麻節讚美詩 M 801 讚美摩尼說[1]：

> 我們崇拜耶穌，主，偉大（之神）的兒子，把有福的你派來
> 給我們。
> 我們崇拜崇高的（光明）童女、光明的雙生子，
> 他是你每一場戰鬥中的戰友和夥伴。

"雙生子（英文 Twin）"很難完全轉達這個詞的原義，敦煌漢文摩尼教文書根據伊朗語音譯為"閻默"，《摩尼光佛·下生讚》稱頌摩尼"於今閻默聖引觀三際，初中後事皆通知。""明童"可能為光明閻默之意譯，他是摩尼的神我，一直伴隨著摩尼，保護他，指引他。我們可以理解為：就像佛陀預言彌勒將成佛一樣，夷數預言"明童"將降臨人間，化身為"後聖"——摩尼，為信徒們建構通向明界的橋梁，使他們脫離生死輪回。

《摩尼光佛》頌揚夷數"六旬住世身返寂，三百餘年教闡揚。"通

---

〔1〕Henning, W. B., *Ein manichäisches bet- und beichtbuch* / von dr. W. Henning. *APAW*, 1936 (*BBB*), p.27; Klimkeit, H.-J., *Gnosis on the Silk Road: Gnostic texts from Central Asia* / translated &presented by Hans-Joachim Klimkeit. San Francisco, Calif.: HarperSanFrancisco,1993 (*GNR*), p.137. 圖版見：http://www. bbaw.de/forschung/turfanforschung/ dta/m/dta_m0037.html http://www.bbaw.de/ forschung/turfanforschung/dta/m/dta_m0038.html(2012/2/12)

常認爲耶穌被處決時三十多歲，並無"六旬住世"。同一文書講到蘇路支（瑣羅亞斯德）時也說："六十年間身寂去，宗風三百歲清真。"可見"六十"與"三百"只是套語而已。"六十"這個數字可能套用《摩尼光佛教法儀略》對摩尼的記載："六十年内，開示方便。"（第30行）"其餘六十年間，宣說正法，諸弟子等隨事記錄，此不載列。"（第68—69行）關於夷數生活及其宗教傳播的年代並不符合已知史實，但是其活動的地域—拂林卻有一定根據。

14.2.3　"降神下拂林"

"拂林"又作"拂菻"，這個地名的語源問題長期以來衆說紛紜，莫衷一是，張緒山先生撰寫論文作了專門探討，[1]他認爲"羅馬說"較爲可取。日本學者白鳥庫吉1904年發表《大秦國及拂菻國考》，接受沙畹（E. Chavannes）"拂菻"之名聞自突厥的見解，認爲 Rum（Roma）在突厥語中訛轉爲 Urum，漢語音譯爲 wut-rum，又轉爲 fut-rum，即"拂菻"。[2]1908年法國學者布洛歇（E. Blochet）提出，Rum 在伊朗語（Pahlevi）中作 Hrum，亞美尼亞語中作 Hrom，Hrom 可以轉爲 From，漢語音譯爲"拂菻"。[3]1914年法國漢學家伯希和（P. Pelliot）沿著與布洛歇相同的路徑進行了闡述：亞美尼亞語稱 Rōm 爲 Hrom（Horum），中古伊朗語帕列維語（Pahlevi）中稱之爲 Hrōm，花拉子密語和粟特語轉 Hrōm 爲 Frōm（Furum），漢語轉讀為"拂菻"。[4]1931至1932年間，白鳥庫吉發表《拂菻問題的新解釋》[5]，肯定了伯希和的觀點，對"拂菻"名稱轉自 Frōm 的觀點重新加以申説，使"羅馬說"更具説服力。

帕提亞文文書 M132和 M5861講述耶穌在羅馬總督比拉多面前受審

〔1〕張緒山：《"拂菻"名稱語源研究述評》，載《歷史研究》2009 年第 5 期。

〔2〕白鳥庫吉著、王古魯譯：《大秦國與拂菻國考》，載《塞外史地論文譯叢》第 1 輯，商務印書館，1938—1939 年，頁 38—40。

〔3〕E. Blochet, "Notes de géograghie et d'histoire d'Extrême Orient: Fo-lin=Ρώμη", *Revue de l'Orient Chrétien*, 3 (1908), 2ème série, pp. 359–366.

〔4〕P. Pelliot, "Sur l'origine du nom de Fu-lin", *Journal Asiatique*, 1914, pp.497–500.

〔5〕《東洋學報》第 19 卷第 3 號，1931 年；第 20 卷第 1 號，1932 年。中譯本見《塞外史地譯叢》第 1 輯，頁 243–331，但其中後一部内容付闕。

的情景，講到：

[1] 當他被帶進來，帶到大官面前去時，他令人敬畏，毫無［憂傷］。*
彼拉多問［他］：“［你是］真的雅各家（y'kwb）和以色列
人的王嗎？”
正義的解釋者（耶穌）回答彼拉多：“我的國不屬這個世界。”

[2] 然後，在猶太人的催促下，他把他捆綁起來，［送］他到希律
王那裏去。

（殘缺）

[3] ……［靜靜地］他站在那裏。希律王……給（他）穿上袍，把
［一頂荊棘的冠冕］戴在他頭上。他們拜他，蒙上他的頭，他
們用一根棍子打（他的）臉頰和嘴巴，他們對著他的眼睛吐唾
沫，說：“你為我們說預言吧，主彌賽亞！”

[4] 然後羅馬人（frwm'y〔frōmāy〕）前來，三次向他膜拜。他以
自己神奇的力量，不斷向他們顯示自己美麗的容貌，（讓他們
聽到他的）聲音。[1]

“羅馬人”當指羅馬士兵。frwm'y 出自 frwm（frōm），在摩尼教胡
語文書中，耶穌與羅馬之關係一清二楚。霞浦文書說夷數“降神下拂林”，
當有所本。

都柏林藏科普特文《克弗來亞》列舉眾光明使時，也明確把耶穌與
羅馬聯係在一起：“主瑣羅亞斯德降臨波斯，到國王維什塔斯普那裏；
他揭示了律法，這法律在波斯切實地確立起來了。智慧的、幸運的主佛
陀：他降臨印度之地，並來到貴霜人當中；他揭示的律法在全印度與貴
霜人當中真正確立。在他之後，阿羅漢們（aurenths 即*Arhants）和普
克德洛斯（pkhdhllos）降臨東方；他們揭示的律法在東方——在世界之
中部和在安息真正確立。他在所有這些人中揭示了真理的律法。此後，

〔1〕Boyce, Mary, *A Reader in Manichaean Middle Persian and Parthian: Texts*,Téhéran: Bibliothèque
Pahlavi : Leiden : Diffusion, E.J. Brill. 1975 (*Reader*), p.130, text byc; Klimkeit, H.-J., *Gnosis on the Silk
Road: Gnostic texts from Central Asia* / translated &presented by Hans-Joachim Klimkeit. San Francisco,
Calif.: HarperSanFrancisco,1993 (*GNR*), p.73.圖版見：http://www.bbaw.de/ forschung/turfanforschung/
dta/m/dta_m0007.htmlhttp://www.bbaw.de/forschung/turfanforschung/dta/m/dta_m_0068.html. (2012/2/12)

在羅馬人的（xrwmaios）西方，耶穌基督降臨西方全境。"[1]

14.2.4 "剎剎露真身"

幻影說（Docetism）是早期基督教對基督的表述之一，後來被定為異端邪說。此說認爲耶穌是一個完全的神，不是凡人，並沒有真正存在的肉體，只是投射在人間的一個影子、幻象或幻影形體，在十字架上受苦的只是他的化身。摩尼教的耶穌觀與幻影說有類似之處。帕提亞文文書 M 24是關於耶穌被釘十字架的詩歌，R 3－10描寫了耶穌降臨時，改變其形態與外貌，從而能夠被世人看見：[2]

> 耶穌基督［……出於？］
>
> 惻隱之心，變得可以看見。要理解，
>
> 所有的信徒們，基督的
>
> 真理。要知道和
>
> 完全認識他的
>
> 神秘：他改變其形態與外貌。
>
> 當他降臨時，有五件事情
>
> 整個世界為之震驚。

這種舉世震驚可以與耶穌被釘上十字架時天昏地暗的情形相比。耶穌無論降臨，還是升天，都使天地變色。一首帕提亞文讚美詩（M104

---

〔1〕Tardieu, M., "La diffusion du bounddhisme dans l'Empire Kouchan, l'Iran et la Chine, d'parès un Kephalaion manichéen inédit", *Studia Iranica* XVII, 1988, pp.163–164.參閱 http://www.fas.harvard.edu/~iranian/Manicheism/Manicheism_ II_Texts.pdf p.64.(2011/10/1). Sundermann, W. 1991. "Manichaean Traditions on the Date of the Historical Buddha", *The Dating of the historical Buddha,Die Datierung des historischen Buddha* / edited by Heinz Bechert. Göttingen : Vandenhoeck & Ruprecht, 1991, p.432.

〔2〕Enrico Morano, "A Survey of the Extant Parthian Crucifixion Hymns," in *Studia Manichaica : IV. Internationaler Kongress zum Manichäismus,* Berlin, 14.-18. Juli 1997, pp.400–402.圖版見： http://www.bbaw.de/forschung/turfanforschung/dta/m/dta_ m0002.html (2012/2/12)

和 M891b）寫道：[1]

因爲撒旦，耶穌挑選了選民。

他（撒旦）想穿過火海怒濤，用火燒毀

整個世界。高貴的主（耶穌）除去（ʿzwšt）其

衣服（pdmwcn），以其大力，出現在撒旦面前。

天地震顫，薩瑪逸囉（smyl）跌落

深淵。真理闡釋者[2]（耶穌）充滿憐憫，因爲

光明被敵人所吞噬。他使它（光明）

從死亡的深淵中上升到勤修之地，它本來就是從那裏

謫降下來的。

榮耀歸你，偉大（之神）的兒子（耶穌），你使自己的正義的

信徒得到解脫。現在，也請保佑末扎庫（mryzkw）慕闍——你

的光明群體的偉大維護者。

這首讚美詩稱頌的是被釘上十字架的耶穌，無疑即使者耶穌。所謂
"除去其衣服"，當指耶穌改變其形態，展示其神性，顯露其"真身"，
從而引起天地震顫。《摩尼光佛》讚頌夷數"刹刹露真身"的真實含義
可能即在於此。

14.2.5　"既死而復甦"

霞浦文書中，反復強調夷數"既死而復甦"的神奇能力。《摩尼光
佛·吉斯咒》稱頌他"枯木令茲茂""沉淪俱解脫""枯骨再甦還活"；
又稱頌："願開夷數再甦生，聖化神通不可量。"夷數被稱爲"活命世尊"，
這一特點當出自摩尼教教義。《克弗來亞》35.13 - 14說：通過耶穌，

〔1〕Henning, W. B. 1934. "Ein manichäisches Henochbuch."*SPAW*, 1934, *Mir. Man.* iii, p881f (text k, 1–17); Boyce, Mary, *A Reader in Manichaean Middle Persian and Parthian: Texts*,Téhéran: Bibliothèque Pahlavi : Leiden : Diffusion, E.J. Brill. 1975 (*Reader*), p.127,　text bx; Klimkeit, H.-J., *Gnosis on the Silk Road: Gnostic texts from Central Asia* / translated &presented by Hans-Joachim Klimkeit. San Francisco, Calif.: HarperSanFrancisco,1993 (*GNR*), p.71; Enrico Morano, "The Sogdian Hymn of 'Stellung Jesu'", *East and West*, N.S. 32 (1982), pp.30–32; 馬小鶴：《摩尼教與古代西域史研究》，中國人民大學出版社，2008年，頁 4–5。圖版見：http://www.bbaw.de/forschung/turfanforschung/dta/m/dta_m0006.html http://www.bbaw.de/forschung/turfanforschung/dta/m/dta_m0042.html. (2012/2/12)

〔2〕在《下部讚·讚夷數文》中作"能譯者"："大聖自是第二尊，又是第三能譯者。"（第15行）

信徒將會被給予永恒的生命。[1]在科普特文《摩尼教讚美詩第二部》185.10—22中，耶穌被稱頌為生命之樹的果實，那些信奉耶穌的人將不會嘗到死亡的滋味。[2]吐魯番出土中古波斯文文書 M 28 II 是一首據稱為摩尼所撰的《生命給予者耶穌頌》[3]：

> ……
>
> 歡迎，解放之主！
>
> 前來幫助，善良的神靈，和平的使者，
>
> 溫順之人的幫助者，侵略之徒的戰勝者！
>
> 歡迎，新的君主！
>
> 歡迎，囚禁之人的解救者，
>
> 受傷者的醫生！
>
> 歡迎，你喚醒沉睡之人，
>
> 你喚起昏醉之人，
>
> 你起死回生！

這些讚譽也多見於《下部讚·讚夷數文》，比如："與抄略者充為救，與纏縛者能為解。"（第17行）"被迫迮者為寬泰，被煩惱者作歡喜。"（第18行）"願除多劫昏癡病，及以魍魎諸魔鬼。"（第33行）"一切病者大醫王，一切暗者大光輝。"（第36行）"我今〔已〕死願令蘇，我今已暗願令照。"（第37行）"已具大聖冀長生，能蘇法性常榮樹。"（第75行）"懇

〔1〕H. J. Polotsky and A. Böhlig, *Kephalaia. Manichäische Handschriften der Staatlichen Museen Berlin* I, Stuttgart, 1940, 35.13–14; *Kephalaia,* ed. H.-J. Polotsky and A. Böhlig (Man. Hss. Der Staatlichen Museen Berlin I, Stuttgart 1940); ed. A. Böhlig (ibid. 1.2, 1966), Gardner, Iain, *The Kephalaia of the Teacher : the edited Coptic Manichaean texts in translation with commentary* / edited by Iain Gardner. Leiden ; New York : E.J. Brill, 1995, p.39.

〔2〕C. R. C. Allberry, *A Manichaean psalm-book. Part II.* Edited by C. R. C. Allberry, with a contribution by Hugo Ibscher. Stuttgart, W. Kohlhammer, 1938 (*PsB*), 185.10–22.

〔3〕F. C. Andreas, *Mitteliranische Manichaica aus Chinesisch-Turkistan*, ed. W. B. Henning, II, 1933, *Mir. Man.* ii, 312–316; Boyce, Mary, *A Reader in Manichaean Middle Persian and Parthian: Texts*,Téhéran: Bibliothèque Pahlavi : Leiden : Diffusion, E.J. Brill. 1975 (*Reader*), p.123–124, text bt; Klimkeit, H.-J., *Gnosis on the Silk Road: Gnostic texts from Central Asia* / translated &presented by Hans-Joachim Klimkeit. San Francisco, Calif.: HarperSanFrancisco,1993 (*GNR*), pp.65–66. E. Waldschmidt and W. Lentz, Die Stellung Jesu im Manichäismus,*APAW*, Phil.-hist. Kl., 4, 1926, 35 也註明常將耶穌稱爲生命給予者。

切悲嗥誠心啓：慈父法王性命主！"（第79行）霞浦文書中的"大聖延生益算"可能是從"大聖冀長生"演化而來；"活命世尊"則可能是從漢文"性命主"、中古波斯文 *yyšwᵓzyndkr*（生命給予者耶穌）演化而來的。降臨人間的使者耶穌是光明耶穌之化身，仍然擁有"枯骨再甦還活"的大能，在超度亡靈的兇宴中居於四府帝君之一。

14.3　"再甦夷數伓"

霞浦文書中有一則"去煞符"，畫有"𤊙、雷令、貞明正宮、六丁六甲、斬斷妖怪、開山造井、收妖狐狸山魁等鬼、煞"等符號或字樣，還寫了不少雨字頭的怪字，除了"𤊙"字，這些都應該是道教雷法道符常見的東西，有待民間宗教專家研究。咒語卻包含了摩尼教内核："……摩尼大法旨：無上明尊祖，慈悲最聖明。再甦夷數伓，圓滿大光明。伓法僧勅。四梵天王勅。奉請大聖。伽度師、𤊙、烏芦詵、訬罸、時哩。……"[1]"伽度師"是伊朗語 q'dwš、k'dwš 的音譯，敦煌漢文文書音譯"伽路師"，意為"聖哉"。摩尼教中最高神的四位一體是：清淨、光明、大力、智慧，即所謂"四寂"或"四處"。"𤊙"字應當與"祆"字類似，是一個新造出來的字，意思即"真天"，《奏三清》上奏的神之一為"太上真天摩尼光佛"，"真天"相當於"神聖""清淨"；"烏芦詵"是帕提亞文/中古波斯文 rwšn（讀若 rōšn）的音譯，敦煌漢文文書音譯"烏盧詵"，意譯"光明"；"訬罸"可能出自伊朗語 zwr（讀若 zôr），敦煌漢文文書音譯"祚路"，意譯為"大力"或"力"；"時哩"可能出自中古波斯語 whyh（讀若 wehīh），敦煌漢文文書音譯"于呬"，意譯為"智慧"或"智惠"或"惠"。[2]

恆寧（W. B. Henning，1908—1967）釋讀和英譯、評註了兩份吐魯

---

〔1〕陳進國、林鋆：《明教的新發現——福建霞浦縣摩尼教史迹辨析》，載《不止于藝》，北京大學出版社，2010年，頁388，圖41。

〔2〕參閱馬小鶴：《摩尼教〈下部讚〉第二首音譯詩譯釋——淨活風、淨法風辨析》，載李國慶、邵東方主編：《天祿論叢——北美華人東亞圖書館員文集·2010》，廣西師範大學出版社，2010年。

番出土的摩尼教伊朗語咒術文書[1]，可資比較。帕提亞文文書 Tiα（M 1202）是一份驅邪護身符，可能是6世紀撰寫於縛喝（Balkh，在今阿富汗北境馬扎里沙里夫之西）的，其中寫道："主耶穌彌賽亞（xwd'y yyšw mšyh'）[2]，以你的名義，根據你的意志，在你的命令下……；以末摩尼（mrym'ny）—救世主、眾神之使者的名義；以你讚美和祝福的、摧毀所有魔鬼和黑暗力量的聖靈的名義；以米迦勒（myh'yl）、沙逆夜（sr'yl）、拉斐爾（rwf'yl）和加百列（gbr'yl）的名義……卡弗蒂努斯（qftynws）和巴·西穆斯天使，以安·伊利、代德·伊利、阿巴·伊利、尼薩德·伊利和拉弗·伊利的名義，他們將擊敗你們所有的魔鬼、夜叉、佩里、德魯吉、羅刹、黑暗的邪神和罪惡的精靈。"佩里出自波斯民間傳説，原來是一類雌魔。德魯吉出自《阿維斯陀》，後來多用來稱呼雄魔。夜叉、羅刹均出自佛教。[3]這些妖魔出自伊朗、印度文化，而"去煞符"的妖怪則出自中國文化。

中古波斯文文書 M 781是一份驅除熱病的法術文書，其中寫道："……[如果熱病的幽靈]不[自行]離開，將以主良友耶穌（xwd'wwn yyšw' 'ry'm'n）的名義，以其父至高無上神（pydr bwrzyst）的名義，以聖靈的名義，以先思（hndyšyšn nxwstyn）的名義，以神聖的伊利（'yl）的名義，以鮑博的名義，以厄里奇（？）之子穆民的名義，（以）米迦勒（myx'yl）、拉斐爾（rwf'yl）和加百列（gbr'yl）的名義，以饞嘴……的名義，[以]薩鮑斯和……的[名義]……它將離開某某之子某某的[身體]，並消失無蹤。"

就驅邪符咒而言，霞浦文書與這兩份文書保持著相當的延續性。"去煞符"中的"四梵天王"即霞浦文書中的弥訶逸囉、娑囉逸囉、嚧縛逸

---

[1] W.B.Henning,"Two Manichean Magical Texts with an Excursus on The Parthian ending-ēndēh," *BSOAS* 12, 1947, pp. 39-66.

[2] 宗德曼為《伊朗學百科全書》寫的條目 "基督教（五）摩尼教中的基督" 裏猜測：在一份帕提亞文法術文書中，與摩尼和眾大天使一起斬殺妖怪、病魔和其他邪惡的主耶穌彌賽亞（xwd'y yyšw mšyh'）可能屬於耶穌的第4個方面，即審判者耶穌。http://www.iranicaonline.org/articles/christianity–v (2012/1/17)

[3] 馬小鶴：《摩尼教 "大神咒" 研究——帕提亞文文書 M 1202 再考釋》，載《史林》2004 年第 6 期，頁 98。

囉、喋縛囉逸囉，分別為米迦勒、沙逆夜、拉斐爾、加百列等四大天使的音譯。[1] 逸囉即伊利的音譯。"去煞符"中的"無上明尊祖"是摩尼教的最高神，《下部讚》有一首讚美詩的題目就是《歎无上明尊偈文》（第222行），他當即耶穌之父至高無上神（pydr bwrzyst）。"去煞符"中的"摩尼"即末摩尼（mrym'ny）。"去煞符"中的"再甦夷數任"相當於主耶穌彌賽亞（xwd'y yyšw mšyh'）、主良友耶穌（xwd'wwny yšw' 'ry'm'n）。

14.4　結語

在摩尼教中，光明耶穌是大明尊第3次召喚時產生的眾神之一。大明尊雖然至高無上，但超然物外，不介入人間事務，猶如婆羅門教的梵天。光明夷數則救苦救難，猶如觀音。在敦煌文書中，光明夷數（光明耶穌）只是十二大神之一，而在霞浦文書中，"夷數和佛"常被列爲三大主神之一，在佛、法、僧三寶中據有"法"的地位，演繹"二宗三際"的教義，僅次於最高神。

使者耶穌是光明耶穌的化身，降臨西方，救贖人類。光明使者那羅延、瑣羅亞斯德、佛陀、耶穌、摩尼在霞浦文書中被分別稱爲"一佛那羅延""二佛蘇路支""三佛釋迦文""四佛夷數和""五佛摩尼光"。那羅（即那羅延）、数路（即蘇路支）、釋迦（即釋迦文）、夷數是凶宴所請的"四府帝君"，與超度亡靈關係密切。霞浦文書證明，中國的摩尼教徒很清楚三位一體的神學，"四佛夷數和"是聖子，"無上明尊"是聖父，"白鴿"是聖靈；耶穌預言了摩尼是"後聖"，將為信徒搭起超度的"津梁"。耶穌降臨"拂林"（羅馬帝國），但是他並沒有肉身，只是改變其形態，使世人能看見他，到他離開塵世時，才露出"真身"，使天地為之震顫。耶穌能夠起死回生，給予信徒永恒的生命，被稱爲"活命世尊"。

---

[1] 馬小鶴：《摩尼教十天王考——福建霞浦文書研究》，刊朱玉麒主編：《西域文史》第5輯，科學出版社，2010年，頁119–120。

在符咒中，"再甦夷數㑇"與"無上明尊祖"（摩尼教的最高神）、"四梵天王"（四大天使）一起都具有驅邪斬魔的能耐。

（原作《摩尼教中的莫教〔耶穌〕——霞浦文書研究》，載《傳統中國研究集刊》2013第11輯，頁151–165。）

15 摩尼光佛新考

新出福建霞浦民間宗教文書中，有相當數量關於摩尼的資料。這些資料可以分爲兩個方面：一方面，是關於最後光明使摩尼的資料，以前所知關於摩尼生平的文獻不算很多，已經由中外學者進行了相當透徹的探索，爲我們深入分析新出資料奠定了堅實的基礎。本章先著錄霞浦文書中有關最後光明使摩尼的資料，然後簡要探討摩尼與其先驅——瑣羅亞斯德、釋迦牟尼、耶穌的關係，主要研究關於摩尼的母親、他在淨洗派中撫養長大、他與淨洗派分道揚鑣，以及他受到啓示、形成新穎宗教思想等記載。另一方面，在霞浦文書中，摩尼光佛又是三大主神之一，我們也稍加探討，以便爲讀者提供一個比較完整的圖景。

15.1 霞浦文書中的最後光明使
——摩尼

霞浦文書有相當數量關於最後光明使摩尼的資料。陳法師藏未名科儀書原封皮已失，陳法師加封後，名其爲《摩尼光佛》，其《下生讚》（頁37‐39）描述了摩尼的出生地、母親、誕生、出家、成道便破水洗、閻默聖引觀三際，以及他在波斯傳教：

> 摩尼佛下生時，托蔭於蘇隣。石榴樹枝呈瑞園，官詣丹墀表奏希奇。……末艷喜食，花顏喜歡，神人誠責別宮安。十月滿將花誕出，詣嬌培湧化胸間。地湧金蓮，捧天酒甘露。十方諸佛盡歡欣，三毒魔王悲煩惱。巍巍寶相，凡間難比。……年四歲出家，十三成道便破水洗。於今閻默聖引觀三際，初中後事皆通知。……想威感波斯，說勃王悟里。思維上中下皆從，皈依沙密闍黎。隨佛遊光化長眉，我佛説法，人天會裏總持。持佛説二宗大義，三

·歐·亞·歷·史·文·化·文·庫·

際消舊罪。……〔1〕

二宗三際是摩尼教的核心教義，二宗是"明暗各宗"，三際是初際、中際、後際。《摩尼光佛》禮讚了包括摩尼在內的五佛：

一佛那羅延，降神娑婆界，國應波羅門；……

二佛蘇路支，以大因緣故，說法在波斯；……

三佛釋迦文，四生大慈父，得道毗藍苑；……

四佛夷數和，無上明尊子，降神下拂林；……

五佛摩尼光，最後光明使，托化在王宮；示為太子；說法轉金輪，〔2〕有緣蒙濟度。願亡靈乘佛威光，證菩薩會。

稽首我世尊，以大因緣故，應化下生，來作四生父。悲心度衆生，永離生死苦。願慈悲接引亡靈，往生淨土。（頁62-64）

……

伍佛記，諸經備。第一那羅延；蘇路二；釋迦三；夷數四；末號摩尼光。具智稱明使〔3〕，八無畏九靈祥〔4〕。無上明尊諸佛子，有神通，動天地，須表二宗，發分三際。［摧］外道，皈三寶，收救氣風明水火〔5〕。為人［天］敷法座，金口宣揚明暗種因果。諸明子須覺悟，人生百歲如電掃，棄邪魔須辨早，救與同皈彼岸無煩惱。（頁70-71）

………

大聖摩尼光佛（和：）願開智慧大慈門（和：）摩尼光佛。蘇隣降跡號摩尼，應化三身妙入微。九種靈祥超世俗，八般無畏表神

---

〔1〕元文琪：《福建霞浦摩尼教科儀典籍重大發現論證》，載《世界宗教研究》2011年第5期，頁177。

〔2〕"說法轉金輪"可能與《儀略》"轉大法輪"（第37行）同出一源。

〔3〕"具智稱明使"可能與《儀略》"佛夷瑟德烏盧詵者本國梵音也，譯云光明使者，又号具智法王，亦謂摩尼光佛，即我光明大慧无上醫王應化法身之異号也"同出一源，《閩書》說："摩尼佛，名末摩尼光佛，蘇鄰國人。又一佛也，號具智大明使。"可能也同出一源。

〔4〕"八無畏九靈祥"可能與《儀略》"神驗九徵……八種無畏"（第23—24行）同出一源。

〔5〕"氣風明水火"，即淨氣、妙風、明力、妙水、妙火，合稱五明性，貪魔造立人身，禁囚明性。人的靈魂就是因禁在肉體中的五明性，摩尼教的任務就是"收救"五明性。

威。[1] 四歲出家辭國位，十三成道演真言。一切有緣皆得度，萬靈咸仰盡皈依。仰啓慈濟世尊摩尼光佛，大慈大悲。尋聲來救度，惟願亡者離苦，上生天堂見佛。聞徑逍遙自在，極樂歡愉無量受，蓮臺救竟永逍遙。（一案擧）

　　大聖那羅延佛……

　　大聖蘇路支佛……

　　大聖釋迦文佛……

　　大聖夷數和佛……（頁 74－79）[2]

陈法师藏科本先禮贊五位大圣，然后抄录《下部赞》中《收食单偈》：

　　大聖元始世尊那羅延佛、

　　大聖神變世尊蘇路支佛、

　　大聖慈濟世尊摩尼光佛、

　　大聖大覺世尊釋迦文佛、

　　大聖活命世尊夷數和佛

　　願降道場，證明功德，接引亡靈來臨法會。

　　一　那羅初世人；二　蘇路神門變；

　　三　釋迦托王宮；四　夷數神光現。

　　眾和：救性離災殃，速超常樂海。

　　一　摩尼大法王，二　最後光明使，

　　三　出現於蘇鄰，四　救我有緣人。

　　眾：救性離災殃，速超常樂海。

　　一　者無上光明佛，二　者智惠善母佛，

　　……[3]

---

　　[1]"九種靈祥超世俗，八般無畏表神威"可能與《儀略》"神驗九徵……八種無畏"（第23—24行）同出一源。

　　[2]元文琪：《福建霞浦摩尼教科儀典籍重大發現論證》，載《世界宗教研究》2011年第5期，頁176–178；林悟殊：《明教五佛崇拜補說》，載《文史》2012年第3期，頁388。

　　[3]陳進國、林鋆：《明教的新發現——福建霞浦縣摩尼教史迹辨析》，載《不止于藝》，北京大學出版社，2010年，頁383，圖35。霞浦文書《摩尼光佛》開篇"眾唱大聖"中作"元始天尊"，林悟殊：《明教五佛崇拜補說》，載《文史》2012年第3期，頁396。

謝氏法師保存有乾隆五十一年（1786）《吉祥道場門書》抄本，奉請摩尼、蘇魯支、那羅延、夷數等神祇：

> 南無謹上心焚香奉請，玄劫示現演生道場，四歲出家，十三歲成道降魔，天人稽首太上摩尼光佛，蘇魯支佛，那羅延佛，夷數和佛，電光王佛，日光月光王佛，明門威顯，福德靈相，吉師真爺，俱孚聖尊，末秦明皎使者，如是明門一切諸佛等眾，惟願應物如春回大地，隨機如月映千江，良日今時，請降道場，證明修奉。[1]

關於五佛，以及一佛那羅延、二佛蘇路支、三佛釋迦文、四佛夷數和，均須各自單獨研究，見本書相關各章，本章集中研究有關摩尼的資料，首先簡要探討摩尼與蘇路支、釋迦文、夷數的關係。

15.2　最後光明使

阿拉伯歷史學家比魯尼（al-Bīrūni，973—1050）的《古代遺跡》主要討論古代各國人民的曆法和紀元，第8章討論僞先知及其社團的紀元，關於摩尼寫道：[2]

> 他熟悉穆護、基督教徒和二元論者的教義，自稱先知。他為沙普爾·本·阿達希爾寫的《沙卜拉干》開頭講："智慧和（善）行時不時由上帝之使徒（rusūl رسل）帶給人類，在一個時代通過使徒佛陀（budd بد）之手帶給印度（hind هند），在另一個時代以查拉圖斯特拉(zarādušt زرادشت)之手帶給波斯,在另一個時代通過耶穌（ʾīsā عيسى）之手帶給西方。這種啓示傳承下來，在這最後的時代這個先知的職責傳到我手上，我是摩尼——真理之神派往巴比倫（bābil بابل）

---

[1] 陳進國、林鋆：《明教的新發現——福建霞浦縣摩尼教史迹辨析》，載《不止于藝》，北京大學出版社，2010年，頁376—377。

[2] Bīrūnī, Muḥammad ibn Aḥmad, *Chronologie orientalischer Völker* / von Albêrûnî ; herausgegeben von C. Eduard Sachau.Leipzig:Brockhaus,1878.　http://nrs.harvard.edu/urn-3:HUL.FIG:002267088, p.207; Sachau , C. Edward , *The chronology of ancient nations : an English version of the Arabic text of the Athâr-ul-Bâkiya of Albîrûnî, or, "Vestiges of the past," collected and reduced to writing by the author in A.H. 390-1, A.D. 1000* /translated and edited, with notes and index, by C. Edward Sachau.　London : Published for the Oriental Translation Fund of Great Britain & Ireland by W.H. Allen, 1879, p.190.

的使徒。"在其按照二十二個字母順序安排章節的福音書中，他說他是彌賽亞預言的聖靈，他是眾先知的封印（xātam خاتم）。

摩尼爲了向薩珊波斯國王沙普爾一世（239—270年在位）傳教，撰成《沙卜拉干》（現存中古波斯文殘片，漢文稱其爲《二宗經》），作爲經典之一，後來摩尼教受薩珊王朝迫害，不再以其爲大經，以《大力士經》取代其大經的地位。摩尼還撰寫了福音書（漢文音義兼顧的翻譯爲"大應輪部"，意譯爲《徹盡萬法根源智經》）作爲七部大經之一。淵博的比魯尼可能閱讀過這兩部書，他提供的信息應該準確無誤。而且摩尼以佛陀、瑣羅亞斯德和耶穌爲其先驅的教義也可以在摩尼教文獻中得到證實。但是，"封印"之說則很難從摩尼教文獻中的得到確證，有可能是比魯尼以自己的理解套用了伊斯蘭教術語。[1]其他數種阿拉伯文和新波斯文資料也與此類似，比如，12世紀的沙赫拉斯塔尼（al-Shahrastānī）列舉的摩尼教先知是：人類之祖亞當、塞特、諾亞、亞伯拉罕，然後上帝把佛陀派到印度，把瑣羅亞斯德派到波斯，把上帝之道、他的聖靈彌賽亞派到羅馬之地與西方，保羅在彌賽亞之後也被派去了。[2]

霞浦文書"五佛"中的那羅延出自婆羅門教，蘇路支/蘇魯支即瑣羅亞斯德教教主查拉圖斯特拉，釋迦文即佛陀，夷數即耶穌，而最後光明使摩尼即所謂"眾先知的封印"。

15.3 摩尼生平

關於摩尼生平的資料自然從一開始就包含不少神化的故事，中西學者深入分析漢文《摩尼光佛教法儀略》（以下簡稱《儀略》）、阿拉伯文《群書類述》、希臘文《科隆摩尼古卷》，以及零散的資料，盡量區分神

---

〔1〕Stroumsa, G. G. "'Seal of the Prophets'? The Nature of a Manichaean Metaphor", *Jerusalem studies in Arabic and Islam*, 7 (1986), pp.61-74.

〔2〕*Book of Religious and Philosophical Sects*, by Muhammad al-Shahrastáni. ed. W. Cureton, London, 1846, p.192. http://books.google.com/books/about/Book_of_religious_and_philosophical_sect.html?id= B59 CAAAAcAAJ. 參閱 Reeves, John C. *Heralds of that Good Realm: Syro-Mesopotamian Gnosis and Jewish Traditions*, Leiden: Brill,1996, p.10.

化的部分與確切的史實，已經勾畫了一個大致清楚的輪廓。霞浦文書中關於最後光明使摩尼的資料大部分源自摩尼教文獻。

15.3.1　蘇隣降跡號摩尼

摩尼的名字在摩尼教中古波斯文、帕提亞文、粟特文和回鶻文中均作 m'ny。在希臘文（科普特文）中作 Μανιχαιος，在拉丁文中作 Manichaeus。所有這些寫法都出自古敍利亞文 mny（也作 m'ny），讀若 Mānī 或 Mānē。漢文寫作"摩尼"，説明原來更可能讀作 Mānī，但是不能排除"摩尼"這個寫法受到佛教梵文 maṇi（意為珠寶）的影響，佛教經典咒語"唵嘛呢叭咪吽"om maṇi padme hūm 中的"嘛呢（maṇi）"即"摩尼"的另一種寫法。[1]"摩尼"的語源有多種説法，尚難得到學術界的公認，或許這只是一個常見的人名，並無語源可言。"摩尼"這個名字本身成爲反摩尼教教父曲解嘲諷的對象，在希臘文中被寫作 maneis，意為"瘋子"，在敍利亞文中寫作 mānā dbīštā，意為"罪惡的容器"，或寫作 mānāw dbīšā，意為"罪人的容器"；摩尼教徒為維護自己的教主，在希臘文、科普特文中拼寫為 Mannichaios，在拉丁文中拼寫為 Mannichaeus，即 Mannam fundens，意為"遍施嗎哪"，[2]據《舊約·出埃及記》第16章"嗎哪"是上帝賜給以色列人的食物。在漢文資料中，摩尼教教主的名字曾被翻譯為"忙你""牟尼""末尼"，最常見的則是"摩尼"。"摩尼"一詞明顯是佛教漢文術語，意譯作珠、寶珠，為珠玉之總稱。漢文資料把教主的名字譯作"摩尼"，可謂音義兼顧。[3]

關於摩尼的出生地，有一些不同的記載。阿拉伯歷史學家比魯尼（Biruni）引述摩尼撰寫的《沙卜拉干》（Šābuhragān），說塞琉古紀年（Seleucid Era）第527年（即公元216/217年），摩尼出生在庫塔（Kūtā）

---

〔1〕宋德曼（Werner Sundermann）2009 年為《伊朗學百科全書》撰寫的條目"摩尼"，http://www.iranicaonline.org/articles/mani–founder–manicheism.（2011/12/28）

〔2〕Tubach, J. and M. Zakeri, "Mani's Name," in *Augustine and Manichaeism in the Latin West,* ed. Johannes van Oort, O. Wermelinger, and G. Wurst, Leiden, 2001,, pp. 273–277.

〔3〕馬小鶴：《摩尼光佛考》，載《史林》1999 年第 1 期，頁 11–15、82。

運河上游的一個名叫馬爾迪努（Mardīnū）的村莊裏，[1] 即位於安息王朝首都塞琉西亞－泰西封（Seleucia-Ctesiphon）之南。其他有些資料則顯示，摩尼可能出生於塞琉西亞－泰西封東面的高凱（Gaukhay），有的學者提出，這或許不是其出生地，而是他從小就被其父從馬爾迪努帶到高凱的淨洗派當中撫養長大。[2] 無論是馬爾迪努，還是高凱，薩珊時代，都在國都所在的中央省區範圍內。這個省區被稱爲 Āsōristān，相當於古代的巴比倫（Babylonia）。在波塞波利斯的瑣羅亞斯德克爾白（Ka'ba-ye Zardošt）的墻上保存了沙普爾一世（Šāpūr I，241—271年）的三語碑銘（中古波斯文、帕提亞文與希臘文）[3]，列舉了260年前後帝國的各個省份，其中包括此省希臘文名稱 Ἀσσυρία。後文還保存了這個省區的伊朗語名稱'swrstn，讀若 Asūristān。[4]（圖版28）

馮承鈞《西域地名》說："Suristan《周書・異域傳》：波斯國治蘇利城，古條支國也；《魏書・波斯傳》宿利城，《隋書・波斯傳》蘇藺城，《西域記》蘇剌薩儻那（Surasthana），《新唐書・波斯傳》蘇利悉單：皆指其地。《老子化胡經》中有蘇隣國，疑亦其地，昔 Seleucia 與 Ktesiphon 二城之合稱也。"[5] 蘇剌薩儻那、蘇利悉單可能都是 Āsōristān 音譯的異寫。[6] 宿利、蘇利、蘇藺、蘇隣可能是 Ἀσσυρία 的異譯。宿利、蘇利、蘇藺、蘇剌薩儻那實際上都指波斯首都塞琉西亞—泰西封

〔1〕Sachau，C. Edward，*The chronology of ancient nations : an English version of the Arabic text of the Athâr-ul-Bâkiya of Albîrûnî, or, "Vestiges of the past," collected and reduced to writing by the author in A.H. 390-1, A.D. 1000* /translated and edited, with notes and index, by C. Edward Sachau.　London : Published for the Oriental Translation Fund of Great Britain & Ireland by W.H. Allen, 1879, p.190.

〔2〕Tubach, J. "Manis Jugend," Ancient Society 24, 1993, pp. 130–31.參閱芮傳明：《東方摩尼教研究》，上海人民出版社，2009 年，頁 379。

〔3〕瑣羅亞斯德克爾白及其碑銘的照片見：http://www.livius.org/na-nd/naqsh-i-rustam/naqsh-i-rustam_kaba.html.（2011/12/4）

〔4〕參閱《伊朗學百科辭典》網上版：http://www.iranicaonline.org/articles/asosristan, 2011/12/4.

〔5〕馮承鈞原編，陸峻嶺增訂：《西域地名》，中華書局，1980 年，頁89。

〔6〕Honigmann, Ernst, *Recherches sur les Res gestae divi Saporis*, par Ernest Honigmann et André Maricq. Bruxelles,1953, pp.37–44.

（馬丹城）。[1]蘇利悉單國可能指這個地區，651年薩珊波斯滅亡後，向唐朝獨立朝貢。蘇隣就是指這個省區，霞浦文書中反復出現這個地名："托蔭於蘇隣""蘇隣降跡號摩尼""出現於蘇隣"。

《儀略》不僅引述《老子化胡經》，還說："摩尼光佛誕蘇隣國跋帝王宮。"[2]恆寧（W. B. Henning）認同伯希和（P. Pelliot）的考證："蘇隣（Su–lin）"即Sūristān，也即巴比倫，他考證"跋帝（B'uât–tiei）"為摩尼之父的名字Patī–g的音譯。[3]何喬遠（1558—1631年）著《閩書》卷7《方域志·泉州府·晉江縣一》華表山條云："摩尼佛，名末摩尼光佛，蘇鄰國人。……其經有七部，有《化胡經》，言老子西入流沙，託生蘇鄰事。"[4]霞浦文書不僅保存了"蘇隣"這個地名，而且也保存了"王宮"說："托化在王宮；示為太子。"

15.3.2　末艷

《摩尼光佛》記載摩尼之母名末艷，無疑即《儀略》記載的滿艷：

> 佛夷瑟德烏盧詵者本國梵音也，譯云光明使者，又号具智法王，亦謂摩尼光佛，即我光明大慧无上醫王應化法身之異号也。……

> ……

> 按彼波斯婆毘長曆，……至第十二辰名魔謝管代五百二十七年，摩尼光佛誕蘇隣國跋帝王宮。金薩健種夫人滿艷之所生也。婆毘長曆

〔1〕Hirth, F., *China and the Roman Orient: researches into their ancient and mediæval relations as represented in old Chinese records.* Leipsic, Munich, G. Hirth, Shanghai, Hongkong, Kelly & Walsh,1885.http://books.google.com/books?id=hIECwYbqWlkC&source=gbs_navlinks_s(2011/12/4), p.198; 2009年中譯本，頁46–47。

〔2〕芮傳明：《東方摩尼教研究》，上海人民出版社，2009年，頁379。

〔3〕Henning, W. B. "The Book of the Giants", *BSOAS*, XI, 1943, p.52, note 4. Haloun, A. and W. B. Henning, "The Compendium of the Doctrines and Styles of the Teachingof Mani, the Buddha of Light," *Asia Major*, N.S. 3, 1952, p.190.

〔4〕〔明〕何乔远编撰：《閩書》第1冊，福建人民出版社1994年，頁171–172。

當漢獻帝建安十三年（208 年）二月八日而生，泯然懸合矣。[1] 至若資稟天符而受胎，齋戒嚴潔而懷孕者，本清淨也。自胸前化誕，卓世殊倫，神驗九徵，靈瑞五應者，生非凡也。又以三願、四寂、五真、八種無畏，眾德圓備，其可勝言。……[2]

《閩書》雖未記載摩尼母親的名字，但是關於"擘胸而出"的神話，與《儀略》"胸前化誕"、《摩尼光佛》中摩尼誕生的神話大同小異，值得作一比較：

……摩尼佛，名末摩尼光佛，蘇鄰國人。又一佛也，號具智大明使。云：老子西入流沙五百餘歲，當漢獻帝建安戊子（208 年），寄形梾暈。國王拔帝之后食而甘之，遂有孕，及期擘胸而出。梾暈者，禁苑石榴也。其說與攀李樹出左脅相應。……[3]

我們先看一下摩尼之母的名字。奈迪木（al-Nadīm）987年左右所著的阿拉伯文《群書類述》記載：

……摩尼·伊本·傅圖克·巴巴克·伊本·阿卜·巴爾贊（Māni ibn Futtuq Babak ibn Abū Barzām）出自哈什卡尼亞（Ḥashkānīyah）。其母之名叫邁斯（Mays），還據說叫烏塔金（Utakhim）和瑪爾瑪爾顏（Marmaryam），為阿什甘尼亞（Ashghānīyah）家族後裔之一。[4]

摩尼的名字寫成了阿拉伯人名的形式，意為"阿卜·巴爾贊之子傅圖克·巴巴克之子摩尼"。巴巴克（Babak）可能是波斯語人名，也可能

〔1〕婆畢（中古波斯文/帕提亞文 b'byl）長曆是指古波斯長達 12000 年的一種紀元，摩尼教稍加修正，分成十二個千年，分別以黃道十二宮之名命名，最後一個千年名魔謝（帕提亞文 m'sy'g），意為雙魚宮，起始之年即塞琉古（Seleucid，又稱巴比倫〔Babylonian〕）紀元起始之年至公元前 311 年。因此"第十二辰名魔謝管代五百二十七年"當為公元 216 年，這一記載得到了比魯尼（Bīrūnī，973—1048）所著《古代遺跡》（Kitāb al-āthār al-bāqiyah `an al-qurūn al-khāliyah）引用的摩尼所著《沙卜拉干》的證實。《儀略》將此換算成漢獻帝建安十三年，則出了八年誤差。Haloun, A. and W. B. Henning, "The Compendium of the Doctrines and Styles of the Teachingof Mani, the Buddha of Light," *Asia Major*, N.S. 3, 1952, pp.196–204.

〔2〕敦煌摩尼教文獻的引文，皆根據林悟殊：《摩尼教及其東漸》，素馨出版社，1997 年，頁 268–325 和芮傳明：《東方摩尼教研究》，上海人民出版社，2009 年，頁 362–420，不再一一註明。

〔3〕〔明〕何喬遠編撰：《閩書》第 1 冊，福建人民出版社，1994 年，頁 171–172。

〔4〕Dodge, Bayard, 1970. The *Fihrist of al-Nadīm : a tenth-century survey of Muslim culture* / Bayard Dodge, editor and translator. New York : Columbia University Press,1970, v.2, p.773.

·歐·亞·歷·史·文·化·文·庫·

意為"爹爹"。傅圖克（Futtuq）在希臘文中作 Pattikios，粟特文作 ptty，"跋帝""拔帝"當其漢文音譯。哈什卡尼亞（Ḥashkānīyah）可能就是指阿什甘尼亞（Ashghānīyah）。摩尼之母的名字可以擬構為 Maryam，"滿艷"為其音譯。[1]"末艷"是其另一種音譯。[2]其家族之名可以擬構為阿什甘尼亞（al-ašgāniya）。[3]恆寧認爲，4世紀亞美尼亞史上經常提及 Kamsarakan-k'家族，他們聲稱是安息王室之後裔，"金薩健"當為 Kamsar(a)gān 之音譯。因此，《群書類述》（K. al-Fihrist）327，31說摩尼之母出自安息王室，當非向壁虚構。[4]

《儀略》中所謂摩尼自滿艷"胸前化誕"、《閩書》中所謂"及期擘胸而出"的神話，當為摩尼教傳到東方以後，根據釋迦牟尼誕生的故事演化而成。《佛本行集經·樹下誕生品第六上》說：在嵐毘尼園中，"是時摩耶立地以手執波羅叉樹枝訖已，即生菩薩，此是菩薩希奇之事，未曾有法。……又復一切諸眾生等，生苦逼故，在於胎內，處處移動。菩薩不然，從右脅入，還住右脅，在於胎內不曾移動，及欲出時，從右脅生，不為眾苦之所逼切，是故菩薩此事希奇，未曾有法。"[5]《儀略》移花接木，把釋迦牟尼的故事嫁接到摩尼身上，以依托佛教。

《閩書》還記載椊暈（禁苑石榴）的神話，認爲"其說與攀李樹出左脅相應"。唐杜光庭（850—933）撰《墉城集仙錄》卷1"聖母元君"條記述了元君生老子的神話："至［商］二十二王武丁九年庚辰之歲二月十五日，元君因攀李樹而生誕於左脅。"[6]元代祥邁於至元二十八年（1291）撰《辨偽錄》，維護佛教，駁斥道教，一方面說：釋迦牟尼生於天竺，"聖母攀枝右脅神化而生。"另一方面，質疑全真道的《老氏八

〔1〕Henning, W. B. "The Book of the Giants", *BSOAS*, XI, 1943, p. 52, n. 4 ;1977, II, p. 115; Klíma,O. *Manis Zeit und Leben,* Prague, 1962, pp. 281–84; Tubach, J. "Manis Jugend," Ancient Society 24, 1993, p. 124, n. 19.

〔2〕景教《序聽迷詩所經》記載耶穌的母親名"末艷"，為 Mary 的音譯，因此，摩尼母親的名字也可擬構為 Mary。

〔3〕ed. G. Flügel, 1862. *Mani, seine Lehre und seine Schriften*, Leipzig,1862, p. 49, ll. 2 and 3.

〔4〕Henning, W. B. "The Book of the Giants", *BSOAS*, XI, 1943, p. 52, n. 4 ;1977, II, p. 115.

〔5〕《大正新脩大藏經》第 3 冊，No. 190《佛本行集經》，頁 686b–c。

〔6〕《正統道藏》洞神部譜錄類。

十一化圖》:"《圖》云:'老君以殷第十八王陽甲庚申歲,真妙玉女晝寢,夢日精駕九龍而下,化五色流珠,吞之而孕八十一年。至二十一王武丁庚辰二月十五日,其母攀李樹剖左脅而生。……'不知此語何從所出也。"[1]霞浦文書《摩尼光佛》記載末艷喜食石榴,"十月滿將花誕出,詣嬌培湧化胸間",遂生摩尼,這個神話當與《閩書》的有關記載同出一源,依托佛道之心,昭然若揭。

霞浦文書除了關於蘇鄰、末艷的記載與《儀略》《閩書》相符之外,更可貴的是提供了很多不見於其他漢文摩尼教文獻的重要記載,但是可以與吐魯番胡語文書及西方摩尼教資料相印證。本文將依次分析其中3點:(1)年四歲出家;(2)十三成道便破水洗;(3)於今闇默聖引觀三際。

15.3.3 年四歲出家

《摩尼光佛·下生讚》說摩尼"年四歲出家",《摩尼光佛》讚頌五佛時,也說摩尼"四歲出家辭國位",《吉祥道場門書》抄本也說摩尼"四歲出家"。摩尼四歲出家不見於敦煌漢文摩尼教文獻,但是卻可以從西方資料中得到印證。"出家"自然是佛教術語,但是實際上是指摩尼自幼在一個猶太教－基督教淨洗派社團(Jewish Christian baptist community)裏撫養長大的。奈迪木(995年卒)阿拉伯文《群書類述》中關於摩尼的父親,以及摩尼從出生到成年的情況記載道:

> 據說其父原籍哈馬丹(Hamadhān),他移居巴比倫(Babylon),住在馬達因(al-Madā'in),在一個名叫泰西封(Ctesiphon)的地方,那裏有一座崇拜偶像的神廟,傅圖克與其他人一樣常常去這座廟。一天偶像神廟裏有一個聲音對他喊道:"噢,傅圖克,不要吃肉!不要喝酒!不要與人結婚!"在三天當中這些話重復了多次。傅圖克聽到這個誡命之後,他與達斯圖米散(Dastumīsān)[2]附近一個叫做穆格塔斯拉(Mughtasilah)的群體有了聯係。直至今日在那些

〔1〕《大正新脩大藏經》第52冊 No. 2116《辯偽錄》,第768b。http://www.cbeta.org/result/normal/T52/2116_003.htm.(2011/12/27)

〔2〕達斯圖米散位於伊拉克的瓦西特(Wasiṭ)與巴士拉(al-Baṣrh)之間。

地區和灌溉地帶仍然有其孑遺。他們屬於傅圖克在其妻懷著摩尼時受命加入的教派。

…………

　　然後他父親把他（摩尼）帶到自己所居之地，因此他是由其根據其教派的規矩帶大的。摩尼在幼年時已經能言善辯，當他十二歲時，啓示降臨於他。……帶給他啓示的天使被稱爲孿生兄弟（at-taw'am），但是在納巴泰語（Nabataean）[1]中他是［伴侶（zawwā）］，意爲同伴（al-qarīn）。他告訴他："離開這個教派，因爲你不是其信徒。你會潔身自好，遠離肉慾，但是，現在還不是你公開顯現的時候，因爲你年齡尚幼。"[2]

　　巴比倫是古地名，在薩珊王朝時代這個地區被稱爲宿利（希臘文Ἀσσυρια）或蘇利斯坦（帕提亞文'swrstn，讀若 Āsōristān），即蘇鄰，以後被稱爲伊拉克。馬達因意爲"諸城"，是伊斯蘭時代對塞琉西亞（Seleucia）、泰西封及其周邊城市群的名稱。泰西封是安息王朝在塞琉西亞對面、底格里斯河東岸所建的城市。霞浦文書說"蘇隣降跡號摩尼"與《群書類述》的這段記載相符。

　　《群書類述》在其他地方記述了穆格塔斯拉派的情況，說"他們將沐浴作爲一種儀式來進行，水洗他們吃的每一樣東西。其頭頭叫哈斯赫（al-Ḥasīh〔Elchasai〕），是他建立了他們這個教派。……他們關於二宗［的教義］與摩尼教一致，但是後來他們這個教派分開了。"[3] 1969年發現和釋讀的希臘文《科隆摩尼古卷》從各個方面證實、澄清和擴展了《群書類述》有關摩尼生平的記載，提供了許多前所未知的細節。在

　　〔1〕納巴泰語言原來指西阿拉姆語（western Aramaic），伊斯蘭時代早期這個術語也指其他東阿拉姆語。

　　〔2〕Dodge, Bayard, 1970. The *Fihrist of al-Nadīm : a tenth-century survey of Muslim culture* / Bayard Dodge, editor and translator. New York : Columbia University Press,1970, v.2, p.774; de Blois, François, "Manes''twin' in Iranian and non-Iranian texts", *Religious themes and texts of pre-Islamic Iran and Central Asia : studies in honour of Professor Gherardo Gnoli on the occasion of his 65th birthday on 6th December 2002* / edited by Carlo G. Cereti, Mauro Maggi and Elio Provasi.Wiesbaden : Reichert, 2003, pp.13–14.

　　〔3〕Dodge, Bayard, 1970. The *Fihrist of al-Nadīm : a tenth-century survey of Muslim culture* / Bayard Dodge, editor and translator. New York : Columbia University Press,1970, v.2, p.811.

釋讀《科隆摩尼古卷》之前，學術界一般否認穆格塔斯拉派與阿爾查賽（Elchasai）有關。《科隆摩尼古卷》的釋讀使學術界從新考慮這一問題。摩尼從小生活在其中的浸禮派（希臘文 βαπτιστής，baptist）自認爲是阿爾查賽（希臘文 ἀρχηγός，Alchasai）所創建的。阿爾查賽派的教義與歷史的資料見於基督教教父們的反異端著作，如希坡律陀（Hippolytus，3世紀）所著《斥異端》（*Philosophumena Refutatio* 〔*Elenchos*〕*omnium haeresium*）告訴我們：圖拉真（Trajan）三年（公元100/101年）天使們給予阿爾查賽啓示，撰成一書，主張第二次洗禮可以贖罪。伊皮凡尼烏斯（Epiphanius of Salamis，4世紀）約375年撰成的《良藥寶箱》（*Panarion*）說：阿爾查賽反對復活節血祭之後，建立了一個新社團，這個社團反對食肉。西奧多·巴庫尼（Theodore bar Kōnai，8/9世紀）的《註疏集》（*Liber scholiorum*）也記述了這個教派。學術界對於這個教派所知不多，《科隆摩尼古卷》對阿爾查賽及其信徒的描述難免受摩尼教立場之影響，傾向於將阿爾查賽描述成摩尼的先驅，而指責其教派背離祖師教義。綜合教父們的著作和《科隆摩尼古卷》，阿爾查賽派的基本特點大致在於：（1）虔誠必須用儀式表現出來，"根據律法"生活；（2）尊奉猶太教的安息日；（3）反復地清洗（受到摩尼的強烈抨擊）；（4）清洗食物；（5）根據儀式製作和烘烤麵包（為摩尼所不贊成）；（6）承認福音（摩尼亦然），但是排斥聖保羅（摩尼卻推崇聖保羅）；（7）素食，《科隆摩尼古卷》默認，但是沒有明確提及這一點（為摩尼所接受）；（8）真正的使徒一再下凡（為摩尼所採納）。[1] 在釋讀《科隆摩尼古卷》以前，學術界多傾向於認爲摩尼教主要是接受伊朗瑣羅亞斯德教的影響而形成的，在此之後，學術界確認摩尼是在一個猶太教—基督教淨洗派社團裏撫養長大的，其思想深受猶太教、基督教、靈知派的影響。

希臘文《科隆摩尼古卷》記載摩尼自述：

（11.1）……四歲（τέταρτου ἕτους）我（摩尼）在浸禮派（βαπτιστῶν）中撫養長大，然後我接受其教導，當時我的身體尚幼，

---

[1] Henrichs, A. "Mani and the Babylonian Baptists," *Harvard Studies in Classical Philology* 77, 1973, pp. 47ff.

由諸明使之力引導，受命於光明夷數的極大力量保護著我。……
（12）……這樣，從四歲到我成人，我（秘密地）在最純潔的天使
們和神聖力量的手中得到保護……（13）……有一次，伴侶（σύζυγος）
的聲音從空中對我說："加強你的力量，修煉你的心靈，接受將啓
示給你的一切。"〔1〕

《摩尼光佛》等霞浦文書關於摩尼四歲出家的記載，顯然就是指摩
尼四歲時，被他父親帶到這個以阿爾查賽為教主的淨洗派中，在那裏被
撫養長大。

15.3.4　十三成道便破水洗

上文引用的《群書類述》記載，摩尼十二歲時，受到啓示。比魯尼
《古代遺跡》第8章寫道：〔2〕

根據摩尼在其著作《沙卜拉干》關於先知降臨那一章中自己的
陳述，巴比倫佔星學家紀元，即亞歷山大紀元（Æra Alexandri）527

---

〔1〕Der Kölner Mani-Kodex : Über das Werden seines Leibes / aufgrund der von A. Henrichs und L.
Koenen besorgten Erstedition herausgegeben und übersetzt von Ludwig Koenen und Cornelia Römer ; in
Zusammenarbeit mit der Arbeitsstelle für Papyrusforschung im Institut für Altertumskunde der Universität
zu Köln. Opladen : Westdeutscher Verlag, c1988, pp.6–9; Cameron, Ron &Arthur J. Dewey, The Cologne
Mani codex (P. Colon. inv. nr. 4780) : Concerning the origin of his body / translated by Ron Cameron and
Arthur J. Dewey. Missoula, Mont. : Scholars Press. 1979, pp.14–15. Iain Gardner and Samuel N.C. Lieu,
Manichaean texts from the Roman Empire / edited by Iain Gardner and Samuel N.C. Lieu. Cambridge ; New
York : Cambridge University Press, 2004, p.49. 圖版見 http://www.uni–koeln.de/phil–fak/ifa/
NRWakademie/papyrologie/Manikodex/Manikodex_300/M14_11_300.jpg 參閱 http://www.fas.harvard.edu/
~iranian/Manicheism/Manicheism_I_Intro.pdf p.25. 2011/10/1

〔2〕Bīrūnī, Muḥammad ibn Aḥmad, Chronologie orientalischer Völker / von Albêrûnî ; herausgegeben
von C. Eduard Sachau.Leipzig:Brockhaus,1878.　http://nrs.harvard.edu/urn-3:HUL.FIG:002267088, p.207;
Sachau，C. Edward，The chronology of ancient nations : an English version of the Arabic text of the
Athâr-ul-Bâkiya of Albîrûnî, or, "Vestiges of the past," collected and reduced to writing by the author in A.H.
390-1, A.D. 1000 /translated and edited, with notes and index, by C. Edward Sachau.　London : Published
for the Oriental Translation Fund of Great Britain & Ireland by W.H. Allen, 1879, p.190. Haloun, A. and W.
B. Henning, "The Compendium of the Doctrines and Styles of the Teachingof Mani, the Buddha of Light,"
Asia Major, N.S. 3, 1952, p.197; Sundermann, W.,"Mani, India, and the Manichaean Religion", South Asian
Studies 2 (1986), pp.206–212.宗德曼假設，摩尼教文獻記載摩尼十三歲或十二歲受到啓示，可能是模仿
基督教文獻說耶穌十二歲時在聖殿裏。（《路加福音》2.41–52）參閱芮傳明：《東方摩尼教研究》，
上海人民出版社，2009年，頁 6。

年，也即阿達爾班（Adharbân）[1]第4年，他生於庫撒（Kûthâ）上渠邊的瑪第奴（Mardînû）村。巴比倫佔星學家紀元（Anno Astronomorum Babyloniœ）539年，眾王之王阿達希爾統治了2年，這個十三歲的男孩受到了神聖的啓示。

巴比倫佔星學家的紀元，也即塞琉古紀元（Seleucid era），始於公元前311年。摩尼生於此紀元527年即公元216年，摩尼受到神聖的啓示是在此紀元539年，即公元228年。[2]根據比魯尼的算法，這一年摩尼十三歲。帕提亞文書M1344、M5910也證實了摩尼受到啓示的年代：“[亞歷山大]紀元第539年”。[3]現在我們發現《吉祥道場門書》抄本曰摩尼“十三歲成道降魔”，《摩尼光佛·下生讚》曰摩尼佛“十三成道便破水洗”，指的都是摩尼第一次受到天啓。這證實了宗德曼的判斷：在西方摩尼教文獻中，記載了摩尼十二歲、二十四歲（或二十五歲）受到神的啓示，而在東方摩尼教文獻中，摩尼受到神啓的重要年代是他十三歲。

所謂“破水洗”就是指摩尼對淨洗派的批判。摩尼對淨洗派反復清洗的儀式不以爲然，而對其水洗食物的儀式批評尤爲嚴厲：

> 你們水洗食物的[這種]洗禮是[無用的]。因爲這個身體就是骯髒的，是根據一種不潔的模式塑造的。想一想，某人清洗他的食物，剛剛通過儀式洗淨，就吃了下去，在我們看來很明顯，它仍

---

〔1〕即安息末代國王阿爾塔巴奴斯（Artabanus，213—224）。

〔2〕Taqizadeh, S. H. "The dates of Mani's life", by S. H. Taqizadeh. Translated from Persian, introduced and concluded by W. B. Henning, *Asia Major*, 1957,, p.108.

〔3〕Sundermann, W.,*Mitteliranische manichäische Texte kirchengeschichtlichen Inhalts* / Werner Sundermann ; mit einem Appendix von Nicholas Sims-Williams. Berlin : Akademie-Verlag, 1981, pp.18–19 (text 2.1); Sundermann, W.,"Mani, India, and the Manichaean Religion", *South Asian Studies* 2 (1986), pp.208.

然產生血、膽汁、腸胃脹氣和可恥的排泄物以及身體的污穢。[1]

　　摩尼認爲，經過洗禮和未經洗禮的食物並無區別，對身體的影響沒有什麼不同。身體本身就是不可拯救的，每天洗禮也無濟於事。摩尼說：

　　事實上你們每天在水中洗禮是毫無用處的。因爲如果水洗和淨化一勞永逸，你們爲什麼還要每天水洗？因此通過這一點也顯示，你們每天都在厭惡自己，在你們能夠淨化之前，由於自慚形穢，你們必須水洗自己。通過這一點也證據確鑿地顯示：所有的麻煩均出自身體……因此，［檢查一下］你們自己，你們的（純潔）［到底是什麼。因爲］完全淨化你們的身體是不可能的——只有每天排泄出自身體的污穢，才覺得安逸，否則就會坐立不安——所以（洗禮）這種活動並非出自救世主的誠命。[2]

　　摩尼提出重新估價水洗儀式的效果，提出了如何獲得拯救的新答案：

　　我們所說的純潔是通過靈知獲得的純潔，這種靈知就是把光明與黑暗分離開來，把生命與死亡分開，把活水與污水分開，這樣［你們］就會知道……救世主的誠命，［這樣……］就能把靈魂從［毀滅］與破敗中救贖出來。事實上這纔是最正義的純潔，你們被告知

〔1〕 *Der Kölner Mani-Kodex : Über das Werden seines Leibes* / aufgrund der von A. Henrichs und L. Koenen besorgten Erstedition herausgegeben und übersetzt von Ludwig Koenen und Cornelia Römer ; in Zusammenarbeit mit der Arbeitsstelle für Papyrusforschung im Institut für Altertumskunde der Universität zu Köln. Opladen : Westdeutscher Verlag, c1988, pp.80.23–81.13; Cameron, Ron &Arthur J. Dewey, *The Cologne Mani codex (P. Colon. inv. nr. 4780) : Concerning the origin of his body* / translated by Ron Cameron and Arthur J. Dewey. Missoula, Mont. : Scholars Press. 1979, pp.64–65; Iain Gardner and Samuel N.C. Lieu, *Manichaean texts from the Roman Empire* / edited by Iain Gardner and Samuel N.C. Lieu. Cambridge ; New York : Cambridge University Press, 2004, p.60. "可恥的排泄物"當指大、小便。

〔2〕 *Der Kölner Mani-Kodex : Über das Werden seines Leibes* / aufgrund der von A. Henrichs und L. Koenen besorgten Erstedition herausgegeben und übersetzt von Ludwig Koenen und Cornelia Römer ; in Zusammenarbeit mit der Arbeitsstelle für Papyrusforschung im Institut für Altertumskunde der Universität zu Köln. Opladen : Westdeutscher Verlag, c1988, pp.82.22–84.9; Cameron, Ron &Arthur J. Dewey, *The Cologne Mani codex (P. Colon. inv. nr. 4780) : Concerning the origin of his body* / translated by Ron Cameron and Arthur J. Dewey. Missoula, Mont. : Scholars Press. 1979, pp.66–67; Iain Gardner and Samuel N.C. Lieu, *Manichaean texts from the Roman Empire* / edited by Iain Gardner and Samuel N.C. Lieu. Cambridge ; New York : Cambridge University Press, 2004, pp.60–61.

應該這樣做；但是你們卻背離了這種純潔，進行洗浴……[1]

通過對這些第一手資料的分析，我們可以相當有把握地肯定，《摩尼光佛》裏講到的"水洗"就是《科隆摩尼古卷》中的淨洗派，也即阿爾查賽派；"破水洗"就是指摩尼與這一派的分歧、爭論、鬥爭。儘管摩尼與阿爾查賽派分道揚鑣了，但是仔細分析比較二者的異同，仍然不難看出猶太教、基督教、靈知派對摩尼的深刻影響。

15.3.5 閻默聖引觀三際

閻默[2]見於敦煌發現的《下部讚》中《普啓讚文》：

[131] 又啓閻默善思惟，即是夷數慈悲想，真實斷事平等王，并及五明清淨眾。

[135] 又啓普遍忙你尊，閻默惠明警覺日，從彼大明至此界，敷楊正法救善子。

恆寧為崔驥的《下部讚》英譯本所做的註釋中認為：131頌的"閻默"即帕提亞文 Yamag，參閱瓦爾德斯密特和楞茨合著的論文（Waldschmidt-Lentz, I, 12），可能意為"孿生子（Twin）"，參閱恆寧刊佈譯釋的《一件摩尼教祈禱文和懺悔文》（B.B.B., 27, n.3）。《下部讚》131頌讚美了閻默、夷數，135頌讚美了忙你（即摩尼）、閻默、惠明。恆寧沒有涉及第135頌中的閻默。米克爾森的一篇論文分析了"閻默"兩種可能的含義：一種可能是：閻默為閻羅的異譯，也就是平等王，另

----

〔1〕*Der Kölner Mani-Kodex : Über das Werden seines Leibes* / aufgrund der von A. Henrichs und L. Koenen besorgten Erstedition herausgegeben und übersetzt von Ludwig Koenen und Cornelia Römer ; in Zusammenarbeit mit der Arbeitsstelle für Papyrusforschung im Institut für Altertumskunde der Universität zu Köln. Opladen : Westdeutscher Verlag, c1988, pp.84.9–85.8; Cameron, Ron &Arthur J. Dewey, *The Cologne Mani codex (P. Colon. inv. nr. 4780) : Concerning the origin of his body* / translated by Ron Cameron and Arthur J. Dewey. Missoula, Mont. : Scholars Press. 1979, pp.66–69; Iain Gardner and Samuel N.C. Lieu, *Manichaean texts from the Roman Empire* / edited by Iain Gardner and Samuel N.C. Lieu. Cambridge ; New York : Cambridge University Press, 2004, p.61.

〔2〕G. B. Mikkelsen, *Dictionary of Manichaean Texts in Chinese*, Turnhout, 2006, p.108.

一種可能是：閻默意為孿生子，他比較傾向於後者。[1]霞浦文書《摩尼光佛》中的閻默，引導摩尼觀照三際，使他對初際、中際、後際的事情全都知道。這裡上下文非常清楚，閻默就是指摩尼十三歲時給予他啓示的天使，也即上文引用過的阿拉伯文《群書類述》中，摩尼十二歲時，啓示他的孿生兄弟（at-taw'am），在納巴泰語中可能稱爲 zawwā（伴侶），出自希臘文 ζεῦγος，與上文引用過的希臘文《科隆摩尼古卷》中講到的啓示摩尼的 σύζυγος（伴侶）出自同一詞根。這個詞在敍利亞文中寫作 tāmā，科普特文寫作 cʌïɯ，在中古波斯文中寫作 nar-jamīg 和 jamīg（孿生兄弟），在帕提亞文中寫作 yamag〔rōšn〕（〔光明的〕孿生兄弟），漢文音譯"閻默"。

中古波斯文文書 M49 II 與《科隆摩尼古卷》相應，摩尼以第一人稱出現，記述了他與其孿生兄弟的關係：

> 甚至現在他自己伴隨著我，他自己翼庇和保護我。以其大力，我與貪魔（"z）和惡靈（'hrmyn）戰鬥，將智慧與知識教給人們，把他們從貪魔和惡靈那裏解救出來。我從閻默（nrjmyg）那裏獲得（關於）眾神的這些事情以及凝聚靈魂的智慧和知識。……通過閻默……我站在自己的家族面前，眾神的智慧抓住了我，我開始把閻默教導我的這些事情告訴和教給我的父親與家裏的長者。當他們聽説時，他們都很驚訝。[2]

中古波斯文文書 M464a 也是摩尼自述，講到了他與閻默（nar-jamīg）

〔1〕Mikkelsen, Gunner B.2002. " 'Quickly guide me to the peace of the Pure Land': Christology and Buddhist terminology in the Chinese Manichaean *Hymnscroll*", in Roman Malek (ed.), *The Chinese face of Jesus Christ*, I, (Manumenta Serica Monograph Series, 50/1), Skt. Augustin: Institut Monumenta Serica & China-Zentrum-Nettetal: Steyler, 2002, p.239.

〔2〕Rd. *A Reader in Manichaean Middle Persian and Parthian : texts* / with notes by Mary Boyce. Téhéran : Bibliothèque Pahlavi : Leiden : Diffusion, E.J. Brill, 1975. §b, 31–32; *Manichaean literature : representative texts chiefly from Middle Persian and Parthian writings* / selected, introduced, and partly translated by Jes P. Asmussen. Delmar, N.Y. : Scholars' Facsimiles & Reprints, 1975 10; GRS 216. "眾神的智慧抓住了我"意即受到眾神的啓示。

的遇合。[1] M3414也提到了闇默。[2]

《一件摩尼教祈禱文和懺悔文》中310行以下中古波斯文庇麻頌詩寫道：

> 我們崇拜耶穌——主、偉大（之父）的兒子，他把最受愛戴的你派到我們這裡來。

> 我們崇拜值得頌揚的童女（qnyg）——光明的孿生女（jmygrwšn），她是你在每一場戰鬥中的戰友和同志。

> 我們崇拜偉大的瓦赫曼（whmn），你把他植入虔誠者的心中。

> 我們崇拜你偉大的榮耀，我們的父親——光明使，噢，摩尼，噢，主！[3]

這4句詩分別頌揚了：（1）耶穌；（2）童女——光明童女；（3）瓦赫曼——惠明；（4）摩尼。上文引用的《下部讚》第135頌的闇默當指摩尼（忙你），第131頌的闇默當指夷數。科普特文《讚美詩》第241首寫道：

> 萬福！聖靈，他今天來拯救我們：
> 我們的主摩尼，他寬恕了我們的罪惡。

> ……

> 我們祝福你光明的孿生子（caïyy）——基督，他作成了我們的善行。[4]

〔1〕Sundermann, W.,*Mitteliranische manichäische Texte kirchengeschichtlichen Inhalts* / Werner Sundermann ; mit einem Appendix von Nicholas Sims-Williams. Berlin : Akademie-Verlag, 1981, text 5.3, pp.94–95. Skjærvø,P.O.A number of key Manichaean texts in English translation,2006, http://www.fas. harvard. edu/ ~iranian/Manicheism/Manicheism_II_Texts.pdf, p.1.

〔2〕Sundermann, W.,*Mitteliranische manichäische Texte kirchengeschichtlichen Inhalts* / Werner Sundermann ; mit einem Appendix von Nicholas Sims-Williams. Berlin : Akademie-Verlag, 1981, text 5.2, p.94, Skjærvø,P.O.A number of key Manichaean texts in English translation,2006 ,http://www.fas.harvard. edu/ ~iranian/ Manicheism/ Manicheism_II_ Texts.pdf, p.1.

〔3〕Henning, W. B. "Ein manichäisches Bet- und Beichtbuch," *APAW*, Phil.-hist. Kl., Berlin, 1936, 27; *Manichaean literature : representative texts chiefly from Middle Persian and Parthian writings* / selected, introduced, and partly translated by Jes P. Asmussen.   Delmar, N.Y. : Scholars' Facsimiles & Reprints, 1975, p.66; GSR, p.137.

〔4〕*Psalm-Book*, p.42.

德布盧瓦（de Blois）指出：耶穌在摩尼教中既是神祇——光明耶穌；也是使徒耶穌基督，他在彼拉多（Pilate）的時代出現在朱迪亞（Judaea）。德布盧瓦根據上述資料推測：神祇——光明耶穌與光明童女是孿生兄妹，而使徒耶穌是摩尼的孿生兄弟。[1]耶穌在敦煌文書中作夷數，在霞浦文書中作夷數和佛、夷數如來，光明童女在敦煌文書中作電光佛，在霞浦文書中作電光王佛。

15.4　霞浦文書中的神祇摩尼光佛

霞浦文書科儀本《樂山堂神記》開列該教壇所信奉或供奉的眾神以及本教壇可以追溯的先賢名諱，排在最前面的3個主神是：“太上本師教主摩尼光佛，電光王佛，夷數如來，……”[2]霞浦縣上萬村祭祀林瞪的請神本《興福祖慶誕科》也將摩尼光佛排在第一：“起大聖（左舉）：大聖長生甘露摩尼光佛，大聖貞明法性電光王佛，大聖延生益算夷數和佛，願降壽筵，證明修奉。”[3]霞浦文書《奏申牒疏科冊》（以下簡稱《科冊》）第14節（頁15‑16）《奏教主》中的三大教主是：“神通救性電光王佛金蓮下、太上教主摩尼光佛青蓮下、廣惠莊嚴夷數和佛金蓮下。”《科冊》第72節（頁57‑58）《奏三清》中的三清是：“廣明上天夷數和佛金蓮下、靈明大天電光王佛金蓮下、太上真天摩尼光佛金蓮下。”霞浦文書《冥福請佛文》也奉請：“大慈大悲正智夷數和佛，千變萬化電光王佛，具智法王摩尼光佛，……”[4]《明門初傳請本師》也招請：“本師教主摩尼光

〔1〕de Blois, François, "Manes' 'twin' in Iranian and non-Iranian texts", *Religious themes and texts of pre-Islamic Iran and Central Asia : studies in honour of Professor Gherardo Gnoli on the occasion of his 65th birthday on 6th December 2002* / edited by Carlo G. Cereti, Mauro Maggi and Elio Provasi. Wiesbaden : Reichert, 2003, pp.11–16.

〔2〕黃佳欣：《霞浦科儀本“樂山堂神記”再考察》，提交“海陸交通與世界文明”國際學術研討會論文，廣州中山大學主辦，2011年12月，頁2、5。

〔3〕筆者寫信給福建省文物局局長鄭國珍先生、霞浦縣副縣長黃敏皓女士，霞浦縣博物館館長吳春明先生，希望獲得有關文書照片進行研究，承他們大力支持，發給筆者《奏申牒疏科冊》與《興福祖慶誕科》，特此致謝。

〔4〕陳進國、林鋆：《明教的新發現——福建霞浦縣摩尼教史迹辨析》，載《不止于藝》，北京大學出版社，2010年，頁352。

佛、寶光（吉降福、凶救性）電光王佛，再甦活命夷數和佛，……"[1]

摩尼本來是像光明使瑣羅亞斯德、佛陀、耶穌一樣的歷史人物，在其創立的宗教中是最後的光明使者。在明教中，一方面，摩尼仍然是最後光明使；另一方面，摩尼光佛又與夷數和佛、電光王佛一起成了三大主神。

　　〔1〕陳進國、林鋆：《明教的新發現——福建霞浦縣摩尼教史迹辨析》，載《不止于藝》，北京大學出版社，2010 年，頁 355，作"再生活命夷數和佛"，筆者雖未見照片，但認爲根據其他資料，作"再甦"比較可能，見黃佳欣：《霞浦科儀本"樂山堂神記"再考察》，提交"海陸交通與世界文明"國際學術研討會論文，廣州中山大學主辦，2011 年 12 月，頁 18。

16 "蘇隣降跡號摩尼"

新出福建霞浦民間宗教文書中，數次提及蘇隣。陳法師藏科本寫道："一、摩尼大法王，二、最後光明使，三、出現於蘇隣，四、救我有緣人。"〔1〕陳法師藏未名科儀書原封皮已失，陳法師加封後，名其為《摩尼光佛》，其《下生讚》說："摩尼佛下生時，托蔭於蘇隣。……想威感波斯，說勃王悟里。"又說："蘇隣降跡號摩尼，應化三身妙入微。"〔2〕霞浦文書如此鄭重其事地一再強調蘇隣，這個地名是不是真實的歷史地名？我們能否通過考證加以證實？這引起了我們作一番探索的興趣。

16.1 《老子化胡經》與摩尼教資料

20世紀初發現的敦煌唐寫本《老子化胡經》卷1杜撰神話曰：老子飛入蘇隣國，化為摩尼：

> 後經四百五十餘年，我乘自然光明道氣，從真寂境，飛入西那玉界蘇隣國中，降誕王室，示為太子。捨家入道，號末摩尼。轉大法輪，說經、誡、律、定、慧等法，乃至三際及二宗門，教化天人，令知本際。上至明界，下及幽塗，所有眾生，皆由此度。摩尼之後，年垂五九，金氣將興，我法當盛。〔3〕

唐玄宗開元十九年（731）撰寫的《摩尼光佛教法儀略》（簡稱《儀

---

〔1〕陳進國、林鋆：《明教的新發現——福建霞浦縣摩尼教史迹辨析》，載《不止于藝》，北京大學出版社，2010年，頁383，圖35。

〔2〕元文琪：《福建霞浦摩尼教科儀典籍重大發現論證》，載《世界宗教研究》2011年第5期，頁177。

〔3〕《法藏敦煌西域文獻》（1），P.2007/6，上海古籍出版社，2003年，頁72下。參閱http://www.cbeta.org/result/normal/T54/2139_001.htm.（2011/12/3）

略》）不僅引述這段《老子化胡經》，而且還說："摩尼光佛誕蘇隣國跋帝王宮。"[1]這説明在《儀略》撰寫之前，有關摩尼誕降蘇隣國及其創立二宗三際論這一信息，已為道士所知，並被《老子化胡經》所採入。

《儀略》關於摩尼的生卒年代、七部大經、僧侶與信徒的5個等級等，均言之有據，關於摩尼的出生地蘇隣國當也有所本。南宋釋志磐在《佛祖統紀》中考述《夷堅志》中的明教記事：

> 述曰：嘗考《夷堅志》云，喫菜事魔，三山尤熾。為首者紫帽寬衫，婦人黑冠白服。稱為明教會。所事佛衣白，引經中所謂"白佛，言世尊"。取《金剛經》一佛、二佛、三、四、五佛，以為第五佛。又名末摩尼，采《化胡經》"乘自然光明道氣，飛入西那玉界蘇鄰國中，降誕玉宮為太子，出家稱末摩尼。"以自表證。

> 其經名《二宗三際》。二宗者，明與暗也；三際者，過去、未來、現在也。……復假稱白樂天詩云："靜覽蘇鄰傳，摩尼道可驚。二宗陳寂默，五佛繼光明。日月為資敬，乾坤認所生。若論齋絜志，釋子好齊名。"以此八句表於經首。……（嘗檢樂天《長慶集》，無蘇鄰之詩。樂天知佛，豈應為此不典之詞？）[2]

芮傳明、林悟殊先生均曾探討過白居易的這首"蘇鄰之詩"，詳加辨析，林先生還系統地梳理了有關蘇鄰的摩尼教資料。[3]南宋道士白玉蟾（1194—1229）與其弟子彭相關於明教的對話中提及過蘇鄰國：

> 相問："鄉間多有吃菜持齋以事明教，謂之滅魔，彼之徒且曰太上老君之遺教，然耶？否耶？"

〔1〕芮傳明：《東方摩尼教研究》，上海人民出版社，2009 年，頁379。恆寧（W. B. Henning）考證"跋帝（B'uât–tiei）"為摩尼之父的名字 Patīg 的音譯。Henning, W. B. "The Book of the Giants", *BSOAS*, XI, 1943, p.52, note 4. Haloun, A. and W. B. Henning, "The Compendium of the Doctrines and Styles of the Teaching of Mani, the Buddha of Light," *Asia Major*, N.S. 3, 1952, p.190.

〔2〕志磐：《佛祖統紀》卷 48《法運通塞志》第 17 之 15，《大正藏》第 49 冊，頁 431 上中。http://cbeta.org/result/normal/T49/2035_048.htm（2011/12/9）括號裏為原註。Chavannes, É.& P. Pelliot, "Un traité manichéen retrouvé en Chine", *Journal Asiatique*, 1913, p.339.

〔3〕芮傳明：《白居易之"摩尼教"詩的可能性》，收入芮傳明：《東方摩尼教研究》，上海人民出版社，2009 年，頁 344–361。林悟殊：《宋代明教偽託白詩考》，載《文史》2010 年第 4 輯，頁 175–188。

答曰："昔蘇鄰國有一居士號曰慕闍，始者學仙不成，終乎學佛不就，隱於大那伽山。始遇西天外道有曰毗婆伽明使者，教以一法，使之修持，遂留此一教，其實非理。……"[1]

元代陳高（1315—1366）《竹西樓記》也說："明教之始，相傳以爲自蘇鄰國流入中土。"[2]蒼南縣括山鄉下湯村田野中的元碑《選真寺記》稱該寺原"為蘇鄰國之教者宅焉，"以"蘇鄰國之教"指明教。[3]元代泉州《青陽莊氏族譜》說三世祖惠龍（1281—1349）："晚年厭觀世諦，託以蘇鄰法，構薩壇以爲娛賓優友之所。"[4]"蘇鄰法"也是指明教。明代何喬遠（1558—1631）《閩書》卷7《方域志》"華表山"條下稱："摩尼佛，名末摩尼光佛，蘇鄰國人；又一佛也，號具智大明使。"[5]何喬遠《名山藏》說："蘇門答剌國，漢之條支，唐之波斯、大食，皆其地也。其西有蘇鄰國，摩尼佛生焉，號具智大明使，自唐時入中國。"[6]何喬遠將蘇門答剌國與條支、波斯、大食混爲一談，其誕妄不經及其根源，伯希和（P. Pelliot，1978—1945）1923年發表的文章已經指出。[7]至於傳抄霞浦文書的法師，自然不像何喬遠那麼博學，只是老實照抄蘇鄰和波斯，雖然他們也同樣未必知道蘇鄰的確切地理位置。

---

〔1〕紫瓊道人謝顯道編：《海瓊白真人語錄》卷1，《道藏》第33冊，上海書店、文物出版社、天津古籍出版社，1984年，頁114下–115上。

〔2〕陳高撰，陳侯官校：《不繫舟漁集：十六卷》。哈佛燕京圖書館藏清代精抄本，卷12，葉24b。http://pds.lib.harvard.edu/pds/view/12006874?n=236&printThumbnails=true.（2011/12/9）有關討論見林悟殊：《元〈竹西樓記〉摩尼教信息辨析》，收入林悟殊：《中古三夷教辨証》，中華書局，2005年，頁149–150。

〔3〕林悟殊：《宋元溫州選真寺摩尼教屬性再辨析》，收入林悟殊：《"宋摩尼依託道教"考論》，載張榮芳、戴治國主編：《陳垣與嶺南：紀念陳垣先生誕生130周年學術研討會論文集》，社會科學出版社，2011年，頁5–12。

〔4〕李玉昆：《20世紀福建摩尼教的新發現及其研究》，載《福建宗教》1999年第1期，頁36–38。粘良圖，2008年，頁47–52。

〔5〕何喬遠：《閩書》第1冊，福建人民出版社，1994年，頁171。

〔6〕何喬遠：《名山藏》，卷37，王享記，東南夷三。哈佛燕京圖書館藏。沈猶龍，明崇禎版。http://pds.lib.harvard.edu/pds/view/20001256?n=3004&imagesize=1200&jp2Res=.25&printThumbnails=no（2011/12/9）

〔7〕Pelliot, P."Les traditions manichéennes au Fou-kien", *T'oung Pao*, XXII, 1923, pp.193-208.

16.2　蘇隣與蘇剌薩儻那

　　由於一開始伯希和就將蘇隣勘同於蘇剌薩儻那，而東方學者對蘇剌薩儻那的地望長期誤解，遂使蘇隣是否真實的地理名稱也一直受到質疑。沙畹（E. Chavannes，1865—1918）、伯希和在1913年研究《老子化胡經》時，將蘇隣與蘇剌薩儻那比對，緣該城亦稱"蘇藺"或"宿利"，即 Sūristān。[1]《大唐西域記校註》卷11說："波剌斯國周數万里。國大都城蘇剌薩儻那，周四十餘里。川土既多，氣序亦異，大抵溫也。引水為田，人戶富饒。出金、銀、鍮石、頗胝、水精，奇珍異寶。工織大錦、細褐、氍毹之類。"[2]日本學者水谷真成在其1971年出版的《大唐西域記》譯註中註釋道："蘇剌薩儻那，……其梵文為 Sura-sthāna（為'神之居所'之意）。梵文名字的原文不知從何而來，波斯薩珊王朝的國都為 Persepolis（伊斯蘭教入侵後稱 Iṣṭakhr）。"[3]水谷真成所據書籍，一為《世界境域志》，其中講到：伊斯塔赫爾（Iṣṭakhr）是一个古代大城，曾是薩珊諸王的離宮所在地。在其山中發現了鐵礦，在這個地區還發現了銀礦。[4]另一書籍為《東哈里發帝國諸地》，其中講到：法爾斯（Fârs）的首府設拉子（Shîrâz）是阿拉伯人的基地，在穆斯林征服時代，在哈里發歐麥爾（'Omar，634—644）統治時期，這個地方是圍攻伊斯塔赫爾的軍隊之營地。希臘人稱為波斯波利斯（Persepolis）的這個薩珊人的城市，被阿拉伯人稱爲伊斯塔赫爾，是這個地區的首府。[5]但是，伊斯

　　〔1〕Chavannes, É.& P. Pelliot, "Un traité manichéen retrouvé en Chine", *Journal Asiatique,* 1913, p.122.

　　〔2〕玄奘、辯機原著，季羨林等校註：《大唐西域記》，中華書局，1985 年，頁 938。

　　〔3〕玄奘著，水谷真成訳：《大唐西域記》，平凡社，昭和 46 年（1971），頁 365–366。

　　〔4〕Minorsky, V. *Hudūdal-'Ālam,'The regions of the world': a Persian geography, 372 A.H.-982 A.D.*, translated from the Persian and explained by V. Minorsky, London : Luzac & co. : Printed at the University Press, Oxford for the Trustees of the "E. J. W. Gibb Memorial",1937, pp.126, 376.

　　〔5〕Le Strange, G.,*The lands of the eastern caliphate; Mesopotamia, Persia, and Central Asia, from the Moslem conquest to the time of Timur*, by G. Le Strange , Cambridge, University press, 1930, pp.249, 275.

塔赫爾有銀礦，這個地方曾是薩珊諸王離宮所在地，均不足以證實蘇剌薩儻那即波斯波利斯。玄奘說波斯出產銀子，並非專指蘇剌薩儻那出產銀子；薩珊的首都並非波斯波利斯。

宋峴先生在1995年發表文章指出：自公元前250年左右安息朝波斯帝國興立起，波斯的國都已不再是波斯波利斯（Persapolis），而是泰西封。它同位於今伊朗法爾斯省境內的波斯波利斯相距800公里以上。薩珊王朝（226—641）仍以泰西封為國都。玄奘記述的"國大都城蘇剌薩儻那"在讀音和地望上均與波斯波利斯相去甚遠，指的不是同一個地方。蘇剌薩儻那當即蘇剌斯坦（Sūrastān）或蘇利斯坦（Sūristān）。[1]

但是，問題並未解決。鐘興麒編著的《西域地名考錄》（國家圖書館出版社，2008年）未根據宋峴的研究糾正舊錯，頁857–858仍然說："蘇剌薩儻那，其梵文為 Surasthāna，為'神之居所'之意。玄奘到達印度時，正當波斯薩珊王朝末期，該王朝的國都為 Persepolis（波斯波剌斯），伊斯蘭教入侵後稱 Istakhr。"馮志文等編著的《西域地名詞典》（新疆人民出版社，2002年）頁425更錯誤地將蘇剌薩儻那的故址定為今塔吉克斯坦之烏臘提尤別城，將蘇剌薩儻那與中亞的窣堵利瑟那國混為一談。蘇剌薩儻那的地望有誤，則學術界對蘇隣是否真實的地理名稱也就難以獲得一致認識。

下面我們依次介紹《歷代先知和帝王史》（Ta'rīkh al-rusul wa'l-mulūk）、沙普爾一世（Šāpūr I, 240—270）三語碑銘、納爾西一世（Narseh I, 293—303年）雙語碑銘、《列王紀》（Shāhnāmah）等史料上記載的蘇利斯坦。關於摩尼與蘇利斯坦的密切關係則放在後面專門討論。

16.3 《歷代先知和帝王史》

約公元前300年，塞琉古一世（Seleucus I Nicator）在底格里斯河西岸興建塞琉西亞（Seleucia，希臘文 Σελεύκεια）。此城在巴比倫（Babylon）

---

[1] 宋峴：《弗栗特薩儻那、蘇剌薩儻那考辨》，載《亞洲文明》第3集，安徽教育出版社，1995年，頁 192–193、198–201。

城東北約60公里、巴格達（Baghdad）南35公里，由於所處地理位置極其有利，迅速發展成一座大城市，人口達60萬。公元前129年安息人（Arsacids）併吞巴比倫地區，以塞琉西亞對面的泰西封（希臘文Κτησιφῶν）為軍事行政中心，讓希臘化的塞琉西亞保持相當程度的自治，這兩座相鄰的城市遂成爲安息王朝（公元前247—公元228）的首都。後來塞琉西亞的重要性逐漸被泰西封所超過，1世紀末一次大風暴使底格里斯河改道，塞琉西亞失去了港口城市的地位。197/198年羅馬入侵時，塞琉西亞已人煙稀少。薩珊王朝（224—651）興起後，在底格里斯河西岸又重建了一座新城市，與泰西封一起作爲首都。

薩珊王朝國王阿達希爾（Ardashīr，224—240）於公元224年率軍與安息王朝末代國王阿爾塔巴奴斯五世（Artabanus V，213—224）在米底（Media）的霍爾米茲達干（Hormizdagan）決戰，擊敗帕提亞軍隊，手刃阿爾塔巴奴斯，被擁戴為"眾王之王"。阿拉伯大歷史學家泰伯里（al-Ṭabarī，838—923）用阿拉伯文寫的《歷代先知和帝王史》萊頓（Leiden）版頁819－820記載阿達希爾：[1]

> 然後他從那裏前往哈馬丹（Hamadhān），用武力征服了它，也征服了山區（al-Jabal）、阿塞拜疆（Azerbaijan）、亞美尼亞（Armenia）和毛綏勒（al-Mawṣl）［地區］。然後他從毛綏勒前往蘇利斯坦（Sūristān），即塞瓦杜（Sawād），將其據爲己有。在底格里斯河（Tigris）畔泰西封（Ctesiphon）城（馬達因［al-Madā'in］東部）的對面，他在河的西面建立了一座城市，他稱其為維赫·阿達希爾（Bih-Ardashīr）。……然後他從塞瓦杜回到伊斯塔赫爾（Iṣṭakhr），從那裏前往塞吉斯坦（Sijistān），然後去朱里章（Jurjān），然後去阿巴爾沙赫爾（Abarshahr）、木鹿（Marw）、縛喝（Balkh）和花剌子模（Khwārazm），遠達呼羅珊（Khurāsān）最遠的邊陲，此後

〔1〕Ṭabarī, *The Sāsānids, the Byzantines, the Lakhmids, and Yemen*, translated and annotated by C.E. Bosworth, Albany : State University of New York Press, 1999, pp.14–16.*The Cambridge History of Iran*, v.3, pt.2, pp.748–749, Map 14.（图版 28）參閱宋峴：《弗栗特薩儻那、蘇剌薩儻那考辨》，載《亞洲文明》第 3 集，安徽教育出版社，1995 年，頁 200。

他回到木鹿。……然後他從木鹿回到法爾斯（Fārs），以戈爾（Jūr）為離宮。貴霜（Kūshān）、圖蘭（Ṭūrān）和馬庫蘭（Makrān）諸王的使者到他這裡來表示臣服。……阿達希爾回到馬達因，在那裏安頓下來，在其生時即為其子沙普爾加冕。

塞瓦杜（Sawād）是伊斯蘭時代早期對伊拉克的稱呼。此詞原意"黑土地"，指兩河流域的冲積平原，這片平原植物生長茂盛，綠得發黑，與周圍阿拉伯沙漠耀眼的白色形成鮮明對比（雅古特《地名辭典》〔Yākūt, Mu'djam〕, iii, 174, 14 sqq. ），因此而得名。這個地區相當於薩珊時代的蘇利斯坦（Sūristān）省。[1] 阿達希爾在塞琉西亞廢墟與改道後的底格里斯河之間建立維赫·阿達希爾（Veh-Ardashīr），與泰西封一起作爲都城，有時候仍然被稱爲塞琉西亞—泰西封，更流行的名稱是雙子城（敍利亞文 mdynt' trtyhyn，阿拉伯文 al-Mada'in〔馬達因〕，意思為"諸城"）。這是大多數薩珊國王的宮廷所在，而且從經濟和戰略意義上來說是薩珊諸城中最重要的。[2] 這個城市群是蘇利斯坦的中心，玄奘《大唐西域記》記載的波斯國大都城蘇剌薩儻那就是 Sūristān 的音譯。

8世紀後期、9世紀初期撰寫的中古波斯文《伊朗省城志》（Šahrestānīhā ī Ērānšahr）記載，阿述（Asūr）的首府是維赫·阿達希爾（Veh-Artakhshīr），由阿達希爾（Artakhshīr）所建。馬迦特（Josef Marquart, 1864—1930）在註釋中指出，維赫·阿達希爾即蘇利斯坦（سورستان，Sūristān）之首府，蘇利斯坦在亞美尼亞文中作 Asorestan，在中古波斯文中作 Asūrəstān 即阿拉姆語（Aramaic）Bēth Aramāyē，即巴比倫（Babylonia）。[3] 這個地名也見於瑣羅亞斯德教神學著作《班達喜興》（Bundahišn，《創世記》pp. 87.1, 234.8 ）。[4]

---

〔1〕Schaeder, H.H.. "Sawād." Encyclopaedia of Islam, Second Edition., 2011. Reference. Harvard University. http://referenceworks.brillonline.com/entries/encyclopaedia–of–islam–2/sawad–SIM_6666. (2011/12/18)

〔2〕Litvinsky, B. A.,History of civilizations of Central Asia, Paris：Unesco, 1992- v. 3, The crossroads of civilizations, A.D. 250 to 750, editor B.A. Litvinsky, 1996, pp.41–42;中譯本，頁 21–22。

〔3〕Marquart, J. (Josef), A Catalogue of the provincial capitals of Ērānshahr (Pahlavi text, version and commentary), by J. Markwart. Ed. by G. Messina, Roma, Pontificio istituto biblico,1931, pp.21, 102–104.

〔4〕參閱《伊朗學百科辭典》網上版：http://www.iranicaonline.org/articles/asosristan.（2011/12/4）

16.4　沙普爾一世三語碑銘

　　泰伯里的阿拉伯文《歷代先知和帝王史》是異常周密而且精確的歷史，關於阿達希爾征服蘇利斯坦，並在此建立維赫·阿達希爾，以馬達因為都城的記載，自可視爲信史。不過這畢竟是10世紀用阿拉伯文撰寫的史學著作。瑣羅亞斯德之克爾白（Kaʿba-ye Zardošt）的沙普爾一世中古波斯文、帕提亞文、希臘文三語碑銘則是3世紀的第一手史料，更值得重視。克爾白（立方體建築物）位於波斯波利斯，[1]碑銘列舉了260年前後薩珊帝國的各個省份，我們根據諸位學者的研究[2]，翻譯其中一節如下：

　　　　伊朗帝國的屬國和行省有：法爾斯，帕提亞，胡澤斯坦，梅雄，
　　蘇利斯坦，諾德什拉甘，阿爾巴伊斯坦，阿杜爾巴達甘，阿敏，威
　　羅讚，錫甘，阿蘭，巴拉薩甘直到卡普山、阿蘭門和帕里什赫瓦群
　　山，馬德，戈爾甘，木鹿，哈烈和整個阿巴爾沙赫爾，克爾曼，塞
　　吉斯坦，圖蘭，馬庫蘭，帕拉丹，印度，貴霜沙直到布路沙布邏和
　　直到佉沙、粟特和者舌的邊境；海的另一邊是瑪宗。

　　此碑此段的希臘文部分保存相當完好，使我們確知蘇利斯坦省的希臘文名字寫作 Ἀσσυρια，帕提亞文部分此名殘缺，但是保存在後面的敍述中：243年羅馬皇帝戈爾迪安三世（Gordian III，225—244）入侵波斯，向蘇利斯坦進攻，244年沙普爾一世在蘇利斯坦邊境馬西切（Massice，今安巴爾〔Anbār〕）迎戰，蘇利斯坦的帕提亞文名字'swrstn 保存完好，讀若 Asūristān。此碑在描述薩珊波斯與羅馬帝國的戰爭中，還多次提到一個希臘文拼法相近的地名：Συρια，即敍利亞，其帕提亞文作'swry'，

---

〔1〕圖版見：http://en.wikipedia.org/wiki/File:Tour_nagsh–e–rostam_iran.jpg.（2011/12/10）

〔2〕Sprengling, Martin, *Third century Iran, Sapor and Kartir*, by Martin Sprengling；prepared and distributed at the Oriental Institute, University of Chicago, Chicago：The Institute, 1953, pp.1–35, 72–111；Plates 10–12. Maricq, André,“ Classica et Orientalia: 5. Res Gestae Divi Saporis”, *Syria*, T. 35, Fasc. 3/4 (1958).

相當於今敍利亞，與相當於今伊拉克的蘇利斯坦分別屬於羅馬帝國和波斯帝國。但是自古至今不少論述均將這兩個相鄰的地名混爲一談，必須根據碑銘等第一手資料予以澄清。

16.5　納爾西一世雙語碑銘

蘇利斯坦還見於另一種可靠的薩珊王朝第一手史料——派庫里（Paikuli，坐落在今伊拉克北部鄰近伊朗的扎格洛斯山脈中）的納爾西一世中古波斯文和帕提亞文雙語碑銘。293年巴赫拉姆二世（Bahram II，276—293）去世，其子巴赫拉姆三世（Bahram III，293）繼位。當時沙普爾一世之子納爾西是亞美尼亞王。一些波斯和帕提亞貴族反對巴赫拉姆三世，在蘇利斯坦（'swrstn）的邊防兵營集會，請納爾西從亞美尼亞前來繼位。（第10節）納爾西指示一個貴族負責警戒胡澤斯坦前往蘇利斯坦的邊防兵營，保證巴赫拉姆三世及其追隨者不能在蘇利斯坦作亂，向巴赫拉姆三世提出和約，如果他們不戰而降，就讓他們在蘇利斯坦安頓下來，直到納爾西到來。（第22—31節）當納爾西抵達蘇利斯坦時，支持他的貴族和教士前來（派庫里）會合。（第32節）巴赫拉姆三世及梅雄沙等黨羽策劃抵抗，終于失敗，巴赫拉姆三世投降，餘黨潰散。（第33—62節）眾貴族勸進，納爾西接受擁戴，登基成爲新的眾王之王。（第63—95節）[1]這塊碑銘清楚地顯示了蘇利斯坦作爲首善之區在薩珊王朝政治中舉足輕重的地位。

蘇利斯坦的地理範圍西至幼發拉底河，東至底格里斯河東畔，北接諾德什拉甘省（Nōdšīragān），南連梅雄省（Mēšūn）。對伊朗人來説，特別重要的是從首都向東通往馬德省（Mād）的古代大道，這條大道是絲綢之路的幹道，也為軍隊、官員和朝廷所倚重。這條大道進入馬德省

---

〔1〕Humbach, Helmut, *The Sassanian inscription of Paikuli*, Helmut Humbach and Prods O. Skjærvø, Wiesbaden : Reichert. 1978, Part 3.1, pp.31, 36–39, 41–43, 45, 49–51, 81–82; Part 3.2, pp.34, 120–131.參閱：http://www.humanities.uci.edu/sasanika/pdf/Paikuli.pdf. (2011/12/15)

的地方有一座重要的商業城市胡爾旺（Ḥulwān）。[1] 羅馬歷史學家阿米阿努斯·馬爾切利努斯（Ammianus Marcellinus，325〔？〕—391）列舉了此省最重要的城市，包括巴比倫、塞琉西亞、泰西封。巴比倫在安息王朝時代已經淪爲廢墟。包括泰西封在内的馬達因是薩珊王朝的主要行政首都，另有夏都則建在比較涼爽的伊朗高原上。馬達因地區是自然的首都所在地，因爲底格里斯河與幼發拉底河在此相當接近，有許多渠道把它們連在一起。貿易路綫四通八達，古代的巴比倫、薩珊王朝時代的馬達因和後世的巴格達相距不遠，都是易於聚集貿易財富之地。此外，薩珊帝國的農業大部分集中在美索不達米亞，也有利於在這個地區建都。[2]

16.6 《列王紀》

菲爾多西（Abu'l-QāsemFerdowsī，329—410或416/940— 1019/1025年）用波斯文所著的《列王紀》關於白赫蘭五世（Bahram V，420—438）出生與幼時接受教育的故事也講到蘇利斯坦：耶茲德格德一世（Yazdgird I，399—420）在位之第8年，誕下一子，取名白赫蘭，星相學家與群臣紛紛預言此子不同凡響。耶茲德格德一世將白赫蘭交給努曼（Nu'mán）和門濟爾（Menzir）[3] 照管。門濟爾派人前往سورسان尋找三個高人分別來教白赫蘭文藝、武藝和政治。1905年沃納（Arthur George Warner, M.A. 和 Edmond Warner, B.A）的英譯本將此地名音譯爲 Shúrsán。[4] سورسان實爲سورستان之訛，1838—1878年默勒（Julius Mohl）的法譯本將此地

〔1〕Yarshater, Ehsan, *The Cambridge History of Iran*, v.3, *The Seleucid, Parthian and Sasanian Periods*, Cambridge University Press,1983, part 2, pp.757—760.

〔2〕Yarshater, Ehsan, *The Cambridge History of Iran*, v.3, *The Seleucid, Parthian and Sasanian Periods*, Cambridge University Press,1983, part 1, pp.120—121.

〔3〕白赫蘭自幼由希拉王努曼和門濟爾托養。

〔4〕Warner, Arthur George &Edmond Warner, *The Sháhnáma of Firdausí*, done into English by Arthur George Warner, M.A., and Edmond Warner, B.A, London, K. Paul, Trench, Trübner & Co. Ltd,1905, p.379（原文頁 1465）. http://www.archive.org/stream/shahnama06 firduoft#page/376/mode/2up. (2011/12/18)

名校改後音譯為 Sūristān，即蘇利斯坦。[1]

公元982年成書的《世界境域志》第33節記述伊拉克，其中講到馬達因，稱其為底格里斯河東面的一個市鎮。它是往昔薩珊諸王宮廷所在之地。它曾經是一個非常繁榮的大城，但是其財富被轉移到巴格達去了。[2]

《東哈里發帝國諸地》綜述了伊斯蘭地理學家們的記載：美索不達米亞自然地分成兩部分，北部相當於古代的亞述王國，南部相當於古代的巴比倫，是豐饒的沖積平原。阿拉伯人把南部稱爲伊拉克（Al-'Irâk）。巴格達往下（即往南）七個里格（league）[3]底格里斯河兩岸是馬達因，意為"諸城"，阿拉伯人這樣稱呼泰西封和塞琉西亞這兩座城市的廢墟。薩珊王朝宮殿廢墟殘存至今[4]，阿拔斯王朝哈里發曼蘇爾（Mansûr，754—775年在位）建巴格達時，曾打算拆毀薩珊王朝的宮殿以利用其建築材料，但是，因爲拆毀舊宮殿的代價要超過建築材料的價值才作罷。[5]《世界境域志》和《東哈里發帝國諸地》二書敍述波斯波利斯、伊斯塔赫爾的部分，與蘇剌薩儻那無關，但是，敍述伊拉克、美索不達米亞的部分，對於研究蘇鄰仍有參考價值。

16.7　漢文資料

薩珊時代，國都所在的中央省區的名字希臘文作 Ἀσσυρια，帕提亞

---

〔1〕Mohl, Julius, *Le livre des rois*, par Abou'lkasim Firdousi, publié, traduit et commenté par Jules Mohl, Paris : Jean Maisonneuve. (Reprint of the 1838—1878 ed. published by the Imprimerie Nationale, Paris.) 1976, v.5, p.501（原文頁 1464）。

〔2〕Minorsky, V. *Hudūdal-'Ālam,'The regions of the world': a Persian geography, 372 A.H.-982 A.D.*, translated from the Persian and explained by V. Minorsky,　London : Luzac & co. : Printed at the University Press, Oxford for the Trustees of the "E. J. W. Gibb Memorial",1937, pp.138.

〔3〕長度名，1 里格約等於 3 英里。

〔4〕泰西封殘存的宮殿見：http://en.wikipedia.org/wiki/File:Ctesiphon,_Iraq_%282117465493%29.jpg.（2011/12/10）

〔5〕萊斯特蘭奇（G. Le Strange，1854—1933）1905 年出版《東哈里發帝國諸地》時，並不知道薩珊人如何稱呼他們的這個首都。Le Strange, G.,*The lands of the eastern caliphate; Mesopotamia, Persia, and Central Asia, from the Moslem conquest to the time of Timur*, by G. Le Strange , Cambridge, University press,1930, pp.24, 33–34.

文、中古波斯文作'swrstn，讀若 Asūristān，阿拉伯文、新波斯文作 Sūristān。中國正史未見記錄安息王朝之都城名稱。到北魏（386—534）時期，方開始記錄薩珊王朝之都城名稱，《魏書·西域傳》曰："波斯國，都宿利城，……河經其城中南流。"《周書·異域傳》曰："波斯國，大月（氏）[氏]之別種，治蘇利城，古條支國也。"《隋書·西域傳》曰："波斯國，都達曷水之西蘇藺城，即條支之故地也。"[1]"經其城中南流"之"河"，也即"達曷水"，當為底格里斯河。《舊唐書》卷198《西域傳》曰："波斯國……其王居有二城。復有大城十餘，猶中國之離宮。"張星烺（1889—1951）註曰："波斯薩珊朝都城曰賽流克雅（Seleukia）（《魏書》作宿利城。《周書》作蘇利城。《隋書》作蘇藺城。)[2]其河之對岸，為克泰錫封，（Ktesiphon），故《唐書》言其王居有二城也。"《新唐書》卷221下《西域傳》則說："波斯國……其先波斯匿大月氏別喬，王因以姓，又為國號；治二城，有大城十餘。"[3]意思類似，"猶中國之離宮"的十餘大城當即薩珊王朝的王家諸城（Royal cities），例如，阿達希爾一世建立的阿達希爾－赫瓦列（Ardashir-Khvarreh，意為阿達希爾之榮），從一個軍事據點發展成一個以戈爾（Gur）為中心的政區。[4]《新唐書·西域傳》的"波斯傳"後云："天寶時來朝者，……曰蘇利悉單，……凡八國。"《冊府元龜》卷971云："天寶十載（751）……九月波斯、蘇利悉單國、……並遣使朝貢。"[5]漢文史料關於薩珊帝國東部（即中亞）的省區、城市多有記載，但是對其西部則頗為生疏，主要只記載了其首都。

〔1〕余太山：《兩漢魏晉南北朝正史西域傳研究》，中華書局，2003 年，頁 192、370、379–380，註 25；余太山：《兩漢魏晉南北朝正史西域傳要注》，中華書局，2005 年，頁 462、525–526、536、583、601、644。余太山先生以此二書相贈，特此致謝。

〔2〕夏德認爲，宿利、蘇藺是 Seleucia（塞琉西亞）音譯之縮寫，見 Hirth, 1913, pp.197–198.內田吟風也認爲，宿利、蘇利、蘇藺是 Seleukia（塞琉西亞）的對音。見內田吟風：《魏書西域傳原文考釋》（中），載《東洋史研究》，30.2，1971 年，頁 256。

〔3〕張星烺：《中西交通史料彙編》，中華書局，1978 年，第 3 冊，頁 104–107、110。

〔4〕參閱 Litvinsky, B. A.,*History of civilizations of Central Asia*, Paris：Unesco, 1992- v. 3, *The crossroads of civilizations, A.D. 250 to 750*, editor B.A. Litvinsky, 1996, pp.40–42。

〔5〕〔法〕沙畹著、馮承鈞譯：《西突厥史料》，中華書局，2004 年，頁 324、331。

恆寧（W. B. Henning，1908—1967）認同伯希和的考證："蘇隣（Su－lin）"即 Sūristān，也即巴比倫（Babylonia）。[1]娜哈·塔賈多德（Nahal Tajadod）在《儀略》法文翻譯註釋本中，以及米克爾森（Gunner B. Mikkelsen）在《摩尼教漢文文獻詞典》中，都同意蘇隣（後期中古音 suə-lin）是 Sūristān 的音譯，指塞琉西亞—泰西封地區（region of Seleucid and Ctesiphon; Assuristan）。[2]

筆者管見，宿利、蘇利、蘇藺、蘇隣、蘇刺薩儻那、蘇利悉單按照發音，可以分爲兩組：宿利、蘇利、蘇藺、蘇隣可能是希臘文 Ἀσσυρια 音譯的幾種異寫，而蘇刺薩儻那、蘇利悉單可能是 Āsōristān/Sūristān 音譯的兩種異寫。[3]宿利、蘇利、蘇藺、蘇刺薩儻那實際上都指薩珊波斯首都塞琉西亞—泰西封（馬達因），當無疑問。[4]蘇利悉單國是這個地區的名稱，651年薩珊波斯滅亡後，可能其地方政府或商人獨立向唐朝朝貢。蘇隣也是這個地區的名稱。

16.8　摩尼與蘇隣

如上考證已經可以證明蘇隣是真實的地理名稱，另一個重要證據是摩尼與蘇隣的關係："摩尼光佛誕蘇隣國跋帝王宮。"摩尼是否出生在蘇隣（Ἀσσυρια/Asūristān）呢？阿拉伯歷史學家比魯尼（Biruni，973—1050）的《古代遺跡》（al-Āṯār al-bāqīa ʿan al-qorūn al-kālīa）主要討論古代各

---

〔1〕Henning, W. B. "The Book of the Giants", *BSOAS*, XI, 1943, p.52, note 4. Haloun, A. and W. B. Henning, "The Compendium of the Doctrines and Styles of the Teachingof Mani, the Buddha of Light," *Asia Major*, N.S. 3, 1952, p.190.

〔2〕Tajadod, Nahal. *Mani, le Bouddha de Lumière : catéchisme manichéen chinois*, Paris : Éditions du Cerf,1990, pp.114–115. G. B. Mikkelsen, *Dictionary of Manichaean Texts in Chinese*, Turnhout, 2006, p.107.

〔3〕參閲 Honigmann, Ernst, *Recherches sur les Res gestae divi Saporis*, par Ernest Honigmann et André Maricq. Bruxelles,1953, pp.37–44.

〔4〕Hirth, F., *China and the Roman Orient: researches into their ancient and mediæval relations as represented in old Chinese records*. Leipsic, Munich, G. Hirth, Shanghai, Hongkong, Kelly & Walsh, 1885. http://books.google.com/books?id=hIECwYbqWlkC&source=gbs_navlinks_s. (2011/12/4), p.198; 中譯本頁 46–47。

國人民的曆法和紀元，在第8章《偽先知之紀元》中寫道：

　　根據摩尼在其著作《沙卜拉干》（Shâbûrkân）裏關於先知降臨的一章中自己的記述，巴比倫佔星學家紀元，即亞歷山大紀元（Æra Alexandri）第 527 年，也即阿爾塔巴奴斯［五世］（Adharbân）第 4 年（即公元 216/217），摩尼出生在庫塔（Kûthâ）運河上游的一個名叫馬爾迪努（مردينو Mardînû）的村莊裏。[1]

　　庫塔運河即位於首都塞琉西亚－泰西封（Seleucia-Ctesiphon）之南、連接幼發拉底河與底格里斯河的運河。但是，西奧多·巴爾·庫尼（Theodore bar Kōnai，8世紀）記載，摩尼出生於'brwmy'，[2] 可以勘同於阿拉伯資料記載的 Afruniya[3]。阿拉伯學者奈迪木（al-Nadīm，995年卒）《群書類述》（al-Fihrist）記載：[4]

　　……據說摩尼是孔納（Qunnā）及其郊區的尤斯庫夫（usquf），他是胡希（Hūḥī）以及巴達拉亞（Bādarāyā）和巴庫薩亞（Bākusāyā）地區的人民之一。……

　　據說他的父親原居哈馬丹（Hamadhān），後來移居巴比倫（Babylon），住在馬達因（al-Madā'in），在稱爲泰西封（Ctesiphon）的地方有一座崇拜偶像的廟宇，跋帝（Futtuq）像其他人一樣，經常在那裏出入。

　　恆寧在謝德爾（H. H. Schaeder，1896—1957）等學者研究的基礎上提出，摩尼的出生地 Hūḥī（胡希）可能是 جوخای Jawkā（或 جوخی）之訛，此地當爲塞琉西亚－泰西封東面貝思·德拉耶（Bēth Dərāyē）地區的高凱（Gaukhay）。高凱在帕提亞文文書 M 6033 I R（T ii D 163）中寫作

---

〔1〕Sachau，C. Edward，*The chronology of ancient nations : an English version of the Arabic text of the Athâr-ul-Bâkiya of Albîrûnî, or, "Vestiges of the past," collected and reduced to writing by the author in A.H. 390-1, A.D. 1000* /translated and edited, with notes and index, by C. Edward Sachau. London : Published for the Oriental Translation Fund of Great Britain & Ireland by W.H. Allen, 1879, pp.190.

〔2〕Henning, 1942, p. 947, n. 2.

〔3〕Tubach, J. "Manis Jugend," Ancient Society 24, 1993, p.128.

〔4〕Dodge, Bayard, 1970. The *Fihrist of al-Nadīm : a tenth-century survey of Muslim culture* / Bayard Dodge, editor and translator. New York : Columbia University Press,1970, v.2, p.773.尤斯庫夫（Usquf）一般指主教，這裡可能指地方官。

·欧·亚·历·史·文·化·文·库·

gwx'y（gwxy）（敍利亞文作 gwky）。摩尼生命的最後一年，遭到薩珊波斯國王白赫蘭一世的傳喚，前往胡澤斯坦的貝拉斐（Bēth Lapaṭ），後來就在那裏殉難。文書 M 6033 I R 記述，在他離開泰西封（tyspwn）之後，受到弟兄們的邀請，訪問高凱。恆寧推測，摩尼可能就出生在高凱。[1] 宗德曼（Werner Sundermann）提出，有一份極爲殘破的帕提亞文書提到過 "高凱的牧師（Shepherd of Gaukhay）"[2]，如果這是指摩尼，可以作爲恆寧這一假設的一個旁證。

　　圖巴奇（J. Tubach）則提出，摩尼的出生地與其故鄉不是同一個地方，他出生在塞琉西亞—泰西封附近的馬爾迪努，但是他從小就被其父帶到高凱（Gaukhay/Aḇrūmyā）的淨洗派當中撫養長大。[3] 這些史料記載的差異，還有待於伊朗學家們作進一步的考證研究，但是，無論是馬爾迪努還是高凱，更不用説泰西封，均在蘇鄰地區則並無疑義。

　　在吐魯番出土文書中，摩尼從維赫・阿達希爾派到東羅馬帝國去傳教的帕提慕闍等回到摩尼身邊，就被稱爲回到 "蘇鄰使者" 那裏。粟特文文書 So.13941（T II K）、So 14285（T II D 136）記載："帕提（ptty）［慕闍（mwz"k'）］留在拂林（βr'wmy）一年，第二［年］他回來了，來到蘇鄰（swrstn）使者（βr'yštk）那裏。"[4] 帕提亞文文書 M216c 和 M1750記載了同一件事情，稍爲詳細一點："當使者（fryštg）在維赫・阿達希爾（why 'dhšyr）時，他派帕提（ptyg）慕闍（'mwcg）、阿馱（'d'）

　　[1] Henning, W. B. "Mani's Last Journey," *Bulletin of the School of Oriental and African Studies* 10, 1942, pp. 941-53; repr. in idem, 1977, II, pp. 81–93.

　　[2] Sundermann, W.,*Mitteliranische manichäische Texte kirchengeschichtlichen Inhalts* / Werner Sundermann ; mit einem Appendix von Nicholas Sims-Williams. Berlin : Akademie-Verlag, 1981, p.71.

　　[3] Tubach, J. "Manis Jugend," Ancient Society 24, 1993, pp. 130–131.http://www.iranicaonline.org/articles/mani–founder–manicheism（2011/12/20）

　　[4] Sundermann, W.,*Mitteliranische manichäische Texte kirchengeschichtlichen Inhalts* / Werner Sundermann ; mit einem Appendix von Nicholas Sims-Williams. Berlin : Akademie-Verlag, 1981, §3.1, pp.34–36. Klimkeit, H.-J., *Gnosis on the Silk Road: Gnostic texts from Central Asia* / translated &presented by Hans-Joachim Klimkeit. San Francisco, Calif.: HarperSanFrancisco, 1993, p.203.

薩波塞（ʿspsg）、瑪尼（mʾny）書記到拂林（frwm）去。"[1]粟特文 ptty
對應帕提亞文 ptyg，為人名。粟特文 mwzˮkʾ對應帕提亞文ʾmwcg，音
譯"慕闍"，意譯"承法教道者"，是摩尼教最高級的僧侶，一共只有12
個。帕提慕闍是摩尼派到西方去傳教的高僧。帕提亞文ʿspsg，音譯"薩
波塞"，意譯"侍法者"，是第二級僧侶，共有72個。粟特文 βrʾwm 對應
帕提亞文 frwm，音譯"拂林"，這裡指（東）羅馬帝國。粟特文 βrʾyštk
對應帕提亞文 fryštg，漢譯"佛夷瑟德"，意譯"使者"，指摩尼。帕提
亞文 why ʾdhšyr 是阿達希爾在底格里斯河西岸建造的城市，為馬達因的
一部分，粟特文直謂此地即蘇鄰（swrstn）。[2]蘇鄰在西中古伊朗語中寫
作ʾswrystʾn，讀若 asūrestān（文書 M4471/2）[3]。中外史料都證實，霞浦
文書中"摩尼大法王，最後光明使，出現於蘇隣"的說法是確有根據的，
蘇鄰是薩珊波斯首都所在的省區，大致相當於今天的伊拉克。

〔1〕Sundermann, W.,*Mitteliranische manichäische Texte kirchengeschichtlichen Inhalts* / Werner
Sundermann ; mit einem Appendix von Nicholas Sims-Williams. Berlin : Akademie-Verlag, 1981, §2.5,
pp.25–26. Klimkeit, H.-J., *Gnosis on the Silk Road: Gnostic texts from Central Asia* / translated &presented
by Hans-Joachim Klimkeit. San Francisco, Calif.: HarperSanFrancisco, 1993, p.203.

〔2〕Durkin, Desmond,*Dictionary of Manichaean texts*. vol. 3. *Texts from Central Asia and China* /
edited by Nicholas Sims-Williams. pt. 1. *Dictionary of Manichaean Middle Persian and Parthian* / by
Desmond Durkin-Meisterernst, Turnhout: Brepols ; NSW, Australia: Ancient History Documentary Research
Centre, Macquarie University. 2004, pp.160–161, 341, 40, 86–87, 157. Gharib, B. „*Sogdian dictionary:
Sogdian-Persian-English*. Tehran: Farhangan Publications. 1995, §§2720(p.107), 5563 (p.222), 9074(p.366),
2712 (p.107).

〔3〕Durkin, Desmond,*Dictionary of Manichaean texts*. vol. 3. *Texts from Central Asia and China* /
edited by Nicholas Sims-Williams. pt. 1. *Dictionary of Manichaean Middle Persian and Parthian* / by
Desmond Durkin-Meisterernst, Turnhout: Brepols; NSW, Australia : Ancient History Documentary Research
Centre, Macquarie University. 2004, p.56.

17 摩尼"想威感波斯"

　　漢文關於摩尼教的資料有數處提及波斯。宋咸淳五年（1269）志磐撰成《佛祖統紀》，卷39說：唐則天武后延載元年（694）"波斯國人拂多誕（西海大秦國人）持二宗經偽教來朝。"[1]明何喬遠（1558—1631）《閩書》卷7《方域志》"華表山"條下稱摩尼教："行於大食、拂林、［吐］火羅、波斯諸國。晉武帝太始丙戌（266），滅度於波斯，以其法屬上首慕闍。慕闍當唐高宗朝行教中國，至武則天時，慕闍高弟密烏没斯拂多誕復入見。"[2]何喬遠記載摩尼卒於波斯當有所本。何喬遠《名山藏》說："蘇門答剌國，漢之條支，唐之波斯、大食，皆其地也。其西有蘇鄰國，摩尼佛生焉，號具智大明使，自唐時入中國。"[3]何喬遠將蘇門答剌國與條支、波斯、大食混爲一談，其誕妄不經及其根源，伯希和（P. Pelliot，1978—1945）1923年發表的文章已經指出：古之波斯僅指西亞波斯一國，惟在宋時始附帶適用於越南半島或南洋群島之一國或數國。[4]何喬遠所看到的資料，或許只說波斯西有蘇鄰國，摩尼生於此國。恐怕是何喬遠採納了《周書·異域傳》《隋書·西域傳》關於波斯國爲古條支國的說法，復將《蠻書》《嶺外代答》《諸蕃志》記載的南海波斯與西亞波斯相混淆，遂有此說。新出福建霞浦民間宗教文書陳法師藏未名科儀書原封皮已失，陳法師加封後，名其爲《摩尼光佛》，其《下生讚》說："摩尼佛下生時，托蔭於蘇隣。……想威感波斯，說勃

---

　　〔1〕《大正新修大藏經》，第49冊，No.2035，頁370。http://www.cbeta.org/result/normal/T49/2035_039.htm（2012/9/16）

　　〔2〕何喬遠：《閩書》卷7，方域志，泉州府晉江縣一，福建人民出版社，1994年，頁172。

　　〔3〕何喬遠：《名山藏》卷37，王享記，東南夷三。哈佛燕京圖書館藏，福建：沈猶龍，明崇禎版。http://pds.lib.harvard.edu/pds/view/20001256?n=3004&imagesize=1200&jp2Res=.25&print.Thumbnails=no（2011/12/9）

　　〔4〕Pelliot, P."Les traditions manichéennes au Fou-kien", *T'oung Pao*, XXII, 1923, pp.193-208.

王悟里。"[1] 傳抄霞浦文書的法師，自然不像何喬遠那麼博學，大概只是老實照抄"蘇鄰"和"波斯"等地名，雖然他們未必知道摩尼在波斯出生、傳教與殉道的細節。本文梳理摩尼在薩珊波斯帝國境內出生、活動與殉教的歷史地理，就正於研究摩尼教，特別是研究霞浦文書的學者。[2]

17.1　沙普爾一世三語碑銘

薩珊王朝最可靠、最重要的史料之一是所謂"瑣羅亞斯德的克爾白（Ka'ba-ye Zardošt）"的沙普爾一世（Šāpūr I，240—270）三語碑銘。這座建築物位於波斯波利斯，其得名當在14世紀，與瑣羅亞斯德無關。克爾白（意為"立方體"）是一座立方體建築，可能是阿契美尼德王朝在公元前520年左右所建的，沙普爾一世在其三面墻上刻了碑銘。1936年發現了沙普爾一世的中古波斯文銘文（東墻），1939年又發現其帕提亞文（Parthian，西墻）和希臘文銘文（南墻）。[3] 碑銘列舉了260年前後薩珊帝國的各個省份，我們根據諸位學者的研究[4]，翻譯部分如下（參閱圖版28）：

　　　[I] 朕乃崇拜馬茲達的聖君、雅利安人和非雅利安人的眾王之
　　　王、眾神族裔沙普爾（Shapur），（朕乃）崇拜馬茲達的聖君、雅

　　〔1〕元文琪：《福建霞浦摩尼教科儀典籍重大發現論證》，載《世界宗教研究》2011年第5期，頁177。

　　〔2〕關於摩尼的家庭、青少年時代、下半生的佈教活動、摩尼教的早期傳播，參閱芮傳明：《東方摩尼教研究》，上海人民出版社，2009年，頁3–15。

　　〔3〕圖版見：http://en.wikipedia.org/wiki/File:Tour_nagsh–e–rostam_iran.jpg.（2011/12/10）

　　〔4〕Sprengling, Martin, *Third century Iran, Sapor and Kartir*, by Martin Sprengling ; prepared and distributed at the Oriental Institute, University of Chicago, Chicago : The Institute, 1953, pp.1–35, 72–111; Plates 10–12. Maricq, André," Classica et Orientalia: 5. Res Gestae Divi Saporis", *Syria*, T. 35, Fasc. 3/4 (1958). Back,Michael.*Die sassanidischen Staatsinschriften : Studien zur Orthographie und Phonologie des Mittelpersischen der Inschriften zusammen mit einem etymologischen Index des mittelpersischen Wortgutes und einem Textcorpus der behandelten Inschriften* / von Michael Back. Tehéran : Bibliothèque Pahlavi ; Leiden : Diffusion E. J. Brill,1978, pp. 284–371. Frye, Richard Nelson, 1984. *The history of ancient Iran*, München: C.H. Beck.http://books.google.com/books?id=0y1jeSqbHLwC&printsec=frontcover&source=gbs_ge_summary_r&cad=0#v=onepage&q&f=false（2012/1/27），pp.371–374.

利安人的眾王之王、眾神族裔阿達希爾（Ardashir）之子，（朕乃）聖王帕佩克（Papak）之孫。

[Ⅱ]伊朗帝國的屬國和行省有：法爾斯，帕提亞，胡澤斯坦，梅雄，蘇利悉單，諾德什拉甘，阿爾巴伊斯坦，阿杜爾巴達甘，阿敏，威羅讚，錫甘，阿蘭，巴拉薩甘直到卡普山、阿蘭門和帕里什赫瓦群山，馬德，戈爾甘，馬魯，哈烈和整個阿巴沙，克爾曼，塞斯坦，土蘭，馬庫蘭，帕拉丹，信度，貴霜沙直到布路沙布邏和直到佉沙、粟特和者舌的邊境，海的另一邊是瑪宗。……

[Ⅲ-1]朕甫登基，戈爾迪安凱撒（Gordian Caesar）在整個羅馬帝國徵集一支哥特人和日耳曼人的大軍，向蘇利悉單（宿利）進軍，侵略伊朗帝國，侵略我們。在宿利邊境的米西克發生了一場正面大戰。戈爾迪安凱撒被殺。羅馬軍隊全軍覆沒。羅馬人立腓力（Philip）為帝。腓力與我們談判媾和條件，支付了五十萬第納爾（denars）贖金，成為我們的朝貢國。……

[Ⅲ-2]凱撒不守信用，危害阿敏。我等進攻羅馬帝國，在巴爾巴利薩屠殺了六萬羅馬軍隊。我們焚燒和蹂躪了敘利亞省及其所有的屬地；我們在這場戰爭中從羅馬帝國奪取了如下的城堡和城市：……一共有37個城市及其周邊。

[Ⅲ-3]在第三次戰爭中，我們進攻卡雷和埃德薩，當我們圍攻卡雷和埃德薩時，瓦列里安凱撒（Valerian Caesar）前來迎戰，率領來自日耳曼、……敘利亞、……的七萬大軍。在卡雷和埃德薩的那邊（西邊）我們與瓦列里安凱撒發生了一場大戰。我們親手俘獲了瓦列里安凱撒，軍隊的將領、禁軍校尉（Praetorian Prefect）、元老們和各部軍官等其他人也均被俘，我們把他們押解到法爾斯去。我們在敘利亞省、西里西亞省和卡帕多細亞省放火焚燒，破壞蹂躪，抓獲俘虜。我們在這場戰爭中從羅馬帝國奪取了……一共有36個城市及其周邊。我們把羅馬帝國的，即非雅利安（non-Aryans）的俘虜帶走；讓他們定居在雅利安帝國，在法爾斯、帕提亞、胡澤斯坦、蘇利悉單和其他地方，一地接著一地，在我們自己，或者我們的父

親們，或者我們的祖父們，或者我們的祖先們擁有產業之地。

我們可以將薩珊波斯省區的帕提亞文、希臘文、通行的英文及其中譯、今地列表如表17-1：

表17-1 薩珊波斯省區

帕提亞文	希臘文	英文、中文	今地
[p]'rs	Περσίδα	1. Pars 法爾斯	伊朗法爾斯省
[prtw]	Παρ[θί]αν	2. Parthia 帕提亞[1]	伊朗東北部
ḥwzstn	Οὐζ[ην]ὴν	3. Khuzistān 胡澤斯坦	底格里斯河下游
My[šn]	Μησανηνὴν	4. Mēshūn 梅雄	幼發拉底河下游
(')[swrstn]	Ἀσσυρίαν	5. Asūristān 蘇利悉單（宿利）	伊拉克中部
[ntwšrkn]	Ἀδιαβηνὴν	6. Nōdšīragān 諾德什拉甘	伊拉克北部
['rbys]tny	Ἀραβίαν	7.Arbāyistān 阿爾巴伊斯坦	兩河的上游地區
['tr]wpt(k)n	Ἀδουρβα‖δηνὴν	8. Ādurbādagān 阿杜爾巴達甘	阿塞拜疆南部
'rmny	Ἀρμενίαν	9. Armin 阿敏	亞美尼亞
wyršn	Ἰβηρίαν	10. Wirōzān 威羅讚	格魯吉亞
sykn	Μαχελονίαν	11. Sigān 錫甘	黑海東南岸
'rd'n	Ἀλβανίαν	12. Ar(r)ān 阿藍	阿塞拜疆北部

---

〔1〕Christopher Brunner 將這個地名釋讀為 Parthau，是法爾斯北面的一個省區。見 Christopher Brunner, *Geographical and Administrative Divisions: Settlements and Economy*, Yarsharter, 1983, pp.748–750, 752–753.

續表17-1

帕提亞文	希臘文	英文、中文	今地
bl'skn ḤN prḥš'L kpy ṬWR' W 'l'nn TR''	[　　　]γηνήν ἕως ἔ[μπροσθεν]Καπ ὄρους καὶ πυλῶν' Ἀλβανῶν	13. Balāsagān 巴拉薩甘 Kap 卡普 Alan 阿蘭	里海南岸 高加索山
W ḥmk pry-šḥwr ṬWR'	καὶ ὅλον τὸ Πρεσ-σουαρ ὄρος	Parishkhwār 帕里什赫瓦	厄爾布魯斯山
m'd	Μαδηνὴν	14. Mād 馬德	伊朗北部
wrkn	Γουργαν	15. Gurgān 戈爾甘	里海東南岸
mrgw	Μαρου	16. Marv 馬魯	土庫曼東南部
ḥryw	'ρην	17. Harēw 哈烈	阿富汗赫拉特省
W ḥmk 'prḥštr	καὶ πάντα τὰ ἀνω-τάτω ἔθνη	Abarshahr 阿巴沙	伊朗呼羅珊
krmn	Κερμανζηνὴν	18. Kirmān 克爾曼	伊朗克爾曼省
skstn	Σεγιστανὴν	19. Sagistān 塞斯坦	伊朗錫斯坦
twgrn	[Τουρηνὴν]	20. Turgistān 土吉斯坦 Tūrān 土蘭	伊朗俾路支
mkwrn	[　　　　　]	21. Makurān 馬庫蘭	巴基斯坦俾路支省
p'rtn	[Παρα]δηνὴν	22. Pāradān 帕拉丹	巴基斯坦俾路支省
ḥndstn	Ἰνδίαν	23. Hind 信度	印度西北部

帕提亞文	希臘文	英文、中文	今地
kwšnḫšt(r) (ḤN prḫ)š ʾL pškbwr W ḤN ʾL kʾš swgd W šʾšs〔 m〔rz W MN ḫw〕 Š〔TR〕(ʾ) 〔YM〕ʾ	καὶ Κουσην〔ῶν ἔθ〕 ν〔η ἔως ἔμπροσθεν Πασ-κιβουρων καὶ ἔως Κας Σω-δικηνῆς καὶ {καὶ} Τσατσηνῆς ὅρων καὶ ἐξ ἐκείνουτοῦ Μέρους τῆς θα<λ> άσσης	24. Kushānshahr 貴霜沙 Pashkbūr 布路沙布邏 Kash 佉沙 Sūgd 粟特 Chāchastān 者舌	阿姆河中游 白沙瓦 沙赫里夏 勃茲 澤拉夫善河流域 塔什干
mzwnḫštr	Μι〔…ἔθ-〕νος	25.Mazōn 瑪宗	阿曼

　　由於摩尼教資料出自多種文字，摩尼出生與傳教、及其派遣弟子傳教的歷史地名也見於多種文字，爲了便於與上面的表格對照，下文地名第一次出現時會註明所在省份及其編號。碑銘中提及的其他地名，可以根據巴克（Michael Back）的表格選譯如表17-2：

表 17-2　沙普爾一世碑其他地名

帕提亞文	希臘文	英文、中文	今地
gwt	Γουθθων	Goth 哥特	黑海地區
grmʾny	Γερμανων	German 日耳曼	德國
mšyk	Μισιχην	Misikē 米西克	伊拉克安巴爾
bybʾlšy	Βαρβαρισσω	Barbalissus 巴爾巴利薩	敍利亞巴利斯
ʾswryʾ hštr	to εθνος της Συριας	province of Syria 敍利亞省	敍利亞
hʾrn	Καρρας	Carrhae 卡雷	土耳其哈蘭
ʾwrhʾy	Εδεσσαν	Edessa 埃德薩	土耳其烏爾法
kylkyʾ hštr	το εθνο ςτης Κιλικίας	Cilicia 西里西亞省	土耳其東南部
kpwtkyʾ hštr	το εθνος της Καππαδοκίας	Cappadocia 卡帕多細亞省	安納托利亞東南部

341

17.2　摩尼的出生與传教活動

（14）馬德省的哈馬丹城號稱"米底（Media）首府"，阿拉伯文《群書類述》記載，摩尼的父親跋帝（Futtuq）原居哈馬丹（Hamadhān）。[1]

阿拉伯歷史學家比魯尼（Biruni）引述摩尼撰寫的《沙卜拉干》（Šābuhragān），說塞琉古紀年（Seleucid Era）第527年（即公元216/217年），摩尼出生在庫塔（Kūtā）運河上游的一個名叫馬爾迪努（Mardīnū）的村莊裏，[2]就是位於（5）蘇利悉單省的塞琉西亚－泰西封（Seleucia-Ctesiphon）之南。其他有些資料則顯示，摩尼可能出生於塞琉西亚－泰西封東面的高凱（Gaukhay），有的學者提出，這或許不是其出生地，而是他從小就被其父從馬爾迪努帶到高凱的淨洗派當中撫養長大。[3]無論是馬爾迪努，還是高凱，均位於蘇利悉單省，即蘇鄰。因此漢文史料，包括霞浦文書，一再提到摩尼出生於蘇鄰，確有所本。

根據希臘文《科隆摩尼古卷》的記載：當摩尼二十四歲時，就是阿達希爾（Ardashir I，226/227—241）征服哈特拉（Hatra）、沙普爾加冕之年，法爾毛提月（Pharmouthi）八日，摩尼受到第二次啓示。根據奈迪木《群書類述》的記載，沙普爾加冕之年（即塞琉古紀元551年），當太陽在白羊宮時，尼散月（Nisan）一日（星期天）（當為公元240年4月

---

〔1〕Dodge, Bayard, 1970. The *Fihrist of al-Nadīm : a tenth-century survey of Muslim culture* / Bayard Dodge, editor and translator. New York : Columbia University Press,1970, p.773.

〔2〕Sachau , C. Edward , *The chronology of ancient nations : an English version of the Arabic text of the Athâr-ul-Bâkiya of Albîrûnî, or, "Vestiges of the past," collected and reduced to writing by the author in A.H. 390-1, A.D. 1000* /translated and edited, with notes and index, by C. Edward Sachau. London : Published for the Oriental Translation Fund of Great Britain & Ireland by W.H. Allen, 1879, p.190.

〔3〕Tubach, J. "Manis Jugend," Ancient Society 24, 1993, pp. 130–131.

12日），摩尼受到啓示，遂與洗禮派決裂，開始其傳教活動。[1]《科隆摩尼古卷》記載：當時只有兩個洗禮派成員追隨他，後來他的父親也加入了信徒的行列，他出現在首都泰西封（Κτησιφῶν），開始向外邦人宣傳其福音。[2]

根據科普特文《克弗里亞》第1章，摩尼自述他先到印度之（ϩⲚⲧⲞⲨ，即〔23〕信度）地去傳教，当阿達希爾去世、其子沙普爾繼位之年（公元241/242年），他回到波斯人之地，從波斯（ⲠⲈⲢⲤⲒⲤ，即〔1〕法爾斯）之地前往巴比倫（ⲂⲀⲂⲨⲖⲰⲚ，即〔5〕蘇利悉單）、梅塞尼（ⲘⲀⲒⲤⲀⲚⲞⲤ，即〔4〕梅雄）和蘇西亞那（Susiana，科普特文 ⲞϨⲈⲞⲤ，即〔3〕胡澤斯坦）之地。他謁見了沙普爾，沙普爾允許摩尼在其帝國內傳教。摩尼在波斯、帕提亞之（ⲠⲀⲢⲐⲞⲤ）地（即〔2〕帕提亞），直到阿迪亞拜尼（Adiabene，科普特文 ⲀⲆⲒⲂ，即〔6〕諾德什拉甘）以及羅馬帝國諸省之邊境傳教多年。[3] 根據《克弗里亞》第76章，摩尼傳教的地區有印

---

〔1〕Der Kölner Mani-Kodex : Über das Werden seines Leibes / aufgrund der von A. Henrichs und L. Koenen besorgten Erstedition herausgegeben und übersetzt von Ludwig Koenen und Cornelia Römer ; in Zusammenarbeit mit der Arbeitsstelle für Papyrusforschung im Institut für Altertumskunde der Universität zu Köln. Opladen : Westdeutscher Verlag, c1988, pp.11–106; ed. L. Koenen and C. Römer, Der Kölner Mani-Kodex. Über das Werden seines Leibes. Kritische Edition, Opladen, Germany,1988, pp. 70–75; cf. Der Kölner Mani-Kodex : Über das Werden seines Leibes / aufgrund der von A. Henrichs und L. Koenen besorgten Erstedition herausgegeben und übersetzt von Ludwig Koenen und Cornelia Römer ; in Zusammenarbeit mit der Arbeitsstelle für Papyrusforschung im Institut für Altertumskunde der Universität zu Köln. Opladen : Westdeutscher Verlag, c1988, pp. 7–20, 17; ed. L. Koenen and C. Römer, Der Kölner Mani-Kodex. Über das Werden seines Leibes. Kritische Edition, Opladen, Germany,1988, pp. 10–13 and Fehrest, ed. Flügel, 1862, pp. 15–16,50; 84; Dodge, v.2, p.775.宗德曼認爲，摩尼首次傳教當在公元240年4月18或19日。W. Sundermann,"Shapur's Coronation: The Evidence of the Cologne Mani Codex Reconsidered and Compared with Other Texts," Bulletin of the Asia Institute, N.S. 4, 1990, pp. 295–296 ;2001, pp. 103–104.

〔2〕Der Kölner Mani-Kodex : Über das Werden seines Leibes / aufgrund der von A. Henrichs und L. Koenen besorgten Erstedition herausgegeben und übersetzt von Ludwig Koenen und Cornelia Römer ; in Zusammenarbeit mit der Arbeitsstelle für Papyrusforschung im Institut für Altertumskunde der Universität zu Köln. Opladen : Westdeutscher Verlag, c1988, pp. 14–17,109; ed. L. Koenen and C. Römer, Der Kölner Mani-Kodex. Über das Werden seines Leibes. Kritische Edition, Opladen, Germany,1988, pp. 76–77.

〔3〕H. J. Polotsky and A. Böhlig, Kephalaia. Manichäische Handschriften der Staatlichen Museen Berlin I, Stuttgart, 1940, 1940, pp. 15.24–16.2; Gardner, Iain, The Kephalaia of the Teacher : the edited Coptic Manichaean texts in translation with commentary / edited by Iain Gardner.Leiden ; New York : E.J. Brill, 1995, p. 21.

度、波斯、梅塞尼，以及巴比倫之地，進入宿利人之（Assyrians，科普特文 ⲁⲥⲥⲩⲣⲓⲟⲥ）城，又去了米底（ⲙⲏⲇⲟⲥ，即〔14〕馬德）和帕提亞人之地。[1]

根據《科隆摩尼古卷》，摩尼傳教到過甘扎克（Γαναζάκ），可能是阿塞拜疆（即〔8〕阿杜爾巴達甘）的甘扎克（Ganzak in Atropatēnē[2]）。他還到過幼發拉底河與底格里斯河匯合處的法拉特（Φαρὰτ），在那裏遇到過洗禮派。[3]羅默（C. E.Römer）認爲，摩尼很可能是從這裡出發到印度（Ἰνδός）去的。[4]摩尼通過海路前往印度，可能到過印度河口的德

〔1〕H. J. Polotsky and A. Böhlig, *Kephalaia. Manichäische Handschriften der Staatlichen Museen Berlin* I, Stuttgart, 1940, 1940, pp. 184–187; Gardner, Iain, *The Kephalaia of the Teacher : the edited Coptic Manichaean texts in translation with commentary* / edited by Iain Gardner.Leiden ; New York : E.J. Brill, 1995, pp. 194–196.

〔2〕*Der Kölner Mani-Kodex : Über das Werden seines Leibes* / aufgrund der von A. Henrichs und L. Koenen besorgten Erstedition herausgegeben und übersetzt von Ludwig Koenen und Cornelia Römer ; in Zusammenarbeit mit der Arbeitsstelle für Papyrusforschung im Institut für Altertumskunde der Universität zu Köln. Opladen : Westdeutscher Verlag, c1988, p. 121; ed. L. Koenen and C. Römer, *Der Kölner Mani-Kodex. Über das Werden seines Leibes. Kritische Edition*, Opladen, Germany,1988, pp. 86–87; C. E. Römer, *Manis frühe Missionsreisen nach der Kölner Manibiographie. Textkritischer Kommentar und Erläuterungen zu p. 121 -p. 192 des Kölner Mani-Kodex*, Opladen,1994, p. 2; Iain Gardner and Samuel N.C. Lieu, *Manichaean texts from the Roman Empire* / edited by Iain Gardner and Samuel N.C. Lieu. Cambridge ; New York : Cambridge University Press, 2004, p.69.

〔3〕*Der Kölner Mani-Kodex : Über das Werden seines Leibes* / aufgrund der von A. Henrichs und L. Koenen besorgten Erstedition herausgegeben und übersetzt von Ludwig Koenen und Cornelia Römer ; in Zusammenarbeit mit der Arbeitsstelle für Papyrusforschung im Institut für Altertumskunde der Universität zu Köln. Opladen : Westdeutscher Verlag, c1988 137,2–140,6, pp.98–100. Iain Gardner and Samuel N.C. Lieu, *Manichaean texts from the Roman Empire* / edited by Iain Gardner and Samuel N.C. Lieu. Cambridge ; New York : Cambridge University Press, 2004, pp.71–72.

〔4〕*Der Kölner Mani-Kodex : Über das Werden seines Leibes* / aufgrund der von A. Henrichs und L. Koenen besorgten Erstedition herausgegeben und übersetzt von Ludwig Koenen und Cornelia Römer ; in Zusammenarbeit mit der Arbeitsstelle für Papyrusforschung im Institut für Altertumskunde der Universität zu Köln. Opladen : Westdeutscher Verlag, c1988, p. 140, 144;ed. L. Koenen and C. Römer, *Der Kölner Mani-Kodex. Über das Werden seines Leibes. Kritische Edition*, Opladen, Germany,1988, pp.100–103; C. E. Römer, *Manis frühe Missionsreisen nach der Kölner Manibiographie. Textkritischer Kommentar und Erläuterungen zu p. 121 -p. 192 des Kölner Mani-Kodex*, Opladen,1994, pp. 147–52; Iain Gardner and Samuel N.C. Lieu, *Manichaean texts from the Roman Empire* / edited by Iain Gardner and Samuel N.C. Lieu. Cambridge ; New York : Cambridge University Press, 2004, pp.72–73.

布港。[1]帕提亞文摩尼傳記資料提到過俾路支地區（Baluchistan）的土蘭（twr'n，即〔20〕土吉斯坦），摩尼在那裏利用各種各樣的奇跡，使其國王土蘭沙（twr'n š'h）改宗了摩尼教，相信摩尼是一個佛。[2]根據帕提亞文文書 M 4575，摩尼從海路返回，在（1）法爾斯省的港口雷夫－阿達希爾（ryw'rdxšyhr）停留，在那裏他會見了一些從阿巴沙（'bršhr，即〔17〕阿巴沙）來的信徒。他從那裏派法堂主帕提（ptyg ms'dr）與兄弟約翰（hnyy br'dr〔Hanní 即 John〕）到印度德布（dyb）去照管新成立的社團。[3]不晚於242年，他們到那裏去進行傳教。《群書類述》記載的摩尼撰述中，有一封寫到印度去的信，這證明在印度存在過一個摩尼教社區。

摩尼從雷夫－阿達希爾出發前往梅塞尼的一座城市，在那裏他使沙普爾的兄弟梅雄領主（Mēšūn-xwadāy）米爾沙（Mihr-šāh）改宗了摩尼教。[4]根據《群書類述》，摩尼贏得了沙普爾的另一個兄弟卑路斯（Pērēs）的信仰，將其介紹給沙普爾。[5]如果摩尼是在巴比倫謁見沙普爾的話，那很可能發生在首都泰西封；如果他是在蘇西亞那謁見的話，可能發生

〔1〕W. Sundermann, "Zur frühen missionarischen Wirksamkeit Manis," *AOASH* 24, 1971, pp. 84–85, n. 31.

〔2〕Sundermann, W.,*Mitteliranische manichäische Texte kirchengeschichtlichen Inhalts* / Werner Sundermann; mit einem Appendix von Nicholas Sims-Williams. Berlin : Akademie-Verlag, 1981, pp. 19–22, text 2.2 II; p. 101, text 9.

〔3〕Sundermann, W.,*Mitteliranische manichäische Texte kirchengeschichtlichen Inhalts* / Werner Sundermann ; mit einem Appendix von Nicholas Sims-Williams. Berlin : Akademie-Verlag, 1981, pp. 55–57, text 4a.1. Boyce 認爲，摩尼教文獻中的阿巴沙可能泛指薩珊波斯帝國北部諸省，見 Boyce, Mary, *A Reader in Manichaean Middle Persian and Parthian: Texts*,Téhéran: Bibliothèque Pahlavi : Leiden : Diffusion, E.J. Brill. 1975, p.40, note 3。Sundermann 認爲，阿巴沙指東北一省及其首府（今内沙布爾），見 Sundermann, 1971, p.86, n.36。

〔4〕帕提亞文文書 M47 R 4–V 16, Sundermann, W.,*Mitteliranische manichäische Texte kirchengeschichtlichen Inhalts* / Werner Sundermann ; mit einem Appendix von Nicholas Sims-Williams. Berlin : Akademie-Verlag, 1981, pp. 101–103, text 10; 1987, pp. 47, 61–62 ; W. Sundermann,"Shapur's Coronation: The Evidence of the Cologne Mani Codex Reconsidered and Compared with Other Texts," *Bulletin of the Asia Institute*, repr. in idem, 2001, pp. 363, 377–378.米爾沙不見於薩珊王朝的王家碑銘。

〔5〕*Fehrest*, ed. Flügel, 1862, pp. 52.1–2, 85.Tr. Dodge, Bayard, 1970. The *Fihrist of al-Nadīm : a tenth-century survey of Muslim culture* / Bayard Dodge, editor and translator. New York : Columbia University Press,1970, v.2, p.776.

·欧·亚·历·史·文·化·文·库·

在貝拉斐（Bēṯ Lāpāṯ）。貝拉斐是沙普爾一世260年左右用羅馬俘虜建成的一座城市，新的名稱是貢德沙普爾城（Gundēshāpūr），為胡澤斯坦的重鎮，至少有兩個薩珊國王以其作爲朝廷所在地。[1]宗德曼（W.Sundermann）1974年提出，摩尼早年曾到格魯吉亞傳教，使其國王哈夫扎（hbz'）改宗摩尼教。[2]這個假設的基礎是將帕提亞文 wrwc'n（〔10〕威羅讚）解釋為格魯吉亞。

17.3　摩尼派遣門徒傳教和摩尼的殉難

中古波斯文、帕提亞文和粟特文資料都講到摩尼派門徒向羅馬帝國傳教的事跡。韋赫－阿達希爾（帕提亞文 why 'rdhšyr）是阿達希爾一世在泰西封的西面、塞琉西亞與底格里斯河之間所建的城市，是都城的一個組成部分。摩尼從這裡派遣帕提慕闍（帕提亞文 ptyg 'mwcg）、阿駄薩波塞（帕提亞文'd' 'spsg）前往羅馬（帕提亞文 frwm，即東羅馬帝國），命他們向世界傳教直到埃及。帕提在那裏待了一年，第二年就回到蘇利悉單（粟特文 swrstn）摩尼身邊來了。[3]西方的傳教活動此後由阿駄負責。阿駄將其傳教活動擴展到埃及的亞歷山大里亞（中古波斯文 'lxsyndrgyrd）。阿駄治愈了巴爾米拉（Palmyra）凱撒之妻塔迪（Tadī/Tadai）的姊妹娜芙莎（Nafšā）。[4]娜芙莎改宗意味著摩尼教已經深入巴爾米拉社會，甚至滲透了它的朝廷。巴爾米拉位於今敘利亞中部，是商隊穿越敘利亞沙漠的重要中轉站。巴爾米拉不僅成爲摩尼教在羅馬帝國治下敘利亞進行傳播的橋頭堡，而且也可能是其向阿拉伯半島傳播

〔1〕又名 Veh Antiok Shāpūr（沙普爾勝於安提俄克）。

〔2〕Sundermann, 1974, pp. 131–132; 1981, pp. 24–25, text 2.3.恆寧曾把 wrwc'n 解釋為今阿富汗之 Gharchistan，但是後來也考慮到將 wrwc'n 解釋為格魯吉亞的可能性。

〔3〕Sundermann, W.,*Mitteliranische manichäische Texte kirchengeschichtlichen Inhalts* / Werner Sundermann ; mit einem Appendix von Nicholas Sims-Williams. Berlin : Akademie-Verlag, 1981, pp. 25–26, text 2.5; pp.34–36, text 3.1.

〔4〕Sundermann, W.,*Mitteliranische manichäische Texte kirchengeschichtlichen Inhalts* / Werner Sundermann ; mit einem Appendix von Nicholas Sims-Williams. Berlin : Akademie-Verlag, 1981, p.42, text 3.3.

的樞紐。《群書類述》記載的摩尼著作中有一封摩尼寫到哈塔（敍利亞文 Ḥaṭṭā〔阿拉伯文 al-Ḵaṭṭ〕）去的信，哈塔可能在阿曼（Oman，即〔25〕瑪宗）[1]，這説明在阿拉伯人當中已經有了摩尼教社團。

粟特文文書 So 18224記載摩尼的弟子加布里亞布（Gavryahb）通過治愈一個女孩而使亞美尼亞（即〔9〕阿敏）埃里温（ryb'n）的國王放棄基督教，改信了摩尼教。[2]《群書類述》記載的摩尼著述中有《亞美尼亞書》（阿拉伯文 resāla arminiya）[3]，證明3世紀在亞美尼亞已經存在摩尼教社團。

霍爾旺（中古波斯文 hlwn）位於伊朗高原西邊、從薩珊波斯首都泰西封通往帕提亞的大道上。摩尼從霍爾旺派末冒慕闍（中古波斯文 mry'mw hmwc'g）和阿達邦親王（中古波斯文 'rdβ'n wyspwhr）到阿巴沙（中古波斯文'bršhr）去，越過呼羅珊（中古波斯文 hwr's'n）邊境。[4]粟特文書 So 18220反映，末冒精通帕提亞語（pγl'w'n'k），而且認識許

〔1〕*Fehrest,*ed. Flügel, 1862, pp. 76.1, 104; tr. Dodge, Bayard, 1970. The *Fihrist of al–Nadīm : a tenth–century survey of Muslim culture* / Bayard Dodge, editor and translator. New York : Columbia University Press,1970, v.2, p. 801.

〔2〕ed. Sundermann, W.,*Mitteliranische manichäische Texte kirchengeschichtlichen Inhalts* / Werner Sundermann ; mit einem Appendix von Nicholas Sims-Williams. Berlin : Akademie-Verlag, 1981, §3.4, pp. 45–49. Klimkeit, H.-J., *Gnosis on the Silk Road: Gnostic texts from Central Asia* / translated &presented by Hans-Joachim Klimkeit. San Francisco, Calif.: HarperSanFrancisco, 1993, pp.209–211.但是羅素（J. Rusell）認爲，粟特文 ryb'n 並非指埃里温（Erevan），而是指亞美尼亞的 Arebanos。參閱 J. R. Russell, "A Manichaean Apostolic Mission to Armenia?" in Proceedings of the Third European Conference of Iranian Studies I, ed. N. Sims-Williams, Wiesbaden, 1998, pp. 21–26.

〔3〕Fehrest, ed. Flügel, 1862, pp. 73.14, 103; tr. Dodge, 1970, v.2, p. 799.

〔4〕F. C. Andreas and W. Henning, "Mitteliranische Manichaica aus Chinesisch-Turkestan II," *Sitzungsberichte der Preussischen Akademie der Wissenschaften. Phil.-hist. Klasse,* Berlin, Phil-hist. Kl., Berlin 1933, pp. 302–303 ; Henning,W. B. *Selected Papers* I-II, Leiden et al., 1977 I, pp. 199–200; Boyce, Mary, *A Reader in Manichaean Middle Persian and Parthian: Texts,*Téhéran: Bibliothèque Pahlavi : Leiden : Diffusion, E.J. Brill. 1975, text h (pp.39–42); Sundermann, W.,*Mitteliranische manichäische Texte kirchengeschichtlichen Inhalts* / Werner Sundermann ; mit einem Appendix von Nicholas Sims-Williams. Berlin : Akademie-Verlag, 1981, pp. 27, 39–41; Klimkeit, H.-J., *Gnosis on the Silk Road: Gnostic texts from Central Asia* / translated &presented by Hans-Joachim Klimkeit. San Francisco, Calif.: HarperSanFrancisco, 1993, pp.203–205.hwr's'n 可能泛指東方。Durkin, Desmond,*Dictionary of Manichaean texts.* vol. 3. *Texts from Central Asia and China* / edited by Nicholas Sims-Williams. pt. 1. *Dictionary of Manichaean Middle Persian and Parthian* / by Desmond Durkin-Meisterernst, Turnhout : Brepols ; NSW, Australia : Ancient History Documentary Research Centre, Macquarie University. 2004, p.194.

多當地的貴族。末冒在木鹿（粟特文 mry，〔16〕馬魯）傳播其福音，[1]可能在塔里寒（Ṭāleqān）越過貴霜人之地（中古波斯文 phrg ʻy kwš'n，〔24〕貴霜沙）的邊境。[2] 摩尼本人可能在末冒之後，訪問了木鹿。帕提亞文文書 M502 d 可以被理解為描寫摩尼停留在木鹿（mrg）。[3] 末冒越過貴霜邊關意味著他從薩珊帝國東北部出境，進入中亞廣大地區，首先前往的不是粟特，而是貴霜領地，即巴克特利亞（Bactria）。《冊府元龜》卷971《外臣部・朝貢四》云：“（開元七年）六月，……其吐火羅國支汗那（Čaḡāniān）王帝賒（Tish）上表獻解天文大慕闍：‘其人智慧幽深，問無不知。伏乞天恩，喚取慕闍，親問臣等事意及諸教法，知其人有如此藝能。望請令其供奉，並置一法堂，依本教供奉。’”[4] 根據恆寧的意見，摩尼教巫術帕提亞文文書 M1201可能寫成於縛喝（Balkh）或其附近地區。[5] 吐魯番出土的摩尼教文書 M1224是用摩尼教文字寫成的巴克特利亞語文書[6]，說明在巴克特利亞地區或者吐魯番地區存在一個說巴克特利亞語的摩尼教社團。這些資料都顯示，巴克特利亞地區是摩尼教傳教比較成功的地區之一。

---

〔1〕粟特文書 So 18220（T.M. 389α），圖版見：http://www.bbaw.de/forschung/turfanforschung/dta/so/dta_so0023.html. (2011/12/1) Sundermann, W.,*Mitteliranische manichäische Texte kirchengeschichtlichen Inhalts* / Werner Sundermann ; mit einem Appendix von Nicholas Sims-Williams. Berlin : Akademie-Verlag, 1981, §3.2, pp.36–41. Klimkeit, H.-J., *Gnosis on the Silk Road: Gnostic texts from Central Asia* / translated &presented by Hans-Joachim Klimkeit. San Francisco, Calif.: HarperSanFrancisco, 1993, pp.205–206. Gharib, B. ,*Sogdian dictionary: Sogdian-Persian-English*. Tehran: Farhangan Publications. 1995, §5430(p.216).

〔2〕W. B. Henning,“Waručān-Šāh”, *Journal of the Greater India Society* 11, 1945, p. 88 ; 1977, II, p. 228.

〔3〕Sundermann, W.,*Mitteliranische manichäische Texte kirchengeschichtlichen Inhalts* / Werner Sundermann ; mit einem Appendix von Nicholas Sims-Williams. Berlin : Akademie-Verlag, 1981, pp. 124, 126.

〔4〕Chavannes, É.& P. Pelliot, “Un traité manichéen retrouvé en Chine”, *Journal Asiatique,* 1913, pp. 152–153.王媛媛：《從波斯到中國：摩尼教在中亞和中國的傳播》，中華書局，2012 年，頁 28，註 4 中指出，拙譯《中亞文明史》第 3 卷，頁 117，“書中提到了此時在位的國王名‘蒂什’，恐為‘帝賒’的不同音譯。”所言甚是。王媛媛以博士論文相贈，特此致謝。

〔5〕Henning, W. B. 1947. “Two Manichaean Magical Texts with an Excursus on The Parthian ending -ǝndçh”, *Bulletin of the School of Oriental and African Studies*, 1947, p. 50.

〔6〕I. Gershevitch , “The Bactrian Fragment in Manichean Script,” in *From Hecataeus to al-Óuwārizmī,* ed. J. Harmatta, Budapest, 1984, pp. 273–280.

沙普爾272年逝世之後，摩尼贏得了其子奧赫穆茲德一世（Ohrmazd I）的支持。這給予摩尼及其教會最後一個和平發展的時期，這個時期十分短暫，因爲奧赫穆茲德一世於273年去世。

　　在瓦赫蘭一世（Wahrām I）統治下，摩尼教遭到迫害。摩尼來到宿利人當中，希望前往貴霜（科普特文 ⲕⲟⲩϣⲁⲛ），新國王反摩尼教政策的一個早期表現是禁止摩尼前往貴霜。[1] 摩尼回到梅塞尼，震驚地發現，梅雄沙（Mēšūn š'h 即 Mēšūn-xwadāy〔?〕）的宮殿已經被毀掉了。他來到胡澤斯坦重鎮奧爾米茲德—阿達希爾（帕提亞文 'whrmyzd 'rdxšyhr，科普特文 ⲅⲟⲣⲙⲏⲥⲇⲁⲕϣⲁⲅⲁⲣ，今 Ahwāz）的一座摩尼教寺院中，[2] 或許是爲了暫時避難。瓦赫蘭一世可能也禁止摩尼出現在朝廷之上。[3] 綜合帕提亞文書 M 6033 I R（T II D 163）、M 6031 R ii、V ii（T II D 163）、科普特文《佈道書》，我們可以大致了解摩尼最後的命運：美索不達米亞的一個小國王巴特（Bāt）改宗摩尼教，引起了瓦赫蘭一世的憤怒，宣召巴特和摩尼上朝，要他們當面應對穆護的譴責。瓦赫蘭一世宣召的命令送到霍拉沙爾（科普特文 ⲭⲟⲗⲁⲥⲥⲁⲣ），摩尼和巴特從那裏出發，赴朝廷辯解。摩尼很清楚此行之險，從泰西封（帕提亞文 tyspwn、科普特文 kthsivwn）出發，先訪問了故鄉高凱（帕提亞文 gwxy）的摩尼教社團，恐怕有訣別之意，然後前往貝拉斐（帕提亞文 byl'b'd、科普特文 bhlapat）。巴特在臨近貝拉斐時，決定不赴召，但是摩尼仍然前往，在宮門附近引起了騷動，特別在穆護當中群情激憤。[4] 最後他在那裏被囚

〔1〕*Homilien,* ed. Polotsky, H. J., *Manichäische Homilien,* ed. H. J. Polotsky, Stuttgart. 1934, p. 44, 10–12. Iain Gardner and Samuel N.C. Lieu, *Manichaean texts from the Roman Empire* / edited by Iain Gardner and Samuel N.C. Lieu. Cambridge ; New York : Cambridge University Press, 2004, p.81.

〔2〕帕提亞文書 M4579, Sundermann, W.,*Mitteliranische manichäische Texte kirchengeschichtlichen Inhalts* / Werner Sundermann ; mit einem Appendix von Nicholas Sims-Williams. Berlin : Akademie-Verlag, 1981, §4a.12, p.70.

〔3〕Lieu, Samuel N. C., *Manichaeism in the later Roman Empire and medieval China,* Tübingen : J.C.B. Mohr. 1992, p.109.

〔4〕Henning, 1942, Polotsky, 1934, pp.42–45; Iain Gardner and Samuel N.C. Lieu, *Manichaean texts from the Roman Empire* / edited by Iain Gardner and Samuel N.C. Lieu. Cambridge ; New York : Cambridge University Press, 2004, pp.80–81.

禁，終至殉難。[1]

17.4 結語

我們可以將上述摩尼出生、傳教、殉難的主要歷史地名分省列表如
表17-3：

表 17-3 摩尼活動地點

諸省	摩尼及其門徒傳教活動的歷史地理
Pārs 法爾斯	波斯（科普特文 пєрсıс）、雷夫－阿達希爾（帕提亞文 ryw'rdxšyhr）
Pahlaw 帕提亞	帕提亞（科普特文 пароıа）
Khuzistān 胡澤斯坦 Susianē 蘇斯安內	蘇西亞那（科普特文 оƶєос）、貝拉斐（帕提亞文 byl'b'd、科普特文 внлапат）、奧爾米玆德－阿達希爾（帕提亞文 'whrmyzd 'rdxšyhr、科普特文 вормнсƐакщаƹар）
Maishān 梅雄	梅塞尼（科普特文 ма1самос）、法拉特（希臘文 Фарàт）
Asūristān 蘇利悉單（宿利）	馬爾迪努（阿拉伯文 Mardīnū）、高凱（帕提亞文 gwxy）、泰西封（希臘文 Κτησιφῶν、科普特文 ктнс1фωn、帕提亞文 ţyspwn）、巴比倫（科普特文 ваβγλωn）、宿利人（科普特文 assurios）之城、韋赫－阿達希爾（帕提亞文 why 'rdhšyr）、蘇利悉單（粟特文 swrstn）、霍爾旺（中古波斯文 hlwn）、霍拉沙爾（科普特文 χолассар）

---

〔1〕帕提亞文文書 M5569，Boyce, Mary, *A Reader in Manichaean Middle Persian and Parthian: Texts*,Téhéran: Bibliothèque Pahlavi : Leiden : Diffusion, E.J. Brill. 1975, text p (p.47–48); Klimkeit, H.-J., *Gnosis on the Silk Road: Gnostic texts from Central Asia* / translated &presented by Hans-Joachim Klimkeit. San Francisco, Calif.: HarperSanFrancisco, 1993, pp.214–215.

諸省	摩尼及其門徒傳教活動的歷史地理
Nōdšīragān 諾德什拉甘 Adiabene 阿迪亞拜尼	阿迪亞拜尼（科普特文 ⲁⲇⲓⲃ）
Arbāyistān 阿爾巴伊斯坦	
Ādurbādagān 阿杜爾巴達甘	甘扎克（希臘文 Γαναζάκ）
Armin 阿敏	*埃里溫（粟特文 ryb'n）
Wirōzān 威羅讚	*威羅讚（帕提亞文 wrwc'n）
Sigān 錫甘	
Ar(r)ān 阿藍	
Balāsagān 巴拉薩甘 Parishkhwārgar	
Mād 馬德	米底（科普特文 ⲙⲏⲇⲟⲥ）之地
Gurgāg 戈爾甘	
Marv 馬魯	木鹿（帕提亞文 mrg、粟特文 mrγ）
Harēw 哈烈 Abarshahr 阿巴沙	阿巴沙（帕提亞文 'bršhr、中古波斯文 'bršhr）[1]、 呼羅珊（中古波斯文、帕提亞文 hwr's'n）[2]
Kirmān 克爾曼	
Sagistān 塞斯坦	
Turgistān 土吉斯坦	土蘭（帕提亞文 twr'n）
Makurān 馬庫蘭	
Pārdān 帕拉丹	
Hind 信度	信度（科普特文 ⲣⲏⲧⲟⲩ、希臘文 Ἰνδός）、德布（帕 提亞文 dyb）
Kushānshahr 貴霜沙	貴霜人（中古波斯文 kwš'n）之地、貴霜（科普特 文 ⲕⲟⲩϣⲁⲛ）
Mazōn 瑪宗	*哈塔（敘利亞文 Ḥaṭṭā、阿拉伯文 al-Ḵaṭṭ）

---

〔1〕阿巴沙可能泛指薩珊波斯帝國北部諸省，或指東北一省及其首府（今內沙布爾）。

〔2〕也泛指東方。

· 欧 · 亚 · 历 · 史 · 文 · 化 · 文 · 库 ·

　　從這張表格中，很清楚地可以看到摩尼在波斯帝國境内的主要活動地區。沙普爾一世帝國版圖内大部分省份都有過摩尼本人或其弟子的活動。有的學者推測，沙普爾支持摩尼傳教的背後有某种政治動機，因爲摩尼教是一個對基督教、瑣羅亞斯德教、佛教兼收並蓄的新宗教，可以比瑣羅亞斯德教提供更佳的意識形態，為其構建大帝國服務。[1] 但是筆者傾向於贊同劉南強先生的觀點：儘管摩尼教文獻多處強調沙普爾對摩尼傳教的支持，但是，他從來沒有公開承認利用摩尼教來推進對周邊各國的影響，或者融合帝國内部不同的宗教信仰。[2] 雖然沙普爾一世對異教比較寬容，但是，上文引用的沙普爾一世三語碑銘一開頭就清楚地表明，他及其父親都是瑣羅亞斯德教信徒，並無片言隻語提及對摩尼教的支持。

　　摩尼創建世界宗教的宏圖與沙普爾一世創建世界帝國的雄心之間，恐怕並無實質性聯係，但這並不意味著波斯薩珊帝國的遼闊版圖及其與東西方的各種聯係對摩尼的思想與活動沒有影響。摩尼所出生與成長的蘇鄰省（希臘文 Ἀσσυρία）是薩珊波斯首都所在的直隸省，但是居民種族則相當複雜：在帕提亞時代，城市裏的希臘人仍然很有影響，在薩珊時代逐步被閃族所同化。閃族包括阿拉姆人（Arameans）、猶太人和阿拉伯人。大部分人口是阿拉姆人，與猶太人一樣講東阿拉姆諸方言（East Aramaic dialects）。伊朗人是統治民族，主要是朝臣、軍官、官吏、法官和封建領主，一部分生活在鄉村裏，一部分生活在首都泰西封的產業裏。[3] 摩尼的母語就是東阿拉姆方言，他的母親出生於金薩健家族，可能是安息王朝的一支貴族。

　　摩尼所成長的環境是蘇鄰省的一個有猶太教、基督教、諾斯替派思想淵源的洗禮派，其宗教的基本架構顯然深受其影響。但是，摩尼思想如果局限於這個小教派，自然就不會有我們今天所知道的摩尼教，這個

〔1〕Decret, F. *Mani et la tradition manichéenne*, Paris, 1974, p.61; Seston, W., "L 'Égypte manich é enne", *Chronique d'Égypte*, XIV (1939) p.364.

〔2〕Lieu, Samuel N. C., *Manichaeism in the later Roman Empire and medieval China*,T ü bingen : J.C.B. Mohr. 1992, p.77.

〔3〕G. Widengren, "ĀSŌRISTĀN", http://www.iranicaonline.org/articles/asosristan. (2012/2/5)

小教派也不會引起學術界這麼多的注意和研究。摩尼東奔西走，蓆不暇暖，接觸了三大宗教：瑣羅亞斯德教、佛教和基督教，把3個宗教的創始人瑣羅亞斯德、佛陀和耶穌都列爲自己的先驅；從而為他爭取這三大宗教信徒改宗摩尼教打下了教義的基礎。摩尼在其傳教活動的早期就通過波斯灣與印度的海上交通路綫，親赴印度，不僅傳教，而且吸收了一些佛教的成分。比如，摩尼教教徒分爲男女選民和男女聽者的組織可能是受佛教比丘、比丘尼、優婆塞、優婆夷的影響而形成的；摩尼教的輪回觀也有佛教思想的影子。摩尼對佛教的承認，為以後摩尼教東傳後比較成功地依托佛教創造了條件。但是，由於摩尼所面對的主要民眾並非佛教徒，他自己對佛教也沒有精深研究，因此摩尼生前在依托佛教方面並未取得太大進展。

摩尼主要活動的國家波斯是瑣羅亞斯德教流行的地域，摩尼利用了波斯處於陸上絲綢之路中段的有利條件，以蘇鄰省為中心，派遣高徒分別向東和向西傳教，東方遠赴中亞，西方深入羅馬帝國。摩尼確定了走上層路綫的傳教方針，先後使薩珊王朝的兩個王室成員－－梅塞尼領主米爾沙和卑路斯改宗了摩尼教，從而為贏得眾王之王沙普爾的支持鋪平了道路。摩尼一定非常清楚瑣羅亞斯德教對薩珊王室、貴族和大眾的影響力，因此，他做了不少依托瑣羅亞斯德教的格義，存世文獻中最明顯的是他獻給沙普爾一世的中古波斯文《沙卜拉干》，比如，其中全面地將阿拉姆文的神祇名字改成中古波斯文的瑣羅亞斯德教神名。這為以後摩尼教爭取瑣羅亞斯德教徒改宗準備了條件，吐魯番出土伊朗語摩尼教文獻充滿瑣羅亞斯德教術語，以至於很長時期學術界比較流行的觀點是摩尼教深受瑣羅亞斯德教影響。儘管摩尼精心策劃，但是，摩尼教畢竟是一種完全獨立的新宗教，不僅沒有移花接木，取瑣羅亞斯德教而代之，而且最終無法逃過其僧侶群起而攻之的結果，以至於摩尼本人也殉難於貝拉斐。

18 景教與明教的七時禮懺

近年來引起學界重視的霞浦文書中,陳法師藏未名科儀書原封皮已失,陳法師加封後,名其為《摩尼光佛》。這份文書稱頌了佛、法、僧三寶,講到僧時說:

> 皈依僧,羅漢真人上佺,同光性降十天。廣遊苦海駕明船,滶瀝無價珍寶至法筵。救拔無數真善明緣;善明緣,五戒三印俱全。微妙義最幽玄,光明眾廣宣傳。七時禮懺,志意倍精專,流傳正法相繼萬年。[1]

我們先對這段文字中的若干摩尼教因素略做梳理。"僧"是佛教術語,借指摩尼教僧侶。"羅漢"出自梵文 arhat,佛教術語,原意是應受尊敬、供養的人;此處當指摩尼教聖人。京藏《摩尼教殘經》第11—16說:"以是義故,淨風明使以五類魔及五明身二力和合,造成世界十天八地。""十天"是摩尼教神祇淨風及善母創世時所建立的十層天。敦煌摩尼教文獻《下部讚》中《普啓讚文》說"具足善法五淨戒"(第137行),"五戒"即"五淨戒",是摩尼教僧侶應該遵守的五種戒律:不打誑語、不殺、貞潔、素食、樂貧。"三印"即口印——不說謊話、手印——不殺生、胸印——不婬。《下部讚》中《此偈你逾沙懺悔文》中,摩尼教平信徒——聽者懺悔說:"於七施、十戒、三印法門,若不具修,願罪銷滅!"《摩尼光佛》這段文字很可能受《下部讚》中《嘆五明文·第二疊》影響:"復告善業明兄弟,用心思惟詮妙身,各作勇健智船主,渡此流浪他鄉子。……幽深苦海尋珍寶,奔奉涅槃清淨王。……法稱所受諸妙供,莊嚴清淨還本主。……過去諸佛羅漢等,並為五明置妙法。"

---

[1] 元文琪:《福建霞浦摩尼教科儀典籍重大發現論證》,載《世界宗教研究》2011年第5期,頁173。

（第249—256行）按照摩尼教教義，人的靈魂乃光明分子，猶如"無價珍寶"沉淪"苦海"，僧侶"駕明船"，把這些靈魂"救拔"出來。

本文主要探討所謂"七時禮懺"，這是指明教僧侶每天七個時段進行祈禱。這有助於我們確定《大秦景教流行中國碑》上的"七時禮讚"的含義。

景教碑論聖洗瞻禮祈禱等部分寫道："七時禮讚，大庇存亡。七日一薦，洗心反素。""七日一薦"指基督教傳統中於主日的禮拜儀式。但對"七時禮讚"的詮釋，則有頗為相左的解説。徐謙信認為，七時禮讚：每天七時有禮拜讚美。按"七時"系古時所指的一天十二時之七時（午時），並不是偉烈、理雅各所説的"每天七次"。[1] 段晴教授詳細分析了"時"在《全唐詩》中的用例，可以得出三種解釋：（1）"七時"指季節。（2）"七時"指一日中的一段時光。（3）"七時"指第七個時辰。在唐詩中數字與"時"搭配表示某一時辰的用法僅有一例，而且前後皆有限定詞語，才不至於產生誤會。[2] 因此，"七時"應該不是指午時，徐信謙"七時"指午時之説難以成立。

段晴詳細引用了青年學者 Pauly Kannoonkadan 關於東敍利亞教會的年曆分為7個循環期的研究，認為"七時"之説，除了可以解釋為"日七次"以外，似乎又可以釋作"一年的七個時令"。不過，她承認，歷史上遺留下來的關於中國景教的文獻實在稀少，在沒有尋得其他墜緒佐證之前，妄下定論，難免武斷。[3] 本文嘗試在敍利亞文景教資料與明教的祈禱禮儀中尋一些墜緒佐證，以支持"日七次"之説。

段晴指出：白居易的《偶作》之一説明"時"標明一日中的一段時光："日出起盥櫛，振衣入道場。……日高始就食，食亦非膏粱。……日午脱巾簪，燕息窗下床。……日西引杖屨，散步游林塘。……日入多

〔1〕徐謙信：《唐朝景教碑文註釋》，載劉小楓主編：《道與言：華夏文化與基督文化相遇》，上海三聯書店，1995 年，頁 19；翁紹軍：《漢語景教文獻詮釋》，三聯書店，1996 年，頁 52。

〔2〕任希古：玉暑三時曉。指一日的第三時，即寅時，如現代所謂三點鐘。段晴：《景教碑中"七時"之説》，載葉奕良編：伊朗學在中國論文集（第三集）》，北京大學出版社，2003 年，頁 24-25。

〔3〕《東傳福音》，第 1 冊，頁 69-70，段晴：《景教碑中"七時"之説》，載葉奕良編：《伊朗學在中國論文集（第三集）》，北京大學出版社，2003 年，頁 23-29。

不食，有時唯命觴。……一日分五時，作息率有常。"[1] 此詩中"五時"指日出、日高、日午、日西、日入，景教碑"七時"的用法應該與此相仿，"七時"乃指日出（早晨）、日高（第三時）、日午（第六時）、日西（第九時）、日入（晚餐之時）、晚間、夜間。

　　將景教碑上的"七時"理解為每天七個時段，源頭是明末李之藻（1565—1603），他作於天啓五年（1625）的《讀景教碑書後》寫道："十字之持，七時禮讚，七日一薦，悉與利氏西來傳述規程脗合。"[2] 耶穌會士陽瑪諾（Manuel Dias，1574—1659）崇禎辛巳（1641）所撰的《景教流行中國碑頌正詮》認同李之藻之說，對"七時禮讚，大庇存亡"註釋道："斯舉其益之六，言聖教修士，既登聖會品級之尊，誦經之工，每日七次，不得少缺。其誦經之益，不特施及在教生人，並及在教亡者。或在煉所，未獲升天，因賴修士禮讚之工，獲拯厥苦年。"[3] 威烈(Alexander Wylie，1885—1887)[4]、理雅各（James Legge，1815—1897)[5]、佐伯好郎（1871—1965)[6] 等均將"七時"理解為每日七次（seven times a day）。莫爾（A. C. Moule，1873—1957）將"七時"英譯為"七個時段（at the seven hours）"。[7] 朱謙之說明："所謂'七時禮讚'者，言每日七時祈告

---

〔1〕http://www.zwbk.org/zh-tw/Lemma_Show/15853.aspx.（2012/6/14）段晴：《景教碑中"七時"之說》，載葉奕良編：《伊朗學在中國論文集（第三集）》，北京大學出版社，2003 年，頁 24。

〔2〕http://jesus.tw/Nestorian_Stele. (2012/6/14)

〔3〕《東傳福音》，第 1 冊，頁 91。

〔4〕Wylie，A. *The Nestorian monument; an ancient record of Christianity in China, with special reference to the expedition of Frits v. Holm, ed. by Dr. Paul Carus. Containing: Mr. Holm's account of how the replica was procured, the original Chinese text of the inscription, A. Wylie's English translation, and historical notes on the Nestorians.*Chicago, The Open court publishing company, 1909. http:// books. google. com/books?vid=HARVARD:32044024460842&printsec=titlepage#v=onepage&q&f=false(2012/6/14), p.13.

〔5〕Legge, James，*The Nestorian monument of Hsî-an Fû in Shen-hsî, China, relating to the diffusion of Christianity in China in the seventh and eighth centuries; with the Chinese text of the inscription, a translation, and notes, and a lecture on the monument with a sketch of subsequent Christian missions in China and their present state*, by James Legge. London, Trübner, 1888. New York, Reprinted by Paragon Book Reprint Corp., 1966, p.9.

〔6〕Saeki, Yoshirō, *The Nestorian Documents and Relics in China*, Tokyo, Toho Bunkwa Gakuin: Academy of Oriental Culture, Tokyo Institute, 1951, p.56.

〔7〕Moule, A. C.　Christians in China before the year 1550, London, Society for Promoting Christian Knowledge; New York and Toronto, The Macmillan Co., 1930, p.38.

歌詩，即昧爽、日出、辰時、午時、日昳、日晡、亥時是。"[1]

伯希和（P. Pelliot，1878—1945）也將"七時禮讚，大庇存亡"理解為：每日七個時段，他們禮拜讚歌，對生者和死者都大有助益。他在註釋中説明："每日七次祈禱（Ces sept prières journalières）後來減少到四次，至少對在俗人士來説是如此。"他所根據的資料包括巴傑（G. P. Badger，1815—1888）所著的《景教徒》（The Nestorians）、巴哲（E. A. Wallis Budge，1857—1934）編輯、英譯的《修道院司事長之書》（The Book of Governors）以及他自己與沙畹（Ed. Chavannes，1865—1918）1913年合撰的研究摩尼教的論文。[2]

巴傑《景教徒及其儀式》（The Nestorians and their rituals）中關於19世紀景教徒祈禱時間的記載如下：[3]

　　景教徒與其它東方信徒一樣，一天是從日落後開始算起的，這個時段的禮拜被稱爲 d'Ramsha，即晚禱（Vespers）。此後集會就散了，在黃昏時分再回到教堂裏來做夜禱（Compline），稱爲 Soobaa。但是，後者完全停止了，只用於封齋期（Lent），紀念尼尼微人（Ninevites）謙卑的三天，以及一些節日的前夕，那時夜禱與晚禱結合在一起，共同形成一個禮拜。按照順序，下一個祈禱是 Slotha d'Ligya，即霄禱（Nocturns），在霄禱時，指定念一組稱爲 Moutwé 的祈禱文（字面意思是"施恩座"；在念這組祈禱文時，集會的信徒均坐著）。這之後是 Shahra，即晨禱（Lauds），在拂曉時開始進行；在這些祈禱之後是 Slotha d'Sapra，即早課（Prime）。但是，這種晚上起來參加公共禮拜的習慣已經過時很久了，現在霄禱、晨禱

　　〔1〕朱謙之：《中國景教：中國古代基督教研究》，東方出版社，1993年，頁169。

　　〔2〕Pelliot, P. L'inscription nestorienne de Si-ngan-fou, by Paul Pelliot ; edited with supplements by Antonino Forte. Kyoto : Scuola di studi sull'Asia orientale ; Paris : Collège de France, Institut des Hautes Etudes Chinoises, 1996, pp.175, 219.

　　〔3〕Badger, George Percy, The Nestorians and their rituals with the narrative of a mission to Mesopotamia and Coordistan in 1842—1844, and of a late visit to those countries in 1850 : also, researches into the present condition of the Syrian Jacobites, papal Syrians, and Chaldeans, and an inquiry into the religious tenets of the Yezeedees. London : Joseph Masters, 1852. http://nrs.harvard.edu/urn-3:HUL.FIG: 002465254 (2012/6/16), v. II, p.16.

和早課形成一個禮拜，一般被稱爲 Slotha d'Sapra，即早晨祈禱（Morning Prayer）。

巴傑從末·阿布德·耶舒（Mar Abd Yeshua）13世紀末輯錄的歷次宗教會議文獻中，摘錄一些文字，說明以前景教徒所採用的祈禱時間，以及後來發生的那些改變的原因：

> 耶穌基督，我們至善和仁慈的神和主，他知道我們凡人的脆弱，先知們展示了他的神性，使徒們說明了他統一的神性與人性，吩咐我們做七次祈禱，適合我們的狀況。普世宗教父們（Catholic Fathers）自己遵循這條規矩，以此要求僧侶與修士，他們的繼承者規定七次禮拜的每一次都應該由三部讚美組詩（hoolâlé〔一部 hoolâlé 由一定數量的讚美詩組成〕）這個規矩仍然由比較熱衷祈禱的聖潔的牧師和義人所遵循。但是後起的教父們認爲，並非所有的人同樣傾心於神聖的崇拜，此外，他們平常的工作並非總是允許他們根據法規完成這種崇拜，規定俗人只要做四次禮拜，即晚禱、夜禱、宵禱和晨禱，他們以我主的言辭印證這個規矩。

> 晚禱和晨禱的規定具有經典性的權威，不能增減。根據高等修道院（Deir Alleita）的做法，夜禱和宵禱的規定如下：夜禱由一部讚美詩組（hoolâla）、一曲聖歌（anthem）、一首短的讚頌上帝的讚美詩（doxology）、一篇短祈禱文（collect）以及一篇連禱文（litany）組成。宵禱由五或七部讚美詩組、一曲聖歌、一首短的讚頌上帝的讚美詩、一篇短祈禱文以及一篇連禱文組成。考慮到俗人必須從事世俗職業，允許他們自願參加這些禮拜；但是晨禱和晚禱是經典規定不可有間斷的。

末·阿布德·耶舒說明了上述祈禱時段的理由：

> 第一次祈禱是晨禱，……因爲這些理由，晨禱排在第一。

> 第二次祈禱是晚禱，其合適的時間是日落前一刻。……

> 第三次祈禱被稱之爲 Soobaa，〔字面的意思是"飽餐"〕，得名於聖人終日齋戒，〔他們只在夜裏才吃飯；〕但是對俗人來說，它意爲"睡前的祈禱"。……

第四次禮拜是宵禱，其時間由每一個信徒根據其對此神聖禮儀的熱誠來決定。有的人在頭遍雞叫，其他人在第二遍雞叫，其他人在第三次雞叫時祈禱；但是現在遵循的普通時段是在教會裏集會進行神聖崇拜的時候。"[1]

麥克萊恩（A. J. MacLean）在其譯註的《東方敍利亞日課》的導言中概括了《教典（ Book of Canon Law ）》的規定：對所有的人要求一日4次祈禱——晚禱、夜禱、夜間祈禱（Night Service）和晨禱。它承認的第一次和最後一次祈禱的規定具有最大的權威，它說，它們的時間長度不可增減；但是其他兩次則"根據修道院的規矩"，對俗人來說，則時間長短不拘。（第5章第2節）夜禱現在幾乎取消了，只在一年中某些特定的日子舉行，一般夜禱與晚禱合二爲一了。《教典》（第6章第1節）要求修道士與"優秀牧師和俗人"每天做七個時段（seven hours）的祈禱。[2]

上述《教典》記載的修士一日祈禱七次的規定起源古老。一種難以確定年代的《關於僧侶在其小室中的責任的教規》的第6條寫道："每天他將完成300次堅實的 būrkē，這些是在修道院集會固定的7次祈禱（時段）之外的。"[3]這部教規並非爲個別的隱士制定的，而是爲修道院中的修士制定的。

馬魯達（Mārūdā）大約在399—410年間是亞美尼亞與敍利亞邊境上邁弗卡特（Maipherqaṭ）的主教，他代表拜占庭皇帝出使波斯，建立了兩國之間的友好關係。他以其能力、律己和醫學知識，贏得了波斯國王耶茲德格德一世（Jazdgard I，399—420）的信任，於410年2月1日在首都塞琉西亞－泰西封（Seleucia-Ctesiphon）主持了一次宗教會議，重新

〔1〕摘自末·阿布德·耶舒13世紀末輯錄的 Sinhadòs，即《教典》。Badger, George Percy, *The Nestorians and their rituals with the narrative of a mission to Mesopotamia and Coordistan in 1842—1844, and of a late visit to those countries in 1850 : also, researches into the present condition of the Syrian Jacobites, papal Syrians, and Chaldeans, and an inquiry into the religious tenets of the Yezeedees.* London: Joseph Masters, 1852. http://nrs.harvard.edu/urn-3:HUL.FIG:002465254 (2012/6/16), v. II, p.16-18.

〔2〕Nestorian Church, 1894, pp.xii–xiii.

〔3〕Vööbus,Arthur.*Syriac and Arabic documents regarding legislation relative to Syrian asceticism. Edited, translated and furnished with literary historical data.* Stockholm, Etse, 1960, pp.105, 107.

·歐·亞·歷·史·文·化·文·庫·

組織了波斯教會，標誌著其發展的新階段。這次會議的文獻提及一些教規，73章教規歸諸馬魯達，不過其中可能有若干後來加上去的資料。其第54章教規寫道：[1]

此外，一天應該完成七次禮拜：一次在早晨，第三、第六和第九小時（各一次），在晚餐（時間一次），在晚間（一次），在夜間（一次），從而（僧侶）能完成聖大衛（David）說的："一天七次我讚美你，因爲你的律法，噢，正義者！"[2]

迦施加爾的亞伯拉罕（Abraham of Kaškar）是6世紀東方亞述教會（Assyrian Church of the East）修道院復興之父，約492年生於美索不達米亞的迦施加爾，先在阿拉伯人中傳教，後至埃及修習修道院制度。他回到薩珊波斯後，在尼西比斯（Nisibis，在今土耳其東南部）附近的伊玆拉（Izlā）山，建立大修道院，並制定了教規。現存的《迦施加爾的亞伯拉罕教規》撰於571年6月，其第3條是關於祈禱的，其中寫道：[3]

此外，關於祈禱禮拜的時間（times），讚美詩作者寫道："我因你公義的典章，一天七次讚美你"。

拜斯阿布赫（Bêth Âbhê）修道院可謂伊玆拉山大修道院最重要的支脈，約於6世紀末建於底格里斯河的支流大薩卜河（Great Zâb river）右岸的一座山上。此修道院擁有大量地產，被稱爲"修道院之王"，與波斯貴族有密切聯係，其修士學識淵博，人才輩出，在595—850年間教育出來的修士中有成百人出任美索不達米亞、阿拉伯、波斯、亞美尼亞、庫爾德斯坦和中國的景教主教轄區的主教、大主教和司事長。馬爾加的托馬斯（Thomas of Margâ）於9世紀上半葉撰成《修道院司事長之書》，記載了拜斯阿布赫修道院的歷史及其歷任司事長，是景教歷史最寶貴的

---

〔1〕Ibn aṭ-Ṭaiyib 這樣寫道："他必須每日七次禮拜、禱告、祈禱，即早晨、三點鐘、中午、九點鐘、晚間（evening）、一天結束之際（apodeipnon）和夜間（night）。"Maruthas, v.2, pp.v–xi, 82; 參閱 Vööbus, 1960, pp.115–118, 142.

〔2〕《舊約》《詩篇》（Psalm）119: 164，參閱 Peshitta, p.650.

〔3〕Vööbus, 1960, pp.150–151, 157–158. 參閱 Budge, E.A. Wallis, *The book of governors: the Historia monastica of Thomas, bishop of Marga, A. D. 840, edited from Syriac manuscripts in the British museum and other libraries by E.A. Wallis Budge.* London, K. Paul, Trench, Trübner & co., ltd., 1893, I, p.cxxxvi–cxxxvii.

史料之一。英譯本作者巴哲在導言中概述拜斯阿布赫修道院：[1]

教會每日進行七次祈禱，僧侶們認真仿效《詩篇》作者所說的："一天七次我讚美你，因為你公義的典章。"

從以上資料中可以看到，至少5—9世紀之間，甚至晚至13世紀末，景教修士遵奉《詩篇》之說，每天做7次祈禱。伯希和已經注意到景教的"七時禮讚"與明教的"七時作禮"之間的聯係。早在1913年，沙畹、伯希和合著的《中國發現的一部摩尼教經典》引用了《佛祖統紀》卷48轉引的洪邁（1123—1202）著《夷堅志》："……明教會……其修持者正午一食，裸屍以葬，以七時作禮。"[2]

《宋會要輯稿》刑法二記載，宣和二年（1120年）11月4日，臣僚言："一、溫州等處狂悖之人，自稱明教，號為行者。……一、明教之人所念經文及繪畫佛像，號曰：……《七時偈》……"[3]意大利學者富安敦（A. Forte）1973年用法文翻譯了這段資料，作了評註，關於《七時偈》，他認為可能與洪邁說的摩尼教徒"以七時作禮"有關。[4]

元代陳高（1315—1366）所撰《竹西樓記》記述溫州平陽明教寺宇潛光院："明教之始，相傳以為自蘇鄰国入流中土，甌閩人多奉之。其徒齋戒持律頗嚴謹，日一食，晝夜七時咏膜拜。"[5]林順道先生認為："'晝夜七時'既非指現在所說的七點鐘，也不是指晝夜分為七時，不能解讀。'晝夜七時，唄詠膜拜'可解釋為'晝夜做七次禮拜'。"[6]林悟殊先生認為：《夷堅志》說的"以七時作禮"，《宋會要輯稿》"宣和二年十一月四日臣僚言"歷數"明教之人所念經文及繪畫佛像"中的《七時偈》者，

〔1〕Piscataway, NJ : Gorgias Press, http://nrs.harvard.edu/urn-3:HUL.FIG:002233460(2012/6/17), 2003, v.1, p.lv.

〔2〕Chavannes, É.& P. Pelliot, "Un traité manichéen retrouvé en Chine", *Journal Asiatique*, 1913, p.338, n.6; p.339, p.355, note.

〔3〕《宋會要輯稿》165 冊《刑法》二之七八，中華書局，1957 年，頁 6534。

〔4〕Forte, Antonino, "Deux etudessur le manichéisme chinois", *T'oung pao* LIX, 1973, pp.220-53, p.241.

〔5〕陳高：《不繫舟漁集》，哈佛燕京藏精抄本，卷 12，葉 24。其他版本的校勘見林悟殊：《中古三夷教辨証》，中華書局，2005 年，頁 147。

〔6〕林順道：《蒼南元明時代摩尼教及其遺跡》，載《世界宗教研究》1989 年第 4 期，頁 108，註 4。

·歐·亞·歷·史·文·化·文·庫·

可能就是用於七時作禮。《竹西樓記》作"晝夜七時，咸瞑拜焉"，當同。[1]

筆者根據霞浦宋明教徒林瞪與雷法有關，而南宋道士白玉蟾（1194—？）精通神霄雷法，且其語錄有涉及明教的內容，遂將《海瓊白真人語錄》通讀一遍，果然發現其《萬法歸一歌》中涉及明教徒七時作禮："明教專門事滅魔，七時功德便如何？不知清淨光明意，面色萎黃空自勞。"[2]

明教的"七時作禮"，《七時偈》，"七時功德"，"七時咏膜拜"和"七時禮懺"自然與摩尼教選民每天七次祈禱的規矩一脈相承。恆寧（W. B. Henning）1936年刊佈的《摩尼教祈禱懺悔書》的粟特文"祈禱與《讚美詩》"中，選民懺悔道："我有缺七次祈禱（VII 'frywn），七首讚美詩，七次懺悔和七'施'，罪孽深重。"恆寧已經指出，每天選民要做7次祈禱，而聽者則做4次祈禱。[3]

根據阿拉伯圖書館學家奈迪木（al-Nadīm，995年卒）的《群書類述》（al-Fihrist）記載，摩尼教徒每天要做7次祈禱（ṣalawāt sab'）或者4次祈禱。選民要做7次祈禱，聽者則只要做4次祈禱。聽者的4次祈禱的時間是：第1次祈禱是太陽剛偏西時（al-zawāl）[4]，第2次祈禱是太陽剛偏西與日落之間。然後在太陽落山之後是日落祈禱。日落後3小時是黃昏（'atamah）[5]祈禱。每一次祈禱和拜倒，祈禱者都像第1次祈禱時那樣做，第1次祈禱是福音使者（al-Bashīr）的祈禱。[6]

1948年，在印度出版了比魯尼（al-Bayrūnī，973〔？〕—1048）研究通過測量陰影來計算時間的專著（Ifrādal-maqālfiamral-ẓilāl）。此書清

---

〔1〕林悟殊：《明教五佛崇拜補說》，載《文史》2012年第3期，頁279。

〔2〕Ma Xiaohe, "Remanis of the Religion of Light in Xiapu（霞浦）County, Fujian Province", 載《歐亞學刊》，第9輯，中華書局，2009年，pp.103–104, 108, note 57.

〔3〕Henning, W. B., *Ein manichäisches bet- und beichtbuch* / von dr. W. Henning. *APAW,* 1936 (*BBB*),pp.38, 16; Klimkeit, H.-J., *Gnosis on the Silk Road: Gnostic texts from Central Asia* / translated &presented by Hans-Joachim Klimkeit. San Francisco, Calif.: HarperSanFrancisco, 1993, p.141.

〔4〕al-zawāl，指正午太陽達到最高點後，剛剛開始偏西的時候。

〔5〕'atamah，日落以後，夜晚的前三分之一。

〔6〕*Fihrist*,v.2, pp.790–791.

楚地描述了摩尼教選民每天祈禱7次的時間：

> 摩尼教徒的祈禱對選民（ṣiddīqūn）來說是七次，其中第一次是中午的柱祈禱（ṣalātu l-'amūd），三十七拜（rak'ah），但是在星期一他們將其減少兩拜。然後下午三時左右（'aṣr），二十一拜。然後黃昏（'atamah），二十五拜。然後入夜半小時，同樣（數量）。然後子夜，三十拜。然後拂曉，五十拜。然後夜晚已盡、白天開始（即日出），福音使者（al-bašīr）（的祈禱），二十六拜。他們當中的聽者（sammā'ūn），即忙於世俗事務者，在中午、黃昏（'išā'）、拂曉和日出，作四次祈禱。[1]

我們可以把景教與摩尼教的祈禱時段列爲下表18-1：

表 18-1　景教與摩尼教祈禱時段對比表

景教			摩尼教		
馬魯達	《教典》	巴傑	比魯尼		奈迪木
修士（410年）	平信徒（1298年）	19世紀	選民	聽者	聽者
早晨	晨禱	拂曉 Shahra 晨禱	拂曉（50拜）	拂曉	
第三		Slotha d'Sapra 早課	日出（26拜）"福音使者"	日出	
第六時（中午）			中午（37拜）"柱"	中午	正午過後
第九時			下午三點左右（21拜）		下午三點（12拜）

〔1〕Kennedy,E.S. *The exhaustive treatise on shadows*, by Abu al-Rayḥân Muḥammad b. Aḥmad al-Bîrûnî ; translation & commentary by E.S. Kennedy. Aleppo, Syria : Institute for the History of Arabic Science, University of Aleppo, 1976, I, pp.225–226; De Blois, François, "The Manichaean Daily Prayers", *Studia Manichaica : IV. Internationaler Kongress zum Manichäismus, Berlin, 14.-18. Juli 1997*, herausgegeben von Ronald E. Emmerick, Werner Sundermann und Peter Zieme. Berlin : Akademie Verlag, c2000, p.50.

續表 18–1

景教			摩尼教		
晚餐（時）（晚間）	晚禱	日落后 d'Ramsha 晚禱	黃昏（25 拜）	黃昏	日落後（12 拜）
晚間（一天結束之際）	夜禱	黃昏 Soobaa 夜禱	半小時後（25 拜）		黃昏（12 拜）
夜間	雞鳴之時 宵禱	Slotha d'Ligya 宵禱	子夜（30 拜）		

通過上表的比較，我們可以看到，雖然具體的時間有所不同，但是景教與明教的日課次數仍然有一些共同之處。僧侶（修士、選民）與俗人（平信徒、聽者）每天祈禱次數不同，僧侶是7次，俗人是4次。根據歐洲人的觀察，19世紀波斯景教對信徒每天祈禱次數的要求比較寬鬆，大約只要4次就行了。在中國，直到明代，甚至更晚，明教僧侶每天祈禱7次的特點仍然相當引人注目。

19 《宋會要輯稿》所記 明教經像考略

《宋會要輯稿·刑法2》記載，宣和二年（1120）十一月四日，臣僚言：

> 一、溫州等處狂悖之人，自稱明教，號為行者。……一、明教之人所念經文及繪畫佛像，號曰《訖思經》《證明經》《太子下生經》《父母經》《圖經》《文緣經》《七時偈》《日光偈》《月光偈》《平文策》《漢贊策》《證明贊》《廣大懺》《妙水佛幀》《先意佛幀》《夷數佛幀》《善惡幀》《太子幀》《四天王幀》。已上等經佛號，即於道釋經藏並無明文該載，皆是妄誕妖怪之言，多引"爾時明尊"之事，與道釋經文不同。至於字音，又難辨認。委是狂妄之人偽造言辭，誑愚惑衆，上僭天王、太子之號。[1]

牟潤孫於1938年發表的文章中撿出這段北宋的資料，並做了初步解釋。[2]吳晗1940年發表的文章中引用了這段資料。[3]意大利學者富安敦（A. Forte）1973年將其翻譯成法文，並做了比較詳細的研究。[4]林悟殊也數次引用這段資料。[5]連立昌在研究福建秘密社會的專著中也分析了這段記載溫州明教的文字。[6]劉南強將這段史料翻譯爲英文，使其更爲

---

[1]《宋會要輯稿》165冊《刑法》二之七八，中華書局，1957年，頁6534。

[2]牟潤孫：《宋代之摩尼教》，載《輔仁學誌》1938年第7卷第1、2合期；收入牟潤孫：《注史齋叢稿》（增訂本），中華書局，2009年，頁703-706。

[3]吳晗：《明教與大明帝國》，載《清華學報》1941年13卷1期；收入吳晗：《讀史劄記》，三聯書店，1951年，頁239。

[4]Forte, Antonino, "Deux etudessur le manichéisme chinois", *T'oung pao* LIX, 1973, pp.220-253, pp.238-252.

[5]林悟殊：《摩尼教及其東漸》，素馨出版社，1997年，頁147、161、182；2011年，頁106。

[6]連立昌：《福建秘密社會》，福建人民出版社，1989年，頁14、21。

·歐·亞·歷·史·文·化·文·庫·

西方學界所熟悉。[1]吉田豐在研究日本藏明教《宇宙圖》時也分析了這段資料。[2]下文引用諸位先賢的意見不再一一註明頁數。

這段資料只保存了題目，並無明教經文全部或部分摘抄，也無繪畫摹本，長期以來囿於資料所限，很難進一步深入了解這些經像的具體情況，及其與唐代漢文摩尼教經文的關係。至今所知的唐代漢文摩尼教經像相當有限，《摩尼光佛教法儀略》（以下簡稱《儀略》）所記載的7部大經及《大二宗圖》只留下了名稱，其實際内容並無多少漢文資料留存。只有敦煌所出的《下部讚》《儀略》和《惠明經》（此名為其帕提亞文原本書名的翻譯，通常稱京藏《摩尼教殘經》，簡稱《殘經》）殘卷的具體内容為我們所知。現存的漢文摩尼教殘卷可能只是唐代漢文摩尼教文獻的一小部分。近年來部分刊佈的霞浦文書，以及日本藏明教繪畫，有許多内容不見於敦煌所出3部摩尼教殘經，其源頭很可能就是今已不存在的唐代漢文摩尼教文獻。《宋會要輯稿》所記載的19部明教經像雖然只留下了名字，但是，它們是上承唐代漢文摩尼教文獻，旁證日本藏明教繪畫，下啓霞浦文書的重要中間環節，值得進行深入分析。現在借助日藏明教繪畫、霞浦文書，我們可以推進對這19部經像的認識。反過來，對這些經像的闡釋又為我們理解霞浦文書、日藏明教繪畫提供了背景資料。

19.1 《大二宗圖》《圖經》與《宇宙圖》

牟潤孫認爲：《儀略》"經圖儀（章）第三"云："凡七部，並圖一。"其圖名"大門荷翼圖，譯云《大二宗圖》"，當即《圖經》也。富安敦也認爲《圖經》可能與《大二宗圖》有關。

恆寧（W. B. Henning）在和哈隆（H. Haloun）合作譯註英藏《儀略》

---

〔1〕Lieu, Samuel N. C., *Manichaeism in the later Roman Empire and medieval China*,Tübingen：J.C.B. Mohr. 1992. pp.276—277.

〔2〕吉田豐：《新出マニ教絵画の形而上》，載《大和文華》第 121 號，平成 22 年（2010），頁 19。

的文章中，詳細註釋了《大二宗圖》。[1]《大二宗圖》當即科普特文文獻列在七部大經之後的《埃空》（ ϩⲓⲕⲱⲛ, 圖片 ）。我們可以把科普特文《佈道書》（ Homilies ）第25頁上列舉的摩尼教經典[2]與《儀略》做一對照：

表 19-1　摩尼教經典

科普特文《佈道書》頁 25	漢文《儀略》
1. ⲉⲅⲁⲅⲅⲉⲗⲓⲟⲛ (<εὐαγγέλcο)《福音書》	第一，大應輪部，譯云《徹盡萬法根源智經》
2. ⲑⲏⲥⲁⲅⲣⲟⲥ (<θησαυρός) Mpwnx《生命寶藏》	第二，尋提賀部，譯云《淨命寶藏經》
6. ⲉⲡⲓⲥⲧⲟⲗⲁⲅⲉ (<ἐπιστολή)《書信》	第三，泥萬部，譯云《律藏經》，亦稱《藥藏經》
4. ϫⲱⲙⲉ ⲛ̄ⲙ̄ⲅⲥⲧⲏⲣⲓⲟⲛ (<μυστήριον)《秘密書》	第四，阿羅瓚部，譯云《祕密法藏經》
3. ⲡⲣⲁⲅⲙⲁⲧⲉⲓⲁ (<πραγματεία)《缽迦摩帝夜》	第五，缽迦摩帝夜部，譯云《證明過去教經》
5. ϫⲱⲙⲉ ⲛ̄ⲅⲓⲅⲁⲥ (<γίγας)《巨人書》	第六，俱緩部，譯云《大力士經》
7. 2ⲁⲗⲙⲟⲥ (<ψαλμός)《讚美詩》	第七，阿拂胤部，譯云《讚願經》
ϩⲓⲕⲱⲛ (εἰκών)《圖像》	大門荷翼圖一，譯云《大二宗圖》

摩尼在《克弗來亞》第154章中陳述了自己的宗教比以前諸教優勝的10個方面，其中第2方面是："確實，所有的（使徒們），在我之前降臨的我的兄弟們，（都沒有著書立說，寫下）他們的智慧，就如我所作

〔1〕Haloun, A. and W. B. Henning, "The Compendium of the Doctrines and Styles of the Teachingof Mani, the Buddha of Light," Asia Major, N.S. 3, 1952, pp.194–195, 204–210.恆寧認為，《大二宗圖》可能就是帕提亞文的 Ârdhang。富安敦、劉南強、克林凱特（H.-J. Klimkeit）都接受了恆寧的意見，參閱：H.-J. Klimkeit, Manichaean Art and Calligraphy, Iconography of religions XX,Leiden, 1982, pp.1, 15–17；林悟殊中譯本頁 18–19、42–44。但是宗德曼提出，Ârdhang 可能並非《圖像》。但這並不影響科普特文與漢文文獻證實摩尼確實創作了一部圖像來闡明自己的教義。

〔2〕Polotsky, H. J., Manichäische Homilien, ed. H. J. Polotsky, Stuttgart. 1934, p.25.

的那樣。他們（也沒有）像我一樣，在圖畫（書）裏畫出他們的智慧。"
〔1〕

宗德曼提出，摩尼爲了説明其教義而畫的圖像，可能在中古波斯文
中稱 nigār，在粟特文中稱 pyšpδw。中古波斯文文書 M 2説：摩尼派末
冒（Mār Ammô）與阿達凡親王（prince Ardavān）一起到東方的阿巴沙
省（Abaršahr）去傳教，帶著書籍抄寫員和書籍的圖畫（nbyg'n ng'r 'b'g）。
粟特文書 M 18，220講述了同一個故事：摩尼派末冒和阿達凡親王到東
方去，其後他還派了其他抄寫員帶著書籍的圖畫（pyšpδw）前去。〔2〕

吉田豐2010年刊佈了最近發現的摩尼教繪畫，可能是元末從中國寧
波地區帶到日本去的，其中有一幅119.9 × 57.6 cm^{2}的巨製，全面描繪了
摩尼教的整個宇宙結構，吉田豐將其命名爲《宇宙圖》（圖版9）。〔3〕

《宇宙圖》如此全面細緻地描繪了摩尼教的宇宙結構，內容超出現
存漢文摩尼教文獻，可能是以《大二宗圖》爲藍本，吸收了一些佛教繪
畫因素而繪成的。《宋會要輯稿》提到的《圖經》，列在經文之中，本身
當非"圖"，而是"經"，即不是圖畫，而是解釋圖畫的經文。霞浦文書
中的不少文字可能與《圖經》有關。比如，陳法師藏未名科儀書原封皮
已失，陳法師加封後，名其爲《摩尼光佛》，其請福科儀關於十天王的
描繪：

> 十天王者，梵名阿薩漫沙也。是故道教稱爲昊天玉皇大帝。住
> 在第七天中，處在大殿，管於十天善惡之事。此天內有十二面寶鏡：
> 上面觀於涅槃，下面照於陰司地府，十面鑑於十天諸魔背版等事。
> 化四天王管四天下：嚧［嘩］逸天王管北鬱壇界，彌訶逸天王［轄
> 東弗婆提，噪嘩囉天王］統御南閻浮提，娑囉逸天王掌握西瞿耶尼。
> 四天大明神若見諸天惡魔起奸計，騷擾天空地界諸聖，應時展大威

〔1〕Iain Gardner and Samuel N.C. Lieu, *Manichaean texts from the Roman Empire* / edited by Iain
Gardner and Samuel N.C. Lieu. Cambridge ; New York : Cambridge University Press, 2004, p.266.

〔2〕也可翻譯爲："書籍（與）圖畫"。Sundermann, 2005, pp.382–383.*Dictionary*, v.3, pt. 1, p.240.
以前一般都翻譯爲"畫師"，參見 Klimkeit, H.-J., *Manichaean art and calligraphy*, Leiden: Brill, 1982,
pp.203–205.

〔3〕吉田豐："新出マニ教絵画の形而上"，載《大和文華》第 121 號，平成 22 年（2010）。

神，折挫調伏，速令安定；急使調伏。一心虔恭，合掌皈依，同降道場，加彼下界福德，男女長福消災，增延福壽。[1]

這段文字與《宇宙圖》的第7天（圖版11）對照，兩者相當吻合。《宇宙圖》第7層天上左邊畫有一尊神坐在寶座上，左右各有4個身穿盔甲的武士侍立。這位神應該就是淨風第二子尊貴的王（拉丁文 rex honoris），在漢文中寫作"十天大王"，簡稱"十天王"。第7層天的右面畫了一個圓輪，上面有12個面孔，就像時鐘上的數字似的排列著。這可能就是12面透鏡，十天王就通過這12面透鏡監視10層天上被囚禁的諸魔，也就是上面這段文字裏講的"十二面寶鏡"。[2]詳細論證見第4章。

19.2 《四天王幀》

富安敦指出四天王在梵文中作 catvāro mahārājikāh，出自佛教。那麼《四天王幀》是描繪佛教的四大天王，還是描繪摩尼教的神祇？四天王還見於《摩尼光佛》的一段經文（頁12）：

清靜門示現北方佛，此方真教主噓［嚕］逸天王

光明門示現東方佛，此方真教主弥訶逸天王

大力門示現南方佛，此方真教主［喋］囉逸天王

智惠門示現西方佛，此方真教主娑囉逸天王

威德門示現中央佛，此方真教主耶俱孚大將

［味嗔］皎明使

《興福祖慶誕科》[3]的"請護法文"與此類似，也將四天王與"清淨、光明、大力、智慧"等四寂以及民間宗教的五方相配，但是細節稍有不同：

---

〔1〕元文琪：《福建霞浦摩尼教科儀典籍重大發現論證》，載《世界宗教研究》2011 年第 5 期，頁 178。

〔2〕馬小鶴：《摩尼教十天王考—福建霞浦文書研究》，刊朱玉麒主編，《西域文史》第 5 輯，科學出版社，2010 年。

〔3〕筆者寫信給福建省文物局局長鄭國珍先生、霞浦縣副縣長黃敏皓女士，霞浦縣博物館館長吳春明先生，希望獲得有關文書照片進行研究，承他們大力支持，發給筆者《奏申牒疏科冊》、柏洋鄉謝法師藏《無名科文》與《興福祖慶誕科》，特此致謝。

北	清靜門示現北方佛	北方守坎主	嚧嚩逸天王
東	光明門示現東方佛	東方守震主	弥訶逸天王
			耶俱孚大將
中	貞如門示現中央佛	中央輔弼主	唯願……
			味嗦皎明使
南	大力門示現南方佛	南方守離主	噠囉逸天王
西	智慧門示現西方佛	西方守兌主	娑囉逸天王

此前有文字説明："恭唯四梵天王、二大護法威靈[赫赫，聖德巍巍，神]鋭持手若風生，寶甲渾身如電閃；曾受記于當年，誓護法於末世。……天王化四明神，鋭持手，甲穿身，禦宼敵，護真人，令正教，免因循。……[嚧]嚩逸啰、弥訶逸啰、[噠嚩]啰逸啰、……娑啰逸啰。"

四天王的名字不見於現存唐代漢文摩尼教殘卷。四天王在《宇宙圖》上卻清晰可見。在十天八地之間繪有須彌山，山頂上的大殿當代表善見城；其前面有4個合掌跪著的神，即四天王；再前面是32個宮殿。吉田豊指出，這相當符合粟特文文獻（M7800 I）的描述。（圖版17）表面上看，這類似佛教繪畫，四天王是：東方持國天王（Dhṛtarāṣṭra）、南方增長天王（Virūḍhaka）、西方廣目天王（Virūpākṣa）、北方多聞天王（Dhanada）。但是實際上，在佛教外衣下，表現的是摩尼教的内容：四天王爲摩尼教中鎮壓大力士的四大天使，32個宮殿即爲囚禁大力士之處。筆者另撰《摩尼教四天王考》，將在《絲瓷之路Ⅲ》發表。參閲第6章。

据筆者考證，十天王的梵名阿薩漫沙當爲中古波斯文帕提亞文*’sm’nš’ḥ 的音譯。四天王的音譯名字也均出自伊朗語：嚧嚩逸啰<中古波斯文 rwp’yl/帕提亞文 rwf’yl，均讀若 rufaēl，通常譯爲"拉法葉爾"；弥訶逸啰<中古波斯文 myx’yl（mīxaēl）/帕提亞文 myh’yl（mīhaēl），通常譯爲"米迦勒"；噠嚩啰逸啰<中古伊朗語/帕提亞語 gbr’yl（gabraēl），通常譯爲"加百列"；娑啰逸啰<中古伊朗語/帕提亞語 sr’yl（saraēl），通常譯爲"沙逆夜"。這種稀奇古怪的文字在霞浦文書中比

比皆是，完全符合《宋會要輯稿》所言："至於字音，又難辨認"。但是，這並非"委是狂妄之人偽造言辭，誑愚惑衆，上僭天王、太子之號。"實際上這應是照抄唐代漢譯摩尼教經的結果，歷代傳抄可能有誤，但仔細辨析仍有可能還原其伊朗語或阿拉姆語語源；至於"天王、太子"也是照抄而已。"十天王""十天大王""太子"本來就見於敦煌發現的《下部讚》《殘經》和《儀略》。

19.3　《太子下生經》

富安敦已經注意到開元十九年（731）撰寫的《儀略》引《老子化胡經》（簡稱《化胡經》)，將摩尼稱爲"太子"：

> 《老子化胡經》云：我乘自然光明道氣，飛入西挪玉界蘇鄰國中，示為太子。捨家入道，號曰摩尼。轉大法輪，說經戒律定慧等法，乃至三際及二宗門。上從明界，下及幽塗，所有眾生皆由此度。[1]

敦煌本《化胡經》第1卷確實有類似内容，文句微有不同，也把摩尼稱爲"太子"：

> 後經四百五十餘年，我乘自然光明道氣，從真寂境，飛入西那玉界蘇鄰國中，降誕王室，示為太子。捨家入道，號末摩尼。轉大法輪，說經戒律定慧等法，乃至三際及二宗門，教化天人，令知本際。上至明界，下及幽塗，所有眾生皆由此度。[2]

這裡的"我"是指老子，《化胡經》中出現摩尼教的内容，並非爲了依托摩尼教，而是像道教竊取他家材料一樣，只是爲了增加自己經典的分量，玄化自己的教義。[3] 摩尼教則反過來，利用《化胡經》依托道

---

〔1〕本文所引敦煌摩尼教漢文文獻悉用林悟殊、芮傳明校本，不再一一註明。參閱林悟殊：《摩尼教及其东渐》，素馨出版社，1997年，頁268–325；芮傳明：《東方摩尼教研究》，上海人民出版社，2009年，頁361–420。

〔2〕《大正新修大藏經》，卷54，No.2139，頁1267。http://www.cbeta.org/result/normal/ T54/2139_001.htm，圖版：http://www.daoisms.org/uploads/allimg/120127/5–12012G15G7.jpg。

〔3〕林悟殊：《摩尼教及其东渐》，素馨出版社，1997年，頁76–77。

·欧·亚·历·史·文·化·文·库·

教。無論道教，還是摩尼教，所謂"示為太子"，均是擡高自己教主的地位，以與佛教抗衡。因爲衆所周知，釋迦牟尼相傳是古印度北部迦毗羅衛國淨飯王的太子。經過中國摩尼教徒的宣傳，摩尼是太子的説法廣爲流傳。《佛祖統紀》卷48云：

> 嘗考《夷堅志》云，……又名末摩尼，采《化胡經》"乘自然光明道氣，飛入西那玉界蘇鄰國中，降誕王宮為太子，出家稱末摩尼"，以自表證。[1]

黃震《黃氏日抄》卷86《崇壽宮記》記載，此寺住持張希聲説明摩尼教在道教經典中的根據：

> 《老子化胡經》明言"我乘自然光明道氣，飛入西那玉界，降為太子，捨家入道，號末摩尼，説戒律定惠等法"，則道經之據如此。[2]

摩尼"示為太子"之説也見於霞浦文書《摩尼光佛》：

> 五佛摩尼光，最後光明使，托化在王宮，示為太子；説法轉金輪，有緣蒙濟度。願亡靈乘佛威，光證菩薩會。[3]

霞浦文書《摩尼光佛·下生讚》云："摩尼佛下生時，托蔭於蘇鄰。石榴樹枝呈瑞圓，官詣丹墀表奏希奇。……末艷喜食，花顏喜歡，神人誡責別宮安。"《摩尼光佛》另一處經文則説：摩尼"四歲出家辭國位"。雖然未直接用"太子"一詞，但是"丹墀""表奏""別宮""國位"都顯示摩尼為太子。霞浦文書無疑反映出摩尼"示為太子"之説，一直流傳不絕，《太子下生經》當為其傳播過程中的一環。

---

〔1〕《大正新修大藏經》，卷 49，No2035，頁 431。http://www.cbeta.org/result/normal/T49/2035_048.htm.

〔2〕《黃氏日抄》，卷 86，葉 9，《文淵閣四庫全書》版，頁 708—890。

〔3〕陳法師藏未名科儀書有請"五雷子"，詞句稍有不同。陳進國、林鋆：《明教的新發現——福建霞浦縣摩尼教史迹辨析》，載《不止于藝》，北京大學出版社，2010 年，頁 372。

19.4 《太子幀》

《太子下生經》的"太子"為摩尼,則《太子幀》即摩尼像無疑。摩尼教最重要的節日為庇麻節,於每年摩尼教的齋月即12月結束時舉行,紀念摩尼的殉難,要設一個祭壇(即庇麻),祭壇上有摩尼像。吐魯番發現的摩尼教繪畫 MIK III 4979a, b 的反面是一幅《庇麻節圖》,圖的上端有一個寶座或祭壇,裝飾著彩色的毛毯或布料,祭壇之上應該有摩尼肖像,可惜沒有保存下來。(圖版29)[1]

摩尼教徒對自己教主肖像的標準非常重視,《儀略》的《形相儀第二》詳細描繪了摩尼的形象:

> 摩尼光佛頂圓十二光王勝相,體備大明,無量祕義;妙形特絕,人天無比;串以素帔,傲四淨法身;其居白座,像五金剛地;二界合離,初後旨趣,宛在真容,觀之可曉。諸有靈相,百千勝妙,寔難備陳。

何喬遠(1558—1631)著《閩書》記載:

> 至道(995—997)中,懷安士人李廷裕得佛像於京城卜肆,鬻以五十千錢,而瑞像遂傳閩中。[2]

伯希和(P. Pelliot)已經指出"証以前文,此佛應是'摩尼佛'之佛。其像得為畫像或雕像;觀其人得像之情形,似為畫像。摩尼教徒重視字畫,已為世人所知矣。"[3]

吉田豊2009年發表文章,研究了14世紀從寧波攜往日本、目前藏在大和文華館的《冥王聖圖》(圖版1),他在榮新江、森安孝夫協助下,釋讀了畫上的題詞:

[1]東鄉茂頭保弟子張思義

---

〔1〕Klimkeit, H.-J., *Manichaean art and calligraphy*, Leiden: Brill, 1982, pp.33–34;林悟殊中譯本頁75–77。Gulácsi, Zsuzsanna, "Manichaean Art", *Encyclopaedia Iranica*, 2012.http://www.iranicaonline.org/articles/manichean-art (2012/3/4), Figure 3.

〔2〕《閩書》卷7,《方域志》,泉州府晉江縣一,"華表山"條,1994年,頁172。

〔3〕Pelliot, P. "Les traditions manichéennes au Fou-kien", *T'oung Pao*, XXII, 1923, pp.193–208,中譯本,頁138。

·歐·亞·歷·史·文·化·文·庫·

〔2〕偕鄭氏辛娘喜捨

〔3〕*《冥王聖（圖）》，（恭）入

〔4〕*寶（山菜）院，永充供養，祈（保）

〔5〕平安，（願）□□□存

此畫過去一直被認爲是佛教的《六道圖》，畫面分5層，從上往下第2層中央坐在蓮華座上的神祇被認爲是釋迦牟尼佛。但是，吉田豐、古樂慈（Zsuzsanna Gulácsi）、埃伯特（Jorinde Ebert）等學者經過研究，認爲主尊是摩尼佛。[1]（圖版30）

李廷裕從京城所得摩尼像傳入閩中，而主尊爲摩尼的《冥王聖圖》從寧波傳入日本，《太子幀》當爲摩尼像傳播的一個中間環節。

19.5 《夷數佛幀》《訖思經》

夷數是《下部讚·收食單偈》裏讚頌的12個大神之一，《下部讚》殘卷一開頭就是長達82行的《讚夷數文》。瓦爾德施密特（E. Waldschmidt）和楞茨（Wolfgang Lentz）1926年發表《夷數/耶穌在摩尼教中的地位》，翻譯了《讚夷數文》等，並與吐魯番出土伊朗語文獻做了比較研究。[2]崔驥將《下部讚》翻譯成英文，並由恆寧作了一些註釋。[3]富安敦將《夷數佛幀》與這兩項研究成果聯係在一起。

夷數在明教神譜中一直傳承不絕。《閩書》說摩尼教：

自言其國始有二聖，號先意、夷數，若吾中國之言盤古者。[4]

日本甲州市棲雲禪寺所藏的一幅佛教畫，長期以來被認爲是虛空藏菩薩像，但是菩薩左手托一小型蓮座，座上彫有一個金色十字架。泉武

---

〔1〕《大和文華舘所藏六道圖特輯》，載《大和文華》第119號，平成21年（2009）。

〔2〕Waldschmidt, Ernst, *Die stellung Jesu im manichäismus*, von dr. Ernst Waldschmidt und dr. Wolfgang Lentz. Mit 4 tafeln. Berlin, Verlag der Akademie der wissenschaften, in kommission bei Walter de Gruyter u. co., 1926.(*Abhandlungen der Preussischen akademie der wissenschaften*. Jahrgang 1926. Philosophisch-historische klasse. nr. 4), 1926.

〔3〕Tsui Chi, "Mo Ni Chiao Hsia Pu Tsan 'The Lower (Second?) Section of the Manichaean Hymns'", *BSOAS* XI, 1943—1946, pp.174-219.

〔4〕《閩書》卷7《方域志》，泉州府晉江縣一，"華表山"條，1994年，頁172。

夫認爲，此畫可能是景教聖像，所繪的可能是耶穌、天使或是聖徒、上帝（阿羅訶，Alaha）。[1]古樂慈則認爲，這幅畫像可能即《夷數佛幀》。[2]孰是孰非，尚待進一步論證。

在霞浦文書中，夷數至少表現爲3個方面：第一方面，在敦煌文獻中作爲十二大神之一的光明夷數（Jesus the Splendor）在《奏申牒疏科冊》（簡稱《科冊》）的《奏三清》中被稱爲廣明上天夷數和佛，與靈明大天電光王佛、太上真天摩尼光佛合稱三清，取代道教的至高神玉清聖境（在清微天）元始天尊、上清真境（在禹餘天）靈寶天尊、太清仙境（在大赤天）道德天尊。在《科冊》的《奏教主》中，他被稱爲廣惠莊嚴夷數和佛，也與神通救性電光王佛、太上教主摩尼光佛並列。在《明門初傳請本師》中，他排在本師教主摩尼光佛、寶光救性電光王佛之後，稱爲再甦活命夷數和佛。

第二方面，使者耶穌（Jesus the Apostle）即降生在羅馬帝國的耶穌，在《摩尼光佛》[3]讚頌的五佛中，他排在一佛那羅延（Nārāyaṇa，出自婆羅門教）、二佛蘇路支（瑣羅亞斯德）、三佛釋迦文（釋迦牟尼）之後，稱為四佛夷數和。這4個使者都是最後光明使——五佛摩尼光的先驅。在《明門初傳請本師》[4] "凶筵"所請諸神中，他排在那羅（即那羅延）、数路（即蘇路支）、釋迦（即釋迦文）之後，一起合稱四府帝君。

《摩尼光佛》的《吉斯咒》（頁39－42）曰："……稱念夷數佛，既死而復甦；稱念夷數佛，枯木令茲茂；稱念夷數佛，沉淪俱解脫；稱念夷數佛，朽骨再甦還活。……仰啓夷數佛，同弘無盡願。若人有惡夢，

〔1〕泉武夫：《景教聖像の可能性——棲雲寺藏傳虛空藏畫像について》，載《國華》2006年第1330號，頁14。

〔2〕Gulácsi, Zsuzsanna. "A Manichaean *Portrait the Buddha Jesus（Yishu Fo Zheng）*: Identifying a 13th-century Chinese Painting from the Collection of Seiun-ji Zen Temple, near Kofy, Japan," *Artibus Asiae*, (2009) 69/1, pp.91-144.

〔3〕元文琪：《福建霞浦摩尼教科儀典籍重大發現論證》，載《世界宗教研究》2011年第5期，頁176–178。

〔4〕黃佳欣：《霞浦科儀本"樂山堂神記"再考察》，提交"海陸交通與世界文明"國際學術研討會論文，廣州中山大學主辦，2011年12月，頁18。

或被官司囚繫，及一天亢旱，苦難逼身者，稱念吉斯聖，尋聲皆應。"[1]《訖思經》是否音譯？"訖思"是否即"吉斯"的異譯？目前尚無足夠證據做出結論。

第三，《吉斯咒》已經顯示出，在民間宗教中，夷數還演變成了咒術中驅邪鎮魔的神靈。在《去煞符》[2]中，"再甦夷數仸"與"摩尼大法旨""無上明尊祖""四梵天王"等一起，成了符咒的一個組成部分。這證實了《閩書》對明教演化為咒術的記載確有所據："今民間習其術者，行符咒，名師氏，法不甚顯云。"[3]關於霞浦文書中的夷數，見第14章。

19.6 《日光偈》《月光偈》

牟潤孫注意到：敦煌本《下部讚》中有一偈，題云："此偈讚日光訖，末後結願用之。"《日光偈》可能與此有關。劉南強則指出，太陽、月亮都是摩尼教神祇。

摩尼教中日月的意義至少可以分爲兩個方面。第一方面，太陽可以等同於第三使，月亮可以等同於耶穌。宗德曼（W. Sundermann）全面研究了摩尼教伊朗語神名，第三使的一個名稱就是太陽，中古波斯文中作 xwr、xwrxšyd，帕提亞文作 myhr (yzd)、hwr、xwrxšyd，粟特文作 xwr (βγyy)、myšyyβγyy。漢文就翻譯成"日光佛"。耶穌的一個名稱則是月亮，中古波斯文、帕提亞文作 m'h (yzd)，粟特文作 m'x (βγyy)。漢文資料中未見將夷數稱爲"月光佛"。[4]宗德曼沒有把日月列爲神祇。范林

---

〔1〕元文琪：《福建霞浦摩尼教科儀典籍重大發現論證》，載《世界宗教研究》2011 年第 5 期，頁 177。

〔2〕陳進國、林鋆：《明教的新發現——福建霞浦縣摩尼教史迹辨析》，載《不止于藝》，北京大學出版社，2010 年，頁 388，圖 41。

〔3〕《閩書》卷 7《方域志》，泉州府晉江縣一，"華表山"條，1994 年，頁 172。

〔4〕Sundermann, W. ,"Namen von Göttern, Dämonen und Menschen in iranischen Versionen des manichäischen Mythos," *AoF* 6, 1979, p.100–101 ((nr. 2/11.2, 2/14.2 and 3/11.2, 3/14.2); Bryder, Peter.*The Chinese transformation of Manichaeism. A study of Chinese Manichaean Terminology,* Löberöd: Bokförlaget Plus Ultra. 1985, pp.106–109, 114.

特（P. Van Lindt）研究了科普特文資料中的日月神，其作用主要有二：一是將靈魂（光明分子）轉送到明界去，二是諸神的居處：第三使、生命母（善母）、活靈（淨風）住在太陽上，而原人（先意）、耶穌（夷數）、光明童女（電光佛）住在月亮上。[1]

在敦煌漢文摩尼教文獻中也有類似記載，《殘經》講到：運渡靈魂的"日月二大明舩"（第48—52行）、《下部讚》講到虔誠的聽者死後，靈魂從盧舍那境"直至日月宮殿，而於六大慈父及餘眷屬，各受快樂无窮。"（第387—400行）

《下部讚·普啓讚文》讚頌了日月，《摩尼光佛》頁43抄錄《下部讚》第127行四句詩，我們將《摩尼光佛》個別不同字詞放在括弧內，以便比較："又啓日、月光明宮（佛），三世諸佛安置處，七及十二大船（般）主，並餘（諸）一切光明眾".[2]"般"為"船"之訛。"宮"可能被故意改成"佛"，顯示明教更明確地把日月作爲神。《下部讚·此偈你逾沙懺悔文》（第411—414行）在《摩尼光佛》中題目改爲《懺悔玄文》，不同的字詞多為筆誤，放在括弧內，以便比較："我今懺悔所，是身口意業，及貪嗔癡行（或），乃至縱（從）賊毒心，諸根放逸；或疑（宜）常住三寶，並二大光明；或損盧舍那身兼（及）五明子；於師僧（僧師）父母、諸善知識，起輕慢心，更相謗譏；於七施（世）、十戒、三印法門，若不具修，願罪銷滅！"[3]這裏的"二大光明"自然非日月莫屬。

吉田豐刊佈的《宇宙圖》在十天之上，畫了兩個大圓，紅色的圓形物為太陽，上面有3個神，即日光佛、善母佛、淨風佛；白色的圓形物為月亮，上面的3個神為先意佛、夷數佛、電光佛；一共6個神，即《下部讚》講的"六大慈父"。太陽之舟上有12個人持槳划船，月亮之舟上

---

〔1〕Van Lindt, P. ,*The Names of Manichaean Mythological Figures. A Comparative Study on Terminology in the Coptic Sources*, Wiesbaden. 1992, pp.119–132, 219.

〔2〕元文琪：《福建霞浦摩尼教科儀典籍重大發現論證》，載《世界宗教研究》2011年第5期，頁172。

〔3〕元文琪：《福建霞浦摩尼教科儀典籍重大發現論證》，載《世界宗教研究》2011年第5期，頁172。

有7個人划船，即《下部讚》說的"七及十二大船主。"（圖版31）[1]

《佛祖統紀》卷48描述明教："復假稱白樂天詩云：'……二宗陳寂寞，五佛繼光明。日月為資敬，乾坤認所生。'"莊季裕《雞肋編》卷上說："事魔食菜，……故不事神佛，但拜日月以爲真佛。"《閩書》則說明教"朝拜日、夕拜月"。這些資料說明外界一直很注意明教敬拜日月的特點。[2]

霞浦文書也將日月作爲神祇崇拜。《冥福請佛文》所奉請的諸佛中有"貞明別驗日、月光佛""日、月光王大聖"；《明門初傳請本師》奉請的諸神中也有"日、月光王大聖"；謝法師保存的清乾隆五十一年（1786）《吉祥道場門書》奉請的諸神中有"日光、月光王佛"。[3]從《下部讚》的日、月光明宮，中間經過《日光偈》《月光偈》的讚頌對象，《宇宙圖》描繪的太陽、月亮，到霞浦文書的日光、月光王佛，既是運渡光明靈魂的二大明船、也是包括第三使和耶穌等6個主要神祇的安置處。

19.7 《先意佛幀》《妙水佛幀》

牟潤孫、富安敦、劉南強均指出"先意"為見於敦煌摩尼教文書的神名，而以富安敦所引資料較多。牟潤孫已經指出：妙水見《摩尼教殘經》，妙水佛之稱尚未見於現存之摩尼經。富安敦比較詳細地討論了清淨氣、妙風、明力、妙水、妙火，他們是先意的5個兒子，合稱五明佛、五明子。

《下部讚》多處稱頌先意、五明子，《普啓讚文》稱頌"與彼常勝先意父，及以五明歡喜子"（第124行）；又稱頌"及彼最後勝先意，并

---

〔1〕吉田豐："新出マニ教絵画の形而上"，載《大和文華》第121號，平成22年（2010），圖版2，頁8-9。

〔2〕馬小鶴：《摩尼教與古代西域史研究》，中國人民大學出版社，2008年，頁64-90。"食菜事魔"是泛稱，其中可能包括明教徒。

〔3〕陳進國、林鋆：《明教的新發現——福建霞浦縣摩尼教史迹辨析》，載《不止于藝》，北京大學出版社，2010年，頁352-353、355、377。

餘福德諸明性"（第142行）。《收食單偈》稱頌了12個大神，其中"三者常勝先意佛，四者歡喜五明佛"（第169行）。"三者（常）勝先意佛"也見於新發現的吐魯番摩尼教漢文殘片 Ch258（B）。[1]因爲"常勝"與"先意"相聯係，我們可以校補《殘經》如下：

> 淨風、善母二光明使，入於暗坑無明境界，拔擢驍健常勝［先意］大智甲五分明身，策持昇進，令出五坑。

這顯然是復述摩尼教神話：初人出戰暗魔失利，五明子被暗魔吞噬，初人自己也昏倒在地；活靈（淨風）、生命母（善母）前去拯救，把初人從黑暗世界中救出來。

《殘經》又說："其十三種大勇力者，先意、淨風各五明子。"（第17—18行）"先意、淨風各有五子，與五明身作依止柱。"（第146—147行）"十二時者，即像先意及以淨風各五明子。"（第206—207行）"先意"可能是初人的一個中古波斯文名字不太準確的意譯，這個名字 hadēšišn naxwistēn 本來應該意譯爲"先思"，因爲 hadēšišn 是所謂"明性五種淨體"之一，與其對應的漢字是"思"。[2]

妙水是五明子之一，《殘經》說："其彼貪魔以清淨氣禁於骨城，安置暗相，栽蒔死樹；又以妙風禁於筋城，安置暗心，栽蒔死樹；又以明力禁於脉城，安置暗念，栽蒔死樹；又以妙水禁於宍城，安置暗思，栽蒔死樹；又以妙火禁於皮城，安置暗意，栽蒔死樹。"（第30—34行）惠明使："先降怨憎，禁於骨城，令其淨氣俱得離縛；次降嗔恚，禁於筋城，令淨妙風即得解脫；又伏婬慾，禁於脈城，令其［明力］即便離縛；又伏忿怒，禁於肉城，令其妙水即便解脫；又伏愚癡，禁於皮城，令其妙火俱得解脫。"（第58—61行）"

先意在宋、元、明仍然是明教的重要神祇，因此為教外人士所知曉。

〔1〕Mikkelsen, Gunner B., "The fragments of Chinese Manichaean texts from the Turfan region", in Desmond Durkin-Meisterernst, etc. (eds.), *Turfan Revisited—The First Century of Research into the Arts and Cultures of the Silk Road,* Berlin: Verlag, 2004, p.216.

〔2〕W.B.Henning,"Two Manichean Magical Texts with an Excursus on The Parthian ending-*ēndēh,"* *BSOAS* 12, 1947, pp. 39-66, pp.43–44; Bryder, Peter.*The Chinese transformation of Manichaeism. A study of Chinese Manichaean Terminology,* Löberöd: Bokförlaget Plus Ultra. 1985, p.94.

上文已經引用過，《閩書》說摩尼教："自言其國始有二聖，號先意、夷數，若吾中國之言盤古者。"

霞浦文書中，先意、五明仍然是重要神祇。《樂山堂神記》起首，先意被稱爲"先意如來"，排在太上本師教主摩尼光佛、電光王佛、夷數如來等三大主神和淨風之後，天地化身盧舍那佛之前。[1]《摩尼光佛》（頁48-49）稱頌12個大神，基本上與《下部讚·收食單偈》相同，也作"三者常勝先意佛、四者歡喜五明佛"。[2]陳法師藏科本也稱頌這十二大神，也作"三者常勝先意佛、四者懺喜五明佛"。《冥福請佛文》第2節開頭說："一心奉請輪面正宮九天貞明大聖、日月光王大聖，天地化身淨風大聖、先意大聖、……"。請神本《送佛文》述曰："仰啟太上教主摩尼光佛，貞明法性電光王佛，淨風如來，先意尊佛，望威風而廣播，冀救命以宏願。"[3]

上文已經引述，《摩尼光佛·懺悔玄文》說："我今懺悔……或損盧舍那身及五明子；……願罪銷滅。"《摩尼光佛》寫道："［摧］外道，皈三寶，收救氣風明水火。爲人［天］敷法座，金口宣揚明暗種因果。"[4]《興福祖慶誕科》最後有"五明大供"，讚頌了妙氣佛、妙風佛、妙明佛、妙水佛、妙火佛，並說氣佛從骨城想，風佛自筋城想，明佛出脈城想，水佛自肉城想，火佛自皮城想。筆者已經撰文詳論，發表於《史林》，參閱本書第8章。

明教不僅有類似吉田豐刊佈的《宇宙圖》這樣描繪整個宇宙的繪畫，而且也有描繪個別神祇的繪畫（幀），除了《妙水佛幀》之外，很可能有《妙氣佛幀》《妙風佛幀》《妙明佛幀》《妙火佛幀》，並且還可能有解

---

〔1〕Ma Xiaohe, "Remanis of the Religion of Light in Xiapu (霞浦) County, Fujian Province", 載《歐亞學刊》，第9輯，中華書局，2009年，pp.94–96.

〔2〕元文琪：《福建霞浦摩尼教科儀典籍重大發現論證》，載《世界宗教研究》2011年第5期，頁172；楊富學：《〈樂山堂神記〉與福建摩尼教——霞浦與敦煌吐魯番等摩尼教文獻的比較研究》，《文史》2011年第4輯（總第97輯），頁142–143。

〔3〕陳進國、林鋆：《明教的新發現——福建霞浦縣摩尼教史迹辨析》，載《不止于藝》，北京大學出版社，2010年，頁383，圖35；頁353、362。

〔4〕元文琪：《福建霞浦摩尼教科儀典籍重大發現論證》，載《世界宗教研究》2011年第5期，頁172、176。

釋性的經文，成爲霞浦文書的源頭之一。

19.8 《七時偈》

富安敦指出，洪邁(1123—1202)說摩尼教徒"以七時作禮"，《七時偈》可能與此有關。沙畹(Ed. Chavannes, 1865—1918)、伯希和(P. Pelliot, 1878—1945) 合著《中國發現的一部摩尼教經典》引《佛祖統紀》轉引的《夷堅志》："……明教會……其修持者正午一食，裸屍以葬，以七時作禮。"[1]

阿拉伯圖書館學家奈迪木（ al-Nadîm，995年卒 ）的《群書類述》（ al-Fihrist ）記載了摩尼教徒每天要做7次祈禱（ ṣalawāt sabʻ ）或者四次祈禱。[2] 恆寧刊佈的《摩尼教祈禱懺悔書》中，選民懺悔道："我有缺七次祈禱（ VII 'frywn），七首讚美詩，七次懺悔和七 '施'，罪孽深重。"[3]

筆者根據林瞪與雷法有關，而南宋道士白玉蟾（ 1194—? ）精通神霄雷法，且其語錄有涉及明教的內容，遂將《海瓊白真人語錄》通讀一遍，果然發現其《萬法歸一歌》中涉及明教徒七時作禮："明教專門事滅魔，七時功德便如何？不知清淨光明意，面色萎黃空自勞。"[4]

《摩尼光佛》稱頌佛、法、僧三寶，講到法的時候說："七時禮懺，志意倍精專，流傳正法相繼萬年。"[5] 七時作禮、七時功德、七時禮懺都是指明教徒每天要做7次禮拜。關於七時禮懺，見第18章。

---

[1]Chavannes, É.& P. Pelliot, "Un traité manichéen retrouvé en Chine", *Journal Asiatique,* 1913, p.338, n.6; p.339, p.355, note.

[2] *Fihrist,* Ibn al-Nadim, tr. B. Dodge, *The Fihrist of al-Nadīm. A Tenth-Century Survey of Muslim Culture*, New York andLondon, 1970, v.2, pp.790–791.

[3] Henning, W. B., *Ein manichäisches bet- und beichtbuch* / von dr. W. Henning. *APAW*, 1936 (*BBB*),p.38; Klimkeit, H.-J., *Gnosis on the Silk Road: Gnostic texts from Central Asia* / translated &presented by Hans-Joachim Klimkeit. San Francisco, Calif.: HarperSanFrancisco, 1993, p.141.

[4] Ma Xiaohe, "Remanis of the Religion of Light in Xiapu (霞浦) County, Fujian Province", 載《歐亞學刊》，第 9 輯，中華書局，2009 年，pp.103–104, 108 note 57.

[5]元文琪：《福建霞浦摩尼教科儀典籍重大發現論證》，載《世界宗教研究》2011 年第 5 期，頁 173。

·歐·亞·歷·史·文·化·文·庫·

19.9 其他經像

19.9.1 《證明經》《證明贊》

各位研究者都指出,《儀略》列舉的摩尼教7部大經中有"第五,鉢迦摩帝夜(пρасμатεɪα)經,譯云《證明過去教經》",從而推測《證明經》《證明贊》或許與此經有關。

學界對於《證明過去教經》幾乎一無所知,近來加德納(I. Gardner)、劉南強合編的資料集中提出,塞佛留(Severus of Antioch)的《佈道書》中的摩尼教引文,可能是《證明過去教經》的佚文。[1] 目前還很難在霞浦文書中鑒別出相關內容。因此,僅憑"證明"二字勘同《證明經》《證明贊》與《證明過去教經》,證據尚嫌薄弱。至於能否進而勘同霞浦文書中提及的《貞明經》,在學界看到《貞明經》的具體內容之前,自以謹慎為妥。

19.9.2 《父母經》

牟潤孫認為:摩尼教義中有明父善母之說,許地山先生撰《摩尼之二宗三際論》(《燕京學報》第三期),闡之甚詳,《父母經》或即言彼教義者。富安敦則提出,《殘經》講到:時慕闍等,頂禮明使,作如是言:唯有大聖,三界獨尊,"普是衆生慈悲父母"。(第322行)《父母經》可能與這裡說的"慈悲父母"有關。

19.9.3 《廣大懺》

富安敦注意到沙畹、伯希和所引的《佛祖統紀》云:"今摩尼尚扇於三山,而白蓮、白雲處處有習之者。……以修懺念佛為名,而實通姦穢。"《廣大懺》或許即修懺所用的文本之一。

《下部讚》有《此偈凡至莫日,與諸聽者懺悔願文》(第387—400行)、《此偈你逾沙懺悔文》(第410—414行),更著名的是回鶻文《懺悔文》(Xᵘāstvānift),霞浦文書中有《摩尼光佛·懺悔玄文》,《廣大懺》

---

〔1〕Iain Gardner and Samuel N.C. Lieu, *Manichaean texts from the Roman Empire* / edited by Iain Gardner and Samuel N.C. Lieu. Cambridge ; New York : Cambridge University Press, 2004, pp.160–163.

可能是類似的懺悔文。"廣大"是否與"廣大心""廣大智"有關，尚難定論。《下部讚·普啓讚文》稱頌"夷數、電明、廣大心"（第151行），"廣大心"當即惠明，也稱淨法風。《摩尼光佛·開壇讚》（頁51）"稽首廣大智，微妙善心王，萬法本根源，圓明常寂照。"[1]這裡的"廣大智"，下文又稱"微妙大惠明""微妙淨法風"，當從《普啓讚文》的"廣大心""惠明""淨法風"演變而來。

19.9.4　《善惡幀》《平文策》《漢贊策》《文緣經》

所謂"二宗"，即明暗、善惡，富安敦推測，《善惡幀》或許與《大二宗圖》有關。《平文策》、《漢贊策》這樣的標點是筆者採用林悟殊先生1985年《喫菜事魔與摩尼教》一文引文的標點。其他學者往往標點為：《平文》《策漢贊》《策證明贊》。題目尚且不易確定，比較研究自然無從談起。《文緣經》之來龍去脈也難以確定。

19.10　結語

我們先把上面討論過的各種資料列一個簡單的表格如下，凡是存疑的加*號：

《儀略》列舉了摩尼親撰的7部大經，但是尚未見漢文譯本傳世。京藏《摩尼教殘經》（《惠明經》）的淵源當為《大力士經》，在文中還摘引了幾句《應輪經》（即大應輪部，譯云《徹盡萬法根源智經》）、《寧萬經》（即泥萬部，譯云《律藏經》，亦稱《藥藏經》）。除此之外，7部大經沒有漢文譯文傳世。傳世的唐代摩尼教文獻，篇幅較大的惟有敦煌所出3部殘經，加上一些零星殘片。在霞浦文書、日本藏明教繪畫刊佈之前，有的學者懷疑，溫州明教經文的19種，有的把摩尼教佛號撰為經名，如《妙水佛幀》《先意佛幀》等。這易於理解，因年代久遠，對原摩尼教經文、教規已因口頭相傳，逐漸失真，很多內容已不甚了了，記得的幾個佛號，就編造經卷了。這樣的懷疑不無道理。

---

〔1〕元文琪：《福建霞浦摩尼教科儀典籍重大發現論證》，載《世界宗教研究》2011 年第 5 期，頁 174。

　　但是，日本藏明教繪畫，特別是《宇宙圖》的刊佈，以及霞浦文書的部分刊佈，使我們能夠重新估價溫州明教經像19種。從元末明初寧波地區畫師繪製的《宇宙圖》來看，宋、元明教徒對於原摩尼教圖像、經文、教義仍然有相當清楚細緻的了解。霞浦文書雖非明教文獻，但是其中抄寫了很多明教經文，有許多可以與現存唐代摩尼教文獻勘同，甚至有時唐代抄本抄錯了，而相應的霞浦文書卻是正確的。霞浦文書中還有相當數量不見於現存唐代摩尼教文獻的內容，卻可以由吐魯番胡語摩尼教文書，甚至西方摩尼教文獻證實其符合摩尼教教義。

表 19-2　明教經像

摩尼教資料	《宋會要輯稿》	其他有關資料	霞浦文書
*《讚夷數文》	（1）《訖思經》		*《吉斯咒》
*《證明過去教經》	（2）《證明經》		
《化胡經》《儀略》	（3）《太子下生經》	《閩書》	《摩尼光佛·下生讚》
*《殘經》	（4）《父母經》		
《大二宗圖》	（5）《圖經》	《宇宙圖》	"天王讚"等
	（6）《文緣經》		
《群書類述》《摩尼教祈禱懺悔書》	（7）《七時偈》	《夷堅志》《萬法歸一歌》	《摩尼光佛》
《普啓讚文》《此偈你逾沙懺悔文》	（8）《日光偈》 （9）《月光偈》	《宇宙圖》《佛祖統紀》《閩書》	《懺悔玄文》《冥福請佛文》
	（10）《平文策》		
	（11）《漢贊策》		
*《證明過去教經》	（12）《證明贊》		

摩尼教資料	《宋會要輯稿》	其他有關資料	霞浦文書
*《普啓讚文》《此偈你逾沙懺悔文》	（13）《廣大懺》		*《開壇讚》《懺悔玄文》
《殘經》	（14）《妙水佛幀》	《佛祖統紀》	《五明大供》
《收食單偈》《殘經》	（15）《先意佛幀》	《閩書》	《樂山堂神記》《冥福請佛文》
《讚夷數文》	（16）《夷數佛幀》	《閩書》*伝虛空藏画像	《吉斯咒》
*《大二宗圖》	（17）《善惡幀》		
《庇麻節圖》	（18）《太子幀》	《閩書》《冥王聖圖》	《摩尼光佛·下生讚》
四大天使讚美詩	（19）《四天王幀》	《宇宙圖》	《興福祖慶誕科》

　　這19種經像大約可以分爲3種類型。第一類，可以《太子下生經》《太子幀》爲代表，溯其根源，唐代《化胡經》《儀略》已有摩尼爲太子之說，也有摩尼像的實物與記載；宋至明，《佛祖統紀》和《閩書》等資料均記載了摩尼爲太子之說；《閩書》記載了摩尼像傳入福建的事跡；日本藏《冥王聖圖》證明有摩尼像流傳下來；更晚的霞浦文書中保持了摩尼爲太子之說。我們比較容易肯定《太子下生經》《太子幀》是唐代摩尼教經像傳至明清甚至更晚的一個中間環節。類似的經像爲《日光偈》《月光偈》《先意佛幀》《妙水佛幀》《夷數佛幀》。

　　第二類，傳承綫索不如第一類分明，但仍然可以看出端緒。比如《圖經》，上承《大二宗圖》，中間有日本藏元代《宇宙圖》作爲旁證，霞浦文書中則有一些描繪内容近乎《宇宙圖》。《七時偈》有《佛祖統紀》引《夷堅志》、白玉蟾的《萬法歸一歌》爲旁證，也見於《摩尼光佛》，雖然沒有唐代漢文摩尼教文獻爲証，但是，無疑符合摩尼教教義。《四天王幀》有日本藏《宇宙圖》爲旁證，四天王之名見於霞浦文書，雖然也沒有唐代漢文摩尼教文獻爲爲源頭，但可以在西方摩尼教文獻中追溯到其源頭，也無疑問。

第三類，只能從名稱上加以猜測，如《證明經》《證明讚》與《證明過去教經》的關聯；《父母經》《善惡幀》《廣大懺》也屬於這類。《訖思經》是否《吉斯咒》的異譯尚難定論，但是一個值得注意的問題。

對於北宋溫州明教經像的重新估價，又反過來為我們分析霞浦文書的來龍去脈提供了重要背景。霞浦文書本身不是作爲明教典籍獨立傳下來的。霞浦文書中有相當部分可以確定與唐代摩尼教文書相應，比如，敦煌寫本《下部讚》之第11、30、42、119、127、135、140、169—172、206、301、303、411—414等行，都間雜於該等抄本的經文之中。[1] 霞浦文書的抄寫者直接獲得唐代摩尼教文獻為底本的可能性極小，應該是根據宋元時代的明教經文再抄寫的。《宋會要輯稿》記載的十九種溫州明教經像雖被禁止，但是一部分很可能仍然秘藏於民間，成爲霞浦文書抄寫的底本和日本藏明教繪畫的粉本。更加耐人尋味的是，霞浦文書中相當數量不見於現存唐代漢文摩尼教經的內容，而與胡語摩尼教文獻吻合。對這一情況的合理解釋是：現存唐代漢文摩尼教經只是冰山一角，因入藏敦煌藏經洞而僥幸保存至今（吐魯番只發現了少量殘片）。今日無緣得見的唐代摩尼教經像流傳於民間，成爲宋元時代明教製作經像的根據，日本藏明教繪畫就是實例。黃佳欣先生在考察霞浦文書《樂山堂神記》的會議論文中提出：明季逮至清末民初，霞浦當地民間社會或存在一些"儀式專家"，利用民間祕藏的某些明教遺書，效法當地流行的民間宗教，加以糅合，從而製作出該等抄本。即便如此，這也無損於該等抄本於明教研究的珍貴價值，關鍵在於研究者如何將其去偽存真、去蕪存菁而已。[2] 所謂"民間祕藏的某些遺書"很可能就有北宋溫州明教十九種經像在內。從已經刊佈的霞浦文書來看，即使包含摩尼教成分最多的文書，也不可貿然把其直當宋代明教之文典。但是，逐步將其民間

---

〔1〕林悟殊：《"宋摩尼依託道教"考論》，載張榮芳、戴治國主編：《陳垣與嶺南：紀念陳垣先生誕生130周年學術研討會論文集》，社會科學出版社，2011年，頁103、105。

〔2〕黃佳欣：《霞浦科儀本"樂山堂神記"再考察》，提交"海陸交通與世界文明"國際學術研討會論文，廣州中山大學主辦，2011年12月，頁17。

宗教成分析離，則可以獲取很多前所未知的明教內涵，從這個意義上說，霞浦文書對於摩尼教研究的貢獻實不亞於敦煌、吐魯番文書。

（原作《〈宋會要輯稿〉所記明教經像考略》，載《國際漢學研究通訊》，第5期，北京大學出版社，2012年，頁3-29。）

附錄 1

中古波斯文文書 M101
i - j - c - k - g - l 譯釋

——摩尼教《大力士經》研究

一、中古波斯文文書 M101、M911

　　恒寧（Walter Bruno Henning, 1908—1967）於1943年發表《〈大力士經〉考》，刊佈了吐魯番出土摩尼教中古波斯文文書 M101，a 到 n，以及 M911，這是一部寫本的15個殘片。現在我們可以看到這些殘片的彩色照片[1]。恒寧當時確定，不可能恢復這些殘片的原來順序。純粹從技術的角度（殘片的大小、殘片邊緣的樣子、殘破的相對位置、污跡等等），他起先排列爲：l - j - k - g - i - c - e - b - h - f - a - d - m - M911 - n。當他寫作此文時，由於手頭沒有任何圖像資料，決定根據前面6個殘片的內容，將其順序改爲 c - j - l - k - g - i，這應該是《大力士經》的內容。e - b - h 第112—159行講述5種元素。殘片 h 接著空一行，第160行以紅墨水書寫了一個題目 “論聽者”，第160行到結束（286行）的內容均爲關於聽者的論述[2]。

　　1943年以來，對於《大力士經》的研究有兩個重大突破。一個突破，米利克（Jozef T. Milik, 1922—2006）根據恒寧《〈大力士經〉考》刊佈的資料，經過比較，發現了死海古卷《巨人書》殘片，並確定其爲摩尼撰寫《大力士經》的主要素材。數位學者在這個領域裡進行了不懈的努力，近年來刊佈了死海古卷《巨人書》的全部照片、釋讀、歐洲文字的

---

〔1〕http://www.bbaw.de/forschung/turfanforschung/dta/m/dta_m_index.htm.

〔2〕Henning, W. B. “The Book of the Giants”, *Bulletin of the School of Oriental and African Studies*, XI, 1943.

翻譯與評註，對巨人的故事有了比以前更清楚的認識，這爲我們重新構擬 M101 c–j–l–k–g–i 的順序、理解其內容提供了基礎。另一個重大突破是宗德曼（Werner Sundermann, 1935—2012）通過對中古波斯文文書 S52（S I 0/ 120）、粟特文文書 M7800的研究，提出摩尼《大力士經》的內容很可能不限於大力士的故事，還應該包括從這些神話故事中引申出來的宗教教義，而這些教義的闡述相當接近于《惠明經》（Sermon of the Light-Nous）（Traité/《殘經》爲其漢譯本）。他還刊出《〈惠明經〉——東傳摩尼教的一部說教作品：安息語和粟特語本》，爲我們重新構擬 e–b–h 的順序、理解其內容提供了基礎[1]。施傑我（P. O. Skjærvø）則在1995年發表文章，對摩尼教《大力士經》與伊朗史詩做了比較研究[2]。我們根據這些新研究，對 M101 的前9個殘片做了重新安排，將其視爲一個文獻，可能是摩尼《大力士經》的改寫本。[3] 關於殘片 b–e–h 的研究見本書第8章。本文祇研究 M101 i–j–c–k–g–l 等6個殘片，先翻譯如下：

（殘片 i）……許多……被殺了，四十萬義人（'rd'w'n）……火（'dwr）、石油（npt）和硫磺（gwgyrd）……天使們（prystg'n）庇護以諾（hwnwx）。選民們（wcydgc'n'n）和聽者們（nywš'gc'n''n）……搶奪他們。他們選擇漂亮的［婦女］，予取予求……在婚姻中他們……。污穢的……所有的……搶走……他們分別擔當各種差事和勞役。他們……從每個城市……受命侍候……米西尼人（myšn'yg'n）［被指定］待命，胡齊格人（hwjyg'n）打掃和灌溉，波斯人

〔1〕Sundermann, Werner, "*Ein weiteres Fragment aus Manis Gigantenbuch*" in *OrientaliaJ. Duchesne-Guilleminemeritooblata*.Liège: Centre internationale d'études indo-iraniennes ; Leiden : Diffusion, E. Brill, c1984. pp.491–505. reprinted in Sunndermann 2001, v.2, 1984. pp. 615–631; Sundermann, Werner, *Der Sermon vom Licht–Nous : eine Lehrschrift des östlichenManichäismus ; Edition der parthischen und soghdischen Version.* Berlin : Akademie Verlag. 1992; Sundermann, W. "*Mani's 'Book of the Giants' and the Jewish Book of Enoch. A Case of Terminological Difference and What it Implies*", *Irano–Judaica* III, ed. By P. Shaked & A. Netzer, Jerusalem 1994, pp. 40–48. Reprinted in Sunndermann 2001, v.2, pp.697–706.

〔2〕Skjærvø, P. O., "Iranian epic and the Manichaean *Book of Giants*. Irano-Manichaica III", *Acta orientalia Academiae Scientiarum Hungaricae*, XLVIII (1-2), 1995, pp.187–223.

〔3〕恆寧原來的轉寫見 Henning, W. B. "The Book of the Giants", *Bulletin of the School of Oriental and African Studies*, XI, 1943, pp.56–60.

（p'rsyg'n）…[1]

（殘片 j）……維羅格達德（wrwgd'd）……霍巴比什（hwb'byš）[*殺了]阿赫爾姆（'hrm），搶走了他的妻子［……］納克斯塔格（［……］nxtg）。隨即巨人們開始自相殘殺和誘拐[*妻子]。他們也開始一起殘害生靈。桑（s'm）在太陽面前[*站起來]，一隻手在空中，另一隻……他獲得的任何東西，［……］其兄弟……綁縛的……在刻寫板（txtg）上［……］來自天上的天使們。刻寫板……刻寫板被扔在水裡。*最後…在其睡眠中看到一塊有三個標記的刻寫板,[一個預示……]，一個傷心和逃跑，一個…毀滅。納里曼（nrym'n）看到一個花[園裡滿是]一排排樹。兩百個…出來，樹木…[2]

（殘片 c）……一個堅硬的……箭頭……弓，它[*射]向……。桑說：有福的是看到這個並且不死的人。然後沙赫米扎德（šhmyz'd）對其子桑說：馬哈懷（m'hw'y）一切……，都*被搞糟了。他又對…說：直到…我們是……以及……那是*在烈火熊熊的*地獄裡…當我的父親維羅格達德是……沙赫米扎德說：他說的是真的。他（祇）說了（他能說的）千分之一。千分之一……。桑又開始[*搜尋]，馬哈懷也[*搜尋]了許多地方，直到他來到那個地方，[*那裡有]

---

［1］myšn'yg'n，出自地名 myšn，在美索不達米亞的最南部，摩尼曾在 262 年之前說服其王米赫爾沙（Mihershāh）改宗摩尼教。參閱 Durkin, Desmond,*Dictionary of Manichaean texts*. vol. 3. *Texts from Central Asia and China* / edited by Nicholas Sims-Williams. pt. 1. *Dictionary of Manichaean Middle Persian and Parthian* / by Desmond Durkin-Meisterernst, Turnhout : Brepols ; NSW, Australia : Ancient History Documentary Research Centre, Macquarie University. 2004, pp. 25, 244, 167, 236, 193, 259. http://www.iranicaonline.org/articles/characene–and–charax–spasinou–in–pre–islamic–times.

［2］Henning, W. B. "The Book of the Giants", *BSOAS*, XI, 1943, pp.57, 60; Skjærvø, 1995, pp.201–202; Durkin, Desmond,*Dictionary of Manichaean texts*. vol. 3. *Texts from Central Asia and China* / edited by Nicholas Sims-Williams. pt. 1. *Dictionary of Manichaean Middle Persian and Parthian* / by Desmond Durkin-Meisterernst, Turnhout : Brepols ; NSW, Australia : Ancient History Documentary Research Centre, Macquarie University. 2004, pp. 345, 192, 35, 249, 305, 332, 344. Schwartz 2002, pp.233, 234, n.19 考證了阿拉伯文獻中保存的摩尼教大力士阿赫爾姆（'hrm）的名字，與此類似，筆者也考證了福建霞浦民間文書保存的若干摩尼教神祇、護法的名字。

一輛*戰車，以及一……[1]

（殘片 *k*）……父親……*婚禮……直到完成他的……在戰鬥中……在*巢穴裡奧赫亞（'why'）和哈赫亞（'hy'）……他對其兄弟說："起來……我們將接受吾父命令我們接受的（命運）。我們所發的誓言…戰鬥。"大力士們…一起……"［並非］獅子……，而是它……。［並非］彩虹……，而是弓……結實。並非刀刃鋒利，［而是］*公牛力大無窮。並非鷹……，而是其翅膀使然。並非金子……，而是錘擊它的銅器使然。並非［君王］驕傲，而是王冠在其［頭上。並非］柏樹壯觀，而是山嶽……。

（殘片 *g*）……並非他能言善辯，而是他言之成理。並非*果實罪惡，而是其中有毒。［並非他們］高居空中，而是大千世界之神使然。並非僕人自傲，［主人］居於其上。並非被派遣的人……，而是派遣他的人使然。"隨即納里曼……說……而（在）另一個地方我看到那些人因爲毀滅落在他們頭上而哭泣，他們的哀號和呻吟直達天上。我也看到另一個地方［那裡有］大量的暴君和君王……他們生活在罪孽和惡行之中，[2]當……[3]

（殘片 *l*）…先知以諾（hwnwx）……［送］信給［眾魔及其］孩子們：對你們來說…沒有和平。[……]你們將因爲自己所犯的罪行而被綁縛起來。你們將會看到自己的孩子們被毀滅。……你們將［衹］統治 120［年］。……野驢、北山羊、……公羊、*山羊、瞪羚、……大羚羊，每種兩百對…其他的野獸、鳥和生靈……他們

〔1〕Henning, W. B. "The Book of the Giants", *Bulletin of the School of Oriental and African Studies*, XI, 1943, pp.56–57, 60; Skjærvø, P. O. 1995. "Iranian epic and the Manichaean *Book of Giants*. Irano-Manichaica III", *Acta orientalia Academiae Scientiarum Hungaricae*, XLVIII (1-2)(1995), pp.187-223, pp.201–202; Durkin, Desmond,*Dictionary of Manichaean texts*. vol. 3. *Texts from Central Asia and China* / edited by Nicholas Sims-Williams. pt. 1. *Dictionary of Manichaean Middle Persian and Parthian* / by Desmond Durkin-Meisterernst, Turnhout : Brepols ; NSW, Australia : Ancient History Documentary Research Centre, Macquarie University. 2004, pp.315, 224.

〔2〕可能指守望者與巨人，參閱 Reeves, John C. *Jewish lore in Manichaean cosmogony : studies in the Book of giants traditions* / John C. Reeves. Cincinnati : Hebrew Union College Press,1992, pp.83, 142, n.155.

〔3〕Henning, W. B. "The Book of the Giants", *Bulletin of the School of Oriental and African Studies*, XI, 1943, pp.57–58, 61–62.

的葡萄酒［將有］六千罐……*水的*灌溉……他們的油［將有……［1］

二、四十萬義人以及火、石油和硫磺

死海古卷《以諾一書》和《巨人書》的研究爲 M101第一部分提供了一些背景。200個守望者（墮落的天使）自天而降，他們由20個十夫長率領，爲首者名叫舍米哈扎赫（阿拉姆文 Shemiḥazah，希臘文 Ζεμαζᾶς），即 M101 c R6和 V4的沙赫米扎德（Shahmīzād）。守望者降臨人間，與凡人婦女性交，生下巨人，還教凡人各種奇技淫巧［2］。舍米哈扎赫生了兩個巨人兒子，一個阿拉姆文名字叫哈赫亞（Hahyah），即 M101 k R 4的 Ahya、M101 j V7和 g R 8的納里曼（Narīmān）；另一個阿拉姆文名字叫奧赫亞（'Ohyah），即 M101 k R 4的 Ohya、M101 c R 4、6、V 7、j R6的桑（Sām）。守望者十夫長巴拉克逸囉（Baraqi'el），即 M101 c V 3和 j R 1的維羅格達德（Virōgdād），有一個巨人兒子，名叫馬哈懷（Māhaway），見於 M101 c R 7和 V 8。守望者與巨人在大地上胡作非爲，引起上帝震怒，下旨懲罰。巨人們在夢中看到不吉祥的前景，但無法解釋，派馬哈懷去央求以諾釋夢，以諾（Enoch）見於 M101 l R 2和 i R 5。以諾代上帝宣判了對守望者與巨人的判決，預言了巨人被消滅後大地的繁榮景象。

恒寧指出，M101 i 講到的"火、石油和硫磺"也見於《大力士經》粟特文殘片 G（T iiΞ）關於四大天使鎮壓200個守望者的故事：［3］

題目：（關於）四天使（iv fryštyt）與兩百個［魔鬼……］的宣告

…………

那些人是……最初的奇技淫巧…他們製作……天使們……以及

---

〔1〕Henning, W. B. "The Book of the Giants", *Bulletin of the School of Oriental and African Studies*, XI, 1943, pp.57, 61; Skjærvø, P. O., "Iranian epic and the Manichaean *Book of Giants.* Irano-Manichaica III", *Acta orientalia Academiae Scientiarum Hungaricae*, XLVIII (1-2), 1995, pp.187–223.

〔2〕Nickelsburg, G. W. E. *1 Enoch 1: a Commentary on the Book of 1 Enoch, Chapter 1–36; 81–108,* Minneapolis: Fortress Press, 2001, pp.174, 188–189.

〔3〕Henning, W. B. "The Book of the Giants", *Bulletin of the School of Oriental and African Studies*, XI, 1943, pp.68–69.

對魔鬼……他們前去戰鬥。那兩百個魔鬼（CC δywṯ）與［四天使］苦鬥，直到［天使們使用了］火（"ṯr）、石油（nftt）和硫磺（γwqtt）……

恒寧認爲，這是有利於把殘片 i 放在結尾的證據。四十萬義人可能是大天使與大力士戰鬥中的犧牲者。另一方面，40 萬義人可能是在守望者（Egrēgoroi）降臨大地時受難的。"選擇漂亮的婦女"云云顯然指守望者降臨大地後的胡作非爲。加在米西尼人和其他各族身上的艱苦勞役可能是因爲守望者的巨人兒子們貪得無厭（《以諾一書》，7，2）而引起的。這些細節是有利於把殘片 i 放在開頭的證據[1]。恒寧1943年刊佈時就說明，很難決定 M101 i 應該放在《大力士經》的開頭還是結尾，成文的時候他把殘片 i 置於巨人故事的最後。里夫斯（J. C. Reeves）將殘片 i 的第100－111行置於故事開頭，把第95—99行置於故事結尾。這種假設缺乏說服力，首先，第99行與第100行在同一頁上，兩行之間不可能插入其他內容。其次，即使我們以殘片的一面（第103—111行）爲開頭，另一面（第95—102行）爲結尾，這兩頁之間殘缺的部分也容納不下至少長達10頁的故事主體。因此，我們認爲，應該放棄將殘片 i 全部或部分置於故事結尾的順序。恒寧撰寫《〈大力士經〉考》之後，1945年發現的拿戈·瑪第遺書中有一部《亞當啟示錄》，其中講到：

> 然後屬於含、閃後裔的另一些人要來，四百千（四十萬）個男子，要進入另外一地，與出自偉大的永生知識（γνῶσις）者同住。……
>
> …………
>
> 他們要對撒克拉（ⲥⲁⲕⲗⲁ）說："那些站在你面前的含、閃後裔、爲數四百＜千＞的人，他們的能力是什麼呢？……"
>
> ……因爲他們的靈魂不是出於污穢之手，而是出自一位永生天使的大誡命。於是要有火焰、硫磺和瀝青（ⲁⲙⲣ̅ⲏ̅ⲉ）落在那些人身上，有火焰和（使人眼瞎的）煙霧籠罩那些永世，啟示者的能力之

---

〔1〕Henning, W. B. "The Book of the Giants", *Bulletin of the School of Oriental and African Studies*, XI, 1943, p.62, n.4.

眼將會暗淡，在那些日子裡，他們將看不到眾永世[1]。

摩尼很可能從類似的文獻裡吸取了3個素材：火焰、硫磺和瀝青；撒克拉；四十萬。在《亞當啟示錄》中閃、含後裔遭到"火焰、硫磺和瀝青"的攻擊。科普特文 ⲁⲙⲣⲏϩⲉ 意爲"瀝青（asphalt）"[2]。中古波斯文 npt 意爲"潮濕（moist）、濕氣（damp）；石油（naphtha）；瀝青（pitch）"[3]。恒寧把 M 101 i R4 翻譯成："火、石油（naphtha）和硫磺"，也可翻譯爲"火焰、瀝青（pitch）和硫磺"。摩尼教中古波斯文文獻中造立人身的魔鬼沙克倫（šqlwn）顯然源自撒克拉。四十萬閃、含後裔即義人，摩尼講到義人時借用了"四十萬"這個數字。義人在 M101 i R3 作 'rd'w'n，《摩尼光佛教法儀略》音譯爲"阿羅緩，譯云'一切純善人'"[4]。摩尼教科普特文《佈道書》在講到夏娃、亞當、該因、以挪士、閃（Sem 即 Shem）等《舊約·創世記》人物後寫道："四十萬義人……以諾的那些年……"[5]《摩尼教讚美詩第二集》在歌頌了亞當、塞特（Sethel）、以挪士、挪亞、閃等忍辱負重的美德之後，說道："義人們被焚燒於烈火之中，他們忍辱。受難的眾人：四千……"，然

〔1〕MacRae, George W. *The apocalypse of Adam*. In *The Coptic gnostic library : a completeedition of the Nag Hammadi codices* / edited with English translation, introduction, and notes, published under the auspices of the Institute for Antiquity and Christianity ; general editor, James M. Robinson. Leiden ; Boston : Brill, 2000. v.3, Nag Hammadi codex V, 2–5, pp.168–175. 羅賓遜、史密夫編，楊克勤譯：《靈知派經書》，道風書社，1994 年，卷中，頁 122–126。Stroumsa, G. G. "'Seal of the Prophets'? The Nature of a Manichaean Metaphor", *Jerusalem studies in Arabic and Islam*, 7 (1986), pp.61-74, pp.85–86, 165–166.

〔2〕Crum, W. E. (Walter Ewing), *A Coptic dictionary* / compiled with the help of manyscholars, by W.E.Crum. Oxford, The Clarendon Press, 1939. http://www.metalog.org/files/crum.html, 9a. http://www.metalog.rg/files/crum/009.gif.

〔3〕Durkin, Desmond,*Dictionary of Manichaean texts*. vol. 3. *Texts from Central Asia and China* / edited by Nicholas Sims-Williams. pt. 1. *Dictionary of Manichaean Middle Persian and Parthian* / by Desmond Durkin-Meisterernst, Turnhout : Brepols ; NSW, Australia : Ancient History Documentary Research Centre, Macquarie University. 2004, p.244a. Henning 1937, p. 85 sub nft.

〔4〕芮傳明：《東方摩尼教研究》，上海人民出版社，2009 年，頁 382。

〔5〕Polotsky, H. J., *Manichäische Homilien*, ed. H. J. Polotsky, Stuttgart. 1934, p.68[10–19]; Henning, W. B. "The Book of the Giants", *BSOAS*, XI, 1943, p.72; Lieu, 2004, pp.91–92.

後讚美聖賢以諾、我主耶穌[1]。"四千"可能是"四百千"之訛，即四十萬。比較《亞當啟示錄》，殘片 i R3 的 40 萬義人當非故事結尾時，在天使與巨人大戰中犧牲的，而應該是故事開始時，被魔鬼（守望者與巨人）所危害的。

三、守望者與巨人們的胡作非爲

帕提亞文文書 M828 與 M101 *i* 和 *j* 相應[2]：

/V/I

［1］他們［*降臨］大地，因爲

［2］婦女的美麗，

［3］*就像攻擊者在……中間

［4］……他們從……來到……

/V/II/Ü

［1］肉

［2］血

［3］……

［4］……

［5］*髮式……

［6］巨大的*痛苦

［7］……

與 M101 *i* 和 *j* 相應的死海古卷《巨人書》，當爲此書第一部分，首先是對《以諾一書·守望者書》的概述。米利克把 4Q531 5（新編號 4Q531 1）定爲此寫本的起首部分。根據斯圖肯布魯克（Loren T. Stuckenbruck），

---

〔1〕C. R. C. Allberry, *A Manichaean psalm-book. Part II.* Edited by C. R. C. Allberry, with a contribution by Hugo Ibscher. Stuttgart, W. Kohlhammer, 1938, p. 142; Henning, W. B. "The Book of the Giants", *Bulletin of the School of Oriental and African Studies*, XI, 1943, p.72; Lieu, 2004, p.142.

〔2〕Sundermann, Werner, 1973. Mittelpersische und parthische kosmogonische und Parabeltexte der Manichäer. Berlin : Akademie-Verlag, 1973. (Berliner Turfantexte IV), pp.76–77, text 20; Reeves, John C. *Jewish lore in Manichaean cosmogony : studies in the Book of giants traditions* / John C. Reeves. Cincinnati : Hebrew Union College Press,1992, p.75; Skjærvø, P. O., "Iranian epic and the Manichaean *Book of Giants.* Irano-Manichaica III", *Acta orientalia Academiae Scientiarum Hungaricae*, XLVIII (1-2)(1995), pp.187–223, p. 196.

皮埃什（Emile Puech）等人的釋讀、翻譯[1]，譯釋如下：

　　［1］守望者］們玷污了他們自己（טמיו）［

　　［2］］巨人（גברין）和內菲林（נפילין）［

　　［3］　］他們所生育的，看，k.［

　　［4］　］以其血，依靠 mh［

　　［5］　　］yn 因爲這不夠他們及［其孩］子們［

　　［6］　　　］他們要吃很多 ml［

　　［7］空白

　　［8］　］內菲林毀了它。

　　從內容上來說，與此相近的是1Q23 9、14、15，講述守望者和巨人的滔天罪行，根據斯圖肯布魯克等人的釋讀，翻譯如下[2]：

　　［2］　］而他們知道［秘密（？）

　　［3］　］在地上有很多罪［惡（？）

　　［4］　］他們殺害了許［多

---

〔1〕Milik, Jozef T. *The Books of Enoch : Aramaic fragments of Qumrân Cave 4* / edited byJ.T. Milik ; with the collaboration of Matthew Black. Oxford : Clarendon Press, 1976, pp.308–309; Reeves, John C. *Jewish lore in Manichaean cosmogony : studies in the Book of giants traditions* / John C. Reeves. Cincinnati : Hebrew Union College Press,1992, pp.57, 62, 67–76; Stuckenbruck, Loren T. *The Book of Giants from Qumran : texts, translation, and commentary*, Tübingen : Mohr Siebeck, 1997, 149–150; 其譯文較爲嚴謹 Puech, Emile,*Qumrân grotte 4. XXII* / par Emile Puech. (*Discoveries in the Judaeandesert* ; 31) Oxford : Clarendon Press, 2001, pp.52–54, planche 1; 皮埃什能直接利用原件，復原優於僅能看到照片的學者，圖版較爲清晰，糾正了以前的釋讀之誤，但轉寫構擬甚多，意譯過多; Wise, Abegg & Cook 2005, 291; 其英譯參考了皮埃什的法譯，但比較嚴謹; Parry & Tov 2004—2005，pp.488–489 由 E. Cook 將皮埃什的法譯翻譯成英文。

〔2〕Milik, Jozef T. *The Books of Enoch : Aramaic fragments of Qumrân Cave 4* / edited byJ.T. Milik ; with the collaboration of Matthew Black. Oxford : Clarendon Press,1976, pp.302–303; Reeves, John C. *Jewish lore in Manichaean cosmogony : studies in the Book of giants traditions* / John C. Reeves. Cincinnati : Hebrew Union College Press,1992, pp.57, 62, 74–75; Stuckenbruck, Loren T. *The Book of Giants from Qumran : texts, translation, andcommentary*, Tübingen : Mohr Siebeck,1997, pp.58–59; Stuckenbruck, Loren. T.,"4Q203, 1Q23–24; 2Q26; 6Q8" in *Qumrân cave 4. XXVI*,Cryptic texts / by Stephen J. Pfann and Miscellanea, Part 1, / by Philip Alexander,et al. *Discoveries in the Judaean desert*, 36, Oxford : Clarendon Press,2000, pp. 55–56; Parry, Donald W. & Emanuel Tov, *The Dead Sea scrolls reader* / edited by DonaldW. Parry & Emanuel Tov with the assistance of Nehemia Gordon and Derek Fry. Leiden, Boston : Brill, 2004—2005, p.473. Wise, Michael, Martin Abegg & Edward Cook 2005. *The Dead Sea scrolls : a new translation*,New York : HarperSanFrancisco,2005, 291.

〔5〕　〕一百個巨人，他們〔全〕都〔

這兩個殘片和M101 i 和 j 可以與《以諾一書·守望者書》第7章相比較：

〔1〕這些（十夫長）以及與他們一起的其他（守望者）都爲他們自己娶了他們選擇的（女）人爲妻。他們開始與她們同房，通過她們玷污（μιαίνεσθαι）了他們自己，教她們巫術和符咒，教她們砍伐（樹）根和植物。〔2〕她們從他們受孕並給他們生了大巨人。巨人（阿拉姆文גבריןׁ）生了內菲林（希臘文 Ναφηλείμ），內菲林生了埃利歐德。他們該長多大就長多大。〔3〕他們吞噬了所有人類之子的勞動產品，人類不能供應他們了。〔4〕巨人開始殺人和吞噬他們。〔5〕他們開始對禽獸蟲魚造孽，並互相吞噬肉體。他們飲血[1]。

通過這種比較，我們可以復原4Q531 1，1Q23 9、14、15和M101 i 和 j 的主要內容如下：墮落的天使——守望者選擇漂亮的婦女爲妻，與人類的女兒交媾，玷污了自己，他們從此不能重昇天堂。他們知道巫術、符咒等秘密，將這些秘密傳授給人類的婦女，教女子們講究髮式，濃妝豔抹。他們與婦女生了巨人和內菲林，他們吃得極多，人類的勞動產品不夠供養他們及其孩子。他們奴役各族人民，強迫他們當差。有火焰、石油和硫磺落在40萬義人身上。巨人殺害人類，食肉飲血；又自相殘殺，誘拐其他巨人的妻子，還殘害禽獸蟲魚等動物。

四、巨人的對話與夢境

巨人們對自己的行爲也進行了交談。M101 j R 1-2的守望者維羅格達德（wrwgd'd）、巨人霍巴比什（hwb'byš）、桑（s'm）和納里曼（nrym'n）也出現在死海古卷4Q203中。根據米利克、斯圖肯布魯克等人的釋讀，將4Q203 1-5翻譯如下：

殘片1.（第1行）當我將接〔近……〕（第2行）巴拉克逸囉（ברקאל）〔……〕（第3行）我的臉仍然〔……〕（第4行）我起

---

〔1〕Nickelsburg, G. W. E. *1 Enoch 1: a Commentary on the Book of 1 Enoch, Chapter 1–36; 81–108*, Minneapolis: Fortress Press, 2001, pp. 182–185.

身［……］

　　殘片2.（第2行）關於他們［……］（第3行）空白［……］
（第4行）而］馬哈［懷回］答［……］

　　殘片3.（第2行）他的夥伴［……］（第3行）霍巴比什（חובבש）
和'dk（אדכ）［……］（第4行）你將把什麼給我殺［死

　　殘片4.（第1行）［……］他們的［……］（第2行）［……］
空白［……］（第3行）［……］奧赫亞（אוהיה）對哈［赫亞］（ההיה）
說［……］（第4行）［……］大地之上和［……］（第5行）［……
大］地。空白當［……］（第6行）他們拜倒在地，痛哭流涕，在
［……］面前［……］

　　殘片5.（第2行）［……］他施暴於他［們……］（第3行）
他們被殺死［……］[1]

　　阿拉姆文巴拉克逸囉（brq'l）意爲"神之閃電"，在中古波斯文中
直譯成維羅格達德（wrwgd'd），意爲"閃電之賜"；他是守望者們的第
九個十夫長，教會了人類使用占星術。

　　阿拉姆文霍巴比什（ḥwbbš）可能由 Hobab 與 'ish（希伯來文איש）
構成，Hobab 可能源自亞述文 Humbaba（古巴比倫文 Huwawa），這是
《吉爾伽美什史詩》中的巨人。[2]他在 M101j 中音譯爲霍巴比什
（hwb'byš），他殺害了另一個巨人阿赫爾姆（'hrm），搶走了他的妻子

---

　　〔1〕Milik, Jozef T. *The Books of Enoch : Aramaic fragments of Qumrân Cave 4* / edited byJ.T. Milik ; with the collaboration of Matthew Black. Oxford : Clarendon Press,1976, pp.310–312; García Martínez, Florentino & Eibert J.C. Tigchelaar, *The Dead Sea scrolls studyedition* / edited by Florentino García Martínez & Eibert J.C. Tigchelaar. Leiden ; New York : Brill. 1997—1998, v.1, pp.408–409. Stuckenbruck, Loren. T.,"4Q203, 1Q23–24; 2Q26; 6Q8" in *Qumrân cave 4. XXVI*,Cryptic texts / by Stephen J. Pfann and Miscellanea, Part 1, / by Philip Alexander,et al. *Discoveries in the Judaean* desert, 36, Oxford : Clarendon Press,2000, pp. 8–19; Parry, Donald W. & Emanuel Tov, *The Dead Sea scrolls reader* / edited by DonaldW. Parry & Emanuel Tov with the assistance of Nehemia Gordon and Derek Fry. Leiden, Boston : Brill, 2004—2005, p.479.

　　〔2〕Reeves, John C. *Jewish lore in Manichaean cosmogony : studies in the Book of giants traditions* / John C. Reeves. Cincinnati : Hebrew Union College Press,1992, pp.124–126.

[　]納克斯塔格（[　]nxtg），[1]引起了巨人們的自相殘殺與誘拐妻子。M101j R6和 V7的桑（s'm）和納里曼（nrym'n）即4Q203 4的奧赫亞（'whyh）與哈赫亞（hhyh）。4Q203 1－5當爲巨人們之間的對話，講到他們和守望者們的各種暴行，以及他們對懲罰的恐懼。

M101j V34－42講述了兩個巨人所做的夢。恒寧把 M101j V2、3、4、5四次出現的 txtg 作爲專用名詞，同時他在註釋中指出，這個詞可能意爲"一塊板"，有3處可以這樣解釋，但是第4處很難這樣解釋。米利克認爲死海古卷2Q26講的是一個類似的細節，參照《舍姆哈扎伊與阿扎逸囉講經文》（Midrash of Shemhazai and 'Aza'el），建議把此詞釋讀爲"刻寫板"；第4處翻譯爲："在其睡眠中（奧赫亞）看到一塊有三個標記的刻寫板"。施傑我（P. O. Skjærvø）重新英譯了 M101j。德金（D. Durkin-Meisterernst）在《摩尼教中古波斯文與帕提亞文詞典》中接受了米力克的釋讀[2]。我們先將2Q26翻譯如下[3]

[1]　]洗刷刻寫板以清[除

[2]　]水漲上來淹沒了[刻寫]板[

[3]　]他們從水裡撈起刻寫板，刻寫板[

---

[1]中古波斯文'hrm 對應4Q531 4¹的亞蘭文'hyrm 即 Aḥiram，見 Schwartz, M. 2002. "Qumran, Turfan, Arabic magic, and Noah's name", in Charmes etsortilèges, magie et magiciens / contributions de Françoise Aubaile–Sallenave ... [et al.]；réunies par Rika Gyselen. Bures–sur–Yvette : Groupe pour l'Etude de la Civlisation du Moyen–Orient, 2002, pp.233, 234, n.19. 參閱 Durkin, Desmond,Dictionary of Manichaean texts. vol. 3. Texts from Central Asia and China / edited by Nicholas Sims-Williams. pt. 1. Dictionary of Manichaean Middle Persian and Parthian / by Desmond Durkin-Meisterernst, Turnhout : Brepols ; NSW, Australia : Ancient History Documentary Research Centre, Macquarie University. 2004, p. 35.

[2] Milik, Jozef T. The Books of Enoch : Aramaic fragments of Qumrân Cave 4 / edited byJ.T. Milik ; with the collaboration of Matthew Black. Oxford : Clarendon Press,1976, p.334; Skjærvø, 1995, pp.201–202; Durkin–Meisterernst, 2004, p.332.

[3] Milik, Jozef T. The Books of Enoch : Aramaic fragments of Qumrân Cave 4 / edited byJ.T. Milik ; with the collaboration of Matthew Black. Oxford : Clarendon Press,1976, pp.334–335; García Martínez, Florentino & Eibert J.C. Tigchelaar, The Dead Sea scrolls studyedition / edited by Florentino García Martínez & Eibert J.C. Tigchelaar. Leiden ; New York : Brill. 1997—1998, v.1, pp.220–221; Stuckenbruck, Loren. T.,"4Q203, 1Q23–24; 2Q26; 6Q8" in Qumrân cave 4. XXVI,Cryptic texts / by Stephen J. Pfann and Miscellanea, Part 1, / by Philip Alexander,et al. Discoveries in the Judaean desert, 36, Oxford : Clarendon Press,2000, pp.73–75.

　　　〔4〕　〕〔　〕對他們所有的〔

　　M101 j 最後部分，納里曼看到的景象可能與死海古卷6Q8 2裡的情景類似：[1]

　　　〔1〕　它的三根枝條〔

　　　〔2〕　我正〔看著〕直到它們來到〔

　　　〔3〕　這整個花園〔

　　可惜死海古卷的這兩個殘片比 M101 j 還要殘破，衹有助於證明摩尼親撰《大力士經》以阿拉姆文《巨人書》爲素材，而並未幫助我們更清楚地理解其內容。有助於我們理解這個細節的是希伯來文《舍姆哈扎伊與阿扎逸囉講經文》第9—11節：

　　　（9）一天晚上，舍姆哈扎伊（Šemḥazai）的兒子們——赫亞（Heyyâ）和阿赫亞（'Aheyyâ）在夢中看到（一些景象），他們兩個都做了夢。一個看到地上一塊巨石猶如桌子，整個石板上寫著一行行的字。一個天使從天而降，手持刀子，他刪除和刮掉了所有的字行，衹留下了有四個詞的一行。（10）另一個兒子看到了一個花園，到處是各種樹木和各種寶石。一個天使自天而降，手持斧子，砍倒了這些樹，衹留下一棵有三根枝條的樹。（11）當他們從睡夢中醒來時，他們心智混亂地爬起來，到其父親那裡去，把夢境講給他聽。他對他們說：“上帝將以洪水淹沒世界，毀滅世界，結果衹留下一個人及其三個兒子。”……[2]

　　希伯來文的舍姆哈扎伊（Šemḥazai）即阿拉姆文的舍米哈扎赫

〔1〕Milik, Jozef T. The Books of Enoch : Aramaic fragments of Qumrân Cave 4 / edited byJ.T. Milik ; with the collaboration of Matthew Black.　Oxford : Clarendon Press,1976, p.309; Stuckenbruck, Loren. T.,“4Q203, 1Q23–24; 2Q26; 6Q8” in Qumrân cave 4.　XXVI,Cryptic texts / by Stephen J. Pfann and Miscellanea, Part 1, / by Philip Alexander,et al. Discoveries in the Judaean desert, 36, Oxford : Clarendon Press,2000, pp.80–81.

　　〔2〕Milik, Jozef T. The Books of Enoch : Aramaic fragments of Qumrân Cave 4 / edited byJ.T. Milik ; with the collaboration of Matthew Black.　Oxford : Clarendon Press,1976, p.328; Stuckenbruck, Loren. T.,“4Q203, 1Q23–24; 2Q26; 6Q8” in Qumrân cave 4. XXVI,Cryptic texts / by Stephen J. Pfann and Miscellanea, Part 1, / by Philip Alexander,et al. Discoveries in the Judaean desert, 36, Oxford : Clarendon Press,2000, pp.64, 202.

（Shemiḥazah）；赫亞（Heyyâ）即奧赫亞（'Ohyah，也即桑），阿赫亞（'Aheyyâ）即哈赫亞（Hahyah，也即納里曼）。桑夢境中的刻寫板當爲古時以木、象牙、金屬、石等製成並塗以蠟層或粘土層供刻寫用的板。在死海古卷與摩尼《大力士經》中，並未說明刻寫板的材料，扔在水裡當可毀掉其上的蠟層或粘土層，從而毀掉其文字。中世紀的《舍姆哈扎伊與阿扎逸囉講經文》將這個細節改寫成刻有文字的石板，天使要用刀子才能刮掉。如果我們相信《舍姆哈扎伊與阿扎逸囉講經文》正確理解了這個故事的含義，那麼無論桑還是納里曼的夢境都預示大洪水淹沒世界，衹留下了諾亞及其3個兒子。

五、大力士桑（奧赫亞）與馬哈懷的衝突

我們雖然沒有直接的文字證據，但是，根據某些文書推測，大力士桑和納里曼的夢境引起了大力士們的困擾，他們派馬哈懷前往以諾處，尋求解釋。馬哈懷帶著兩塊刻字板回來，上面刻著以諾傳達的神意，引起了桑的憤怒。恒寧在 M101 c 結尾處註明，可以參考同一篇文章的輯佚 B 和 C（回鶻文和粟特文）。現將 C（粟特文文書 M648）翻譯如下：

（第一頁）……我將看到。此時大力士桑（s'hm）非常憤怒，對［大力士］馬［哈懷］（m'h'wy）動手動腳，意思是：我將……殺了［你］。然後……其它大［力士……

（第二頁）…不要害怕，因爲……大力士桑要殺了你，但是我不會讓他…我自己將受傷害……隨即大力士馬哈懷……滿意了……[1]

從這個殘片來看，桑與馬哈懷發生了激烈的衝突，幾乎互相殘殺。與此相應的死海古卷是6Q8 1：

［1］ ］［

［2］ ］奧赫亞（אוהיה）回［答］馬哈懷說［

［3］ ］不顫抖？誰向你顯示每一件事？［而馬哈懷對］

［4］ 奧赫］亞說："我父親巴拉克逸囉（ברקאל）和我在一起。"

---

〔1〕Henning, W. B. "The Book of the Giants", *Bulletin of the School of Oriental and African Studies*, XI, 1943, pp.65–66.

空白［

　　　［5］　］馬哈懷（מהוי）沒有說完［巴拉克逸囉向他顯示的事，］

　　　［6］奧赫亞對他說：“瞧，我聽到了一個奇跡！就像［一個］不育的［婦女］生產了［[1]

　把宗德曼刊佈的中古波斯文文書 S52[2]與 M101 c、粟特文文書 M648、死海古卷6Q8 1綜合在一起，可以構擬故事如下：大力士馬哈懷從以諾那裡取得兩塊刻寫板，上面寫著神處置守望者與巨人的旨意。馬哈懷把第一塊刻寫板給納里曼（哈赫亞）看了。桑（奧赫亞）非常憤怒，對馬哈懷動手動腳，意欲殺掉馬哈懷。馬哈懷告訴桑，其父維羅格達德（巴拉克逸囉）和他在一起。奧赫亞認爲，馬哈懷帶回來的信息毫不可信，就像不育的婦人生養孩子一樣荒唐。

六、大力士們對懲罰的反應各異

　大力士們對於馬哈懷帶回來的神意，反應相當不同。中古波斯文文書 S52/I/V/1－4說：

　　　然後桑對大力士們說：“來吧，我們可以吃喝作樂。”因爲憂傷，他們沒有吃麵包就去睡覺了。[3]

---

　　〔1〕Stuckenbruck, Loren. T.,"4Q203, 1Q23-24; 2Q26; 6Q8" in *Qumrân cave 4. XXVI*,Cryptic texts / by Stephen J. Pfann and Miscellanea, Part 1, / by Philip Alexander,et al. *Discoveries in the Judaean* desert, 36, Oxford : Clarendon Press,2000, p.79.

　　〔2〕Sundermann, Werner, "*Ein weiteres Fragment aus Manis Gigantenbuch*" in *OrientaliaJ. Duchesne-Guilleminemeritooblata.*Liège: Centre internationale d'études indo-iraniennes ; Leiden : Diffusion, E. Brill, c1984. pp.491-505. reprinted in Sunndermann 2001, v.2, 1984. pp. 615-631, pp.495-498; Reeves, John C. *Jewish lore in Manichaean cosmogony : studies in the Book of giants traditions* / John C. Reeves. Cincinnati : Hebrew Union College Press,1992, pp.109, 117; Skjærvø, P. O., "Iranian epic and the Manichaean *Book of Giants.* Irano-Manichaica III", *Acta orientalia Academiae Scientiarum Hungaricae*, XLVIII (1-2)(1995), pp.187-223, p.200.

　　〔3〕Sundermann, Werner, "*Ein weiteres Fragment aus Manis Gigantenbuch*" in *OrientaliaJ. Duchesne-Guilleminemeritooblata.*Liège: Centre internationale d'études indo-iraniennes ; Leiden : Diffusion, E. Brill, c1984. pp.491-505. reprinted in Sunndermann 2001, v.2, 1984. pp. 615-631, pp.502-503; Reeves, John C. *Jewish lore in Manichaean cosmogony : studies in the Book of giants traditions* / John C. Reeves. Cincinnati : Hebrew Union College Press,1992, pp.121; Skjærvø, P. O., "Iranian epic and the Manichaean *Book of Giants.* Irano-Manichaica III", *Acta orientalia Academiae Scientiarum Hungaricae*, XLVIII (1-2, 1995, pp.187-223, p.200.

桑一開始就挑戰馬哈懷帶來的信息的可靠性，盛怒之下，如果沒有其他強有力的守望者和大力士勸阻，幾乎要殺了馬哈懷。他對刻寫板上的上帝懲罰大力士的旨意顯然表示藐視，要其他大力士與他一起置若罔聞，尋歡作樂。M101 k 裡講話的人名缺失，或許就是奧赫亞（桑）要其兄弟奮起，遵照其父沙赫米扎德的命令，遵守誓言，進行戰鬥。

但是，另一些大力士卻沒有這麼大膽妄為，他們因為憂傷，連飯也吃不下去，就去睡覺了。死海古卷4Q531 22/2－11就比較詳細地表述了一個巨人對於天使的畏懼：

> ［"……我是一個]巨人，依仗我強壯的臂力和我自己的大力，
> ［對所]有的凡人，我發動戰爭；但是我不［……]能對付他們，
> 因為我的對手[是天使，他們]住在天上，他們住在神聖之地。他
> 們沒有[被打敗，因為他們]比我強大。"……。［……]然後奧
> 赫亞對他說："我的夢使我心情壓抑，我睡意[全消]，讓我看到
> 了幻象。現在我知道因為［……我不再]有睡意，我也不會……
> ［……]"[1]

M101 k 67－g83的比喻，可能表示了守望者和大力士們類似的無力感：守望者本來是天上的天使，乃是大千世界之神讓他們高居天上的，但是他們覬覦人間的女色，墮落塵世，就永遠失去了高居空中的地位。守望者祇是神的僕人，神是他們的主人，神才使他們高貴。但是他們一旦背叛上帝，就如沒有翅膀的老鷹、失去了王冠的君王，無以自傲了。桑（即奧赫亞）可以對另一個巨人馬哈懷逞強使氣，質疑他帶來的信息

〔1〕Milik, Jozef T. *The Books of Enoch : Aramaic fragments of Qumrân Cave 4* / edited byJ.T. Milik ; with the collaboration of Matthew Black. Oxford : Clarendon Press,1976, pp.307–308; Reeves, John C. *Jewish lore in Manichaean cosmogony : studies in the Book of giants traditions* / John C. Reeves. Cincinnati : Hebrew Union College Press,1992, pp.60, 65, 118–121; Stuckenbruck, Loren T. *The Book of Giants from Qumran : texts, translation, andcommentary*, Tübingen : Mohr Siebeck,1997, pp.161–167; Puech, Emile,*Qumrân grotte 4. XXII* / par Emile Puech. (*Discoveries in the Judaeandesert* ; 31) Oxford : Clarendon Press,2001, pp.74–78, planche 4; Wise, Michael, Martin Abegg & Edward Cook 2005. *The Dead Sea scrolls : a new translation*,New York : HarperSanFrancisco,2005, p.293; Parry, Donald W. & Emanuel Tov, *The Dead Sea scrolls reader* / edited by DonaldW. Parry & Emanuel Tov with the assistance of Nehemia Gordon and Derek Fry. Leiden, Boston : Brill, 2004—2005, pp.494–495.

並非上帝旨意，但是也做了不吉祥的夢，隨即垂頭喪氣，睡意全消，自知命運慘澹。

M101 g 86-94講到"那些人因爲毀滅落在他們頭上而哭泣，他們的哀號和呻吟直達天上。"這與《以諾一書》第9章第10節的敘述很接近，因爲守望者與巨人危害人間，米迦勒等四大天使向上帝陳情：

> 現在請看，被害者的靈魂之神在進行控訴；他們的呻吟直達天門；在籠罩大地的滔天罪行面前哀號不會一刻暫停[1]。

死海古卷4Q530 Frg. l Col. i（舊編號4Q530 6 i）中，一個巨人承認：上帝對他及其同夥的懲罰是人類控訴的結果[2]：

[2]] 詛咒和苦難。我是懺悔者
[3] [ ] 我將到整群被拋棄者當中去
[4] [ ] 被害者［的神魂］控訴其謀殺者，哀號（震天）
[5] [ ] 我們將一起死亡，同歸於盡[
[6] [ ] 大爲［憤］怒。我將睡覺，以及麵包
[7] [ ] 這景象使我眼皮沉重，此外
[8] [ ] 參加巨人的集會

恒寧提出，M101 g 84-89以第一人稱出現的可能是以諾。但是，斯圖肯布魯克認爲，也很可能是巨人納里曼[3]。如果斯圖肯布魯克的假設成立，那麼納里曼（阿赫亞）可能也把人類的控訴看作上帝懲罰巨人

〔1〕Nickelsburg, G. W. E. *1 Enoch 1: a Commentary on the Book of 1 Enoch, Chapter 1–36; 81–108*,Minneapolis: Fortress Press,2001, p.202.

〔2〕Milik, Jozef T. *The Books of Enoch : Aramaic fragments of Qumrân Cave 4* / edited byJ.T. Milik ; with the collaboration of Matthew Black. Oxford : Clarendon Press,1976, p.230; Reeves, John C. *Jewish lore in Manichaean cosmogony : studies in the Book of giants traditions* / John C. Reeves. Cincinnati : Hebrew Union College Press,1992, pp.62, 81; Stuckenbruck, Loren T. *The Book of Giants from Qumran : texts, translation, andcommentary*, Tübingen : Mohr Siebeck,1997, pp.135–136; Puech, Emile,*Qumrân grotte 4. XXII* / par Emile Puech. (*Discoveries in the Judaeandesert* ; 31) Oxford : Clarendon Press,2001, pp.23–24; Wise, Michael, Martin Abegg & Edward Cook 2005. *The Dead Sea scrolls : a new translation*,New York : HarperSanFrancisco,2005, p.292; Parry, Donald W. & Emanuel Tov, *The Dead Sea scrolls reader* / edited by DonaldW. Parry & Emanuel Tov with the assistance of Nehemia Gordon and Derek Fry. Leiden, Boston : Brill, 2004—2005, p.483.

〔3〕Stuckenbruck, Loren T. *The Book of Giants from Qumran : texts, translation, andcommentary*, Tübingen : Mohr Siebeck,1997, p.25, n.94.

們的原因。

七、以諾的最後通牒和預言

M101 *l* 43－49中，以諾警告守望者"對你們來說沒有和平"也見於
死海古卷1Q24 8[1]。這與守望者"將會看到自己的孩子們被毀滅"都應
該出自《以諾一書》第12章第4—5節，上帝的守望者（即天使）對以諾
說：

> 正義的書記，去對那些守望者說："你們不會得到和平或寬恕。"
> 這些天上的守望者放棄了最高天上的地位，放棄了他們永久的神殿，
> 與婦女有染。就像大地之子所爲，他們也爲自己娶妻。他們糟蹋了
> 大地。關於他們喜歡的兒子們——他們將會目睹其所愛者被屠戮；
> 對其兒子們的毀滅，他們將不斷悲歎和請願，但是他們不會得到寬
> 恕或和平[2]。

類似於 M101 *l* 50—56二百對動物以及大量葡萄的單子也見於死海
古卷1Q23 1、6、22：[3]

> ［2］ 二百頭驢子、［二］百頭野驢、[
>
> ［3］ 二百頭綿羊、二百頭公羊 [
>
> ［4］ 各種活物的野地，成千株葡［萄
>
> ［5］ 在 [ ] 然後 [

我們可以把《以諾一書》第10章第17—19節做一比較，上帝對大天
使米迦勒預言，在囚禁守望者、毀滅巨人之後：

> 現在所有的義人都逃脫了，他們將生活下去，直到他們成千成

---

〔1〕Stuckenbruck, Loren T. *The Book of Giants from Qumran : texts, translation, andcommentary*,
Tübingen : Mohr Siebeck,1997, p.63; Stuckenbruck, Loren. T.,"4Q203, 1Q23–24; 2Q26; 6Q8" in *Qumrân
cave 4. XXVI*,Cryptic texts / by Stephen J. Pfann and Miscellanea, Part 1, / by Philip Alexander,et al.
Discoveries in the Judaean desert, 36, Oxford : Clarendon Press,2000, p.72.

〔2〕Nickelsburg, G. W. E. *1 Enoch 1: a Commentary on the Book of 1 Enoch, Chapter 1–36;
81–108*,Minneapolis: Fortress Press,2001, p.234.

〔3〕Stuckenbruck, Loren T. *The Book of Giants from Qumran : texts, translation, andcommentary*,
Tübingen : Mohr Siebeck,1997, p.56–57; Stuckenbruck, Loren. T.,"4Q203, 1Q23–24; 2Q26; 6Q8" in
Qumrân cave 4. XXVI,Cryptic texts / by Stephen J. Pfann and Miscellanea, Part 1, / by Philip Alexander,et
al. *Discoveries in the Judaean desert*, 36, Oxford : Clarendon Press,2000, pp.51–52.

千地生兒育女，他們年輕和年老的歲月都將是一片和平。然後所有的土地都將精耕細作，種植樹木，得到祝福；所有歡樂之樹都將種植在大地上。他們將在大地上種植葡萄，種植在大地上的每一株葡萄都將生產一千罐葡萄酒；每一顆撒播在大地上的種子都將種一得千；每一份橄欖樹都會生產十巴思橄欖油[1]。

八、結語

綜合 M101 i–j–c–k–g–l 及其相關的伊朗語《大力士經》殘片、《以諾一書》的情節、阿拉姆文《巨人書》殘片，我們可以構擬大力士的部分故事如下：

守望者本來是天上的天使，其中200個覬覦人間美色，在沙赫米扎德等20個十夫長的率領下，降臨塵世。他們娶漂亮的婦女爲妻。他們知道巫術、符咒、占星術等秘密，將這些秘密傳授給人類，教女子們濃妝豔抹。他們與婦女生育了巨人和内菲林，他們猶如饕餮，人類的勞動產品不夠供養他們及其孩子。他們奴役各地民眾。有火焰、石油和硫磺落在40萬義人身上。巨人殺害人類，食肉飲血。大力士霍巴什殺害了另一個大力士阿赫爾姆，搶走了他的妻子［ ］納克斯塔格，引起了巨人們自相殘殺與誘拐妻子。他們也開始一起殘害動物。

守望者與大力士們爲非作歹，心神不安。沙赫米扎德的兒子桑（奧赫亞）做了一個夢，夢見一塊有三個標記的刻寫板，沙赫米扎德的另一個兒子納里曼（哈赫亞）也做了一個夢，夢中看到一個花園裡滿是一排排樹，一個天使自天而降，手持斧子，砍倒了這些樹，祇留下一棵有三根枝條的樹。桑和納里曼的夢境使大力士們如墮五里霧中，馬哈懷被派往以諾處，尋求解釋。馬哈懷帶著兩塊刻字板回來，上面刻著以諾傳達的神意，馬哈懷把第一塊刻寫板給納里曼看了。桑非常憤怒，對馬哈懷動手動腳，意欲殺掉馬哈懷。馬哈懷告訴桑，其父維羅格達德（巴拉克逸囉）和他在一起。守望者維羅格達德沒有讓桑傷害馬哈懷。奧赫亞認

---

[1] Nickelsburg, G. W. E. *1 Enoch 1: a Commentary on the Book of 1 Enoch, Chapter 1–36; 81–108*, Minneapolis: Fortress Press,2001, p.216. 巴思（bath）是希伯來古液量單位，相當於 6 到 10 加侖。

爲,馬哈懷帶回的信息是天方夜譚,就像說不育的婦女生孩子一樣荒唐。他鼓勵兄弟遵照父親的命令,發誓戰鬥下去。他要其它大力士吃喝玩樂。

但是,其他大力士不像他這樣頑冥不靈,對神意憂心忡忡,食不下嚥,就去睡覺了。一個大力士雖然對自己的臂力極爲自信,對所有的凡人發動戰爭,但是承認住在天上的天使更加強大,自己絕非其對手。守望者祇是神的僕人,神才使他們高貴。但是他們一旦背叛上帝,就如沒有翅膀的老鷹、失去了王冠的君王,無以自傲了。桑也做了不吉祥的夢,變得心情沮喪,夜不能寐,自知前景慘澹。納里曼也夢見:人類因爲毀滅落在他們頭上而哭泣,他們的哀號和呻吟直達天上。由於上帝知道了人類的苦難,對守望者和巨人的懲罰已經不可避免。

以諾對守望者傳達神的最後旨意:"對你們來說沒有和平和寬恕。你們將因爲自己所犯的罪行而被綁縛起來。你們將會看到自己的孩子們——大力士們被毀滅。你們將祇統治120年。"以諾還預言:守望者與巨人被征服以後,大地將一片繁榮,到處生機勃勃,牛羊成群,葡萄豐收,葡萄酒和橄欖油豐產。

大力士本來祇是《以諾一書》中的配角,無姓無名。但是,在阿拉姆文《巨人書》與摩尼《大力士經》中,大力士有名有姓,各有性格,夢境對話栩栩如生,喜怒哀樂刻畫精細,整個故事情節曲折,跌宕起伏,儼然是一部小說的雛形。摩尼並非小說家,寫作這個故事自有其用意,對 M101 e-b-h 宗教涵義的討論非本文篇幅所能容納,祇能俟諸異日,另外撰文了。

(原作《中古波斯文文書 M101 i-j-c-k-g-l 譯釋》,載《西域歷史語言研究集刊》第5輯,2012年,頁59-73。)

附錄 2

摩尼教中的亞當與吉莫爾德

　　衆所周知，亞當是人類始祖。但是摩尼教對猶太教的亞當神話作了重大改變，而且賦予亞當光明使者的角色。在摩尼教有些中古波斯文文書中，亞當又以吉莫爾德的名字出現，對應瑣羅亞斯德教鉢羅婆文文獻中的伽玉瑪特和阿維斯陀語文獻中的伽亞·馬雷坦。本文通過比較研究，探索摩尼教與瑣羅亞斯德教的關係。

一、人類始祖亞當

　　猶太教中的亞當見於《舊約·創世記》：耶和華神用地上的塵土造人，將生氣吹在他鼻孔裏，他就成了有靈的活人，名叫亞當（Adam）。神又用亞當身上所取的肋骨造成一個女人。女人受蛇的蠱惑，與亞當一起吃了知善惡樹上的果子，被逐出伊甸園。亞當給他的妻子起名叫夏娃（Eve）。他們生了該隱（Cain），長大了種地爲生；又生了亞伯（Abel），長大了牧羊為生。一日，上帝悅納亞伯及其供物，而對該隱及其供物不中意，該隱妒忌，在田間殺死亞伯。亞當活到一百三十歲，生了一個兒子，形象樣式和自己相似，就給他起名叫塞特（Seth）。[1] 這些是婦孺皆知的故事。

　　摩尼教中的人類始祖亞當則大相庭徑，他並非上帝用塵土所造。根據敍利亞文《斯可利亞》的記述：黑暗入侵光明王國，最高神偉大之父（'b' drbwt' ⲣⲁⲃⲟⲩ ⲣⲃⲁ，明尊）召喚出善母，善母召喚出初人（'nš' qdmy' ⲕⲁⲇⲙⲁ ⲣⲃⲁ，先意）去迎戰，在黑暗與光明的第一場大戰中，初人的兒子們——五明子（清淨氣、妙風、明力、妙水和妙火）被眾暗魔所吞噬。儘管最高神偉大之父召喚出許多神祇，解救被吞噬的五明子，

---

　　〔1〕http://www.o-bible.com/gb/int.html.

但是光明分子並未完全得到解救，遂召出第三使（日光佛）和光明童女
（電光佛）。這兩個神以裸體美男美女的形象展現在被囚禁於蒼穹中的
暗魔面前，致使雄魔射精，掉到地上化爲五種草木；懷孕的雌魔也紛紛
流產，胎兒墮落地上。雄魔阿沙克倫命流產物們將其子女交給他，為他
們製作一個類似第三使的形象。他吃了雄的，把雌的給了自己的妻子內
布爾。內布爾和阿沙克倫交配，懷孕生了一個兒子，命名為亞當（’dm
ܐܕܡ）。她又懷孕生了一個女兒，命名為夏娃（ḥw’ ܚܘܐ）。[1]因此亞當
猶如一個小世界，一一皆仿天地世界，他的靈魂是光明分子，被囚禁在
肉身之中。就如《摩尼教殘經一》第26—27行所說的："喻若金師，摸
（模）白象形，寫指環內，於其象身，无有增減，人類世界，亦復如是。"

　　亞當並不知道自己肉身内囚禁著光明分子，猶如陷於昏醉之中。光
明耶穌降臨人間，將亞當從昏醉中喚醒，趕走矇騙他的魔鬼，將大雌魔
束縛起來。亞當檢視自身，認識他是什麼，光明耶穌向他顯示天上之父，
向他揭示亞當自身的全部真相：他如何墮落於豺狼虎豹之口，陷入黑暗
之中。光明耶穌讓亞當品嘗了生命之樹。亞當發出獅子吼："詛咒吧，
詛咒我肉身的造就者，詛咒我靈魂的束縛者，詛咒奴役我的逆賊!"[2]

　　下引阿拉伯文《群書類述》中轉述的摩尼教中亞當的故事，顯示摩
尼借用了《創世記》的故事，但是進行了改寫。亞當屢次陷入情欲之中，
生了光明之子塞特，以3個具有神力的同心圓圈子保護塞特不受魔鬼的
危害，最後在塞特的幫助下，走上了正道，上升天堂：

　　　　光明耶穌警告亞當（’ādam آدم）婬慾的危險，禁止他與夏娃同

　　〔1〕Theodore bar Konai, *Liber scholiorum; textus*. Edidit Addai Scher. Parisiis, E Typographeo
Reipublicae, 1910—1912.v. II, p.317. Reeves, John C. *Jewish lore in Manichaean cosmogony : studies in
the Book of giants traditions* / John C. Reeves.　Cincinnati : Hebrew Union College Press,1992. pp.192–193,
p204, n. 52–53.參閱 Sundermann, W. "*Mani's 'Book of the Giants' and the Jewish Book of Enoch. A Case of
Terminological Difference and What it Implies*", *Irano–Judaica* III, ed. By P. Shaked & A. Netzer,
Jerusalem 1994, pp. 40–48. Reprinted in Sundermann 2001, v.2, pp. 45–46, 697–706.

　　〔2〕Theodore bar Konai, *Liber scholiorum; textus*. Edidit Addai Scher. Parisiis, E Typographeo
Reipublicae, 1910—1912.v. II, pp.317–318. Reeves, John C. *Jewish lore in Manichaean
cosmogony : studies in the Book of giants traditions* / John C. Reeves.　Cincinnati : Hebrew Union College
Press,1992. p.193.

·歐·亞·歷·史·文·化·文·庫·

居，亞當服從了。雄魔與夏娃性交，夏娃生了該隱（qāyin قاين）。該隱與其母性交，生下亞伯（hābīl هابيل）。該隱又與其母性交，生下兩個女兒，一個名叫世代智（ḥakīmatud-dahr حكيمة الدهر），另一個名叫貪慾女（ibnatu l-ḥirṣ ابنت احرص）。該隱自娶貪慾女為妻，將體內留著明尊及其智慧之美德的世代智嫁給亞伯為妻。世代智生了兩個女兒，一個名叫法爾亞德（Faryād），另一個名叫普爾法爾亞德（Pur-Faryād）。亞伯懷疑這兩個女兒是該隱的種，雖然他的妻子解釋這兩個女兒乃天使所生，但是亞伯並不相信，仍向夏娃抱怨該隱所幹之事。該隱聽說此事後，殺害了亞伯。辛蒂德（Ṣindīd صنديد）[1] 教夏娃咒語，讓她去引誘亞當。亞當與夏娃交合，生下一個光彩照人的漂亮男孩。辛蒂德得知此事後，痛心疾首，生起病來，對夏娃說：“這個嬰兒不是我們的；他是一個外人。”她想弄死孩子，亞當抱了過去，對夏娃說：“我將用牛奶和樹上的果子餵養他！”他就帶著孩子離開了。辛蒂德派諸魔將果樹和奶牛移得遠離亞當。亞當見此，帶走了孩子，將其置於 3 個圈子內。他對第一個［圈子］祈禱［光明］樂園之王（明尊）的名字；對第二個祈禱初人之名；對第三個祈禱活靈（淨風）之名。然後他向那位名字得榮耀的神（明尊）祈求，說道：“雖然我在你面前犯了罪，這個嬰兒有何冒犯之處？”隨後，［剛才祈禱的］三個［神］之一［帶著］一頂光明花冠趕來，將其親手交給亞當。辛蒂德及諸魔見此就離開了。然後在亞當面前出現了一棵名為盧蒂斯（l-w-ṭ-y-s لوطيس）的樹，樹上流出汁液，他即以此餵養這個男孩。他以樹名稱呼他（這孩子），但後來則叫他沙蒂爾（šāϑil شاشل，即塞特）。於是，辛蒂德便與亞當及其所生者為敵，再次唆使夏娃引誘亞當與其交合。沙蒂爾看到了他，警告與責備他（亞當），對他說：“來吧，讓我們到東方去，到神的光明和智慧那裏去。”這樣他就與他一起離開了，住在那裏直到死去，然後前赴［天堂］樂園。沙蒂爾則與法爾亞德、普爾法爾亞

---

〔1〕可能即雄魔阿沙克倫。

德及其母親世代智一起，在純善人（ṣiddīqūt صديقوت）當中奉行正信，遵循正道，至死不渝，但是夏娃、該隱以及貪慾女則進了地獄（jahannam جهنم）。[1]

二、光明使者亞當

在摩尼教中，亞當不僅是人類始祖，而且是光明使者。4世紀翻譯成科普特文的摩尼教著作《佈道書》中，在敍述了摩尼的殉難與埋葬之後，講到其他使徒的受難，包括亞當（ⲁⲇⲁⲙ）、以挪士、閃、以諾、耶穌和瑣羅亞斯德。[2]柏林藏4世紀的科普特文《克弗來亞》第1章《關於使徒（ⲁⲡⲟⲥⲧⲟⲗⲟⲥ）的降臨》中，講到一系列使徒：

> 從亞當（ⲁⲇⲁⲙ）長子沙蒂爾（ⲥⲏⲑⲏⲗ，即塞特）到以挪士和以諾；從以諾到諾亞之子閃，⋯⋯佛陀到東方，阿羅漢和其他〔⋯⋯〕他們被派往東方。從佛陀和阿羅漢降臨到瑣羅亞斯德降臨波斯，那時候他前往國王維什塔斯普處。從瑣羅亞斯德降臨到偉大的兒子耶穌基督降臨。

然後摩尼以較長的篇幅敍述了耶穌的生平、死亡和復活。接著講到基督教使徒保羅和兩個使徒，以及一個沒有教會的時期。最後摩尼對其弟子們說：

> 當救世主的教會登峰造極之際，我的使徒傳教期（ⲁⲡⲟⲥⲧⲟⲗⲏ）開始了，這就是你們所詢問我的！從那以來聖靈——真理之靈降臨了；這是在這最後一代裏來到你們當中的這一位。就像救世主所說

---

〔1〕Ibn al-Nadîm, Muḥammad ibn Isḥâq, *Kitâb al-Fihrist* / mit Anmerkungen hrsg. vonGustav Flügel, nach dessen Tode besorgt von Johannes Roediger und August Mueller. Leipzig : F. C. W. Vogel, 1871—1872, v.1, p.331–332; Dodge, Bayard, 1970. The *Fihrist of al-Nadīm : a tenth–century survey of Muslim culture* / Bayard Dodge, editor and translator. New York : Columbia University Press,1970, v.2, pp.784–786; Reeves, John C. *Heralds of that Good Realm: Syro-Mesopotamian Gnosis and Jewish Traditions*, Leiden: Brill,1996, pp.79–81, 100–104, notes.88–119; Reeves, 1999; Blois, 2006, pp.27,33,37,40,54–55,57,59,69,74,83.參閱芮傳明：《東方摩尼教研究》，上海人民出版社，2009 年，頁 172–174。

〔2〕Polotsky, H. J., *Manichäische Homilien,* ed. H. J. Polotsky, Stuttgart, 1934, pp.68–70; Iain Gardner and Samuel N.C. Lieu, *Manichaean texts from the Roman Empire* / edited by Iain Gardner and Samuel N.C. Lieu. Cambridge ; New York : Cambridge University Press, 2004, pp.91–93.

的：當我離去之際，我將派遣聖靈給你們。⋯⋯

⋯⋯當阿達希爾王加冕的那一年，活聖靈降臨在我身上。⋯⋯[1]

亞當是人類始祖；沙蒂爾（Sethel，即塞特）是亞當之子，特別受到靈知派中的塞特派的信仰；以挪士是塞特之子；以諾是亞當七世孫，是摩尼親撰《大力士經》裏的中心人物；閃是諾亞的長子、洪水之後人類的祖先之一。在《聖經》中，他們只是人類祖先而已，並非先知。摩尼教中他們成了光明使者，排列在佛陀、瑣羅亞斯德、耶穌和摩尼之前，摩尼是"最後光明使"。

粟特文文書 TM393（新編號 So18248 II）題作"給聽者的佈道書"，其第二部分列舉了諸光明使以及詆譭光明使的罪人：

第一個詆譭者和罪人是瑪爾廷（mrtynh 即夏娃），她三次使亞當（"δ'm）離開（正）教誤入歧途。第一個謀殺者是該隱（kynh），他謀殺了自己的弟弟。

接著列舉了其他詆譭者，他們詆譭婆羅門教聖賢、蘇魯支、釋迦文佛、基督和摩尼。[2]

《大力士經》粟特文殘片 M363 只有一個題目提到了光明使："耶穌（yyšw，夷數）的來臨及其將宗教帶給亞當（'δ'm）和沙蒂爾（šytyl，即塞特）。"[3]

5 世紀翻譯成希臘文的《科隆摩尼古卷》說："每一個老祖（προγενεστέρων）都向其選民顯示了他的啓示"，列舉了五個老祖並引用了他們的啓示錄：亞當（'Αδὰm）、塞特（Σηθηλ）、以挪士（'Ενῶς）、閃（Σῆm）與以諾（'Ενῶχ）。作爲光明使者的亞當，被稱爲"原亞當（πρῶτος

---

〔1〕*Kephalaia,* ed. H.-J. Polotsky and A. Böhlig (Man. Hss. Der Staatlichen Museen Berlin I, Stuttgart 1940); ed. A. Böhlig (ibid. 1.2, 1966), 12–14; Gardner, Iain, *The Kephalaia of the Teacher: the edited Coptic Manichaean texts in translation with commentary* / edited by Iain Gardner.Leiden; New York : E.J. Brill, 1995, pp.18–20.

〔2〕Henning, W. B. "The Murder of the Magi", *Journal of the Royal Asiatic Society*, 1944, 137–142. Gharib, #37 (p.2); #5475 (pp.218–219), mrtynh 即中古波斯文的穆迪雅納格（murdyānag）、鉢羅婆文的馬什亞内（mašyānag）。

〔3〕Henning, W. B. "The Book of the Giants", *BSOAS*, XI, 1943, p.71. Gharib, #11120 (p.453); #629, p.24.

ό ’Aδὰμ)"（以區別於塵世的亞當），在其《啓示錄》中講到：最偉大的光明天使名叫巴爾薩摩斯（Βάλσαμος），他在極其潔淨、完整無損、沒有蛀蟲的紙草紙上寫下了給亞當的啓示。這顯然與摩尼本人十二歲時受到神我的啓示類似。[1]

亞當在科普特文中作 adam，在粟特文中作"δ'm 或' δ'm，在一些摩尼教中古波斯文文獻中被稱爲吉莫爾德，對應瑣羅亞斯德教鉢羅婆文文獻中的伽玉瑪特。

三、吉莫爾德/伽玉瑪特

吐魯番出土的摩尼教中古波斯文文書 M 7984、M7982和 M7983題作《關於吉莫爾德與穆迪雅納格（Murdiyānag）的論説》，亞當被稱爲吉莫爾德（Gēhmurd），對應瑣羅亞斯德教鉢羅婆文（Pahlavi）經典《班達喜興》中的伽玉瑪特（Gayōmard），但並非其語言學意義上的同義詞，同義詞應該是*Gēhmard，摩尼以 murd "死亡"代替了 mard "人"。夏娃則被稱爲穆迪雅納格（Murdiyānag）。這份文書證實，敍利亞文《斯可利亞》的記述相當可靠。

根據《關於吉莫爾德與穆迪雅納格的論説》：貪魔（"z）教唆從天上掉到地下的那些雌雄魔鬼（mzn）和巨魔（'sryšt'r）交媾，從而使之生出龍形娃娃（'wzdh'g zhg），貪魔因此可以吞食這些娃娃，用以製造出一男一女。貪魔製成了一個男子的身體，具備骨、筋、肉、脈、皮。混合在妖怪們體内的諸神（yzd'n）之光明和美麗（源自水果和蓓蕾），作爲靈魂而被束縛在肉體裏頭。她（貪魔）曾見過戰車（rh）上眾神（yzd"n）的男性形象，於是以此爲原型，她製造了它（最初的男人）。她還用來自上空的、天上的，也就是來自妖怪、巨魔、業輪（'xtr'n）

---

〔1〕*Der Kölner Mani-Kodex : Über das Werden seines Leibes* / aufgrund der von A. Henrichs und L. Koenen besorgten Erstedition herausgegeben und übersetzt von Ludwig Koenen und Cornelia Römer ; in Zusammenarbeit mit der Arbeitsstelle für Papyrusforschung im Institut für Altertumskunde der Universität zu Köln. Opladen : Westdeutscher Verlag, c1988, pp.30–41; Cameron, Ron &Arthur J. Dewey, *The Cologne Mani codex (P. Colon. inv. nr. 4780) : Concerning the origin of his body* / translated by Ron Cameron and Arthur J. Dewey. Missoula, Mont. : Scholars Press. 1979, pp.36–47;參閲 Reeves, John C. *Heralds of that Good Realm: Syro–Mesopotamian Gnosis and Jewish Traditions*, Leiden: Brill,1996, pp.7–17, 67–78.

和星宿（'b'xtr'n）的聯係與鏈接，將他束縛起來，這樣忿怒、淫慾和罪孽從妖怪和業輪降臨在他身上，滲透他的心靈，從而使他變得更加賊頭賊腦、更加妖形怪狀、更加貪婪、更加淫蕩。當這個男性造物誕生以後，他們稱其為"初人"，即吉莫爾德（gyhmwrd）。貪魔以同樣的方式製造了一個女性造物。女性造物誕生以後，他們稱其為"榮耀女人（prh'nsryygr）"，即穆迪雅納格（mwrdy'ng）。[1]

吐魯番出土的摩尼教中古波斯文文書 M 4500、M 556、M 4501也證實《群書類述》的記載是相當可靠的。

M 4500

反面第二欄

　　[2]　[ ]穆迪雅納格（mwrdy'ng）

　　[3]　[ ]和赤裸的

　　[4]　在吉莫爾德（gyhmwrd）面前[ ]

　　[5]　她站在[ ]

　　[6]　佩[戴*著]符咒

　　[7]　和[ ]

　　[8]　當吉莫爾[德]

　　[9]　然後他[ ]

　　…………

　　M 5566、M 4510

---

〔1〕Hutter, Manfred, *Manis Kosmogonische Šābuhragān–Texte : Edition, Kommentar und literaturgeschichtliche Einordnung der manichäisch–mittelpersischen Handschriften M 98/99 I und M 7980–7984* / Manfred Hutter. Wiesbaden : Otto Harrassowitz,1992, pp.81–99; Reeves, John C. *Heralds of that Good Realm: Syro–Mesopotamian Gnosis and Jewish Traditions*, Leiden: Brill,1996, pp.81–83; 'z, 音譯"阿緇"，漢譯"貪魔"。mzn, 音譯"馬讚"，意為"怪物，畸形，怪異"。'sryšt' r, 音譯"阿斯雷什塔"，意為"大惡魔，大魔鬼"。'wzdh'g，意為"龍"；zhg，意為"後裔，後代，孩子"。rh，意為"戰車"，此處指太陽。'xtr'n，意為"黃道"，漢譯"業輪"。'b'xtr'n，意為"行星"，漢譯"星宿"。Durkin, Desmond,*Dictionary of Manichaean texts*. vol. 3. *Texts from Central Asia and China* / edited by Nicholas Sims-Williams. pt. 1. *Dictionary of Manichaean Middle Persian and Parthian* / by Desmond Durkin-Meisterernst, Turnhout : Brepols ; NSW, Australia : Ancient History Documentary Research Centre, Macquarie University. 2004, pp.6–7, 8, 55, 77, 79, 170, 234, 237, 278, 295, 381–382.參閱芮傳明：《東方摩尼教研究》，上海人民出版社，2009 年，頁 175–178。

正面第一欄

[2]　[ ]在憤怒之中。而

[3]　他們追逐[他]。然後他

[4]　立即（帶著）那個孩子

[5]　走了，並把（他）放在地上

[6]　並劃了七道綫，圍繞著

[7]　這孩子。

[8]　他為（他）[祈求]

[9]　生命

[10]　和神聖之神的名字。他這樣說：

[11]　"[ ]並*逃離了

[12]　[ ]所有的是

[13]　……"

正面第二欄

[2]　[ ]渴望的。然後

[3]　[ ]他們站著

[4]　離（其）兒子遠遠的

[5]　[ ]，爲了當

[6]　吉莫爾德把他帶出

[7]　那些綫時，他們就

[8]　能綁架

[9]　他。[ ]

[10]　吉莫爾德將[其]臉轉向[ ]

[11]　光明王國。

[12]　他這樣說：

[13]　"……你們……[ ]"[1]

儘管文書極其殘破，故事的主要綫索仍然可以辨認：穆迪雅納格（夏

---

[1] Sundermann, 1973, pp.70–77; Reeves, John C. *Heralds of that Good Realm: Syro–Mesopotamian Gnosis and Jewish Traditions*, Leiden: Brill, 1996, pp.84–85; Reeves, 1999, pp.436–437.

娃）以符咒誘惑吉莫爾德（亞當），魔鬼威脅新生的塞特，吉莫爾德劃了7個具有神力的圈子以保護這孩子，並向神祈求。這份中古波斯文文書與上述《群書類述》不同的地方在於：中古波斯文講到七個圈子，而阿拉伯文講到3個圈子；中古波斯文沒有提到盧蒂斯樹。

摩尼教中古波斯文的吉莫爾德（Gēhmurd），在瑣羅亞斯德教阿維斯陀語中作伽亞·馬雷坦（gaiia- marətan-），“伽亞”意為“生命”，“馬雷坦”意為“不免一死的”，兩個詞合起來意為“終有一死的生靈”，以區別於不死的神靈；缽羅婆文中作伽玉瑪特（gayōmart）。[1]

《阿維斯陀》的《法爾瓦爾丁·亞什特》第24章第87節詩云：“我們讚美伽亞·馬雷坦純潔的靈體，他最先聆聽阿胡拉·馬茲達的思想和教誨；阿胡拉以他為雅利安諸族的族類，雅利安諸族的種子。”[2]根據瑣羅亞斯德教“百科全書”——《丁·卡爾特》，人類之祖和世界上的第一個國王伽玉瑪特是第一個從造物主那裏接受宗教（瑣羅亞斯德教）的。最後一位隱遁先知蘇什揚特（Soshyant）將解救人類，這個解救的工作是從伽玉瑪特開始的。諸神首先在這個塵世向伽玉瑪特揭示和闡釋對神的信仰，後來又向其後裔揭示和闡釋。爲了啓迪大地上的各個國家，這種揭示從波斯通過海路傳給其他的義人，它也通過陸路傳播到各地，從而使整個大地上所有人類都完全知曉這一宗教。[3]

根據《班達喜興》，善惡兩大本原的對立和鬥爭要持續12000年。最高神奧爾穆茲德（Ohrmazd，即阿胡拉·馬茲達）建成天國之後，過了

〔1〕http://www.iranicaonline.org/articles/gayomart–2011/10/29 元文祺，1997 年，頁 266–269；Durkin, Desmond,*Dictionary of Manichaean texts*. vol. 3. *Texts from Central Asia and China* / edited by Nicholas Sims-Williams. pt. 1. *Dictionary of Manichaean Middle Persian and Parthian* / by Desmond Durkin-Meisterernst, Turnhout : Brepols ; NSW, Australia : Ancient History Documentary Research Centre, Macquarie University. 2004, p.170.

〔2〕Darmesteter, 1969, pp.200–201; http://www.avesta.org/ka/yt13sbe.htm#section24 (2011/10/29); http://www.avesta.org/denkard/dk3s275.html#chap312.

〔3〕*The Dinkard : the original Péhlwi text : the same transliterated in Zend characters : translations of the text in the Gujrati and English languages : a commentary and a glossary of select terms* / by Peshotun Dustoor Behramjee Sunjana. Bombay: Printed at the Duftur Ashkara Press, 1874—1928. 19 v. http://www.avesta.org/denkard/denkard.htm, 2011/10/29, chap. 35, 312; http://www.avesta.org/denkard/ dk3s.html. (2011/10/29).

三千年。然後惡魔向奧爾穆茲德挑戰，奧爾穆茲德提議雙方進行九千年的鬥爭以決雌雄。頭三千年裏，奧爾穆茲德創造了天穹、江河、大地、植物、動物和原人，以幫助他與惡靈（Ganāg mēnōg）戰鬥。他所創造的（原人）伽玉瑪特"像太陽一樣光彩奪目"，是他用土創造的。第2個三千年伊始，在淫荡女妖賈赫（Jeh）的蠱惑下，惡靈入侵光明世界，毀滅奧爾穆茲德的各種創造物，以貪慾、需求、病痛、[瘟疫、]疾病、飢餓、邪惡和昏睡加諸原牛和（原人）伽玉瑪特。由於奧爾穆茲德的保護，伽玉瑪特又與惡靈進行了30年的鬥爭才死去。當伽玉瑪特死去時，他的精液滲入大地，過了40年，從地裏長出一株植物，化爲馬什亞（Mašyē）和馬什亞內（Mašiyāni）；他們結爲夫妻，人類的10個種族都是他們的後裔。[1]

　　瑣羅亞斯德教的伽亞·馬雷坦/伽玉瑪特確實與摩尼教的亞當有不少共同之處，很可能因此摩尼教文獻中的亞當在中古波斯文文書中被稱爲吉莫爾德。已經有學者指出，伽玉瑪特可能與婆羅門教的 Mārtāṇḍa 相應。[2]

四、結語

　　摩尼教在傳教過程中經常將其神的名字改變，以適應當地宗教文化。比如，光耀柱在波斯文化背景下被稱爲蘇露沙羅夷（中古波斯文 srwš'hr'y），借用了瑣羅亞斯德教裏遵命天使斯魯沙（Sraoša）的名字，而在中國則又借用了佛教神祇盧舍那的名字。[3] 人類祖先亞當（希臘文'Αδὰι、科普特文 ⲁⲇⲁⲙ、粟特文''δ'm）在摩尼教中古波斯文文獻裏被

　　〔1〕*Zand–Ākāsīh; Iranian or Greater Bundahisn*. Transliteration and translation in Engl. by Behramgore Tehmuras Anklesaria.　Bombay, Rahnumae Mazdayasnan Sabha, 1956, chap. 1a4 (p.20–23), 1a13 (pp.24–27), 4.19–4.26 (pp.50–553), 6F (pp.80–83); 14.1–14.10 (pp.126–129); http://www.avesta.org/mp/grb.htm#contents. (2011/10/29)
　　〔2〕Boyce, Mary. *A history of Zoroastrianism*.　Leiden ; New York : E.J. Brill, 1989, c1975–, 3v, v.1, pp.139–140.
　　〔3〕馬小鶴：《摩尼教"光耀柱"和"盧舍那身"考》，收入馬小鶴：《摩尼教與古代西域史研究》，中國人民大學出版社，2008 年，頁 136–148。

稱爲吉莫爾德，我們先將有關演變列表如表附－1：[1]

表附－1 瑣羅亞斯德教與摩尼教的人類始祖

神祇	摩尼教敍利亞文文獻	瑣羅亞斯德教	摩尼教伊朗語文獻
光明世界之主	偉大之父 'b' drbwt'	奧爾穆茲德 Ohrmazd	察宛 Zurwān
迎戰	初人 'nš' qdmy'	奧爾穆茲德 Ohrmazd	奧爾穆茲德 Ohrmazd
初人受挫	初人 'nš' qdmy'	伽玉瑪特 Gayōmard	奧爾穆茲德 Ohrmazd
人類之祖	初人 'nš' qdmy'	伽玉瑪特 Gayōmard	吉莫爾德 Gēhmurd
光明使者	亞當 'dm	伽玉瑪特 Gayōmard	吉莫爾德 Gēhmurd
人類第一對男女	亞當 'dm 夏娃 ḥw'	馬什亞 Mašyē、馬什亞尼 Mašiyāni	吉莫爾德 Gēhmurd、穆迪雅納格 Murdiyānag

　　摩尼教將其神祇的名稱根據當地語言文化予以改變，自然很難找到完全吻合的當地神名，只能選擇盡可能接近者。摩尼教的最高神在敍利亞文獻中的主要稱呼是“偉大之父”，在帕提亞文中常見的稱呼之一是“光明之父（pydr rwšn）”，摩尼沒有借用瑣羅亞斯德教最高神“奧爾穆茲德”，而是借用“察宛（Zurwān，意為無限時間）”來稱呼自己的最高神。“察宛”在漢文中毫無意義，漢文用“明父”來意譯 pydr rwšn，作爲最高神常用的稱呼。

　　摩尼借用“奧爾穆茲德”來稱呼初人，一個理由很可能是兩者都是迎戰惡魔的大神。“奧爾穆茲德”在漢文中也無意義，在中古波斯文文

---

〔1〕參閱: Sundermann, W. ,"Namen von Göttern, Dämonen und Menschen in iranischen Versionen des manichäischen Mythos", *AoF* 6 (1979), pp.95–133, pp.99–101; Skjærvø, P. O., "Iranian epic and the Manichaean *Book of Giants*. Irano-Manichaica III", *Acta orientalia Academiae Scientiarum Hungaricae*, XLVIII (1-2)(1995), pp.187–223, p.274; P. Bryder, *The Chinese Transformation of Manichaeism: A Study of Chinese Manichaean Terminology*, Löberöd, 1985, pp.81–90, 93–94.

書 M 781中，初人被稱爲 hndyšyšn nxwstyn，hndyšyšn 是 "想、心、念、思、意" 等五體之四的 "思"，nxwstyn 意為 "第一、初、先"，因此，hndyšyšn nxwstyn 應當漢譯為 "先思"，但是實際上漢文不太精確地翻譯為 "先意"。[1] 摩尼教的初人、瑣羅亞斯德教的原人伽玉瑪特均為人類之祖（father of mankind），也即人類神聖的 "原型"，這是二者的共同之處。但是也有區別：伽玉瑪特最終被惡魔所殺害，而初人獲救，被迎回天堂。伽玉瑪特死後，其精液化為第一對人類（first humans）。在摩尼教神話中，眾暗魔吞噬了初人的5個兒子——五明子，從而體内含有光明分子，後來雄魔阿沙克倫和雌魔内布爾吞食了大量雌魔的流產胎兒，造出了第一對人類，光明分子就成了人類的靈魂。因此，摩尼教在中古波斯文文書中，以吉莫爾德作爲人類之祖。

摩尼教中的亞當、瑣羅亞斯德教的伽玉瑪特都是光明使者。摩尼教中的亞當雖然是雄魔、雌魔根據第三使的形象所造的，但他的靈魂包含大量光明分子；他第一個得到光明耶穌的啓示而認識到天堂樂園、神祇、地獄、魔鬼、天地、日月。他接受塞特的批評，前往東方，死後飛升光明樂園。他是《亞當啓示錄》的作者，這本啓示錄與其他啓示錄一起啓發了年輕的摩尼。亞當是排在瑣羅亞斯德、佛陀、耶穌和摩尼前面的第一個光明使者，而阿拉伯文獻稱摩尼為 "先知之封印"。瑣羅亞斯德教的伽亞·馬雷坦最先聆聽最高神阿胡拉·馬茲達的思想和教誨；伽玉瑪特是第一個從造物主那裏接受瑣羅亞斯德教的，解救人類的工作是從他開始的，諸神首先在這個塵世向他揭示和闡釋對神的信仰，後來又向其後裔揭示和闡釋，從波斯通過海路、陸路傳播到各地，從而使所有人類都完全知曉這一宗教。通過這種比較研究，我們看到，摩尼教中作爲人類始祖和光明使者的亞當淵源於猶太教、基督教和靈知派，而非淵源於瑣羅亞斯德教。摩尼教爲了在波斯傳播，在其有些中古波斯文文書中，將亞當的名字改爲吉莫爾德，類似瑣羅亞斯德教的原人伽玉瑪特，雖然二者不無相似之處，但是主要是爲了傳教的方便。

---

〔1〕W.B.Henning,"Two Manichean Magical Texts with an Excursus on The Parthian ending-ēndēh," *Bulletin of the School of Oriental and African Studies* 12, 1947, pp. 39-66, pp.40, 43–44.

參考文獻

中文文獻

〔唐〕玄奘，辯機. 大唐西域記校註〔M〕. 季羡林，校註. 北京：中華書局，1985.

〔北宋〕贊寧. 大宋僧史略〔M〕. 上海：上海古籍出版社，1995.

〔南宋〕黃震. 黃氏日抄（97卷）〔M〕. 臺北：商務印書館，1983印刷.

〔南宋〕黃震. 慈溪黃氏日抄分類〔M〕. 汪佩鍔. 1767.

〔南宋〕陸游. 渭南文集〔M〕. 1612.

〔南宋〕梁克家. 三山志〔M〕. 北京：中華書局，1990.

〔南宋〕留用光，蔣叔輿. 無上黃籙大齋立成儀〔J〕∥道藏：第9冊. 北京：文物出版社，1988.

〔南宋〕志磐. 佛祖統紀〔M〕. 上海：上海古籍出版社，1995.

〔明〕殷之輅，朱梅，等. 萬曆福寧州志〔J〕∥日本藏中國罕見地方志叢刊：（7）. 北京：書目文獻出版社，1990.

〔明〕何喬遠. 閩書〔M〕. 廈門大學古籍整理研究所，歷史系古籍研究室校點組，校點. 福州：福建人民出版社，1994.

〔清〕李拔. 乾隆福寧府志〔J〕∥中國地方志集成：（10）. 上海：上海書店，2000.

〔清〕徐松. 宋會要輯稿〔M〕. 北京：中華書局，1957.

〔民國〕卓劍舟. 太姥山全志：外四種〔M〕. 福州：福建人民出版社，2008.

〔英〕夏德. 大秦國全錄〔M〕. 朱傑勤，譯. 郑州：大象出版社，2009.

陳進國、林鋆. 明教的再發現——福建霞浦縣的摩尼教史跡辨析〔M〕∥不止於藝. 北京：北京大學出版社，2010：342–389.

陳垣. 摩尼教入中國考［J］//陳垣學術論文集：第1集. 北京:中華書局，1980：329-397.

大淵忍爾. 中国人の宗教儀禮：佛教道教民間信仰［M］. 東京：福武書店, 1983.

段晴. 景教碑中"七時"之說［J］//葉奕良. 伊朗學在中國論文集:第3集. 北京：北京大學出版社，2003：21-30.

馮承鈞. 西域地名［M］. 陸峻嶺，增訂. 北京：中華書局，1980.

耿世民. 回鶻文哈密本《弥勒会见记》研究［M］. 北京：中央民族大学出版社，2008.

龔方震，晏可佳. 祆教史［M］. 上海：上海社會科學院出版社，1998.

吉田豊. 漢訳マニ教文獻における漢字音寫され中世イラン語について［J］. 内陸アジア言語の研究，1986（I）：1-15.

吉田豊. 新出マニ教絵畫の形而上［J］. 大和文華，2010（121）：1-34.

吉田豊. 寧波のマニ教画いわゆ"六道図"の解釋をめぐって［J］. 大和文華. 2009（119）：3-15.

蔣忠. 新摩奴法論［M］. 北京：中國社會科學出版社，1986.

連立昌. 福建秘密社會［M］. 福州：福建人民出版社，1989.

連立昌. 明教性質芻議［J］. 福建論壇，1988（3）：39-43.

林順道. 蒼南元明時代摩尼教及其遺跡［J］. 世界宗教研究，1989（4）：107-111.

林順道. 摩尼教傳入溫州考［J］. 世界宗教研究,2007(1)：125-137.

林悟殊. 摩尼教及其東漸［M］. 臺北：淑馨出版社，1997.

林悟殊. 敦煌景教寫本 P.3847再考察［M］//林悟殊. 唐代景教再研究. 北京：中國社會科學出版社，2003：123-145.

林悟殊. "宋摩尼依托道教"考論［J］//張榮芳,戴治國. 陳垣與嶺南：紀念陳垣先生誕生130周年學術研討會論文集. 北京：中國社科學出版社，2011.

林悟殊. 中古三夷教辨証［M］. 北京：中華書局，2005.

林悟殊. 宋代明教偽託白詩考［J］. 文史，2010（4）：175–199.

林悟殊. 中古夷教華化叢考［M］. 蘭州：蘭州大學出版社，2011.

林悟殊，殷小平. 《夷堅志》明教紀事史料價值辨識［J］. 中華文史論叢，2012（2）：255–283.

林悟殊. 泉州摩尼教淵源考［M］∥華夏文明與西方世界. 香港：博士苑出版社，2003：75–93.

林悟殊. 霞浦科儀本《下部讚》詩文辨異［J］. 世界宗教研究，2012（3）：170–178.

林悟殊. 波斯拜火教與古代中國［M］. 台北：新文豐出版公司，1995.

林悟殊，殷小平. 經幢版景教〈宣元至本經〉考釋——唐代洛陽景教經幢研究之一［J］. 中華文史論叢，2008（1）：325–352.

林悟殊. 明教五佛崇拜補說［M］. 文史，2012（3）：385–408.

羅世平. 地藏十王圖像的遺存及其信仰［J］. 唐研究，1998（4）：373–414.

馬小鶴. 摩尼光佛考［J］. 史林，1999（1）：11–15、82.

馬小鶴. 摩尼教"大神咒"研究——帕提亞文文書［M］1202再考釋［J］. 史林，2004（6）：96–107、124.

馬小鶴. 摩尼教《下部讚》第二首音譯詩譯釋——淨活風、淨法風辨析［J］∥李國慶，邵東方. 天祿論叢——北美華人東亞圖書館員文集2010. 桂林：廣西師範大學出版社，2010：65–89.

馬小鶴. 摩尼教十天王考——福建霞浦文書研究［J］. 西域文史，2010（5）：119–130.

馬小鶴. 摩尼教與古代西域史研究［M］. 北京：人民大學出版社，2008.

馬小鶴. "相、心、念、思、意"考［J］. 中華文史論叢，2006（4）：264–347.

牟潤孫. 宋代之摩尼教. 輔仁學誌［M］//牟潤孫. 注史齋叢稿（增訂本）. 北京：中華書局，2009：695–725.

牟潤孫. 註史齋叢稿［M］. 北京：龍門書店，1959.

內田吟風. 魏書西域傳原文考釋（中）［J］. 東洋史研究，1971（30）：82–101.

卿希泰. 中國道教［M］. 上海：東方出版中心，1994.

泉武夫. 景教聖像の可能性——棲雲寺藏傳虛空藏畫像について［J］. 國華，2006（1330）：7–17.

饒宗頤. 饒宗頤史學論著選［M］. 上海：上海古籍出版社，1993.

榮新江. 吐魯番文書總目　歐美收藏卷［M］. 武汉：武漢大學出版社，2007.

芮傳明. 東方摩尼教研究［M］. 上海：上海人民出版社，2009.

芮傳明. 摩尼教"平等王"與"輪回"考［J］. 史林，2003（6）：28–39.

芮傳明. 摩尼教神"淨風"、"惠明"異同考［J］//歐亞學刊：第6輯. 北京：中華書局，2007：84–96.

松本荣一. 敦煌畫の研究［M］. 東京：東方文化學院東方研究所，1937.

宋峴. 弗栗特薩儻那、蘇剌薩儻那考辨［J］//亞洲文明：第3集. 合肥：安徽教育出版社，1995.

翁紹軍. 漢語景教文獻詮釋［M］. 北京：三聯書店，1996.

巫白慧.《梨俱吠陀》神曲選［M］. 巫白慧，译解. 北京：商务印书馆,2010.

吳晗. 明教與大明帝國［J］. 清華學報，1941(13):49–85.

吳其昱.唐代景教之法王與尊經考[J]//敦煌吐魯番研究：第5卷.北京：北京大學出版社，2000.

徐梵澄. 五十奧義書［M］. 北京：中國社會科學出版社，1984.

徐謙信. 唐朝景教碑文註釋［M］//劉小楓. 道與言：華夏文化與基督文化相遇. 上海：上海三聯書店，1995：3–42.

楊富學.《樂山堂神記》與福建摩尼教——霞浦與敦煌吐魯番等摩尼教文獻的比較研究［J］. 文史，2011（4）：135-173.

余太山. 兩漢魏晉南北朝正史西域傳研究［M］. 北京：中華書局，2003.

元文琪. 福建霞浦摩尼教科儀典籍重大發現論證［J］. 世界宗教研究，2011（5）：169-180.

元文琪. 二元神論——古波斯宗教神話研究［M］. 北京：中國社會科學出版社，1997.

粘良圖. 晉江草庵研究［M］. 廈门：廈門大學出版社，2008.

張廣達. 唐代漢譯摩尼教殘卷［M］//張廣達. 文本、圖像與文化流傳. 桂林：廣西師範大學出版社，2008：296-348.

張洪澤. 道教齋醮符咒儀式［M］. 成都：巴蜀書社，1999.

張小貴. 中古華化祆教考述［M］. 北京：文物出版社，2010.

張星烺. 中西交通史料彙編［M］. 北京：中華書局，1978.

張緒山. "拂菻"名稱語源研究述評［J］. 歷史研究，2009（5）：143-151.

朱謙之. 中國景教：中國古代基督教研究［M］. 上海：東方出版社，1993.

外文文献

Allberry, C.R.C. (Charles Robert Cecil). A Manichaean psalm-book: Part II［M］. Edited by C.R.C. Allberry, with a contribution by Hugo Ibscher. Stuttgart: W. Kohlhammer,1938.

Abhandlungen der Preussischen Akademie der Wissenschaften/ Philosophisch-Historische Klasse［M］. Berlin : Verlag der Akademie der Wissenschaften, 1918.

Asmussen , Jes P. Manichaean literature: representative texts chiefly from Middle Persian and Parthian writings［M］. Selected, introduced, and partly translated by Jes P.Asmussen. Delmar, N.Y.: Scholars'Facsimiles &

Reprints,1975.

Asmussen, Jes P. X^uāstvānīft: Studies in Manichaeism ［M］.Copenh-
agen:[s.n.], 1965.

Back, Michael. Die sassanidischen Staatsinschriften : Studien zur
Orthographie und Phonologie des Mittelpersischen der Inschriften
zusammen mit einem etymologischen Index des mittelpersischen Wortgutes
und einem Textcorpus der behandelten Inschriften ［M］. Tehéran :
Bibliothèque Pahlavi, 1978.

Badger, George Percy, The Nestorians and their rituals with the
narrative of a mission to Mesopotamia and Coordistan in 1842-1844, and of
a late visit to those countries in 1850 : also, researches into the present
condition of the Syrian Jacobites, papal Syrians, and Chaldeans, and an
inquiry into the religious tenets of the Yezeedees ［M］. London :Joseph
Masters,1852.

Bīrūnī, Muḥammad ibn Aḥmad. Chronologie orientalischer Völker /
von Albêrûnî ; herausgegeben von C.Eduard Sachau ［M］. Leipzig :
Brockhaus, 1878.

Boyce , M. A Reader in Manichaean Middle Persian and Parthian: texts
［M］. Téhéran : Bibliothèque, 1975.

Boyce, Mary. A history of Zoroastrianism ［M］. New York : E.J. Brill,
1989.

Bryder, Peter. The Chinese transformation of Manichaeism : a study of
Chinese Manichaean terminology ［M］. Löberöd : Bokförlaget Plus Ultra,
1985.

Budge, E.A.Wallis. The book of governors: the Historia monastica of
Thomas, bishop of Marga, A. D. 840 ［M］. Edited from Syriac manuscripts
in the British museum and other libraries by E.A. Wallis Budge. NJ: Gorgias,
1893.

Cameron, Ron & Arthur J.Dewey. The Cologne Mani codex (P.Colon.

inv.nr. 4780）：Concerning the origin of his body ［M］. Translated by Ron Cameron and Arthur J.Dewey. Missoula, Mont.: Scholars Press, 1979.

Darmesteter, James. The Zend-Avesta ［J］// Sacred books of the East. Translated by James Darmesteter. Delhi : Motilal Banarsidass, 1969.

Dodge, Bayard. The Fihrist of al-Nadīm : a tenth-century survey of Muslim culture ［M］. New York : Columbia University Press, 1970.

Durkin, Desmond. Dictionary of Manichaean texts, vol.3, Texts from Central Asia and China, pt.1 ［J］//Dictionary of Manichaean Middle Persian and Parthian, edited by Nicholas Sims-Williams, Turnhout : Brepols ; Australia : Ancient History Documentary Research Centre, Macquarie University,2004.

E.Waldschmidt, W. Lentz. A Chinese Manichaean Hymnal from Tun-huang ［J］//Journal of the Royal Asiatic Society, 1926.

Enrico Morano. A Survey of the Extant Parthian Crucifixion Hymns［J］//Studia Manichaica : IV. Internationaler Kongress zum Manichäismus. Berlin : Akademie Verlag, 2000.

Frye, Richard Nelson. The history of ancient Iran［M］. München : C.H. Beck. 1984.

G.B.Mikkelsen. Dictionary of Manichaean Texts in Chinese ［M］. Turnhout: [s.n.], 2006.

Gardner, Iain. The Kephalaia of the Teacher: the edited Coptic Manichaean texts in translation with commentary［M］. New York: E.J. Brill, 1995.

Gardner, Iain Gardner ,Samuel N.C.Lieu. Manichaean texts from the Roman Empire ［M］. New York : Cambridge University Press, 2004.

Gardner, Iain. The Kephalaia of the Teacher : the edited Coptic Manichaean texts in translation with commentary［M］. New York: E.J. Brill, 1995.

Gulácsi, Zsuzsanna. Identifying the Corpus of Manichaean Art among the Turfan Remains[J]//Emerging from darkness: studies in the recovery of Manichaean sources. Köln : Brill, 1997:177–215.

Gulácsi, Zsuzsanna. Manichaean art in Berlin collections: a comprehensive catalogue of Manichaean artifacts belonging to the Berlin State Museums of the Prussian Cultural Foundation, Museum of Indian Art, and the Berlin-Brandenburg Academy of Sciences, deposited in the Berlin State Library of the Prussian Cultural Foundation [M]. Turnhout: Brepols, 2001.

Gulácsi, Zsuzsanna. Mediaeval Manichaean book art: a codicological study of Iranian and Turkic illuminated book fragments from 8th-11th century east Central Asia [M] . Boston: Brill, 2005.

Hans-Joachim Klimkeit. Gnosis on the Silk Road:Gnostic texts from Central Asia [M] . Translated & presented by Hans-Joachim Klimkeit. San Francisco : Harper San Francisco, 1993.

Honigmann, Ernst. Recherches sur les Res gestae divi Saporis, par Ernest Honigmann et André Maricq [M] . Wiesbaden : Reichert,1953.

Hutter, Manfred. Manis Kosmogonische Šābuhragān-Texte : Edition, Kommentar und literaturgeschichtliche Einordnung der manichäisch- mittelpersischen Handschriften M 98/99 I und M 7980-7984 / Manfred Hutter [M] . Wiesbaden : Otto Harrassowitz,1992.

Iain Gardner, Samuel N.C.Lieu. Manichaean texts from the Roman Empire [M] . New York : Cambridge University Press, 2004.

Jackson, A.V. Williams. Researches in Manichaeism, with special reference to the Turfan fragments [M] . New York: Columbia University Press,1932.

Klimkeit, H.-J.. Manichaean Art and Calligraphy [M] . Leiden: Brill,1982.

Klimkeit, H. -J.. Gnosis on the Silk Road [M] . San Francisco:Harper San Francisco,1993.

Klimkeit, H. -J.. Manichaean art and calligraphy [M] . Leiden: Brill,

1982.

Klimkeit, H. -J.. Gnosis on the Silk Road : Gnostic texts from Central Asia. Translated & presented by Hans-Joachim Klimkeit[M]. San Francisco: Harper San Francisco,1993.

Le Strange, G. The lands of the eastern caliphate; Mesopotamia, Persia, and Central Asia, from the Moslem conquest to the time of Timur[M]. New York :Cambridge University press,1930.

Lieu, Samuel N.C.. Manichaeism in the later Roman Empire and medieval China [M] . Tübingen : J.C.B., 1992.

Lieu, Samuel N.C.. Manichaeism in Mesopotamia and the Roman East [M] . New York : E.J.Brill,1994.

Lieu, Samuel N.C.. Manichaeism in the later Roman Empire and medieval China [M] . Tübingen : J.C.B., 1992.

Lieu, Samuel N.C.. Manichaean texts from the Roman Empire [M] . New York : Cambridge University Press, 2004.

Ma Xiaohe. Remanis of the Religion of Light in Xiapu (霞浦) County, Fujian Province[J]//歐亞學刊：第9輯. 北京：中華書局，2009：81–108.

Majella Franzmann. Jesus in the Manichaean writings[M]. New York : T & T Clark, 2003.

Maruthas, Saint, Bishop of Martyropolis [M] . The canons ascribed to Mārūtā of Maipherqaṭ and related sources. Lovanii : E.Peeters, 1982.

Mikkelsen, G.B.. Dictionary of Manichaean texts in Chinese [M] . Turnhout:Brepols Publishers, 2006.

Milik, Jozef T. The Books of Enoch:Aramaic fragments of Qumrân Cave 4 [M] . Oxford : Clarendon Press，1976.

Mohl, JuliusLe livre des rois. par Abou'lkasim Firdousi, publié, traduit et commenté par Jules Mohl [M] . Paris : Jean Maisonneuve, 1976.

Nestorian Church. East Syrian daily offices, translated from the Syriac with introduction, notes and indices, and an appendix containing the lectionary and glossary by Arthur John Maclean [M] . NJ : Gorgias Press, 1894.

Pulleyblank, Edwin G. Lexicon of reconstructed pronunciation in early Middle Chinese, late Middle Chinese, and early Mandarin[M]. Vancouver : UBC Press,1991.

Reeves, John C. Jewish lore in Manichaean cosmogony : studies in the Book of giants traditions [M] . Cincinnati: Hebrew Union College Press,1992.

Reeves, John C. Heralds of that Good Realm: Syro-Mesopotamian Gnosis and Jewish Traditions [M] . Leiden: Brill. 1996.

Sachau E. Alberuni's India. An account of the religion, philosophy, literature, geography, chronology, astronomy, customs, laws and astrology of India about A.D. 1030 [M]. London: K.Paul, Trench, Trübner & co. ltd, 1888.

Saeki Yoshirō. The Nestorian Documents and Relics in China [M] . Tokyo: Toho Bunkwa Gakuin: Academy of Oriental Culture, Tokyo Institute, 1951.

Schafer E H. The Empire of Min [M] . Rutland Vt: Charles E. Tuttle Company, 1954.

Teiser S F. The Ghost Festival in Medieval China [M] . Princeton: Princeton University Press, 1988.

Schwartz M. Qumran, Turfan, Arabic magic, and Noah's name [A] // Charmes et sortilèges, magie et magiciens. Bures-sur-Yvette: Groupe pour l'Etude de la Civlisation du Moyen-Orient, 2002: 231-238.

Simon R. Mānī and Muḥammad [J] //Jerusalem studies in Arabic and Islam. 1997 (21): 118-140.

Sims-Williams N, Hamilton J. Inscriptions of the Seleucid and Parthian periods and of Eastern Iran and Central Asia [A] //Corpus inscriptionum Iranicarum, Part two. London: Published on behalf of Corpus Inscriptionum

Iranicarum. 1990.

Sims-Williams N. Indian elements in Parthian and Sogdian [A] // Sprachen des Buddhismus in Zentralasien, Veröffentlichungen der Societas Uralo-Altaic. Wiesbaden: 1983.

Skjærvø P O. Iranian epic and the Manichaean Book of Giants. Irano-Manichaica III [A] //Acta orientalia Academiae Scientiarum Hungaricae, XLVIII. 1995 (1-2) : 187-223.

Skjærvø P O. Iranian Elements in Manicheism. A Comparative Contrastive Approach. Irano-Manichaica I [A] //Gyselen R. Au carrefour des religions. Hommages à Philippe Gignoux, Res Orientales 7. Paris: 1995: 263-284.

Skjærvø P O. Zarathustra in the Avesta and in Manicheism. Irano-Manichaica IV [A] // Convegno internazionale sul tema La Persia e l'Asia Centrale da Alessandro al X secolo. Roma: Accademia nazionale dei Lincei, 1996: 597-628.

Sprengling Martin. Third century Iran, Sapor and Kartir [M]. Chicago: The Oriental Institute, University of Chicago, 1953.

Stroumsa G G. "Seal of the Prophets"? The Nature of a Manichaean Metaphor [J] // Jerusalem studies in Arabic and Islam, 1986 (7): 61-74.

Stroumsa G G. Another seed: studies in Gnostic mythology. Leiden: Brill, 1984.

Stuckenbruck L T. The Book of Giants from Qumran: texts, translation, and commentary. Tübingen: Mohr Siebeck, 1997.

Sundermann W. Mittelpersische und parthische kosmogonische und Parabeltexte der Manichäer. Berlin: Akademie-Verlag, 1973.

Sundermann W. Der Sermon vom Licht-Nous: eine Lehrschrift des östlichen Manichäismus. Edition der parthischen und soghdischen Version. Berlin: Akademie Verlag, 1992.

Sundermann W. Mittelpersische und parthische kosmogonische und

Parabeltexte der Manichäer [A] // Sundermann W. mit einigen Bemerkungen zu Motiven der Parabeltexte von Friedmar Geissler. Berlin: Akademie-Verlag, 1973.

Sundermann W. Namen von Göttern, Dämonen und Menschen in iranischen Versionen des manichäischen Mythos [A] // AoF. 1979 (6): 5-133.

Sundermann W. Mitteliranische manichäische Texte kirchengeschichtlichen Inhalts [A] // Sundermann W. mit einem Appendix von Nicholas Sims- Williams. Berlin: Akademie-Verlag, 1981.

Sundermann W. Bruchstüscke einer manichäischen Zarathustralegende [A] // Studia grammatica Iranica: Festschrift für Helmut Humbach. München: R. Kitzinger, 1986: 461-482.

Sundermann W. Mani, India, and the Manichaean Religion [J] // South Asian Studies. 1986 (2): 11-19.

Sundermann W. Manichaean Traditions on the Date of the Historical Buddha[A]// The Dating of the historical Buddha. Göttingen: Vandenhoeck & Ruprecht, 1991: 426-438.

Sundermann W. Mani's "Book of the Giants" and the Jewish Book of Enoch. A Case of Terminological Difference and What it Implies [A] // Shaked P, Netzer A. Irano-Judaica III. Jerusalem: 1994: 40-48.

Sundermann W. Mitteliranische manichäische Texte kirchengeschichtlichen Inhalts [A] // Berliner Turfantexte XI. Berlin, 1981.

Sundermann W. Mitteliranische manichäische Texte kirchengeschichtlichen Inhalts [A] // Sundermann W. mit einem Appendix von Nicholas Sims-Williams. Berlin: Akademie-Verlag, 1981.

Taqizadeh S H. The dates of Mani's life. Translated from Persian. Henning W B, introduced and concluded [J] // Asia Major. 1957: 106-121.

Tardieu M. La diffusion du bounddhisme dans l'Empire Kouchan, l'Iran et la Chine, d'parès un Kephalaion manichéen inédit [J] // Studia

Iranica XVII. 1988: 153-182.

Haloun G, Henning W B. The Compendium of the Doctrines and Styles of the Teaching of Mani, the Buddha of Light [J] // Asia Major. 1952: 184-212.

Teiser S F. The Scripture on the Ten King and the Making of Purgatory in Medieval Chinese Buddhism [M] . Honolulu, HI : University of Hawaii Press, 1994.

Waldschmidt E, Lentz W. Die Stellung Jesu im Manichäismus, Abhandlungen der Königl. Berlin: Akademie der Wissenschaften, 1926(4).

Ehsan Yarshater. The Cambridge History of Iran [M] . v. 3, pt. 2, Seleucid, Parthian and Sasanian periods. Cambridge: Cambridge University Press, 2008.

Theodore bar Konai. Liber scholiorum; textus[M]. Edidit Addai Scher. Parisiis: E Typographeo Reipublicae, 1910.

Tubach J. Manis Jugend [J] // Ancient Society. 1993(24):119-138.

Tubach J, Zakeri M. Mani's Name [A] // Johannes van Oort, Wermelinger O, Wurst G. Augustine and Manichaeism in the Latin West. Leiden: 2001: 272-286.

Van Lindt P. The names of Manichaean mythological figures : a comparative study on terminology in the Coptic sources [M] . Wiesbaden : O. Harrassowitz, 1992.

Vööbus A. Syriac and Arabic documents regarding legislation relative to Syrian asceticism [M] . Edited, translated and furnished with literary historical data. Stockholm: Etse, 1960.

Henning W B. Waručān-Šāh [J] // Journal of the Greater India Society. 1945(11): 85-90.

Henning W. Selected Papers I-II [M] . Leiden: 1977.

Sundermann W. Iranische Lebensbeschreibungen Manis [J] // Acta Orientalia. 1974(36): 125-149.

Sundermann W. Namen von Göttern, Dämonen und Menschen in iranischen Versionen des manichäischen Mythos〔J〕// Altorientalische Forschungen. 1979(6): 95-133.

Sundermann W. Shapur's Coronation: The Evidence of the Cologne Mani Codex Reconsidered and Compared with Other Texts〔J〕// Bulletin of the Asia Institute, N.S.4. 1990: 295-299.

Sundermann W. Mitteliranische manichäische Texte kirchengeschichtlichen Inhalts〔A〕// Sundermann W. mit einem Appendix von Nicholas Sims-Williams. Berliner Turfantexte. Berlin : Akademie-Verlag, 1981(11).

Sundermann W. Manichaica Iranica〔A〕// Chr. Reck, Weber D, Cl. Leurini, Panaino A. Ausgewählte Schriften I-II. Rome: 2001.

West E W. Pahlavi texts. West E W, translated. Delhi: Motilal Banarsidass, 1970.

Wise M, Abegg M, Cook E. The Dead Sea scrolls: a new transla- tion〔M〕. New York: Harper San Francisco, 2005.

Wylie A. The Nestorian monument; an ancient record of Christianity in China, with special reference to the expedition of Frits v〔M〕. Chicago: The Open court publishing company, 1909.

Yarshater E. The Seleucid, Parthian and Sasanian Periods〔A〕// The Cambridge History of Iran, v.3. London: Cambridge University Press, 1983.

Yoshida Yutaka. A newly recognized Manichaean painting: Manichaean Daēnā from Japan〔A〕// Pensée grecque et sagesse d'orient: hommage à Michel Tardieu, sous la direction de Mohammad Ali Amir- Moezzi. Turnhout, Belgium: Brepols, 2009: 697-714.

·欧·亚·历·史·文·化·文·库·

索引

中文索引

欧·亚·历·史·文·化·文·库·

G

M

·欧·亚·历·史·文·化·文·库·

X

外文索引

461

欧·亚·历·史·文·化·文·库

欧亚历史文化文库

已经出版

林悟殊著:《中古夷教华化丛考》	定价:66.00元
赵俪生著:《弇兹集》	定价:69.00元
华喆著:《阴山鸣镝——匈奴在北方草原上的兴衰》	定价:48.00元
杨军编著:《走向陌生的地方——内陆欧亚移民史话》	定价:38.00元
贺菊莲著:《天山家宴——西域饮食文化纵横谈》	定价:64.00元
陈鹏著:《路途漫漫丝貂情——明清东北亚丝绸之路研究》	
	定价:62.00元
王颋著:《内陆亚洲史地求索》	定价:83.00元
〔日〕堀敏一著,韩昇、刘建英编译:《隋唐帝国与东亚》	
	定价:38.00元
〔印度〕艾哈默得·辛哈著,周翔翼译,徐百永校:《入藏四年》	
	定价:35.00元
〔意〕伯戴克著,张云译:《中部西藏与蒙古人	
——元代西藏历史》(增订本)	定价:38.00元
陈高华著:《元朝史事新证》	定价:74.00元
王永兴著:《唐代经营西北研究》	定价:94.00元
王炳华著:《西域考古文存》	定价:108.00元
李健才著:《东北亚史地论集》	定价:73.00元
孟凡人著:《新疆考古论集》	定价:98.00元
周伟洲著:《藏史论考》	定价:55.00元
刘文锁著:《丝绸之路——内陆欧亚考古与历史》	定价:88.00元
张博泉著:《甫白文存》	定价:62.00元
孙玉良著:《史林遗痕》	定价:85.00元
马健著:《匈奴葬仪的考古学探索》	定价:76.00元
〔俄〕柯兹洛夫著,王希隆、丁淑琴译:	
《蒙古、安多和死城哈喇浩特》(完整版)	定价:82.00元
乌云高娃著:《元朝与高丽关系研究》	定价:67.00元
杨军著:《夫余史研究》	定价:40.00元
梁俊艳著:《英国与中国西藏(1774—1904)》	定价:88.00元
〔乌兹别克斯坦〕艾哈迈多夫著,陈远光译:	
《16—18世纪中亚历史地理文献》(修订版)	定价:85.00元

成一农著：《空间与形态
　　——三至七世纪中国历史城市地理研究》　　　定价：76.00 元
杨铭著：《唐代吐蕃与西北民族关系史研究》　　　定价：86.00 元
殷小平著：《元代也里可温考述》　　　定价：50.00 元
耿世民著：《西域文史论稿》　　　定价：100.00 元
殷晴著：《丝绸之路经济史研究》　　　定价：135.00 元（上、下册）
余大钧译：《北方民族史与蒙古史译文集》　　　定价：160.00 元（上、下册）
韩儒林著：《蒙元史与内陆亚洲史研究》　　　定价：58.00 元
〔美〕查尔斯·林霍尔姆著，张士东、杨军译：
　　《伊斯兰中东——传统与变迁》　　　定价：88.00 元
〔美〕J.G.马勒著，王欣译：《唐代塑像中的西域人》　　　定价：58.00 元
顾世宝著：《蒙元时代的蒙古族文学家》　　　定价：42.00 元
杨铭编：《国外敦煌学、藏学研究——翻译与评述》　　　定价：78.00 元
牛汝极等著：《新疆文化的现代化转向》　　　定价：76.00 元
周伟洲著：《西域史地论集》　　　定价：82.00 元
周晶著：《纷扰的雪山——20 世纪前半叶西藏社会生活研究》
　　　　　　　　　　　　　　　　　　　　　　　定价：75.00 元
蓝琪著：《16—19 世纪中亚各国与俄国关系论述》　　　定价：58.00 元
许序雅著：《唐朝与中亚九姓胡关系史研究》　　　定价：65.00 元
汪受宽著：《骊轩梦断——古罗马军团东归伪史辨识》　　　定价：96.00 元
刘雪飞著：《上古欧洲斯基泰文化巡礼》　　　定价：32.00 元
〔俄〕Т.Б.巴尔采娃著，张良仁、李明华译：
《斯基泰时期的有色金属加工业——第聂伯河左岸森林草原带》
　　　　　　　　　　　　　　　　　　　　　　　定价：44.00 元
叶德荣著：《汉晋胡汉佛教论稿》　　　定价：60.00 元
王颋著：《内陆亚洲史地求索（续）》　　　定价：86.00 元
尚永琪著：
　　《胡僧东来——汉唐时期的佛经翻译家和传播人》　　　定价：52.00 元
桂宝丽著：《可萨突厥》　　　定价：30.00 元
篠原典生著：《西天伽蓝记》　　　定价：48.00 元
〔德〕施林洛甫著，刘震、孟瑜译：
　　《叙事和图画——欧洲和印度艺术中的情节展现》　　　定价：35.00 元
马小鹤著：《光明的使者——摩尼和摩尼教》　　　定价：120.00 元
李鸣飞著：《蒙元时期的宗教变迁》　　　定价：54.00 元

〔苏联〕伊·亚·兹拉特金著，马曼丽译：
  《准噶尔汗国史》（修订版）   定价：86.00 元
〔苏联〕巴托尔德著，张丽译：《中亚历史——巴托尔德文集
  第 2 卷第 1 册第 1 部分》   定价：200.00 元（上、下册）
〔俄〕格·尼·波塔宁著，〔苏联〕B.B.奥布鲁切夫编，吴吉康、吴立珺
译：《蒙古纪行》   定价：96.00 元
张文德著：《朝贡与入附——明代西域人来华研究》   定价：52.00 元
张小贵著：《祆教史考论与述评》   定价：55.00 元
〔苏联〕К．А．阿奇舍夫、Г．А．库沙耶夫著，孙危译：
  《伊犁河流域塞人和乌孙的古代文明》   定价：60.00 元
陈明著：《文本与语言——出土文献与早期佛经词汇研究》

                                  定价：78.00 元

李映洲著：《敦煌壁画艺术论》   定价：148.00 元（上、下册）
杜斗城著：《杜撰集》   定价：108.00 元
芮传明著：《内陆欧亚风云录》   定价：48.00 元
徐文堪著：《欧亚大陆语言及其研究说略》   定价：54.00 元
刘迎胜著：《小儿锦研究》（一、二、三）   定价：300.00 元
郑炳林著：《敦煌占卜文献叙录》   定价：60.00 元
许全胜著：《黑鞑事略校注》   定价：66.00 元
段海蓉著：《萨都剌传》   定价：35.00 元
马曼丽著：《塞外文论——马曼丽内陆欧亚研究自选集》

                                  定价：98.00 元

〔苏联〕И.Я.兹拉特金主编，М.И.戈利曼、Г.И.斯列萨尔丘克著，
  马曼丽、胡尚哲译：《俄蒙关系历史档案文献集》（1607—1654）
                    定价：180.00 元(上、下册)

华喆著：《帝国的背影——公元 14 世纪以后的蒙古》   定价：55.00 元
П．К.柯兹洛夫著，丁淑琴、韩莉、齐哲译：《蒙古和喀木》

                                  定价：75.00 元

杨建新著：《边疆民族论集》   定价：98.00 元
赵现海著：《明长城时代的开启
  ——长城社会史视野下榆林长城修筑研究》（上、下册）

                                 定价：122.00 元

李鸣飞著：《横跨欧亚——中世纪旅行者眼中的世界》 定价：53.00 元
李鸣飞著：《金元散官制度研究》   定价：70.00 元
刘迎胜著：《蒙元史考论》   定价：150.00 元
王继光著：《中国西部文献题跋》   定价：100.00 元
李艳玲著：《田作畜牧
  ——公元前 2 世纪至公元 7 世纪前期西域绿洲农业研究》

                                  定价：54.00 元

·欧·亚·历·史·文·化·文·库·

〔英〕马尔克·奥莱尔·斯坦因著，殷晴、张欣怡译：《沙埋和阗废墟记》

定价：100.00 元

梅维恒著，徐文堪编：《梅维恒内陆欧亚研究文选》　　定价：92.00 元

杨林坤著：《西风万里交河道——时代西域丝路上的使者与商旅》

定价：65.00 元

王邦维著：《华梵问学集》　　　　　　　　　　　　定价：75.00 元

芮传明著：《摩尼教敦煌吐鲁番文书译释与研究》　　定价：88.00 元

陈晓露著：《楼兰考古》　　　　　　　　　　　　　定价：92.00 元

石云涛著：《文明的互动

　　——汉唐间丝绸之路中的中外交流论稿》　　　定价：118.00 元

孙昊著：《辽代女真族群与社会研究》　　　　　　　定价：48.00 元

尚永琪著：《鸠摩罗什及其时代》　　　　　　　　　定价：70.00 元

薛宗正著：《西域史汇考》　　　　　定价：136.00 元（上、下册）

张小贵编：

　　《三夷教研究——林悟殊先生古稀纪念论文集》　定价：100.00 元

许全胜、刘震编：《内陆欧亚历史语言论集——徐文堪先生古稀纪念》

定价：90.00 元

石云涛著：《丝绸之路的起源》　　　　　　　　　　定价：94.00 元

〔英〕尼古拉斯·辛姆斯-威廉姆斯著，李鸣飞、李艳玲译：

《阿富汗北部的巴克特里亚文献》　　　　　　　　定价：170.00 元

李锦绣编：《20 世纪内陆欧亚历史文化论文选粹：第二辑》

定价：100.00 元

李锦绣编：《20 世纪内陆欧亚历史文化论文选粹：第三辑》

定价：98.00 元

李锦绣编：《20 世纪内陆欧亚历史文化论文选粹：第四辑》

定价：86.00 元

馬小鶴著：《霞浦文書研究》　　　　　　　　　　　定价：115.00 元

林悟殊著：《摩尼教華化補說》　　　　　　　　　　定价：140.00 元

余太山、李锦秀编：《古代内陆欧亚史纲》　　定价：122.00 元（暂定）

王永兴著：《唐代土地制度研究——以敦煌吐鲁番田制文书为中心》

定价：70.00 元（暂定）

王永兴著：《敦煌吐鲁番出土唐代军事文书考释》定价：84.00 元（暂定）

李锦绣编：《20 世纪内陆欧亚历史文化论文选粹：第一辑》

定价：104.00 元（暂定）

淘宝网邮购地址：http://lzup.taobao.com